Arbeitsrecht und Satire

Europäische Hochschulschriften

European University Studies

Publications Universitaires Européennes

Reihe II **Rechtswissenschaft**

Series II Law

Série II Droit

Band/Volume **5786**

Caroline Siegel

Arbeitsrecht und Satire

Eine rechtshistorische Untersuchung von arbeitsrechtlich relevanten Themen in Karikaturen des *Simplicissimus* von 1896 bis 1914

PL ACADEMIC RESEARCH

Bibliografische Information der Deutschen Nationalbibliothek
Die Deutsche Nationalbibliothek verzeichnet diese Publikation in der Deutschen Nationalbibliografie; detaillierte bibliografische Daten sind im Internet über http://dnb.d-nb.de abrufbar.

Zugl.: Köln, Univ., Diss., 2015

D 38
ISSN 0531-7312
ISBN 978-3-631-66815-3 (Print)
E-ISBN 978-3-653-05986-1 (E-Book)
DOI 10.3726/ 978-3-653-05986-1

PL Academic Research ist ein Imprint der Peter Lang GmbH.
Peter Lang – Frankfurt am Main · Bern · Bruxelles · New York · Oxford · Warszawa · Wien

Diese Publikation wurde begutachtet.

www.peterlang.com

Die vorliegende Arbeit wurde von der Rechts- und Wirtschaftswissenschaftlichen Fakultät der Universität Köln im Wintersemester 2012 als Dissertation angenommen.

Mein besonderer Dank gilt zunächst meinem Doktorvater, Herrn Professor Dr. Hans-Peter Haferkamp für seine hervorragende Unterstützung und sein persönliches Engagement bei der Betreuung dieser Arbeit. Durch seine konstruktiven Anmerkungen und Hinweise sowie nicht zuletzt seine jederzeitige Diskussionsbereitschaft hat er entscheidend zum Gelingen meiner Arbeit beigetragen. Ebenfalls herzlich bedanken möchte ich mich bei Frau Prof. Dr. Barbara Dauner-Lieb für die freundliche Übernahme und ausgesprochen rasche Erstellung des Zweitgutachtens und für die kurzfristige Ermöglichung des Termins für die Disputation.

Mein größter Dank gilt an dieser Stelle meinen Eltern, Dr. Otto und Renate Wirtz sowie meinem Ehemann, Ronny Siegel. Durch ihren steten Rückhalt, ihren Zuspruch und ihre Liebe haben sie im wesentlichen Maße zum Gelingen der Arbeit beigetragen. Ihnen widme ich diese Arbeit.

Köln, im Mai 2015

Inhalt

A. Einleitung

I. Zielsetzung

Die Zeit vom Ende des 19. Jahrhunderts bis zum Beginn des Ersten Weltkriegs war eine für die Entwicklung des modernen Arbeitsrechts bedeutsame Epoche. Fragen der Arbeitswelt und des Arbeitsrechts wurden in unterschiedlichen Disziplinen und Medien reflektiert.

Zu diesen Medien zählte auch die satirische Zeitschrift des Simplicissimus. Der Simplicissimus spiegelte in dem hier untersuchten Zeitraum von seiner Gründung 1896 bis 1914 die Arbeitswirklichkeit und damit das sie mitprägende Arbeitsrecht in der Sicht der Karikatur. Die folgende Arbeit hat das Ziel, die arbeitsrechtlich relevanten Karikaturen des Simplicissimus zusammenzustellen, thematisch zu gliedern und zu untersuchen.

Analyse und Bewertung dieser Karikaturen können sachgerecht nur unter Einbeziehung des historischen und (arbeits-)rechtlichen Kontextes erfolgen.[1] Die Kontextualisierung trägt der Tatsache Rechnung, dass sowohl die Geschichte des Rechts als auch die des Arbeitsrechts im Besonderen fächerübergreifende Disziplinen sind.[2] Der historische Kontext umfasst ideengeschichtliche, und folglich politische, soziale, religiöse und kulturelle Bereiche. Der arbeitsrechtliche Kontext wird um den zivilrechtlichen und den Kontext weiterer Rechtsgebiete ergänzt, wenn diese Kontexte im Hinblick auf den Simplicissimus arbeitsrechtshistorisch relevant sind.[3]

---

1 Zur Notwendigkeit der Kenntnis des historisch-politisch-kulturellen Hintergrundes zum Verständnis von Satiren und Karikaturen: Schmoll, Macht und Ohnmacht der politischen Karikatur, 1977, S. 13.

2 Gerhard, Neuere Literatur, 2012, S. 113. Zu Ausgestaltungen der Rechtsgeschichte im Untersuchungszeitraum: Schäfer, Zwischen BGB und Schützengräben, 2009, passim, bes. S. 80. Die „Reibeflächen", die Schäfer um 1900 zwischen Rechtsgeschichte und Geschichtswissenschaft dokumentierte (ebda, S. 81), sind für einen integrativen Ansatz nicht fruchtbar.

3 Kurt Wolzendorff sah es 1915 als grundlegende Aufgabe der Lehre vom Arbeitsrecht an, „die Anschauung zu vermitteln, daß in diesem eine Materie sui generis vorliegt, die weder vom zivil- noch vom öffentlichen Recht allein, oder auch nur vorwiegend einem von beiden einzureihen ist." (Wolzendorff, Arbeitsrecht, 1915, S. 57 f.; Mayer-Maly, Arbeitsrecht, 1985, Sp. 298: „Das Arbeitsrecht setzt sich … aus Normen mit privatrechtlichem und Normen mit öffentlich-rechtlichem Charakter zusammen." Zum materialistischen Verständnis der Abhängigkeit des „arbeitsrechtlichen Normenbestandes vom jeweiligen Entwicklungsstand der Produktivkräfe [sic] und der Produktionsverhältnisse": Wahsner, Stand und Aufgaben, 1977, S. 112. Für die „arbeitsrechtlichen Verhältnisse zwischen Meister und Gesellen" bestand schon im Rahmen des Zunftwesens ein Einwirken von Zunftordnungen in Bereiche, „die wir als privatrechtlich betrachten würden". (Coing, Europäisches Privatrecht I, 1985, S. 59).

Der Simplicissimus erhob den Selbstanspruch, mit seinen Karikaturen für die Gesellschaft aufklärerisch und erkenntnisbildend zu wirken. Aus diesem allgemeinen Selbstanspruch lässt sich die Fragestellung ableiten, ob und in welchem Maße die Karikaturen des Simplicissimus auch bei der Darstellung arbeitsrechtlich relevanter Themen diesem Anspruch gerecht wurden.

Es kann vermutet werden, dass nicht jede Satire und Karikatur nur der Förderung von Erkenntnis diente, sondern auch oder vornehmlich dem wirtschaftlichen Gewinn ihres Produzenten. Satirische Zeitschriften sind nicht nur an der Lösung von Problemen interessiert, sondern auch am Bestand von Problemen zur Sicherung ihrer materiellen Existenz.[4] Dieser „medial-merkantile" Aspekt ist auch für den Simplicissimus nicht zu unterschätzen.[5]

Es kann ebenfalls vermutet werden, dass der Simplicissimus zeitgenössische Verbesserungen im Arbeitsrecht nicht unbedingt willkommen hieß, um seine einmal bezogene satirische Position zu bestimmten Themen nicht revidieren zu müssen. Die Berücksichtigung auch dieses Aspektes ist ein weiteres Anliegen der Untersuchung.

II. Der Forschungsstand

Zahlreiche Monographien, (Auto-)Biographien, Kataloge, Anthologien und weitere Publikationen würdigen allgemein die Geschichte des Simplicissimus und die Arbeit der an seiner Gestaltung beteiligten Personen[6] oder behandeln unterschiedliche Themen.[7]

---

4 Eine Karikatur aus den ***Fliegenden Blättern*** von 1895 hatte bereits zwei Proletarier darüber sinnieren lassen, dass die Dichter eine Menge Geld mit ihrem Elend verdienen. (Zitiert nach Stürmer, Das ruhelose Reich, 1983, S. 257). Cf. Konrad, Nationale und internationale Tendenzen im „Simplicissimus", 1975, S. 43.

5 Horn, Prosa im Simplicissimus, 2000, S. 29.

6 1923 wurde die autobiographische Schrift von Ludwig Thoma unter dem Titel ***Leute, die kannte*** veröffentlicht. Es handelte sich eine Sammlung von Porträts von Literaten und Künstlern der Zeit, die z. T. im Zusammenhang mit dem Simplicissimus standen. Der in unterschiedlichen Funktionen für den Simplicissimus tätige Korfiz Holm legte 1932 und 1940 seine Erinnerungen an Ludwig Thoma, Max Dauthendey und Albert Langen in der autobiographischen Schrift ***ich kleingeschrieben*** nieder. Im Gegensatz zu vielen anderen Autoren äußerte sich der Schriftsteller Wilhelm Weigand in seiner 1937 abgeschlossenen Autobiographie ***Welt und Weg*** kritisch über Albert Langen, Wedekind und Ludwig Thoma. (Weigand, Welt und Weg, 1940, S. 238, 264). 1950 erschien die Autobiographie ***Nachmittag*** des Verlegers Reinhard Piper, die zeitliche Schnittmengen mit dem Untersuchungszeitraum aufwies und Pipers Beziehung zum Zeichner Olaf Gulbransson thematisierte. (Piper, Nachmittag, 1950, S. 247 ff). Hannsludwig Geiger schilderte 1953 die Herausgeber Albert Langen und Georg Müller biographisch und in ihrem literarischen Umfeld. Hermann Sinsheimer, ab 1923 in leitender Position, widmete 1953 dem Simplicissimus Raum in seiner posthum erschienen Autobiographie ***Gelebt im Paradies***. (Sinsheimer, Gelebt im Paradies, 1953, S. 224 ff.). Der Dichter Eugen Roth veröffentlichte 1954 die

Eine umfassende Sichtung der allgemein zum Simplicissimus erschienenen Literatur erfolgte in der 2000 erschienenen literaturwissenschaftlichen Dissertation ***Prosa im Simplicissimus*** von Beate Horn.[8] Die dem Simplicissimus allgemein sowie den Herausgebern, Redakteuren, Künstlern und Autoren gewidmeten Schriften weisen durchweg keine Hinweise auf arbeitsrechtlich relevante Themen in den Karikaturen des Simplicissimus auf.

Eine wissenschaftliche Arbeit, die systematisch arbeitsrechtlich relevante Themen in den Karikaturen des Simplicissimus des benannten Zeitraums untersuchen würde, ist nicht nachweisbar. Stattdessen muss man sich mit – oft pauschal formulierten - Einzelaussagen in einigen Monographien begnügen.

Arbeitsrechtliche Aspekte im Hinblick auf die Satiren und Karikaturen des Simplicissimus wurden von Klaus Haese 1966 in seiner Dissertation ***Die gesellschaftskritische Karikatur im „Simplicissimus"*** aus materialistisch-kunsthistorischer Sicht thematisiert.[9] Haese bezeichnete die Karikatur als „künstlerische Waffe im gesellschaftspolitischen Kampf"[10]. Er würdigte zwar den Versuch des Simplicissimus, Missstände des Kapitalismus und Imperialismus sowie „die Unterdrückung und

Monografie ***Simplicissimus. Ein Rückblick auf die satirische Zeitschrift.*** Die Ausgabe ***Thöny, Flott gelebt...*** war ein Sammelband der Zeichnungen für den Simplicissimus, der Thöny als „den großen Gesellschaftskritiker" auswies. (Thöny, Flott gelebt, 1966, S. 8). 1972 gab Richard Christ das Album ***Simplicissimus 1896–1914*** in der DDR heraus. Konrad benannte in seiner Darstellung des Forschungsstandes kunsthistorische Forschungsarbeiten. (1975, S. 4). 1977 erschien der Katalog des Hauses der Kunst. Elisabeth Stüwe untersuchte aus kunstgeschichtlicher Sicht 1978 den Karikaturisten und Maler Thomas Theodor Heine. Die wenigen arbeitsrechtlichen Aspekte der Arbeit werden in den entsprechenden Kapiteln der vorliegenden Untersuchung erwähnt. Die Publikation ***Im Zeichen des Simplicissimus*** von Abret/ Keel 1987 widmete sich dem Gründer und Herausgeber Albert Langen. Im Jubiläumsjahr 1996 erschienen Sammelbände, wie die von Ursula Koch und Markus Behmer herausgegebene Sammlung von Kurzbeiträgen und Illustrationen ***Grobe Wahrheiten-Wahre Grobheiten.*** Gertrud Maria Rösch gab den Sammelband ***Simplicissimus*** heraus. 1996 erschien ein Sonderheft der Zeitschrift ***Literatur in Bayern,*** hrsg. v. Institut für Bayerische Literaturgeschichte der Universität München. Dirk Heißerer beleuchtete 2005 die Zusammenarbeit Manns mit dem „Steigbügelhalter" Simplicissimus. (Das „beste Witzblatt der Welt", S. 37 u. ö.).

7 Zu den themenbezogenen Publikationen zählt die von Kretzer „Die Medizin in der satirischen Zeitschrift ‚Simplicissimus'" (1985) und die von Lüdke/ Erwig-Drüppel, Das Subject. Das Object: Polizisten und andere Amtspersonen im „Simplicissimus" 1896–1914 aus dem Jahre 1994. Dabei eröffnet der Beitrag von Lüdke und Erwig-Drüppel auch arbeitsrechtliche Aspekte, indem die Exekutive im Simplicissimus als Kontrahent arbeitsrechtlicher Verbesserungen dargestellt wird.

8 Horn, Prosa im Simplicissimus, 2000, S. 16 ff.

9 Haese, Die gesellschaftskritische Karikatur im „Simplicissimus", 1966, S. 25 ff.

10 Haese, Die gesellschaftskritische Karikatur im „Simplicissimus", 1966, S. 6.

Ausbeutung des Proletariats in der kapitalistischen Gesellschaft“[11], aufgedeckt zu haben, warf aber letztlich der Zeitschrift vor, „die rettende Kraft des kämpfenden Proletariats“ nicht im geringsten begriffen zu haben.[12] Haeses sozialistische Interpretation erkannte zwar eine ungebrochene Thematisierung der „sozialen Ungleichheit“ an, rügte aber die antikommunistische Haltung des Simplicissimus.[13]

Auch der Jurist, Pädagoge und Kunsthistoriker Hasso Zimdars untersuchte 1972 in seiner Dissertation ***Die Zeitschrift ‚Simplicissimus‘: Ihre Karikaturen*** politische und gesellschaftskritische Zeichnungen des Simplicissimus. Er berücksichtigte die Situation der Fabrikarbeiter im industrialisierten Deutschland.[14] Nach Zimdars war der Simplicissimus jedoch nicht an einer Verbesserung des Schicksals der Proletarier interessiert, sondern instrumentalisierte seiner Ansicht nach das Schicksal der Proletarier für seine Kritik am Obrigkeitsstaat: „Die Darstellung des Proletariats im Elend diente wohl in erster Linie dazu, den Spott gegen die Gesellschaftsordnung und die Sozialpolitik zu schärfen.“[15] Zimdars wies auf die Klischeehaftigkeit vieler sich thematisch wiederholender Karikaturen hin, auch der über Proletarier und Dienstboten, die als „arme Hunde“ ein „willkommenes Abbild zum Himmel schreiender sozialer Mißstände“ waren.[16]

Ruprecht Konrad arbeitete in seiner Dissertation ***Nationale und internationale Tendenzen im „Simplicissimus“ (1896–1933)*** von 1975 als „gesellschaftspolitisch reflektierender Historiker“[17] an der Schnittstelle zwischen Germanistik und Geschichtswissenschaft. Im Vordergrund seiner Untersuchung stand die politische und gesellschaftspolitische Haltung des Simplicissimus. Auch die arbeitsrechtliche Dimension des Simplicissimus geriet in das Blickfeld des Autors. Konrad gelangte zu der sehr allgemeinen Aussage, der Simplicissimus verweise „unermüdlich auf die Leistung der Arbeiterschaft für das Wohl des ganzen Volkes“ und brandmarke „die Unterdrückung der Arbeiterorganisationen durch die herrschenden Klassen als Unrecht an der stärksten Bevölkerungsschicht“[18]. Konrad nahm den Selbstanspruch des Simplicissimus für Realität. Nach Konrads Auffassung wollte der Simplicissimus die „soziale Frage“ durch die gesellschaftliche Integration der Arbeiterschaft lösen.[19]

Ann Taylor Allan nahm ebenfalls in ihrer Arbeit ***Satire and Society in Wilhelmine Germany*** von 1984 den Selbstanspruch des Simplicissimus als Anwalt der Arbeiter und Armen sehr ernst.[20] Sie leistete damit einen wichtigen Beitrag zum

11 Haese, Die gesellschaftskritische Karikatur im „Simplicissimus“, 1966, S. 27.
12 Haese, Die gesellschaftskritische Karikatur im „Simplicissimus“, 1966, S. 90.
13 Haese, Die gesellschaftskritische Karikatur im „Simplicissimus“, 1966, S. 30, 114.
14 Zimdars, Die Zeitschrift „Simplicissimus“, 1972, S. 17.
15 Zimdars, Die Zeitschrift „Simplicissimus“, 1972, S. 50.
16 Zimdars, Die Zeitschrift „Simplicissimus“, 1972, S. 207.
17 Konrad, Nationale und internationale Tendenzen im „Simplicissimus“, 1975, S. 5.
18 Konrad, Nationale und internationale Tendenzen im „Simplicissimus“, 1975, S. 74.
19 Konrad, Nationale und internationale Tendenzen im „Simplicissimus“, 1975, S. 141.
20 “… *Simplicissimus* sided passionately with the workers and denounced the rapacity of the employers.” (Allan, Satire and Society, 1984, S. 87 [kursiv im zit. Text]).

Komplex Arbeitsrecht und Satire im Simplicissimus. Gleichzeitig wies sie darauf hin, dass der Simplicissimus in seiner stereotypen Darstellung des geschundenen Arbeiters dessen wirklicher Rolle nicht gerecht geworden sei und sogar die Klassenunterschiede verschärft habe.[21]

Die genannten Arbeiten konzentrierten ihre arbeitsrechtlichen Aussagen auf die gewerblichen Arbeiter. Sie sahen teilweise im Simplicissimus den bemühten Fürsprecher der Arbeiterschaft (Konrad, Allan), teilweise ihren zwar bemühten, aber letztlich unzulänglichen Anwalt (Haese, Zimdars). Diese Beiträge sind weniger als arbeitsrechtlich differenzierte Aussagen zu bewerten, denn als pauschale Einschätzungen, wie die von Moser/ Sammer: „Eines der Hauptverdienste des Simplicissimus lag von Anfang an in seinem Engagement für die sozial benachteiligten Schichten der Bevölkerung, ..."[22]

Ohne Bezug zum Simplicissimus steht eine Fülle an arbeitsrechtsgeschichtlicher Literatur für die Analyse des Untersuchungszeitraums zur Verfügung.[23] Ihre Würdigung erfolgt im Rahmen der untersuchten arbeitsrechtlich relevanten Beiträge des Simplicissimus.

Es mangelt an Literatur für die Schnittmenge von Arbeitsrecht und den Karikaturen des Simplicissimus. Selbst die umfassende Bibliographie ***Literatur und Recht*** von 2011 bot generell zum Thema „Literatur und Arbeitsrecht" nur 9 Angaben, die für das Thema dieser Arbeit keinen Ertrag lieferten.[24]

---

21 "Both the outright hostility of *Kladderadatsch* and the condescending compassion of *Simplicissimus* ultimately reinforced rather than undermined class divisions." (Allan, Satire and Society, 1984, S. 95 [kursiv im zit. Text]). In der Tat behält der Simplicissimus die stereotype Darstellung des ausgebeuteten Arbeiters bei, auch als Hinweise auf die Verbesserung seiner Lage deutlich werden. (Cf. Reulecke, Vom blauen Montag zum Arbeiterurlaub, 1976, S. 217).

22 Moser/ Sammer, Sonderheft 1996, S. 40.

23 Dazu: Rückert, Beschreibende Bibliographie, 1996. Die von Rückert herausgegebene Bibliographie umfasst nicht nur die Geschichte des Arbeitsrechts, sondern auch Sozialrecht, Sozialpolitik und Sozialgeschichte.

24 Sprecher, Literatur und Recht, 2011, S. 615. Dennoch sind auch außerhalb dieser Bibliographie durchaus Beispiele zu finden, in denen der satirischen Literatur ein Bezug zu arbeitsrechtlichen Themen zugeschrieben wird. So in der geschichtswissenschaftliche Dissertation über die russische satirische Literatur von Emanuel Lew von 1932. (Lew, Über den Einfluß der schönen Literatur, 1932, S. 28). Ein reiches arbeitsrechtlich relevantes Schrifttum steht für literarische Erzeugnisse des Naturalismus oder der Neuen Sachlichkeit zur Verfügung. Allerdings wurde dieses vielfach als historisches Dokument der arbeitsrechtlichen Situation missgedeutet. So widmete sich Barbara Hartlage-Laufenberg 1994 dem Thema „Kündigung und Kündigungsschutz" in dem 1932 erschienenen Roman Hans Falladas ‚Kleiner Mann - was nun?' 1996 griff sie das Thema „Die finanzielle Absicherung bei Arbeitslosigkeit" in demselben Roman auf. Georg Müller nahm in seiner Schrift ***Recht und Staat in unserer Dichtung*** von 1924 die in der sozialen Literatur und den Arbeiterromanen der achtziger Jahre des 19. Jahrhundert dargestellte Macht und die „unseligen Folgen des Großbetriebs

III. Die Primärquelle[25]

1. Die Auswahl der Quelle

Für den Untersuchungszeitraum wird der in München erscheinende Simplicissimus als eine der wichtigsten, vielleicht als die wichtigste satirische Zeitschrift der Epoche als Hauptuntersuchungsquelle analysiert. Der Simplicissimus war nicht konkurrenzlos: Allein in München fanden zahlreiche „Karikaturen-Journale"[26] in dieser Zeit ihre Leser. Dem Simplicissimus an Bedeutung ebenbürtig war der in Berlin erscheinende Kladderadatsch, der das konservative, nicht unvermögende Spektrum der Leserschaft unterhielt.[27] Da von dem arbeitgeberfreundlichen Kladderadatsch nur sporadisch Kritik an den von der eigenen Klientel verursachten Missständen erwartet werden kann, ist er als Untersuchungsgegenstand im Rahmen dieser Arbeit wenig geeignet.

In der vorliegenden Arbeit wird die Zeit vom ersten Erscheinen des Simplicissimus am 4. April 1896 bis zum Beginn des Ersten Weltkriegs (Stichtag: 31.7.1914)[28] untersucht. Dieser Zeitabschnitt gilt als die satirische Hoch-Zeit des Simplicissimus. Danach veränderte die Zeitschrift ihr Wesen grundlegend.[29] In der Zeit des Ersten Weltkriegs und in der Weimarer Republik wurde sie obrigkeitstreu und systemstützend,[30] ebenso zur Zeit des Nationalsozialismus.[31] Die Epoche des Kaiserreichs gilt auch als Zeit der beginnenden Ausformung des Arbeitsrechts, so dass sich eine Schnittmenge arbeitsrechtlicher Verhältnisse und Entwürfe einerseits und

---

und der Fabriken" als Schilderungen der Wirklichkeit. (Müller, Recht und Staat in unserer Dichtung, 1924, S. 135). Otfried Schwarz ließ in seiner rechtswissenschaftlichen Dissertation von 1936 ***Das Recht in den sozialen Dramen erläutert am Arbeitsvertrag*** bei der Analyse vornehmlich naturalistischer Dramen erkennen, wie einflussreich deren arbeitsrechtlich bedeutsamen Beiträge in ihrer Rezeption wirkten.

25 Zum Begriff der „Quelle" im Hinblick auf Karikaturen und Satiren: Konrad, Nationale und internationale Tendenzen im „Simplicissimus", 1975, S. 1.

26 Koch, Von A wie *Absinth* bis Z wie *Zickzack* 1996, S. 8 ff.

27 Zur Entstehung des Kladderadatsch und anderer illustrierter satirischer Zeitschriften: Schulz-Hoffmann, Zur Geschichte der illustrierten satirischen Zeitschrift, 1977, S. 32 f.

28 Generalmobilmachung in Österreich-Ungarn, Ultimatum an Russland, Neutralitätsaufforderung an Frankreich. Unberücksichtigt bleiben der spätere Erscheinungszeitraum sowie die Neuauflage des Simplicissimus von 1954 bis 1967. Dazu Zimdars, Die Zeitschrift „Simplicissimus", 1972, S. 216.

29 Christ, Simplicissimus, 1972, S. 5; dazu auch Horn, Prosa im Simplicissimus, 2000, S. 13. Geyer, Verkehrte Welt, 1998, S. 29; Stüwe, Thomas Theodor Heine als Maler, 1978, S. 54. Nach Hollweck verstummten 1914 die Karikaturisten des Simplicissimus als „Gewissen der Nation" (Hollweck, Karikaturen, 1981, S. 10).

30 Konrad beschreibt die Entwicklung des Simplicissimus zu einem „Propagandablatt der deutschen Außenpolitik". (Konrad, Politische Zielsetzungen, 1977, S. 149).

31 Zimdars, Die Zeitschrift „Simplicissimus", 1972, S. 214 ff.

ihrer satirischen Kommentierung durch den Simplicissimus andererseits eröffnet. Thilo Ramm hat auf die Bedeutung dieser Epoche hingewiesen:

> „Seit Gründung des Norddeutschen Bundes wurde das langentbehrte einheitliche deutsche Recht geschaffen. Der unterhörte [sic!] psychologisch-politische Antrieb zur Rechtsetzung macht das Kaiserreich zum idealen Studienobjekt für das Verhältnis von Recht und Macht. Für kein Gebiet gilt dies mehr als für den Bereich der Arbeitsbeziehungen."[32]

Der Simplicissimus wurde aus arbeitsrechtlicher Sicht in einem bedeutsamen Jahr gegründet:[33] Wenige Wochen nach ihrem Erscheinen trat der für seine sozialpolitischen Reformen bekannte preußische Minister für Handel und Gewerbe, Hans Hermann von Berlepsch, von seinem Amt zurück.[34] Es war das Jahr, von dem an sozialpolitische und arbeitsrechtliche Reformen wieder zunehmend auf Widerstand stießen.[35] Es entstand eine arbeitsrechtliche und sozialpolitische Situation, die von

---

32 Ramm, Arbeitsverfassung, 1978, S. 195.

33 Das Jahr 1896 gilt allgemein als Beginn einer Phase der wirtschaftlichen Hochkonjunktur. (Berghahn, Das Kaiserreich 1871–1914, 2003, S. 54; cf. auch Reif, Ein seltener Kreis von Freunden, 1986, S. 76. Reif setzt das Jahr 1895 als Beginn der Hochkonjunktur an; ebenso Pohl, Wirtschafts- und sozialgeschichtliche Grundzüge, 1979, S. 20). Phasen der Hochkonjunktur sind arbeitsrechlich bedeutsam, weil sie in der Regel den Arbeitnehmern größere Spielräume zur Durchsetzung ihrer Forderungen eröffnen. 1896 erschien das „erste wissenschaftliche Hand- und Lehrbuch" über den Arbeiterschutz von Kuno Frankenstein, der den Arbeiterschutz als Ausfgabe des Staates sieht. (Machtan, Arbeiterschutz, S. 111). Wilhelm II. verkündet vor den versammelten Fürsten, Generälen und Ministern am 18. Januar 1896: „Aus Deutschland ist ein Weltreich geworden." (zit. n. Kuczynski, Alltag des deutschen Volkes, 1982, S. 45).

34 Berlepschs Gesuch stammte vom 27. Juni 1896, die Gewährung des Rücktrittsgesuchs durch Wilhelm II. erfolgte am 26. Juli 1896. (Ramm, Arbeitsvertragsgesetz, 1992, Einleitung, S. 103, Anm. 47). Ausführlich zu den Sozialreformen von Hans Hermann von Berlepsch: Ratz, Sozialreform und Arbeiterschaft, 1980, S. 15 ff. Zusammenfassend: Ramm, Arbeitsvertragsgesetz, 1992, S. 18: „Der preußische Handelsminister VON BERLEPSCH hatte eine Reihe bedeutsamer Arbeitsgesetze durchgesetzt: das Gewerbegerichtsgesetz vom 29.7.1890, die Arbeiterschutznovelle vom 1.6.1891 zur Reichsgewerbeordnung, das eine obligatorische Arbeitsordnung und die Bildung fakultativer Arbeiterausschüsse vorsah, und die Novelle zum preußischen allgemeinen Berggesetz vom 24.6.1892 mit einer entsprechenden Regelung."

35 Kaufhold, Neugestaltung des Arbeitsrechts, 1991, S. 314 f. Dagegen sieht Paul Laband in der Rechtsentwicklung von 1896 bis 1905 einen Fortschritt der sozial-politischen Fürsorge: Diese betreffe vor allem das BGB, das HGB in den Anordnungen über die Handlungsgehilfen und Handlungslehrlinge, die Zivil-Prozessordnung, die Novellen zur Gewerbeordnung, die Beschlüsse des Bundesrates zu diesen, die neuen Arbeiterversicherungsgesetze vom 30. Juni 1900. (Laband, Die Fortschritte des Rechts 1896–1905, 1906, Sp. 7). Cf. Machtan 1991, S. 127: „Die sozialpolitische Verständigung der Arbeitgeber mit der Regierung hielt ein Jahrzehnt lang vor." Die marxistische Geschichtsschreibung setzt die Jahre 1893/1894 als Beginn der „Periode des Monopolkapitalismus" an. (Kuczynski, Alltag des deutschen Volkes, 1982, S. 31).

einer satirischen Zeitschrift nicht ignoriert werden konnte.[36] Schließlich fiel auf den 18. August 1896 nach vorangegangener Annahme durch den Reichstag und der Zustimmung des Bundesrates die kaiserliche Vollziehung[37] des Bürgerlichen Gesetzbuchs. Das neue, auch für das Arbeitsrecht bedeutsame, Gesetzbuch trat zwar erst zum 1. Januar 1900 in Kraft, wurde jedoch in seiner Entstehung nicht nur von den Juristen beobachtet, sondern auch vom Simplicissimus „kommentiert".

Die Beiträge des Simplicissimus umfassten ein breites Spektrum arbeitsrechtlich relevanter Personen-Gruppen, wie lohnabhängige Industriearbeiter, „Fabrikherren", Dienstboten, Künstler, Frauen, Kinder, sowie arbeitsrechtlich relevanter Vorgänge, die von der Erstellung des Dienstvertrags,[38] bzw. Arbeitsvertrags[39] bis zum Arbeitskampf und zur Kündigung reichten.

Da das Königreich Bayern als Heimat des Simplicissimus seit der Reichsgründung ein Bundesstaat des Deutschen Reiches war, da ferner die Beiträge des Simplicissimus sich in unterschiedlicher Akzentuierung auf Zustände des gesamten Deutschen Reiches bezogen, da die Rezeption der Zeitschrift reichsweit erfolgte und da Preußen nach 1871 eine Führungsrolle zukam,[40] werden als Referenzquellen vor allem Gesetze und Verordnungen des Deutschen Reiches sowie Preußens und des Norddeutschen Bundes herangezogen.

---

36 In diesem Sinn ist Kampmanns Behauptung zu sehen: „Erfahrungstatsachen haben gelehrt, daß vor allem die Zeiten politischer Umwälzungen Blütezeiten der Karikatur waren;" (Kampmann, Die Karikatur im Recht, 1938, S. 13).

37 Windscheid, Lehrbuch des Pandektenrechts, 1906, S. 27.

38 Zur Debatte um die Bezeichnung „Dienstvertrag" oder „Arbeitsvertrag" zum BGB: Weiß, Arbeitsvertragsrecht, 1991, S. 76 ff. Zum Dienstvertrag kurz zusammenfassend: Erler/ Kaufmann, HRG, 1971, Sp. 738 ff.

39 Der Arbeitsvertrag als Unterfall des Dienstvertrages (§ 611 BGB): Weiß, Arbeitsvertragsrecht, 1991, S. 27. Weiß erörtert aber ebenfalls die Frage, ob „eine Anbindung des Arbeitsvertrages zum BGB jemals existiert hat und ob gegebenenfalls eine solche heute noch existent ist." (S. 122). Zum Arbeitsvertrag: Rückert, „Frei" und „sozial", 1992, S. 226 ff. Schröder wies darauf hin, dass die Arbeitsvertragsfrage von der politischen Öffentlichkeit und der politischen Ökonomie während des gesamten zweiten Kaiserreichs diskutiert wurde, „während die traditionelle Rechtswissenschaft diese nur in Ansätzen wahrgenommen hatte". (Schröder, Arbeitsverfassung des Spätmittelalters, 19984, S. 15). Dazu: Söllner, Der industrielle Arbeitsvertrag, 1972, passim, bes. ab S. 289 zur „Rechtsfigur des freien Arbeitsvertrages" und S. 290 zur Rolle der Privatrechtswissenschaft im Verhältnis zur Vertragsfreiheit und zum Arbeitsvertrag.

40 Rejewski, Die Pflicht zur politischen Treue, 1973, S. 83; ähnlich Vietinghoff-Scheel, Gewerbliches Arbeitsvertragsrecht, 1972, S. 2; Klatt, Treuepflichten, 1990, S. 122: „Im deutschen Rechtsbereich nahm die Gesetzgebung Preußens eine führende und vorbildhafte Stellung ein." Cf. auch Simons, Staatliche Gewerbeaufsicht, 1984, S. 11.

2. Der Simplicissimus

a) Der Selbstanspruch der Zeitschrift

Der Simplicissimus verstand sich als eine „satirische Zeitschrift" (19.3.1898, S. 405; 2.4.1898, S. 9).[41] Berühmte Zeitgenossen, wie Gerhart Hauptmann, bestätigten, dass der Simplicissimus *„die schärfste und rücksichtsloseste satirische Kraft Deutschlands"* sei (23.4.1901, S. 33 u. ö.). Die Zeitschrift schrieb sich selbst eine aufklärerische Funktion bei der Aufdeckung von *„socialen Schäden"* zu (14.1.1898, S. 330). Gemäß ihrer selbstgesteckten aufklärerischen Ambition zählte sie zu ihren erklärten „Feinden": „Dummheit", „Misantropie", „Pruederie"[42] und „Frömmelei" (9.5.1896, S. 5). Es sind Bezeichnungen für Eigenschaften, denen besonders die Autoren der europäischen Aufklärung den Kampf angesagt hatten, so dass der Simplicissimus auch indirekt eine Teilhabe an deren aufklärerischem Programm beanspruchte.[43] Dies betraf allgemein die Kritik der Aufklärung in den Worten Reiner Schulzes „an überlieferten Vorstellungen und Werten",[44] an „Vorurteilen".[45] Der Diderot-Forscher Herbert Dieckmann wies darauf hin, dass die Vertreter der Aufklärung nicht nur durch ihre Kritik zu definieren waren: „Der Übergang vom Kritischen zum Konstruktiven vollzieht sich gewissermaßen wiederholt im Denken der Aufklärer."[46] Hinsichtlich der vom Simplicissimus ausgemachten „Feinde" bedeutete das: Der Dummheit stellten die Vertreter der historischen Aufklärung die Vernunft gegenüber,[47] der Misanthropie die Bejahung

---

41 Man kann folglich Horn nicht darin zustimmen, dass der Simplicissimus „selbst in seinen Ausgaben kein eindeutiges Bekenntnis zur Satire ablegte". (Horn, Prosa im Simplicissimus, 2000, S. 33).

42 Eduard Fuchs bezeichnete 1906 die Prüderie als „Sinnlichkeit, die sich ihrer schämt". „Prüderie als allgemeines, das ganze Volk beherrschendes soziales Gesetz ist die polizeiliche Bändigung der Sinnlichkeit." (Fuchs, Die Frau in der Karikatur, 1906, S. 253). „Arrogante Prüderie und bürgerliche Doppelmoral" waren laut Pohl vor allem Merkmale des Bildungsbürgertums im Untersuchungszeitraum. (Pohl, Wirtschafts- und sozialgeschichtliche Grundzüge, 1979, S. 48).

43 Dazu zählte auch das Aufbegehren des Vernunftrechts gegen arbeitsrechtliche Missstände. (Wieacker, Privatrechtsgeschichte der Neuzeit, 1967, S. 314).

44 Dazu Schulze, Policey, 1982, S. 16. In Form positiver Werte wurde nach Schulze die Aufklärung charakterisiert durch „die optimistische Erwartung fortschreitender ‚Erleuchtung' und ‚Vervollkommnung'", durch das „Ideal der Vervollkommnung menschlicher Erkenntnis und menschlichen Soziallebens..." (ebda, S. 63).

45 Schulze, Policey, 1982, S. 143; Dieckmann, Studien, 1974, S. 260.

46 Dieckmann, Studien, 1974, S. 267.

47 Cf. Kocka (Weder Stand noch Klasse, 1990, S. 209): „Das Ziel aufgeklärter Erziehung war der vernünftig denkende und handelnde Mensch." Kocka weist auch darauf hin, dass die Aufklärung vor allem im Bildungsbürgertum Verbreitung fand. Für die Wende vom 18. zum 19. Jahrhundert legt Kocka dar, dass sich vor allem die Arbeiter- und Unterschichten gegen die Ideen der „Aufklärung" wandten: Dem einfachen Volk war der Begriff der Aufklärung teilweise sogar verhasst, weil die Aufklärung mit einer Reduzierung von Gewohnheiten (z. B. kirchlicher Feiertage) verbunden

von Gesellschaft und Gemeinschaft, der Prüderie die Toleranz, der Frömmelei die diesseitsbezogene Ethik und Aufrichtigkeit. Doch das Spektrum der von der Aufklärung vertretenen Werte umfasste je nach Vertreter auch solche, die sich der Simplicissimus nicht zu eigen machte, wie die Betonung der Tugend und die Entsagung der Leidenschaft bei Denis Diderot als Grundlage des bürgerlich-gemeinschaftlichen Verhaltens.

Der aufklärerische Selbstanspruch des Simplicissimus wurde auch durchgängig von der späteren wissenschaftlichen Literatur und der populären Rezeption aufgegriffen.[48] So stand es für die Gratulanten im Jubiläumsjahr 1996 fest, dass es das Ziel der Zeitschrift gewesen sei, „für mehr soziale Gerechtigkeit und Solidarität unter den Menschen zu kämpfen".[49]

Nur wenige stellten den aufklärerischen Anspruch und den Erkenntniswillen des Simplicissimus in Frage. Zu ihnen gehörte in der Weimarer Republik der Kulturkritiker Theodor Haecker.[50]

b) Inhalte

Die publizistisch-satirischen Aktivitäten der Zeitschrift richteten sich im untersuchten Zeitraum vor allem gegen das Preußentum (16.12.1902, S. 297 u. ö.)[51] und die bildungsfernen Vertreter des kaiserlichen Militärs (25.10.1904, S. 305 u. ö.), gegen die bildungsunwilligen, alkoholisierten Korpsstudenten, gegen die Zentrums-Partei (23.2.1904, S. 387 u. ö.), die katholische Kirche (12.1.1904, S. 329 u. ö.) und ihre

war. (ebenda, S. 172 f.). Man trennte sich ungern von den kirchlichen Feiertagen, die auch eine indirekte Entlastungsfunktion im Arbeitsleben besaßen.

48 Konrad, Nationale und internationale Tendenzen im „Simplicissimus", 1975, S. 20; Geyer, Verkehrte Welt, 1998, S. 14.

49 Moser/ Sammer, Sonderheft 1996, S. 2. In der Rezeption wurde betont, dass die Zeitschrift zunächst „kunst-reformerisch" und erst später „politisch-satirisch" gewesen sei. (Sinsheimer, Gelebt im Paradies, 1953, S. 226).

50 Haecker, Satire und Polemik 1914–1920, 1922, S. 49: „Aber es sollte jenen „Satirikern" [die des Simplicissimus, Verf.] wenigstens das eine geschehen, daß man ihre Lächerlichkeit erkennt, diese maßlose, nie aufgedeckte, nie mit einem Witz gestrafte Lächerlichkeit, wenn sie sich immerzu mit Hus, mit Galilei oder Giordano Bruno verwechseln und sich selber und hunderttausend Dummköpfen ebenso mutig und „zornig idealistisch" vorkommen wie Männer, die für ihre Reden und Schriften den Scheiterhaufen zu gewärtigen hatten, während sie doch ganz behaglich leben und ihre Phrasen der Empörung, die genau so in jedem linksliberalen Blatt stehen könnten, davon zeugen, daß auch Kampf und Leiden der Innerlichkeit nicht vorausgingen."

51 Konrad, Nationale und internationale Tendenzen im „Simplicissimus", 1975, S. 69 f; Konrad, Politische Zielsetzungen, 1977, S. 90. Die „radikale Ablehnung dessen, was man das ‚preußische System' nannte" charakterisierte laut Grebing auch die sozialdemokratischen und sozialistischen Partei- und Gewerkschaftsanhänger. (Grebing, Arbeiterbewegung, 1985, S. 127).

wohlgenährten Pfarrer, ebenso wie gegen die evangelischen[52], die sich beide in der Erhaltung der Dummheit einig seien (16.2.1904, S. 378)[53] und schließlich gegen prallgenährte, ungebildete Bürger (1.3.1904, S. 389). In jeder Nummer wurde ausgiebig das Liebesleben kommentiert. Wahrscheinlich war es gerade die Freude an diesen von Zeitgenossen geschmähten „pornographischen“ Beiträgen,[54] welche die aristokratischen, groß- und mittelbürgerlichen Leser veranlassten, über die Attacken auf den eigenen Stand hinwegzusehen.

Auch die Vertreter der Jurisprudenz und das von ihnen im Untersuchungszeitraum hervorgebrachte Bürgerliche Gesetzbuch und dessen Sprache (28.5.1906, S. 138)[55] unterlagen einer satirischen Betrachtung (25.7.1896, S. 4)[56] durch den Simplicissimus.

Die Kritik des Simplicissimus am BGB war sowohl auf Sachkenntnis seiner juristisch bewanderten Mitarbeiter[57] zurückzuführen als auf eine besonders seit der Jahrhundertwende gepflegte Kritik an dem auch vom Simplicissimus satirisch kommentierten „Juristendeutsch“ in sprachbewussten Kreisen.[58] Dieter Schwab kam beim einhundertjährigen Jubiläum des BGB in der Betrachtung von Otto von Gierke zu dem Schluss: „Ich vermute, dass vor allem diese Sprachkritik der Kampfschrift

---

52 Unterschiedliche Ansicht bei Konrad, Nationale und internationale Tendenzen im „Simplicissimus“, 1975, S. 77.

53 In der Kritik an Kirche und Klerus machte sich die Zeitschrift einen der Hauptkritikpunkte der historischen Aufklärung zu Eigen. (Dazu: Gadamer, Wahrheit und Methode, 1972, S. 256).

54 Konrad, Nationale und internationale Tendenzen im „Simplicissimus“, 1975, S. 30.

55 *„Privatrecht“ „Anfangs- und Endtermin können bestimmt werden durch Bezugnahme auf ein Ereignis, von dem entweder feststeht, daß und wann, oder zwar daß, nicht aber wann, oder zwar wann, nicht aber daß es eintreten wird.“* (ggf. Satire auf § 163). Der Kampf gegen die „Unterdrückung des Rechts“ wurde als ein wichtiges Ziel der Zeitschrift in der späteren Rezeption angesehen. (Moser/ Sammer, Sonderheft 1996; S. 38). Schwab macht auf die Langlebigkeit der „Kritik an Sprache und Stil des BGB“ aufmerksam. (Schwab, Das BGB und seine Kritiker, 2000, S. 341.

56 Sprichwörtlich wurde die Einleitung zu Ludwig Thomas kurz nach dem Inkrafttreten des BGB erschienen Erzählung ***Der Vertrag***: „Der königliche Landgerichtsrat Alois Eschenberger war ein guter Jurist und auch sonst von mäßigem Verstande.“ (13.3.1901, S. 414). Auch in anderen Publikationen pflegte der Jurist Thoma seinen Berufsstand satirisch zu behandeln. (Beispiel: Thoma, Assessor Karlchen, 1992, S. 7 ff.).

57 Der Rechtsanwalt und „Dichterjurist“ Ludwig Thoma, der Rechtsanwalt Conrad Haußmann.

58 Keysser, Recht und Juristen im Spiegel der Satire, 1919, Teil II, S. 50 ff. Die Kritik am BGB war außerdem gängiges Thema zeitgenössischer Juristen, wie Ernst Immanuel Bekker (Bekker, Ernst und Scherz, 1892, S. 102 ff. u. ö.) und bezog sich auch auf die „kümmerliche“ Behandlung des Arbeitsrechts im BGB. (Potthoff, Probleme des Arbeitsrechts, 1912, S. 17.).

Gierkes die Aufmerksamkeit über Juristenkreise hinaus gesichert und auch ihre Fortwirkung in die zweite Hälfte des 20. Jahrhunderts hinein begünstigt hat."[59]

Die Kritik am Recht, seinen Vertretern und seiner Sprache war keine Erfindung des Simplicissimus. Sie kann als traditionell[60] und damit als wenig aufklärerisch angesehen werden. In seinem 1919 erschienenen Buch ***Recht und Juristen im Spiegel der Satire***[61] stellte der ehemalige Direktor der Kölner Stadtbibliothek und promovierte Jurist Adolf Keysser mehrere parodistisch-satirische Bearbeitungen des Bürgerlichen Gesetzbuches vor:[62] Im Gegensatz zum Simplicissimus und dessen Zeitgenossen empfand er allerdings die Sprache des BGB als befriedigend,[63] wohingegen „die Sprache der Rechtswissenschaft und vor allem der praktischen Juristen im mündlichen und schriftlichen Verkehr" gängiges Ziel des Angriffs auch von „Witzblättern" sei und der Reform bedürfe.[64]

Der kritischen Rezeption des Simplicissimus fiel nach 1909 eine stereotype Wiederholung der Themen auf. „Immer noch und immer wieder war es der Leutnant, der Ost-Elbier, der Pastor, der Bürokrat und der Hohenzoller."[65]

Ein weiterer Gegenstand satirischer Betrachtung war schließlich die soziale Situation und die Arbeitswelt der Zeitgenossen. Dabei befand sich der Simplicissimus, ähnlich wie andere Zeitschriften, in der prekären Situation, dass er sich zu einem

---

59 Schwab, Das BGB und seine Kritiker, 2000, S. 331. Schwab nimmt differenziert und sehr behutsam zur Kritik an der Sprache des BGB Stellung: „Gewiss klingt in der Sprache des BGB vieles hölzern und künstlich, der Ausdruck könnte bisweilen verständlicher und sinnfälliger sein." (Schwab, Das BGB und seine Kritiker, 2000, S. 353).

60 Fehr verwies auf die Klagen über die Juristen seit dem 13. Jahrhunderts. Sie spielten u. a. beim Namensgeber der Zeitschrift, im ***Simplicius Simplicissimus*** von Grimmelshausen, eine Rolle. (Fehr, Das Recht in der Dichtung 1931, S. 381 f., S. 529). Besonders die Prozessverschleppung war über Jahrhunderte Thema der Kritik. Zur Kritik an der „langsamen" Justiz im Absolutismus und Liberalismus: Grimm, Trennung von öffentlichem und privatem Recht, 1972, S. 233; zur Kritik am Richterstand bei Savigny und zu dessen Ideal des „Gelehrte[n] auf dem Richterstuhl": Mohnhaupt, Richter und Rechtsprechung, 1972, S. 249 und passim, wie S. 256: „Savignys Ziel ist es, wie das seiner Gegner, die Bedingungen für eine sichere, schnelle und gleiche Rechtspflege zu schaffen."

61 Vorwort und Einleitung nahmen Bezug auf Otto v. Gierke, ***Der Humor im deutschen Recht***, Rudolf von Jhering ***Scherz und Ernst in der Jurisprudenz*** und Ernst Immanuel Bekker ***Ernst und Scherz über unsere Wissenschaft*** (Keysser, Recht und Juristen im Spiegel der Satire, 1919, Teil 1, S. VIII, S. 2).

62 Keysser, Recht und Juristen im Spiegel der Satire, 1919, Teil I, S. 126 ff.

63 Keysser, Recht und Juristen im Spiegel der Satire, 1919, Teil II, S. 54. Zur Kritik am „Juristenkauderwelsch" im Zusammenhang des BGB: Schwab unter Hinweis auf Otto von Gierke: Das BGB und seine Kritiker, 2000, S. 330.

64 Keysser, Recht und Juristen im Spiegel der Satire, 1919, Teil II, S. 56, 60.

65 Sinsheimer, Gelebt im Paradies, 1953, S. 229; Zimdars, Die Zeitschrift „Simplicissimus", 1972, S. 51.

großen Teil aus Anzeigen von Unternehmen finanzierte, die das Blatt aus wirtschaftlichen Erwägungen heraus nicht verlieren durfte. Die Zeitschrift warb immerhin für Automobile, Maschinen, Reifen, Sekt, Champagner und Likör, gutbürgerliche Möbel, weitere Konsumgüter, Arzneimittel jeder Art, schlüpfrige Schriften sowie für Kur- und Badeorte. „Die Zeichner verkauften an die gleichen Leute, die sie vorgaben zu bekämpfen."[66] Die Zeichner und Autoren bewegten sich mit ihren politischen Aussagen in einem Rahmen, der weder die bildungsbürgerliche Leserschaft noch die annoncierende Unternehmerschaft verprellen durfte.[67] Diese Rücksichten schränkten aber die in der Rezeptionsgeschichte häufig und fälschlich beschworene Unabhängigkeit des Simplicissimus ein.[68] Die Untersuchung wird zeigen, dass die Zeitschrift in mehreren Beiträgen nicht die Unternehmer direkt für arbeitgeberisches Fehlverhalten verantwortlich machte, sondern Vertreter der mittleren und oberen Führungsebene, Vorarbeiter, Werkmeister, Betriebsleiter, *„Prokuristen"*. Auf diese Weise vermied sie es, sich das für die Finanzierung wichtige Unternehmertum zu vergraulen.

Insgesamt gaben gerade die Annoncen Aufschluss über die Leserschaft der Zeitschrift: Es waren offenbar nach Aussagen der dem Simplicissimus gewidmeten Literatur zahlungsfähige Angehörige der vorwiegend städtischen[69] Mittel- und Oberschicht, die mit manchen Zuständen unzufrieden war. Die Zeitschrift richtete sich an ein gymnasial und universitär vorgebildetes Publikum, bzw. an ein solches, das dafür gehalten werden wollte. Zu den eifrigen Lesern der Zeitschrift gehörten auch die bayerischen Militärs, die sich an den Unarten ihrer preußischen Kameraden delektierten.[70]

Herausgeber, Redakteure, Autoren und Zeichner des Simplicissimus gerierten sich gerne als Anwälte der Arbeiter,[71] ein Selbstdarstellung, die auch von der Forschungsliteratur aufgegriffen wurde. (s.o.). Doch in München kannten sie das Proletariat

---

66 Rösch, Simplicissimus, 1996, S. 118; Zimdars, Die Zeitschrift „Simplicissimus", 1972, S. 16.

67 Joachimsthaler, Das Ende der Satire, 1996, S. 97; Lüdke/ Erwig-Drüppel, Das Subject. Das Object, 1994, S. 153: „Der ‚Simplicissimus' war einem bürgerlichen Publikum verpflichtet."

68 Schoenberner, Name und Aufgabe des „Simpls", 1996, S. 36 unzutreffend: „Das Hauptmerkmal des Simplicissimus war seine gänzliche Unabhängigkeit. Er konnte sich völlig frei über alle erdenklichen politischen und kulturellen Ereignisse äußern, ohne an irgendeine politische Partei oder bestimmte wirtschaftliche Interessengruppen gebunden zu sein."

69 Horn, Prosa im Simplicissimus, 2000, S. 183.

70 Koch, Von A wie *Absinth* bis Z wie *Zickzack,* 1996, S. 26 [kursiv im zit. Text].

71 Die Mitarbeiter des Simplicissimus lebten allerdings teilweise mehr als komfortabel. (Abret/ Keel, Im Zeichen, 1987, S. 126 ff). Eugen Roth bezeichnete die Mitarbeiter des Simplicissimus als die „durch große Einkommen Verwöhnten". (Roth, Simplicissimus, 1954, S. 42). Ebenso bereits Sinsheimer (1953, S. 230). Cf. Konrad, Nationale und internationale Tendenzen im „Simplicissimus", 1975, S. 40 f. Der Schriftsteller Wilhelm Weigand merkte in seiner Autobiographie an, dass die neunziger Jahre

fast nur vom Hörensagen und aus der naturalistischen Literatur,[72] da – nach Ritter/ Tenfelde – es im südlichen Deutschland fast keine „schwerindustriellen Erwerbsregionen“ gab.[73]

Das Interesse an einer Verbesserung der „sozialen Lage“ durch Reformen speiste sich nach Aussagen der dem Simplicissimus gewidmeten Literatur aus der Angst vor einer Revolution.[74] Arbeiter gehörten nicht zur Stamm-Leserschaft des Simplicissimus.[75] Sie konnten sich die in den Annoncen angepriesenen Luxusartikel nicht leisten. Die Zeichner zeichneten zwar Arbeiter, aber sie zeichneten nach Aussagen von Ludwig Thoma nicht „für sozialdemokratische Arbeiter“.[76] Auch die Charakterisierung der Satire als „elitäre Spielart der Kommunikation“ durch die moderne verfassungsrechtliche Satire-Forschung[77] schließt die Arbeiterschaft als Rezipienten des Simplicissimus nahezu vollständig aus - die Richtigkeit dieser Satire-Definition vorausgesetzt.

Trotz der unterschiedlichen politischen Auffassungen der am Simplicissimus mitwirkenden Personen[78] kann insgesamt festgehalten werden: Der grundlegende politische Standpunkt des Simplicissimus schien ein liberaler zu sein,[79] ein bürger-

---

für viele Autoren „eine herrliche Zeit“ waren und vielen zu Wohlstand verhalfen. (Weigand, Welt und Weg, 1940, S. 202).

72 Hannsludwig Geiger wies darauf hin, dass auch die meisten sozialkritischen Autoren der Jahrhundertwende die existenzielle Erfahrung der Arbeiterschaft nicht teilten. (Geiger, Es war um die Jahrhundertwende, 1953, S. 24). Selbst zeitgenössische Sozialpolitiker, wie Heinz Potthoff, beriefen sich auf Hauptmanns Literatur als Dokument der Realität. (Potthoff, Probleme des Arbeitsrechts, 1912 S. 51). Der Simplicissimus schöpfte seine Arbeiterdarstellungen u. a. aus Publikationen wie ***Das Proletariat*** von Sombart, so wie Sombart seinerseits sich auf Zeichnungen von Th. Th. Heine bezog. (Sombart, Das Proletariat, 1906, S. 34). Die vom Simplicissimus wahrgenommene Wirklichkeit, war in Wirklichkeit „immer schon eine gedeutete Wirklichkeit“. (Bollnow¸ Philosophie der Erkenntnis, 1981, S. 59).

73 Ritter/ Tenfelde, Arbeiter, 1992, S. 135.

74 Haus der Kunst, Simplicissimus: eine satirische Zeitschrift, 1977, S. 190.

75 Allan überbewertet offenbar die Arbeiterschaft als Leserschaft des Simplicissimus: “As popularizers of liberal ideas, both *Kladderadatsch* and *Simplicissimus* were designed primarily for middle-class readers (although *Simplicissimus* also gained a working-class readership).” (Allan, Satire and Society, 1984, S. 11 [kursiv im zit. Text]).

76 Joachimsthaler, Das Ende der Satire, 1996, S. 97; cf. Konrad, Nationale und internationale Tendenzen im „Simplicissimus“, 1975, S. 37. Auch die Theaterstücke, welche „die sozialen Gebrechen der Epoche“ abhandelten, wurden kaum vor Arbeitern, sondern „vor den intellektuellen Schichten des hauptstädtischen Bürgertums“ aufgeführt. (Stürmer, Das ruhelose Reich, 1983, S. 32).

77 Gärtner, Was die Satire darf, 2009, S. 144.

78 Zu der politischen Einstellung der einzelnen Persönlichkeiten: Konrad, Nationale und internationale Tendenzen im „Simplicissimus“, 1975, S. 23 ff.

79 So auch Hollweck, Karikaturen, 1981, S. 10. Nach Weigand schwamm Ludwig Thoma „munter wie ein Hecht im demokratisch-liberalen Fahrwasser“. (Weigand, Welt und Weg, 1940, S. 264). Thoma selbst bekannte sich 1923 zu liberalen Werten als Gegen-

lich-liberaler nach Traeger[80], ein politisch-liberaler zwischen nationalliberal und linksliberal.[81] Dabei ist der Begriff „liberal“ für den Untersuchungszeitraum schwer zu definieren und seine Bedeutung hing häufig vom jeweiligen Verwender ab.[82] Der Simplicissimus war auf Seiten der gemäßigten Sozialdemokraten, wenn es um die Kritik am wilhelminischen Staat ging, lehnte jedoch die Klassenkampftheorie der Linken ab.[83] Dementsprechend wurde er in der späteren sozialistischen DDR-Rezeption als bürgerliches Blatt eingestuft, dessen Gesellschaftskritik sich nur den Symptomen, nicht aber den Wurzeln der Übelstände des Monopolkapitalismus widme,[84] und dessen allgemeine Kritik zu selten den Werktätigen gerecht werde.[85] Die Sozialdemokraten verbreiten das Gerücht, dass der Simplicissimus durch die *„Bekundung eines nicht unbedingt sozialdemokratischen Standpunktes“* von der Schwerindustrie gekauft sei (25.2.1920, S. 682). Zeitgenossen, die der Zeitschrift kritisch gegenüber eingestellt waren, wie der Kämpfer gegen die Prostitution, Ludwig Kemmer, argwöhnten hingegen, dass der Simplicissimus „ein Dauergeschenk des Sozialismus“ sei.[86]

---

gewicht zum „altbayerischen Gehen- und Geschehenlassen“. (Thoma, Leute, die ich kannte, 1923, S. 146 f.).

80 Traeger, Bilder vom Elend, 1998, S. 7. Cf. Haus der Kunst, Simplicissimus: eine satirische Zeitschrift, 1977, S. 135.

81 Sinsheimer bezeichnete den Simplicissimus in der Zeit von 1896 bis 1914 in der Rückschau seiner Autobiographie als ein „satirisches linksstehendes Blatt“. (Sinsheimer 1953, S. 234). Cf. Konrad, Nationale und internationale Tendenzen im „Simplicissimus“, 1975, S. 80. Die Zeitschrift nahm eine literarische Selbst-Positionierung auf dem „Boden des socialen Kampfes“ vor. (4.7.1896, S. 6; dazu: Horn, Prosa im Simplicissimus, 2000, S. 259).

82 Ormond, Richterwürde, 1994, S. 332.

83 Konrad, Nationale und internationale Tendenzen im „Simplicissimus“, 1975, S. 74 f; Konrad, Politische Zielsetzungen, 1977, S. 91. Es ist zu berücksichtigen, dass das Gründungsjahr des Simplicissimus mit den Beginn der sogen. Revisionismusdebatte innerhalb der Sozialdemokratie zusammenfiel und von daher kein einheitlicher sozialdemokartischer Standpunkt zu erwarten ist. (Cf. zur Revisionismusdebatte: Bausinger, Verbürgerlichung, 1981, S. 107 f.).

84 Christ, Simplicissimus, 1972, S. 9.

85 Haese, Die gesellschaftskritische Karikatur im „Simplicissimus“, 1966, S. 56, 83 f.

86 Zitiert nach Gajek, Kritik am Simplicissimus, 1996, S. 55. Die Forschung sieht auch für die Zeit nach dem Ersten Weltkrieg zwar eine Nähe zur Sozialdemokratie, aber eine Ablehnung des Klassenkampfes. (Koch, Bestes Witzblatt der Welt, 1996 b, S. 142). Zu den Hauptideen des Sozialismus, an denen der Simplicissimus zu messen wäre: Coing, Europäisches Privatrecht II, 1989, S. 74 ff.

IV. Methoden

Die arbeitsrechtlich relevanten Karikaturen werden analysiert, indem der zeitgenössische historische und (arbeits-)rechtliche Kontext einbezogen wird.[87]
Somit sind drei Untersuchungsebenen zu unterscheiden:

- die Analyse der Karikaturen im Simplicissimus.
- die Berücksichtigung des historischen Kontextes.
- die Berücksichtigung des (arbeits-)rechtlichen Kontextes.

Es wird im Folgenden ersichtlich, dass die drei Ebenen eng aufeinander bezogen sind, so dass im Einzelnen ein integratives Verfahren angemessen sein wird.

Die werkimmanente Analyse der Karikaturen stützt sich auf Grundlagen der Semiotik.[88] Bild und Text werden als Elemente einer bikodalen „Botschaft“[89] verstanden. Die ikonischen und sprachlichen Informationen können in einem unterschiedlichen Verhältnis zueinander stehen. Daraus ergibt sich die Frage, ob die Zeichen des einen Kodes die Information des anderen redundant vermitteln, ob sie eine noch nicht gegebene Information hinzufügen oder ob sie sich gegenseitig relativieren.[90]

Außerdem wird in beiden Zeichensystemen unterschieden zwischen denotativer, d. h. konventioneller, Bedeutung und konnotativer, d. h. assoziativer, Bedeutung.[91] Die Dekodierung der Konnotationen setzt sowohl beim zeitgenössischen Publikum als auch beim heutigen Leser ein bestimmtes Kontextwissen, ein Vor-Wissen, bzw. Vorverständnis voraus.[92] Dieses wird bereits beim zeitgenössischen Produzenten und Rezipienten aus zahlreichen Informationsquellen gespeist, die ihrerseits eine journalistische, literarische oder alltagsbedingte Selektion oder Verformung der Informationen durchlaufen haben. Eine werkimmanente Analyse ist daher in reiner Form nicht möglich, sondern nur als Arbeitshypothese. Ständig wird man sich der Gefahr bewusst sein müssen, dass das heutige Verständnis keine „Rückreflektierung moderner Gedanken in ein Zeitalter sein [darf], dem sie vollkommen fern gestanden

---

87 Zum Begriff der Dekontextualisierung als „Vernachlässigung des historischen Kontexts“: Avenarius, Tradition, Vorverständnis und Wirkungsgeschichte, 2008, S. 12.

88 Winfried Nöth untersucht in seinem umfassenden Handbuch der Semiotik zwar das Thema „Ästhetik und visuelle Kommunikation“, spart aber die Karikaturen aus. (1985, S. 381 ff.).

89 Barthes, Rhetorik des Bildes, 1990, S. 36.

90 Zu unterschiedlichen „Bild-Text-Relationen“: Nöth, Handbuch der Semiotik 1985, S. 416 f.; Barthes, Rhetorik des Bildes, 1990, S. 33; Haese, Die gesellschaftskritische Karikatur im „Simplicissimus“, 1966, S. 16 ff.

91 Assoziativ im weiten Sinn umfassend stilistische, affektive, dialektale u. a. Bedeutungsaspekte. Cf. Nöth, Handbuch der Semiotik, 1985, S. 74 ff.

92 „Satire setzt die kommentierte Sachlage regelmäßig als bekannt voraus ...“ (Gärtner, Was die Satire darf, 2009, S. 106, S. 143). Avenarius begreift das Vorverständnis als „Verstehensschlüssel und -hindernis“ (Avenarius, Das „gaiozentrische“ Bild, 2008, 100 ff.).

haben".[93] Die werkimmanente Analyse wird folglich durch die Berücksichtigung des historischen Kontextes der Karikatur ergänzt.

Das Kontextualisierung wird vom heutigen Leser über das Studium des auf die Zeit bezogenen historischen und arbeitsrechtlichen Schrifttums erschlossen, das folglich in dem erforderlichen Umfang Eingang in dieser Untersuchung gefunden hat. Dabei waren die „drei Ebenen der Rechtsverwirklichung"[94] (Gesetzgebung, Rechtswissenschaft und Rechtsprechung) zu berücksichtigen.

Im Rahmen der Semiotik und Textwissenschaften spielen textsoziologische[95] und rezeptionsbezogene[96] Methoden eine wichtige Rolle. Die gelingende Dekodierung der bikodalen Botschaft einer Karikatur schmeichelt nach Ansicht der sich der Satire widmenden Literatur der Intelligenz des Lesers[97], wenn er Elemente seiner eigenen tatsächlichen oder vermeintlichen Bildung und sozialen Tradition wiedererkennt.[98] Zu diesen typenhaften Zeichen gehört etwa der deutsche Michel.[99] So kann der Leser auf „vertraute Rezeptionsmuster" zurückgreifen.[100] Dies bedeutete für den Simplicissimus einen Ausschluss avantgardistischer Graphiker aus dem Mitarbeiterkreis des Simplicissimus. Somit war aus merkantilen Interessen die Gefahr einer intellektuellen Überforderung der Leser gebannt. Nur so gelangte die Zeitschrift im Untersuchungszeitraum zu Spitzenauflagen zwischen 85.000 und 100.000 Exemplaren.[101] Damit konnte der Adressatenkreis des Simplicissimus von der Forschung näher bestimmt werden: Es war dies offenbar in erster Linie das liberale, national gesinnte, bildungsnahe, urbane Bürgertum.[102]

---

93 Zlinszky, Rechtsstaat Rom, 1993, S. 471 f.

94 Mestitz, Probleme der Geschichte des Arbeitsrechts, 1980, S. 47.

95 Maren-Grisebach, Methoden der Literaturwissenschaft, 1970, S. 80 ff.

96 Nisin 1960, La littérature et le lecteur, S. 20; Jauss, Vorwort, 1968, S. IX.

97 Horn, Prosa im Simplicissimus, 2000, S. 58.

98 Dies trifft zu, wenn man ihm zutraut, lateinische Zitate zu verstehen oder „Bildzitate" aus der Antike oder der Bibel zu erkennen. (Friedel, Bildzitate, 1977, S. 129 f.: „Man gab sich gebildet, sowohl auf der Seite der Redaktion des ‚Simplicissimus' als auch beim Abonnentenpublikum.").

99 Haese, Die gesellschaftskritische Karikatur im „Simplicissimus", 1966, S. 15.

100 Horn, Prosa im Simplicissimus, 2000, S. 84. Nach Gärtner hat der Rezipient einerseits einen komplexen Prozess der Dekodierung zu bewältigen, bezieht sich aber andererseits häufig auf das Wiedererkennungsmoment satirischer Figuren und Aussagen. (Gärtner, Was die Satire darf, 2009, S. 124).

101 Koch, Bestes Witzblatt der Welt, 1996 b, S. 128. Die Zahl der tatsächlichen Leser war höher, da die Zeitschrift in Lokalen und Casinos auslag und zirkulierte. Verlässliche Zahlen liegen nicht vor. Konrad, Nationale und internationale Tendenzen im „Simplicissimus", 1975, S. 42 wies auf die Verkaufszahlen des Simplicissimus in den unterschiedlichen Teilen des Reiches hin: Danach wurden in Preußen die meisten Exemplare verkauft.

102 Konrad, Nationale und internationale Tendenzen im „Simplicissimus", 1975, S. 53: „Zielgruppe und Hautabnehmer war das Bürgertum, besonders das Bildungsbürgertum, und das liberale Unternehmertum. Auch in Kreisen des Adels, des

V. Satire und Karikatur

1. Die Karikatur als Bildsatire

Die Karikatur wird hier als „Bildsatire“ aufgefasst[103]. Sie ist entweder ein rein ikonisches oder ein verbal-ikonisches Ausdrucksmittel der Satire. Das was für die Satire gilt, gilt auch für sie. Von der reinen Sprachsatire unterscheidet sie sich laut Zimdars durch ihre „anschauliche Blitzzündung“.[104]

Die Karikatur schildert nach Gärtner eine „verkehrte Welt“[105]. Diese wird laut Haese erzeugt durch den Aufbau einer den Leser überraschenden Spannung, einer Diskrepanz innerhalb oder zwischen verbalen und ikonischen Aussagen. Verfremdung[106], Übertreibung und Untertreibung[107] als Absage an die Proportionalität sind Kennzeichen der „verkehrten Welt“. Ein Detail wird nach Hollweck als das vermeintlich Charakteristische hervorgehoben und vom Nebensächlichen abstrahiert.[108]

Auf die Diskrepanz zwischen Norm und Deviation[109] machte schon Schiller in seiner Schrift ***Über naive und sentimentalische Dichtung*** von 1795 aufmerksam: „In der Satyre wird die Wirklichkeit als Mangel, dem Ideal als der höchsten Realität, gegenüber gestellt.“[110] Aus Schillers Definition wurde ein didaktischer Anspruch der Satire abgeleitet. Entsprechend wurde die Satire in Handbüchern der Poetik unter der Rubrik „Didaktik“ eingeordnet.[111] Dort wurde sie als eine Form der Zeitkritik verstanden, als Richterin, die „einer in Sitten und Anschauungen auf Abwege geratenen Zeit den scharfgeschliffenen Spiegel“ vorhält.[112] Wie die Satire im Allgemeinen wird auch die Karikatur im Besonderen bis in die Gegenwart als eine „explizit didaktische Kunst“

Offizierskorps und der nationalen liberalen Administration wurde das Blatt regelmäßig gelesen, wenn auch eine Billigung der Vorstellungen des ‚Simplicissimus‘ nur zu bestimmten Fragen zu erwarten war.“

103 Konrad, Nationale und internationale Tendenzen im „Simplicissimus“, 1975, S. 13 f.; Gärtner, Was die Satire darf, 2009, S. 29 u. ö.

104 Zimdars, Die Zeitschrift „Simplicissimus“, 1972, S. 177.

105 Gärtner, Was die Satire darf, 2009, S. 28 u. ö.

106 Haese, Die gesellschaftskritische Karikatur im „Simplicissimus“, 1966, S. 10 ff. zu Brechts Verfremdungseffekt.

107 Zimdars, Die Zeitschrift „Simplicissimus“, 1972, S. 165 f.

108 Hollweck, Karikaturen, 1981, S. 10.

109 Cf. Zimdars, Die Zeitschrift „Simplicissimus“, 1972, S. 166 ff.

110 Schiller, „Über naive und sentimentalische Dichtung“, 1962, S. 442.

111 Braak, Poetik in Stichworten, 1969, S. 150 ff.

112 Braak, Poetik in Stichworten, 1969, S. 165; cf. Konrad, Nationale und internationale Tendenzen im „Simplicissimus“, 1975, S. 51.

verstanden.[113] Eduard Fuchs sah im Untersuchungszeitraum 1906 in der Karikatur die „echoweckende und einflußreiche Demonstration des öffentlichen Gewissens".[114]

Der Anspruch des Simplicissimus, bei der Behandlung seiner Themen für die Gesellschaft aufklärerisch und erkenntnisbildend zu wirken, entsprach somit allgemein dem ethischen Anspruch, der der Satire traditionell zugeschrieben wurde und wird.[115] Diesem zufolge beabsichtigten die satirischen Zeitschriften, „ihre Umwelt zu durchleuchten, Mißstände aufzudecken, Verbesserungen zu fordern".[116] Folglich schreibt man Satiren und Karikaturen bis in die Gegenwart einen aufklärerischen Anspruch zu.[117] Gärtner spricht in diesem Zusammenhang vom „Normbezug"[118], d. h. einer Bezugnahme auf ein Ideal. Dabei bleiben das Ideal und die Utopie meist unbenannt.[119] Auch im Simplicissimus artikuliert sich dieses Ideal selten in den Karikaturen selbst, sondern bisweilen in externen Aussagen der Herausgeber und Mitarbeiter.[120] Die „Ersetzung des Negierten" durch die positive Norm, durch das Ideal, wird dem Rezipienten überlassen.[121] Die Satire beansprucht für sich nicht nur

---

113 Gärtner, Was die Satire darf, 2009, S. 88 unter Berufung auf Grünewald, Karikaturen. Das englische Synonym für „satirical press" „Witzblätter" betont weniger den belehrenden als den unterhaltsamen Aspekt. (Allan, Satire and Society, 1984, S. 222 f.).

114 Fuchs, Die Frau in der Karikatur, 1906, S. V.

115 Bald, Politisch-satirische Lyrik, 1936, S. 10 f.

116 Hollweck, Karikaturen, 1981, S. 12.

117 Die Verteidigung der Karikatur wird als „Verteidigung der Aufklärung" gedeutet, so in Folckers/ Sonntag, Caricatura V, 2007, S. 7.

118 Gärtner, Was die Satire darf, 2009, S. 24. Zur Berücksichtigung der „aufklärerischen Absicht" durch das BVerfG bei seinen Entscheidungen: Gärtner, Was die Satire darf, 2009, S. 33. Gärtner spricht von der „aufklärenden" Mission der Satire (S. 69, auch S. 25, 115). Cf. Schmoll, Macht und Ohnmacht der politischen Karikatur, 1977, S. 19: „Dabei ist die Kritik im eigenen Hause die vornehmste Aufgabe der Satire in einer Gesellschaft, die sich frei nennt, die sich durch gegenseitig-kritisches Verhalten zu besseren Erkenntnissen bringen kann und will." Rittig bemerkte: „Satire kämpft, da ist man sich wenigstens unter Literaturwissenschaftlern einig, auf der Seite der ratio, der Aufklärung." (Rittig, Anmerkungen zu Satire und Justiz, 1988, S. 211).

119 Zimdars verkannte demnach das Wesen der Satire und Karikatur im Simplicissimus, wenn er der Zeitschrift folgendes Manko vorhielt: „Dabei schlug er [der Simplicissimus, Verf.] allerdings nicht vor, wie denn das eine oder andere politische Problem besser zu lösen gewesen sei." (Zimdars, Die Zeitschrift „Simplicissimus", 1972, S. 32).

120 Beispiel dafür ist die autobiographische Schrift von Ludwig Thoma ***Leute, die ich kannte*** (Thoma, Leute, die ich kannte, 1923, z. B. S. 38 ff. zu Rudolf Wilke, S. 57 ff. zu Ignatius Taschner). Ideale Werte waren 1923 für Thoma „tüchtiges handwerkliches Können" (S. 83 f), „die alte Art" (S. 92), „kerndeutsch" (S. 97).

121 Haese: „Indem die Karikatur sich also gegen etwas wendet, setzt sie sich zugleich für das Gegenteil ein." (1966, S. 6).

die Funktion einer Erkenntnisanregung, sondern indirekt auch den Anstoß zu einer Verhaltensänderung.[122]

Der von Beate Horn im Simplicissimus wahrgenommene Unterschied zwischen aufklärerischen und „negativen" Satiren[123] kann im Rahmen der referierten Auffassungen wahrscheinlich kaum aufrecht erhalten werden. Ebenso wenig ihre Aussage: „Satire im ‚Simplicissimus' stellt sich damit überwiegend als ein mit negativem Affekt besetztes Phänomen dar"[124]. Nach Ruprecht Konrad war gerade die „negativierte Welt" Lebensgrundlage der Satire.[125]

Zustimmung findet nach dem Gesagten die Aussage Sebastian Gärtners: „Satire und Karikatur zielen darauf ab, Personen, Anschauungen und Zustände zu kritisieren und deren Fehlerhaftigkeit freizulegen."[126] Daraus ergibt sich laut Gärtner, Zimdars und Jhering der „aggressive Charakter" vieler Satiren.[127] Die der Satire allgemein zugeschriebene Aggressivität kam nach Ann Taylor Allan und anderen auch dem Simplicissimus zu.[128]

---

122 Cf. Fehr, Das Recht im Bilde, 1923, S. 157 (Kursiv im zit. Text): „Dabei hatte die Satire oft sehr gute und lehrhafte Absichten: *sie wollte nicht nur Schäden geißeln, nein sie wollte die Schäden verbessern.* Der Spott sollte heilende, heilbringende, fruchtbare Wirkungen haben." Es fällt unter dem Eindruck der herrschenden Meinung schwer, Götz von Olenhusen zuzustimmen, wenn er folgerte: „Karikatur, Satire und Komik wollen – wenn sie mit den Stilmitteln der Verzerrung, Übertreibung und Verfremdung arbeiten – gerade *nicht* ernst genommen werden mit dem, was sie als scheinbares Faktum hinstellen." (Götz von Olenhusen, Satire – eine Ehrensache, 2010, S. 95). Zur unmittelbaren (politischen) Wirkung: Schulz-Hoffmann, Zur Geschichte der illustrierten satirischen Zeitschrift, 1977, S. 24 f.; Gärtner, Was die Satire darf, 2009, S. 215; Moser/ Sammer, Sonderheft 1996, S. 2.; cf. Konrad, Nationale und internationale Tendenzen im „Simplicissimus", 1975, S. 16 f. Zur Langzeitwirkung: Schmoll, Macht und Ohnmacht der politischen Karikatur, 1977, S. 16: „Die Karikatur hat also eine Macht, übt sie nicht immer aktuell-unmittelbar, sondern vielfach latent gespeichert aus." Schmoll benutzte das Bild von der „Zeitbombe", vom „stetig fallenden Tropfen, der einen Stein schließlich höhlt" und der im Fall des Simplicissimus u. a. auch für den Sturz Wilhelm II. mitverantwortlich gewesen sei. (S. 20).

123 Horn, Prosa im Simplicissimus, 2000, S. 43.

124 Horn, Prosa im Simplicissimus, 2000, S. 52.

125 Konrad, Nationale und internationale Tendenzen im „Simplicissimus", 1975, S. 6 f.

126 Gärtner, Was die Satire darf, 2009, S. 17.

127 Gärtner, Was die Satire darf, 2009, S. 22. Cf. Zimdars, Die Zeitschrift „Simplicissimus", 1972, S. 172: „Als Zweck geschriebener und gezeichneter Satire betonen die Autoren mehr oder weniger übereinstimmend: lächerlich zu machen, herabzusetzen, der Verachtung preiszugeben, …". Auch Rudolf von Jhering bezeichnete die Satire als eine Waffe, der er sich bei seinem Angriff gegen die „Begriffsjurisprudenz" bedient habe. (Jhering, Scherz und Ernst in der Jurisprudenz, 1909, S. 337).

128 "The success of *Simplicissimus* was due in large measure to its change of direction and personality from a literary weekly which Langen had first envisaged to an organ of aggressive political satire." (Allan, Satire and Society, 1984, S. 39 [kursiv im zit. Text]).

Richtet die Satire sich gegen Personen, geschieht dies nach Gärtner allerdings vielfach nicht gegen sie als Individuen, sondern als Repräsentanten von Anschauungen oder Gruppen.[129]

2. Satire und Recht

In dem in dieser Arbeit untersuchten Zeitraum wurden Beiträge in der satirischen Presse häufig mit Verboten, Beschlagnahmen von Ausgaben und Verhaftungen von Verantwortlichen sanktioniert.[130] Auch die Thematisierung arbeitsrechtlich relevanter Sachverhalte im Simplicissimus - wie die Darstellung von Polizeieinsätzen während eines Streiks - bot Anlass zur Intervention von Justiz und Exekutive.

Den satirischen Zeitschriften waren und sind bis heute die behördlichen Maßregelungen jedoch häufig willkommen, da sie der Erhöhung der Auflage und damit des Umsatzes förderlich sind.[131] Auch der Simplicissimus verstand es, solche Vorkommnisse um die streitgegenständlichen Karikaturen für seine Eigenwerbung zu nutzen.[132]

---

129 Gärtner, Was die Satire darf, 2009, S. 23.

130 Horn, Prosa im Simplicissimus, 2000, S. 186; Furbach-Sinani, Dies Blatt gehört der Staatsgewalt, 1996, S. 45 f: Das Reichspreßgesetz (RPrG) von 1874 regelte zusammen mit dem StGB die Bestrafung der Verstöße. § 9 RPrG regelte die Abgabe eines Pflichtexemplars; § 6 verpflichtete zur Abgabe eines Exemplars vor Verkaufsbeginn an die Polizeibehörde des Erscheinungsorts. Anhand des Impressums wurden die Verantwortlichen ermittelt. Die Übertretung der §§ 6 und 9 wurde mit Geldstrafen geahndet. Zu diesen eigentlichen Preßvergehen kamen die am häufigsten geahndeten uneigentlichen Preßvergehen, wie Gotteslästerung (§ 166 StGB 1900), Majestätsbeleidigung (§ 95 StGB 1900), Beleidigung (§ 185 StGB 1900), Verbreitung unzüchtiger Schriften (§ 184 StGB 1900) und Grober Unfug (§ 360 Ziffer 11 StGB 1900). Die Majestätsbeleidigung galt staatsrechtlich wie der Hoch- und Staatsverrat als Staatsverbrechen. (Laband, Das Staatsrecht des Deutschen Reiches, 1901, S. 131). Das Verkaufsverbot des Simplicissimus auf preußischen Bahnhöfen 1898 durch das Eisenbahnministerium führte zu einer erheblichen finanziellen Belastung. Der Dichter Frank Wedekind und der Zeichner Thomas Theodor Heine wurden wegen der in der „Palästina"-Nummer (29.10.1898, S. 245) festgestellten Majestätsbeleidigung zu Festungshaft verurteilt. Der Herausgeber Albert Langen setzte sich ins Ausland ab und kehrte erst 1903 nach Deutschland zurück. (Dazu u. a.: Roth, Simplicissimus, 1954, S. 18; ausführlich: Holm, ich – kleingeschrieben, 1932, S. 79 ff.). Ludwig Thoma verbüßte 1906 eine Haftstrafe wegen eines Spottgedichts (25.10.1904, S. 309) auf die „Sittlichkeitsprediger zu Köln am Rhein". Cf. Arnold 1977, S. 101 anlässlich der Veröffentlichung von nackten Malermodellen des Malers Heinrich Zille; cf. Sailer, Glanz und Elend des Simplicissimus, 1977, S. 42; Kampmann zum Kunstschutzgesetz von 1907: Kampmann, Die Karikatur im Recht, 1938, S. 14.

131 Koch, Von A wie *Absinth* bis Z wie *Zickzack*, 1996, S. 20 f.; cf. auch Zimdars, Die Zeitschrift „Simplicissimus", 1972, S. 21.

132 Abret/ Keel 1987, S. 145; Geiger, Es war um die Jahrhundertwende, 1953, S. 80.

Die Diskussionen über die Grenzen von Satiren und Karikaturen münden auch in der gegenwärtigen Rechtssituation in forensischen Lösungsversuchen. Dies betrifft nicht nur straf- und verwaltungsrechtliche, sondern zunehmend auch privatrechtliche Konflikte.[133] Auch in jüngster Zeit ist oft strittig, ob bestimmte als Satire ausgegebene Werke mit den vom Grundgesetz garantierten Grundrechten vereinbar sind.[134] Das BVerfG und die Instanzgerichte äußerten sich mehrfach im Zusammenhang mit Satire und Karikaturen.[135]

Die Rechtsanwältin des Satire-Magazins ***Titanic*** Gabriele Rittig merkte hierzu an, dass sowohl im Strafrecht als auch im Zivilrecht die Verurteilung nicht an einer Textauslegung anknüpfen dürfe, die als tatbestandserfüllend gewertet wird, wenn auch andere, legale Auslegungen möglich seien.[136] In einem anderen Beitrag stellte sie den – für den Simplicissimus häufig angeführten – Werbeeffekt behördlicher Interventionen gegen Satiren in Frage und betonte stattdessen die finanzielle Belastung für die Publizisten.[137]

Gemäß Gärtners medienrechtlicher Schrift ***Was die Satire darf*** hat auch bei der gerichtlichen Entscheidung über die Tatbestandsmäßigkeit einer satirischen Arbeit der „Aussagekern", das von der dargestellten Person Repräsentierte, im Vordergrund zu stehen und nicht die Aufspaltung der „dogmatischen Figur von Kern und Kleid"[138].

---

133 Gärtner, Was die Satire darf, 2009, S. 166 f.: Generell stellen laut Gärtner im Bereich des Strafrechts die Beschimpfung von Bekenntnissen und Religionsgemeinschaften (§ 166 StGB), die Beleidigungsdelikte (§ 185 ff. StGB) und die Verunglimpfung des Staates und seiner Symbole (§ 90a StGB) „die satirerelevantesten Tatbestände" dar. (S. 197). Im Zivilrecht sei es vor allem das allgemeine Persönlichkeitsrecht aus § 823 I BGB, Art. 2 I GG i. V. m. Art. 1 I GG, das der Satire Grenzen setze. (S. 186).

134 Götz von Olenhusen, Satire – eine Ehrensache, 2010, S. 33 f.; Gärtner, Was die Satire darf, 2009, S. 192.

135 Umfassend: Gärtner, Was die Satire darf, 2009, passim.

136 Rittig, Anmerkungen zu Satire und Justiz, 1988, S. 220.

137 Folckers/ Solms, Was kostet der Spaß?, 1997, darin: Rittig, Gabriele, „Der Preis der Satire", (Rittig, Der Preis der Satire, 1997, S. 66). Im selben Band findet sich von Dieter Meurer folgender Satz: „Zum Wesen der Satire gehören untrennbar Elemente wie Aggression, Kritik und Angriff ..." (Meurer, Kunst und Recht im Konflikt, 1997, S. 85).

138 Gärtner, Was die Satire darf, 2009, S. 128: „Nur der Aussagekern einer Satire entscheidet demnach über mögliche Rechtsbeeinträchtigungen."

3. Instrumente der Satire

Die Satire wird sowohl als eigene Gattung aufgefasst als auch ein Prinzip, eine „Schreibart".[139] Sie bedient sich anderer Gattungen und Kommunikationsträger[140], wie der Fabel oder der Zeitschrift, und benutzt häufig bestimmte Rede- und Stilmittel. Diese, auch vom Simplicissimus benutzten, Rede- und Stilmittel werden i. d. R. in den entsprechenden Handbüchern zur Rhetorik und Poetik eindeutig definiert. Nicht immer eindeutig sind die Definitionen von Ironie, Sarkasmus und Zynismus, die jedoch häufig in den arbeitsrechtlich relevanten Karikaturen des Simplicissimus verwendet werden. Die folgende Abgrenzung soll über den Sprachgebrauch in der vorliegenden Untersuchung Aufschluss geben.

Der **Ironie** ist aufgrund ihrer Indirektheit ein wichtiges Element des Satirischen. Der Ironie bedient sich jemand, der das Gegenteil von dem, was er denkt, sagt, aber beabsichtigt, dass die „Lüge" von mindestens einer der an der Kommunikation beteiligten Personen erkannt wird. Durch die Anwendung von Ironie wird die Intelligenz der Gegenpartei anerkannt oder vorausgesetzt. Die Ironie tritt häufig in der Form eines übertriebenen Lobes auf, um indirekt einen Tadel,[141] eine Kritik auszusprechen.[142] Als Beispiel sei ein Beitrag des Simplicissimus angeführt, in dem die Ironie zur satirischen Wirkung beiträgt. In diesem Beitrag werden die Auswirkungen der Steuererhöhung ironisch als segensreich für den Arbeiter hingestellt:

> *„Früher trank der Arbeiter morgens Kaffee und rauchte, war infolgedessen nervös, prügelte seine Frau und hetzte gegen den Arbeitgeber. Heute trinkt er Wasser, das stärkt den Körper, besänftigt die Nerven und gestattet ein ruhiges Arbeiten."* (30.8.1909, S. 361).

Der **Sarkasmus** ist ein aggressives Mittel[143], um die eigene intellektuelle Überlegenheit auf Kosten eines anderen unter Beweis zu stellen. Dem Sarkasmus steht der Betroffene in der Regel ohnmächtig und sprachlos gegenüber. Dies ist der Fall im folgenden Beitrag des Simplicissimus, in dem Arbeiter den Unternehmer um Lohnerhöhung bitten:

> *„Und wir dachten, wo daß der Herr alle Tage Kaviar für zwanzig Mark das Pfund ißt und wir nischt haben, er uns doch bei diese teuren Zeiten ein bißchen entgegenkommen wird!"* –
>
> *„Schön, - ich werde das Pfund zu achtzehn Mark nehmen."* (15.4.1912, S. 51)

---

139 Die gattungs- und formübergreifende Konzeption der Satire als satirisches Prinzip wird in der Literaturwissenschaft von Horn vertreten, in der Rechtswissenschaft von Gärtner. (Horn, Prosa im Simplicissimus, 2000, S. 32 f., Gärtner, Was die Satire darf, 2009, S. 20).

140 Gärtner, Was die Satire darf, 2009, S. 48.

141 Bald, Politisch-satirische Lyrik, 1936, S. 30 f.

142 Lausberg, Elemente der literarischen Rhetorik, 1963, S. 80.

143 Dupriez, Gradus. Les procédés littéraires, 1980, S. 407.

Eine Definition des **Zynismus** ist schwierig.[144] Während das Adjektiv „satirisch" eher intellektuell positiv konnotiert ist, ist „zynisch" nahezu durchweg negativ als abstoßend und resignativ empfunden. Zynische Beiträge finden sich im Simplicissimus eher selten: Ein Beispiel sei genannt: Der Simplicissimus unterstützt die landläufige Meinung, dass sich die Unternehmer nur um die Aktienkurse kümmern, nicht aber um die den Arbeitsschutz ihrer Arbeitnehmer. Sie gehen im wahrsten Sinne des Wortes angeblich über Leichen. In einer Karikatur unterhalten sich Bergleute vor ihrer Grube:

> *„Fahrt ihr noch ein, und is doch 'n schlagendes Wetter im Anzug?"*
>
> *„Was liegt denen dran, wenn wir unten bleiben – wenn nur die Kurse hinauf kommen!"* (8.7.1907, S. 236).

Die zynische Aussage basiert hier auf der Antithese von „unten" und „hinauf". Sie bietet keinen Anlass zur Heiterkeit.

Der Simplicissimus nutzte das gesamte Spektrum der benannten Stilmittel, die einen unterschiedlichen Grad an Aggressivität und intellektuellem Anspruch transportieren.

4. Schlussfolgerung

Der Rückblick auf die von der Literatur vorgenommenen Definitionen von Satire und Karikatur und auf die Verwendung einiger wesentlicher Rede- und Stilmittel erinnert an eine Selbstverständlichkeit: Satire und Karikatur sind weder historische Quellen noch sind sie Abbilder von Wirklichkeit. Sie sind eine interpretierende Reaktion auf Wirklichkeit. Sie artikulieren „ihren Standpunkt codiert".[145] Sie bedürfen daher ihrerseits der Interpretation durch den Rezipienten. Sie sind zwar „Verarbeitung einer persönlichen Wirklichkeitssicht"[146], aber nach Ansicht von Gärtner keine reine Fiktion, da sie als solche den Wirklichkeitsbezug und ihre „aufklärerische Intention"[147] verlören. Folglich sind auch die Darstellungen der Arbeitswelt und der arbeitsrechtlichen Situationen im Simplicissimus nicht als Abbilder der Wirklichkeit zu werten. Sie bieten hier vielmehr den Anlass, sie mit der uns überlieferten Wirklichkeit der zeitgenössischen Arbeitswelt und Rechtslage in Beziehung zu setzen und zu analysieren. Dabei wird sich zeigen, in welchem Maße der von Gärtner allgemein für die Satire eingeforderte „Wirklichkeitsbezug" tatsächlich gegeben ist.

---

144 Ludwig, Studien zur Sprache Peter Rühmkorfs, 2009, S. 11 ff.
145 Gärtner, Was die Satire darf, 2009, S. 17.
146 Gärtner, Was die Satire darf, 2009, S. 106.
147 Gärtner, Was die Satire darf, 2009, S. 107, 116.

VI. Der gesellschaftliche und arbeitsrechtliche Hintergrund

Im Untersuchungszeitraum von 1896 bis 1914 verarbeitete der Simplicissimus arbeitsrechtliche Bedingungen, wie sie seit dem Beginn des 19. Jahrhunderts, bzw. mit Beginn der „Industriellen Revolution“[148] geschaffen worden waren.

Mit der staatlichen Genehmigung von zunftfreien Gewerbebetrieben[149] und auf der Grundlage politisch gesicherter Individualrechte[150] entstanden neue Beziehungen zwischen Arbeitgebern und Arbeitnehmern, die man für viele Bereiche der Großbetriebe und des dezentralen Verlagswesens[151] als arbeitsrechtliches Vakuum bezeichnen kann.[152] Die Benachteiligten lebten vielfach in einem rechtsfreien Raum, in dem sie keine rechtlichen Ansprüche durchsetzen konnten, oder sie lebten in Rechtsverhältnissen der Arbeit, die zwar formalrechtlich Vertragsfreiheit darstellten,[153] denen aber in der Praxis ein Missverhältnis zwischen überlegenen Arbeitgebern und unterlegenen Arbeitnehmern entsprach. Dieses Vakuum entstand dadurch, dass die seit dem Mittelalter tradierten, eher öffentlich-rechtlichen Vertragstypen[154] an Verbindlichkeit verloren und dass der rasant verlaufende technische Fortschritt und die stürmisch zunehmende Zahl von Großbetrieben sich

148 Zu einer differenzierten Beurteilung des Begriffs der „Industriellen Revolution“: Coing, Europäisches Privatrecht II, 1989, S. 80 f.

149 Zur traditionellen Regulierung arbeitsrechtlicher Beziehungen bis zum 19. Jahrhundert: Bieber, Die Rolle der Gewerkschaften, 1998, S. 20 f.; zu den das Gewerbe beherrschenden Zünften: Bornhak, Das deutsche Arbeiterrecht, 1892, S. 507; zu den Auseinandersetzungen von Meistern und Gesellen in den alten Zünften: Ritscher, Koalitionen, 1992, S. 3 ff. und Schlick, Von den Zünften zu den Verbänden, 1962, S. 205 ff.; zur Anpassung der Rechtsgrundlagen an eine moderne, staatlich und unternehmerisch favorisierte Großproduktion: Klatt, Treuepflichten, 1990, S. 62.

150 Dazu Kutschke, Zur Kritik Otto von Gierkes, 1970, S. 157.

151 Zur Entwicklung des Begriffs „Fabrik“: Schildt, Frauenarbeit im 19. Jahrhundert, 1993, S. 101; zu den dezentral organisierten Verlagssystemen: Sawall, Die Entwicklung der Arbeitsgerichtsbarkeit, 2007, S. 48 ff. Zur niederen Gerichtsbarkeit der Unternehmer von Manufakturen und Fabriken im 18. Jahrhundert: Gellbach, Arbeitsvertragsrecht, 1939, S. 30.

152 Dazu das Kapitel „Die Anfänge des modernen Arbeitsrechts“ in Coing, Europäisches Privatrecht II, 1989, S. 185 ff.

153 Zur Entwicklung der abhängigen Lohnarbeiter mit „freiem Arbeitsvertrag“ um 1800: Kaufhold, Das Gewerbe in Preußen um 1800, S. 363. Auch Gellbach weist darauf hin, dass der „für das 19. Jahrhundert als typisch angesehene freie, schuldrechtliche Arbeitsvertrag schon in der Frühzeit der Fabriken“ entwickelt wurde. (Gellbach, Arbeitsvertragsrecht, 1939, S. 9).

154 Kaiser, Vertragsfreiheit und Gesellschaftsordnung, 1972, S. 18 f. Cf. Ebel, der die Auffassung vertreitt, dass arbeitsrechtlich das mittelalterliche Arbeitsverhältnis im Bergbau und im Handwerk trotz der immer betonten Treuepflichten und der

entwickelten, ohne dass die Entwicklung von verbindlichen arbeitsrechtlichen Regelungen des Arbeitsverhältnisses[155] und des Arbeitsschutzes zeitnah begleitet wurden.

Das arbeitsrechtliche Vakuum begünstigte Missstände,[156] die eine soziale Polarisierung sowie eine Ausbeutung und Verelendung zahlreicher Beschäftigter zur Folge hatten.[157] Die „soziale Frage" als wichtigste aller innenpolitischen Fragen und mit ihr die arbeitsrechtlichen Probleme, blieben weitgehend ungelöst.[158] Gleichzeitig drängten starke Kräfte aus der Arbeiterbewegung[159] und ihrem Umfeld auf eine Verbesserung der Zustände, auf einen Schutz der „Proletarier" vor weiterer Verelendung.[160]

öffentlich-rechtlichen Bindungen als Privatrechtsvertrag anzusehen ist. (Ebel, Arbeitsvertragsrecht, 1934, S. 112 f.).

155 Zum „Arbeitsverhältnis": Hueck/ Nipperdey, Lehrbuch des Arbeitsrechts, 1963, S. 114; HWK/Hergenröder, Arbeitsrecht Kommentar, 2012, § 1 MuSchG Rn. 3. Weiß, Arbeitsvertragsrecht, 1991, S. 27: Weiß definiert das Arbeitsverhältnis nach Rückgriff auf Hueck-Nipperdey u. a. als „Rechtsverhältnis zwischen dem einzelnen Arbeitnehmer und seinem Arbeitgeber, aufgrund dessen der Arbeitnehmer dem Arbeitgeber zur Leistung von Arbeit (*gegen Lohn*) verpflichtet ist".

156 Weiß, Arbeitsvertragsrecht, 1991, S. 49.

157 Besonders die vom Land zugewanderten Menschen waren offenbar für die Verelendung anfällig Steindl, Entfesselung der Arbeitskraft, 1984, S. 129 [kursiv im zit. Text]: „Dem Landvolk sind die vom städtischen Handwerk ausgebildeten – in Gewohnheiten und Gebräuchen tief verwurzelten – sozialen Schutzeinrichtungen *unbekannt*. Bäuerliche Unterschichten erweisen sich deshalb, nachdem sie wegen Überbevölkerung zur Abwanderung in die im Entstehen begriffenen Fabrikdistrikte gezwungen bzw. wegen der Einkunftsmöglichkeiten zum Verlassen ihrer Heimat bewogen worden sind, für gesundheitlichen Raubbau, Ausbeutung, Verelendung und sittlichen Verfall besonders *anfällig*; denn Herkommen und Existenzweise prädestinieren sie zur unerschöpflichen Reservearmee am *Arbeitsmarkt*."

158 Rückert, „Frei" und „sozial", 1992, S. 272; cf. Schwarz, Das Recht in den sozialen Dramen, 1936, S. 6; Caroni, Kathedersozialismus, 1984, S. 203 f. Zur Auswirkung der Rezeption des römischen Rechts auf die „soziale Frage" des 19. Jahrhunderts: Söllner, Einführung, 1985, S. 121 f.

159 Zum Begriff der „Arbeiterbewegung": Konrad, Recht, Justiz und Arbeiterbewegung, 1977, S. 43 f.

160 Zum Begriff des Proletariers: Monzel, Die katholische Kirche in der Sozialgeschichte, 1980, S. 232: „Proletariat im genauen soziologischen Sinne nennen wir die Bevölkerungsschicht, die im Zeitalter der weitgehenden Trennung von Produktionsmitteln und Arbeitskraft auf Grund ihrer Vermögenslosigkeit dauernd gezwungen ist, ihre Arbeitskraft wie eine Ware zum wechselnden Marktpreis anzubieten und daher in erblich gewordener ökonomischer Existenzunsicherheit lebt." Köllmann schließt seine Untersuchung mit der offenen Frage, „ob es überhaupt ein Industrieproletariat gleicher Lage und gleichen Schicksals, gleichen Bewußtseins und gleicher Ziele gegeben hat". (Köllmann, Industrielle Unterschichten, 1981, S. 333).

Nach dem deutsch-französischen Krieg von 1870/71 erhöhten in dem unter der Dominanz Preußens stehenden neuen Deutschen Kaiserreich[161] die Fortschritte in Wirtschaft, Wissenschaft und Technik die Lebensqualität vieler Mitglieder des mittleren und gehobenen Bürgertums. Für einen großen Teil der Bevölkerung blieben die Arbeitsbedingungen hart, die Löhne dürftig, die arbeitsrechtlichen Verhältnisse unsicher. Die im „vierten Stand" angesiedelten Industriearbeiter galten häufig als „vaterlandslose Gesellen" und waren nach zeitgenössischer linker und liberaler Kritik einer Klassenjustiz unterworfen, die sich gegen Arbeiter, Gewerkschaften und Sozialdemokraten richtete[162] und die Arbeiter allgemeinrechtlich wie arbeitsrechtlich benachteiligte. In zahlreichen Beiträgen sah der Simplicissimus die soziale und arbeitsrechtliche Situation der Arbeitnehmer im Untersuchungszeitraum vor allem deshalb als prekär an, weil die Arbeitgeber mächtige Verbündete hatten: die Kirchen,[163] die Politik und die Justiz.[164]

Doch auch die Unternehmer waren Schwankungen der Wirtschaft unterworfen, deren negative Auswirkungen nahezu exponentiell wieder auf die Arbeitnehmer zurückschlugen. Überhitztes Wachstum, Börsenspekulationen und unseriöse Unternehmensgründungen führten zu Kursstürzen und Zusammenbrüchen von Unternehmen. Solche Phasen des Auf und Ab wiederholten sich bis zum Ende des 19. Jahrhunderts mehrfach. Hinsichtlich der Arbeiterschaft kam 1892 der Rechtswissenschaftler Ernst Immanuel Bekker zu einem von der herrschenden historischen und rechtshistorischen Darstellung abweichenden Ergebnis: Keine Schicht der Bevölkerung habe im Laufe des 19. Jahrhunderts „ihre materielle Lage so verbessert wie gerade die unterste", dass aber „Parteien, die sich vorzugsweise als Volksparteien gerieren" die Unzufriedenheit der Massen schürten.[165] Es ist wichtig, auch diesen Standpunkt zur Kenntnis zu nehmen, da er auch im Widerspruch zur durchgängigen Darstellungspraxis des Simplicissimus stand.

Allgemein wurde das Gründungsjahr des Simplicissimus als Beginn einer Phase wirtschaftlicher Expansion begriffen.[166] Nach der Jahrhundertwende festigte sich die wirtschaftliche Situation. Die Epoche von den neunziger Jahren bis zum Ersten Weltkrieg wurde als das „goldene Zeitalter der deutschen Wirtschaft" charakterisiert.[167] Trotz des wissenschaftlichen und technischen Fortschritts blieben die Un-

---

161 Berghahn, Das Kaiserreich 1871–1914, 2003, S. 50; Chickering, Das deutsche Reich, 2005, S. 31.

162 Zum Begriff der Klassenjustiz u. a.: Schröder, Klassenjustiz, 1986, S. 1 ff.

163 So hat das satirisch beleuchtete Bündnis von Staat und Kirche eine lange Tradition. Es findet sich im Theater wie in der Oper (z. B. Schiller und Verdi, Don Carlos).

164 Die Untrennbarkeit von Wirtschaftsordnung und Rechtsordnung wurde auch außerhalb der sozialistischen Rechtstheorie nach Helmut Konrad kaum bestritten. (Konrad, Recht, Justiz und Arbeiterbewegung, 1977, S. 45).

165 Bekker, Ernst und Scherz, 1892, S. 198 f.

166 Berghahn, Das Kaiserreich 1871–1914, 2003, S. 54; cf. auch W. H. Schröder, Arbeitergeschichte, 1978, S. 122 f.

167 Wesel, Geschichte des Rechts, 1997, S. 410 (Zitat bei Wesel).

terschiede zwischen den gesellschaftlichen Klassen bestehen oder verschärften sich. Zahlreiche Kritiker aus den Bereichen der Religion, Philosophie, Ökonomie, Rechtswissenschaft, Literatur und Presse beschrieben zeitgleich oder zeitnah diese Situation und versuchten sie abzuändern. Dabei blieb der „gerade damals blühenden deutschen Rechtswissenschaft" in der retrospektiven Betrachtung - etwa von Eckart Frh. v. Vietinghoff-Scheel - ein Vorwurf nicht erspart: „Die Fachwissenschaft jener Zeit hat – gleich ob germanistisch oder romanistisch orientiert – das Recht der unselbständigen Arbeit stiefmütterlich übergangen."[168] Aus der Rechtswissenschaft seien nur in wenigen Ausnahmen „beachtliche Reformanregungen" gekommen.[169] „Arbeitsrechtler" des Untersuchungszeitraums, wie Lotmar oder Sinzheimer[170] strebten die Ablösung

---

168 Vietinghoff-Scheel, Gewerbliches Arbeitsvertragsrecht, 1972, S. 134.

169 Vietinghoff-Scheel nannte Mohl, Buss, Gierke, Menger und Lotmar (S. 137 u. 149). Insgesamt aber kam er zu dem Schluss: „So erweist sich der Beitrag der Rechtswissenschaft des 19. Jahrhunderts zur Erarbeitung der Grundlagen des modernen Arbeitsvertragsrechts als unzureichend." (S. 149).

170 Zu Lotmar als „Vater der modernen Arbeitsrechtswissenschaft": Rückert, Unmöglichkeit und Annahmeverzug, 1983, S. 1). Nach Rückert ist Philipp Lotmar „der sog. Begründer der Arbeitsrechtswissenschaft in Deutschland". (Rückert, „Frei" und „sozial", 1992, S. 245 ff.). Die Nennung von Lotmar und Sinzheimer in einem Atemzug wäre für Rückert nicht zutreffend, erst recht nicht die Bezeichnung Sinzheimers als „Vater" des Arbeitsrechts. (Rückert, „Frei" und „sozial", 1992, S. 293). Demgegenüber bezeichnet Dubischar Sinzheimer unter Bezug auf Otto Kahn-Freund als einen der „Väter des deutschen Arbeitsrechts". (Dubischar, Zur Entstehung, 1990, S. 88). Für Hedemann war Lotmar „der schweizerische Entdecker des modernen Arbeitsrechts". (Hedemann, Die Fortschritte des Zivilrechts im XIX. Jahrhundert, 1910, S. 79). Mayer-Maly bezeichnete Lotmar, Sinzheimer und Potthoff als „Pioniere" des Arbeitsrechts. (Mayer-Maly, Aufgabe und Probleme, 1956, S. 127). Kurt Wolzendorff stellte 1915 in seinem Artikel über das Arbeitsrecht einleitend fest, dass Lotmars Werk „die bedeutsamste Erscheinung der bisherigen juristischen Literatur über die Materie des Arbeitsrechts" sei. (Wolzendorff, Arbeitsrecht, 1915, S. 57). Dazu: Waldt, Die Lehre vom Arbeitsvertrag, 1974, S. 72: „Lotmars Name wird deshalb für immer an der Spitze einer Entwicklung der Privatrechtsgeschichte dieses [20., Verf.] Jahrhunderts, stehen, ... nämlich der Bildung des Arbeitsrechts. Erst durch die Arbeiten Lotmars ist der Zivilistik in vollem Maße dieses Thema zum Bewußtsein gekommen ...." Roland Dubischar bezeichnete Lotmar als „bekannten Gründervater der Disziplin [Arbeitsrecht]". (Dubischar, Zur Entstehung, 1990, S. 83). Trotz dieser Bedeutung kam der Rezensent des im Jahre 2003 erschienen ***Forschungsband Philipp Lotmar (1850–1922)***, Hans-Christof Kraus, zu der einleitenden Bemerkung, dass der Romanist und Arbeitsrechtler Philipp Lotmar „heute nur noch wenigen Spezialisten bekannt" sei. (ZNR 2008, S. 154 f.). Er berief sich dabei auf das Erstaunen, dass auch Pio Caroni unter Berufung auf Joachim Rückert im Vorwort zum Forschungsband zum Ausdruck brachte: „Wie konnte Lotmar bei so deutlichen Verdiensten so gründlich vergessen werden?" (S. VIII). Rückert selbst ging in diesem Band Lotmars „Forschungsinstrumenten", seiner „positiv und empirisch" verfahrenden „naturforschenden" Methode nach

der einseitigen Diktate der Lohn- und Arbeitsverhältnisse durch gegenseitige Vereinbarungen zwischen Arbeitgebern und Arbeitnehmern vor allem auf der Basis von Tarifvertragssystemen an.[171] Vor allem Lotmar äußerte sich im Untersuchungszeitraum vielseitig zu zahlreichen Themen des Rechts, des Arbeitsrechts und der Moral und findet als rechtswissenschaftliche Referenzquelle mehrfach Eingang in die folgende Untersuchung.

Die sich der Geschichte des Arbeitsrechts widmende Literatur geht häufig, aber auch bisweilen pauschal, davon aus, dass vor 1914 „alle Versuche zur Durchsetzung von arbeitsrechtlichen Reformvorschlägen scheitern",[172] dass man im Kaiserreich hinsichtlich des Arbeitsrechts kaum von einem eigenständigen Rechtsbereich sprechen kann. Erst als das soziale Elend des „vierten Standes" die staatliche Ordnung zu gefährden drohte, setzten nachhaltige legislative Maßnahmen ein.[173] Erst nach dem Niedergang des Kaiserreichs und während der Weimarer Republik gebe es verstärkt arbeitsrechtliche Erfolge. Diese These folgt der in der Rechtsliteratur vertretenen Auffassung, dass die Gesetzgebung des Arbeitsrechts den Veränderungen der sozialstaatlichen Wirklichkeit nachhinkte[174] und dass erst letztere die „zur Normsetzung berufenen Organe" zwang, diese Veränderungen sozusagen a posteriori zu sanktionieren.[175]

und folgert, dass Lotmar „aus der konkreten und realen Evidenz des sinnlich und exemplarisch Greifbaren heraus rechtsphilosophisch" arbeitete. (Rückert, Lotmar, 2003, S. 139 f., S. 145). In der Festschrift zur 150-Jahr-Feier der Universität Bern 1984 wird Lotmar nur zweimal namentlich, ohne Angabe seiner arbeitsrechtlichen Relevanz, erwähnt. (Literaturangabe bei Caroni, Kathedersozialismus, 1984).

171 Cf. Ramm, Arbeitsvertragsgesetz, 1992, Einleitung, S. 38.

172 Jähnichen, Vom Industrieuntertan zum Industriebürger, 1998, S. 140.

173 Brox/ Rüthers/ Henssler, Arbeitsrecht, 2011, Rn. 6.

174 Potthoff, Probleme des Arbeitsrechts, 1912, S. 7. Schreurs beobachtete das legislative „Nachhinken" in allen Kulturländern: „Der Gesetzgeber folgt unwillig dem Zwang der sozialen Entwicklung, er regelt das Unvermeidliche und seine gesetzlichen Maßnahmen erscheinen als unauffällige Korrekturen an der althergebrachten, wohlerprobten Ordnung des Staatskörpers." (Schreurs, Soziale Entwicklung, 1946, S. 38).

175 Leibholz, Verfassungsrecht und Arbeitsrecht, 1960, S. 25 f. Eine solche arbeitsrechtsgeschichtliche Deutung nähert sich einer materialistischen Konzeption, der zufolge Entstehung, Geltung und Wirksamkeit arbeitsrechtlicher Normen vom „jeweiligen Entwicklungsstand der Produktivkräfe [sic] und der Produktionsverhältnisse abhängen". (Wahsner, Stand und Aufgaben, 1977, S. 112). Dagegen Mayer-Maly: Die meisten Arbeiterschutzgesetze des 19. Jh. gingen nicht auf Initiative von Arbeiterparteien und anderen Arbeiterorganisationen zurück, sondern entsprachen dem Streben konservativer Regierungen, „den Organisationen der Arbeiterschaft Anlaß zur Kritik zu nehmen". (Mayer-Maly, Arbeitsrecht, 1985, Sp. 300).

Erst um die Zeit des Ersten Weltkriegs rückte der Begriff „Arbeitsrechts“ in das bildungsbürgerliche Bewusstsein.[176] Davor war von „Arbeiterrecht“ die Rede[177] oder von Teilbereichen des Arbeitsrechts, wie dem Arbeiterschutz und dem Arbeitsvertrag. Wenn auch der Begriff des „Arbeitsrechts“ im bildungsbürgerlichen Bewusstsein der Autoren und Künstler des Simplicissimus im Untersuchungszeitraum noch nicht verankert war, so war dieser Zeitraum doch für die Entwicklung des modernen Arbeitsrechts bedeutsam. In dieser Epoche begann sich das „komplizierte und verworrene“ Arbeitsrecht[178] als eigenständiges Rechtsgebiet wissenschaftlich zu etablieren Die zerstückelte Arbeiterrechtsgesetzgebung verlangte nach einer

---

176 Nach dem HRG wurde die Bezeichnung „Arbeitsrecht“ 1908/1914 von Potthoff und Sinzheimer geprägt. (Erler/ Kaufmann, HRG, 1971, Sp. 206. Die Gesellschaft für Soziale Reform trug besonders 1913 bei den Beratungen über den Tarifvertrag dazu bei, dass das „Arbeitsrecht zu einem Generalthema der Tagespolitik“ wurde. (Ratz, Sozialreform und Arbeiterschaft, 1980, S. 79). Die großen Konversationslexika spiegeln die Entwicklung dieses Bewusstsein. Der erste Eintrag findet sich im Ergänzungsband von Herders Konversations-Lexikon von 1918, wegen des Krieges „zeitlich reichend bis Sommer 1914“. Keine Einträge s. v. „Arbeitsrecht“ finden sich nach chronologischer Abfolge in: Brockhaus Conversations-Lexikon, 13. Aufl., Bd. I, 1882; Meyers Konversations-Lexikon, 4. Aufl. Bd. I, 1890; Brockhaus Conversations-Lexikon, 14. Aufl., Bd. I, 1893; Meyers Konversations-Lexikon, 5. Aufl. Bd. I, 1894; Brockhaus Konversations-Lexikon, Supplement zur 14. Aufl., 1897; Meyers Großes Konversations-Lexikon, 6. Aufl., Bd. I, 1902; Herders Konversations-Lexikon, 3. Aufl. Bd. I, 1902.

Nach dem Ersten Weltkrieg finden sich Einträge nach chronologischer Abfolge (bis 1936) in: Herders Konversations-Lexikon, 3. Aufl. Ergänzungsband, 1918; Herders Konversations-Lexikon, 3. Aufl. Ergänzungsband, 1921; Der Große Brockhaus, 15. Aufl. 1928; Der Große Herder, 4. Aufl., 1931; Der Große Brockhaus, 15. Aufl. (Ergänzungsband), 1935; Meyers Lexikon, 8. Aufl. Bd. I, S. 1936. Cf. Preis, Arbeitsrecht. Individualarbeitsrecht, 2009, § 4: „Erst nach dem Ersten Weltkrieg entwickelte sich das Arbeitsrecht als eigenständige Rechtsdisziplin.“ Die Literatur kennt den Begriff des Arbeitsrechts schon vorher. Beispiele: Hedemann, Zur Reform des Gesinderechts, 1906, 1339; Elster, Lexikon des Arbeitsrechts, 1910; Flesch, Reform des Arbeitsrechts, 1910, S. 24 (Flesch beklagt, dass das „derzeit bestehende Arbeitsrecht“ unentwickelt sei); Baum, Das Recht des Arbeitsvertrages, 1911, S. 24; Potthoff Probleme des Arbeitsrechts, 1912. Elster will die disparate Materie ordnen und ein allgemeinverständliches Lexikon vorlegen (S. IV). Potthoff beklagt jedoch, dass 1912 „auf keiner deutschen Hochschule das Arbeitsrecht (die Grundlage der Existenz für Zweidrittel des Volkes!) einen Gegenstand des amtlichen Lehrplanes bildet“, S. 76. Nach Potthoffs „Rassenhygiene“ soll das Arbeitsrecht den wirtschaftlich Schwachen helfen, nicht den biologisch Schwachen. (Potthoff, Probleme des Arbeitsrechts, 1912, S. 85 ff.). Schott, Der Mensch und die Arbeit im Recht der Zeiten, 1917, S. 8.

177 Bornhak, Das deutsche Arbeiterrecht, 1892: Der Begriff umfasst Sozialgesetzgebung, Gewerbegerichte, Arbeiterschutz.

178 Becker, Arbeitsvertrag und Arbeitsverhältnis, 1995, S. 299.

einheitlichen Gestaltung.[179] Der heutige Zustand des Arbeitsrechts beweist, dass die Würdigung der Geschichte des Rechts im Allgemeinen[180] und des Arbeitsrechts im Besonderen[181] als eine notwendige Bedingung für das Verständnis und die Anwendung des geltenden Rechts gerechtfertigt und geboten ist. Das Arbeitsrecht hat sich in Wissenschaft, Gesetzgebung und Rechtsprechung weiterentwickelt, hat jedoch noch keine einheitliche Gestaltung erlangt.

Im Bemühen, die Arbeiter des Industriezeitalters vor Ausbeutung und Verelendung zu schützen, entwickelte sich das Arbeitsrecht aus gemeinrechtlichen Regelungen über Arbeitsverträge und Arbeitsverhältnisse[182] als Arbeitsschutzrecht[183], und damit als Korrektiv zur uneingeschränkten Vertragsfreiheit,[184] zum Schutz eines abhängigen Arbeitnehmers vor einem als übermächtig eingeschätzten Arbeitgeber.[185] Aus der Entstehungsgeschichte des modernen Arbeitsrechts resultiert sein bis heute gültiges Selbstverständnis: Dem zufolge ist das Arbeitsrecht als Rechtsgebiet nicht

---

179 Nelken, Die deutschen Handwerker- und Arbeiterschutzgesetze, 1901, S. 355; Stadthagen, Das Arbeiterrecht, 1904, S. V; Hedemann, Moderne Bürgerpflichten, 1907, S. 23; Potthoff, Probleme des Arbeitsrechts, 1912, S. 4.

180 Cf. Haferkamp, Georg Friedrich Puchta, 2004, S. 47 zu Georg Wilhelm Wetzells Urteil über Georg Friedrich Puchta. Haferkamp unter Hinweis auf Zitelmann: „Auch für Zitelmann war Rechtsgeschichte nicht einfach die Betrachtung der Vergangenheit, sondern der Weg zur Erkenntnis der Gegenwart." (Haferkamp, Rechtsgeschichte und Evolutionstheorie, 2011, S. 41). Cf. auch Windscheid, Die Aufgaben der Rechtswissenschaft, 1884: „Für die spezifischen Zwecke der Rechtswissenschaft hat die Rechtsgeschichte Wert nur insofern, als sie etwas beiträgt zur Erkenntnis des anzuwendenden Rechts." (S. 109, auch S. 107); auch Windscheid, Das römische Recht in Deutschland, 1858, S. 43.

181 Dütz/ Thüsing, Arbeitsrecht, 2011, Rd. 11; Ramm, Das Koalitions- und Streikrecht der Beamten, 1970, S. 114 f.

182 Bernert, Arbeitsverhältnisse im 19. Jahrhundert, 1972, S. 9; allgemein zu Schwankungen gemeinrechtlicher Kommunikation am „Vorabend des Kodifikationszeitalters": Holthöfer, Funktionsweisen, 1972, S. 149 f.

183 Dazu: Dütz/ Thüsing, Arbeitsrecht, 2011, Rd. 1. Chronologisch kurz: Zöllner, Arbeitsrecht, 1983, S. 32.

184 Cf. Hedemann, Die Fortschritte des Zivilrechts im XIX. Jahrhundert, 1910, S. 7: „Die zivilistische Seite der Gewerbefreiheit ist die Vertragsfreiheit." Zur Bestimmung und Differenzierung des Begriffs der Vertragsfreiheit: Kaiser, Vertragsfreiheit und Gesellschaftsordnung, 1972, S. 2 ff. Zu den einzelnen Aspekten der Vertragsfreiheit „als Ausdruck der rechtlichen Selbstbestimmung (‚Privatautonomie') im rechtsgeschäftlichen Verkehr": Mayer-Maly, Römisches Recht, 1999, S. 110). Zum Übergang vom merkantilistischen System zur arbeitsrechtlich relevanten Vertragsfreiheit: Vietinghoff-Scheel, Gewerbliches Arbeitsvertragsrecht, 1972, S. 32 ff. Zur Vertragsfreiheit als „Ausfluß der Privatautonomie": Weiß, Arbeitsvertragsrecht, 1991, S. 44.

185 Dagegen Mayer-Maly, Römisches Recht, 1999, S. 148: „Das moderne Arbeitsrecht ist aber auch nicht einfach als Folgeprodukt der industriellen Revolution entstanden, sondern durch ein Zusammenwachsen sehr verschiedener, zum Teil recht alter Elemente ...gebildet worden."

„die Summe sämtlicher Rechtsnormen, die menschliche Arbeit regeln", sondern es ist „das Recht der abhängigen Arbeit"[186], „das Sonderrecht[187] der unselbständigen Arbeitnehmer".[188]

Die Annahme dieses Arbeitsrechtsbegriffs impliziert eine rechtshistorische Verortung des Beginns der Geschichte des modernen Arbeitsrechts im Zeitalter der Industrialisierung des 19. Jahrhunderts[189], bzw. im Kapitalismus,[190] und damit in einer

---

186 Däubler, Arbeitsrecht, 2011, S. 31; Mayer-Maly, Arbeitsrecht, 1985, Sp. 298.

187 Zur Frage, ob es sich beim Arbeitsrecht um ein „Sonderrecht" oder eine „*Spezialisierung* des allgemeinen Privatrechts" handelt: Rückert, „Frei" und „sozial", 1992, S. 226 ff. [kursiv im zit. Text].

188 Hueck/ Nipperdey, Lehrbuch des Arbeitsrechts, 1963, S. 3.; Vietinghoff-Scheel, Gewerbliches Arbeitsvertragsrecht, 1972, S. 1. Dagegen Silberschmidt, dem zufolge „das ganze Gebiet des Arbeitsrechts" „das Recht des selbständigen und das des unselbständigen Arbeiters" umfasst (1926), S. 11: „Insoweit umfaßt das Arbeitsrecht alle arbeitsrechtlichen Beziehungen, auch wenn sie nicht Gegenstand eine Vertrages sind und es sich nicht um Verhältnisse des Arbeitgebers zum Arbeitnehmer handelt." (S. 17). Schreurs bezieht den Arbeitgeber in die begriffliche Bestimmung des Arbeitsrechts mit ein. (Schreurs, Soziale Entwicklung, 1946, S. 4 f.). Während an der Definition des Arbeitsrechts als „Sonderrecht für alle Arbeitnehmerinnen und Arbeitnehmer, welche (gegen Entgelt) eine unselbständige Tätigkeit ausüben," (Schade, Arbeitsrecht, 2010, Rn. 1.) grundsätzlich in den Eingangskapiteln der arbeitsrechtlichen Literatur bis heute festgehalten wird, entfaltet sich im Verlauf ihrer Ausführungen ein komplexeres Bild von den Aufgaben des Arbeitsrechts. (Brox/ Rüthers/ Henssler, Arbeitsrecht, 2011, Rn. 12 und 13.). Dabei wird berücksichtigt, dass das Schutzrecht des Arbeitnehmers auch immer in Interdependenz mit den Belangen der Allgemeinheit und ihren Grundrechten (Endres, Schwellenwertregelungen im Arbeitsrecht, 2003, S. 28), mit den wirtschaftlichen Interessen des Arbeitgebers, mit der Belastbarkeit der Volkswirtschaft und schließlich mit den Pflichten des Arbeitnehmers selbst zu sehen ist. (Hueck/ Nipperdey, Lehrbuch des Arbeitsrechts, 1963, S. 27; Schaub, Linck, ArbR-Hdb., 2011, § 1 Rn. 4, 45; Brox/ Rüthers/ Henssler, Arbeitsrecht, 2011, Kap. 4 u. 5, passim; Schaub, Linck, ArbR-Hdb., 2011, § 1 Rn. 45). Bereits 1912/1913 forderte Jastrow auch einen über § 134 u. § 119 a GewO 1891 hinausgehenden verstärkten Schutz des Arbeitgebers, z. B. bei Vertragsbruch des Fabrikarbeiters. (Jastrow, Was ist „Arbeiterschutz"? 1912/1913, S. 333). 1926 stellte Silberschmidt fest: „...gerade heute kann die Stellung des Arbeiters eine mächtigere sein wie die des Arbeitgebers." (Silberschmidt, Das deutsche Arbeitsrecht, 1926, S. 20).

189 Dütz/ Thüsing, Arbeitsrecht, 2011, Rd. 8; Preis, Arbeitsrecht. Individualarbeitsrecht, 2009, § 4 „Das moderne Arbeitsrecht, das durch die Vertragsfreiheit einerseits und den Gedanken des Arbeitnehmerschutzes andererseits charakterisiert ist, entstand erst im 19. Jahrhundert, als sich im Rahmen der Industrialisierung die Gesellschafts- und Sozialordnung grundlegend änderte."

dem Erscheinen des Simplicissimus unmittelbar vorgelagerten und zeitgenössischen Epoche.[191] Die Satiren und Karikaturen werden also in einer für die Entwicklung des Arbeitsrechts wichtigen und stürmischen Epoche geschaffen.

VII. Verfahren der Gruppenzuordnung

Die Analyse der im Simplicissimus agierenden Arbeitgeber und Arbeitnehmer erfolgt auf der Grundlage ihrer Zuordnung zu bestimmten, in der Quelle dargestellten gesellschaftlichen Gruppen. Die Bezeichnung dieser Gruppen erfolgt nicht nach den von der Geschichts-, Sozial-, Rechts- und Wirtschaftswissenschaft vorgegebenen

---

190 Mestitz, Zur Wirkungsgeschichte des Arbeitsrechts, 1984, S. 1, S. 7; Mestitz, Probleme der Geschichte des Arbeitsrechts, 1980, S. 47 („Von einem Arbeitsrecht als einem spezifischen Rechtsgebiet kann also erst mit der Entstehung des Kapitalismus und mit der ersten technischem Revolution ... gesprochen werden). Zum Kapitalismus: Weber, Wirtschaftsgeschichte, 1923, S. 238 ff.

191 Zur „Kontroverse um den Beginn des Arbeitsrechts" ausführlich: Becker Arbeitsvertrag und Arbeitsverhältnis, 1995, S. 27 ff. Für einen früheren Beginn des Arbeitsrechts: Silberschmidt, Das deutsche Arbeitsrecht, 1926, S. 28; Mayer-Maly, Aufgabe und Probleme, 1956, S. 125; Seidl, Römisches Privatrecht, 1963, S. 170 ff., wobei Seidl den Begriff „Arbeitsrecht" für die Situation arbeitender Menschen bereits in der Antike verwendet; Ebel, Quellen zur Geschichte des Arbeitsrechts 1964 S. 9 ff, wobei Ebel hinsichtlich des Bergbaus sicherlich zuzustimmen ist (S. 16 ff). Cf. Mayer-Maly, Römische Grundlagen des modernen Arbeitsrechts, 1967, S. 282 und Vorindustrielles Arbeitsrecht, 1975, passim. Wieacker spricht vom „Arbeitsrecht", das neben anderen Rechtsgebieten in den Reichspolizeiordnungen des 16. Jahrhunderts geregelt wird. (Wieacker, Privatrechtsgeschichte der Neuzeit, 1967, S. 200). Schröder, Arbeitsverfassung des Spätmittelalters, 1984, S. 40 ff.; Mayer-Maly, Arbeitsrecht, 1985, Sp. 299. Klatt, Treuepflichten, 1990, S. 20 f. Cf. die Disseration von Cosima Möller, Freiheit und Schutz im Arbeitsrecht, 1990, bes. S. 73. Für eine spätere „Geburtsstunde" des modernen Arbeitsrechts: Reichold, Der „Neue Kurs" von 1890 und das Recht der Arbeit, 1990, S. 6; Thilo Ramm legt die *„Fundamente des geltenden Arbeitsrechts"* in das Kaiserreich (Ramm, Arbeitsverfassung, 1978, S. 193. Zöllner verlegt den Beginn teilweise nach 1918 (Zöllner, Arbeitsrecht, 1983, S. 29). Wesel, Geschichte des Rechts, 1997, S. 449: „Erst in der Weimarer Republik entsteht das Arbeitsrecht im eigentlichen Sinn...". Dabei bleibt im Dunkel, was der „eigentliche Sinn" ist.

Einteilungsrastern der Bevölkerung[192] in Stände[193], Klassen[194], Schichten[195], Berufen[196] etc., wenngleich durch Schnittmengen mit den hier gebildeten Gruppen auch diese Begriffe Verwendung finden.[197] Es werden im Folgenden diejenigen Gruppen analysiert, die im Simplicissimus in ihrem arbeitsrechtlichen Kontext häufig thematisiert werden.

Hinsichtlich der in den untersuchten Gruppen auftretenden „Arbeitgeber" wird nicht, wie begrifflich vom heutigen arbeitsrechtlichen Standpunkt aus geboten, den unterschiedlichen, vom jeweiligen Gesetz abhängigen Arbeitgeberbegriffen Rechnung getragen.[198] Noch wird zwischen „Arbeitgebern" und „Unternehmern" unterschieden,[199] da in den Beiträgen des Simplicissimus zahlreiche gewerbliche

---

192 Im Untersuchungszeitraum und in seiner zeitlichen Peripherie werden zahlreiche Versuche unternommen, die Begriffe der Stände, Schichten und Klassen zu definieren. (Ritter/ Tenfelde, Arbeiter, 1992, S. 118 ff.). Cf. zu den Begriffen „Stand", „Schicht", „Klasse" auch Kocka, Weder Stand noch Klasse, 1990, S. 218 u. ö.

193 Ritscher sieht den Kampf zwischen dem dritten und vierten Stand vor allem „in der wirtschaftlichen Selbständigkeit bzw. Unselbständigkeit des Erwerbs". (Ritscher, Koalitionen, 1992, S. 219).

194 Kaskel, Arbeitsrecht, 1925, S. 1: „Personengruppen, die sich in der gleichen sozialen Lage, also in der gleichen wirtschaftlichen und gesellschaftlichen Lage befinden, bezeichnet man als ‚soziale Klassen'." Für den Untersuchungszeitraum unterscheidet Kaiser die „bürgerliche Klasse" nach drei Schichten: Angehörige der Großindustrie und Hochfinanz, Handwerker, mittlere und kleine Fabrikanten und schließlich Angestellte, Beamte, die meisten Vertreter von Wissenschaft, Technik und Kunst. (Kaiser, Vertragsfreiheit und Gesellschaftsordnung, 1972, S. 153). Die marxistische Geschichtsschreibung will für den Zeitraum ab 1870 die Klasseneinteilung von Lenin übernehmen. Lenin unterscheidet nur drei Klassen: Arbeiter, Kapitalisten, Kleinbürgertum. (Kuczynski, Alltag des deutschen Volkes, 1982, S. 111). Zum Begriff „Stand" im soziologischen Sinn als Bezeichnung einer „der vorkapitalistischen Sozialstruktur angehörenden Gesellschaftsschicht": Stegmann, Der soziale Katholizismus, 1974, S. 20.

195 Cf. Berghahn, Das Kaiserreich 1871–1914, 2003, S. 101 ff.

196 Weber, Wirtschaftsgeschichte, 1923, S. 8.

197 Nach Wieacker können auch anachronistische Begriffe „produktiv" werden, wenn sie eine heuristische Funktion haben und preisgegeben werden, wenn sie sich als unpassend erweisen. (Wieacker, Privatrechtsgeschichte der Neuzeit, 1967, S. 14). Zum induktiven Verfahren: Wieacker, Notizen zur rechtshistorischen Hermeneutik, 1963, S. 16. Zur Verwendung der Begriffe „soziale Gruppen" und „Klasse": Lenger, Handwerker, 1988, S. 9.

198 Beispielsweise Arbeitgeber im insolvenzschutzrechtlichen Sinn: HWK/Schipp, Arbeitsrecht Kommentar, 2012, § 7 BetrAVG Rn. 29.

199 Schaub, Linck, ArbR-Hdb., 2011, § 16 Rn. 1, § 17 Rn. 9, § 212 Rn. 3; HWK/Giesen, Arbeitsrecht Kommentar, 2012, § 18 EBRG Rn. 18; zum Unternehmer-Begriff in Berücksichtigung von Grundsatzentscheidungen des BGH: HWK/Schipp, Arbeitsrecht Kommentar, 2012, § 17 BetrAVG Rn. 7 f; Däubler definiert den Begriff des Arbeitgebers nicht materiell, sondern funktional im Verhältnis zum Begriff des

Arbeitgeber in Personalunion Unternehmer sind. Gleichwohl ist zu berücksichtigen, dass etwa die Arbeitgeber von Hausangestellten nicht notwendigerweise Unternehmer im Sinne von „Fabrikherren“ sind, sondern auch Privatpersonen sein können.[200]

Außerdem wird grundsätzlich nicht zwischen „Betrieb“ und „Unternehmen“ unterschieden.[201] In der allgemeinsprachlichen Verwendung des Simplicissimus war gemäß der zeitgenössischen Verkehrsanschauung von „Unternehmen“ die Rede, wenn etwa das *„große Unternehmen“* gemeint war, das beispielsweise die *„Vereinigten Papierfabriken“* bezeichnete (29.4.1907, S. 75).

Hinsichtlich des Arbeitnehmerbegriffs kann grundsätzlich auch die im heutigen Arbeitsrecht verwendete Begrifflichkeit ohne Verletzung der historischen Distanz verwendet werden.[202] Hannes Ludyga wies jüngst darauf hin, dass Begriffsbildungen der Moderne durchaus auch auf Umstände anwendbar sind, „die älter als der

---

Arbeitnehmers (Däubler, Arbeitsrecht, 2011, S. 31); zum Begriff des „Unternehmers“ im Untersuchungszeitraum: Conrad, Handwörterbuch, 1909, S. 577 f.

200 Entsprechend dem im Arbeitsrecht üblichen Arbeitgeberbegriff ist Arbeitgeber derjenige, der einen anderen auf Grund eines Arbeitsverhältnisses abhängig beschäftigt. Zum heutigen Recht: HWK/Henssler, Arbeitsrecht Kommentar, 2012, § 2 TVG Rn. 24. Nicht vertieft wurden die Begriffe „Unternehmer“ und „Arbeitgeber“ im Bergbau (cf. ABG 1865 §§ 74, 80, 151). Zur Entwicklung des „Unternehmers“ in Abgrenzung vom zünftigen Handwerksmeister: Gellbach, Arbeitsvertragsrecht, 1939, S. 14 f.

201 Zum heutigen Recht: HWK/Gaul, Arbeitsrecht Kommentar, 2012, § 5 BetrVG Rn. 2; Schaub, Linck, ArbR-Hdb., 2011, § 17 Rn. 9; Hueck/ Nipperdey, Lehrbuch des Arbeitsrechts, 1963, S. 96 ff. Die heutigen vom Arbeitsrecht, insbesondere vom Betriebsverfassungsgesetz vorgenommene und in Rechtsprechung und Rechtslehre diskutierte Definition von „Betrieb“ und „Unternehmen“ findet in der allgemeinsprachlichen Verwendung des Simplicissimus keine Entsprechung. Cf. zur Abgrenzung der Begriffe in Bezug auf die Schwellenwerte im heutigen Recht: Endres, Schwellenwertregelungen im Arbeitsrecht, 2003, S. 54 f; zum sozialrechtlichen Betriebsbegriff: HWK/Ricken, Arbeitsrecht Kommentar, 2012 §§ 7, 7b SGB IV Rn. 10.

202 Als „Arbeitnehmer“ wird nach allgemein arbeitsrechtlicher Anschauung die Person verstanden, die auf Grund eines privatrechtlichen Vertrages im Dienste eines anderen in persönlicher Abhängigkeit zur Leistung fremdbestimmter Arbeit verpflichtet ist. (Schaub, Vogelsang, ArbR-Hdb., 2011, § 8 Rn. 2 und 4). Es geht darum, welcher Arbeitnehmerbegriff im untersuchten Zeitraum einschlägig ist, soweit dies anhand der Quellen und Rechtsliteratur rekonstruierbar ist. Es geht nicht darum, sich auf eine Diskussion um den gegenwärtigen Arbeitnehmerbegriff nach deutschem oder europäischem Recht einzulassen. (Statt vieler: BAG 19.11.1997 – 5 AZR 653/96, NZA 1998, 364; zum arbeits-, sozial- und steuerrechtlichen ArbN-Begriff: HWK/Thüsing, Arbeitsrecht Kommentar, 2012, vor § 611 Rn. 19 ff; zum ArbN-Begriff i. S. d. ArbGG: HWK/Kalb, Arbeitsrecht Kommentar, 2012, § 5 ArbGG Rn. 1; zum ArbN-Begriff i. S. d. ArbZG: HWK/Gäntgen, Arbeitsrecht Kommentar, 2012, § 2 ArbZG Rn. 11; § 5 BetrVG; Bernert, Arbeitsverhältnisse im 19. Jahrhundert, 1972, S. 30).

Terminus sind“[203] – wenn dessen Verwendung keine Verfälschung des Gemeinten bedeutet. So können „Dienstboten“ und „Gesinde“ durchaus als „Arbeitnehmer“ bezeichnet werden, auch wenn diese Bezeichnung selten zeittypisch war.

Als Ergebnis dieser Definition folgt, dass die durchgängig dem Spott des Simplicissimus ausgesetzten Vertreter des Klerus[204] trotz vieler Nachweise unberücksichtigt bleiben. Sie befinden sich außerhalb der Zuständigkeit des Arbeitsrechts, da sie nicht auf Grund eines Arbeitsvertrages, sondern auf Grund kirchenrechtlicher Beziehung zu ihrer Kirche tätig wurden.[205]

Die Kleriker traten im Simplicissimus weder als Arbeitnehmer noch als Arbeitgeber auf.

Gleichwohl bleiben sie in ihrer arbeitsrechtlich bedeutsamen Verbindung zu einzelnen Gruppen nicht unerwähnt. Im Simplicissimus und anderen Karikatur-Journalen wurden die beide großen Kirchen des Deutschen Reichs gerne als Helfershelfer der Machthaber und Arbeitgeber karikiert. Ihr Ziel sei es, das Volk in Unwissenheit und Dummheit zu halten.[206]

Auch Freiberufler werden nur berücksichtigt, wenn sich aus der Darstellung Rückschlüsse auf arbeitsrechtliche Funktionen ziehen lassen.[207] Ausgeklammert werden schließlich Einzelpersonen, die nicht für bestimmte Gruppen stehen, aber

---

203 Ludyga, Armenfürsorge, 2010, S. 16.

204 Schmoll weist auf die religiösen Kampf-Karikaturen der Reformationszeit hin, in denen man „die Wurzeln der antiklerikalen Karikatur neuerer Zeit bis hin zum ‚Simplicissimus‘“ erkennt (Schmoll, Macht und Ohnmacht der politischen Karikatur, 1977, S. 15).

205 Zum heutigen Recht: HWK/Thüsing, Arbeitsrecht Kommentar, 2012, vor § 611 BGB Rn. 38.

206 Sagave, Klerus im Kreuz-Feuer, 1996, S. 68. In der Realität waren allerdings oft die Geistlichen die Beschützer der Arbeitnehmer, insbesondere der in Fabriken arbeitenden Kinder: Die Pfarrer gerieten bisweilen in Streit mit den Unternehmern über die Einhaltung der Vorschriften des Regulativs von 1839 für den zu erteilenden Unterricht: Aufgrund einer Beschwerde des Wahner Pfarrers Fersch über den Kölner Drahtfabrikanten und Unternehmer Guillaume schritt die Kölner Bezirksregierung ein, dohte dem Unternehmer, ihn vors Polizeigericht zu stellen und unterstellte die bei Guillaume beschäftigten Fabrikkinder ausdrücklich der Schulaufsicht des Pfarrers. (Schulz, Felten & Guillaume, 1979 b, S. 76).

207 Unberücksichtigt bleiben vereinzelte Erwähnungen von Angehörigen bestimmter freier Berufe, wie Ärzte (18.1.1909, S. 717 u. ö.), Krankenschwestern (15.1.1912, S. 747 u. ö.), Apotheker (19.1.1914, S. 731), Rechtsanwälte (19.6.1900, S. 110 u. ö.) und Journalisten (18.1.1909, S. 714). Die Anwaltschaft war in Preußen bis 1879 verbeamtet. Folglich konnte die Regierung politisch missliebigen Richtern die Ernennung zum Anwalt ebenso verweigern wie eine Beförderung. (Ormond, Richterwiürde, 1994, S. 60).
Zu den „freien Berufen“ im heutigen Recht: Schaub, Vogelsang, ArbR-Hdb., 2011, § 12 Rn. 9 (d).

durch Dienstverträge verpflichtet waren: So zeigte der Simplicissimus einen Witwer, der eine fromme Frau gegen Entgelt für das Seelenheil seiner verstorbenen Gattin beten ließ (3.9.1906, S. 366).[208] Im karikierten Fall lag nach § 611 Abs. 2 BGB[209] ein Dienstvertrag vor, da „Dienste jeder Art" Gegenstand des Dienstvertrags sein konnten. Der Dienstvertrag war nicht nichtig, da weder der dienstberechtigte Witwer noch die dienstverpflichtete Betschwester sich sittenwidrig verhielten. Ähnliches galt für einen Dienstmann, der jeden Monat ein Fixum von vierzig Mark bekam, wenn er einen Herrn jeden Abend vom Wirtshaus abholte und nach Hause brachte (21.3.1910, S. 895).

---

208 Cf. die „Miete" von Klageweibern in der Antike im arbeitsrechtlichen Zusammenhang. (Mayer-Maly, Römische Grundlagen des modernen Arbeitsrechts, 1967, S. 283).

209 § 611 II BGB 1896; zum Dienstvertrag auch: HWK/Kalb, Arbeitsrecht Kommentar, 2012, § 1 AÜG Rn. 26.

B. Die untersuchten Gruppen

I. Aristokraten und Angehörige des Militärs

1. Adelsprivileg und arbeitsrechtliche Kontraproduktivität der militärischen Führung

Die Untersuchung der im Simplicisimus dargestellten Gruppe der Aristokraten und Angehörigen des Militärs spiegelt die Einstellung der Zeitschrift wider, die diese Gruppe pauschal als kontraproduktiv für die Entwicklung der arbeitsrechtlichen Stellung der Arbeitnehmer auswies.

Die Grenzen zwischen den aristokratisch-militärischen Arbeitgebern und den im nächsten Kapitel zu behandelnden landwirtschaftlichen Arbeitgebern sind besonders für die vom Simplicissimus kommentierten ostelbischen Verhältnisse bisweilen fließend.[210] Einerseits sind für den Simplicissimus preußischer Offiziersstand und landwirtschaftliches Arbeitgebertum eng miteinander verbunden,[211] andererseits gebietet besonders der Blick auf die bayerischen Verhältnisse eine Trennung der Personengruppen. Offenkundig bewegten sich die bayerischen landwirtschaftlichen Arbeitgeber und Arbeitnehmer des Simplicissimus in einem aristokratiefreien Raum, so dass den landwirtschaftlich-arbeitsrechtlichen Zuständen ein gesondertes Kapitel gewidmet werden wird.

Bis zum Beginn des Ersten Weltkriegs reproduzierte der Simplicissimus klischeehaft die Karikatur aristokratischer, preußischer Offiziere, die sich von allen anderen Ständen distanzierten.[212] Der Standesdünkel selbst der untersten Offiziersränge war laut Simplicissimus notorisch: Diese Gruppe verkehrte ausschließlich in einer geschlossenen Gesellschaft und schloss von ihrer privilegierten Situation auf die *„sozialen Zustände“* im ganzen Reich (21.1.1898, S. 337). Innerhalb des Offizierskorps blieben laut Simplicissimus die Standes-Grenzen bestehen:[213] Die bürgerlichen Kavalleristen waren in den Augen ihrer feudalen Kameraden *„berittene Kaufleute“*, die feudale Kavallerie war für die bürgerlichen Kameraden eine *„Gesellschaft zur Erhaltung berittener Idioten“* (7.8.1911, S. 331).

---

210 Messerschmidt, Preußens Militär, 1980, S. 51 zur Geschichte der Symbiose zwischen Militär und aristokratischen Arbeitgebern: „Militär und ländliche Herrschaft konnten aufs engste verzahnt werden. Der Landadel, an das Befehlen gewöhnt, wurde vom Monarchen als das geborene Offizierspotential angesehen.“

211 Der preußische Landadel hat seit dem 18. Jahrhundert eine Doppelrolle inne: Die Junker sind im Rahmen eines „militärisch-agrarischen Komplexes“ sowohl militärische Befehlshaber als auch Inhaber der lokalen Obrigkeit im Bereich ihrer Gutsherrschaft. (Schissler, Die Junker, 1980, S. 94).

212 Die preußischen Offiziere und „Monokelträger“ gehörten zu den Standardtypen der „Karikatur-Journale“. (Koch, Von A wie *Absinth* bis Z wie *Zickzack,* 1996, S. 10).

213 Cf. Zimdars, Die Zeitschrift „Simplicissimus“, 1972, S. 37 f.: Kapitel „Militär“.

Bereits zu Beginn des 19. Jahrhunderts trat in Preußen eine Heeresreform in Kraft, der zufolge in Friedenszeiten nur diejenigen einen Anspruch auf Offiziersstellen haben sollten, die die nötigen Kenntnisse und Bildung hatten. Diese Reform brach mit einer Tradition des späten 17. und des 18. Jahrhunderts, die den Adeligen einen Vorrang bei der „Besetzung von Hof- und Staatsämtern, insbesondere aber von Offiziersstellen" einräumte.[214]

Durch ein System von Sonderrechten und Sonderpflichten war der Offiziersstand herausgehoben und zu einem „Militäradel" gebildet worden. Friedrich II. erblickte in der Übernahme bürgerlicher Lebensanschauungen eine Gefahr für seine adeligen Offiziere.[215]

Standesunterschiede sollten seit dem 6. August 1808 nicht mehr den Ausschlag geben. Doch nach der Restauration regte sich in den aristokratisch-konservativen Kreisen Widerstand gegen die „Brechung des Adelsprivilegs" und damit gegen die Einbeziehung von Bürgerlichen in militärische Führungspositionen. Auch nach der Reichsgründung entstammte das Offizierskorps überwiegend der Aristokratie.[216] Der Adel nahm zwei Drittel der einflussreichen Stellen in Verwaltung, Armee und Diplomatie ein.[217] Das überwiegend aus der Feudalaristokratie stammende Offizierskorps behielt im Kaiserreich seine Elite-Stellung bei. Wenn auch in Preußen die Offizierslaufbahn für Bürgerliche kurz vor dem Ersten Weltkrieg zugänglicher wurde, blieben besonders die Posten der Regimentskommandeure der Kavallerie und die der Entscheidungsträger mehrheitlich dem Adel vorbehalten.[218] „Militär, Verwaltung und Diplomatie öffneten ihre Führungspositionen nur zögernd für

214 Coing, Europäisches Privatrecht I, 1985, S. 56. Cf. Dollinger, Preußen, 1980, S. 73 und Messerschmidt, Preußens Militär, 1980, S. 45.

215 Messerschmidt, Preußens Militär, 1980, S. 46 ff.

216 Harnischmacher/Semerak, Deutsche Polizeigeschichte, 1986, S. 62: „Das Reich war ein monarchischer Obrigkeitsstaat, in dem die preußische Militäraristokratie das Sagen hatte." Cf. zur Genese der aristokratischen Offiziersgruppe Wesel, Geschichte des Rechts, 1997, S. 356: „Nach der Beseitigung seiner alten Eigenrechte wird der Adelige entweder zum Hofmann ... oder er geht in den Militärdienst des Fürsten, wo für ihn das Offizierkorps reserviert ist." Cf. Messerschmidt, Preußens Militär, S. 46.

217 Zur Erstarkung des Adels in den Spitzenpositionen der Verwaltung seit ca. 1825: Koselleck, Preußen zwischen reform und Revolution, 1975, S. 434.

218 Vor allem die Flotte bot Aufstiegschancen für bürgerliche Offiziere. (Stürmer, Das ruhelose Reich, 1983, S. 111 f.). Um 1900 besetzten Adlige 60% der Oberstenstellen, 75% der Stellen im Generalstab. (Messerschmidt, Preußens Militär, 1980, S. 75).

bürgerliche Anwärter."[219] Dabei kam der Kavallerie immer noch eine herausragende Stellung zu.[220]

Auch nach der Jahrhundertwende wurde die aristokratisch geprägte Offizierskaste laut Simplicissimus vom Standesdünkel gegenüber Bürgerlichen im Offizierskorps beherrscht:[221]

> *„Wie heißt eigentlich der neue Fähnrich, den man uns da aufgehalst hat?"*
> *„Hoffmann oder so was, glaube ich."*
> *„Pfui Deibel – Hoffmann! Was für ‚n Name! Hoffmann, Lehmann, Schulze, Stiefel, Bandwurm, Mistvieh – diese bürgerlichen Namen gleichen sich doch wie die Pferdeäppel!"*
> (24.6.1907, S. 212; ähnl. 18.3.1907, S. 823).

Der satirische Effekt kommt hier durch das Stilmittel des Asyndetons, der unverbundenen Reihung von angeblichen Eigennamen in einer pejorativen Steigerung zustande. Das klassische Stilmittel, das sich bei Gaius Julius Caesar in einer positiven Steigerung äußerte („Veni, vidi, vici"), ist hier ins Gegenteil verkehrt und soll nicht Bewunderung, sondern Heiterkeit beim Leser auslösen.[222]

Laut Simplicissimus genoss in Deutschland der *„Sankt Leutnant"* – gleich nach dem höchsten Wesen - göttliche Verehrung (29.3.1904, S. 1).

Die Attacken der Karikaturisten gegen die Offiziere blieben nicht ohne Kritik bei Zeitgenossen, wie Ludwig Kemmer. Seiner Meinung nach werde im Simplicissimus kein Stand „so konsequent und feindselig [...] verhöhnt wie der deutsche Offizier".[223] Auch Rudolph Jhering zeichnete um die Jahrhundertwende in ***Der Zweck im Recht*** ein positives Bild vom Offizierstand: „An keinen Stand erhebt die Sitte[224] so strenge

---

219 Stolleis, Interventionsstaat, 1989, S. 131. Hans Pohl beschreibt die Situation wie folgt: „Auch wenn 1913 bereits zwei Drittel des preußischen Offizierskorps bürgerlicher Herkunft waren, läßt sich doch feststellen, daß sich mit steigender Rangstufe der Anteil der Adligen vergrößerte. Von den 25 Kommandierenden Generälen im Deutschen Reich des Jahres 1913 waren 22 Adelige und drei nobilitierte Bürgerliche." (Pohl, Wirtschafts- und sozialgeschichtliche Grundzüge, 1979, S. 45).

220 Bei der Kavallerie machte 1913 der Anteil des Adels noch 80% aus, bei der Infanterie 48%, bei der Feldartillerie 41%. (Messerschmidt, Preußens Militär, 1980, S. 75).

221 Cf. Kuczynski, Alltag des deutschen Volkes, 1982, S. 317).

222 Insbesondere der Name „Schulze" wurde als Inbegriff des Bürgerlichen angesehen und auch verächtlich gemacht. Die Übertragung des Namens auf eine ganze soziale Gruppe entsprach der Gewohnheit, männliche Diener als „Johann" zu bezeichnen. (Cf. Kuczynski, Alltag des deutschen Volkes, 1982, S. 317).

223 Zitiert nach Gajek, Kritik am Simplicissimus, 1996, S. 55.

224 Der Begriff der „Sitte" wurde im Untersuchungszeitraum unterschiedlich verwendet. Er bezeichnete vielfach das „Übliche", den „Brauch". (Cf. Blümner, Die Lehre vom böswilligen Rechtsmissbrauch, 1900, S. 9).

Anforderungen wie an den deutschen Offizierstand, und bei keinem kann man ihrer unverbrüchlichen Beachtung so sicher sein als bei ihm."[225]

Die - auch wiederholt vom Simplicissimus thematisierte - Akzeptanz der aristokratisch geprägten Militärführung durch das Bürgertum (10.10.1896, S. 8 u. ö) gründete sich darauf, dass sich letzteres vom reichs- und kaisertreuen Militär eine Unterstützung gegen das sich revolutionär gerierende Proletariat versprach.[226] Das aristokratisch geprägte Militär übte in dieser Sichtweise für die Entwicklung des Arbeitsrechts eine kontraproduktive Funktion aus. Es kam nach Stolleis zu einer „Neufeudalisierung" weiter Teile des Besitz- und Bildungsbürgertums.[227] Der Simplicissimus entfaltete sich in einem Zeitraum, der in mehrerer Hinsicht durch eine „Refeudalisierung" geprägt war: „Seit Beginn der 90er Jahre des 19. Jhds. verstärkte sich der Charakter der Gesellschaft als Gesellschaft des Besitzbürgertums – freilich mit einem Hang zur Refeudalisierung, unter Ausgrenzung der Arbeiterschaft aus höheren Verwaltungsämtern sowie auch Richter- und Offiziersstellen."[228]

Der Standesdünkel bot dem Simplicissimus vielfach Anlass, die Aristokraten im Allgemeinen und die sich aristokratisch gebenden - vornehmlich preußischen - Offiziere im Besonderen zu karikieren.

> *„Wissen Sie schon, wer der erste Lieutenant war?"*
> *„Nein."*
> *„Joseph. Denn es steht von ihm geschrieben: Er trug bunte Kleider und setzte sich über seine Brüder."* (2.4.1898, S. 3).

Das satirisch auf die Bibel bezogene „Sich-über-seine-Brüder-Setzen" hatte arbeitsrechtlich die Konsequenz, dass die hier beschriebenen Militärs durch die Distanz zur Bevölkerung, insbesondere zum „vierten Stand" der Industriearbeiter, leichter als Organe des Staates gegen diese Gruppe, etwa bei Streiks und Aufruhr, eingesetzt werden konnten. Die Pflege des Standesdünkels war weit mehr als eine Frage der persönlichen Eitelkeit, sondern die Voraussetzung zur Niederhaltung der als staatsuntreu geltenden Arbeiterschaft. Ohne die durch den Standesdünkel geschaffene

---

225 Jhering, Der Zweck im Recht, 1905, S. 237. Die „Standessitte" verbot im Untersuchungszeitraum nach Jhering dem Offizier wie dem Beamten die „gesellschaftliche Berührung mit der niederen Klasse", um Konflikte zu vermeiden, die nicht nur jenen schaden können, sondern ihrer Stellung und ihrem Stand. (Jhering, Der Zweck im Recht, 1905, S. 211).

226 Fuchs, Illustrierte Sittengeschichte, 1912, S. 46; Kocka, Die Angestellten in der deutschen Geschichte 1850–1980, 1981, S. 68 f. Dazu Stolleis, Interventionsstaat, 1989, S. 134: „Je enger das Bürgertum und die alten Eliten zusammenrückten, desto größer war die Bereitschaft, sich in Krisensituationen staatlicher Hilfe zu versichern und auf liberale Prinzipien zu verzichten, die sich jetzt als hinderlich erwiesen."

227 Stolleis, Interventionsstaat, 1989, S. 133.

228 Krause, Grundsätze des Berufsbeamtentums, 2008, S. 25.

Distanz hätte die Arbeiterschaft unter Umständen weitaus leichter ihre Forderungen dem Staat und den Arbeitgebern gegenüber durchsetzen können.

Wirtschaftliche Einbußen zwangen die auf den Landgütern des Ostens ansässigen Aristokraten, sich mit dem Großbürgertum zu arrangieren.[229] Letztlich blieb dem Adel nolens volens laut Simplicissimus nur die Verbindung mit dem Bürgertum. Das „Moderne Fürstendenkmal" des Simplicissimus-Zeichners Thomas Theodor Heine widmete das Reiterstandbild des Colleoni von Verrocchio um, indem der Condottiere auf einem Dampfross sitzt (26.5.1903, S. 65) und so nach Haese „die komische Mischung von feudalen und kapitalistischen Elementen ins Auge rückt".[230]

Der Anteil der Bürgerlichen im Offiziersstand nahm zu, jedoch sollte ihre Aufnahme den Geist und die Exklusivität des alten Offizierskorps nicht beeinflussen. Die in den Kadettenanstalten herangezogenen Offiziersanwärter wurden entsprechend der traditionellen Wertvorstellungen sozialisiert.[231]

2. Ausbildung

a) Offiziersausbildung

Die Ausbildung der Offiziere in den Kadettenanstalten sah für ihre Absolventen grundsätzlich die Militärlaufbahn vor. Die Ausbildung war laut Simplicissimus allerdings mehr als dürftig:

> *„Kinder, die auf dem Gute geboren werden, steckt man einfach in den Schweinstall zu den jungen Ferkeln und läßt sie dort aufwachsen. Später sieht man nach; die Borsten haben, kommen auf die Weide, die Haare haben, steckt man ins Kadettenkorps."* (17.10.1905, S. 341).

In der Wirklichkeit orientierte sich die Ausbildung in den Kadettenanstalten mehr am Stoff der Realgymnasien als an dem der humanistischen Gymnasien,[232] aber es wäre verfehlt hierin eine potentielle Berufsbildung zu sehen, sondern die Ausbildung richtete sich nach militärischen Notwendigkeiten.

Laut Simplicissimus ergänzte sich der Standesdünkel durch eine bewusst kultivierte Bildungsferne, die den aristokratischen Offizier indirekt als ungeeigneten

---

229 Mommsen, Bürgerstolz und Weltmachtstreben, 1995, S. 29; Berghahn, Das Kaiserreich 1871–1914, 2003, S. 47. Im Gegensatz zum preußischen Offizierskorps war das bayerische „in zunehmendem Maße verbürgerlicht", einem liberalen Gedankengut zugänglicher. (Konrad, Nationale und internationale Tendenzen im „Simplicissimus", 1975, S. 90).

230 Haese, Die gesellschaftskritische Karikatur im „Simplicissimus", 1966, S. 93.

231 Kaiser Wilhelm II. überzeugte sich persönlich bei seinen Besuchen in den Kadettenhäusern vom Zustand seiner angehenden Offiziere und schwor sie mit Schokolade und Kuchen auf ihre zukünftigen Pflichten ein. (Johann, Reden des Kaisers, 1966, S. 116).

232 Cf. Messerschmidt, Preußens Militát, 1980, S. 76.

Arbeitgeber auswies: Ein adeliger *„Lieutenant“* war nicht in der Lage, einen Bericht zu Papier zu bringen. Schließlich gab er mit den Worten auf: *„Ach was, alter Adel schreibt überhaupt nicht,“* und ging ins Kasino. (3.12.1898, S. 286). Ein anderer Offizier stellte missbilligend fest, dass der Bruder eines Kameraden das Abitur ablegte (18.3.1907, S. 822; ähnl. S. 827).

Diese Darstellung des Simplicissimus ist insofern von arbeitsrechtlicher Relevanz, als die extreme Bildungsferne der Vertreter dieser Gruppe negative Rückwirkungen auf eine potentielle Übernahme von späteren Arbeitgeberaufgaben hätte.

In der gesellschaftlichen Wirklichkeit führte die oktroyierte Rücksichtnahme auf die in manchen Orten angesiedelten Offiziersschulen dazu, dass Industrieansiedlungen und damit Erwerbsquellen für die bürgerliche Bevölkerung und die Arbeiterschaft verhindert wurden.[233] Die in der Kadettenanstalt untergebrachten zukünftigen Offiziere sollten frische Luft atmen. Dieses Privileg blieb den vom Simplicissimus dargestellten, von keinem Arbeitsschutz berührten Arbeitern versagt.

b) „Einjährig Freiwillige“ und „Gemeine“

Das Institut des Einjährig-Freiwilligen eröffnete einen verkürzten Militärdienst für berechtigte Absolventen weiterführender Schulen. Ein bürgerlicher Gymnasiast konnte sich nach dem Abitur oder der Mittleren Reife vor Beginn des Studiums oder der Berufsausbildung als „Einjährig-Freiwilliger“ bewerben mit der Aussicht, zum Reserveoffizier aufzusteigen.[234] Die Regelung verfolgte den Zweck, jungen Männern eine Vereinigung ihrer Ausbildung mit der Verpflichtung zum Militärdienst zu ermöglichen. Teile des Bürgertums, denen eine reguläre Offizierslaufbahn verschlossen war, wurden durch dieses ihnen zukommende Privileg mit dem Militärdienst versöhnt. Da der Status des „Einjährig-Freiwilligen“ mit Kosten für die Elternhäuser verbunden war, blieb sozial unerwünschten Kandidaten – etwa aus der Arbeiterschaft - der Zugang verwehrt, was wiederum bei den Aufgenommenen zu Standesdenken führte. Das Bürgertum gelangte nicht nur zu einer Verkürzung der Dienstzeit, sondern konnte auch seine bürgerliche Existenz mit militärischem Prestige und dem Nachweis der Reichs- und Kaisertreue verbinden

233 Geurts et al., Das Erbe des Erzes. Bd. 2, 2004, S. 197.

234 Differenziert dazu Messerschmidt, Preußens Militär, 1980 S. 72 f.: „Für diesen Zweck genügte eine sechsklassige Ausbildung auf einer höheren Schule. Auf den neunstufigen Anstalten genügte die Sekundarstufe, während auf den sechsstufigen Anstalten wie den höheren Bürgerschulen, Progymnasien, Realschulen usw. eine Abschlußprüfung zu bestehen war. Das war der Grund für die Überlastung der neunstufigen Schulen, insbesondere der Gymnasien. Im Jahre 1890 verteilten sich die von den zwölf preußischen Armeekorps ausgegebenen 5000 Berechtigungen auf Schüler folgender Anstalten: 1340 Abiturienten neunklassiger Anstalten, 300 Absolventen sechsstufiger Schulen, 360 Privatschüler und 3000 Untersekundaner neunstufiger Anstalten. Die neunklassigen Schulen stellten bei ihrem Anteil von 60% an der Gesamtzahl der berechtigten Schulen 86% der anerkannten Einjährigen.“

und so mit beruflichen und arbeitsrechtlichen Vorteilen, wie einer aussichtsreichen Anstellung im zivilen Staatsdienst, rechnen.[235]

Der Simplicissimus mokierte sich über die Zunahme des Prestiges der Reserveoffiziere, die nach Aussagen von Zeitgenossen für den Untersuchungszeitraum kennzeichnend war.[236] Laut Simplicissimus sonnten sich auch Gemischtwarenhändler im Glanz militärischer Ehren. So erzählt *„Reserveleutnant Müller"* seinen Kundinnen im Krämerladen, auf dem Ladentisch wie ein Feldherr stehend, von seinen Manöver-Erlebnissen (6.3.1897, S. 6).

Im Unterschied zum „Einjährig Freiwilligen" absolvierte ein Arbeiter oder Bauer als „gemeiner" Untergebener[237] zwei oder drei Jahre lang seinen Militärdienst.[238] Für manchen einfachen Soldaten bedeutete die Dienstzeit ein gewisses Maß an sozialer und materieller Sicherheit und verklärte sich im Nachhinein trotz des Erduldens von Beleidigungen und Schikanen.[239] Die einfachen Soldaten wurden laut Simplicissimus von höheren Dienstgraden bezeichnet als *„Schweinehund"*, *„Saukerl"*, *„Rhinozeros"*, *„Schafskopf"* und *„Rindvieh"* (15.5.1899, S. 51 u. ö.). Die für die Maledicta verwendete Tiermetaphorik enthält durchweg im Bildspender (Tier) einen Dysphemismus zur Bezeichnung des Bildempfängers (gemeiner Soldat).

3. Finanzielle Situation und Arbeitsphobie

a) Standesdenken und Arbeitsphobie

Hinsichtlich der Zuordnung der Offiziere zu sozialen Schichten kommen Ritter/ Tenfelde zu der lapidaren Aussage: „Offiziere waren Sonderfälle." Sie gehörten traditionell zur Oberschicht, aber nach Öffnung für das Bürgertum auch zur Mittelschicht.[240] Die Offiziere waren zur standesgemäßen Lebensführung und zur Teilnahme am gesellschaftlichen Leben verpflichtet, was häufig in beiden Schichten ihre finanziellen Möglichkeiten überstieg. In der Literatur, die sich mit der arbeitsrechtlichen Stellung der Heimarbeiter beschäftigte, wurde mehrfach die Offizierstochter als sogenannte „verschämte Hausindustrielle" angeführt, „welche, um sich Taschengeld

---

235 Stolleis sah unter Berufung auf Max Weber und Eckart Kehr im „Königlich Preußischen Reserveoffizier" ein Mittel, um „eine Brücke zwischen Bürgertum und Militärmonarchie zu bilden". (Stolleis, Interventionsstaat, 1989, S. 134). Vgl. zur gegenwärtigen Rechtslage § 11a ArbPlSchG.

236 Ormond, Richterwürde, 1994, S. 443 unter Berufung auf E. Wichert.

237 Berghahn, Das Kaiserreich 1871–1914, 2003, S. 156.

238 Cf. Messerschmidt, Preußens Militär, 1980, S. 57.

239 Ausführliche Schilderungen von Schikanen, Beschimpfungen und Misshandlungen bei Rehbein, Das Leben eines Landarbeiters, 1911, S. 157 ff., sowie die Herabwürdigung „zum Tier" (S. 178). Das Wort Schikane wird hier im allgemeinsprachlichen, nicht rechtssprachlichen Sinn verstanden. (Cf. Blümner, Die Lehre vom böswilligen Rechtsmissbrauch, 1900, S. 134 ff.).

240 Ritter/ Tenfelde, Arbeiter, 1992, S. 133 f.

zu verdienen, Stickereien für Geschäfte liefert".[241] Am Beispiel dieser Offizierstöchter offenbarte sich nicht nur die prekäre finanzielle Situation der Offiziersväter, sondern ebenso die ungesicherte arbeitsrechtliche Stellung dieser Heimarbeiterinnen.

Dem Simplicissimus bot diese Diskrepanz zwischen Standesdenken und finanziellen Einschränkungen mehrfach Anlass zur satirischen Betrachtung: Anlässlich eines bevorstehenden Duells bat ein Offizier seinen Kameraden, im Falle seines Todes keine Sektion vornehmen zu lassen: *„Morgen ist der Letzte und ich habe Leberkäs im Magen!"* (28.4.1903, S. 43).[242]

Körperliche Arbeit war nicht standesgemäß.[243] Aber auch zur Arbeit generell, ob als Arbeitgeber oder Arbeitnehmer, fühlten sich die Offiziere laut Simplicissimus nicht berufen.

> *„Denken Sie nur, Baron, der Sohn von unserem Oberst Prankh lebt schon von seiner eigenen Arbeit."*
>
> *„Ja, weiß Gott, man sollt' es nicht glauben, wieviel Elend es in der Großstadt gibt."* (27.12.1904, S. 395).

Der Simplicissimus pflegte im Untersuchungszeitraum das Klischee vom Adeligen, der es für unter seiner Würde hielt zu arbeiten:

> *„Meine ganze Familie fängt an, scheußlich zu degenerieren: ein Bruder Arzt, einer Patentanwalt, und der Schandfleck des Hauses ist Fabrikdirektor – von dem leben wir."* (17.10.1910, S. 471).

Arbeit in ihrer arbeitsrechtlichen Definition, etwa gemäß Lotmars ***Arbeitsvertrag*** von 1902,[244] d. h. als vertragliche Pflicht eines Arbeitnehmers und als Gegenstand

---

241 Stadthagen, Das Arbeiterrecht, 1904, S. 92. „Verschämte" Arme, die sich schämen, betteln zu gehen, werden bereits in Armenordnungen des 16. Jahrhunderts erwähnt. (Cf. Gömmel, Sozialpolitik 1991, S. 95).

242 Zur Abgrenzung des „satisfaktionsfähigen Teils" der Gesellschaft vom Rest: Götz von Olenhusen, Satire – eine Ehrensache, 2010, S. 91; cf. auch Berghahn, Das Kaiserreich 1871–1914, 2003, S. 160.

243 Cf. zur Diskriminierung körperlicher Arbeit durch die Oberschicht im antiken Rom, etwa repräsentativ durch Cicero,: Eggebrecht e. a., Geschichte der Arbeit, 1980, S. 107 f.

244 „Arbeit als möglicher Gegenstand des Arbeitsvertrages ist jede Tätigkeit eines Menschen, die ein fremdes Bedürfnis zu befriedigen vermag und für welche erfahrungsgemäß irgendwann oder –wo (in einem gegebenen Rechtsgebiet) ein Entgelt geboten wird." (Lotmar, Der Arbeitsvertrag, 2001/1902, S. 110). Im Prinzip war damit die heute gültige Definition des Arbeitsvertrages vorgegeben, wonach der Arbeitsvertrag ein privatrechtliches Dauerschuldverhältnis des besonderen Schuldrechts im BGB ist. (Brox/ Rüthers/ Henssler, Arbeitsrecht, 2011, Rn. 37; Bernert, Arbeitsverhältnisse im 19. Jahrhundert, 1972, S. 29 ff. Die Gestaltung des Arbeitsvertrages findet seine Grenzen in den Arbeitsschutzbestimmungen und den Regelungen der Tarifverträge und Betriebsvereinbarungen.). Allerdings wies

eines Arbeitsvertrages, war laut Simplicissimus für Mitglieder dieser Gruppe eine unakzeptable Zumutung. Dabei belebte die Zeitschrift eine mittelalterliche Vorstellung von der Distanz des Adels zur Arbeit[245] und das in Polizeiordnungen[246] und noch im ALR niedergelegte Verbot an den Adel, bürgerlichen Geschäften nachzugehen.[247] Die Legitimation für ihre Arbeitsphobie konnte der Adel nicht nur aus der germanischen Tradition, sondern auch aus widersprüchlich erscheinenden Aussagen des Neuen Testaments ableiten.[248]

Coing hatte für das Mittelalter folgende Feststellung getroffen: „Die wirtschaftliche Grundlage des *Feudalismus* ist der relative Reichtum einer Gesellschaft an Land (die Verfügbarkeit von Grund und Boden) und die relative Knappheit an Geldmitteln."[249] Diese Vorstellung existierte noch im 19. Jahrhundert, obwohl zahlreiche Grundgrundbesitze in industrieähnliche Unternehmen umgewandelt worden waren und gute Erträge abwarfen.

Die Gattung der Karikatur nimmt im Vergleich zu anderen Bild-Künsten ein zeitnahes Eingehen auf Themen in Anspruch. Es ist fraglich, ob der Simplicissimus mit der klischeehaften Reproduktion des Themenkreises „Standesdenken und Arbeitsphobie" aristokratisch-militärischer Personen seinem aufklärerischen Selbstanspruch gerecht wurde.

b) Geldheiraten als Erwerbsquelle

Im Großbürgertum des Untersuchungszeitraums spielte sich aus Gründen des Besitzzusammenhaltes oder der Besitzvermehrung das konnubiale Verhalten in der Regel in konfessionell und sozial geschlossenen Heiratskreisen ab. Die Einheirat in Adelskreisen galt als selten.[250] Sie verschaffte jedoch dem Adel großbürgerliche

---

Söllner darauf hin, dass der „Arbeitsvertrag" für Lotmar „nicht der Dienstvertrag eines unselbständigen, abhängigen Arbeitnehmers" war, sondern „jeder Vertrag, der auf eine Arbeitsleistung gerichtet" war. (Söllner, Der industrielle Arbeitsvertrag, 1972, S. 293).

245 Seibt, Lob der Handarbeit, 1981, S. 177: „Dazu muß man vor Augen haben, daß seit dem 13. Jahrhundert immer wieder einmal auch schriftlich festgehalten wird, was ohnehin seit eh und je als ungeschriebenes Recht galt: daß kein Adeliger arbeiten sollte. Mit dem Handel hielt man es unterschiedlich: die Handarbeit dagegen wirkte ehrenrührig."

246 Schmelzeisen, Polizeiordnungen, 1955, S. 297.

247 Coing, Europäisches Privatrecht I, 1985, S. 58, unter Berufung auf II, 9, §§ 76–79. („§ 76 Adeliche sollen in der Regel keine bürgerliche Nahrung und Gewerbe treiben")

248 Wirth u. a., Lexikon des Mittelalters, 1980, Sp. 874.

249 Coing, Europäisches Privatrecht, 1985 I, S. 27 (kursiv im zit. Text).

250 Berghahn, Das Kaiserreich 1871–1914, 2003, S. 109. Nach Berghan heirateten auch die Mitglieder der deutschen Industriearbeiterschaft nahezu ausnahmslos untereinander. (Berghahn, Das Kaiserreich 1871–1914, 2003, S. 109). Aus den unterschiedlichen Niveaus der Mittelschicht kam es laut Simplicissimus eher – wenn auch zum Unwillen der Braut-Eltern – zu Ehen zwischen einem Handwerksgesellen und

Finanzkraft[251] und dem Großbürgertum gesellschaftliches Ansehen. Nach Michael Stolleis durchdrangen Adel und Bürgertum einander „auf komplizierte Weise".[252]

Laut Simplicissimus schienen solche Verbindungen allerdings keine Seltenheit zu sein, sondern eher die Regel. Durch sie kamen selbst die *„heruntergekommenen Grafen und Barone"* durch eine Heirat zu Geld (12.2.1901, S. 377). Durch die Geldheirat umgingen die Herren jeden Zwang zu arbeiten und somit jegliche arbeitsrechtlichen Folgen. Der Simplicissimus wurde nicht müde, das Thema von Adeligen, die heirateten, um nicht arbeiten zu müssen, in unterschiedlichen Variationen darzustellen (7.1.1898, S. 321 u. ö.).

Solche Beiträge fanden ihren Ursprung allerdings nach dem oben Gesagten seltener in der gesellschaftlichen Wirklichkeit als in der Tradition älterer Vorkommnisse und literarisch beliebter Themen von Geldheiraten und Mitgiftjägern. Vielen Offizieren blieb laut Simplicissimus nur die Möglichkeit, eine auskömmliche Ehe mit einer Bürgerlichen aus gut situierter Familie einzugehen (12.2.1, S. 377). Heiraten mit Bürgerlichen waren aber laut Simplicissimus nicht nach dem Geschmack der konservativen Aristokraten (19.11.01, S. 276).[253]

> *„Wenn unsere Ahnen Geld brauchten, schlugen sie ein paar Kaufleute tot – wir müssen ihre Töchter heiraten."* (17.3.1903, S. 408).

An die modernen Zeiten konnten sie sich nicht gewöhnen:

> *„Haben Sie gehört, Baron, die Gräfin Hahn-Storkow hat sich mit einem Regierungsbaumeister Schmidt verlobt."*
>
> *„Schade, dass das schöne blaue Blut so versaut wird."* (3.2.1903, S. 360).

Die Satire lebte von der sprachlichen Diskrepanz zwischen dem Adjektiv „schön" und dem eher dem Unterschichten-Sprachniveau zuzuordnenden Partizip Perfekt „versaut". Sie erinnert zudem u. a. an eine Beschwerde des Magdeburger Adels vom Ende des 17. Jahrhunderts, die in der Heirat von eigenen Standesgenossen mit

---

der Tochter eines Bürgerlichen (17.12.1906, S. 609). In älteren Polizeiordnungen bedurften Ehen zwischen Adeligen und Bürgern landesherrlicher Genehmigung. Für das Großherzogtum Berg hob Napoleon 1809 eine Norm des ALR (II, 1, 30) auf, die die Heirat zwischen Adeligen und Frauen aus dem Bauern- oder niederen Bürgerstand verbot. (Schmelzeisen, Polizeiordnungen, 1955, S. 56 f.).

251 Vielen großen Gütern drohte durch Überschuldung seit den 80er Jahren die Zwangsversteigerung. (Eggebrecht e. a., Geschichte der Arbeit, S. 250). Die vom Simplicissimus vorgenommene Reduzierung des Großgrundbesitzers auf adelige Junker scheint nicht der Wirklichkeit zu entsprechen. In Preußen befand sich offenbar im Untersuchungszeitraum bereits über die Hälfte der Rittergüter in bürgerlichem Besitz. (Cf. Eggebrecht e. a., Geschichte der Arbeit, 1980, S. 251).

252 Stolleis, Interventionsstaat, 1989, S. 130. Cf. Koselleck, Preußen zwischen Reform und Revolution, 1975, S. 105 ff. zur Entwicklung der Ehegesetzgebung im ALR.

253 Cf. den langen Weg der Plebejer zum conubium in Rom bis zur lex Canuleia. (Wadlstein/ Rainer, Römische Rechtsgeschichte, 2005, S. 38).

nicht-adeligen Töchtern eine „nicht geringe Beschimpfung der Häuser, woraus sie entsprossen“ sahen.[254]

Außerdem griff der Simplicissimus im voraufgegangenen Beitrag auf Klischees vom Raubrittertum zurück, so wie der Sozialist Wilhelm Wolff 1849 die ostelbischen Gutsherren durchweg als „Raubritter“ bezeichnete. Nach Wolff habe sich das Schwert der Ritter mit dem „Gänsekiel der Juristen“ verbündet, um sich die „raubritterlichen Rechte“ zu beschaffen.[255]

Im Licht dieser Raubritter-Tradition als angebliches aristokratisches Ideal äußerte sich indirekt eine völlige Abwehrhaltung der Aristokratie gegenüber staatlich normierten Rechtssätzen und damit auch arbeitsrechtlichen Regeln.

Die Geschichtsforschung kam für den Untersuchungszeitraum zu dem Ergebnis, dass eine Geldheirat mit einer nicht-adeligen Erbin zwar noch „stirnrunzelnd“ vom alteingesessenen Adel entschuldigt wurde, nicht jedoch die Einheirat eines adeligen Offiziers in eine jüdische Familie.[256]

Der Simplicissimus stellte auch solche Allianzen vor, in denen ein jüdischer Familienvater seiner Tochter unter dem Weihnachtsbaum ihren neuen Gemahl, einen Offizier, präsentiert:

> *„Du, Rebekka, bekommst das teuerste Geschenk. Es kostet mich dreimalhundertfufzigtausend Mark!“* (12.12.1896, S. 5 u. ö.)

Der Simplicissimus mokierte sich auf diese Weise nicht nur über den verarmten Offizier[257], der auf den Status einer Sache heruntergestuft wurde, sondern auch über den reichen, aber unmathematischen jüdische Familienvater, dessen Familie eventuell konvertierte und nun das Weihnachtsfest feierte. Des Geldes wegen wurden im Simplicissimus die Offiziere und die Juden ihren Prinzipien untreu.[258]

Zeitnah zu der hier dargestellten Situation fragte sich Lotmar 1896, im Erscheinungsjahr des Simplicissimus, in seiner Schrift ***Der unmoralische Vertrag insbesondere nach gemeinem Recht***, ob nicht auch die „Eheschließung, die eingestandenermaßen vom Einen nur um des Geldes willen erfolgt, das der Andere hat oder erben wird, zwar nach römischem Recht kein pactum turpe und gültig, aber doch nach dem B. G. B. ein ‚Rechtsgeschäft, das gegen die guten Sitten verstößt‘“ sei.[259]

---

254 Zitiert nach Schmelzeisen, Polizeiordnungen, 1955, S. 56 f. Zur Verachtung des Adels für das wohlhabende Bürgertum: Koselleck, Preußen zwischen Reform und Revolution, 1975, S. 511.

255 Wolff, Die schlesische Milliarde, 1885–87, S. 25 u. ö., S. 27.

256 Berghahn, Das Kaiserreich 1871–1914, 2003, S. 111.

257 Cf. Schissler, Die Junker, 1980, S. 97 f.

258 Nach Sombart waren auch für die frommen Juden Mischehen verboten und wurden – „bis zum heutigen Tage“ [1911 resp. 1928, Verf.] als „Entweihung des edlen jüdischen Blutes“ betrachtet. (Sombart, Die Juden und das Wirtschaftsleben, 1928, S. 282).

259 Lotmar, Der unmoralische Vertrag, 1992, S. 259. Zum Begriff der „guten Sitten“ bei Lotmar: s. u. Zur Definition des § 138 BGB im heutigen Rechtsverständnis: Schaub,

Nicht nur die verarmten oder arbeitsunwilligen aristokratischen Militärs profitierten laut Simplicissimus von der Eheschließung, sondern auch die reichen Bürgerfamilien waren an ihr interessiert (26.12.1896, S. 4). Die reichen Bürgerlichen können ihr Glück kaum fassen, wenn sie ihre Tochter mit einem *„Freiherrn Konrad von Wiedleben, Oberleutnant im Gardegrenadierregiment"*, verloben können und lassen das Brauthaus bei einem Empfang in *„unerhörtem elektrischen Glanze"* erstrahlen (31.1.1905, S. 442). Diese satirische Darstellung des Simplicissimus greift ein reales gesellschaftliches Phänomen auf, demzufolge die Nobilitierung im Großbürgertum und in den Spitzen der bürgerlichen Beamtenschaft als höchste Auszeichnung angesehen wurde.[260] Die marxistische Kulturkritik sah in den Geld- oder Namensheiraten den Ausdruck des Waren- und Geldcharakters der Liebe im kapitalistischen Zeitalter.[261]

c) Betrug als Erwerbsquelle und Verlust der preußischen Tugenden

Die Freude am Betrug hatte laut Simplicissimus alle Schichten erfasst. Auch die Offiziere besserten angeblich mit zweifelhaften Zusatzgeschäften ihre Pension auf (31.1.1905, S. 443). Betrug und betrügerische Geschäfte zerstörten die alten preußischen Tugenden.[262] Der Simplicissimus widmete sich im Jahre 1906 ausgiebig der *„Affäre Podbielski"*. Die Korruptionsaffäre, in die Offiziere verstrickt waren, zeigte nach Auffassung der Zeitschrift, wie weit sich die aristokratische Führung von den alten Idealen entfernt hatte. Für den Simplicissimus waren die beteiligten Adeligen, Landwirtschaftsminister von Podbielski und von Tippelskirch, Exemplare des modernen Raubrittertums (27.8.1906, S. 343).

Allerdings hatte am Vorabend des Ersten Weltkrieges in den Augen der Öffentlichkeit nicht die gesamte Militärleitung ihre Ehre verloren. Der Schriftsteller Alfred Schirokauer thematisierte in seinem 1914 erschienen Roman, ***Die siebente Großmacht,*** die Untadeligkeit der preußischen Offiziere.[263]

Linck, ArbR-Hdb., 2011, § 34 Rn. 2; Kindl/ Feuerborn, Bürgerliches Recht, 2006, S. 35. Cf. Mayer-Maly, Römisches Recht, 1999, S. 114: „Unter den guten Sitten versteht man die grundlegenden Wertungen einer Rechtsgemeinschaft."

260 Mommsen, Bürgerstolz und Weltmachtstreben, 1995, S. 71. Günther Schulz belegt als Beispiel der Nobilitierung als Auszeichnung für großbürgerliche Unternehmer die Gebrüder Guillaume, die 1900, bzw. 1904 den erblichen preußischen Adel für ihre Verdienste um die Herstellung von Überseekabellinien erhielten. (Schulz, Felten & Guillaume, 1979, S. 110).

261 Fuchs, Illustrierte Sittengeschichte, 1912, S. 252.

262 Zum Entstehen des Bildes der preußischen Tugenden: Rejewski, Die Pflicht zur politischen Treue, 1973, S. 13.

263 Schirokauer, Die siebente Großmacht, 1914, S. 326 u. ö.

4. Offiziere und ihre Angehörigen in Arbeitgeber- und Arbeitnehmereigenschaften

a) *Aristokratisch-militärische Arbeitgeber für zivile Arbeitnehmer*

Laut Simplicissimus betrachteten aristokratisch-militärische Arbeitgeber aus dem Osten des Reichs ihre Arbeiter und ihr Gesinde als Vieh. Dabei griff die Zeitschrift die Mensch-Tier-Metapher in der Karikatur als ein traditionelles Stilmittel der Ikonologie auf.[264] Außerdem bemühte der Simplicissimus einen gängigen – etwa von Wilhelm Wolff um die Jahrhundertmitte vorgetragenen - sozialistischen Vorwurf, nach dem das „Bauernpack“ in den Augen des Aristokraten „keinen anderen Wert hat als sein Vieh, insoweit er eben das eine wie das andere ausbeuten kann“.[265]

Die Animalisierung des Gesindes erfolgte im folgenden Beitrag des Simplicissimus indirekt durch die Benennung der eigentlich den Schweinen zukommenden Nahrung.

> *„Ja, in meiner Heimat baut man auch 'ne janz bedeutende Rübe. Man kann se zwar nich jenießen, aber fürs Jesinde eine janz vorzügliche Speise.“* (11.9.1897, S. 189).

Der Dienstherr verstieß damit gegen § 83 der preußischen Gesindeordnung, dem zufolge das Gesinde nicht gezwungen werden kann, „der Gesundheit nachteilige und ekelhafte Speisen“ anzunehmen.[266] Wenngleich die hier satirisch überspitzte menschenverachtende Einstellung eines aristokratisch-militärisch-agrarischen Arbeitgebers des ausgehenden 19. Jahrhunderts auch nicht auf alle aristokratischen Arbeitgeber zutraf, so fühlten sich doch auch in der realen Welt offenbar nach Aussagen von Zeitgenossen – wie Franz Rehbein - viele von ihnen als unumschränkte Herrscher über ihr Gesinde oder über ihre Arbeiter.[267] So standen die Klagen über die ungenießbare Kost der Dienstboten und Tagelöhner an erster Stelle bei zeitgenössischen

---

264 Gärtner, Was die Satire darf, 2009, S. 28. Laut Schmoll erschien die Tiermetaphorik deutlich seit der Reformationszeit, in der sich sowohl Katholiken als auch Protestanten dieses Stilmittels in Karikaturen zur gegenseitigen Verächtlichmachung bedienten. (Schmoll, Macht und Ohnmacht der politischen Karikatur, 1977, S. 14).

265 Wolff, Die schlesische Milliarde, 1885–87, S. 55.

266 GesO 1810: „Offenbar der Gesundheit nachtheilige und ekelhafte Speisen kann das Gesinde anzunehmen nicht gezwungen werden.“ Cf. auch Vormbaum, Politik und Gesinderecht im 19. Jahrhundert, 1980, S. 54. Durch § 618 BGB wurde § 83 GesO 1810 bedeutungslos. Auch trat an die Stelle der „Polizei-Obrigkeit“ das Ermessen des Richters. (GesO 1810, Gerhard, S. 109). Bereits im Mittelalter war das Gesinde bei „unzureichender Nahrung“ berechtigt, das Dienstverhältnis zu beenden. (Hertz, Die Rechtsverhältnisse des freien Gesindes, 1879, S. 71). Demmer weist auf die unzureichende Beköstigung des Gesindes im Zusammmenhang mit II. 5. § 83 ALR hin. Er sieht in § 83 GesO 1810 eine deutliche Verbesseruung für das Gesinde gegenüber den Vorschriften des § 83 ALR. (Demmer, Gesinderecht, 1968, S. 106).

267 Cf. Rehbein, Das Leben eines Landarbeiters, 1911, passim.

Beschreibungen ihrer Beköstigung.[268] Die Auseinandersetzung mit der Verköstigung des Gesindes war seit der Gesindeordnung von 1810 nicht nur eine rechtliche, sondern auch eine belletristische,[269] von der offenbar der Simplicissimus noch zehrte. Schließlich war die Art der Verköstigung seit dem Mittelalter und der beginnenden Neuzeit ein wesentlicher Aspekt der arbeitsrechtlichen Ordnungen für das Gesinde und die Lohnarbeiter.[270]

Aus sozialhistorischer Sicht stand die Aussage des o. a. aristokratischen Arbeitgebers im Zusammenhang mit der wachsenden Bedeutung des Anbaus von Futterrüben in der Landwirtschaft. Ihre wachsende Bedeutung ähnelte der der Zuckerrübe,[271] wobei die Futterrübe nicht als menschliches Nahrungsmittel galt.[272]

Der Ausspruch des o. a. aristokratischen Arbeitgebers, der das Gesinde als Vieh betrachtet, macht deutlich, dass diesem Arbeitgeber der Gedanke an ein Arbeitsrecht fremd ist. Seine Arbeiter stehen auf einer Stufe mit Sklaven, die laut der auch vom Simplicissimus beförderten Anschauung im römischen Recht keine Rechtssubjekte, sondern Sachen, Rechtsobjekte waren.[273]

---

268 Rehbein, Das Leben eines Landarbeiters, 1911, S. 203 ff. u. ö; cf. auch Eger, Der Evangelisch-Soziale Kongress, 1931, S. 38; cf. Hedemann, Die Fürsorge des Gutsherrn für sein Gesinde, 1905, S. 179 f. Gegen Ende des 19. Jahrhunderts waren vor allem die schlechte Behandlung und Ernährung des oberschlesischen Gesindes am Ausgang des 18. Jahrhunderts durch den Nationalökonom Georg Friedrich Knapp wissenschaftlich-literarisch aufgearbeitet worden. (Knapp, Die Bauern-Befreiung 1887, S. 68).

269 Cf. die Bücher von Henriette Davidis im Zeitraum nach 1845.

270 Cf. Hon-Firnberg, Lohnarbeiter und freie Lohnarbeit, 1935, S. 102 ff. u. ö. Bereits für die Sklaven und Freigelassenen Roms liefert die Verköstigung mit minderwertigen Nahrungsmitteln Diskussionsstoff für ein „Indiz für die soziale Stellung des römischen Arbeitnehmers". (Bürge, Cibarie, 1993, S. 63 ff.).

271 Zur Verbreitung des Anbaus von Zuckerrüben: Nichtweiss, Saisonarbeiter, 1959, S. 27 ff.

272 Achilles, Industrie und Landwirtschaft, 1979, S. 64 f.

273 Cf. Bleicken, Verfassungs- und Sozialgeschichte des Römischen Kaiserreichs, 1995, S. 332 ff.; Weiß, Arbeitsvertragsrecht, 1991, S. 34; Honsell, Römisches Recht, 2006, S. 24, 50. Wieacker wies darauf hin, dass man bei der Rezeption des römischen Rechts nie gewagt habe, das römische Recht der Sklaverei auf die „Verhältnisse bäuerlicher Unfreiheit" anzuwenden, dass es aber „einen ungünstigen Einfluß auf die persönliche Rechtsstellung der Gutsuntertänigen" gehabt habe. (Wieacker, Privatrechtsgeschichte der Neuzeit, 1967, S. 229 f.). Willoweit, Historische Grundlagen des Privatrechts, 1977, S. 573 [kursiv im zit. Text]: „Das *antike Sklavenrecht* hatte die Herabwürdigung des Menschen zur Sache fast konsequent durchgehalten." Und: „Die spätantike Sklavenarbeit setzt sich in der Fronarbeit unfreier Knechte fort und mündet ein in die Arbeitspflicht des spätmittelalterlichen oder neuzeitlichen Leibeigenen." Die häufig anzutreffenden Hinweise auf Gaius, [Inst. I 9–11, I 52, I 119 f. (mancipatio), II 13, 14 a] als Beleg für die „Sachqualität" der Sklaven bedürfen einer vorsichtigen Deutung (z. B. I, 9 zur Rechtsstellung der Sklaven). Gegen die Anschauung der „Sachqualität des Sklaven": Schott, Der Mensch und die

Der zitierte agrarische Arbeitgeber lebte losgelöst von der zeitgenössischen, industrialisierten Welt in einem rein feudalen Kontext.[274] Zwischen Arbeitgeber und Arbeitnehmer bestand kein Vertrag zwischen Freien, sondern ein Gewaltverhältnis zwischen „Herrn" und Unfreien. Der Simplicissimus beschrieb ein – mittelalterliches – Arbeitsverhältnis, in dem ein Rechtsverhältnis zu einem Gewaltverhältnis wurde oder in dem nie ein Rechtsverhältnis bestand.[275]

Arbeit im Recht der Zeiten, 1917, S. 4 f. Zur differenzierten rechtlichen Würdigung der Sklaven als „res (Rechtsobjekte) und personae zugleich": Kaser, Römisches Privatrecht, 1992, S. 79. Zur Betrachtung der Sklaven als Sachen in der lex Aquilia und zur Sachmängelgewährleistung beim Kauf von Sklaven nach dem ädilizischen Edikt: Manthe, Geschichte des römischen Rechts, 2000, S. 74 ff., 83. Zur Behandlung der Bauern nach antikem Sklavenrecht durch nach dem römischen Recht geschulte Juristen des 16. und 17. Jahrhunderts und zum Fortbestand der Patrimonialgerichtsbarkeit: Wesel, Geschichte des Rechts, 1997, S. 356 f. Wilhelm wies hin auf Jherings Unterscheidung zwischen dem „Rechtlichen" der Stellung der Sklaven und der tatsächlichen Gestaltung der Lebensverhältnisse. (Wilhelm, Theorie des abstrakten Privatrechts, 1972, S. 281 unter Bezug auf „Geist des römischen Rechts auf den verschiedenen Stufen seiner Entwicklung", II, I, S. 178 f.). Zum Versuch der Einbindung der Patrimonialgerichtsbarkeit in die übergeordnete Gesetzgebungsgewalt des Fürsten im 18. Jahrhundert: Schulze, Policey, 1982, S. 127 f. Zur formalen Abschaffung der Patrimonialgerichtsbarkeit 1848/1849: Stolleis, Interventionsstaat, 1989, S. 131. Zur besonderen Situation des Gesindes, das dem Gutherrn als Dienstherr und Gerichtsherr bis 1848 in einer Person unterworfen ist: Gerhard, Verhältnisse und Verhinderungen, 1978, S. 20 und Tenfelde, Ländliches Gesinde, 1979, S. 205 f. Zum Wandel der realen Stellung der römischen Sklaven in der archaischen Zeit und in der Zeit der Republik: Eggebrecht e. a., Geschichte der Arbeit, 1980, S. 95 ff. Zum Versuch der fränkischen Volksrechte, die Ungerechtigkeiten der Richter in der merowingischen und karolingischen Zeit abzustellen, sowie zum Entstehen der niederen Gerichtsbarkeit: Hofbauer, Grundherrschaften, 1927, S. 56 ff. und 97.

274 Zum Begriff des Feudalismus: Krause, Grundsätze des Berufsbeamtentums, 2008, S. 70: „Die Grundherrschaft und das Lehenswesen verschmelzen schließlich zu der Ordnung, die man als ‚Feudalismus' bezeichnet." Zum Lehnsrecht: Coing, Europäische Privatrecht I, 1985, S. 352 f. Zur Ausbildung der großen Grundherrschaften im frühen Mittelalter: Hofbauer, Gruundherrschaften, 1927, passim.

275 Willowiet, Historische Grundlagen des Privatrechts, 1977, S. 574 [kursiv im zit. Text]: „Ländliches Gesinde und Handwerksgesellen, Bergleute und Tagelöhner, Handlungsgehilfen und Seemannschaften treten mit dem Vertragsschluß in *Abhängigkeitsverhältnisse ein, die neben schuldrechtlichen Elementen auch solche der persönlichen Unterordnung enthalten.*" Die Klagen über die Behandlung der ländlichen Arbeiter als Vieh treffen offenbar auch nach der Jahrhundertswende vor allem auf die in Ostelbien angeworbenen Wanderarbeiter zu. (Nichtweiss 1959, Saisonarbeiter, 1959, S. 216 f.). Dagegen steht die positive Einschätzung des Verhältnisses von ländlichen Arbeitgebern und Arbeitnehmern von Th. von der Goltz aus dem Jahr 1893: „Im Allgemeinen ist die Behandlung der Landarbeiter in den letzten Jahrzehnten eine entschieden humanere und rücksichtsvollere geworden,

Das Gesinde konnte zwar in einigen Gesindeordnungen ohne vorherige Aufkündigung den Dienst verlassen, wenn „es häufig ungeeignete Beköstigung erhält“[276], jedoch blieb diese arbeitsrechtliche Regelung zum Kündigungsrecht des Gesindes reine Theorie, wenn es in ländlichen Gebieten nur schwer einen anderen Dienstherrn fand.

Im Simplicissimus setzten sich die ländliche Arbeitgeber über alle arbeitsrechtlichen Bestimmungen hinweg. An ihrer Stelle herrschte die grundherrliche Willkür. Eine Großgrundbesitzerin eröffnete ihrem Diener:

> *„Johann, Ihre Gehaltserhöhung besteht darin, daß Sie nicht entlassen werden.“* (25.11.1902, S. 276).

Das Verhalten der aristokratischen Arbeitgeber kannte weder arbeitsrechtliche Rücksichten noch christliche Erwägungen. So existierte auch in der aristokratisch-militärischen Wirklichkeit des Untersuchungszeitraums nach einer Untersuchung von 1899 über Christentum und Heer kaum ein Einfluss der Militärgeistlichen auf die Offiziere.[277]

Die aristokratischen Arbeitgeber hielten sich auf Distanz zu ihren Arbeitern. So antwortete der adelige „Fabrikherr“ auf die Frage seiner weiblichen Begleitung:

> *„Wollen wir nicht heute mal Ihre Fabrik besichtigen, Baron?“*
>
> *„Leider nicht, ich kann den Arbeitergeruch nicht vertragen.“*
> (10.3.1903, S. 396).

Hinsichtlich der Distanz der adeligen Arbeitgeber zu den Arbeitern, der Abwehr ihrer Forderungen und des Unverständnisses für ihre Not bediente sich der Simplicissimus eines kulturellen Topos, der den Rezipienten von sozialkritischen und naturalistischen Dramen bekannt war.[278] Wie in anderen Fällen war die arbeitsrechtliche Kritik des Simplicissimus nicht (nur) unmittelbare Reaktion auf arbeitsrechtliche Missstände, sondern Neu- und Umformulierung der dem Leser präsenter Motive.

Der US-amerikanische Historiker Robert M. Berdahl definierte den vorkapitalistischen paternalistischen Herrschaftsmodus des preußischen Adels als eine Mischung von physischer Nähe und großer sozialer Distanz zwischen den Herrschenden und Beherrschten.[279] In der Karikatur des Simplicissimus wird die soziale Distanz weiter

---

als sie früher, auch als sie vor der Bauernbefreiung gegenüber den bäuerlichen Unterthanen war. Die Achtung vor der menschlichen Persönlichkeit als solcher ist bei den höheren Klassen der Gesellschaft gestiegen, auch nötigt der Mangel an Arbeitern zu einer besseren Behandlung derselben.“ (Goltz, Ländliche Arbeiterklasse, 1893, S. 189).

276 Platzbecker, Rheinische Gesindeordnung, 1914, S. 40.

277 Messerschmidt, Preußens Militär, 1980, S. 69.

278 Cf. Schwarz, Das Recht in den sozialen Dramen, 1936 unter Bezugnahme auf Bulthaupts Trauerspiel ***Die Arbeiter*** von 1877.

279 Berdahl, Preußischer Adel, 1980, S. 143 f. u. ö.

gewahrt, aber durch eine physische Distanz bewusst ergänzt. Damit ist jedes potentielle paternalistische Band zwischen Arbeitgebern und Arbeitnehmern aufgelöst.

Auf die arbeitsrechtlichen Bedingungen der in der Landwirtschaft und in weiteren zivilen Bereichen beschäftigten Dienstboten wird an anderer Stelle eingegangen werden.

Die Beschäftigung von zivilen Dienstboten ließ in Realität und Fiktion selbst höher gestellte aristokratische und militärische Arbeitgeber häufig an die Grenzen ihrer finanziellen Mittel kommen. Doch die Beschäftigung von Dienstboten war notwendig für die Erfüllung von Repräsentationspflichten (17.2.1903, S. 377 u. ö.). Aus dieser Verlegenheit half die Beschäftigung von Offiziersburschen.

b) Aristokratisch-militärische Arbeitgeber für Offiziersburschen

Die einfachen Soldaten hatten häufig den Status von Dienstboten. Als *„Offiziersdiener“* (10.6.1907, S. 173 u. ö.) standen sie außerhalb der Zuständigkeit der Gesindeordnungen. Ihre Vorgesetzten waren auch keine Arbeitgeber im arbeitsrechtlichen Sinn, sondern Vorgesetzte innerhalb der militärischen Hierarchie.[280] Zwischen den Angehörigen des Militärs bestand kein schuldrechtlicher Dienst- oder Arbeitsvertrag, sondern ein vertikales Verhältnis von Befehl und Gehorsam, das keine arbeitsrechtlichen Auseinandersetzungen zuließ. Die Offiziere waren ihren Burschen gegenüber zwar weisungsberechtigt, aber laut Simplicissimus nicht verpflichtet, ihnen Lohn zu bezahlen, selbst wenn diese im Privathaushalt beschäftigt waren (9.6.1913, S. 162).

Die „Burschen“ standen zwar im militärischen Rang weit unter ihren finanzschwachen Vorgesetzen, sorgten aber laut Simplicissimus durch ihre Kontakte zum praktischen Leben für deren Wohlergehen (10.6.1907, S. 173 u. ö.). Häufig mussten die Burschen im Haushalt verheirateter Offiziere der Offiziersgattin helfen. Laut Simplicissimus stand diese in der Befehlshierarchie noch über ihrem Gatten. In der entsprechenden Karikatur hatte der Oberst zwar formal, die Frau Oberst aber materiell das Sagen (2.4.1898, S. 2).

In einer weiteren Karikatur klagte ein Offiziersbursche seinem Kameraden, dass er so sehr von der *„Gnädigen“* in Anspruch genommen werde, dass von ihm eigentlich noch erwartet werde, dass er sich den Säugling an die Brust legt (9.7.1898, S. 115). Der Bursche beschwerte sich zwar über das *„Schinden“*, doch die lachenden Gesichter der beiden Soldaten zeigten keinen Leidensdruck. Die Satire wirkt hier

---

280 Bereits das ALR äußerte sich zur Rechtsstellung des „Gesindes der Militairpersonen“, das zwar unter der Militärgerichtsbarkeit stand, aber gleichzeitig den Gesetzen des Standortes unterworfen war. (§§ 57 f., II, 10 ALR). Vielfach wurden in frühindustrieller Zeit die einfachen Soldaten samt ihrer Familien aufgrund des Arbeitermangels von ihren Offizieren an Unternehmer von Manufakturen und Fabriken vermietet. Sie unterstanden in dieser Zeit deren arbeitsrechtlichen Usancen, etwa hinsichtlich der Arbeitszeiten. (Cf. zur frühindustriellen Verwendung von Soldaten: Wagner, Politische Pandektistik, 1985, S. 50).

aufgrund der Übertreibung, durch die Diskrepanz zwischen ikonischer und verbaler Botschaft und durch die Verwendung von Dialekt und Soziolekt („*det Balg*").

Die Offiziersburschen am unteren Ende der Hierarchie legten im Simplicissimus nicht viel Solidarität mit zivilen Dienstboten an den Tag. Im Haushalt eines Offiziersburschen war laut Simplicissimus ein Dienstmädchen damit beschäftigt, sich im Zuge der Gesindebewegung arbeitsrechtlich zu engagieren. Der Bursche hatte nun ihre Tätigkeit mit zu übernehmen:

> „*Jetzt muß ick den janzen Krempel for die Herrschaft besorgen, seit die Rieke, der olle Dussel, an ihre ‚Denkschrift zur Lage der weiblichen Dienstboten' arbeitet.*" (21.8.1899, S. 162).

Der Simplicissimus nahm in diesem Beitrag Bezug auf die sogenannte „Dienstbotenfrage", die um die Jahrhundertwende aktuell wurde (s.u.). Die Zeitschrift kritisierte in diesem Beitrag, dass der Eintritt in das Militär jedes Verständnis für die arbeitsrechtlichen Bedürfnisse anderer Bevölkerungsgruppen abtötete, selbst wenn es sich um sozial „ranggleiche" Personengruppen handelte.

c) Offiziere a. D. in zivilen Berufen

Bei einem Ausscheiden aus dem Dienst hatten manche Offiziere laut Simplicissimus geringe zivile Berufschancen. In der ironischen Darstellung des Simplicissimus bezeichnete allerdings ein Offizier seine genossene Ausbildung als angemessen:

> „*Natürlich können preußische Offiziere lesen und schreiben. Wie könnten sie denn sonst hinterher Weinreisende oder Versicherungsagenten werden?*" (27.4.1908, S. 76).[281]

Allerdings fand ein anderer Offizier die Tätigkeit als Weinreisender als zu schwierig, weil man zu viel rechnen musste (12.9.1910, S. 396). Offiziere, die nach ihrem Abschied vom Militär über keine privaten Einkünfte oder Rückzugsmöglichkeiten auf die familiären Landgüter verfügten, standen vor einer schwierigen Situation. Laut Simplicissimus war der Gedanke an eine Stelle in der Verwaltung oder Politik für (aristokratische) Offiziere wenig reizvoll:

> „*Wissen Sie, bester Lieutenant, früher war das janz nett. Wenn unsere Väter 'ne jlorreiche Dienstzeit hinter sich hatten, zogen sie sich beschaulich auf ihren Landsitz zurück. Heute weiß man nie, ob nich schon so 'ne Postdirektorenstelle oder so 'n Ministerstuhl auf einen lauert. Man kann doch schließlich nich zu allem Talent haben. Weiß Jott, das wird nacherade unjemütlich!*" (18.12.1897, S. 299).

Die satirische Wirkung wird hier durch die Verwendung der bildhaften Sprache geschaffen: Durch den metaphorischen Gebrauch des Wortes „lauert" wird die Arbeit zum hinterhältigen Feind, den selbst der schneidige Offizier fürchtet.

---

281 Die Verwendung von ehemaligen Offizieren in der Versicherungsbranche beschreibt Müller, Pferdebahn und Brückenhäuschen, 1981 S. 93.

Wenngleich die Militärlaufbahn selbst keine arbeitsrechtlichen Implikationen mit sich brachte, konnten sich diese nach dem Ausscheiden aus dem Dienst für die Offiziere a. D. ergeben. Vielfach fanden sie wegen ihrer Staats- und Königstreue als Vorgesetze in Behörden Verwendung: So wurde laut Simplicissimus ein ehemaliger Hauptmann Postdirektor eines Oberpostamts, ließ sich mit *„Herr Major"* anreden, zeigte sich allerdings *„noch nicht sehr vertraut mit postalischen Dingen"* (17.12.1906, S. 623).

Nicht sehr glorreich, aber von gewisser Unabhängigkeit war der Beruf des Versicherungsinspektors:

> *„Warum so gedankenvoll, Kamerad?"*
> *„Soeben Schreiben vom Regiment –"*
> *„Donnerwetter, Beförderung, was? Wozu darf man gratulieren?"*
> *„Weiß noch nicht; wahrscheinlich Versicherungsinspektor."* (26.6.1899, S. 102)

Die Sprache ist militärisch knapp, von Ellipsen gekennzeichnete. Sie macht deutlich, dass der Offizier nicht nur wegen seiner fehlenden Qualifikation, sondern auch wegen seiner Wortkargheit zum Beruf des „Versicherungsinspektors" wenig geeignet ist.[282]

In anderen Fällen blieben den ausgeschiedenen Offizieren Berufe als Arbeitnehmer: Ein Leutnant stellte sich bei einem beleibten Geschäftsinhaber vor und ersuchte um eine Stellung:

> *[Geschäftsmann] „Ja, ich waiß nit, wie Se sich so e G'schäft vorstellen. Se reden immer von Manefaktur, von Manefaktur, Herr Laitnant; aber ham Se denn aach Vorkenntnisse?"*
>
> *[Leutnant] „Ich hatte mir gedacht, vielleicht als Repräsentant in der Damenabteilung."*
>
> *[Geschäftsmann] „Hm, - ohne Uneform?"* (19.6.1897, S. 94).

Der Beitrag brachte das Problem satirisch auf den Punkt: Außer ihrer Uniform und den Umgang mit Damen hatten die Offiziere laut Simplicissimus auf dem Arbeitsmarkt wenig vorzuweisen. Der in der Karikatur dargestellte Leutnant erweist sich durch die Verwendung des Wortes „Manefaktur" am Ende des 19. Jahrhunderts als rückständig. Er ist als hochdeutsch sprechende Person einem Krämer ausgeliefert, der mit ihm nur dialektal kommuniziert. Auf das Leben in der bürgerlichen Welt waren die kaiserlichen Offiziere nicht vorbereitet. Wenn es arg kam, fand ein Leutnant, der wegen einiger Affären den Dienst quittierten musste, nicht einmal als Barkeeper eine Anstellung (31.12.1899, S. 318) oder musste als Kellner arbeiten

282 Die Auslassung des Personalpronomens der ersten Person Singular ist jedoch nicht nur Merkmal der militärischen Sprache, sie findet sich auch durchgängig beispielsweise bei Bekker, Ernst und Scherz, 1892, S. 243 u. ö. Nach heutiger Rechtslage wären die als Handels- und Versicherungsvertreter Tätigen nach den §§ 84 Abs. 1, 92 Abs. 1 HGB selbständige Kaufleute, wenn sie im Wesentlichen frei ihre Tätigkeit gestalten und ihre Arbeitszeit bestimmen können. (Cf. HWK/Kalb, Arbeitsrecht Kommentar, 2012, § 5 ArbGG Rn. 11; cf. HWK/Thüsing, Arbeitsrecht Kommentar, 2012, vor § 611 BGB Rn. 76 f.).

(16.8.1904, S. 205). Zwischen der arbeitsrechtlichen Realität dieser in wenig respektablen Berufen tätigen ehemaligen Militärpersonen von Rang und den tradierten Standesidealen, denen zufolge der germanische Krieger laut Tacitus manuelle Arbeit verachtete, bestand eine große Kluft.[283]

5. Zwischenergebnis zu I

Aus dem Interessenkonflikt, einerseits für das lukrative Annoncengeschäft finanzstarke Geldgeber aus der Wirtschaft an sich binden zu müssen, anderseits aber Kritik an bestimmten Gesellschaftsgruppen üben zu wollen, ist es nachvollziehbar, wenn auch bislang wohl von der Literatur unbeachtet, dass sich der Simplicissimus deshalb gerne am preußischen Militär schadlos hielt, weil von diesem keine unmittelbaren wirtschaftlichen Sanktionen zu befürchten waren. Bei der Schilderung der Aristokraten und der (aristokratisch) geprägten Militärführung verharrte der Simplicissimus im gesamten Untersuchungszeitraum in folgenden Stereotypen:

Weitgehend losgelöst von den wirtschaftlichen, sozialen, (arbeits-)rechtlichen und technischen Veränderungen in der „realen" Welt des Deutschen Reichs lebten laut Simplicissimus die Aristokraten und adeligen Militärs in althergebrachten Denk- und Verhaltensmustern, wie Standesdünkel, Arroganz, Bildungsferne, Arbeitsphobie, Gefühlskälte Untergebenen gegenüber, Unverständnis für andere sozialen Schichten. Das aristokratisch geprägte Offizierskorps wehrte sich laut Simplicissimus gegen bürgerliche Einflüsse, nutzte aber dessen Vorteile, wie die konnubialer Verbindungen.

Insgesamt ergab sich durch das vom Simplicissimus dargestellte Verhalten dieser Personengruppe eine für die Entwicklung des Arbeitsrechts kontraproduktive Blockade.

Unmittelbare arbeitsrechtliche Bezüge ergaben sich vor allem in zwei Untergruppen:

Die erst Gruppe umfasste das zivile und militärische Gesinde: Arbeitsrechtliche Erwägungen und Rücksichten untergebenen Arbeitnehmern gegenüber waren dem aristokratisch geprägten Militär laut Simplicissimus wesensfremd. Arbeitsrechtliche Vorschriften der Gesindeordnungen oder des BGB, etwa zu den Rechten des Gesindes, wurden ignoriert. Eine vertikale Befehlsstruktur ließ selbst gegenüber den zivilen Dienstboten keine arbeitsrechtlichen Erwägungen aufkommen. Der Simplicissimus wies zudem darauf hin, dass in den agrarischen Gebieten des Ostens das Gesinde wie Vieh behandelt wurde, so dass in diesen krassen Fällen grundherrlicher Willkür nicht einmal mehr von einer Befehlsstruktur die Rede sein konnte.

In der zweiten Gruppe befanden sich diejenigen Offiziere, die keine Ausbildung für einen bürgerlichen Beruf nachwiesen. Wenn sie nach dem Ausscheiden aus dem Dienst nicht von einem Erbe oder einer Geldheirat profitierten, mussten sie

283 Tacitus, Germania, 14, zit. nach Wirth u. a., Lexikon des Mittelalters, 1980, Sp. 874.

widerwillig als Beamte, Selbständige oder Arbeitnehmer – teilweise in wenig respektablen Berufen und Dienstverhältnissen - ihren Lebensunterhalt verdienen.

Abgesehen von dieser unmittelbaren arbeitsrechtlichen Relevanz wirkte sich das Verhalten der militärischen Führung als staatstreues Organ bei der Einflussnahme etwa auf streikende und aufrührerische Arbeiter mittelbar arbeitsrechtlich aus (s.u.).

Hinsichtlich der Distanz der adeligen Arbeitgeber zu den Arbeitern, der Abwehr ihrer Forderungen und des Unverständnisses für ihre Not bediente sich der Simplicissimus eines kulturellen Topos, der den Kennern von sozialkritischen und naturalistischen Dramen vertraut war. Wie in anderen Fällen geschah die arbeitsrechtliche Kritik des Simplicissimus nicht (nur) als unmittelbare Reaktion auf konkrete arbeitsrechtliche Missstände, sondern als Neu- und Umformulierung der dem Leser präsenter Motive. Trotz der Klischeehaftigkeit vieler Beiträge konnte die Darstellung der Offiziersgruppe eine aufklärerische Funktion vor allem im Hinblick auf die Notwendigkeit einer besseren zivilberuflich orientierten Ausbildung entfalten.

II. Großbürgerliche Arbeitgeber

1. Die soziale und rechtliche Ausgangslage

Laut der Aussage des Juristen Andreas Kaiser von 1972 lag das Eigentum an den Produktionsmitteln im 19. Jahrhundert in der Hand eines wirtschafts-liberalen „Industriebürgertums“.[284] Dieser Begriff ist zwar aufgrund seiner arbeitsrechtlichen Implikationen von Bedeutung, entspricht aber weder dem Sprachgebrauch des Simplicissimus noch dessen – auch Handel und Gewerbe umfassenden - Gesamtkonzeption. Im Folgenden ist daher umfassend von „großbürgerlichen Arbeitgebern“ die Rede oder verkürzt von „Arbeitgebern“, wenn der Kontext die „Großbürgerlichkeit“ beinhaltet.

Laut Simplicissimus ignorierten diese Arbeitgeber vielfach die gesetzlich verordneten Schutzmaßnahmen für Arbeitnehmer (z. B. 20.3.1900, S. 415)[285] und verhielten sich somit arbeitsrechtswidrig. Außerdem nutzten sie die für die Arbeitnehmer bestimmten sozialrechtlichen Errungenschaften für ihre privaten Zwecke aus, indem sie beispielsweise zynisch von deren Krankenversicherung zu profitieren suchten.

> *„Bei der nächsten Jagd werde ich nur Arbeiter aus meiner Fabrik verwenden, die werden doch wenigstens nachher auf Kosten der Krankenkasse behandelt.“* (4.11.1907, S. 503).

In der zitierten Darstellung des Simplicissimus hat der offenbar bürgerliche Fabrikherr das traditionell dem Adel zustehende Jagdrecht[286] erhalten, behandelt aber seine Jagdtreiber ähnlich rücksichtslos wie in manchen Berichten ehemals die

284 Kaiser, Vertragsfreiheit und Gesellschaftsordnung, 1972, S. 48.

285 Cf. Anton, Preußische Fabrikgesetzgebung, 1953, S. 125 f.

286 Coing, Europäisches Privatrecht I, 1985, S. 213; zur Abschaffung der Jagdrechte: Eggebrecht e. a., Geschichte der Arbeit, 1980, S. 254.

Aristokraten.[287] Das aristokratische Jagdmonopol als ein Zeichen der „symbolischen Herrschaft“ des Adels war mit allen Nachteilen für die Untergebenen auf den wohlhabenden Bürgerlichen übergegangen. Leidtragende waren nicht mehr die dienstpflichtigen Bauern, deren Felder und Äcker von den aristokratischen Jägern zertrampelt wurden, sondern die Fabrikarbeiter.[288] In der Realität des Untersuchungszeitraums zeigten auch die Mitglieder freier Berufe, wie die Ärzte, häufig kein Mitgefühl mit den Arbeitern, sondern standen auf Seiten der Arbeitgeber. Arbeiter wurden offenbar zu schnell von den Ärzten gesundgeschrieben und sahen nur im Selbstmord einen Ausweg.[289]

In Industrie und Handel wurden große Vermögen aufgebaut.[290] Gesetzgebung, Rechtsprechung und Rechtslehre sicherten die Ansprüche des gehobenen Bürgertums ab.[291]

---

287 Zum Vorwurf der Ausbeutung durch die ostelbischen Jagdherrn: Wolff, Die schlesische Milliarde, 1885–87, Kap. V.

288 Berdahl, Preußischer Adel, 1980, S. 140 f.

289 Zur Stellung der die Arbeitsunfähigkeit beurteilenden Ärzte: Lerche, Alltag und Lebenswelt von heimatlosen Armen, 2009, S. 102.

290 Berghahn, Das Kaiserreich 1871–1914, 2003, S. 48; Becker Arbeitsvertrag und Arbeitsverhältnis, 1995, S. 51.

291 Die ***Allgemeine preußische Gewerbe-Ordnung vom 17. Januar 1845*** gilt als eine der ersten arbeitsrechtlich relevanten Regelungen des Industriezeitalters. Ihr Kernstück war die Gewerbefreiheit. (§ 1 GewO 1845). Die Gewerbefreiheit – bereits 1810 in Preußen eingeführt in Verbindung mit der Abschaffung der Zunftprivilegien (John, Handwerk im Spannungsfeld, 1987, S. 170 ff.; § 6 ff. Polizeil. Verhältnisse 1811) - war von arbeitsrechtlicher Relevanz. Die Gewerbeordnung bot finanzkräftigen Vertretern des Bürgertums die Möglichkeit, dem Gewerbe unabhängig vom Zunftzwang einen industriellen Charakter zu verleihen. (Dazu Klatt, Treuepflichten, 1990, S. 107; zur Aufhebung des Zunftszwangs und seiner Folgen: Schlick, Von den Zünften zu den Verbänden, 1962, S. 208 f.). Sombart sah eine Beziehung zu den gewerbefreiheitlichen Anschauungen im Judentum: „Aber woher auch immer diese Auffassung stammen möge: überaus wichtig ist die Tatsache selbst, daß schon im Talmud und noch deutlicher im Schulchan Aruch gewerbefreiheitliche und freihändlerische Anschauungen vertreten werden, die dem gesamten christlichen Rechte des Mittelalters ganz und gar fremd waren.“ (Sombart, Die Juden und das Wirtschaftsleben, 1928, S. 290 f.). So lautete die Schlussfolgerung bei Sombart: „Es kann also keinem Zweifel unterliegen: Gott will den Freihandel, Gott will die Gewerbefreiheit! Welch ein Antrieb, sie nun im Wirtschaftsleben wirklich zu betätigen!“ (Sombart, Die Juden und das Wirtschaftsleben, 1928, S. 292). Die Gewerbeordnung sah allerdings Ausnahmen für Bergbau, Landwirtschaft und Handwerk vor. Mit dem ***Gesetz vom 22. Juni 1861, betreffend die Abänderung einiger Bestimmungen der Allgemeinen Gewerbe-Ordnung vom 17. Januar 1845*** sowie mit dem ***Gesetz, betreffend die Errichtung gewerblicher Anlagen vom 1. Juli 1861*** wurde die Zahl der Gewerbe, die einer polizeilichen Genehmigung bedurften, im

Privatautonomie[292] und Eigentumsfreiheit[293] entsprachen den wirtschaftlichen Interessen, sich gegenüber den unteren gesellschaftlichen Schichten abzugrenzen.[294] Die, etwa durch Windscheid vertretene, Rechtslehre sicherte grundsätzlich das Privateigentum gegen allgemeine Sittlichkeits- und Moralschranken ab.[295] Das private Eigentum an Produktionsmitteln und Unternehmen hatte eine wirtschaftliche und rechtliche Vormachtstellung der Arbeitgeber zur Folge.[296] Zeitgenössische Juristen, wie Rudolph von Jhering, umgingen vielfach durch die Abstraktion oder den Rekurs auf das römische Recht arbeitsrechtliche Fragen, wie den Arbeitsvertrag.[297] Die prosperierende Wirtschaft konnte nicht darüber hinwegtäuschen, dass große Teile der Bevölkerung in Armut lebten. Der Simplicissimus kritisierte das primär theoretische Interesse von Mitgliedern der höheren Schichten an der „sozialen Frage" (1.10.1898, S. 209; 10.4.1900, S. 24; 30.9.1912, S. 421).[298]

Sinne der Anpassung des Gewerberechts an die fortschreitende Industrialisierung eingeschränkt.

292 Weiß, Arbeitsvertragsrecht, 1991, S. 44: „Privatautonomie bezeichnet die Möglichkeit des Einzelnen, die eigenen Angelegenheiten frei und in eigener Verantwortung zu gestalten." Kaiser, Vertragsfreiheit und Gesellschaftsordnung, 1972, S. 3: „Ganz allgemein wird als Fundament eines nichtsozialistischen Zivilrechts die Privatautonomie angesehen."

293 Eigentumsfreiheit, Vertragsfreiheit und Testierfreiheit gehörten im BGB 1896 zu den „ganz selbstverständlich gewordenen Prinzipien bürgerlichen Rechts". (Kaiser unter Berufung auf Radbruch, Vertragsfreiheit und Gesellschaftsordnung, 1972, S. 143).

294 Laut Hans Pohl hat das Großbürgertum des Untersuchungszeitraums nur noch sehr wenig gemein mit dem Bürgertumsbegriff der ersten Hälfte des 19. Jahrhunderts: Letzterer umfasste „alle nicht-landwirtschaftlichen Berufsgruppen zwischen der adligen Oberschicht und den am Rande des Existenzminimums oder darunter lebenden Unterschichten". (Pohl, Wirtschafts- und sozialgeschichtliche Grundzüge, 1979, S. 47).

295 Haferkamp, Die heutige Rechtsmißbrauchslehre, 1995, S. 106. Zum Vorwurf der Rechtswissenschaftler des 20. Jahrhunderts an die des 19. Jahrhunderts hinsichtlich einer „weltfremde[n] Rationalisierung und Entethisierung": Haferkamp, Wege der Historiographie, 2010, S. 69. Zur langen Diskussion um die Positionierung der Richter zwischen „Gesetzesanwendung und Richterrecht" schon vor dem ersten Erscheinen des Simplicissimus: Haferkamp, Die exceptio doli generalis, 2000, S. 16 und passim.

296 Brox/ Rüthers/ Henssler, Arbeitsrecht, 2011, Rn. 11.

297 Jhering, Der Zweck im Recht, 1904, S. 26. Das über den Kaufvertrag Gesagte lässt sich auch auf den Arbeitsvertrag übertragen: „Einigkeit des Willens beim Kontrakt (consensus) heißt Einigkeit der Parteien über die vollständige Kongruenz ihrer beiderseitigen Interessen." (S. 28). „Der Arbeiter tauscht Geld ein gegen Arbeitskraft, der andere Teil Arbeitskraft gegen Geld;..." (S. 51).

298 Gemeint waren beispielsweise der 1877 von Protestanten ins Leben gerufene ***Zentralverein für Sozialreform auf religiöser und konstitutionell-monarchischer Grundlage*** oder der ***Evangelisch-Soziale Kongress*** von 1890. Sie verstanden sich

Das Großbürgertum passte sich laut Simplicissimus in seiner Gesinnung gegenüber den Arbeitern und Arbeitslosen der Aristokratie an (7.4.1913, S. 20). Diese karikierte Haltung entsprach einer tatsächlich in der bürgerlichen Gesellschaft stattfindenden „Aristokratisierung" im Sinne der Nachahmung aristokratischer Verhaltensmuster und Wertvorstellungen.[299]

Diese Nachahmung griff tief in die Geschichte zurück: Die Epoche des „echten" Lehnswesens und der Blüte des Rittertums endete nach Huizinga schon im dreizehnten Jahrhundert. Die adelige Lebensform behielt allerdings ihre Herrschaft über die Gesellschaft noch lange, nachdem der Adel im „gesellschaftlichen Gefüge" seine vorherrschende Bedeutung verloren hatte.[300] Eine ähnliche Anpassung an das aristokratische Leitbild ist auch für den Untersuchungszeitraum festzustellen: „Angehörige des Bürgertums kauften nun offen und in zunehmender Zahl Rittergüter ..., assimilierten sich rasch und verschmolzen mit ihren adligen Berufsgenossen zu einer ideologisch und gesellschaftlich relativ homogenen Klasse von ländlichen Großunternehmern, den ‚Junkern' ...[301] Diese Veränderung in der Gesellschaftsordnung war laut Hans Pohl möglich, weil „die politische Führung den wirtschaftlichen Aufschwung zu fördern versuchte und damit den Interessen des Industriebürgertums weitgehend entgegenkam."[302]

Der Simplicissimus entlarvte die Verachtung der großbürgerlichen Schichten für die körperlich arbeitende Bevölkerung. Von diesen Schichten war kein arbeitsrechtliches Interesse zu erwarten. Eine Arbeitgebergattin verglich die Arbeiter ihres Mannes mit Tieren und trug damit zur Animalisierung der Arbeiter bei:

> *„Mein Mann empfängt heute eine Arbeiterdeputation. Hoffentlich sind die Kerle wenigstens stubenrein."* (25.7.1910, S. 282).

Zur Erzeugung des satirischen Effekts wurde wieder eine Tiermetapher in der Funktion eines Dysphemismus bemüht. Der Simplicissimus hatte die Gesinnung, die zur Benutzung der Tiermetaphern führt, bereits dem adeligen Großgrundbesitzer zugeschrieben. Nun verwendete die Gattin des bürgerlichen Unternehmers eine solche Metapher.

Gleichzeitig implizierte die Tiermetapher noch einen weiteren rechtlichen Zusammenhang. Im Untersuchungszeitraum waren Tiere Sachen. Dies änderte sich

---

als wissenschaftliche Organisationen, die sich an Gebildete wendeten, ohne unmittelbar Einfluss auf die Massen zu nehmen (s. u). (Eger, Der Evangelisch-Soziale Kongress, 1931, S. 5).

299 Wehler, Das deutsche Kaiserreich, 1977, S. 54; Pohl u. a. benutzen den Begriff der „Feudalisierung" (Pohl, Wirtschafts- und sozialgeschichtliche Grundzüge, 1979, S. 45 f.). „Die Feudalisierung des Großbürgertums entsprang nicht nur gesellschaftlichem Ehrgeiz, sondern auch einem gemeinsamen sozialpolitischen und allgemeinpolitischen Interesse mit dem Adel." (Born, Strukturwandel, 1976, S. 283).

300 Huizinga, Herbst des Mittelalters, 1952, S. 55.

301 Eggebrecht e. a., Geschichte der Arbeit, 1980, S. 251.

302 Pohl, Wirtschafts- und sozialgeschichtliche Grundzüge, 1979, S. 45.

auch nicht mit der Einführung des BGB. Erst 1990 wurden Tiere in § 90 a BGB zu Sachen sui generis erklärt.[303] Für den hier benutzten Dysphemismus bedeutete das erneut, dass die Arbeiter als auf einer Stufe mit den römischen Sklaven stehend und als Sachen betrachtet wurden.[304]

Gespräche über Arbeiter bei Tisch galten in großbürgerlichen Kreisen laut Simplicissimus als unappetitlich:

> *„Wie gesagt, gnädige Frau, ich bin überzeugt, diese volkswirtschaftlichen Fragen würden auch Sie interessieren. Die Lebensweise des Arbeiters z. B. ...“*
> *„Bitte, Herr Professor, wir sind beim Essen.“* (22.10.01, S. 241).

Von arbeitsrechtlicher Relevanz war das Verhalten der Mitglieder des vermögenden Bürgertums in ihrer Eigenschaft als Arbeitgeber. Der Simplicissimus mokierte sich in zahllosen Beiträgen über ihre Geldgier, ihren Egoismus und ihre Herzlosigkeit (13.8.1898, S. 158). So informierte ein beleibter Unternehmer zynisch seine Arbeiter anlässlich ihrer Entlassung:

> *„Schließlich hab‘ ich doch keine Versorgungsanstalt! Un wenn ihr denkt, ihr wollt mich ärgern, daß sich der eine oder der andere an meinem Zaun uffhängt –die Villa is vermietet uff sieben Jahre.“* (8.6.1908, S. 179).[305]

Besonders bissig reagierte der Simplicissimus auf prahlerische Neureiche (2.7.1898, S. 107 u. ö.). Auch die Mitglieder dieser Schicht kannten sich in Betrug und Unterschlagungen aus (14.8.1911, S. 348 u. ö.).

2. Wohltätigkeit als Hilfe und sublimierte Form der Verachtung

Im Untersuchungszeitraum waren zahllose Arbeitnehmer und Arbeitslose auf wohltätige Spenden angewiesen. Auf der Grundlage der christlichen Nächstenliebe war das Almosen lange ein wichtiger Beitrag zur Linderung der „sozialen Frage“. Dies galt auch nach Einführung gesetzlicher Bestimmungen zur Unterstützung

---

303 Cf. Kindl/ Feuerborn, Bürgerliches Recht, 2006, S. 137.

304 Cf. Adomeit, Dienstvertrag, 1996, S. 1710. Mayer-Maly wies bei der Betrachtung der lex Aquilia darauf hin, dass die Stellung der Sklaven „in den verschiedenen Abschnitten der römischen Rechtsgeschichte“ keineswegs gleich war. (Mayer-Maly, Römisches Recht, 1999, S. 37; dazu auch Kaser, Römisches Privatrecht, 1992, S. 78). Während im Zwölftafelgesetz die Sklaven noch als – zwar unfreie – Menschen betrachtet wurden, wurden sie später in der lex Aquilia den Sachen gleichgestellt. (Waldstein/ Rainer, Römische Rechtsgeschichte, 2005, S. 50).

305 Aus der Tatsache, dass der Arbeitgeber seine Villa vermietet hat, kann geschossen werden, dass dem Dialog eine Betriebsstillegung mit den entsprechenden Konsequenzen für die Arbeitnehmer vorausgegangen ist. Nach heutiger Rechtslage berechtigt die Betriebsstilllegung oder Betriebsveräußerung allerdings nicht zur außerordentlichen Kündigung. (Schaub, Linck, ArbR-Hdb., 2011, § 127 Rn. 86 a, 87).

Bedürftiger.[306] Die Kirchen leisteten mit zahlreichen Initiativen und Organisationen viel zur Verbesserung der Situation der Arbeitnehmer und Armen.[307] Allerdings konnte die caritas keine Lösung, sondern nur Linderung bewirken.[308] In der evangelischen Kirche war die Pflege der Wohltätigkeit lange Aufgabe der antisozialistischen Inneren Mission.[309] Der Simplicissimus kommentierte die Tätigkeit der Damen in der Inneren Mission allerdings satirisch.

„Was tun Sie denn im Verein für Innere Mission?"
„Wir stricken dort Strümpfe für die Aeußere Mission."
(20.7.1908, S. 272).

In der katholischen Kirche leisteten die Kolpingvereine ihren Beitrag zur Verbesserung der Arbeitersituation.[310] Der Simplicissimus fragte sich jedoch am Ende des Ersten Weltkriegs polemisch, warum man im Zuge des Einschmelzens mancher *„bronzenen Herren"* das 1903 errichtete Denkmal, das Adolph Kolping mit einem Wander-Gesellen zeigte,[311] verschont habe. (3.9.1918, S. 284). Leo XIII. betonte in der Enzyklika ***Rerum novarum*** die „Pflicht der Wohltätigkeit, das Almosen". Der Papst konzedierte dem Adel und Bürgertum jedoch ausdrücklich das „standesgemäße Auftreten", das durch die Wohltätigkeit nicht tangiert werden solle.[312]

Schildt wies in seiner Arbeit über die Frauenarbeit im 19. Jahrhundert auf die Funktion der Wohltätigkeitsveranstaltungen als Repräsentationsverpflichtung der Damen hin.[313] Vielerorts bestanden Wohltätigkeitsvereine, doch ihre Wirksamkeit wurde von engagierten Damen angezweifelt. So stellte Pauline Bohn 1897, ein Jahr nach dem Ersterscheinen des Simplicissimus, für Königsberg fest: „Bazare und Aufführungen zu wohltätigem Zweck beschäftigten wiederholt die Damen der wohlhabenden Kreise, aber wirkliche Arbeit zum Wohle der Gesamtheit wurde nicht gewährt und auch nicht verlangt."[314] 1901 übte der ehemalige Handelsminister von

---

306 Lerche, Alltag und Lebenswelt von heimatlosen Armen, 2009, S. 110. Im Jahre 1881 leitete Kaiser Wilhelm I. die soziale Gesetzgebung ein. Der Kaiser wollte die Arbeiter materiell zufrieden stellen, um sie gleichzeitig politisch zu sedieren. (Eger, Der Evangelisch-Soziale Kongress, 1931, S. 9).

307 Monzel, Die katholische Kirche in der Sozialgeschichte, 1980, S. 234 ff. Cf. Becker, 1991, Sozialpolitische Vorstellungen der Kirchen, 1991, S. 180 f.

308 Rückert, „Frei" und „sozial", 1992, S. 284; Monzel, Die katholische Kirche in der Sozialgeschichte, 1980, S. 236; Stegmann, Der soziale Katholizismus, 1974, S. 16 ff.

309 Kaiser, Vertragsfreit und Gesellschaftsordnung, 1972, S. 171.

310 Zur bürgerlichen Einstellung Kolpings: Kaiser, Vertragsfreiheit und Gesellschaftsordnung, 1972, S. 173. Zu den Aktivitäten der Kolipingvereine: Schulz, Betriebliche Sozialpolitik, 1991, S. 159.

311 Zur Walz als Pflicht und Brauch der Gesellen: Elkar, Wandernde Gesellen, 1984, S. 262.

312 Gottwald, 1891, 1994, Abs. 19, S. 66. Cf. zur „Standessitte" Jhering, Der Zweck im Recht, 1905, S. 211 ff.

313 Schildt, Frauenarbeit im 19. Jahrhundert, 1993, S. 48.

314 Bohn, Frauenwohl, 1897, S. 168.

Berlepsch an der unzureichenden Bedeutung der Wohltätigkeit zur Lösung der sozialen Frage Kritik: „Gerechtigkeit, nicht Wohltaten heischt die soziale Entwicklung der Zeit."[315] 1907 beschrieb Hedemann die Wohltätigkeit „bis zu einem gewissen Grade" als „gesellschaftlichen Brauch".[316]

Der Simplicissimus unterstellte gerne, dass Wohltätigkeitsvereine und Wohltätigkeitsveranstaltungen vornehmlich zur Besänftigung des sozialen und christlichen Gewissens wohlhabender Bürger gegründet, bzw. abgehalten würden.[317] So rechtfertigte ein wohlgenährter Herr seinen hohen Bierkonsum damit, dass er für jede Maß Bier zwei Pfennige für mildtätige Zwecke zurücklege. (24.12.1898, S. 310). Der Simplicissimus insinuierte auch, dass die gespendeten Gelder nicht den Armen zukämen.

> *„Das Fest ist ja großartig besucht, Gnädige. Da kommt sicher eine nette Summe ein."*
> *„Ja, für die Toiletten der Komiteedamen wird es gerade reichen."*
> (17.1.1905, S. 425).

Die Wohltätigkeitsveranstaltungen waren nach Meinung eines sich im Simplicissimus äußernden wohlhabenden Herrn sogar schädlich:

> *„Bitte, meine Damen, was wollen sie nur immer mit ihren Wohltätigkeits-veranstaltungen für arme Waisenknaben? Was ist der Dank? Socialdemokraten werden sie alle miteinander."* (1.5.1900, S. 48).

Für die „Gesellschaft" zählte laut Simplicissimus der äußerliche Schein, hier als pars pro toto durch eine Schnurrbartbinde satirisch symbolisiert: Ein Mitglied des Vereins zur Fürsorge für entlassene Sträflinge überreicht einem ausgemergelten Sträfling bei seiner Entlassung feierlich eine Schnurrbartbinde, damit er wieder ein nützliches Mitglied der menschlichen Gesellschaft und ein anständiger Mensch werde. (2.10.1899, S. 209).

Den wohltätigen Damen der besseren Gesellschaft fehlte laut Simplicissimus jedes Verständnis für die Situation der Arbeiter. Sie erwarteten stattdessen sozialen Gehorsam.

> *„Durch den Weberstreik sind die Spitzen teurer geworden! Das ist der Dank dafür, daß man für das Gesindel alle Armenbälle und Wohltätigkeitsbazare besucht!"* (19.1.1904, S. 342).

---

315 Zitiert nach Ritter, Staat, Arbeiterschaft und Arbeiterbewegung in Deutschland, 1980, S. 57.

316 Hedemann, Moderne Bürgerpflichten, 1907, S. 13.

317 Der Simplicissimus deckte mit diesem Vorwurf nicht nur zeitgenössische Missstände auf, sondern griff auch indirekt auf historische Vorläufer zurück. So macht Bruhns hinsichtlich der Spendentätigkeiten der reichen Römer geltend, dass diese „wesentlich durch die sozialen Beziehungen innerhalb der städtischen Oberschicht, sehr viel weniger durch die zwischen Ober- und Unterschicht bestimmt waren". (Bruhns, Armut und Gesellschaft in Rom, 1981, S. 35).

Durch die Kriminalisierung der Arbeiterschaft durch die Verwendung des Begriffs *„Gesindel“* fühlten sich die Damen in der Infragestellung ihrer Wohltätigkeit bestätigt. Die höheren Schichten empfanden laut Simplicissimus die auf eine Verbesserung der arbeitsrechtlichen Situation gerichteten Maßnahmen der Arbeiter als störend und lästig.

Die Darstellung der Wohltätigkeit - auch durch Erbschaften – zugunsten von (Heils-)Erwartungen der spendenden Personen hatte eine lange Tradition, die mit dem Schlagwort „Eigennutz auch als *Gemeinnutz*“ von Wilhelm Brauneder bedacht wurde.[318]

Der vom Simplicissimus mehrfach verwendete Begriff „Gesindel“ wurzelte in einer frühzeitlichen gesellschaftlichen Tradition, in der „Gesindel“ als verdächtig, herrenlos, verdorben, arbeitsscheu auf eine Ebene mit (fremden) Bettlern, Landstreichern und Kriminellen gleichgestellt wurde und zur Vertreibung, Verhaftung oder gar „Ausrottung“ freigegeben wurde.[319] Arbeitsrechtshistorisch bedeutet das für die Stellung des Simplicissimus Folgendes: Durch die Missbilligung des Verhaltens der wohltätigen Damen der besseren Gesellschaft ergriff die Zeitschrift Partei für die als „Gesindel“ bezeichneten arbeitenden Menschen und leistete somit einen Beitrag zu deren Entkriminalisierung.

3. Überlegenheit der Arbeitgeber

a) Hierarchische Strukturen

Die militärischen Verhaltensmuster beeinflussten seit den 90er Jahren des 19. Jahrhunderts intensiv das öffentliche Leben und die Arbeitswelt Deutschlands. Aufgrund der hierarchischen Struktur der wilhelminischen Gesellschaft[320] und des dort angesiedelten hohen Ansehens der aristokratisch beeinflussten Militärführung tendierten auch die bürgerlichen Unternehmer dazu, Befehlsstrukturen arbeitsrechtlich begründeten Vereinbarungen vorziehen[321] und einseitig Löhne

---

318 Brauneder, Wiederentdeckung – Scheinentdeckung, 2012, S. 141.

319 Dazu Ludyga, Armenfürsorge, 2010, S. 290 f. Fischer erwähnt, dass gegenüber dem 17. und 18. Jahrhundert das 19. Jahrhundert mit der „Landplage“ der Bettelei und Vagabundiererei fertig geworden sei. Diese Feststellung kann in der pauschalen Formulierung nicht nachvollzogen werden. Dennoch ist bemerkenswert, dass der Simplicissimus erneut bei seinen Darstellungen auf traditionelle Vorstellungen zurückgreift. (Fischer, Wirtschaft und Gesellschaft im Zeitaltter der Industrialisierung, 1972, S. 249).

320 Zur rechtlichen Begründung der Hierarchie: Jhering, Der Zweck im Recht, 1904, S. 255.

321 „Nicht wenige betriebliche Regeln und Verhaltenserwartungen, insbesondere im Bergbau, erinnern an militärische Organisation und Strenge und rührten von solchem Denken her. Die Analogien von Militär und Betrieb waren umso intensiver, je größer der Betrieb war.“ (Schulz, Betriebliche Sozialpolitik, 1991, S. 157).

und Arbeitsbedingungen festzulegen. Der Effizienz-Mythos[322] der Armee galt als Vorbild für eine generalstabsmäßige Organisation größerer Unternehmen.[323] Marx und Engels sprachen im ***Kommunistischen Manifest*** von den Industriesoldaten unter der Aufsicht von Offizieren und Unteroffizieren.[324] Häufig wurde zudem in der auf den Untersuchungszeitraum bezogenen Literatur das Arbeitsverhältnis zwischen dem sogenannten Kapitalisten und dem Lohnarbeiter mit dem der feudalen Hörigkeit verglichen.[325]

Lotmar kritisierte 1900 in seiner Schrift ***Die Tarifverträge zwischen Arbeitgebern und Arbeitnehmern*** die Einstellung vieler Arbeitgeber, ein vermeintlich uneingeschränktes Recht auf die Arbeitsleistung ihrer Arbeitnehmer geltend zu machen, als Anachronismus.[326]

Der Simplicissimus benutzte die Darstellung des Leibesumfangs als dominantes ikonisch-konnotatives Unterscheidungsmerkmal zwischen den wohlhabenden Bürgern und den Arbeitern. Ein wohlgenährter Bürgerlicher, dem der Arzt ein einfaches Leben ohne Fleisch verordnete, fragte verängstigt: *„Aber Herr Dokta, wos hab i denn dann vor die Proleten voraus?!“* (11.11.1912, S. 529). Im Simplicissimus behielten die Arbeitgeber in den Auseinandersetzungen mit den Arbeitnehmern die Oberhand. In nahezu allen Beiträgen wurde die kommunikative Situation entweder auf einen kurzen Monolog oder das „letzte Wort“ des Arbeitgebers reduziert. In der ikonischen Konnotation unterstrich die Körpersprache des Arbeitgebers seine Weigerung zur Interaktion mit dem Arbeitnehmer.

Dem stilistischen Verfahren des Simplicissimus entsprach in der realen Situation die Tatsache, dass ein vertragliches Aushandeln von Arbeitsbedingen aufgrund der Überlegenheit des Arbeitgebers in der Regel eine Fiktion blieb.[327]

Das Auftreten der Arbeitgeber war laut Simplicissimus so gönnerhaft, dass der beleibte Unternehmer sich kaum um einen Streik in seinem Betrieb kümmerte. Zwischen seinem Prokuristen und ihm, dem *„Strikeprotz“*, entwickelte sich folgender Dialog:

> *Prokurist: „Herr Kommerzienrat, unsere Arbeiter sind soeben in den Strike eingetreten.“*
> *Fabrikant: „Zahlen Sie in meinem Namen tausend Mark in die Strikekasse.“* (3.7.1897, S. 107).[328]

---

322 Berghahn, Das Kaiserreich 1871–1914, 2003, S. 80 f.

323 Cf. Göhre, Das Warenhaus, 1907, passim bei der Beschreibung des Warenhauses Wertheim in Berlin.

324 Zitiert nach Becker, Arbeitsvertrag und Arbeitsverhältnis, 1995, S. 64, 138.

325 Rückert, Die Verrechtlichung der Arbeitsbeziehungen, 1998, S. 217; zum Begriff der Hörigkeit auch: Coing, Europäisches Privatrecht I, 1985, S. 207 f.

326 Lotmar, Die Tarifverträge, 1992, S. 38 f. Cf. auch Dorndorf, Markt und Moral, 1998, S. 234.

327 Becker, Arbeitsvertrag und Arbeitsverhältnis, 1995, S. 65.

328 Der Simplicissimus verwendete anachronistisch das englische Wort „strike“. Dazu Rüthers: „In Deutschland wurde der englische Ausdruck später, als die Folgen

Die Einflussnahme des Arbeitgebers auf die streikenden Arbeiter war in diesem Beitrag offensichtlich. Sollten die streikenden Arbeiter die „Spende“ annehmen, verlören sie ihre finanzielle Unabhängigkeit gegenüber dem sozialpolitischen Gegenspieler. „Gegnerfreiheit“ und „Gegnerunabhängigkeit“ existierten nicht mehr, und damit ginge eine wichtige Voraussetzung für die Anerkennung einer Vereinigung als Koalition verloren.[329]

b) Direktionsrecht als Befehlsgewalt und Führungsstil

Zeitnah zu den im Simplicissimus veröffentlichten Beiträgen beschrieb Sinzheimer 1907 im 1. Teil des ***Korporativen Arbeitsnormenvertrages*** das traditionelle Verhältnis zwischen Arbeitgebern und Arbeitern als ein „Direktionsrecht“ auf Seiten des Arbeitgebers: „Durch dieses untersteht der Arbeiter den Befehlen des Arbeitgebers in jenen beiden Beziehungen der Arbeitsausführung und des persönlichen Verhaltens.“[330] Aus einem breiten Spektrum von zeitnah verwendeten Begriffen für die Bezeichnung der „Direktion der Arbeit“[331] verwendete Sinzheimer den des „Befehls“ und belegte somit den oben festgestellten Bezug zu militärischen Strukturen. Nach Sinzheimer, der sich in diesem Zusammenhang u. a. auf Marx berief, waren die Industrieunternehmen Herrschaftsbezirke, in denen der Arbeiter unfrei war, selbst wenn er freiwillig in diesen Herrschaftsbezirk eingetreten war.[332]

---

der ‚industriellen Revolution‘ auch hier nach entsprechenden Begriffen verlangten, einfach übernommen, und zwar zunächst in der englischen Schreibweise.“ (Rüthers, Streik und Verfassung, 1960, S. 3).

329 Zum heutigen Recht: Brox/ Rüthers/ Henssler, Arbeitsrecht, 2011, Rn. 632.

330 Sinzheimer, Der korporative Arbeitsnormenvertrag, 1977/1907, S. 12.

331 Lotmar, Der Arbeitsvertrag, 2001/1902, S. 131.

332 Sinzheimer, Der korporative Arbeitsnormenvertrag, 1977/1907, S. 17. Für Nelken bestand die Verpflichtung der „Gesellen und Gehilfen“ in der „Pflicht zur Gehorsamleistung“ gegenüber dem Arbeitgeber. (Nelken, Die deutschen Handwerker- und Arbeiterschutzgesetze, 1901, S. 608). Auch in der gegenwärtigen Gesetzgebung, Rechtsprechung und arbeitsrechtlichen Literatur wird der Begriff des Weisungsrechts verwendet, allerdings nicht als Befehl verstanden, sondern gem. § 106 GewO als Folge der vertraglichen Festlegung der Arbeitspflicht (HWK/ Thüsing, Arbeitsrecht Kommentar, 2012, § 611 BGB Rn. 283), als ein an Normen gebundenes Weisungs- und Leitungsrecht des Arbeitgebers hinsichtlich der Ausführung der Arbeitsleistung durch den Arbeitnehmer. (Brox/ Rüthers/ Henssler, Arbeitsrecht, 2011, Rn. 140). Nach den Vorschriften der gegenwärtig geltenden Gewerbeordnung zum Weisungsrecht des Arbeitgebers kann der Arbeitgeber „Inhalt, Ort und Zeit der Arbeitsleistung nach billigem Ermessen näher bestimmen“. Sein Weisungsrecht wird jedoch „durch den Arbeitsvertrag, Bestimmungen einer Betriebsvereinbarung, eines anwendbaren Tarifvertrages oder gesetzliche Vorschriften“ begrenzt. (§ 106 Abs. 1 GewO). Cf. dagegen den Wortlaut des § 121 der ***Gewerbeordnung von 1878 und folgender*** im Vergleich zum heutigen § 106: „Gesellen und Gehülfen sind verpflichtet, den Anordnungen der Arbeitgeber in

Bereits Lotmar wies 1902 in seiner Schrift ***Der Arbeitsvertrag*** auf die Rechtsschranken der Direktion der Arbeit hin und bezog sich auf das „Schikaneverbot" des § 226 BGB.[333]

Die Anpassung an die sozial tonangebende Schicht ging einher mit einem von kirchlicher Seite unterstützten patriarchalischen Führungsstil nicht nur in der Familie, sondern auch im Betrieb.[334] Bei der Übertragung des patriarchalischen Stils auf den Betrieb verlor er allerdings vielfach seine Eigenschaft der Fürsorge und entwickelte umso stärker diejenige der Machtausübung.[335] Die arbeitsrechtliche Literatur erklärte den dominanten Unternehmertyp aus dem Kontext der sich herausbildenden Industrialisierung. So formulierte Kaufhold:

> „Die Anfänge der Fabriken waren schwer. Britische Konkurrenz, Misstrauen der Verbraucher und hohe Risiken kamen zusammen. Es erstaunt also nicht, wenn sich unter diesen Umständen ein besonders harter Unternehmertyp herausbildete, der häufig dem

---

Beziehung auf die ihnen übertragenen Arbeiten und auf die häuslichen Einrichtungen Folge zu leisten; zu häuslichen Arbeiten sind sie nicht verbunden." (§ 121 GewO 1878, 1891, 1900).

333 Lotmar, Der Arbeitsvertrag, 2001/1902, S. 154. § 226 verbietet die Ausübung eines Rechts, das nur den Zweck haben kann, einem anderen Schaden zuzufügen. Der Tatbestand der Schikane ist sehr eng. „Es genügt nicht, daß der Täter nur die Absicht der Schädigung gehabt hat, es ist vielmehr notwendig, daß die Schädigung unter den gegebenen Umständen der einzige denkbare Zweck seines Verhaltens gewesen ist." (Schmidt, Bürgerliches Recht, 1927, S. 126).

334 Cf. zum Patriarchalismus und Paternalismus: Schulz, Betriebliche Sozialpolitik, 1991, S. 144 ff; im Unternehmen Felten & Guillaume: Schulz, Felten & Guillaume, 1979, S. 111 ff. Zur patriarchalischen Unternehmensführung christlich gesinnter Unternehmer: Stegmann, Der soziale Katholizismus, 1974, S. 78 f.

335 Zur Entwicklung des Patriarchalismus: Weber, Wirtschaftsgeschichte, 1923, S. 57 ff. Die Naturrechtslehre hatte sich bereits im 17. Jahrhundert mit den Grenzen der Macht auseinandergesetzt und – wie Pufendorf – die Sorge des Einzelnen für sein Wohlergehen nur als gemeinschaftsdienende Aufgabe legitimiert. (Cf. Denzer, Samuel Pufendorf, 1972, S. 143). Pufendorf trug zur Entwicklung einer Philosophie bei, in der sich - mit Ausnahme der Sklaven - Knechte und Lohnarbeiter freiwillig in das abhängige Arbeitsverhältnis begeben und Nutzen aus der Fürsorge des Dienstherren ziehen. (Pufendorf, De officio hominis et civis iuxta legem naturalem, 1994, 2. Buch, Kap. 4, S. 156 ff.). Cf. zur Lehre Pufendorfs von der natürlichen Gleichheit: Denzer, Samuel Pufendorf, 1972, S. 149: „Aus der natürlichen Gleichheit des Rechts folgt, daß es keine Sklaven und Herren von Natur geben kann. Alle Ungleichheit entsteht erst durch Vertrag und Gesetz.". Gellbach weist darauf hin, dass bereits das Arbeitsverhältnis in den Großbetrieben des 18. Jahrhunderts (Manufakturen, Fabriken) ein reines Schuldverhältnis war und nicht als ein „patriarchalisches" verstanden werden sollte. (Gellbach 1939, S. 28). Bausinger verweist auf die frühindustriellen Unternehmer, die „vielfach dem gleichen Ethos der Arbeit und Genügsamkeit verpflichtet waren, das sie den Arbeitern abverlangten." (Bausinger, Verbürgerlichung 1981, S. 101 f.).

Bilde des ‚Self-made-man' entsprach: selbstbewusst und ichbezogen, leistungsstark und leistungsbewusst."[336]

Zwar erschien in Rechtsprechung und Literatur die allgemeine Fürsorgepflicht „als Grundlage von konkreten Verhaltens- und Leistungspflichten des Arbeitgebers gegenüber seinem Arbeitnehmer", ohne dass dieser aber durch irgendeine Norm zu einem solchen Verhalten arbeitsrechtlich gezwungen würde.[337] Die sich etwa aus den §§ 242 und 618 BGB ableitbaren Fürsorgepflichten entwickelten sich langfristig fallweise in der Rechtsprechung zu Grundpflichten des Arbeitgebers, die den Arbeitnehmern nicht nur Anspruchsgrundlagen, sondern auch Leistungsverweigerungsrechte verschafften.[338] Die freiwilligen Fürsorgemaßnahmen, die einige Unternehmer im Untersuchungszeitraum durch die Schaffung von verdienstvollen betrieblichen Einrichtungen für ihre Arbeiter paternalistisch umsetzten, eilten teilweise diesen allgemeinen Fürsorgepflichten voraus, sollten aber ihre Stellung als „Herr-im-Haus" kaum relativieren.[339] Schröder wies auf die freiwillig gewährten Unterstützungen hin[340] und folgerte: „Diese waren über Unternehmen wie Krupp

336 Kaufhold, 150 Jahre Arbeitsschutz in Deutschland, 1998, S. 226.

337 Ryssel, Allgemeine Fürsorgepflicht, 1970, S. 21.

338 Ryssel, Allgemeine Fürsorgepflicht, 1970, S. 197 f.: „Die allgemeine Fürsorgepflicht erstrebt nicht eine materielle Bereicherung des Arbeitnehmers auf Kosten des Arbeitgebers, sondern sie bezweckt eine Abschwächung der Nachteile, die für den Arbeitnehmer mit der Aufnahme fremdbestimmter Tätigkeit verbunden sind."

339 Kaufhold, Neugestaltung des Arbeitsrechts, 1991, S. 283; Ritscher, Koalitionen, 1992, Einleitung von Schröder, S. 11. Der patriarchalische Führungsstil überlebte das Kaiserreich vor allem in Familien- und Mittelstandsunternehmen. Allerdings findet er sich in zahlreichen Ausprägungen, die gegenwärtig ein Überleben rein vertikaler Befehlsstrukturen nicht zulassen, sondern Interaktionsprozesse erfordern. Die Bewertung der Führungsstile ist allerdings primär Aufgabe der Betriebswirtschaftslehre. Man sieht dort einerseits den Vorteil einer kontinuierlich präsenten Persönlichkeit mit „paternalistischer Allzuständigkeit", hohem Identifikationsgrad und außerordentlichem Engagement, andererseits die Probleme, die sich etwa besonders bei der Bewältigung von Globalisierungsproblemen, bei der Kontrolle der Unternehmensleitung (Picot, Handbuch für Familien- und Mittelstandsunternehmen, 2008, S. 128) und bei der Übergabe und Nachfolge ergeben. (Stelzer-Rothe/Hohmeister, Personalwirtschaft, 2001, S. 135 f; Stelzer-Rothe, Personal-Management für den Mittelstand, 2002, S. 28; Landes-Gewerbeförderstelle 2004, passim; Picot, Handbuch für Familien- und Mittelstandsunternehmen, 2008, S. 129; Reinemann, Mittelstandsmanagement, 2011, S. 210 f.). Arbeitsrechtliche Relevanzen ergeben sich allerdings durchaus auch gegenwärtig bei der Handhabung bestimmter Führungsstile. Dies etwa dann, wenn Kündigungen von Arbeitgebern „hausgemacht" ausgesprochen werden und nicht von Arbeitsrechtlern begleitet werden.

340 Schröder, Arbeitsverfassung des Spätmittelalters, 1984, S. 15: „Neben der rücksichtslosen Ausbeutung von Arbeitskräften existierte die von Großunternehmen ohne Rechtsansprüche gewährte Unterstützung in Form von freiwilligen Krankenkassen,

in Essen, Stumm in Saarbrücken und Carl Zeiss in Jena hinaus weiter verbreitet, als mancher Kritiker es heute wahrhaben will."[341]

4. Konnotative Darstellungen großbürgerlicher Arbeitgeber

a) Der Typ „Fabrikherr"

Eine Karikatur des Simplicissimus aus dem Jahre 1903 zeigte einen „Fabrikherrn" im sportlich-englisch-eleganten Anzug in einem parkähnlichen Ambiente, vor einem klinisch sauberen Fabrikgebäude.

Arbeiterunterstützung, Arbeitersiedlungen, unterstützten Einkaufsgenossenschaften, Werksärzten etc."

341 Schröder, Arbeitsverfassung des Spätmittelalters, 1984, S. 15. Cf. auch Reif, Ein seltener Kreis von Freunden, 1986, S. 51 ff. Die Fokussierung auf Unternehmer wie Krupp lag auch darin begründet, dass Krupp zahlreiche Journalisten in seine Gußstahlfabrik kommen ließ. (Reif, S. 85). Zur betrieblichen Sozialpolitik auch: Schäfer, Industriearbeiter, 1979, S. 169. Zur Person des Freiherrn von Stumm auch Braun, Gewerbeordnung und Geschlechtertrennung, 1993, S. 89 FN). Der Schwerindustrielle Carl Ferdinand von Stumm-Halberg richtete aus einem patriarchalischen Verantwortungsgefühl heraus schon sehr früh beispielhafte soziale Einrichtungen für seine Belegschaft ins Leben. Er lehnte allerdings jede Mitwirkung der Arbeiter strikt ab und galt als Vertreter des „Herr-im-Hause"-Standpunktes. Aus diesem Grund lehnte er Arbeiterausschüsse ab. Fabrikunternehmen sollten nach seiner Ansicht nicht parlamentarisch, sondern militärisch organisiert sein. (Stegmann, Der soziale Katholizismus, 1974, S. 96).

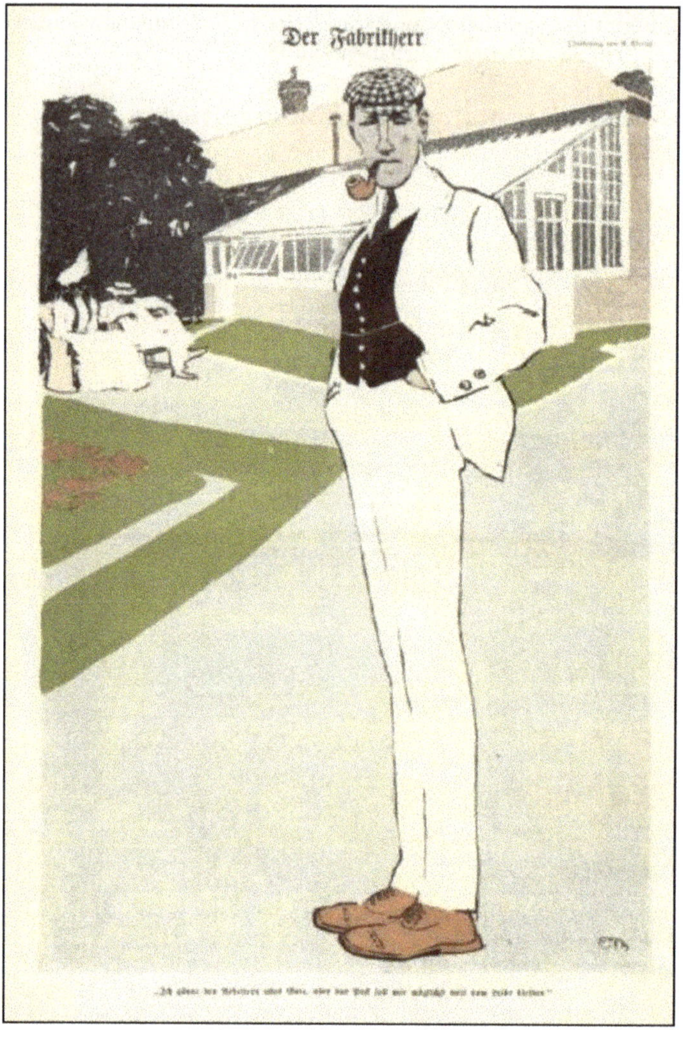

(1.9.1903, S. 181, Zeichnung von E. Thöny)

Der Fabrikherr
„Ich gönne den Arbeitern alles Gute, aber das Pack soll mir möglichst weit vom Leibe bleiben."

Die modische Ausstattung des Herrn suggeriert zunächst auch die geistige Einstellung eines Gentlemans, doch dient die Ausstattung nur als Fassade. Hier beruht die Satire auf der Diskrepanz zwischen ikonischer Konnotation und verbaler Denotation. Die Verwendung des Malediktums „Pack" zusammen mit dem Syntagma „alles

Gute“ erzeugt eine satirische Spannung. Die Einstellung den Arbeitern gegenüber ist von gönnerhafter Verachtung geprägt, auch zum Ausdruck gebracht durch die modische Abgrenzung des „Fabrikherrn“: Der weiße Anzug ist die ikonische Metapher der Distanz zum arbeitenden, schmutzigen Menschen. Die Wahrung der Distanz setzt den Fabrikherrn des Simplicissimus in Verbindung zu seinen Vorgängern im merkantilistischen Staat, die mit Unterstützung des Landesherren absolutistische Machtbefugnisse hatten, „da sie für ihren Bereich Normen setzen und gleichzeitig Recht (*iurisdictio domestica*) sprechen konnten.“[342]

b) Der Typ „Korpulenter Arbeitgeber“

Die mächtigen Unternehmer, wie zum Beispiel Hugo Stinnes, wurden im Simplicissimus durchweg als beleibte, vornehmlich mit Essen und Trinken beschäftigte Personen dargestellt. (14.2.1905, S. 468). Die bildliche Herausstellung der Körperfülle diente in der Satire als ikonische Konnotation der Zugehörigkeit der Arbeitgeber zur Kategorie der Kapitalisten. Die Korpulenz als Darstellungsmittel war allerdings immer in Relation zu sehen mit ihrem Gegenteil, der Ausgezehrtheit der Arbeitnehmer. Den Lesern von Karikaturen war das Merkmal der Körperfülle, der Beleibtheit, der Korpulenz als ein distinktiv-ikonisches geläufig. Es war keine Erfindung des Simplicissimus.[343]

---

342 Klatt, Treuepflichten, 1990, S. 62.

343 Cf. die Karikatur „Das kapitalistische Perpetuum mobile“ aus dem ***Süddeutschen Postillon*** von 1896/12, zitiert nach Caroni, Kathedersozialismus, 1984, S. 214.

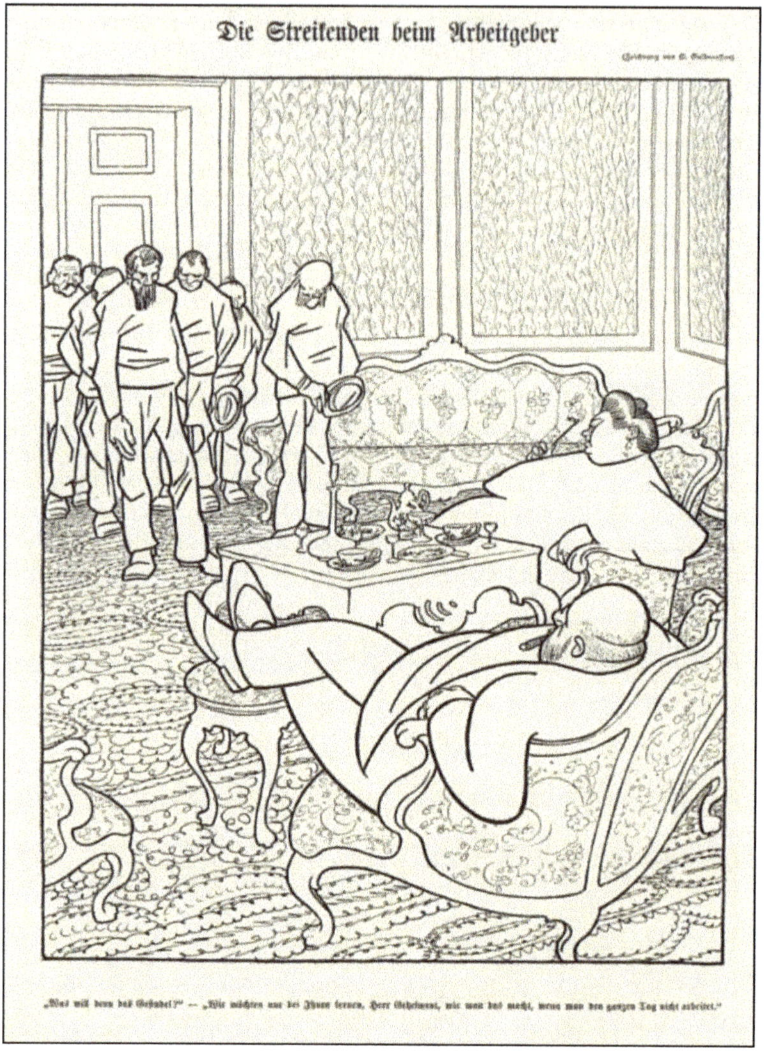

(31.1.1905, S. 450, Zeichnung von O. Gulbransson)

Die Streikenden beim Arbeitgeber[344]
„Was will denn das Gesindel?"
„Wir möchten nur bei Ihnen lernen, Herr Geheimrat, wie man das macht, wenn man den ganzen Tag nicht arbeitet."

344 © Olaf Gulbrandsson / VG Bild-Kunst, Bonn 2015.

Der Simplicissimus vermittelte seinen Lesern über Jahrzehnte dieses klischeehafte Bild vom fetten und faulen Unternehmer, der die Arbeiter als Gesindel (5.3.1898, S. 387) behandelte.[345] So fällt anlässlich des Streiks von 1905 im Hause Stinnes laut Simplicissimus der Satz:

> *„Wissen Sie, den Streik hätten wir bald hinter uns, wenn das Gesindel nicht so ans Hungern gewöhnt wäre."* (14.2.1905, S. 468).

Durch die Verwendung des Begriffs *„Gesindel"* findet wiederholt eine Kriminalisierung der Arbeitnehmer durch den Arbeitgeber statt. Die Kriminalisierung wiederum eröffnete den Arbeitgebern die Möglichkeit zur polizeilichen Reglementierung der sich unbotmäßig verhaltenden Arbeitnehmer.

5. Jüdische Arbeitgeber und Antisemitismus

Laut Simplicissimus übten Juden häufig kaufmännische Berufe aus (10.11.1913, S. 541). Jüdische Arbeitnehmer und Arbeitgeber gab es allerdings nicht nur im großbürgerlichen Lager. Jedoch wurden die jüdischen Arbeitgeber im Zusammenhang mit der Kritik an den großen Waren- und Kaufhäusern und deren Eigentümern vielfach im untersuchten Zeitraum dem Großbürgertum zugerechnet. Außerdem ergaben einige Untersuchungen, wie die des dem Simplicissimus zeitgenössischen Sombart von 1911, dass die Juden offenbar über ein höheres Einkommen als der Bevölkerungsdurchschnitt verfügten.[346] Während der Simplicissimus sich über die Reiselust jüdischer Kaufleute mokierte (15.10.1906, S. 461), führte die historische Literatur ihre Flexibilität und ihre Mobilität als Ursache ihres wirtschaftlichen Erfolges an.[347]

345 Der von Geiger erhobene Vorwurf kann auch für diesen Fall gelten: „Sie [die Zeitschrift, Verf.] hat vor allem durch ihre Simplifizierungen Unheil angerichtet." (Geiger, Es war um die Jahrhundertwende, 1953, S. 91). Der Simplicissimus reduzierte die Unternehmerschaft auf die sozial konservative Gruppe, die vorwiegend schwerindustrielle Interessen verfolgte. Er ignorierte die sozial aufgeschlossenere Gruppe von Unternehmern aus dem Bereich der Leicht- und Ferigungsindustrie. (Cf. Reulecke, Vom blauen Montag zum Arbeiterurlaub, 1976, S. 237).

346 Berghahn, Das Kaiserreich 1871–1914, 2003, S. 171. Zum Aufbau der materiellen Sicherheit von Teilen der jüdischen Bevölkerung: Volkov, Die Juden in Deutschland, 2000, S. 43. Cf. Sombart: „Diese eigentümliche und interessante Tatsache, daß die Juden immer die reichsten Leute waren, hat sich durch die Jahrhunderte unverändert erhalten und besteht noch heute so wie vor zwei und dreihundert Jahren. Nur daß sie vielleicht heute noch viel ausgeprägter und allgemeiner ist als in früheren Zeiten." (Sombart, Die Juden und das Wirtschaftsleben, 1928, S. 217). Für Sombart sah der jüdische Glauben, im Gegensatz zum christlichen, den Erwerb von weltlichen Gütern als grundsätzlich erstrebenswerten Gunstbeweis Gottes (S. 259).

347 Weber, Wirtschaftsgeschichte, 1923, S. 306. Cf. Gidal, Juden in Deutschland, 1988, S. 101.

Unter dem Vorbehalt, dass die Zuordnung der Gruppe der jüdischen Arbeitgeber zum Großbürgertum keine ausschließliche ist, erfolgt ihre Analyse in diesem Kapitel auf der Grundlage der gewählten induktiven Gruppenzuordnung.[348]

Nach einer wechselvollen Geschichte der Rechtsstellung der Juden[349] wurden sie im deutschen Kaiserreich theoretisch den übrigen Staatsbürgern gleichgestellt.[350] Doch 1873 entstand nach dem Gründerkrach eine antijüdische Bewegung.[351] Der Antisemitismus war vielfach nicht religiös, sondern rassisch begründet. Judenfeinde waren in den „mannigfaltigen sozialen Gruppierungen" verbreitet[352] und fanden sich in hohen staatlichen Ämtern. Deren Inhaber anerkannten einerseits eine hohe intellektuelle Begabung der Juden, sprachen ihnen aber andererseits Egoismus und ein fehlendes Rechtsgefühl zu. Judenfeindlichkeit und Antisemitismus zeigten sich in allen sozialen Schichten, so auch bei den Mitarbeitern der Münchener satirischen Blätter.[353]

Vor allem in den Großstädten wurden die von Juden geführten Warenhäuser für die Verarmung des Mittelstandes verantwortlich gemacht.[354] Warenhäuser wie Wertheim wurden bewundert, aber auch „vielfach bekämpft, beneidet".[355] Tietz

---

348 Diese Zuordnung wurde von der Simplicissimus-Forschung gestützt. So Allan, Satire and Society, 1984, S. 191 [kursiv im zit. Text]: "The *Simplicissimus* Jew was almost always rich, successful, and ambitious - an image which, entirely ignoring the many poor and middle-class Jews, reinforced fears of Jewish economic dominance."

349 Coing, Europäisches Privatrecht I, 1985, S. 217 f. Cf. auch Volkov, Die Juden in Deutschland, 2000, passim.

350 Zur Stellung der Juden bei der Entwicklung des Preußischen Staates Dollinger, Preußen, 1980, S. 177 u. ö. Zum „Emanzipationsedikt" von 1812: Vietinghoff-Scheel, Gewerbliches Arbeitsvertragsrecht, 1972, S. 8 und Volkov, Die Juden in Deutschland, 2000, S. 19. Zur vollen rechtlichen Gleichstellung der Juden durch das am 3. Juli 1869 vom Norddeutschen Bund erlassene und dann auf das Reich übertragene ***Gesetz betreffend die Gleichberechtigung der Konfessionen in bürgerlicher und staatsbürgerlicher Beziehung***: Volkov, Die Juden in Deutschland, 2000, S. 46. Zur Entwicklung der bürgerlichen Rechtsstellung der Juden aus zeitgenössisch-rechtswissenschaftlicher Sicht: Windscheid, Lehrbuch des Pandektenrechts, 1906, § 55, S. 244.

351 Sagave, Wurzeln des Übels, 1996, S. 69. Cf. Volkov, Die Juden in Deutschland, 2000, S. 47. Die Gegner des wirtschaftlichen Liberalismus sehen in den Juden die Schuldigen für die Wirtschaftskrise. Der Antisemitismus dauert zwar an, bleibt aber laut Born eine „Randerscheinung". (Born, Wirtschaftsentwicklung, 1969, S. 186, S. 187).

352 Volkov, Die Juden in Deutschland, 2000, S. 52 f.

353 Koch, Von A wie *Absinth* bis Z wie *Zickzack,* 1996, S. 17.

354 Berghahn, Das Kaiserreich 1871–1914, 2003, S. 176; Die Geißel, 2. Jg. Nr. 12, März 1896, abgebildet bei Sagave, 1996a, S. 66.

355 Göhre, Das Warenhaus, 1907, S. 62.

gründete 1903 den Verband Deutscher Waren- und Kaufhäuser. Hauptaufgabe war die Abwehr der Angriffe der Mittelstandsbewegung gegen die Warenhäuser.[356]

Auch der Simplicissimus leistete seinen Beitrag zu diesem Thema: Unter dem Titel *„Warenhäuser"* erschien eine Karikatur, in der sich ein verzweifelter Mittelständler beim semitisch konnotierten Inhaber eines Warenhauses einfindet:

> *„Ich komme, um Ihnen zu sagen, daß Sie mich durch Ihre infame Schleuderkonkurrenz total ruiniert haben. Mir bleibt nichts übrig als mir eine Kugel vor den Kopf zu schießen!"*
>
> *„Darf ich bitten, die Abteilung für Schießwaffen befindet sich im ersten Stock."* (2.7.1898, S. 109).

Der Warenhaus-Besitzer erscheint gefühlskalt und nur am materiellen Vorteil interessiert, ein Eindruck, den auch Zeitgenossen wie Paul Göhre vermittelten.[357] Soziologisch wurde hier ein Prozess angedeutet, demzufolge die Mittelständler ihre Existenz verloren und in die Schicht der Arbeiter oder Fürsorgeempfänger gerieten. Mit dem Verlust ihrer eigenen Existenz war aber auch die ihrer Angestellten verbunden. Mit der sozialen Verschiebung waren folglich große arbeitsrechtliche Konsequenzen verknüpft. Die sozialistische Deutung dieser und ähnlicher Karikaturen sah in ihnen die Kritik des Simplicissimus an der „Macht der Monopole".[358]

Andererseits kritisierte der Simplicissimus satirisch die Bereitschaft der Bevölkerung, jüdische Warenhaus-Besitzer, wie Wertheim, dafür verantwortlich zu machen, dass *„jedes solide Handwerk ruiniert"* werde (25.10.1909, S. 509). Insgesamt aber stellten laut Simplicissimus die großen Warenhäuser nicht nur für den Mittelstand eine Bedrohung dar, sondern ihre Besitzer wurden als Ausbeuter der – oft in Heimarbeit tätigen - Näherinnen gebrandmarkt: Die Eigentümer der großen Konfektions- und Warenhäuser würden ihrer Strafe nicht entgehen. Unter dem Titel *„Vergeltung"* erschien folgendes Höllenszenario:

> *„Eine uralte germanische Volkssage erzählt: ‚Der Schweiß der Mantelnäherinnen fließt in die Hölle. Dort wird er gesammelt, und die verstorbenen Besitzer der großen Konfektions- und Warenhäuser müssen ihn beständig trinken.'"* (9.10.1899, S. 228).

Die Schweiß-Metapher war gängig bei der Beschreibung des Elends arbeitender Unterschichten im Untersuchungszeitraum und davor: Auch die Schumacher warfen 1876 in einer Petition an den Reichstag den „großen Industriellen und Kapitalisten" vor „vom sauren Schweiß der Arbeit zu schwelgen".[359] Zeitgenössische Autoren sahen zwar die der Heim- und Industriearbeit durch die Warenhäuser drohenden Abhängigkeiten, würdigten aber gleichzeitig die positiven Auswirkungen für den Arbeitsmarkt und die preiswerte Versorgung der Bevölkerung.[360]

---

356 Göhre, Das Warenhaus, 1907, S. 90.
357 Göhre, Das Warenhaus, 1907, S. 65.
358 Haese, Die gesellschaftskritische Karikatur im „Simplicissimus", 1966, S. 25.
359 Benöhr, Wirtschaftsliberalismus, 1977, S. 203.
360 Göhre, Das Warenhaus, 1907, S. 121 ff., 127.

Der Antisemitismus war im untersuchten Zeitraum keine rein deutsche Angelegenheit. In Österreich-Ungarn gab es ebenfalls eine starke antisemitische Stimmung. Auch in Frankreich trugen Autoren heftig zur antisemitischen Stimmung bei. Besondere Auswüchse nahm der Judenhass in Russland an, wo es zu Pogromen kam. Antisemitische Schriften fanden zu dieser Zeit reichlichen Absatz. In den Schriften und Bilderbögen fanden die Leser eine ungeschminkte Hetze gegen die Juden und sahen alle im Umlauf befindlichen Gerüchte und Vorurteile bestätigt: Angeblich betrieben die Juden Zinswucher,[361] betrogen, schworen Meineide, brachten Seuchen ins Land und beuteten die Arbeitnehmer aus.[362]

Der Wucher[363] wurde vom Simplicissimus nicht ausdrücklich an den Zinswucher gebunden, sondern bezog sich auf alle überhöhten finanziellen Forderungen, die sich auf den Kontrahenten schädigend auswirkten (z. B. 22.11.1904, S. 343; 25.6.1906, S. 209; 26.5.1913, S. 137). Damit bewegte sich die Zeitschrift im Rahmen einer umfassenden terminologischen Verwendung, wie sie auch Martin H. Geyer beschreibt,[364] und damit eines Verständnisses, dem zufolge der Wucher im Untersuchungszeitraum und zuvor „einem fortwährenden Bedeutungswandel" unterworfen war.[365] Diese Wuchergeschäfte waren im Simplicissimus nicht auf die Gruppe der Juden begrenzt, sondern betrafen alle Bevölkerungsschichten.

Dabei ist für das Simplicissimus-Beispiel vom 22. November 1904 Folgendes interessant: In einem Kuppeleiprozess, in dem der Angeklagten eine wucherhafte Miete für die „bei ihr logierenden Damen" zur Last gelegt wurde, machte sich der vorsitzende Richter für ein hohes Strafmaß stark, mit der Begründung: „Zehn Mark verlangts' von so einem armen Mädel, da hört sich doch gleich alles auf! Wer muß denn die zehn Mark bezahlen? Wir natürlich, wir!"

Im Vordergrund der Satire stand weniger das wucherhafte Verhalten der Vermieterin, als die Argumentation des Richters. Der Simplicissimus schloss sich hier

---

361 Nach Sombart gab es traditionelle Strömungen im Judentum, die den Wucher an Nicht-Juden nicht nur duldeten, sondern forderten. (Sombart, Die Juden und das Wirtschaftsleben, 1928, S. 286 f. und S. 289). Zur Einschränkung von Ehen zwischen Juden im 18. Jahrhundert zur Unterbindung von „Wucher und Übervorteilung der Christen": Schmelzeisen, Polizeiordnungen, 1955, S. 58. Im ALR wurde den Juden ein höheres Kreditentgelt als Christen zugestanden (Liebner, Wucher und Staat, 2010, S. 185, vor allem auch zur Begründung der Unterscheidung und der Stimmung der Zeitgenossen). Zur Entstehung des „Volkshasses gegen die Juden" als „Wucherer" in Folge des 4. Laterankonzils: Gidal, Die Juden in Deutschland, 1988, S. 40). Laut Gidal gehört die Vorstellung vom „habgierigen, geldgierigen, machtgierigen Wucherjuden" zu den „tragenden Stereotypen des internationalen Antisemitismus". (Gidal, Die Juden in Deutschland, 1988, S. 89).

362 Bohnke et al. Köln und das rheinische Judentum, 1984, S. 257.

363 Zum Wucher im Ancien Régime: Coing, Europäisches Privatrecht I, 1985, S. 478.

364 Geyer, Popular and Legal Concepts of Wucher, 2000, S. 457: "Wucher, or usury, is an ambiguous and elusive term. It intermingles various meanings derived from popular, political, economic, and juridical language."

365 Liebner, Wucher und Staat, 2010, S. 325.

der Meinung von Zeitgenossen an, die die Orientierung der Richter an der eigenen „Lebenserfahrung" als Maßstab für ihr Urteil kritisieren.[366]

Dabei wurde vor allem der (Zins-)Wucher[367] traditionell nicht bloß als Widerspruch zur christlichen Nächstenliebe angesehen und als mögliche Schädigung von Individuen bekämpft,[368] sondern – vor allem in der kameralistischen Wirtschaftstheorie - als Missstand, der die Volkswirtschaft durch Hemmung von Darlehensgeschäften und Investitionsmöglichkeiten schädigte und einer notwendigen und sinnvollen Kreditwirtschaft im Wege stand.[369] Investoren hielten sich zurück, weil die Erträge nicht ihnen, sondern den Kreditgebern zugutekämen.[370] Die Ambivalenz der Zins- und Wucherfrage wurde zu Beginn des 18. Jahrhunderts nach Klaus Luig in der Haltung des führenden Kopfes der deutschen Frühaufklärung, Thomasius, deutlich: Thomasius respektierte zwar die Reichsgesetze, die ein bestimmtes Zinsmaximum festsetzten, als geltendes Recht, befürwortete aber in Kenntnis der Praxis der z. T. wucherisch handelnden Kaufleute und vor allem auf der Grundlage seines naturrechtlich begründeten Prinzips der Vertragsfreiheit und seiner Kritik am kanonische Recht zwar aktiv keine Zinsfreiheit, wohl aber eine Preisfreiheit zwischen den vertragsschließenden Parteien.[371] Die Polizeiordnungen, die zeitlich dem Untersuchungszeitraum vorausgingen, setzten folglich im Kampf um den Kreditwucher „der Vertragsfreiheit ihrerseits scharf umrissene Grenzen".[372] Dabei galten die Juden im späten 18. Jahrhundert „geradezu als Inbegriff des wucherischen Darlehensgebers".[373] Für die Naturrechtler auf der Schwelle vom 18. zum 19. Jahrhundert war den Zinsforderungen der Darlehensgeber aus (natur-)rechtlicher Sicht keine Grenze gesetzt, wohl aber aus der moralischen Sicht.[374] Diese Unterscheidung spielte für die Verurteilung des Wuchers durch den Simplicissimus keine Rolle.

Haferkamp weist in der Untersuchung zur Geschichte des § 138 BGB auf die Entwicklung des Wuchergesetzes vom 24. Mai 1880 hin und stellt es in den historischen Kontext der zunehmenden Einsicht in das Scheitern der Vorstellung vom selbstregulierenden „freien Spiel" der Kräfte.[375] Kurz vor dem Ersterscheinen des Simplicissimus war 1893 das Wuchergesetz novelliert worden.[376] Ebenso war die

366 Cf. Geyer, Popular and Legal Concepts of Wucher, 2000, S. 469.
367 Zur Theorie des Zinswuchers in Deutschland von der Mitte des 18. Jahrhunderts bis zum Ende des 19. Jahrhunderts: Liebner, Wucher und Staat, 2010, passim.
368 Schmelzeisen, Polizeiordnungen, 1955, S. 499.
369 Schmelzeisen, Polizeiordnungen, 1955, S. 540; Liebner, Wucher und Staat, 2010, S. 23.
370 Liebner, Wucher und Staat, 2010, S. 32.
371 Luig, Wissenschaft und Kodifikation des Privatrechts, 1982, S. 197 ff.
372 Schmelzeisen, Polizeiordnungen, 1955, S. 17, 475 ff.
373 Liebner, Wucher und Staat, 2010, S, 67.
374 Liebner, Wucher und Staat, 2010, S. 163.
375 Haferkamp, § 138, 2003, Rn. 10.
376 Haferkamp, § 138, 2003, Rn. 10: „Nicht zuletzt das Aufgreifen der Thematik zu antisemitischer Agitation führte in den Debatten um eine Novellierung der Wuchergestzgebung seit 1890 zu hitzigen Wortgefechten im Reichstag."

Nichtigkeit wucherischer Rechtsgeschäfte im Rahmen der Nichtigkeitstatbestände zivilrechtlich im § 138 BGB aufgegangen und geregelt worden, so dass die Thematik den juristisch nicht ungebildeten Mitarbeitern des Simplicissimus präsent war.[377] Dies vor allem auch deshalb, weil das Reichsgericht sich um die Jahrhundertwende zur Zulässigkeit von Zinssätzen mehrfach geäußert hatte.[378] Die Tatsache, dass das Reichsgericht ebenfalls mehrfach zugunsten des Gläubigers gesprochen hatte, fand keine Würdigung im Simplicissimus. Die Regelung des BGB ließ im Übrigen der Interpretation des Wuchers in der Satire hinreichend Spielraum: „Dieser [§ 138 II] sah die Nichtigkeit von Verträgen vor, bei denen zwischen Leistung und Gegenleistung infolge der Ausnutzung der Notlage, des Leichtsinns oder der Unerfahrenheit eines Vertragspartners ein auffälliges Missverhältnis besteht."[379] Während allerdings die Forderungen nach einer Verschärfung der Wuchergesetze gegen Ende des 19. Jahrhunderts gesellschaftlich mit der Bedrohung der bäuerlichen Bevölkerung begründet wurde,[380] wurden vom Simplicissimus besonders die Bauern als eine dem Wucher und dem Betrug zugetane Gruppe satirisch beleuchtet.

Die Juden hatten berufliche und gesellschaftliche Einschränkungen hinzunehmen. Die Offizierslaufbahn war im Deutschen Reich für Juden verschlossen.[381] Selbst die in großbürgerlichen Kreisen begehrte Stelle eines Reserveoffiziers war ihnen verwehrt. Frank L. Schäfer wies einerseits auf den hohen Anteil jüdischer und jüdisch stämmiger juristischer Rechtslehrer an Hochschulen für den Zeitraum von 1900 bis 1918 hin, schränkte allerdings ein: „Gleichwohl waren antijudaistische und antisemitische Vorurteile stets präsent."[382]

Obwohl seit der preußischen Verfassung vom 5. Dezember 1848 in Artikel 4 in Verbindung mit Artikel 11 der Zugang zu den öffentlichen Ämtern unabhängig von der Religionszugehörigkeit für „alle dazu Befähigten gleich zugänglich" war,[383] wurde das Recht durch andere „Filter", wie etwa durch die Hinausschiebung der

377 Nach dem Reichswuchergesetz „vom 19. Juni 1893 unterlagen alle gegenseitigen Verträge – außerhalb des Kreditwesens jedoch nur unter der zusätzlichen Voraussetzung der gewohnheits- oder gewerbsmäßigen Begehungsweise – dem Wuchergesetz von 1880". (Liebner, Wucher und Staat, 2010, S. 311; zum § 138: S. 323).

378 Haferkamp, § 138, 2003, Rn. 10.

379 Liebner, Wucher und Staat, 2010, S. 324.

380 Zum Schutz der agrarischen Kleinstellenbesitzer lehnte von der Goltz 1893 „die volle sogenannte wirtschaftliche Freiheit" ab, weil sie die wirtschaftlich Schwächeren in Abhängigkeit von wirtschaftlich Stärkeren und Wucherern bringen konnte. (Goltz, Ländliche Arbeiterklasse, 1893, S. 239).

381 Cf. Volkov, Die Juden in Deutschland, 2000, S. 55 f.: „Da sie [die Juden] in einer Gesellschaft lebten, die militärischen Rängen höchsten symbolischen Wert zuschrieb, wurde dies von Juden als tiefe Erniedrigung empfunden."

382 Schäfer, Zwischen BGB und Schützengräben, 2009, S. 63.

383 Art. 4 und 11 Verfassungsurkunde 1848; zur revidierten Fassung vom 31. Januar 1850 und zu früheren Normsetzungen hinsichtlich der Gleichheit beim Zugang in Bayern: Krause, Grundsätze des Berufsbeamtentums, 2008, S. 217.

Anstellung von Assessoren, umgangen. So musste sich auch im Simplicissimus ein *„israelitischer Rechtsanwalt"* damit begnügen, nach einer Reserveübung lediglich zum Unteroffizier befördert zu werden (5.11.1901, S. 259). Die staatliche Diskriminierung von Juden zeigte sich in Preußen auch bei der Besetzung von (höheren) Richterstellen und erst recht bei der Anstellung von Staatsanwälten.[384]

Erst nach ihrer Konvertierung zum Protestantismus oder Katholizismus wurden einige Hundert „Einjährige" zum Reserveoffizier befördert. Der Simplicissimus versäumte nicht darauf hinzuweisen, dass sich zahlreiche Juden taufen ließen, um der antisemitischen Stimmung zu entgehen und um in der Gesellschaft und im Berufsleben akzeptiert zu werden (21.5.1898, S. 60 u. ö).[385] Der Simplicissimus warf den jüdischen Kaufleuten vor, dass sie die Vorteile gesellschaftlich akzeptierter Religionsgemeinschaften nutzten, wenn es zu ihrem Vorteil war: So feierten sie gerne das Weihnachtsfest, weil Christi Geburt ihnen das schöne Weihnachtsgeschäft verschafft habe (23.12.1902, S. 305). Auch der Simplicissimus reihte sich um die Jahrhundertwende ein in die Gruppe derer, die den jüdischen Geschäftsleuten unterstellten, dass sie auf unmoralische und betrügerische Weise ihr Geld verdienten (7.1.1907, S. 657). Die Juden scheuten angeblich auch vor Versicherungsbetrug nicht zurück:

> *„Ich hab' gehört, daß de bist abgebrannt letzten Dienstag."*
> *„Pst! Nächsten Dienstag!"* (26.3.1898, S. 414).

In diesem Verhalten ähnelten sie manchen Vertretern der vom Simplicissimus karikierten Bauernschaft. Dem satirisch gefassten Vorwurf des Betrugs durch den Simplicissimus muss jedoch die Aussage zeitgenössischer Beobachter entgegengehalten werden, die besonders den von Juden geführten großen Warenhäusern „vollste Offenheit und Ehrlichkeit" in der Preisgestaltung und Warenauszeichnung bescheinigte.[386] So erwiesen sich die des Betrugs verdächtigten Juden als die Hüter der bona fides.[387]

---

384 Ormond, Richterwürde, 1994, S. 489.

385 Zum Begriff der „Assimilations-Juden" im Zusammenhang mit dem Simplicissimus: Konrad, Nationale und internationale Tendenzen im „Simplicissimus", 1975, S. 26. Volkov weist auf den Anstieg der Konversionen zum Protestantismus im Zeitraum von 1876 (50 Konversionen) bis 1903 (453) hin. (Volkov, Juden in Deutschland, 2000, S. 57). Gidal benennt die Berufsfelder, die um 1895 für Juden nur über die Taufe erreicht werden konnten: „Im Justiz-, Militär- und Schuldienst wurden die Juden weiterhin zurückgesetzt oder ausgeschlossen. Sie konnten, ohne Taufe keine ordentlichen Professoren und keine Richter oder höhere Staatsbeamte werden." (Gidal, Juden in Deutschland, 1988, S. 238). Cf. zur innerjüdischen Einschätzung der Konversionen: Sieg, Judentum im Kaiserreich, 2007, S. 122.

386 Göhre, Das Warenhaus, 1907, S. 42.

387 Zur Bedeutung der bona fides in der römischen Jurisprudenz: Meyer, Bona fides und lex mercatoria, 1994, S. 52 ff.; Honsell, Römisches Recht, 2006, S. 88; zum offenkundigen Fortbestand des Grundsatzes im gemeinschaftsrechtlichen Prinzip

Kautionsforderungen waren im Untersuchungszeitraum und davor in verschiedenen rechtlichen Kontexten vorgesehen.[388] Arbeitsrechtlich waren es Sicherheitsleistungen, die von Arbeitnehmern für die Erfüllung der ihnen obliegenden Pflichten aus dem Dienstvertrag verlangt wurden, besonders wenn Angestellte mit Geld zu tun hatten.[389] Das Kautionswesen existierte als problematischer usus zwischen Arbeitgebern und Arbeitnehmern.[390] Es wurde vom Simplicissimus auf das Gebaren eines jüdischen Arbeitgebers reduziert, dem die materiellen Aspekte wichtiger als die ethischen waren.

> *„Ohne Kaution kann ich Ihnen diese Vertrauensstelle nicht geben."*
> *„Herr Kommerzienrat, ich bin ein ehrlicher Mann."*
> *„Ehrlich! Seh'n Se, wenn Se mir stellen die Kaution, brauchen Se nich zu sein ehrlich."* (26.6.1900, S. 114).

In der zeitnahen arbeitsrechtlichen Literatur wurde die Frage der Kaution im Zusammenhang mit Arbeitsverträgen angesprochen. So stellte Lotmar 1895 in seinem ***Dienstvertrag des zweiten Entwurfs eines bürgerlichen Gesetzbuches für das Deutsche Reich*** fest, dass mancherorts Notare und Beamte eine Kaution hinterlegen, „aus welcher Schäden, die sie in Ausübung ihres Berufs anrichten, gedeckt werden sollen". Außerdem müsse der Vormund des gemeinen Rechts durch eine Kaution seinen Mündel wegen der Vormundschaft sicherstellen. Daran schloss er die Frage an:

> „Richtet, wer hundert Arbeiter, die ihm ihr einziges Gut, den Wert ihrer Arbeitskraft, anvertraut haben, um ihren mühsam verdienten Wochenlohn bringt, etwa weniger Schaden an, als der Vormund, der seines Mündels Vermögen verschleudert? Und würde es da

der Begriffsvariante „la bonne foi communautaire": Schulze, Europäisches Gemeinschaftsrecht, 1994, S. 319.

388 Gemäß § 6 ***ABG vom 24. Juni 1865*** hatte ein „Schürfer" dem „Grundbesitzer" eine Kaution zu stellen, wenn dieser eine solche bei der Abtretung des Grundstücks für die bergbauliche Nutzung verlangte, um eine mögliche Wertminderung des Grundstücks nach dessen Rückgabe zu kompensieren. Cf. auch die Erörterung der cautio damni infecti etwa bei Blümner, Die Lehre vom böswilligen Rechtsmissbrauch, 1900, passim. Zu Kautionsleistungen von Reichsbeamten und Reichsbankbeamten: Laband, Das Staatsrecht des Deutschen Reiches, 1901, S. 427. Zu Lohneinbehaltungen als Kautionen etwa für Schadensersatz bei Kontraktbruch: Rohn, Welthumor in sechs Bänden, 1913, S. 48.

389 Elster, Lexikon des Arbeitsrechts, 1910, S. 109, s. v. „Kautionen". Baum, Das Recht des Arbeitsvertrages, 1911, S. 112: „Es ist zulässig, daß der Arbeitgeber durch Vereinbarung mit dem Arbeiter die Stellung einer Kaution ausbedingt, die für alle Schadensersatzansprüche haftet."

390 Dazu Potthoff, Probleme des Arbeitsrechts, 1912, S. 235: „Spareinlagen und Kautionen der Arbeiter und Angestellten gehen meistens in das Betriebskapital über, arbeiten im Unternehmen, werden aus seinen Überschüssen verzinst/ und sind verloren, wenn das Unternehmen falliert."

so fern liegen und unausführbar sein, von demjenigen, der als Unternehmer Dienstverträge in größerer Zahl abschließt, z. B. von einem Bauunternehmer oder Theaterdirektor zu verlangen, daß er einen einer gewissen Lohnperiode entsprechenden Geldbetrag zur Sicherstellung der Lohnforderungen hinterlege?"[391]

Daraus war abzuleiten, dass nicht der zukünftige Arbeitnehmer, sondern der Arbeitgeber eine Kaution hinterlegen müsse. 1902 griff Lotmar den 1895 geäußerten Gedanken in seinem ***Arbeitsvertrag*** noch einmal auf, und zwar in einer schärferen Variante:

„Nach der Erfahrung würde es sich empfehlen, zugunsten der Lohnforderung vom Institut des Pfandrechts noch den Gebrauch zu machen, daß von gewissen Personen, die gewerbsmäßig als Arbeitgeber eine größere Zahl von Arbeitsverträgen schließen, Kaution für die Erfüllung ihrer Vergütungspflicht verlangt würde. In Wirklichkeit werden die Kautionen, die im Verhältnis von Arbeitgebern und Arbeitnehmern häufig vorkommen, nicht von den Arbeitgebern, sondern von den Arbeitnehmern gestellt. Dieselben Personen, die vom Gesetz zur Kreditierung der ihnen zugesagten Vergütung gezwungen werden, müssen sich (unter dem Zwang der Lage) überdies dazu verstehen, den Arbeitgeber für dessen Forderungen sicherzustellen, was nur da gerechtfertigt ist, wo ihnen große Werte anvertraut sind. Es widerfährt ihnen dann nicht selten, daß ihnen nicht bloß die Vergütung für die geleistete Arbeit vorenthalten, sondern auch die geleistete Kaution entzogen wird - durch sog. Kautionsschwindler. Ein ärgerer Hohn auf das Institut des Pfandrechts als eine zu solchem Ausgang führende Anwendung ist nicht denkbar."[392]

Der Simplicissimus unterstellte den als Arbeitgebern tätigen Juden nicht nur Geldgier, sondern auch **sexuelle Übergriffe** auf ihre Arbeitnehmerinnen (21.8.1899, S. 164).

Allerdings fanden sich nach 1910 im Simplicissimus auch satirische Beiträge gegen den Antisemitismus (2.1.1911, S. 693). Die Zeitschrift mokierte sich über Aristokraten, die keine Juden ins Offizierskorps aufnehmen wollten, aber heimlich Geschäfte mit ihnen machten (28.4.1912, S. 66). Doch das Interesse der Juden am Geld blieb Gegenstand des Spottes des Simplicissimus (23.6.1913, S. 202).[393]

Ruprecht Konrad wollte die Darstellungen der Juden im Simplicissimus nicht „als antisemitisch im rassistisch-nationalistischen Sinne" verstanden wissen, sondern als Ausdruck großbürgerlichen Fehlverhaltens schlechthin.[394] Zum 100jährigen

---

391 Lotmar, Der Dienstvertrag, 1992, S. 127 f.; zur Kaution des Vormunds bereits §§ 424 ff., II, 18 ALR.

392 Lotmar, Der Arbeitsvertrag, 2001/1902, S. 432 f.

393 In der Weimarer Republik enthielt sich der Simplicissimus weitgehend antisemitischer Satiren. Dies schien dem vom Völkerrechtler Karl Doehring beschriebenen Verhalten der Öffentlichkeit zu entsprechen. (Doehring, Von der Weimarer Republik zur Europäischen Union, 2008, S. 54).

394 Konrad, Nationale und internationale Tendenzen im „Simplicissimus", 1975, S. 95: „Man kann den karikierten Juden immer austauschen gegen eine nichtjüdische

Geburtstag des Blattes behauptete mancher Gratulant sogar, der Simplicissimus habe sich „entschieden gegen alle Formen des Antisemitismus" ausgesprochen.[395] Anders und richtiger argumentierte dagegen Richard Christ, der in diesem Fall der Redaktion vorwarf, dass ihr „das Mitmachen einer bösartigen Mode bequemer war als deren Bekämpfung".[396] Der Simplicissimus passte sich offenbar einem antisemitischen Trend an, dem sich in der Kaiserzeit auch zahlreiche Juristen nicht verschlossen.[397] Die Judenkarikaturen dienten dem Simplicissimus nach Nachum T. Gidal vor allem der Erschließung und Sicherung von antijüdischen Käufer- und Abonnentenschichten.[398] Der aufklärerische Selbstanspruch der Zeitschrift, etwa in Rückbesinnung auf Lessings Plädoyer für religiöse Toleranz zwischen den Religionsgemeinschaften in seinem Schauspiel ***Nathan der Weise*** von 1779, war in solchen Karikaturen offensichtlich außer Kraft gesetzt.

6. Wohlhabende Müßiggänger

Die Darstellung von wohlhabenden Müßiggängern im Simplicissimus ist von arbeitsrechtlicher Relevanz, weil diese Gruppe nach Meinung des Blattes nicht nur auf Kosten der arbeitenden Bevölkerung lebt, sondern auch das arbeitsrechtliche Wohlergehen der Arbeitenden dem eigenen finanziellen Interesse unterordnet.

Als ein Kennzeichen des bürgerlichen Zeitalters wurde von Zeitgenossen der Sieg des bürgerlichen Fleißes über die „heroische Faulheit" des Adels angesehen.[399] Doch bald wurde dem wohlhabenden Bürgertum billig, was dem Adel recht war. So gab es im Untersuchungszeitraum auch unter den vermögenden Bürgerlichen der Realität[400] und der Fiktion des Simplicissimus zahlreiche Müßiggänger (19.5.1913, S. 115). Ein Mitglied dieser Gruppe beschrieb seinen Tagesablauf wie folgt:

> *„Na, wenn ich aufstehe, lese ich meine Zeitung und dann esse ich Abendbrot."* (6.12.1909, S. 609).

Das Titelbild vom 5.12.1896 zeigte eine gelangweilte, überernährte, großbürgerliche Rentnerfamilie mit Lakai, deren Oberhaupt keiner Beschäftigung nachging und dessen kesses Söhnchen ihm die Frage stellte: *„Papa, was willst du eigentlich 'mal werden?"*

Figur, - der Sinn der Satire verändert sich dabei nicht." Konrad warf bei seiner Gesamtwürdigung des Simplicissimus ein zu mildes Licht auf die Thematik.

395 Moser/ Sammer, Sonderheft 1996, S. 38.

396 Christ, Simplicissimus, 1972, S. 9.

397 Ormond, Richterwürde, 1994, S. 335.

398 „Die Geschäftspolitik des Verlegers Albert Langen und der finanziell beteiligten Mitarbeiter spielte dabei eine ausschlaggebende Rolle." (Gidal, Juden in Deutschland, 1988, S. 257).

399 Fuchs, Illustrierte Sittengeschichte, 1912, S. 2; zur protestantischen und besonders calvinistischen Aufforderung zu Gewerbefleiß und bürgerlicher Sparsamkeit: Schulze, Policey, 1982, S. 45.

400 Stürmer, Das ruhelose Reich, 1983, S. 30 f.

Die Satire wurde durch den Rollentausch der Generationen erzeugt, indem der Sohn eine Frage stellt, die nach zeitgenössischem bürgerlichem Verständnis eindeutig in das Erziehungsrepertoire eines Erwachsenen zu fallen hatte.

Die Müßiggänger werden im Simplicissimus auch „Privatiers" genannt (5.8.1907, S. 307). Ein Privatier ist nach neutraler Definition eine vermögende Person, die keiner Erwerbstätigkeit nachgehen muss und keine Unterstützung von der öffentlichen Hand bezieht. Im Simplicissimus haftete dem Begriff allerdings eine negative Konnotation an (14.10.1907, S. 457 u. ö.). Die sozialistische Forschung sah in diesen Karikaturen die Kritik des Simplicissimus am „parasitären Charakter des Imperialismus".[401] Die dem Untersuchungszeitraum vorausgegangene Epoche der Kameralistik hatte bereits Kritik an der Zunahme der „Rentirer" geübt, die von jedem Anstieg des Zinsniveaus profitierten, um sich durch die Vergabe hoch verzinslicher Darlehen der Arbeit zu entziehen und sich dem Müßiggang hinzugeben. Katrin Liebner sieht in ihrer Untersuchung ***Wucher und Staat*** von 2010 diesen Zusammenhang zwischen „Zinshöhe und Müßiggang".[402] Der wohlhabende, nur von seinen Zinserträgen lebende Müßiggänger sei in einem auf die salus publica bedachten Staat unnütz, pflichtvergessen und schädlich.[403]

Laut Simplicissimus gab es eine Gruppe wohlhabender Aktionäre, die keiner anderen Arbeit nachgingen, als Coupons zu schneiden (18.9.1900, S. 213 u.ö.). Bei einem Grubenunglück dachten sie nur an ihren verlorenen Profit (2.4.1906, S. 2) und weigerten sich, das finanzielle Risiko zu tragen (30.11.1908, S. 582). Bürger, die ihr Geld mit Aktien verdienten, landeten laut Simplicissimus im Fegefeuer (5.12.1896, S. 5). Die Zeitschrift rückte diese Gruppe in die Nähe von Kriminellen (14.1.1902, S. 342). Im Vergleich zum Börsianer erschien ein Mörder wie ein Gentleman (11.12.1911, S. 661). Bankiers wurden nicht nur als Lebemänner dargestellt (11.11.1902, S. 258), sondern auch als Betrüger (5.7.1904, S. 150). Die satirisch-kritische Darstellung von Aktionären war ein beliebtes Motiv zeitgenössischer Karikatur-Magazine, wie etwa im arbeiterfreundlichen ***Süddeutschen Postillon*** von 1899: Während der Eisenbahnerbeiter nach dreißig Arbeitsjahren gekrümmt und mager wird, nimmt der Aktionär an Wohlstand und Korpulenz zu.[404]

In der Regel standen laut Simplicissimus auch die Hauseigentümer als Vermieter auf der Seite der Bösen (16.3.1908, S. 838). In der Realität des untersuchten Zeitraums gehörten sie zu denjenigen, die vom Zustrom der Menschen in die Städte und den steigenden Grundstückspreisen profitierten.[405] Die beengten und unwürdigen

---

401 Haese, Die gesellschaftskritische Karikatur im „Simplicissimus", 1966, S. 24.

402 Liebner, Wucher und Staat, 2010, S. 29.

403 Liebner, Wucher und Staat, 2010, S. 31. Gerhard verweist auf die Verurteilung des „aristokratischen Müßiggangs" durch die bürgerliche Ideologie der Aufklärung und den Entwurf neuer bürgerlicher Ideale. (Gerhard, Verhältnisse und Verhinderungen, 1978, S. 125).

404 Zitiert nach: Caroni, Kathedersozialismus, 1984, S. 217.

405 Berghahn, Das Kaiserreich 1871–1914, 2003, S. 47; zur Verstädterung auch: Pierenkemper, Dienstbotenfrage, 1988, S. 174.

Wohnverhältnisse der Arbeiter und ihrer Familien wurden auch von vielen Zeitgenossen wahrgenommen und beschrieben. Nach Angaben von Friedrich Lenger stieg im Rahmen der Urbanisierung der Anteil der städtischen Bevölkerung von etwa 36% bei der Reichsgründung auf 60% nach der Jahrhundertwende.[406] Dem Simplicissimus zufolge gehörten die Vermieter zu einer besonderen Gattung der „Arbeitslosen", da sie ohne eigene Arbeit vom Mietzins ihrer Mieter lebten (21.3.1905, S. 516 u. ö.): Ihr einziges Interesse gelte dem Geld (22.11.1904, S. 353); sie hätten kein Mitleid mit den Mietern, die ihren „Hauszins" nicht zahlen könnten (17.4.1999, S. 22 u. ö.). An kinderreiche Familien würden sie keine Wohnungen vermieten. (4.7.1910, S. 233).

Die Hauseigentümer wurden im Simplicissimus klischeehaft ikonisch dargestellt als beleibte Herren, versehen mit einer flachen Mütze und Pantoffeln. Dabei symbolisieren die Pantoffeln das Privileg der Hauseigentümer, sich nicht in die Arbeitswelt begeben zu müssen. Die Kritik des Simplicissimus an den Hauseigentümern spiegelte ein zeitgenössisches Nachdenken über Vertragsfreiheit, Eigentumsrecht und Eigentümerbefugnisse. Coing kommt bei der rechtlichen Beurteilung des Eigentums zu der Feststellung: „Es ist nicht unwichtig, hervorzuheben, daß das private Eigentum, vor allem das Grundeigentum, in den Ländern des europäischen Kontinents im Laufe des 19. Jahrhunderts zunehmend an Bedeutung gewann."[407] Die „Hauspaschas" nutzten nach zeitgenössischer, gängiger Auffassung das Rechtssystem zum Nachteil ihrer Mieter aus.[408] Wie in anderen Bereichen befand sich der Simplicissimus im ideellen Gleichklang mit Vorstellungen Lotmars, der den Gesetzgeber aufforderte, im „Kampf des arbeitslosen Besitzes und der besitzlosen Arbeit" auf die schwächere Seite zu treten.[409] Die Kritik des Simplicissimus spiegelte offenbar auch eine Abwendung vom römischen zum „germanischem Rechtswesen", demzufolge nach Otto von Gierke Eigentum immer mit Pflichten verbunden war. Dem zufolge schloss die soziale Aufgabe des Privatrechts das pflichtenlose Eigentum aus: „Das pflichtenlose Eigenthum hat keine Zukunft."[410] Der Simplicissimus folgte offenkundig der – auch von Gierke und anderen - lebhaft verfochtenen Kritik am § 903 BGB an den Eigentümerbefugnissen.[411] Der Bezug auf die Formel der Pflicht bedeutete ein sich außerhalb des vom BGB festgesetzten bürgerlichen Eigentumsrechts befindliches moralisches Postulat. Die Darstellung der unmoralischen Abwesenheit von Eigentumspflichten im Simplicissimus war das Vorrecht und die Pflicht einer satirischen Zeitschrift. Vom

---

406 Lenger, Handwerker, 1988, S. 110.

407 Coing, Europäisches Privatrecht II, 1989, S. 384.

408 Kaiser, Vertragsfreiheit und Gesellschaftsordnung, 1972, S. 158.

409 Zitiert nach Caroni, Philipp Lotmar, 2003, S. 174 f.

410 Gierke, Die soziale Aufgabe des Privatrechts, 1889, S. 15, 18. Dazu Kuntschke, Zur Kritik Otto von Gierkes, 1970, S. 162. Cf. Haferkamp zur vielfach im 19. Jahrhundert vertretenen Meinung, dass das römische Recht „unsozial" sei. (Haferkamp, § 242, 2007, Rn. 53). Cf. auch Pfeiffer-Munz, Soziales Recht, 1979, S. 34). Denzer weist auf den Einfluss Pufendorfs auf die Eigentumsvorstellungen von Gierke hin. (Denzer, Samuel Pufendorf, 1972, S. 154).

411 Zur Kritik am § 903: Schwab, Das BGB und seine Kritiker, 2000, S. 351.

richtigen Gebrauch des Eigentumsrechts ließ sich in der Anschauung Gierkes die Brücke zum Vertragsrecht – auch im Bereich des Arbeitsrechts - schlagen:

> „Wenn das moderne Recht hier den Grundsatz der Vertragsfreiheit durchführt, so kann doch auch hier nicht willkürliche, sondern nur vernünftige Freiheit gemeint sein: Freiheit die kraft ihrer sittlichen Zweckbestimmung ihr Maß in sich trägt, - Freiheit, die zugleich Gebundenheit ist. Schrankenlose Vertragsfreiheit zerstört sich selbst."[412]

Zurückgeführt auf die Darstellung der Hauseigentümer durch den Simplicissimus erhellte sich in ihr wie bei Gierke eine antiliberale und kapitalismuskritische Haltung.[413] Die gängige Kennzeichnung des Simplicissimus als liberale Zeitschrift bedarf einer Differenzierung, indem die Kritik des Simplicissimus am Liberalismus sich eher als Kritik am wirtschaftlichen Liberalismus darstellt, denn als eine Kritik an der politischen Leitidee des der Aufklärung verpflichteten Liberalismus.[414]

7. Betrug als Treuwidrigkeit im geschäftlichen Verhalten und bona fides

Der Betrug als Treuwidrigkeit im geschäftlichen Verhalten war ein wesentliches Attribut dieser und anderer im Simplicissimus dargestellten Gruppen. Der Betrug wurde wie kaum ein anderes rechts- und moralwidriges Verhalten so intensiv satirisch behandelt. In der Kritik am rechtswidrigen und unethischen betrügerischen Verhalten entfaltete sich der aufklärerische Anspruch des Simplicissimus, insbesondere der einer Aufdeckung von *„socialen Schäden"* (s. o. 14.1.1898, S. 330). Man kann in der Kritik an der „Rücksichtslosigkeit von Teilnehmern am Rechtsverkehr"[415] eine Entsprechung zur untersuchungszeitlichen Rechtssituation sehen, in der die Diskussion um die bona fides eine eminent wichtige Rolle spielte.[416] Die Beschwörung der bona

---

412 Gierke, Die soziale Aufgabe des Privatrechts, 1889, S. 28. Cf. Jobs, Die Bedeutung Otto von Gierkes, 1972, S. 310.

413 Zu Gierke: Steindl, Wege zur Arbeitsrechtsgeschichte, 1984, S. VII; zur Gesinnungskontinuität, bzw. zum Gesinnungswandel bei Gierke: Klatt, Treuepflichten, 1990, S. 119: „Richtig ist aber wohl, daß GIERKES politischer Standort stärker der konservativen als der liberalen Seite zuzuordnen ist, und daß für ihn – und zwar seit jeher – eine soziale Besserstellung der Arbeitnehmerschaft immer nur im Rahmen der bestehenden Gesellschaftsordnung denkbar war." Für den Kulturfortschritt schien für Gierke eine extreme Naturrechtslehre genauso schädlich wie die sozialistischen Lehren. (Pfeiffer-Munz, Soziales Recht, 1979, S. 26).

414 Zum Liberalismus als „leitende[r] politische[r] Idee": Coing, Europäisches Privatrecht II, 1989, S. 70.

415 Cf. Meyer-Rudel, Der Gedanke der *bona fides,* 2005, S. 55.

416 RG vom Dezember 1903, zitiert nach Haferkamp, Die exceptio doli generalis 2000, S. 30: „... das BGB stellt für den Inhalt der Rechtsgeschäfte wie für deren Erfüllung den Grundsatz von Treu und Glauben auf (§§ 157, 242 BGB); es betont damit, daß aller Rechtsverkehr unter der Herrschaft der bona fides stehen müsse, daß das Recht aufhöre, Recht zu sein, wo es mißbraucht werde, und daß im Rechtsverkehre

fides war nicht nur Ausdruck der Sehnsucht nach Vertragstreue, nach verlässlichen Vertragspartnern im Arbeitsleben und im Handel[417], nach „anständige[m] Verhalten im Rechtsverkehr (*bona fides*)",[418] sondern entsprach auch der Notwendigkeit der Zeit, die überkommenen Rechtsordnungen sowie die Praxis der Rechtsprechung auf ihre Tauglichkeit für die neuen Verhältnisse des 19. und 20. Jahrhunderts hin zu überprüfen und die Richter zu gerechten, unparteiischen, die beiderseitigen Interessen sorgsam abwägenden, den Einzelfall berücksichtigenden Entscheidungen zu befähigen.[419] Dieser Sachverhalt greift weit über dieses Kapitel hinaus auf den noch zu behandelnden Arbeitsvertrag und die noch zu untersuchende Stellung des Richters.[420] Ein Jahr nach dem Ersterscheinen des Simplicissimus formulierte der Königsberger Rechtsanwalt Robert Liebenthal:

> „Wann ein Verstoß gegen Treu und Glauben vorliegt, wann eine Rechtsausübung sich als Mißbrauch des eigenen Rechts kennzeichnet, was als Maßstab für das billige richterliche Ermessen dienen soll, darüber enthält das geschriebene Recht keine allgemeine Vorschrift; das im Einzelfall zu entscheiden, ist dem Rechtsgefühl des juristisch und human durchgebildeten Richters überlassen."[421]

8. Zwischenergebnis zu II

Bis kurz vor dem Ersten Weltkrieg tauchte im Simplicissimus die stereotype Aussage auf, dass nicht nur die Vertreter des Adels, sondern auch die des Großbürgertums körperlich arbeitenden und arbeitslosen Menschen mit Verachtung und Herzlosigkeit gegenübertraten. Wohltätigkeit diene nicht der Hilfe, sondern der Befriedigung des eigenen Egoismus. Diese Kreise seien unsensibel für eine arbeits- und sozialrechtliche

---

ein jeder auf die Ehrlichkeit und Anständigkeit des Gegenkontrahenten sich müsse verlassen können". Schneider, Treu und Glauben, 1903, S. 232 ff. In den §§ 157 und 242 BGB wurde eine Beschränkung des Egoismus des einzelnen Individuums im Interesse der Gesamtheit gesehen. (Hedemann, Die Fortschritte des Zivilrechts im XIX. Jahrhundert, 1910, S. 113). Ein Verstoß gegen Treu und Glauben ist somit als Ausdruck des Egoismus des Individuums zu werten.

417 Cf. Meyer, Bona fides und lex mercatoria, 1994, S. 69 ff.

418 Coing, Europäisches Privatrecht I, 1985, S. 40 (kursiv im zit. Text).

419 Cf. Schneider, Treu und Glauben, 1903, S. 236; Meyer-Rudel, Der Gedanke der *bona fides,* 2005, S. 4, 210.

420 1892 erschien die Abhandlung von Josef Trutter ***Bona fides im Civilprozesse***. Trutter setzte die bona fides mit Redlichkeit gleich. (S. 4). Sie sei „die sich bethätigende, normale redliche Gesinnung". (Trutter, Bona fides im Civilprozesse, 1892, S. 8).

421 Liebenthal, Kantischer Geist, 1897, S. 231. Zur Einführung des „Ermessens" in der römischen Rechtsprechung: Söllner, Einführung, 1985, S. 71 u. ö. In der republikanischen Zeit gehören nach Söllner zu den bonae fidei iudicia u. a. Klagen aus Rechtsverhältnissen der locatio conductio (Miete, Pacht, Dienst- und Werkvertrag). (S. 77). Damit war die Einführung der bonae fidei iudicia in der republikanischen Zeit von arbeitsrechtlicher Relevanz.

Verbesserung der Situation der Arbeitnehmer und Arbeitslosen. Großbürgerliche Arbeitgeber übernähmen die Befehlsstrukturen des kaiserlichen Militärs in die Gestaltung der Arbeitsverhältnisse und kriminalisierten ihre Arbeitnehmer.

Hinsichtlich der Kritik an den jüdischen Arbeitgebern reihte sich die Zeitschrift ein in einen zeitgenössischen Antisemitismus, von dem sie sich offenkundig eine absatzfördernde Resonanz in ihrer Leserschaft versprach: Grob unbilliges und ungesetzliches Arbeitgeberverhalten wurde an jüdischen Arbeitgebern exemplifiziert.

Den Müßiggängern aus besseren Kreisen haftete nicht nur das Odium des Parasitären, sondern auch des Kriminellen an. Hinter der plakativen Kritik an der Welt großbürgerlicher Arbeitgeber steht jedoch trotz der Klischeehaftigkeit in vielen Fällen eine aufklärerische Absicht des Simplicissimus. Diese Absicht könnte definiert werden als das Ideal einer Arbeitgeberschaft, die nicht von Ausbeutung, Parasitentum und Betrug, sondern von der bona fides geprägt wäre.

III. Angehörige des Mittelstandes

1. Mittelstand und Mittelschicht: Begriffliche Klärung

Die ersten Ausgaben des Simplicissimus fielen in eine Epoche, in der für die Mehrheit der zeitgenössischen Sozialwissenschaftler, Nationalökonomen und Sozialisten am Niedergang des Handwerks kaum noch Zweifel bestand.[422] Der Verein für Socialpolitik hatte gerade in den Jahren 1895–1897 umfangreiche ***Untersuchungen über die Lage des Handwerks in Deutschland mit besonderer Rücksicht auf seine Konkurrenzfähigkeit gegenüber der Großindustrie*** vorgelegt.

Der Simplicissimus schien – abgesehen von einer wahrgenommenen Bedrohung durch die Warenhäuser – diesen Pessimismus nicht zu teilen, sondern nahm im gesamten Untersuchungszeitraum eine satirisch-kritische Haltung dem Handwerk und Mittelstand gegenüber ein.

In der vorliegenden Untersuchung wird heuristisch eine Differenzierung zwischen „Mittelstand“ und „Mittelschicht“ vorgenommen, die sich nicht immer mit der in der historischen und sozialwissenschaftlichen Literatur verwendeten, vielfach schwankenden, Begrifflichkeit deckt.[423] Nach Friedrich Lenger zählte der selbständige

422 Lenger, Handwerker, 1988, S. 113; Kaufhold, Handwerk, 1979, S. 104 f. Kaufhold kommt zu folgendem Ergebnis: Das Handwerk muss seinen führenden Platz im Gewerbe, den es Jahrhunderte lang innehatte, zugunsten der Industrie räumen. Doch wird das Handwerk nicht vom Markt verdrängt. Es nimmt sogar an dem von der Industrialisierung ausgelösten wirtschaftlichen Wachstum teil. Die Prophezeiungen vom Untergang des Handwerks erfüllen sich demnach nicht. (Kaufhold, Handwerk, 1979, S. 126).

423 So verstand beispielsweise Wolfgang J. Mommsen unter Mittelstand eine soziale Schicht (1995, S. 67 ff. u. ö.) und verwendete den Begriff synonym zu „Mittelschicht“ (1995, S. 73); ähnlich auch Potthoff, Probleme des Arbeitsrechts 1912, S. 99. Der von Bornhak verwendete Begriff „Mittelklasse“ entsprach dem der „Bourgeoisie“ und

Handwerker bis zum letzten Drittel des 19. Jahrhunderts weniger zum Mittelstand als zur arbeitenden Klasse. Erst dann wäre das Handwerk dem gewerblichen Mittelstand zugeordnet worden.[424] Im Untersuchungszeitraum wurde der Begriff des Mittelstandes mehrfach an Einkommen, Besitz und Bildung gebunden, wobei schon Zeitgenossen des Simplicissimus die Verworrenheit und Unschärfe des Mittelstandsbegriffs beklagten. Die Unschärfe des Begriffs erlaubte es schließlich, alle Deutschen, die weder reich noch arm waren,[425] unter ihm zu fassen. Demzufolge bildete der kleingewerbliche Mittelstand nur noch einen geringen Bruchteil des gesamten Mittelstandes. In dieser weitesten Fassung entbehrte der Mittelstand jeder arbeitsrechtlichen Relevanz.

In der vorliegenden Untersuchung umfasst der Begriff der Mittelschicht eher eine mittel- und kleinbürgerlichen Gesellschaftsschicht hinsichtlich ihrer sozialen und ökonomischen Lage, während der Begriff des Mittelstandes von arbeitsrechtlicher Relevanz ist. Dies entspricht sowohl zeitgenössischen Annäherungen an den Begriff[426] als auch der heute üblichen betriebswirtschaftlichen und volkswirtschaftlichen Verwendung des Begriffs „Mittelstand", der nicht die Mittelschicht im Verständnis der Historiker oder Soziologen meint, sondern nahezu ausschließlich den unternehmerischen Mittelstand.[427]

In dieser Untersuchung werden die Angehörigen des Mittelstandes durch ihre reale, potentielle oder latente Arbeitgeberschaft definiert. Diese Auffassung lässt es zu, dass auch Mittelständler erfasst werden, die je nach Auftragslage mit oder ohne Arbeitnehmer tätig waren. So werden auch Alleinunternehmer erfasst,[428] die als „Alleinmeister" traditionell in vielen Gewerben dominierten.[429] Ebenso wie im

---

findet hier keine Verwendung. (Bornhak, Das deutsche Arbeiterrecht, 1892, S. 543). Für ihn wurde die „Mittelschicht" etwa durch den Handwerksbetrieb repräsentiert. (S. 545). Weitere Belege für die synonyme Verwendung von „Mittelschicht" und „Mittelstand" im zeitgenössischen Schrifttum finden sich bei Kaufhold, Handwerk, 1979, S. 133.

424 Lenger, Handwerker, 1988, S. 113.

425 Ritter/ Tenfelde, Arbeiter, 1992, S. 119.

426 In seinem Referat über Konsumvereine setzte sich R. Riehn 1904 mit dem Begriff des Mittelstandes auseinander. Er bemängelte, dass in der Mittelstandspolitik seit Jahren „darauf losgewirtschaftet" wird, ohne sich darüber zu verständigen, was unter Mittelstand zu verstehen sei. „Bald sind es die Kleinhändler, bald die Bäckermeister oder kleinen Müller. Dann wieder die Handwerker, die Hausbesitzer, die Gastwirte, die Landwirte usw. usw." (Riehn, Arbeitskammern und Konsumvereine, 1904, S. 116).

427 Dazu Endres, Schwellenwertregelungen im Arbeitsrecht, 2003, S. 81, 196. In der betriebswirtschaftlichen Literatur ist daher auch nicht von Mittelschichtunternehmen, sondern von „Mittelstandsunternehmen" die Rede, ein Begriff, für den es allerdings keine Legaldefinition gibt. (Picot, Handbuch für Familien- und Mittelstandsunternehmen, 2008, S. 3).

428 Hueck/ Nipperdey, Lehrbuch des Arbeitsrechts, 1963, S. 88.

429 Lenger, Handwerker, 1988, S. 23. Zu den Kleinbetrieben im Preußen auf der Wende vom 18. und 19. Jahrhundert: Kaufhold, Die Gewerbe in Preußen um 1800, 1978,

Kleingewerbe existierten zahlreiche Geschäfte im Kleinhandel als Alleinbetriebe oder Familienbetriebe auf arbeitsrechtlicher Grundlage. Angehöriger des Mittelstandes[430] war etwa im Untersuchungszeitraum der selbständige, am Existenzminimum arbeitende, Schneider ohne Mitarbeiter[431], der schneidernde Alleinmeister, der wie der Schuster traditionell als arm galt.[432]

Im Gegensatz zu der Zeit nach dem Ersten Weltkrieg war vor dem Krieg im Simplicissimus kaum von einem „Mittelstand" die Rede, obwohl viele der dort beschriebenen Berufsgruppen dem Mittelstand angehörten. Zum Mittelstand gehörte der Schuster, der in seiner Werkstatt als Alleinmeister arbeitete oder einen einzigen abhängigen Lohnempfänger oder Lehrling beschäftigte (17.12.1898, S. 299 u. ö.), sowie der Malermeister, der mit seinem Gesellen oder Lehrling unterwegs war (3.7.1900, S. 121). Auch die Frisöre (11.9.1911, S. 409) waren Arbeitgeber in Kleinstbetrieben.[433] Es finden sich auch Schneider und Schneiderinnen, die teilweise allein im Haus ihrer Kunden arbeiteten (16.10.1900, S. 239 u. ö.).[434]

Insbesondere für snobistische Vertreter des Handwerks hegte der Simplicissimus keinerlei Sympathie:

> *„In einer sächsischen Großstadt, wo der Mittelstand sich im Stadtparlamente mächtig bläht, ruft ein Villenbesitzer seinen Klempner zu einer Dachrinnenreparatur. Bei der Besprechung redet er ihn ‚Meister' an, worauf ihm der andere würdevoll bedeutet, er sei ‚Stadtverordneter'. ‚Aber Verehrtester,' erwidert ihm der Hausherr, ‚ich will doch von Ihnen hier Blech gelötet und nicht Blech geredet haben."* (1.10.1906, S. 431).

Die snobistische Haltung des Klempners ist soziologisch auch darauf zurückzuführen, dass besonders die Bauklempner von der Expansion des Baugewerbes profitierten und

---

S. 218; zu den Alleinbetrieben im Handwerk um 1800: Kaufhold, Handwerk, 1979, S. 110 f. In der Mittelalterlichen Zünften durften vielfach ddie neu aufgenoommenen Meister keine Gesellen aufnehmen, um konkurrenzschwächer gehalten zu werden. Sie durften folglich nicht nach Belieben „Arbeitgeber" sein. (Schmieder, Geschichte des Arbeitsrechts, 1939, S. 108.

430 Die Auffassung steht in Übereinstimmung mit einer in der Rechtslehre häufig vertretenen Definition des „Betriebs" als organisatorische Einheit, in der „ein Arbeitgeber allein oder in Gemeinschaft mit seinen Mitarbeitern mit Hilfe von sächlichen und immateriellen Mitteln bestimmte arbeitstechnische Zwecke fortgesetzt verfolgt" (Endres, Schwellenwertregelungen im Arbeitsrecht, 2003, S. 57 in Übernahme von Hueck/ Nipperdey, Lehrbuch des Arbeitsrechts, 1963, S. 93).

431 Rehbein, Das Leben eines Landarbeiters, 1911, S. 14.

432 Lenger, Handwerker, 1988, S. 54. Den Schneidern und Schustern wird aufgrund ihrer leichten, sitzenden Tätigkeit seit dem Mittelalter ein Hang zum „Grübeln" und Unruhestiften nachgesagt. (W. H. Schröder, Arbeitergeschichte, 1978, S. 79 f.).

433 Cf. Landes-Gewerbeförderstelle 2004, S. 24; Wilhelm Heinz Schröder weist in seiner soziologischen Untersuchung darauf hin, dass viele Handwerksbetriebe, „die sich die Beschäftigung von Gesellen nicht leisten konnten", sich durch „Lehrlingszüchterei" konkurrenzfähig hielten. (Schröder, Arbeitergeschichte, 1978, S. 61.

434 Dazu: Schildt, Frauenarbeit im 19. Jahrhundert, 1993, S. 98 f.

zu größerem Wohlstand kamen als andere Handwerker.[435] In diesem Beitrag äußerte sich eine konservative Haltung des Simplicissimus, eine Skepsis an den Mitbestimmungsbestrebungen „Unberufener".

2. Die Lage des Mittelstandes im untersuchten Zeitraum

Der Simplicissimus stellte sich 1911 auf die Seite der aussichtslos gegen die „krakenhaften" Trusts kämpfenden Mittelständler (12.6.1911, S. 195). Auf die Bedrohung des Mittelstandes durch die Trusts, mehr als durch die Kartelle, war in der Nationalökonomie schon zum Ende des 19. Jahrhunderts hingewiesen worden.[436] Nahezu zeitgleich sah der Sozialpolitiker Heinz Potthoff jedoch keine Schutzbedürftigkeit für „Kleinkaufleute und Handwerker": Sie sollten sich in Genossenschaften organisieren oder ihre Arbeitnehmer zu Teilhabern machen.[437]

Auch im Untersuchungszeitraum wurde der Begriff „Mittelstand" bereits im arbeitsrechtlich-ökonomischen Sinn verstanden.[438] Dabei wurde häufig soziologisch zwischen dem „neuen" und dem „alten" Mittelstand unterschieden. Der neue Mittelstand war eine Schicht aus angestellten Arbeitnehmern, resp. Privatbeamten[439] die häufig aus dem Handel kamen.[440] Ihre Wertvorstellungen waren vorwiegend antisozialistisch.[441] Die Handwerker verlangten eine Honorierung ihrer Loyalität der Staatsordnung gegenüber und wiesen darauf hin, dass beim Ausbleiben der Unterstützung ihrer Interessen zahlreiche Meister und Gesellen sich den Sozialdemokraten zuwenden würden.[442]

Handwerker und Kaufleute als Arbeitgeber wurden dem „alten" Mittelstand zugerechnet.[443] Unter ihnen fanden sich Betreiber von kleinen oder mittleren Betrieben, von Familienunternehmen, die im untersuchten Zeitraum soziologisch dem

---

435 Lenger, Handwerker, 1988, S. 139.

436 Schröder, Die Entwicklung des Kartellrechts, 1988, S. 110.

437 Potthoff, Probleme des Arbeitsrechts 1912, S. 81 ff.

438 Flesch, Reform des Arbeitsrechts, 1910, S. 7.

439 Potthoff, Probleme des Arbeitsrechts, 1912, S. 92. Der Begriff „Privatbeamter" implizierte das Streben nach Abgrenzung vor allem von der Schicht der Arbeiter. (Pohl, Wirtschafts- und sozialgeschichtliche Grundzüge, 1979, S. 49).

440 Dies wurde beispielsweise deutlich in einer Schrift Gustav Schmollers mit dem Titel ***Was verstehen wir unter dem Mittelstande?*** von 1897. Croner, Soziologie der Angestellten, 1962, S. 79; Kocka, Die Angestellten in der deutschen Geschichte 1850–1980, 1981, S. 87. Ritter/ Tenfelde verorteten den „neuen" Mittelstand bei „den technischen und kaufmännischen Angestellten in Industrie und Dienstleistungsgewerben". (Ritter/ Tenfelde, Arbeiter, 1992, S. 117 f.).

441 Die im Deutschen Handlungsgehilfenverband (DHV) zusammengefassten Beschäftigten, lehnten den Arbeitskampf ab und artikulierten sich patriotisch. (Mommsen, Bürgerstolz und Weltmachtstreben, 1995, S. 60 f).

442 Benöhr, Wirtschaftsliberalismus, 1977, S. 210.

443 Potthoff, Probleme des Arbeitsrechts, 1912, S. 124. Zwiedineck-Südenhorst sprach 1905 von der „Mittelstandspolitik, die das Handwerk zu schützen unternimmt".

mittleren oder kleinen Bürgertum entstammten und auf Grund ihres Einkommens zur Mittelschicht gehörten. Die Angehörigen dieses Mittelstandes unterschieden sich arbeitsrechtlich von den Arbeitern dadurch, dass sie nicht in einem Abhängigkeitsverhältnis zu einem weisungsbefugten Unternehmer standen. Allerdings war ihre finanzielle Situation häufig nicht besser als die der Industriearbeiter.[444] Die kleinen selbständigen Gewerbetreibenden und Kleinhändler gehörten zwar nicht zum lohnabhängigen Proletariat, führten aber oft hinter der kleinbürgerlichen Fassade eine proletarische Existenz.[445] „Spätestens 1868 war klar, daß der hauptsächliche Gegensatz der zwischen Handwerksmeistern und Fabrikanten war. Die Meister führten ihren Kampf in der furchtbaren Angst, ihre Selbständigkeit zu verlieren und mitsamt ihren Gesellen in das Proletariat abzusinken."[446]

Im Untersuchungszeitraum bestand eine tatsächliche oder gefühlte existenzielle Bedrohung des gewerblichen Mittelstandes und Einzelhandels sowohl durch die industrielle Produktion als auch durch das Entstehen großer Kauf- und Warenhäuser.[447]

In vielen Fällen war die Grenze zwischen Handwerksbetrieben und kleineren Produktionsstätten fließend.[448] Zwischen 1882 und 1907 ging die Anzahl der Kleingewerbe zwar zurück, jedoch erhöhte sich die Anzahl der Beschäftigten je Betrieb.[449] Im unmittelbar dem Simplicissimus voraufgegangenen Zeitraum (1882 bis 1895) war die Zahl der gehilfelosen Betriebe zurückgegangen, während die Betriebe mit zwei bis zehn Beschäftigen zunahmen.[450]

So wurden offenbar die Arbeitnehmer weniger vom Rückgang betroffen als die Selbständigen selbst.[451] Auch die Aufgaben der Handwerksbetriebe änderten sich: Sie entwickeln sich vielfach zu Wartungs- und Reparaturbetrieben für industriell gefertigte Produkte sowie zu Anbietern von Dienstleistungen.[452] Andere selbständige Unternehmer wurden zu Lieferanten eines einzelnen Großhandelsunternehmens,

---

(Arbeiterschutz und Arbeiterversicherung, 1905, S. 30). Zur Definition des Begriffs „Handwerk": Lenger, Handwerker, 1988, S. 10 ff.

444 Flesch, Reform des Arbeitsrechts, 1910, S. 7: „Auch der kleine Mittelstand leidet Not; der kleine Handwerker ist vielfach übler daran als der Arbeiter; ...".

445 Mommsen, Bürgerstolz und Weltmachtstreben, 1995, S. 45; cf. Rehbein, Das Leben eines Landarbeiters, 1911, S. 14.

446 Benöhr, Wirtschaftsliberalismus, 1977, S. 201.

447 Berghahn, Das Kaiserreich 1871–1914, 2003, S. 65; zu den Warenhäusern als „Ärgernis für die Mitbewerber": Schröder, Die Entwicklung des Kartellrechts, 1988, S. 233; Ritter/ Tenfelde, Arbeiter, 1992, S. 117.

448 Nelken, Die deutschen Handwerker- und Arbeiterschutzgesetze, 1901, S. 176 ff. zum Verzicht des Gesetzgebers auf die Definition des Begriffs „Handwerk".

449 Mommsen, Bürgerstolz und Weltmachtstreben, 1995, S. 37 f.

450 Benöhr, Wirtschaftsliberalismus, 1977, S. 202.

451 Stürmer, Das ruhelose Reich, 1983, S. 69 f.

452 Kaufhold, Handwerk, 1979, S. 136.

wie Wertheim, und waren in dieser Abhängigkeit „eigentlich schon halbe Angestellte von ihm".[453]

Gewinner des durch die Industrialisierung hervorgerufenen Bevölkerungszuwachses vor allem in den Städten waren neben den am Bau beschäftigten Handwerkern die Nahrungsmittelhandwerker, wie Bäcker und Metzger. In diesen Handwerken lebten die Meister als Arbeitgeber in gutbürgerlichen Verhältnissen. Die Nahrungsmittelhandwerker profitierten von der geringen Sympathie der Bevölkerung für die Produkte der Brot- und Fleischfabriken.[454] Das Verhältnis zwischen Meister und Gesellen und Angestellten entwickelte sich zunehmend zu einem Lohnarbeitsverhältnis, das den Angestellten in der Regel ein auskömmliches Leben ermöglichte.[455] Allerdings konnten die Handwerksgesellen nicht mehr, wie zu Zeiten strenger Zunftordnungen, damit rechnen, selbst Meister und damit Arbeitgeber zu werden.[456] In größeren Betrieben konnten sie, wie andere Arbeiter auch, zu den gefürchteten „unteren Vorgesetzten" avancieren. Von diesen wird an anderer Stelle die Rede sein.

Im Unterschied zu den Großunternehmen bestand im Mittelstand ein Machtverhältnis, in dem „der Arbeitgeber oft abhängiger vom Arbeiter als umgekehrt" war.[457] So warnte Flesch 1910 davor, „zum Ausgleich der Übermacht des Arbeitgebers nunmehr durchweg die gleichen Vorschriften für alle Arbeitsverhältnisse" anzuwenden.[458]

Die Angehörigen des Mittelstandes gingen mit ihren Kunden keinen Arbeitsvertrag ein, sondern einen Kauf- oder Werkvertrag,[459] so beispielsweise im Simplicissimus der Schneider, der auf Bestellung ein Kleidungsstück anfertigte (29.5.1899, S. 73 u. ö.).[460] Da nur der Dienst- bzw. Arbeitsvertrag geeignet war, den zur Arbeit

453 Göhre, Das Warenhaus, 1907, S. 62.

454 Lenger, Handwerker, 1988, S. 125.

455 Mommsen, Bürgerstolz und Weltmachtstreben, 1995, S. 38 f.

456 Willoweit, Historische Grundlagen des Privatrechts, 1977, S. 574; Klatt, Treuepflichten, 1990, S. 44; Coing stellte bereits für das 17. und 18. Jahrhundert fest, dass „keineswegs mehr alle Lehrlinge und Gesellen die Chancen [hatten], zum Meister aufzusteigen. (Coing, Europäisches Privatrecht I, 1985, S. 58). Lenger führt die schwindende Aussicht der Gesellen, Meister zu werden, auf die steigenden Betriebsgrößen und den zunehmenden Kapitalbedarf zurück, wie z. B. im Bauhandwerk. (Lenger, Handwerker, 1988, S. 62). Dazu Kaufhold: „Schon seit dem späten Mittelalter hatte der „lebenslange Geselle", der nie die Selbständigkeit erreichte, seinen festen Platz im Handwerk ..." (Kaufhold, Das Gewerbe in Preußen um 1800, 1978, S. 238).

457 Flesch, Reform des Arbeitsrechts, 1910, S. 18. Ritscher beschreibt die Abhängigkeiten und die Hilflosigkeit der Handwerksmeister gegenüber den koalierenden Gesellen im vorindustriellen Zeitraum. (Ritscher, Koalitionen, 1992, S. 56 u. ö.).

458 Flesch, Reform des Arbeitsrechts, 1910, S. 19.

459 Zum Werkvertrag und seiner Abgrenzung zum Kaufvertrag: Coing, Europäisches Privatrecht II, 1989, S. 485 ff.

460 Zum römischen Werkunternehmer (hierzu passend: sarcinator/ Ausbesserungsschneider): Mayer-Maly, Römisches Recht, 1999, S. 145. Zum heutigen Recht: Kindl/ Feuerborn, Bürgerliches Recht, 2006, S. 514.

Verpflichteten persönlich abhängig und somit zum Arbeitnehmer im Sinn des Arbeitsrechts zu machen, schuf der Werkvertrag keinen Status als Arbeitnehmer.[461] Als selbständig Gewerbetreibender war er außerdem gemäß ***Gesetz, betreffend der Invaliditäts- und Altersversicherung vom 22. Juni 1889*** der Versicherungspflicht entzogen.[462]

Der Staat unterstütze die Bestrebungen des Handwerks auf Stärkung seiner Identität gegenüber der Industrie in der Hoffnung, im mittelständischen Bereich einen antisozialistischen Verbündeten zu haben.[463] Kaufhold fasst die pro-handwerklichen Strömungen wie folgt zusammen:

> „Das Handwerk bildete den entscheidenden Teil des ‚Mittelstandes', der zwischen der Skylla des Kapitalismus und der Charybdis des Proletariats den richtigen Weg zu weisen schien, um ein Auseinanderbrechen der Gesellschaft in zwei sich unversöhnlich gegenüberstehende Klassen – wie es Marx prophezeit hatte – entgegenzuwirken. Wer solche radikalen gesellschaftlichen und politischen Folgen der Industrialisierung nicht wollte, mußte das Handwerk bewahren und sein Überleben zu sichern suchen."[464]

Nach Einführung der Gewerbefreiheit zu Beginn des 19. Jahrhunderts[465] drangen besonders die Handwerksmeister wieder auf die Berücksichtigung ihrer zunftmäßigen Interessen in den Gewerbeordnungen.[466] Mit dem ***Handwerkergesetz vom 26. Juli 1897*** wurden nicht nur wieder Zwangsinnungen zugelassen, sondern es ergingen auch Vorschriften für die Niederlassung als selbständiger Handwerker und für die Ausbildung der Lehrlinge durch Meister.[467] Die Gewerbeordnung für das Deutsche Reich von 26. Juli 1900 kannte den Begriff des Mittelstandes nicht. Erst die Verfassung vom 11. August 1919 sprach sich expressis verbis für Förderung und Schutz des Mittelstandes „in Landwirtschaft, Gewerbe und Handel" aus.[468]

---

461 Zum Dienst- und Werkvertrag bei den Römern: Kaser, Römisches Privatrecht, 1992, S. 203 ff.; Baum, Das Recht des Arbeitsvertrages, 1911, S. 40 f.; zur oft schwierigen Unterscheidung von Dienst- und Werkvertrag: Silberschmidt, Das deutsche Arbeitsrecht, 1926, S. 16; Seidl, Römisches Privatrecht, 1963, S. 172 ff.; zum heutigen Recht: Hueck/ Nipperdey, Lehrbuch des Arbeitsrechts, 1963, S. 135; HWK/ Thüsing, Arbeitsrecht Kommentar, 2012, vor § 611 BGB Rn. 39.

462 Bielefeldt, Invaliden- oder Altersrente, 1895, S. 18.

463 Mommsen, Bürgerstolz und Weltmachtstreben, 1995, S. 42.

464 Kaufhold, Handwerk, 1979, S. 132 f.

465 Zur arbeitsrechtsgeschichtlichen Entstehung und Entwicklung der Gewerbefreiheit: Steindl, Entfesselung der Arbeitskraft, 1984, S. 51 u. ö.

466 Bornhak, Das deutsche Arbeiterrecht, 1892, S. 549 zu den Gerwerbeordnungsnovellen ab 18.7.1881; John, Handwerk im Spannungsfeld, 1987, S. 353; Schildt, Frauenarbeit im 19. Jahrhundert, 1993, S. 95.

467 Dazu: Becker Arbeitsvertrag und Arbeitsverhältnis, 1995, S. 62.

468 Art. 164 Verfassung 1919.

3. Geldgierige und betrügerische Mittelständler

Im Gegensatz zur geschilderten, vielfach prekären Lage der Mittelständler in der ökonomischen Wirklichkeit des Untersuchungszeitraums[469] stellte sie sich für den Simplicissimus im Allgemeinen opulenter dar:

Die Mittelständler wurden ähnlich wie die großbürgerlichen Arbeitgeber ikonisch häufig als sehr korpulent dargestellt. Diese Konnotation vermittelte den Eindruck des Wohlstands. Den Wohlstand erwarben sie laut Simplicissimus auf Kosten ihrer Kunden. Der Betrug erwies sich laut Simplicissimus als durchgängiges Charakteristikum des Mittelstandes. Oft waren die Berufe nicht genannt, sondern es wurden nur die rechtswidrigen „Geschäftspraktiken" angedeutet.

Die Mittelständler rangierten im Simplicissimus entsprechend der erwähnten Konnotation verbal-denotativ unter der Rubrik der *„feisten Krämer"* (2.7.1901, S. 115). Sie klagten gern über ihre Not, gediehen aber prächtig an Leibesumfang. (13.10.1903, S. 236). Die roten *„Wurstfinger"* einer korpulenten, mit Schmuck behangenen Dame deuteten auf *„Gemischtwaren"* hin (15.11.1909, S. 554). Der Kaufleute waren nur am Geld interessiert (30.9.1902, S. 212). Nur ein zahlender Kunde zählte für sie als Mensch (20.5.1907, S. 125). Die Lebensmittelhändler gehörten zu den Hartherzigen (31.7.1899, S. 142), Heuchlern (18.4.1905, S. 34) und Betrügern (25.11.1902, S. 281). Der Bäcker verkaufte entweder kleinere Brote oder erhöhte den Brotpreis (2.4.1901, S. 17). Die Metzger profitierten von einer im Jahre 1902 existierenden Fleischnot auf Kosten ihrer Kunden (11.11.1902, S. 260). Sie forderten höhere Preise, obwohl die Wurst schon nicht mehr nach Schwein schmeckte (6.10.1903, S. 229). Die Metzger waren nicht zimperlich, wenn sie ihren Kunden verdorbene Waren verkauften (13.11.1900, S. 277), wenn sie *„die Geheimnisse des Wurstkessels"* hüteten und ihre Kunden betrogen (16.1.1911, S. 724 u. ö.) Betrügerisch handelte der Schuster, der das schlechteste Leder verwendete (21.5.1906, S. 133). Ein Dorfschreiner schoss Löcher ins Holz, um „alte Möbel" zu machen (15.6.1908, S. 188). Der Simplicissimus reihte sich ein in eine Tradition des Vorwurfs betrügerischen Verhaltens von Handwerkern, das schon in den Polizeiordnungen des 16. Jahrhunderts gerügt wurde.[470]

Die Gastwirte zählten zu den Geldgierigen (18.9.1899, S. 195 u. ö.), Betrügern (6.3.1900, S. 397 u. ö.) und Unmoralischen (20.2.1899, S. 373 u. ö.). Sie landeten vor Gericht, weil sie zu schlecht einschenkten (30.4.1906, S. 81). Diese Einschätzung des Simplicissimus korrespondierte mit der zeitgenössischer sozialdemokratischer Autoren, die vor allem in den Gastwirten der Großstädte die Ausbeuter ihres Personals sahen.[471] Die Gastwirte unterlagen nicht nur den einschlägigen Vorschriften der

---

469 In seiner Untersuchung für den Zeitraum um 1800 in Preußen stellt Kaufhold fest: „Von Ausnahmen abgesehen zählten sie [d. h. die selbständigen Handwerker zu den unteren Schichten des Mittelstandes (Kleinbürger)." (Kaufhold, Das Gewerbe in Preußen um 1800, S. 331).

470 Proesler, Das gesamtdeutsche Handwerk, 1954, S. 80.

471 Schippel, „Die Lage der großstädtischen Kellner", 1891, passim. Außerdem griff der Simplicissimus auf ein traditionelles Bild vom Wirt in der römischen Antike

Gewerbeordnung (§ 33), sondern – mehr als andere Gewerbetreibende – zahlreichen polizeilichen Vorschriften.[472]

Eine Milchhändlerin verdünnte die Milch mit Wasser und machte sich als *„Milchpantscherin“* der Lebensmittelverfälschung schuldig (11.6.1901, S. 94). Laut Simplicissimus ging das Panschen der Milch von den Bauern auf die Einzelhändler über. Gerade die Vermarktung der Milch war im gesellschaftlichen Kontext der Verstädterung großen Veränderungen unterworfen. Es bestand eine große Nachfrage nach Milch, die durch den Verkauf beim „Milchbauern“ nicht mehr gedeckt werden konnte. Es entstanden neue Vertriebswege und Methoden, in die die Milcheinzelhändler einbezogen waren.[473]

Die wiederholte Erwähnung der betrügerischen Manipulation von Milch im Simplicissimus hing mit der großen Bedeutung der Milch für die Volksgesundheit zusammen. Die Schuld verdorbener oder verseuchter Milch an der Kindersterblichkeit[474] war im untersuchten Zeitraum bekannt. Umso mehr fiel die Verantwortungslosigkeit der Betrüger im Umgang mit diesem Grundnahrungsmittel ins Gewicht.[475]

---

zurück: „Wirte galten als Weinpanscher, Betrüger und Quelle für den neuesten Klatsch. Das Personal war Prostituierten gleichgestellt.“ (Zimmermann, Gastwirtshaftung 2007, S. 274).

472 Biermann, Privatrecht und Polizei in Preußen, 1897, S. 63. Der üble Leumund der Gastwirte hat eine lange gschichtliche Tradition: Spinoza schließt diejenigen, die ihren Lebensunterhalt durch **niedere Tätigkeiten** verdienen, von den Ämtern aus. Dazu gehören Kneipenwirte und Verkäufer von Getränken. (Olea, Hörigkeit, 1981, S. 36).

473 Laut Teuteberg erkannten die Behörden erst um 1870 den Wert der frischen Milch. Erst um diese Zeit begann die rationelle Milchwirtschaft und damit die Milchversorgung der Großstädte. (Teuteberg, Nahrung der sozialen Unterschichten, 1981, S. 183).

474 Berghahn, Das Kaiserreich 1871–1914, 2003, S. 139.

475 Die Nahrungsmittelfälschung war ein gängiges Motiv seit den Polizeiordnungen des 16. Jahrhunderts. (Wieacker, Privatrechtsgeschichte der Neuzeit, 1967, S. 200). So war auch die Milchverfälschung bereits in Polizeiordnungen des 15. Jahrhunderts verboten. (Schmelzeisen, Polizeiordnungen, 1955, S. 425). Im Frankreich des 13. Jahrhunderts wurde beklagt, dass Wirte den Wein panschten und dass betrügerische alte Frauen die Milch verwässerten. (Evans, Leben im mittelalterlichen Frankreich, 1960, 55). Der Verkauf von mit Wasser verdünnter Milch beschäftigte das Kammergericht am 22. August 1895. Das KG bestätigte die Rechtsbeständigkeit einer Polizeiverordnung, der zufolge ein Bürger aus Köln-Deutz wegen des Verkaufs dieser Milch zu 5 Mark verurteilt worden war. Das KG berief sich ausdrücklich auf die Wichtigkeit der Milch für die Volksgesundheit gem. ***Reichsgesetz betreffend den Verkehr von Nahrungsmitteln, Genußmitteln und Gebrauchsgegenständen vom 14. Mai 1879***. [Archiv für das Zivil- und Kriminalrecht der Königlich-Preussischen Rheinprovinzen, Bd. 89, N. F. Bd. 82, 1895, S. 33 (http://dlib-zs.mpier.mpg.de/)]. Der ***Runderlass betreffend die Regelung des Verkehrs mit Milch vom 27. Mai 1899*** mit besonderer Erwähnung der Kindermilch zeigte nicht nur die Bedeutung, die die Behörden der Reinheit der Milch beimaßen, sondern

Der Verkauf der verdünnten Milch als Lebensmittelverfälschung war im untersuchten Zeitraum gemäß § 138 BGB ein Rechtsgeschäft, das gegen die guten Sitten verstieß und folglich nichtig war. Die Nichtigkeit des Rechtsgeschäfts war im Fall der manipulierten Milch besonders gegeben, weil sich Milchhändler und Bauern unter „Ausbeutung der Nothlage ... eines Anderen ... Vermögensvortheile versprechen“[476] und nicht nur dem einzelnen Vertragspartner, sondern der Gesamtheit Schaden zufügten.[477]

Obwohl die mit den Kunden geschlossenen Werkverträge den Werkunternehmer schadensersatzpflichtig[478] machten, wenn sie den Vertrag nicht erfüllten, versuchten sie dennoch, von dem Besteller ihr Geld zu bekommen.

Der individualistische Liberalismus[479] der dem Simplicissimus voraufgegangenen und zeitgenössischen Epoche forderte die freie Konkurrenz und den uneingeschränkten Wettbewerb, das „Freisein von staatlichem Zwang“[480], aber unter einem vom Staat gewährleisteten Schutz. Doch in den neunziger Jahren äußerte sich an freier Konkurrenz und uneingeschränktem Wettbewerb zunehmend Kritik. Die mittelständischen Kleinunternehmer fürchteten die Konkurrenz anderer.[481] Auf die Bedrohung durch Großunternehmen und Kaufhäuser wurde bereits hingewiesen. Bereits in den siebziger Jahren hatten höchstrichterliche Entscheidungen sich zum Konkurrenzverbot geäußert: Ein solches durfte nicht zur Existenzvernichtung führen, der zeitliche und örtliche Rahmen musste noch eine sinnvolle berufliche und gewerbliche Tätigkeit zulassen. „Ein Verstoß gegen die öffentliche Ordnung lag vor,

---

auch den hohen Standard zeitgenössischer Lebensmittelchemie und – überprüfung. Zu einschlägigen, die Milchhändler betreffenden, Polizeiverordnungen: Biermann, Privatrecht und Polizei in Preußen, 1897, S. 99 ff. Zur Bedeutung der Milch als „geistige Nahrung bei Heiden und Christen“ im Mittelalter: Curtius, Europäische Literatur und lateinisches Mittelalter, 1948, S. 146.

476 § 138 Abs. 2 BGB 1896.

477 Steinbach, Die „guten Sitten“ im Rechte, 1899, 48.

478 Es wird immer die Schreibweise „Schadensersatz“ gewählt, auch wenn in älteren Texten „Schadenersatz“ zu finden ist, es sei denn, es handelt sich um Zitate.

479 Zum Ziel des Liberalismus als „die Emanzipation der bürgerlichen Gesellschaft aus der fürstlichen Bevormundung“: Grimm, „Trennung von öffentlichem und privatem Recht“, 1972, S. 225; Kaiser, Vertragsfreiheit und Gesellschaftsordnung, 1972, S. 40.

480 Kaiser, Vertragsfreiheit und Gesellschaftsordnung, 1972, S. 4. Wolfram Fischer weist auf die zahlreichen Einflussnahmen des Staates, sowohl in fördernder als auch in hemmender Hinsicht, auf die Wirtschaft im Zeitalter der Industrialisierung hin. (Fischer, Wirtschaft und Gesellschaft im Zeitaltter der Industrialisierung, 1972, S. 73 f. u. ö.).

481 Schildt, Frauenarbeit im 19. Jahrhundert, 1993, S. 95. Cf. zur traditionellen Furcht der zünftigen Handwerker vor der „Konkurrenz“: Fischer, Handwerkrsrecht, 1955, S. 54 f. u. ö.

wenn die Konkurrenz vollständig vernichtet wurde, ein Sittenverstoß wurde angenommen, wenn die persönliche und berufliche Freiheit völlig eingeschränkt war."[482]

Die Angst vor der Konkurrenz war aber laut Simplicissimus im eigenen betriebswirtschaftlichen, betrügerischen Fehlverhalten der Mittelständler begründet: Eine Gemüsehändlerin klagte über einen ambulanten Händler, der ihren ehemaligen Kunden preiswerte, gute Ware anbot (10.1.1905, S. 423). Die mittelständische Händlerin erschien nicht als Opfer, sondern als für ihr Schicksal selbst Verantwortliche. Der Simplicissimus kritisierte ihre Einstellung gegenüber den Kunden, die sie als *„G'sindl"* bezeichnete und denen sie zugegebenermaßen vor dem Auftreten des Konkurrenten angefaulte Ware verkauft hatte. Offenbar schloss sich der Simplicissimus im Interesse der Verbraucher der zeitgenössischen Forderung nach einer Regulierung und Beschränkung der Konkurrenz nicht an, wenn der bedrohte Gewerbetreibende sich betrügerisch oder contra bonos mores verhielt. Damit stand der Simplicissimus im Kontext einer Rechtsauffassung, der zufolge um 1890 die „öffentliche Ordnung" in der deutschen Judikatur zugunsten eines die öffentliche Ordnung umfassenderen Verständnisses der guten Sitten in den Hintergrund trat.[483] Verbunden damit war eine Perspektivenverschiebung von einem etatistisch anmutenden, politiknahen „ordre public" zugunsten der privatrechtlich-individuellen boni mores.[484] Der Simplicissimus entlarvte die Stereotypie der Klagen und Beschwerden des Kleinhandels, deren ortsansässige Händler, getragen vom Verdruss über die Konkurrenz der ambulanten Händler, sogar von unsolider Konkurrenz sprachen, selbst wenn diese solide Waren verkauften.[485] In der Äußerung der Gemüsehändlerin klang die Sehnsucht nach Wiederherstellung der alten Zwangs- und Bannrechte an, eine Sehnsucht, der sich der Simplicissimus entgegenstellte.

Der betrügerische Konkurs war laut Simplicissimus bei Mittelständlern ein beliebtes Mittel zur Wohlstandserhaltung (27.11.1899, S. 285 u. ö.). Ein Herr, der einen Offenbarungseid[486] geleistet hat, fühlt sich *„um zehn Jahre jünger"* (17.7.1897, S. 126). Sein heiteres Gesicht lässt vermuten, dass es bei der Abgabe der eidesstattlichen Versicherung dem Herrn vor allem darum ging, lästige Gläubiger los zu werden. Dass es einem Schuldner trotz des Offenbarungseides noch finanziell gut geht, zeigt seine sorgenvolle Frage, ob man zum Offenbarungseid Gehrock oder Smoking trägt. (6.12.1909, S. 629). Ein anderer, elegant gekleideter, Schuldner brachte es auf den

482 Schröder, Die Entwicklung des Kartellrechts, 1988, S. 73; cf. auch Haferkamp, Der ordre public interne, 2006, S. 121 f. Zur Schwierigkeit, einen „trennscharf definierbaren Maßstab der ‚guten Sitten'" zu finden: Haferkamp, § 138, 2003 Rn. 2.

483 Cf. Haferkamp, § 138, 2003, Rn. 10: „Frühere Differenzierungen zwischen der ‚öffentlichen Ordnung' und den ‚guten Sitten' wurden um 1900 nicht mehr aufrecht erhalten – und damit, wenn man so will, auch hier die ‚öffentliche Ordnung' den ‚guten Sitten' einverleibt."

484 Haferkamp, Der ordre public interne, 2006, S. 124 und 126.

485 Benöhr, Wirtschaftsliberalismus, 1977, S. 206.

486 § 259 BGB 1896.

Punkt: *„Ich finde, solang et 'n Offenbarungseid jibt, braucht 'n vaninftija Mensch keene Not zu leiden!"* (29.9.1913, S. 437).

4. Mittelständler als Arbeitgeber und der Betrug

Die im Simplicissimus agierenden Mittelständler beschäftigten nicht nur fremde Gesellen, Gehilfen und Lehrlinge (9.7.1906, S. 245), sondern auch Familienangehörige. Schon das Kind des Schlachters wurde vom Vater belehrt, ein Schwein nicht zu schlagen, damit das Fleisch keine Flecken bekam. (6.9.1904, S. 241). Diese familienrechtliche Mitarbeit begründete in der Regel nach BGB kein Arbeitsverhältnis.[487]

Der Vater war daher im arbeitsrechtlichen Sinn kein Arbeitgeber, da kein vertraglich geregeltes Beschäftigungsverhältnis bestand. In der zeitgenössischen Rechtsliteratur wurde allerdings darauf hingewiesen, dass auch das Kind durch einen – ggf. konkludent - geschlossenen Vertrag (mit Vergütung) die Eigenschaft eines gewerblichen Arbeiters erlangen konnte.[488] Abgesehen von der Frage des arbeitsrechtlichen Status' ließ der Metzger-Vater es an Fürsorgepflichten mangeln, da der zeitgenössische Kinderschutz das Schlachten zu den Gewerbearten zählte, „die an sich die Kinder sittlich gefährden"[489]. So zählten auch Fleischereien zu den Betrieben, die keine Kinder beschäftigen durften.[490]

Auch die Ehefrau war wie das Kind zur Mitarbeit verpflichtet: Im Simplicissimus stellte ein Bürgermeister seinem Landesfürsten die lokalen Gewerbetreibenden vor und bezeichnet sie alle, um Eindruck zu machen, als *„Fabrikanten."* Auf die Frage, wie viele Arbeiter der *„Hutfabrikant"* beschäftige, gab er zur Antwort, dass er die Hüte alleine mache, seine Frau ihm aber helfe (5.12.1910, S. 603).

---

487 Ehegatten oder Kinder leisteten nach BGB aufgrund familiärer Bindung Arbeit. Für die Ehefrau: §1356 BGB 1896, für das Kind: § 1617 BGB 1896. Auch nach heutiger Rechtslage werden Familienangehörige eines Arbeitgebers ohne Rücksicht auf das Vorliegen eines Arbeitsverhältnisses aus dem Begriff des Arbeitnehmers i. S. d. BetrVG ausgegrenzt, wenn sie in häuslicher Gemeinschaft mit dem Arbeitgeber leben. (HWK/Gaul, Arbeitsrecht Kommentar, 2012, § 5 BetrVG Rn. 47; HWK/Thüsing, Arbeitsrecht Kommentar, 2012, vor § 611 BGB Rn. 33). Allerdings gelten als Arbeitgeber i. S. d. JArbSchG alle Personen die ein Kind oder Jugendlichen gem. § 1, und somit auch auf Grund familienrechtlicher Vorschriften nach § 1 Abs. 2 Nr. 1 b, beschäftigen. Die Mitarbeit von Kindern im elterlichen Unternehmen kann auf unterschiedlichen Rechtsgrundlagen beruhen. Außer der familienrechtlichen Verpflichtung der Kinder nach § 1619 BGB können Kinder auch auf Grund eines Gesellschaftsvertrags mitarbeiten. In beiden Fällen sind sie keine Arbeitnehmer ihrer Eltern. Jedoch können zwischen Eltern und Kindern auch Arbeitsverhältnisse vereinbart werden, so dass Kinder Arbeitnehmer ihrer Eltern sind. (Schliemann/ Meyer, Arbeitszeitrecht, 2002, Rn. 53).

488 Nelken, Die deutschen Handwerker- und Arbeiterschutzgesetze, 1901, S. 348; Stadthagen, Führer 1904, S. 32 f.

489 KAG 1903, Agahd/ Schulz, S. 12.

490 § 4 KAG 1903, Anlage zu § 4.

Darüber hinaus finden sich im Simplicissimus auch mittelständische Arbeitgeber im arbeitsrechtlichen Sinn: Ein Gastwirt, Arbeitgeber von mehreren Köchinnen, ließ einen angebrannten Braten seinen Gästen unter anderer Bezeichnung vorsetzen (6.3.1900, S. 397). Zur Erledigung von Arbeiten beschäftigten die Mittelständler vielfach Tagelöhner. Sobald diese ihnen etwas schuldeten, lassen sie sie pfänden (2.5.1905, S. 59). Hartherzigkeit und Geldgier waren ihre Triebfedern als Arbeitgeber. Dies galt auch für einen Dachdeckermeister, der seinem Gehilfen, dem *„damischen Kerl"* befahl, sich anzuseilen, damit er nicht vom Dach fiel. Diese Aufforderung war allerdings nicht Ausdruck des Arbeitsschutzes oder der arbeitgeberischen Fürsorge, sondern beruhte auf der Angst des Meisters, mit dem Absturz des Gehilfen seinen Vorschuss zu verlieren (12.11.1906, S. 521). Der Simplicissimus verfremdete in dieser Darstellung das in der Vorstellung vieler Leser vielfach vorhandene, aber schon im Spätmittelalter nicht immer zutreffende, Bild „von dem biederen Handwerksmeister, der traulich vereint mit dem Gesellen, den er in sein Haus aufgenommen hat, arbeitet".[491]

Ein betrügerischer Mittelständler, der seinen ehemaligen Gehilfen in seine Geschäftspraktiken eingeweiht hatte, klagte als „betrogener Betrüger" sein Leid:

> *„Mein Gehilfe, den ich entlassen habe, macht mir mit seinem jetzigen Prinzipal alle meine Geschäftspraktiken nach!"*
> *„Verklag ihn wegen unlautern Wettbewerb!"*
> *„Das ist eben das Scheußliche! Die dummen Kerle haben sich dabei erwischen lassen!"*
> (26.1.04, 356).

Die Verletzung der Treuepflicht des Gehilfen blieb aufgrund des betrügerischen Verhaltens des ehemaligen Arbeitgebers ohne Rechtsfolgen.

5. Anleitung der Arbeitnehmer zu Betrug und sittenwidrigem Verhalten

Laut Simplicissimus weihte der mittelständische Arbeitgeber seine Gehilfen nicht nur in rechtswidrige Geschäftspraktiken ein, sondern er stiftete sie auch dazu an: Ein Brauereibesitzer schärfte seinem Braumeister ein, rentables Bier zu brauen. Die Rentabilität konnte aber nur durch Betrug, wie durch das Verdünnen des Biers, erreicht werden (20.11.1900, S. 285 u. ö.). Der Arbeitgeber forderte seinen Arbeitnehmer zur Anwendung betrügerischer Maßnahmen auf (ähnl. 20.11.1911, S. 580).

491 Schröder, Arbeitsverfassung des Spätmittelalters, 1984, S. 188. Zu den Spannungen zwischen Meistern und Handwerksgesellen bereits im Spätmittelalter: Fleischmann, Interdisziplinäre Handwerksgeschichte? 1985, S. 342 u. ö. Zur Bildungsresistenz und zum Bildungseifer von Handwerkern: Stadelmann/ Fischer, Bildungswelt, 1955, passim.

Der Arbeitgeber missbrauchte sein Direktionsrecht rechts- und moralwidrig.[492] Der Arbeitnehmer könnte das rechts- und sittenwidrige[493] Arbeitsverhältnis wegen Nichtigkeit lösen.

Ein Gastwirt machte seinem Koch Vorwürfe, dass es ihm nicht gelänge, das schlechte Fleisch so zuzubereiten, dass es die Gäste nicht merkten (2.7.1906, S. 229). Auch in diesem Fall lag ein Missbrauch des Direktionsrechts vor. Ein anderer Gastwirt nahm nicht nur billigend in Kauf, dass seiner Kellnerin sexuelle Belästigungen durch männliche Feriengäste widerfuhren, sondern er ermunterte sie zur Hinnahme zwecks Belebung seines Geschäfts. Abgesehen von strafrechtlichen Konsequenzen verletzte er damit seine Fürsorgepflichten (2.7.1906, S. 223). An diesem Tatbestand änderte auch nichts, dass in der Karikatur die heitere Physiognomie der Kellnerin scheinbar Einvernehmlichkeit konnotierte.

Im Simplicissimus standen die Kellnerinnen bei ihren Arbeitgebern unter einem *„strengen Regiment"*. Ein Wirt rüffelte seine Kellnerin, weil sie mit einem Gast poussierte, der nur eine Limonade trank. (16.9.1907, S. 391 u. ö.). Der Arbeitgeber brachte seiner Angestellten bei, dass sie sich nur bei entsprechendem Umsatz unmoralisch zu verhalten hätte. Mehr noch als ihre männlichen Kollegen wurden im Untersuchungszeitraum nach Ansicht sozialdemokratischer Autoren besonders in den Großstädten die Kellnerinnen von den Wirten ausgebeutet.[494] Auch wenn die Kellnerinnen in der Realität einen hohen Anteil an den Prostituierten stellten oder sich im Simplicissimus freizügig gegenüber ihren Gästen zeigten (4.11.1907, S. 501), war daraus keine Rechtfertigung für das sittenwidrige Verhalten ihrer Arbeitgeber abzuleiten.

Bereits die Lehrlinge wurden von einem erfahrenen *„ersten Kommis"* darin eingeweiht, wie man Kundinnen unter Vorspiegelung falscher Tatsachen zum Kauf von Seidenstoffen motivierte (9.4.1906, S. 25). Der satirische Effekt bestand darin, dass der Lehrling seinen Lehrmeister missverstand und die Kundinnen nicht motivierte, sondern verscheuchte. So schlug die auf Betrug abzielende Einarbeitung des Lehrlings in ihr Gegenteil um.

Ein Prinzipal eröffnete seinem Lehrling, bei ihm könne er etwas lernen, sogar, wie man *„selbständig Pleite"* mache (5.5.1913, S. 93).

Die Arbeitgeber oder die von ihnen mit der Lehrlingsausbildung Beauftragten verstießen gegen ihre Pflicht, die Lehrlinge „zu guten Sitten" anzuhalten.[495] Die

---

492 Cf. Lotmar, Der Arbeitsvertrag, 2001/1902, S. 154.

493 §§ 134, 138 BGB 1896.

494 Schippel, „Die Lage der großstädtischen Kellner", 1891, S. 144; Hessen, Die Prostitution in Deutschland, 1910, S. 74 ff. Zu den zahlreichen Polizeiverordnungen, die sich den Kellnerinnen widmen: Biermann, Privatrecht und Polizei in Preußen, 1897, S. 71 ff.

495 § 126, resp. 127 GewO 1878 ff.; Drees, Die Reichs-Gesetze über die Arbeiter-Versicherung, 1893, S. 38; Nelken, Die deutschen Handwerker- und Arbeiterschutzgesetze, 1901, S. 654 ff.; Baum, Das Recht des Arbeitsvertrages, 1911, S. 105. Die vom Simplicissimus geschilderte Einarbeitung der Lehrlinge ist weit von den Maßnahmen

Satiren des Simplicissimus zielten zwar auf die zeitgenössische Situation, griffen aber zurück auf eine seit der Antike und dem Mittelalter bestehende sogenannte Handwerksunehrlichkeit, der zufolge einigen Handwerkern häufig Betrügereien vorgeworfen wurden, wie dem Müller und dem fahrenden Kesselflicker.[496]

6. Zwischenergebnis zu III

Das Bild vom geldgierigen und betrügerischen Arbeitgeber wurde vom Simplicissimus auch bei der Darstellung des Mittelstandes aufgenommen. Der Simplicissimus distanzierte sich vom tradierten Bild des immer ehrbaren Handwerkers,[497] des nur seiner Arbeit dienenden, kundigen Meisters, vom „Lob der Handarbeit", das seit dem Mittelalter das Bewusstsein der – vor allem christlichen – Öffentlichkeit prägte.[498] Während heute der Mittelstand vielfach ein positives Ansehen und arbeitsrechtliche Vorteile gegenüber den nicht mittelständischen Großunternehmen genießt, stellten sich seine Vertreter im Simplicissimus mehrheitlich als Arbeitgeber dar, die ihre Arbeitnehmer und Auszubildenden zur Anwendung betrügerischer Maßnahmen zugunsten ihres eigenen Profits aufforderten. Die Erwartungen des Lesers, in dieser Personengruppe höhere Maßstäbe der Moral und des Arbeitsrechts vorzufinden als in den Gruppen des aristokratischen und großbürgerlichen Arbeitgebertums, wurden enttäuscht und entmystifiziert. Die Störung der Erwartung konnte sich allerdings erkenntnistheoretisch als produktiv erweisen.[499] Das vom Simplicissimus in Adel und Großbürgertum negativ gezeichnete Arbeitgeberbild beschränkte sich nicht auf diese Gruppen, sondern betraf stände- und schichtenübergreifend die Arbeitgeber und Besitzenden (Beispiel: Vermieter) schlechthin.

entfernt, die die betriebswirtschaftlichen Personalpsychologen für die Einarbeitung neuer Mitarbeiter in der heutigen Arbeitswelt herausgearbeitet haben. (Stelzer-Rothe, Personal-Management für den Mittelstand, 2002, S. 52). Cf. zur Genese der Ausbildung von Lehrlingen auch Fischer, Handwerksrecht, 1955, S. 40.

496 Cf. das negative Urteil Ciceros über die Kleinhändler und Handwerker in ***De officiis***, zit. nach Meyer, Bona fides und lex mercatoria, 1994, S. 50. Cf. Proesler zur Kritik an den Handwerkern und ihren Zünften seit dem Mittelalter: Proesler, Das gesamtdeutsche Handwerk, 1954, S. 48.

497 So richtete etwa Heinrich Jung-Stilling im ausgehenden 18. Jahrhundert die Forderung an den Staat, „mit seinen Förderungsmaßnahmen ‚braven Handwerksmeistern'" zu helfen. (zitiert nach Schulze, Policey, 1982, S. 197).

498 Seibt, Lob der Handarbeit, 1981, S. 168 f., S. 178 f.

499 Bollnow, Philosophie der Erkenntnis, 1981, S. 64.

IV. Arbeitgeber und Arbeitnehmer in der Landwirtschaft

1. Die Situation der Landwirtschaft und der in ihr tätigen Arbeitgeber und Arbeitnehmer[500]

Um 1890 überholte im Deutschen Reich die Gesamtproduktion der Industrie die der Landwirtschaft und markierte damit den Wandel Deutschlands von einem Agrarstaat zu einem Industriestaat.[501] Das Erscheinen des Simplicissimus im Jahr 1896 fiel somit in die Zeit des ökonomischen Umbruchs. Zeitgenössische Kritiker der agrarischen Situation vertraten die Auffassung, dass sich im Untersuchungszeitraum zwar die arbeitsrechtliche Situation der Landarbeiter verschlechterte, nicht aber die Situation der Landwirte.[502] Zwar wurden auch die ostelbischen Großgrundbesitzer hart von der Agrardepression der Jahre 1893/1894 getroffen, doch sie riefen erfolgreich nach staatlicher Hilfe.[503] Der 1893 gegründete „Bund der Landwirte" formulierte seine protektionistischen, letztlich vom Steuerzahler und Verbraucher zu tragenden, Forderungen. Besonders betroffen von den Konsequenzen waren die Arbeiterschaft und die kleinen, auf preiswerte Futtermittelimporte angewiesenen, Bauern.[504]

Mit dem Anwachsen der Städte und den dort verorteten Übeln entstand eine „Agrarromantik", die sowohl in weiten Kreisen der Bevölkerung Anhänger fand als

---

500 Kurzdarstellung der Zeit vor dem Untersuchungszeitraum: Umlauf, Die deutsche Arbeiterschutzgesetzgebung 1880–1890, 1980, S. 23 f.

501 Becker, Arbeitsvertrag und Arbeitsverhältnis, 1995, S. 53. Zur umfangreichen sozialgeschichtlichen Literatur: Reichold, Der „Neue Kurs" von 1890 und das Recht der Arbeit, 1990, S. 8. Zum Rechtsverhältnis im feudal geprägten Agrarstaat: Preis, Arbeitsrecht. Individualarbeitsrecht, 2009, § 4: „Die überwiegende Zahl der Bevölkerung gehörte dem Bauernstand an. Diesem war die Ausübung eines freien Gewerbes untersagt. Die Bauern waren in der Regel einem Gutsherrn unterworfen, dem sie zu umfangreichen unentgeltlichen Diensten verpflichtet waren. Im Gegenzug sollte der Gutsherr seinen Untertanen in wirtschaftlichen Notlagen Hilfe leisten. Die Beziehung zwischen Gutsherrn und Bauern, die durch die geburtsbedingte Standeszugehörigkeit begründet wurde, stellte daher kein auf Austausch gerichtetes Arbeitsverhältnis dar, sondern lässt sich eher als umfassendes personenrechtliches Herrschaftsverhältnis beschreiben, welches den Bauern gleichzeitig ein Mindestmaß an sozialer Sicherheit bot." Zur Abwanderung: Zöllner, Arbeitsrecht, 1983, S. 30. Dazu Stolleis, Interventionsstaat, 1989, S. 130: In den Jahrzehnten zwischen 1850 und 1920 wurde „die Agrargesellschaft in Deutschland zur Industriegesellschaft". Cf. auch Pohl, Wirtschafts- und sozialgeschichtliche Grundzüge, 1979, S. 22 f. Der Übergang vom Agrar- zum Industriestaat wird von einigen Autoren bereits in den 1980er Jahren gesehen. (Cf. Simons, Staatliche Gewerbeaufsicht, 1984, S. 30.

502 Rehbein, Das Leben eines Landarbeiters, 1911, S. 257. Cf. auch Teuteberg, Nahrung der sozialen Unterschichten, 1891, S. 186.

503 Schissler, Die Junker, 1980, S. 106 f.

504 Schissler, Die Junker, 1980, S. 107.

auch im Offizierskorps, das häufig aus ländlichen Regionen stammte und die gesunden, konservativ eingestellten Rekruten vom Land den städtischen, häufig mit den Sozialdemokraten sympathisierenden,[505] Rekruten vorzog.[506] Eine besondere Form der Agrarromantik fand sich auch im Streben kapitalkräftiger, großbürgerlicher Städter, durch den Erwerb ostelbischer Güter Großgrundbesitzer zu werden und „in sozialem Ansehen zu steigen". Das eingesetzte Eigenkapital war oft gering, so dass aus der auf persönlicher Eitelkeit beruhenden individuellen Verschuldung eine die ganze Region betreffende Verschuldung wurde,[507] mit negativen arbeitsrechtlichen Konsequenzen für die ländlichen Arbeitnehmer.

Auch im Simplicissimus finden sich zahlreiche romantisierende Abbildungen von bukolischen Landidyllen. Diese Bilder waren aus der Antike überkommene kulturelle Topoi im Sinne Ernst Robert Curtius'.[508] Sie waren ein Zugeständnis an eine Leserschaft, die auch Zeitschriften wie ***Die Gartenlaube, illustrirtes Familienblatt***, konsumierte und sich nach ländlicher Harmonie, nach einem „locus amoenus"[509] sehnte. Eine Harmonie, die in der agrarischen Arbeitswelt und den arbeitsrechtlichen Verhältnissen selten existierte. Im Simplicissimus folgte den agrarromantischen Bildern allerdings oft eine satirische Brechung: Während die städtischen Feriengäste die Liebe der Bauern zur Vogelwelt rühmten, freuten sich Letztere bereits auf die in Schmalz gebackenen Jungvögel (18.6.1906, S. 197). Bauern und Städter betrachteten laut Simplicissimus einander mit Misstrauen[510], wobei die

---

505 Berghahn, Das Kaiserreich 1871–1914, 2003, S. 100 f.

506 Die Bevorzugung von Bauernsöhnen durch das Militär hat eine lange Tradition: Schon unter Friedrich dem Großen bevorzugte man bei der Aushebung Bauernsöhne, „da sie etwas zu vertheidigen hatten". (Knapp, Die Bauernbefreiung 1887, Bd. I, S. 56). Steindl wies noch auf einen anderen, ökonomischen Umstand hin: „Um die Gewerbe zu fördern und kriegsbedingte Stillegungen zu vermeiden, waren die Fabriken und die Bürger bedeutender Städte von der zwanzigjährigen Kantonspflicht befreit worden, d. h. die Rekruten stellte das Land." (Steindl, Entfesselung der Arbeitskraft, 1984, S. 73). Für den zeitlichen Kontext des Simplicissimus formuliert von der Goltz: „Die ländliche Bevölkerung liefert im Verhältniß zu ihrer Gesamtzahl erheblich mehr für den Militärdienst taugliche Personen, als die städtische Bevölkerung, dabei gleichzeitig die kräftigsten und am meisten abgehärteten Rekruten." (Goltz, Ländliche Arbeiterklasse, 1893, S. 174). Messerschmidt stellt für die Zeit um 1911 Folgendes fest: 64,1% der Rekruten kamen aus ländlichen Bezirken, obwohl nur 42,5 der Bevölkerung auf dem Land lebte. 22% stammten aus Kleinstädten, nur 7% aus mittelgroßen Städten und 6% aus Großstädten. (Messerschmidt, Preußens Militär, 1980, S. 69).

507 Waltemath, Ostelbische landwirtschaft, 1915, S. 229.

508 Curtius, Europäische Literatur und lateinisches Mittelalter, 1948, S. 92, bes. Kapitel 10 „Die Ideallandschaft", S. 191 ff. Topoi sind nach Curtius Klischees, feste Denk- oder Ausdrucksschemata, Phrasen, Wendungen etc.

509 Curtius, Europäische Literatur und lateinisches Mittelalter, 1948, S. 202 ff.

510 Cf. Thoma, Assessor Karlchen, 1992, S. 129: Besondere Missbilligung der Bauern fanden die großstädtischen Allüren von Dienstboten: „Wenn eine in der Stadt

arbeitsrechtlichen Gegensätze von „bäuerlicher und bürgerlicher Nahrung", d. h. ländlicher und städtischer Berufsausübung, bis in das Mittelalter reichten[511] und langanhaltend Vorurteile prägten: Bauern und Städter hatten laut Simplicissimus nur eins im Sinn: sich gegenseitig das Geld abzunehmen. In der Großstadt machte ein wohlhabender Bauer Bekanntschaft mit Prostituierten, die hinter der bäuerlichen Fassade nicht zu Unrecht Geld vermuteten (2.4.1898, S. 8). Bauer und Prostituierte dokumentierten einen gewissen Wohlstand. Selbständige Bauern und Prostituierte gehörten laut Simplicissimus nicht zu den arbeitsrechtlich benachteiligten Schichten des Volkes.

Die Idealisierung der Natur „bis hin zur Vergötterung des Unzivilisierten" war sowohl ein Merkmal der historischen, französischen Aufklärung[512] als auch der Romantik. Durch die satirische Brechung dieser Verklärung bewies der Simplicissimus seine Lösung von romantisch-aufklärerischen Klischees.

Die Vertreter der Landbevölkerung waren im Simplicissimus keine Repräsentanten eines idyllisch-ländlichen Lebens. Die meisten Beiträge der Zeitschrift bezogen sich entweder auf die Verhältnisse großer ostelbischer Güter oder auf die bayerische Landbevölkerung.[513] Die klein- und mittelbäuerliche Wirtschaft im übrigen Deutschland wurde kaum thematisiert.

---

g'wesen is, meint s', es is nix mehr gut g'nug herauß bei den Bauern." Zum Gegensatz von Stadt und Land (Dorf) als „allgemeines Ergebnis der Klassenspaltung der Gesellschaft": Melzer, Regelung der Arbeitsverhältnisse, 1970, S. 381; zum Gegensatz von Stadt und Land im ALR: Steindl, Entfesselung der Arbeitskraft, 1984, S. 66; zur Beseitigung des Unterschieds zwischen Stadt und Land (in Bezug auf den Gewerbetrieb und dessen Ausdehnung): das sogenannte Notgewerbegesetz von 1868, zitiert bei Benöhr, Wirtschaftsliberalismus, 1977, S. 189; dazu: § 2 GewO 1869 und Löwisch/ v. Langsdorff, Gesetzgebung, 1973, S. 9.

511 Schmelzeisen, Polizeiordnungen, 1955, S. 294 ff.; Kaiser, Vertragsfreiheit und Gesellschaftsordnung, 1972, S. 10. Auch hier bewegt sich der Simplicissimus in einer Tradition der Anschauungen und Vorurteile, denen zu Folge auch um 1800 die Städter auf die Landbevölkerung herabblickten, wobei die Landbevölkerung die Stadt offenbar als anziehend und abstoßend zugleich ansah. (Kocka, Weder Stand noch Klasse, 1990, S. 80).

512 Steindl, Entfesselung der Arbeitskraft, 1984, S. 42.

513 Der Simplicissimus reproduzierte die landläufige Meinung, dass die landwirtschaftlichen Verhältnisse des Ostens sich grundlegend von denen des Westens unterschieden. (Bornhak, Die Entstehung des Rittergutsbesitzes, 1886, S. 125; Below, Der Osten und der Westen Deutschlands 1900, S. 1 ff.). Trotz ihrer Unterschiedlichkeit ist Bayern und Ostpreußen die geringe Industrialisierung gemeinsam. (Pohl, Wirtschafts- und sozialgeschichtliche Grundzüge, 1979, S. 23). Waltemath weist auf das populäre Vorurteil hin, dass vor dem Ersten Weltkrieg Ostelbien „das Paradies des Großgrundbesetzes" sei. Auch dort gebe es einen starken Bauernstand, allerdings in unterschiedlicher regionaler Ausprägung. Im Gegensatz zum Simplicissimus äußert sich Waltemath äußerst schwärmerisch: „Ostpreußen ist reich an Bauerndörfern, die inmitten ihrer Felder und Wiesen, umgeben und

Die Darstellung der bayerischen Landbevölkerung wurde von Ludwig Thoma und anderen geprägt. Die ostelbischen Zustände wurden offenbar vorwiegend indirekt durch literarische Quellen erschlossen und vermittelt, wie durch die Schriften von Friedrich Engels, Conrad Bornhak (1886) und Georg Friedrich Knapp (1887).[514]

Die zeitgenössischen Kenntnisse über den ostelbischen Raum beruhten zu einem großen Teil auf der großen wissenschaftlichen Schrift des Professors für Nationalökonomie Georg Friedrich Knapp, ***Die Bauern-Befreiung und der Ursprung der Landarbeiter*** von 1887. Allerdings bot die Schrift ein so umfassendes und differenziertes Bild der politischen, rechtlichen und ökonomischen Struktur des ostelbischen Raums mit seinen regionalen Unterschiedlichkeiten und begrifflichen Varianten, dass dieses Bild reichen Nährstoff für populistische Vereinfachungen und Vorurteile bot, denen auch der Simplicissimus offenkundig nicht entging.

Zu Beginn des 20. Jahrhunderts kamen weitere Schriften hinzu, wie der autobiographische Roman ***Das Leben eines Landarbeiters*** (1911) von Franz Rehbein.[515]

Im letzten Drittel des 19. Jahrhunderts hatten die politisch und historisch interessierten Zeitgenossen eine Vorstellung von den Agrarverhältnissen im ostelbischen Raum: In dieser Vorstellung herrschten großflächige Höfe vor mit zahlreichen abhängigen Landarbeitern, geprägt von einem Leben in Ärmlichkeit.[516] Sie wurden nach gängiger Vorstellung von einem mächtigen Landadel beherrscht. Der Einflussbereich des Landadels erstreckte sich in der Tat vom 18. bis zum 19. Jahrhundert vor allem auf drei Bereiche: die Gutswirtschaft, das Offizierskorps und das staatliche Beamtentum.[517] Auf die Verquickung der militärisch-agrarischen Komponenten wurde bereits hingewiesen. Allerdings muss differenzierend ergänzt werden, dass sich seit dem letzten Drittel des 18. Jahrhunderts bereits viele Güter in Besitz, Pacht oder

---

durchzogen von Gärten, unter Obstbäumen vergraben, einen reizenden Anblick gewähren." (Waltemath, Ostelbische Landwirtschaft, 1915, S. 217 f.).

514 Engels, Zur Geschichte der preußischen Bauern als Einleitung zu Wilhelm Wolffs Broschüre, Die schlesische Milliarde von 1886; Bornhak, Die Entstehung des Rittergutsbesitzes in den Ländern östlich der Elbe, in: Forschungen zur Deutschen Geschichte 1886, S. 125–137; Knapp, Die Bauernbefreiung und der Ursprung der Landarbeiter in den älteren Teilen Preußens. Zu Engels, Bornhak und Knapp: Kaak, Die Gutsherrschaft, 1991, S. 61 ff. Kaak wies zudem auf die Fülle der agrarhistorischen Literatur und auf das Interesse an ihr am Ende des 19. Jahrhunderts hin. (88 f.). Kaufhold weist auf den Unterschied zwischen Westen und Osten für den Zeitraum um 1800 in Preußen hin: „Im Bereich der ostelbischen Gutsherrschaft mit starker Stellung des Herrn, der im Gutsbezirk obrigkeitliche Funktionen ausübte, waren die Entfaltungsmöglichkeiten der Unterschichten wegen der straffen Reglementierung ihrer Lebensverhältnisse (Schollenpflicht, Gesindezwangsdienst usw.) erheblich geringer als in der freien Agrarverfassung des Westens, wo solche Regelungen nicht oder in erheblich loserer Form bestanden." (Kaufhold, Das Gewerbe in Preußen um 1800, 1978, S. 422).

515 Rehbein, Das Leben eines Landarbeiters, 1911.

516 Kaak, Die Gutsherrschaft 1991, S. 60, 87.

517 Schissler, Die Junker, 1980, S. 94 f.

Verwaltung von Bürgerlichen befanden.[518] Dennoch erlebte nach Hanna Schissler erst das 19. Jahrhundert „die großflächige Ausweitung ostelbischen junkerlichen Grundbesitzes".[519]

Zwischen den südlichen und südwestlichen Regionen des Reiches einerseits und den östlichen Regionen bestand offenbar ein deutliches arbeitsrechtliches Gefälle, das sich im Osten zu Ungunsten der Arbeitnehmer auswirkte.

Wenige Monate vor dem Erscheinen des Simplicissimus, im Januar 1896, veröffentlichte zudem der angesehene und viel rezipierte liberale Nationalökonom und Sozialreformer Lujo Brentano in drei Folgebeilagen der Münchener ***Allgemeinen Zeitung*** eine Studie über die Unterschiede zwischen den bayerischen und ostelbischen agrarischen Verhältnissen. Die Studie kam zu dem Schluss, dass die „Bauernbefreiung" sich in Bayern sehr viel günstiger vollzogen habe und deshalb zum Erhalt kleinerer Anwesen mit selbständigen Bauern beigetragen habe.[520] Diese Auffassung wurde auch in der späteren, sich der dem Untersuchungszeitraum vorausgehenden Epoche widmenden, Literatur geteilt: „In den vorwiegend klein- und mittelbäuerlich geprägten süd- und südwestdeutschen Regionen war die Abhängigkeit der Landarbeiter weniger ausgeprägt."[521]

Dieser Schlussfolgerung entsprachen die Darstellungen im Simplicissimus. Die Zeitschrift widmete sich gerne den überschaubaren Arbeitsverhältnissen zwischen bayerischen Vollbauern und ihren Arbeitnehmern. Allerdings gab die Zeitschrift häufig die ostelbischen, gutsherrschaftlichen Zustände[522] vor der „Bauernbefreiung" zu Beginn des 19. Jahrhunderts anachronistisch als zeitgenössische aus.

2. Die arbeits- und sozialrechtliche Lage

Bis zum Inkrafttreten des ***Bürgerlichen Gesetzbuchs*** am 1.1.1900 existierte im Deutschen Reich ein Nebeneinander landesherrschaftlicher Rechte, die besonders im Hinblick auf die Arbeitsverhältnisse in der Landwirtschaft keine einheitliche arbeitsrechtliche Grundlage darstellten. Doch auch nach 1900 führte das BGB in den agrarisch geprägten Bundesstaaten erst langsam zu einer Vereinheitlichung des Rechts

518 Schissler, Die Junker, 1980, S. 96.

519 Schissler, Die Junker, 1980, S. 99.

520 Brentano, Warum herrscht in Altbayern der bäuerliche Grundbesitz? 9.1.1896, S. 5. Cf. auch die Darstellung von Theodor von der Goltz 1893: „Im mittleren, westlichen und südwestlichen Deutschland giebt es ausgedehnte Bezirke, in denen von einer eigentlichen ländlichen Arbeiterklasse kaum die Rede sein kann, weil die große Ueberzahl der selbständigen, mit landwirtschaftlicher Lohnarbeit beschäftigten Personen zugleich im Besitz eines kleineren oder größeren Grundeigentums sich befindet." (Goltz, Ländliche Arbeiterklasse, 1893, S. 108).

521 Kocka, Lohnarbeit, 1983, S. 78.

522 Kocka versteht die Gutsherrschaft „als eine besonders intensive Variante der Grundherrschaft" (Kocka, Weder Stand noch Klasse, 1990, S. 56).

auf dem Gebiet des Arbeitsrechts.[523] Für den ländlichen Raum galt besonders, dass Regelungen des Zusammenlebens durch geschriebene Gesetze nur einen kleinen Teil der gebräuchlichen Normen einer Gesellschaft ausmachten und nur sehr mittelbar auf die Wirklichkeit schließen ließen.[524] Die arbeitsrechtliche Ausnahmestellung der Landwirtschaft sah der sozialdemokratische Arbeitsrechtler Arthur Stadthagen in Vorstellungen begründet, die in die Feudalzeit zurückreichten.[525] Das ländliche Arbeitsrecht war laut Jens Flemming geprägt durch „ein Mit- und Gegeneinander von ‚modernem' Vertragsdenken und ‚feudal' bestimmter patriarchalischer Verfügungsmacht"[526] Auch die sozialrechtliche Lage war hinsichtlich der Kranken- und Invalidenversicherung

523 Baum, Das Recht des Arbeitsvertrages, 1911, S. 12: „Für Landarbeiter, die nicht zum Gesinde gehören, und für die höheren ländlichen Angestellten gilt das Recht des BGB, so daß den Landarbeitern der gesamte Schutz der GO. nicht zuteil wird. Insbesondere genießen die Landarbeiter in Preußen nach dem Gesetz vom 24. April 1854 nicht das Koalitionsrecht und können wegen Kontraktbruchs sogar bestraft und zwangsweise in den Dienst zurückgeführt werden. Alle Bestrebungen auf Aufhebung dieser veralteten Bestimmungen sind bisher ohne Resultat geblieben." Lotmar beklagte, dass es schwer zu entscheiden sei, ob ein Arbeitsvertrag über landwirtschaftliche Arbeit dem partikulären Gesinderecht zu unterstellen sei. (Lotmar, Der Arbeitsvertrag, 2001/1908, S. 880).

524 Kaak, Die Gutsherrschaft, 1991, S. 57.

525 Stadthagen, Das Arbeiterrecht, 1904, S. 78 und 79, Fn. 43. Zur Haltung der preußischen Behörden Stadthagen gegenüber cf. Ormond, Richterwürde, 1994, S. 424, Laut Bornhak erwarben die ostelbischen Großgrundbesitzer seit Ende des 13. Jahrhunderts die Rechte, die sie bis Anfang des 19. Jahrhunderts innehatten. Unter Lockerung der staatlichen Aufsicht wurde den Rittergutsbesitzern „eine ungehinderte Ausbeutung der Bauern in ihrem Privatinteresse" gestattet. (Bornhak 1886, Die Entstehung des Rittergutsbesitzes, S. 137). Stadthagen forderte 1904: Zwischen den Arbeitern und dem Bauern, bzw. Gutsbesitzern sollte ein – in der Regel – mündlicher Dienstvertrag geschlossen werden. Dabei wären nach dem Inkrafttreten des BGB auch Kündigungsfristen zu beachten, die sich entweder nach dem vereinbarten Zeitlohn oder Stücklohn (Akkordlohn) bemaßen. Außerdem musste auch der ländliche Arbeitgeber, und hier meint Stadthagen insbesondere den Großgrundbesitzer, den Lohn in voller Höhe auszahlen, wenn der Jahreslohn bis 1.500 Mark betrug. Aufrechnungen von Forderungen, etwa für Rückstände aus Miete, Darlehen oder Beschädigungen des Materials waren nicht mehr zulässig. Die Forderungen der agrarischen Arbeitgeber könnten nur noch auf dem Klagewege geltend gemacht werden. (Stadthagen, Das Arbeiterrecht, 1904, S. 178 ff.). Der Simplicissimus erschien zeitlich in einem Umfeld, in dem auch von arbeiterfreundlichen Autoren, wie Theodor von der Goltz, heftigste Kriktk an der „socialdemokratischen Agitation" geübt wurde. (Goltz, Ländliche Arbeiterklasse, 1893, S. 150 ff.).

526 Flemming, Obrigkeitsstaat, 1980, S. 255.

im Gegensatz zur Industrie lange ungewiss.[527] Allerdings gab es für verunfallte Landarbeiter eine Unfallrente.[528]

In der satirischen Darstellung des Simplicissimus waren jedoch die Mitglieder der *„Land- und forstwirtschaftlichen Berufsgenossenschaft"* nur unzureichend gegen Unfälle versichert: So erhalte eine verunglückte Bauersfrau für einen steifen Arm nur eine Monatsrente von fünf Mark (25.10.1909, S. 509).

Kleinere Bauern beschäftigten neben ihren eigenen Familienmitgliedern einen Knecht und/ oder eine Magd und arbeiteten selbst im bäuerlichen Betrieb mit. In größeren landwirtschaftlichen Betrieben widmete sich der sich zunehmend als Gutsherr gerierende Bauer der Aufsicht und Modernisierung seines Hofs.[529] Nach weit verbreiteter Ansicht war auf dem Land eine Schicht „industrieller Grundeigentümer" entstanden, die die Rittergüter zu einem „mit industriellen Betriebsführungsmethoden geleiteten Großgrundbesitz" ausbauten.[530] Sowohl die Bindung der Arbeitnehmer an die Gesindeordnungen als auch die Führung von Arbeitsbüchern schränkte die Freizügigkeit der auf dem Land beschäftigten Menschen erheblich ein.[531] Dennoch zogen im Laufe der Industrialisierung zahllose Kleinbauern und Landarbeiter auf der Suche nach auskömmlicher Arbeit in die Städte.[532] Besonders seit der zweiten Hälfte des 19. Jahrhunderts war die Landflucht im Bewusstsein der interessierten Öffentlichkeit.[533] Diese Landflucht bestätigte die distanzierte

527 Rehbein, Das Leben eines Landarbeiters, 1911, S. 249: So war beispielsweise ein Tagelöhner, der für eine Rübenfabrik auf dem Feld arbeitete, nicht gegen Krankheit und Invalidität versichert, wohl aber wenn er in der Fabrik an der Weiterverarbeitung tätig war. Erst 1911 wurden die Landarbeiter formell in die Alters- und Invalidenversicherung einbezogen. (Mommsen, Bürgerstolz und Weltmachtstreben, 1995, S. 36; cf. Rehbein, Das Leben eines Landarbeiters, 1911, S. 254).

528 Rehbein, Das Leben eines Landarbeiters, 1911, S. 260.

529 Rehbein, Das Leben eines Landarbeiters, 1911, S. 140.

530 Kaiser, Vertragsfreiheit und Gesellschaftsordnung, 1972, S. 209 f.

531 Bereits die ***Verfassung des Deutschen Reiches*** („Frankfurter Reichsverfassung") ***vom 28. März 1849*** legte arbeitsrechtlich relevante Grundrechte fest, wie das Recht auf Freizügigkeit und das Wohn- und Arbeitsrecht im ganzen Reich. (§ 133 Verfassung 1849; Harnischmacher/ Semerak, Deutsche Polizeigeschichte, 1986, S. 56 f.).

532 Weber/ Mayer-Maly machen auf den Unterschied zwischen mittelalterlicher Landflucht und der des 19. und 20. Jahrhunderts aufmerksam, wobei für letzteren Zeitraum „erhoffte wirtschaftliche Vorteile und Teilnahme am höheren Zivilisationsniveau der Stadt" maßgeblich waren. (Weber, Mayer-Maly, Spätmittelalterliche Arbeitsmarkt- und Wirtschaftsordnung, 1954, S. 386.). Stegmann weist darauf hin, dass in der ersten Hälfte des 19. Jahrhunderts nicht die Industrialisierung die Verelendung der Bevölkerung verursachte, sondern dass die Ursache in einer noch fehlenden, bzw. nicht ausgeprägten Industrialisierung zu sehen ist. (Stegmann, Der soziale Katholizismus, 1974, S. 18 f.).

533 Kocka, Lohnarbeit, 1983, S. 83. Nach Krause unter Berufung auf Böckenförde lebten und arbeiteten 1871 zwei Drittel der Bevölkerung auf dem Land. 1914 lebten

Einstellung des Simplicissimus gegenüber idealisierenden Vorstellungen eines idyllischen Landlebens.

Die auf dem Land verbleibenden Lohnabhängigen vermieteten sich vielfach bei einem Bauern als „Dienstknechte". Durch den Kontrakt waren sie gebunden, selbst wenn der Bauer sie misshandelte oder um ihren Lohn betrog. Ihnen drohte beim unerlaubten Verlassen des Hofs „polizeiliche Verfolgung wegen Kontraktbruchs" und im Wege eines polizeilichen Administrativverfahrens[534] die „zwangsweise Zurückführung".[535] Der abgängige Arbeiter hatte sowohl für seinen Rücktransport als auch für den Lohn eines Ersatzarbeiters aufzukommen.[536] Im zeitlichen Publikationskontext des Simplicissimus rissen die Forderungen vor allem ostelbischer Konservativer nach einer Verschärfung der Disziplinierung und nach einer landes-strafrechtlichen Pönalisierung des zivilrechtlichen Kontraktbruchs zur Verhinderung der Abwanderung von Arbeitern und Dienstboten nicht ab.[537] Eine zivilrechtliche Behandlung des Kontraktbruchs sahen die Zeitgenossen weitgehend nicht als erfolgversprechend an, weil die Arbeitnehmer in der Regel nichts hätten, woraus dem geschädigten Arbeitgeber ein Schaden ersetzt werden könnte.[538] Nach dem Willen der Arbeitgeber sollten die arbeitsrechtlichen Regelungen von der Zuständigkeit des Zivilrechts in die des öffentlichen Rechts verschoben werden. Dabei kam der Polizei eine arbeitsrechtlich bedeutsame, die Interessen der Arbeitgeber unterstützende, Funktion zu.

In der Landwirtschaft waren viele Beschäftigte dem Gesinde zuzurechnen.[539] Die soziale Stellung der ländlichen Dienstboten wurde von zeitgenössischen Autoren

---

zwei Drittel der Bevölkerung in den Städten. (Krause, Grundsätze des Berufsbeamtentums, 2008, S. 25).

534 Buchka, Die landesrechtlichen Strafbestimmungen, 1900, S. 310.

535 Rehbein, Das Leben eines Landarbeiters, 1911, S. 129, 138. Zu den Auswirkungen auf die Minderung der Arbeits- und Leistungsfreudigkeit der Zurückgeführten und auf das Verhältnis von Arbeitnehmer und Arbeitgeber allgemein: Weber, Mayer-Maly, Spätmittelalterliche Arbeitsmarkt- und Wirtschaftsordnung, 1954, S. 379.

536 Rehbein, Das Leben eines Landarbeiters, 1911, S. 205.

537 Buchka, Die landesrechtlichen Strafbestimmungen, 1900, S. 309 f.; cf. Vormbaum, Politik und Gesinderecht im 19. Jahrhundert, 1980, S. 359; zum Verbot der Abwanderung in den Polizeiordnungen des 15. und der folgenden Jahrhunderte: Schmelzeisen, Polizeiordnungen, 1955, S. 329 f.

538 Kaiser, Vertragsfreiheit und Gesellschaftsordnung, 1972, S. 167 (unter Hinweis auf den Strafrechtler Carl Lueder).

539 Baum, Das Recht des Arbeitsvertrages, 1911, S. 12: „Die Angestellten in der Landwirtschaft gehören zum Gesinde, soweit sie im Hause des Dienstherrn volle Verpflegung, Kost und Wohnung erhalten." Lotmar kritisierte, dass es keine gesetzliche Definition des zum Gesinde gehörenden Personenkreises gebe. Besonders in der Landarbeit sei es in der Praxis unmöglich, die Kategorien der Landarbeiter auseinanderzuhalten. (Lotmar, Der Arbeitsvertrag, 2001/1902, S. 49 ff.). Seiner Meinung nach verkleinerte die beim Gesinde und im Handwerk gewährte Naturalvergütung,

als Form moderner Leibeigenschaft[540] beschrieben: „Das Gesinde wird eben nur als eine Art lebendiger Mittelstufe zwischen Vieh und Herrschaft angesehen und demgemäß auch ‚gehalten'".[541]

Besonders auf den ostelbischen Gütern existierten komplexe Beschäftigungsverhältnisse,[542] deren Strukturen mittelalterlich vorgeprägt waren,[543] und die unterhalb der Gutsherrschaft eine eigene Hierarchie bildeten.[544] Die Komplexität der Beschäftigungsverhältnisse wurde im Simplicissimus im Wesentlichen reduziert auf die Polarität von beherrschenden, arbeitgebenden – überwiegend adeligen - Gutsbesitzern[545] und unterdrückten Arbeitnehmern. Auch in der modernen Forschung zu diesem Thema ist eine einheitliche Sprachregelung selten, bedingt durch die regionalen Unterschiede des ostelbischen Raums.[546] Unter Berücksichtigung der für die arbeitsrechtliche Untersuchung des Simplicissimus relevanten Gesichtspunkte lässt sich folgende grobe Struktur nachzeichnen: Neben dem landwirtschaftlichen Gesinde[547] waren aufsichtsbefugte und weisungsberechtigte Inspektoren und Vogte[548]

---

besonders in Form von Kost und Logis in der Hausgemeinschaft, die Freiheit und Selbständigkeit des Arbeitnehmers. (Lotmar, Der Arbeitsvertrag, 2001/1902, S. 804 f.).

540 Zu einer differenzierten Verwendung des Begriffs der Leibeigenschaft: Coing, Europäisches Privatrecht I, 1985, S. 206 ff.; zur zunehmenden Kritik der Naturrechtler des ausgehenden 18. Jahrhunderts und des beginnenden 19. Jahrhunderts an der Leibeigenschaft als unvereinbar mit den Grundsätzen des Naturrechts: Klippel, Der Lohnarbeitsvertrag, 1990, S. 171. Zur Befestigung der Leibeigenschaft in Ostelbien: Messerschmidt, Preußens Militär, 1980, S. 44.

541 Rehbein Das Leben eines Landarbeiters, 1911, S. 105.

542 In den achtziger Jahren des 19. Jahrhunderts erklärten selbst Regierungsvertreter, dass „der Unterschied zwischen Dienstboten und landwirtschaftlichen Lohnarbeitern vielfach unklar und schwer festzustellen sei". (Vormbaum, Politik und Gesinderecht im 19. Jahrhundert, 1980, S. 261).

543 Schröder, Arbeitsverfassung des Spätmittelalters, 1984, S. 74.

544 Berdahl, Preußischer Adel, 1980, S. 136.

545 Zur Bezeichnung der ostelbischen, agradischen Arbeitgeber werden in der Literatur und auch im Simplicissimus Begriffe gebraucht wie Junker, Landadel, Rittergutsbesitzer, ländliche Elite. Dabei bekommt der Begriff „Junker" häufig eine negative Konnotation im Sinn von „Krautjunker". (Schissler, Die Junker, 1980, S. 89.

546 Bereits Theodor von der Goltz wies 1893 immer wieder aud die unterschiedliche Bezeichnung der ländlichen Arbeitnehmer hin. Diese Unterschiedlichkeit war regional, historisch, aber auch individuell von Schriftsteller zu Schriftsteller geprägt. (Goltz, Ländliche Arbeiterklasse, 1893, S. 27 f. u. ö.).

547 Nichtweiss, Saisonarbeiter, 1959, S. 9.

548 „Schäfer und Hirten, Beschäftigte in gewerblichen Gewerbebetrieben oder niedere gutsherrschaftliche Aufsichtspersonen wurden mal hinzugezählt, mal ausgeschlossen:..." (Tenfelde, Ländliches Gesinde, 1979, S. 194 f.).

beschäftigt, sowie Instleute,[549] die aufgrund eines Kontraktes beim Gut wohnten[550] und sich und ihre Familie zur Arbeit verpflichteten.[551] Sie durften eine kleine eigene Landwirtschaft betreiben, lebten aber in bescheidenen Katen. Dabei bestand der Lohn zu einem großen Teil aus Naturalien. Für krankheitsbedingte Arbeitsausfälle haftete der Instmann gegenüber dem Gutsherrn.[552]

Die Zahl dieser Instleute, bzw. „Kontrakttagelöhner“[553], nahm jedoch ab zugunsten von „freien Tagelöhnern“, die nach Bedarf beschäftigt wurden. Für sie traf die Gesindeordnung nicht zu. Sie gingen einen Vertrag „auf freier Vereinbarung“ ein und arbeiteten meist im Akkord.[554] Zudem wurden zu bestimmten Zeiten auswärtige Saisonarbeiter eingestellt,[555] die als Wanderarbeiter das Subproletariat

---

549 Zur Kategorie der vertraglich gebundenen Instleute auch: Eggebrecht e. a., Geschichte der Arbeit, 1980, S. 260. Demmer definiert die Instleute unter Bezug auf das ALR als „Tagelöhner, die von der Gutsherrschaft Wohnung erhalten“. (Demmer, Gesinderecht, 1968, S. 15). Nichtweiss bezeichnet sie als „vertraglich gebundene Tagelöhner“ (Nichtweiss, Saisonarbeiter, 1959, S. 10.) Goltz wies die Instleute vor allem der Provinz Preußen zu und weist sie dort vor allem für die Zeit nach der Bauernbefreiung nach. (Goltz, Ländliche Arbeiterklasse, 1893, S. 34 f.).

550 Flemming unterscheidet die „kontraktlich gebundenen“ von den „freien“ Arbeitern. (Flemming, Obrigkeitsstaat, 1980, S. 248).

551 1837 wurden die Dienstverhältnisse der Insten – in Analogie zur Gesindeordnung – der Polizeiaufsicht unterworfen, und damit der eigenen Herrschaft. (Koselleck, Preußen zwischen Reform und Revolution, 1975, S. 499). Damit ist ihr Dienstverhältnis arbeitsrechtlich als ein privatrechtliches von dem des Gesindes verschieden, öffentlich-rechtlich aber mit diesem zusammengeführt.

552 Der Unterschied zwischen Instleuten und Gutstagelöhnern verwischte sich und war regional verschieden. (Rehbein, Das Leben eines Landarbeiters, 1911, S. 42 ff.). Die Darstellung der Inste Ostelbiens durch Sombart erschien demgegenüber idealisierend, wenn er u. a. von einer „Interessensolidarität“ zwischen Gutsherrn und Arbeiter schrieb. (Sombart, Das Proletariat, 1906, S. 58). Cf. zur komplexen Struktur der in der ostelbischen Landwirtschaft Beschäftigten, einschließlich der Inste: Knapp, Die Bauern-Befreiung 1887, S. 292 u. ö.

553 Rehbein, Das Leben eines Landarbeiters, 1911, S. 222; zu den „Hoftagelöhnern“: Kaiser, Vertragsfreiheit und Gesellschaftsordnung, 1972, S. 73. Der Begriff „Hoftagelöhner“ entsprach im Osten Deutschlands dem des Instmanns. Hon-Firnberg weist auf die mercenarii des Hochmittelalters hin, die auf dem Salland eine Hostelle erhielten, aber dennoch aller Wahrscheinlichkeit nach „mercenarii“ waren, die „landwirtschaftliche Lohnarbeit“ leisteten. (Hon Firnberg, Lohnarbeit und freie Lohnarbeiter, 1935, S. 15 ff.).

554 Imbusch, 25 Jahre Gewerkverein christlicher Bergarbeiter, 1919, S. 225: „Mit der Gesindeordnung haben sie nichts zu tun, die ist für sie ausgeschaltet. Ihr Arbeitsvertrag mit dem Landwirt beruht auf freier Vereinbarung und gilt nur von Woche zu Woche, kann jedoch zur Not auch an jedem Tage der Woche gelöst werden;...“ (Zum Akkord: S. 228).

555 Zu den differenzierten Arbeitsverhältnissen auf einem ostelbische Gutsbetrieb um 1890 zwischen Gutsherr einerseits und ganzjährig beschäftigtem Gesinde,

bildeten.[556] Auch in der Landwirtschaft hatte der wirtschaftliche Liberalismus des frühen 19. Jahrhunderts zu Überlegungen geführt, durch die Anstellung von Lohnarbeitern den Gewinn zu erhöhen.[557] Vor allem die ostelbischen Tagelöhner waren nach Aussagen von Zeitgenossen – wie dem Agrarwissenschaftler Max Sering – von der restlichen Bevölkerung durch eine tiefe Kluft getrennt.[558] Die Verfügbarkeit über preiswerte ausländische Saisonarbeiter bremste vielfach die Anschaffung teurer und wartungsintensiver Maschinen[559] und führte so zu einem Modernisierungsstau.

---

vertragsgebundenen, ansässigen „Instleuten" und Wanderarbeitern andererseits: Weber, Wirtschaftsgeschichte, 1923, S. 92 f. 1907 wurden 260.000 ausländische Wanderarbeiter gezählt, 1913 430.000. (Achilles, Industrie und Landwirtschaft, 1979, S. 80). Neben aller Vielfältigkeit der ländlichen Arbeiter beruhen auch die Analysen von Tenfelde letztlich auf der hier vorgenommenen Dreiteilung. (Tenfelde, Länliches Gesinde, 1979, S. 219).

556 Kocka, Lohnarbeit, 1983, S. 80. Die Saison- und Wanderarbeiter werden häufig als „Sachsengänger" bezeichnet, da eines ihrer Ziele ursprünglich die sächsischen Rübenanbaugebiete waren. (Eggebrecht e. a., Geschichte der Arbeit, 1980, S. 263 f.). Später ziehen die „Sachsengänger" aus dem ostelbischen Raum häufig in westliche Regionen. Nichtweiss nennt sie die „Wanderarbeiter" (Nichtweiss, Saisonarbeiter, 1959, S. 11).

557 Kaiser, Vertragsfreiheit und Gesellschaftsordnung, 1972, S. 54 ff.; Peukert, Industrialisierung des Bewußtseins, 1986, S. 92. Zum Begriff „Freie Lohnarbeit", vor allem in den spätmittelalterlichen, agrarischen Arbeitsverhältnissen: Hon-Firnberg, Lohnarbeiter und freie Lohnarbeit, 1935, S. 6 f.: „Unter freier Lohnarbeit wird daher jede Arbeitsleistung, die auf Grund eines freien Arbeitsvertrages erfolgt, bezeichnet ohne dem rechtlichen Stand des Lohnarbeiters eine nähere Berücksichtigung zuteil werden zu lassen." Das bedeutet, dass auch persönlich Unfreie „freie Lohnarbeit" ausüben konnten. Bereits für das 16. Jahrhundert gilt laut Hon-Firnberg. „Die Arbeit des Wirtschaftsbetriebes, für welche Taglöhner gemietet wurden, war vorzüglich Saisonarbeit." (Hon-Firnberg, Lohnarbeiter und freie Lohnarbeit, 1935, S. 55). Zur Differnzierung der Lohnarbeiter, die über nichts als über ihre Arbeitskraft „jursitisch frei" verfügen konnten und den Lohnarbeitern mit Eigentum an Pruduktionsmitteln im römischen Reich: Backhaus, Bedeutung von Lohnarbeit, 1981, S. 104 f.). Theodor von der Goltz vertrat 1893 die Auffassung, dass es zu Beginn des 19. Jahrhunderts noch keine „besondere ländliche Arbeiterklasse", d. h. nur wenige freie Lohnarbeiter, gegeben habe. (Goltz, Ländliche Arbeiterklasse, 1893, S. 11). Nach Jens Flemming ist die Umwandlung von Fron- in Lohnarbeit in Preußen um die Jahrhundertmitte, also vor dem Erscheinen des Simplicissimus, weit fortgeschritten. (Flemming, Obrigkeitsstaat, 1980, S. 252). Zu Beginn des 19. Jahrhunderts wehrten sich auch in den handwerklichen Gewerben die Handwerksgesellen dagegen, dass die Meister statt der Gesellen billigere Handlanger einstellten. (Fleischmann, Interdisziplinäre Handwerksgeschichte? 1985, S. 349).

558 Flemming, Obrigkeitsstaat, 1980, S. 252 f.

559 Bade, Politik und Ökonomie, 1980, S. 278 f.

Die Landwirtschaft gehörte in der Volkswirtschaftslehre – wie der Bergbau - zur Urproduktion (Primärsektor).[560] Ihre Betriebe unterlagen nicht der Gewerbeordnung.[561] Die in einem landwirtschaftlichen Betrieb beschäftigten Arbeiter waren keine Gewerbegehilfen, sondern Dienstboten oder ländliche Arbeiter.[562]

Arbeitsrechtliche Verbesserungen im Gewerbe blieben den in der Landwirtschaft beschäftigten Arbeitnehmern lange vorenthalten.

Die Gewährung des Koalitionsrechts durch die ***Gewerbeordnung vom 21. Juni. 1869***[563] blieb den Landarbeitern während des gesamten Kaiserreichs versagt.[564] Kocka und andere wiesen darauf hin, dass die überörtliche Kommunikation zwischen den Landarbeitern und anderen Arbeitern traditionell sehr begrenzt war.[565] Die Arbeitszeiten regelten sich nach den Erfordernissen der Jahreszeiten und konnten bis zu 18 Stunden betragen.[566]

Die erste Ausgabe des Simplicissimus erschien sechs Jahre nach der Verabschiedung des preußischen ***Gesetzes über Rentengüter vom 27. Juni 1890***. Das Gesetz ermöglichte grundsätzlich jedem, gegen Zahlung einer „Rente" einen Agrarbesitz zu erwerben[567], sich somit vom abhängigen Arbeitnehmer zum Selbständigen zu entwickeln. Das Gesetz sollte die Landbevölkerung von der Abwanderung in die Städte oder von der Auswanderung abhalten. Der Staat gewährte zwar langjährige Kredite, jedoch mussten die Erwerber noch zusätzlich beim benachbarten Gutsherrn,

560 Baum, Das Recht des Arbeitsvertrages, S. 12.

561 Stadthagen, Das Arbeiterrecht, 1904, S. 78. Die Landwirtschaft unterstand nicht der Gewerbeordnung, obwohl bereits Anfang des 19. Jahrhunderts vereinzelt Stimmen laut wurden, die im modernen Anbau und der Viehzucht ein Gewerbe sahen. (Steindl, Entfesselung der Arbeitskraft, 1984, S. 103). Die Gewerbeordnung äußerte sich lediglich peripher zu landwirtschaftlichen Fragen, so zur Entbehrlichkeit eines Wandergewerbescheins für die Veräußerung landwirtschaftlicher Produkte (§§ 59, 66 GewO 1900). Ähnliches betrifft den Erlass der Besteuerung „selbstgewonnener Erzeugnisse der Land- und Forstwirthschaft" beim „Umherziehen" (§ 1 BGG 1876).

562 Stadthagen, Das Arbeiterrecht, 1904, S. 88.

563 Zur arbeitsrechtlichen Gesetzgebung seit 1869: Saffert, Die oberste Aufsichtsbehörde, 1968, S. 58 ff.

564 Buchka, Die landesrechtlichen Strafbestimmungen, 1900, S. 310; Potthoff, Probleme des Arbeitsrechts, 1912, S. 50; Kahn-Freund, Arbeit und Recht, 1979, S. 172; Saffert, Die oberste Arbeitsbehötrde, 1968, S. 60 weist darauf hin, dass auch das Reichsvereinsgesetz vom 19. April 1908 (RGBl, S. 151) in § 24 die landesrechtlichen Koalitionsverbote für landwirtschaftliche Arbeitnehmer aufrecht hielt.

565 Kocka, Lohnarbeit, 1983, S. 82.

566 Rehbein, Das Leben eines Landarbeiters, 1911, S. 230 ff. Rehbein stellte dar, dass sich diese Situation trotz Verordnungen auch 1911 noch nicht geändert hatte.

567 Hofer, Freiheit ohne Grenzen? 2001, S. 264. Das Gesetz bedeutete eine Ausweitung des ***Gesetzes betreffend die Beförderung deutscher Ansiedlungen in den Provinzen Westpreußen und Posen vom 28.4.1886***. Das Gesetz wurde ergänzt durch das Gesetz vom 7. Juli 1891.

dem Rentengutsausgeber, arbeiten, und blieben so „ganz ohne ausdrücklichen Jahreskontrakt" bei niedrigem Lohn in jahrelanger Abhängigkeit.[568]

In der juristisch gebildeten Öffentlichkeit des ausgehenden 19. Jahrhunderts wurden häufig die Nachwirkungen der Rezeption des römischen Rechts für die desolaten Zustände in der Landwirtschaft verantwortlich gemacht,[569] ein Vorwurf, den 1892 allerdings der Rechtswissenschaftler Ernst Immanuel Bekker zurückwies.[570]

3. Organisationen der Landwirte

Die Landwirte waren in verschiedenen Vereinen und Verbänden organisiert, die mehrfach einer satirischen Betrachtung des Simplicissimus unterlagen. Gemeinsam war den Interessenvertretungen der Landwirtschaft, dass sie, wie die des Handels, laut Simplicissimus an den Brüsten der allegorisch dargestellten Mutter Germania saugende auf Kosten des Deutschen Reichs lebten (3.9.1901, S. 185). Der Simplicissimus widmete sich vor allem den Agrariern, welche die Interessen der preußischen konservativen Großgrundbesitzer vertraten, und dem Bayerischen Bauernbund. Im Gegensatz zu anderen landwirtschaftlichen Interessenorganisationen war der Bayerische Beamtenbund liberal ausgerichtet. Die „*Bauernbündler*" waren laut Simplicissimus dem Klerus und dem Zentrum ein Dorn im Auge. Ein Geistlicher warnte:

> „*Liebe Beichtkinder, ich bin weit davon entfernt, euch bei der Wahl beeinflussen zu wollen. Aber das muß ich euch sagen: wer den Bauernbündler wählt, der verliert seine ewige Seligkeit!*" (18.6.1898, S. 96).

4. Die Agrarier

Nach Andreas Kaiser umfasste der ursprünglich pejorativ gemeinte Begriff „Agrarier" zunächst die konservativ gesinnten Großgrundbesitzer und Kleinbauern, verengte sich aber dann auf die Großgrundbesitzer als „die führenden Kräfte".[571]

---

568 Rehbein, Das Leben eines Landarbeiters, 1911, S. 253.

569 „Durch die kritiklose Übernahme des römischen Rechtes wurde in ganz Deutschland die Leibeigenschaft besiegelt und verschärft ..." (Hessen, Die Prostitution in Deutschland, 1910, S. 89). Zur Frage der „Schuld" der Rezeption des römischen Rechts an den desolaten Zuständen: Kaak, Die Gutsherrschaft, 1991, S. 211 ff.

570 Bekker, Ernst und Scherz, 1892, S. 158 f: „Von Nichtfachleuten namentlich wird das Römische Recht häufig seiner ökonomischen Tendenzen wegen gescholten: ohne die Reception würden die gesellschaftlichen Zustände bei uns besser sein, insbesondere sei das Römische Recht der Landwirthschaft ungünstig, desgleichen den genossenschaftlichen Bildungen." So bereits 1886 Bornhak: „Aus den bisherigen Ausführungen ergibt sich, daß auf dem flachen Lande des östlichen Deutschlands der Untergang der älteren deutschen Gerichtsverfassung nicht eine Folge der Reception der fremden Rechte ist." (Bornhak, Der Einfluß der Reception, S. 425).

571 Kaiser, Vertragsfreiheit und Gesellschaftsordnung, 1972, S. 211. Zu den verbraucherfeindlichen und staatlich unterstützten Forderungen der im „Bund der Landwirte"

Im Simplicissimus, und damit in der gebildeten Öffentlichkeit, wurden als Agrarier sowohl allgemein die – vor allem ostelbischen - konservativen Gutsbesitzer als speziell ihre Standes- und Interessenvertreter bezeichnet. „Hauptziele der Agrarier waren Schutzzölle und Steuervorteile."[572] Arbeitsrechtlich befürworteten sie zwar die Beschäftigung von preiswerten Tagelöhnern auf der Grundlage freier Verträge, andererseits aber standen sie dem römischen Recht skeptisch gegenüber und favorisierten ein deutsches Rechtsbewusstsein.[573]

Der Simplicissimus mokierte sich bis zum Ersten Weltkrieg über die Agrarier. Sie zeichneten sich – ähnlich wie die gewerblichen Unternehmer – konnotativ durch extreme Körperfülle (19.7.1909, S. 259), Bildungsferne und Kulturlosigkeit aus (3.4.1911, S. 8). Desinteresse der Junker an Bildung und Kultur nahmen aber nicht nur die Satiriker wahr, sondern auch zeitgenössische Historiographen, wie der marxistische Kulturhistoriker Eduard Fuchs.[574]

Die Agrarier, wie alle Bauern, jammerten laut Simplicissimus ständig über die Not der Landwirtschaft, jedoch ginge es ihnen ausgezeichnet (23.1.1899, S. 337 u. ö.). Im Prinzip hatten die beleibten agrarischen Junker nur ihren Gewinn im Auge (25.2.1907, S. 788).[575] Sie hatten großen politischen Einfluss: In einer Karikatur erschien Bernhard von Bülow, Reichskanzler von 1900 bis 1909, als Reiter auf einem Schwein inmitten einer Schweineherde, untertitelt: *„Er glaubt zu führen, und er wird geführt."* (22.3.1909, S. 872). Bülow hatte 1902 mit den Stimmen von Konservativen und Zentrum Schutzzölle für Agrarprodukte durchgesetzt. Laut Simplicissimus machte die Geldgier der Agrarier auch vor Betrug nicht Halt (17.2.1908, S. 766 u. ö.). In ihrer Eigenschaft als Großgrundbesitzer waren die Agrarier – wie die Industrieunternehmer – Arbeitgeber und laut Simplicissimus von besonderer Gefühlskälte ihren Untergebenen gegenüber.[576] Das Wohl der Tiere lag ihnen mehr am Herzen als das ihrer Arbeiter:

---

organisierten konservativen Landwirte: Eggebrecht u. a., Geschichte der Arbeit, 1980, S. 251. Cf. auch Achilles, Industrie und Landwirtschaft, 1979, S. 98, der näher auf die Mitglieder des Bundes der Landwirte eingeht. Zu den Zielen des „Bundes der Landwirte" auch Born, Strukturwandel, 1976, S. 278. Nichtweiss benutzt den Begriff „Agrarier" durchgängig als Synonym für (ostelbische) Großgrundbesitzer. (Nichtweiss, Saisonarbeiter, 1959, S. 212 u. ö.).

572 Kaiser, Vertragsfreiheit und Gesellschaftsordnung, 1972, S. 212. Cf. Born, Strukturwandel, 1976, S. 276.

573 Kaiser, Vertragsfreiheit und Gesellschaftsordnung, 1972, S. 212.

574 Fuchs, Illustrierte Sittengeschichte, 1912, S. 42.

575 Zur „allmähliche[n] Verwandlung der feudalen Großgrundbesitzer in eine Art junkerliche Agrarkapitalisten": Melzer, Regelung der Arbeitsverhältnisse, 1970, S. 381.

576 Zum Verhältnis von Arbeitgebern und Arbeitnehmern im ostelbischen Gutsbetrieb: Weber, Wirtschaftsgeschichte, 1923, S. 92 ff.

„Herr Baron, der Johann, der neue Pferdebursche, hat sich erhängt."
„Verständigen Sie die Polizei und sehen Sie mal nach, ob der Kerl die Pferde noch richtig gefüttert hat." (18.12.1900, S. 311 u. ö.).

Die Agrarier behandelten ihre „Leute" wie unmündige Kinder. Sie bestimmten auch deren politisches Handeln, indem sie ihre Arbeiter mit vorbereiteten Wahlzetteln in geschlossenen Kolonnen unter Aufsicht des Inspektors zum Wählen schickten (7.7.1903, S. 115).[577] Während der Staatswissenschaftler Conrad 1909 das „patriarchalische Verhältnis zwischen Grundherren und Ackerbauern" als erstrebenswert ansah und vornehmlich durch „Mittelspersonen" bedroht sah,[578] stellte sich in der satirischen Sicht des Simplicissimus dieses patriarchalischen Verhältnisses anders dar. Besonders die polnischen Saisonarbeiter wurden schlecht behandelt und bekamen nur ungenießbares Essen (11.10.1909, S. 464 u. ö.).[579] Die präkapitalistische Konzeption des Paternalismus lebte in der Satire des Simpicissimus weiter, allerdings nicht in ihrer Variante als hausväterliche Fürsorge, sondern als Bevormundung Unmündiger.[580] Die von den Landadeligen aufgenommene Ideologie des Paternalimus war von einer „Hausväterliteratur" geprägt worden, welche die Bevormundung und harte Behandlung der Bauern aufgrund ihres angeblichen oder tatsächlichen arglistigen, diebischen, trägen, groben und rebellischen Wesens rechtfertigte. Die kindhafte und teilweise gefährliche Natur des Bauern verlangte demnach eine Aufsicht durch einen strengen und fordernden „Vater".[581] Dabei war die privat-paternalistische Macht des Gutsherrn an die öffentlich-rechtliche Funktion seines Amtes gekoppelt.[582]

Ein Agrarier antwortete seinem Gesprächspartner auf die Frage, ob er froh sei, seine Ernte gut eingefahren zu haben:

„Gott sei Dank, ..., jetzt kann man doch wieder ‚Rindvieh' und ‚Schafskopf' zu den Leuten sagen. Wenn sie jetzt fortlaufen, ist es mir ganz recht." (12.10.1908, S. 471).

Die animalisierende Beleidigung spiegelte die Absicht des Arbeitgebers, die Arbeitnehmer zur Auflösung des Dienstverhältnisses zu verleiten und sich selbst die Kündigungsmodalitäten zu ersparen.

---

577 Dazu Berghahn, Das Kaiserreich 1871–1914, 2003, S. 68, S. 322; zu den Kontrollmechanismen der ostelbischen Rittergutsbesitzer vor dem Untersuchungszeitraum: Kocka, Lohnarbeit, 1983, S. 78. Es ist den Quellen nicht zu entnehmen, ob diese Form der Wahlmanipulation auf allgemeinen Erzählungen beruht oder authenitisch ist. (Cf. Eggebrecht e. a., Geschichte der Arbeit, 1980, S. 295).

578 Conrad, Handwörterbuch, 1909, S. 12: „Beamte [d. h. Verwalter und andere] pflegen selten der unteren Bevölkerung die nötige Fürsorge angedeihen zu lassen, sondern dieselbe nur im eigenen Interesse resp. in dem ihrer Brotherren auszunutzen."

579 Zu den polnischen Wanderarbeitern: Weber, Wirtschaftsgeschichte, 1923, S. 105. Cf. auch Bade, Politik und Ökonomie, 1980, S. 279 u. ö.

580 Berdahl, Preußischer Adel, 1980, S. 126 f.

581 Berdahl, Preußischer Adel, 1980, S. 128 ff.

582 Berdahl, Preußischer Adel, 1980, S. 137.

5. Die übrigen – vorwiegend bayerischen – Bauern

Neben den ostelbischen Gutsbesitzern waren vor allem die heimatlich-provinziell verwurzelten bayerischen Bauern häufiges Thema des Simplicissimus. Sie wurden häufig vom Zeichner Josef Benedikt Engl ethnosemiotisch dargestellt mit flachem Hut, Lederhosen, Schaftstiefeln, geknöpfter Weste und einem Stock in der Hand. Aufgrund bestimmter konnotativer Attribute und des verbalen und non-verbalen Verhaltens war in der Regel zu erschließen, ob es sich in den Darstellungen um selbständige Bauern oder lohnabhängige Arbeitnehmer handelte.

Traten sich Arbeitgeber und Arbeitnehmer gegenüber, waren distinktiv-ikonische Merkmale die Körperfülle des Arbeitgebers und die Tatsache, dass der Arbeitgeber saß und der Arbeitnehmer stand (15.4.1907, S. 39 u. ö.).

Ein weiteres Zeichen der Selbständigkeit war häufig die Tatsache, dass der Bauer in seinem Haus Sommerfrischler oder Wintersportler aufnahm und bewirtete.

In Ergänzung zum Simplicissimus konnte man den zeitgenössischen Geschichten von Ludwig Thoma Einzelheiten zur Selbständigkeit bayerischer Landwirte entnehmen.[583]

a) Die Religion, die Moral, die Justiz und das Geld

Laut Simplicissimus war den Bauern das Geld wichtiger als die Religion, die Moral und die Liebe. Sie ähnelten darin den Aristokraten sowie den Mitgliedern des Großbürgertums und des Mittelstandes. Die Bauern unterlagen zwar dem Einfluss des Klerus, waren jedoch durchaus in der Lage, sich diesem Einfluss zu entziehen (1.1.1912, S. 705). Mit der Nächstenliebe kamen sie nach eigenem Bekunden beim Viehhandel nicht weit (7.8.1900, S. 162). Die Pfarrer waren den Bauern im Simplicissimus solange willkommen, wie sie zu ihrem materiellen Vorteil beitrugen. Sie erwarteten von ihnen nicht nur, dass sie bei Gott ihren Einfluss für gutes Wetter geltend machten, sondern auch schikanös, dass sie das Unwetter im Nachbardorf niedergehen ließen (17.6.1902, S. 94). Die Bauern erwiesen sich schon im Kindesalter als lebenstüchtig und wenig arbeitsam (24.10.1896, S. 5, s. u.). Diese Lebenstüchtigkeit und Schläue behielten sie auch im späteren Leben. So wurde ein „moderner“ Landmann von seiner Begleiterin gefragt:

> *„Du, Jakl, warum machst denn du koa Kreuz nimmer, wenn's blitzt?“*
> *„A was, dös braucht's nimmer, seit i bei der Feuerversicherung bin.“*
> (26.6.97, 101 u. ö.).

583 In seiner Geschichte ***Der Heilige Hies*** von 1904 wurden drei Stufen der Selbständigkeit beschrieben: Der „Bauer“ hatte sechs Pferde im Stall und verkehrte mit dem Bürgermeister, der „Gütler“ hatte fünf oder weniger Pferde, der „Häusler“ schließlich hatte kein Pferd, sondern nur ein paar magere Ochsen. (Thoma, Assessor Karlchen, 1992, S. 180 ff.). Für Thoma schien es auf dem Land keine „soziale Frage“ zu geben: „Auf dem Lande ist noch keiner verhungert ...“ (S. 181).

Die Haltung der Kirchen zum Versicherungswesen war zwiespältig: Ein Teil der Kleriker befürchtete, dass dem Herrgott ins Handwerk gepfuscht werde und dass der liebe Gott bald gar nicht mehr wisse, womit er die Menschen noch strafen könne (16.12.1912, S. 630). Der andere Teil befürwortete in der agrarischen Realität seit 1799 den Beitritt zur „Altbayerischen Landesbrandversicherungs-Anstalt" als Pflicht der christlichen Nächstenliebe.[584] Bereits im 18. Jahrhundert hatten die Landesherren die Gründung von Feuerassekuranzanstalten unternommen.[585]

Eheschließungen fanden nicht aus Liebe statt, sondern in der Absicht, in den Besitz des Stiers der verwitweten Bäuerin zu gelangen (2.4.1901, S. 10).[586] Das stark von Ludwig Thoma beeinflusste Bild der bayerischen Bauern betonte das „nüchtern Praktische" ihres Charakters.[587] Thoma äußerte sich außerhalb des Simplicissimus liebevoll über die „Altbayern". Er kritisiert ein Bild des bayerischen Bauern als „Spitzbua" und „Gescheerter", ein Bild das von den Münchenern genährt würde,[588] ein Bild, das aber auch im Simplicissimus oft gezeichnet wurde.

Die im Simplicissimus dargestellten Bauern wurden durch eine Vielzahl von Unarten charakterisiert: Zu ihnen gehörten die Trunksucht, die Geldgier, der Aberglaube[589] (18.2.1902, S. 379), die Rauflust und die Rohheit (22.7.1907, S. 267 u. ö.). Zwischenmenschliche Konflikte wurden auf archaische Weise geregelt (20.11.1900, S. 282).

In diesem Milieu war für arbeitsrechtliche Regeln kein Platz. Durch den Hinweis des Simplicissimus auf das fehlende Bedürfnis an „modernen" arbeitsrechtlichen Normen verleiht die Zeitschrift diesen bayerischen Bauern einen antiquiert-mittelalterlichen,

---

584 Koch, Geschichte der Versicherungswirtschaft, 2012, S. 37 f., 230.

585 Laut Schmelzeisen hatten die Assekuranzanstalten unter Berufung auf Gierke Vorläufer in den mittelalterlichen Brandgilden. In den Polizeiordnungen war der Beitritt teilweise den Grundeigentümern freigestellt, teilweise aber auch verpflichtend gemacht. (Schmelzeisen, Polizeiordnungen, 1955, S. 212 f.). Zum Versicherungsvertrag und zu der Feuerversicherung im Besonderen: Coing, Europäisches Privatrecht I, 1985, S. 533.

586 Das Thema der Geldheirat spielte auch in den Bauern-Novellen von Ludwig Thoma eine große Rolle: Thoma, Assessor Karlchen, 1992, S. 21 ff. („Die Probier"), S. 52 ff. („Hochzeit. Eine Bauerngeschichte": Die Ehe zwischen Bauern war ein „G'schäft", S. 96). Zur Zunahme von historischen und rechtshistorischen Arbeiten zum Erb- und Ehegüterrecht: Brauneder, Wiederentdeckung – Scheinentdeckung, 2002, passim.

587 Holm, Farbiger Abglanz, 1940, S. 6.

588 Thoma, Leute, die ich kannte, 1923, S. 117 f. Die Haltung des Simplicissimus-Autors Ludwig Thoma seinen Bauern gegenüber war zwiespältig: Außerhalb des Simplicissimus zeichnete er ebenfalls das Bild von geldgierigen und betrügerischen Bauern, doch andererseits hegte er Sympathie für die derben, selbstwussten Bauern. und beschrieb ihre „ehrlichen, alten Gesichter" (Thoma, Assessor Karlchen, 1992, S. 171).

589 Der Kampf gegen den Aberglauben gehörte zur vornehmlichen Zielsetzung der historischen Aufklärung und war ein weiteres, indirektes Indiz für den aufklärerischen Selbstanspruch der Zeitschrift.

„vorrechtlichen" Status.[590] Die Bauernschläue der bayerischen Simplicissimus-Bauern ersetzte alle arbeitsrechtlichen Regelungen. Der Bauer war Herr auf seinem Hof, so wie der Großindustrielle selbsternannter „Herr im Haus" war.

Im Gegensatz zu aristokratischen oder bürgerlichen Kreisen lag den bayerischen Bauern bei aller Verehrung für Gott und den Landesvater hierarchisches Denken und unterwürfiges Verhalten fern.[591] Staatliche Autoritäten und Gesetze wurden - ähnlich wie die Religion - nur insoweit anerkannt, wie sie von Nutzen waren: So verkaufte ein Bauer eine Sau billig an einen Abgeordneten, damit der Sohn nicht zum Militär musste (8.3.1904, S. 397). An der Sittenwidrigkeit dieses Rechtsgeschäftes bestand kein Zweifel. Der zeitnah publizierende Arbeitsrechtler Lotmar führte an, dass bereits nach römischem Recht ein Vertrag „contra bonos mores" sei, wenn er eine Rekrutenaushebung verhindern sollte.[592]

Der Betrug, insbesondere der Versicherungsbetrug, gehörte zum Alltag (21.10.1902, S. 238 u. ö.). Ein Bauer hatte für ein von einem Automobil totgefahrenes Pferd einen unerwartet hohen Schadensersatz bekommen. Darauf beschloss er, auch sein zweites Pferd auf die Straße zu führen (10.6.1907, S. 169) Ferner standen die Bauern laut Simplicissimus oft wegen Urkundenfälschung, Untreue, Unterschlagung und anderer Delikte vor Gericht (27.11.1911, S. 607).[593] Meineide waren an der Tagesordnung (19.8.1907, S. 331). Der Simplicissimus griff hier wahrscheinlich klischeehaft auf literarische Vorbilder zurück, wie auf das Volksstück von Ludwig Anzengruber mit dem Titel ***Der Meineidbauer,*** das 1871 die Verfehlungen habsüchtiger Alpen-Bauern vorführte. Die vom Strafgesetzbuch geregelte[594] Aberkennung der bürgerlichen Ehrenrechte schreckte die Bauern im Simplicissimus nicht sonderlich.

Vorbilder für unehrliche, betrügerische und lasterhafte Bauern fanden sich bereits in mittelalterlichen Darstellungen, wie dem ***Besant de Dieu*** von ca. 1230: Dort wurde den Bauern vorgeworfen, dass sie ihre Armut und Bedürftigkeit nicht mit fröhlichem Herzen hinnähmen.[595]

Der Simplicissimus unterstellte den Bauern, dass sie die Milch vorsätzlich mit Wasser verdünnten und zu Wucherpreisen an die Städter verkauften (25.6.1906, S. 209 u. ö.).[596] Das Panschen von Milch wurde bereits ausführlich in Kapitel III als

---

590 Man könnte diesen Status mit dem „vorrechtlichen" Zustand mancher Bereiche des spätmittelalterlichen, einheimischen Rechts vergleichen, das sich zur Lösungsfindung auch „mit sehr lapidaren Regelungen begnügen konnte". (Gudian, Zum deutschen mittelalterlichen Schöffenrecht, 1982, S. 114).

591 Thoma, Assessor Karlchen, 1992, S. 15 ff, S. 21 ff., „Die Hinterseer" S. 29 ff.

592 Lotmar, Der unmoralische Vertrag, 1992, S. 252.

593 Cf. Thoma, Assessor Karlchen, 1992, S. 176 ff.

594 § 33 ff., 161 StGB 1871, 1900.

595 Evans, Leben im mittelalterlichen Frankreich, 1960, S. 37.

596 Zu den wucherischen Geschäften als Rechtsgeschäfte, die gegen die guten Sitten verstoßen: Schmidt, Bürgerliches Recht, 1927, S. 100 f. Hedemann sah es als besonderes Verdienst des 19. Jahrhunderts an, dass es „mit seinem Kampf gegen den Wucher einen bedeutenden Neuwert geschaffen hat". (Hedemann, Die Fortschritte

Verstoß gegen geltendes Recht und die bona fides erörtert. Mit den Beiträgen zum Schutz der Verbraucher konnte der Simplicissimus auf die Zustimmung seiner Leserschaft rechnen. In den Augen der zeitgenössischen Verbraucher erschienen die ständig jammernden und doch vom Agrarprotektionismus profitierenden Bauern und Landwirte ohnehin als rückständige Kostgänger der Nation.[597]

b) Bauern als Arbeitgeber und Arbeitnehmer

Ähnlich wie in den Klein- und Kleinstunternehmen des Mittelstands setzten die Bauern – abgesehen von den Großgrundbesitzern – ihre Familienmitglieder als Arbeitskräfte ein: Während ein Simplicissimus-Bauer rundlich und fröhlich mit seinem Landesherrn ein Schwätzchen hielt, mühte sich sein Sohn mit dem Abladen des Mists ab.

> *Landesherr: „Na, Michlbauer, du bist ja eigentlich auch so 'kleiner König in deinem Hof!"*
> *Michlbauer: „Dös glaub i, der Kronprinz thuat grad Mist lad'n!"*
> (26.3.1898, S. 410).

Die „Arbeitgeberschaft" des Bauern beruhte nicht auf einer arbeitsrechtlich wirksamen Vertragsbindung, sondern war familienrechtlicher Natur.[598] Sie war auf dem Land üblich und wurde von Ludwig Thoma auch außerhalb des Simplicissimus beschrieben.[599] Doch auch bei den familienrechtlichen Dienstleistungen entfielen nicht alle Fürsorgepflichten. De facto aber war im Untersuchungszeitraum von Jugendarbeitsschutz auf dem Land ebenso wenig die Rede wie vom Schutz der arbeitenden Frauen.

Arbeitsverträge wurden laut Simplicissimus konkludent geschlossen: Ein sitzender und beleibter, und damit als Arbeitgeber erkennbarer Bauer fand zwar die Lohnforderungen seines zukünftigen - stehenden und hageren - Arbeitnehmers etwas hoch, wollte ihn aber im Sommer beschäftigen und bezahlen. Auf den Einwand, dass es aber im Winter keine Arbeit gebe, entgegnet der zukünftige Arbeitnehmer, dass er sich im Winter ohnehin einsperren lasse (15.4.1907, S. 39).

---

des Zivilrechts im XIX. Jahrhundert, 1910, S. 134). Zu den strafrechtlichen Bestimmungen des ALR zum Wucher: Steindl, Entfesselung der Arbeitskraft, 1984, S. 72.

597 Achilles, Industrie und Landwirtschaft, 1979, S. 101.

598 Für die Ehefrau: § 1356 BGB 1896; für das Kind: § 1617 BGB 1896. Zum heutigen Recht: Preis, Arbeitsrecht. Individualarbeitsrecht, 2009, § 8 II 2. b) cc): In Ermangelung eines privatrechtlichen Arbeitsvertrags sind Kinder, ebenso wie Ehegatten, keine Arbeitnehmer, „wenn und soweit sie auf familienrechtlicher Grundlage Arbeitsleistungen im Haushalt und im Geschäft des Ehepartners bzw. der Eltern erbringen...".

599 Thoma, Assessor Karlchen, 1992, S. 181 („Der Heilige Hies").

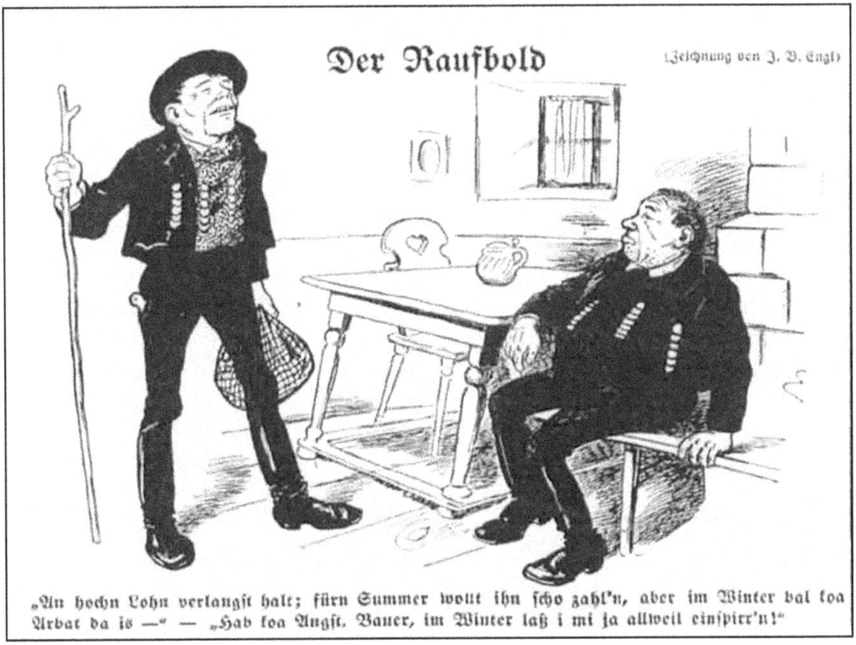

(15.4.1907, S. 39, Zeichnung von J. B. Engl)

Der Raufbold
„An hochn Lohn verlangst halt; fürn Sommer wollt ihn scho zahl'n,
aber im Winter bal koa Arbeit da is –“
„Hab koa Angst, Bauer, im Winter laß i mi ja allweil einspirr'n!“

Die Begehung einer Straftat zwecks Unterbringung in einer Haftanstalt wurde im Simplicissimus als eine Form der Arbeitslosenversicherung ausgewiesen.

Ähnlich wie die Mittelständler leiteten auch die Bauern ihre Beschäftigten zum Betrug an und beklagten sich, wenn diese sich zu dumm anstellten:

> *„Jetzt hat mir dös Rindvieh, dö Censi, in dö kuawarme Milli für die Sommerfrischler a kalt's Wasser neig'schütt statt a warm's!“*
> (8.7.1907, S. 237).[600]

600 Auch außerhalb des Simplicissimus herrschte in den Bauern-Novellen von Ludwig Thoma keine Harmonie zwischen dem Bauern und Knecht, bzw. Magd (Thoma, Assessor Karlchen, 1992, S. 81 u. ö.).

c) *Bauern als Pensionswirte*

Als Merkmal der Selbständigkeit der Simplicissimus-Bauern galt, dass sie Pensionsgäste beherbergten und Kinder zur Erholung gegen Vergütung aufnahmen (11.6.1906, S. 179).

Der Simplicissimus griff schon kurz nach seinem Erscheinen die Geldgier der Bauern an, die euphemistisch in Annoncen einen *„reinlichen Kostplatz auf dem Lande zu vergeben"* hatten, doch in Wirklichkeit die aufgenommenen Kinder im Schweinestall unterbrachten (14.11.1896, S. 5). Die Satire entstand aus der Diskrepanz zwischen dem Text der Annonce und der bildlichen Darstellung eines schreienden Säuglings inmitten der Schweine. So wurde auch der Stall, der zu feucht für die Tiere war, zur Wohnung für die Sommerfrischler hergerichtet (19.6.1900, S. 113). Den Sommerfrischlern wurden alle einträglichen Annehmlichkeiten geboten, zu denen auch die weiblichen Mitglieder des Hofs ihren körperlichen Beitrag zu leisten hatten (27.11.1899, S. 279; 8.7.1902, S. 120). Jegliches Handeln war vom Bemühen um Gelderwerb geprägt.

d) *Bauern als Unternehmer im Sinne des Werkvertrages*

Selbständige „Freihofbauern"[601] konnten auf der Grundlage eines privatrechtlichen Vertrages für Dritte fungieren. In dieser Eigenschaft belieferte im Simplicissimus eine Bäuerin gegen Bezahlung ein Armenhaus mit Suppe. Dies war möglich auf der Basis eines Werkvertrages[602], einer locatio conductio[603] operis, der zufolge der Werkunternehmer dem Besteller einen bestimmten Erfolg schuldete. Grundlage konnte aber auch ein Dienstvertrag[604], eine locatio conductio operarum, sein, wenn der Arbeitseinsatz geschuldet war. Der Träger der Einrichtung war hier offenkundig der Besteller im Sinne des Werkvertrags.[605] Ulrich Preis machte in seiner Bestimmung des Werkvertrages darauf aufmerksam, dass der Träger – im Gegensatz zum Dienstvertrag /Arbeitsvertrag - kein Direktionsrecht, sondern ein „praxisbezogenes Anweisungsrecht" besitze,[606] und damit größere Spielräume eröffne, eben auch – wie in diesem Simplicissimus-Beitrag – für sittenwidriges Verhalten. Unabhängig von der Art des Vertrages war das Verhalten der vom Simplicissimus vorgestellten Bäuerin sittenwidrig und betrügerisch, da sie einem Blinden eine Suppe voller toter

601 Thoma, Assessor Karlchen, 1992, S. 32.

602 § 631 ff BGB 1896; cf. Preis, Arbeitsrecht. Individualarbeitsrecht, 2009, § 8 II 3 b) aa). Zur Abgrenzung zwischen locatio conductio operis und locatio conductio operarum: Möller, Freiheit und Schutz im Arbeitsrecht, 1990, S. 40.

603 Zur locatio conductio: Coing, Europäisches Privatrecht I, 1985, S. 456 f.

604 § 611 ff BGB 1896.

605 Zur locatio conductio im Zusammenhang mit der Miete von Arbeitnehmern: Mayer-Maly, Römisches Recht, 1999, S. 142 ff. Zum heutigen Recht: Preis, Arbeitsrecht. Individualarbeitsrecht, 2009, § 8 II 3 b) aa).

606 Preis, Arbeitsrecht. Individualarbeitsrecht, 2009, § 8 II 3 b) aa).

Mücken vorsetzte, im Wissen, dass dieser sie ja nicht sah (29.9.1903, S. 211). Der mit dem Betreiber des Armenhauses geschlossene Vertrag war folglich nichtig, da ein Vertrag mit der Tendenz, anderen zu schaden, grundsätzlich eine Verletzung der guten Sitten darstellte.[607] Das Verhalten der Bäuerin war ein Verstoß gegen die bona fides, die in einer ihrer wesentlichen Funktionen „insbesondere im Vertragsbereich zumeist eine berechtigte Verhaltenserwartung des Vertragspartners" schützte.[608] Die Suppe voller toter Mücken war weit mehr als eine Suppe voller toten Mücken. Sie kann vielmehr als Metapher der wichtigen Frage nach der Bedeutung der bona fides im 19. Jahrhundert und auf der Schwelle zum 20. Jahrhundert interpretiert werden.

Erneut wurde in der Satire das betrügerische, hartherzige und geldgierige Verhalten der Bauern hervorgehoben. Die Satire karikierte einen gesellschaftlich üblichen Wohltätigkeitsbrauch der Zeit, in der sich auch in ländlichen Regionen Suppenküchen in unterschiedlicher Trägerschaft konstituierten, um Arme oder hungrige Menschen zu versorgen.

6. Zwischenergebnis zu IV

Die Interessen der landwirtschaftlichen Arbeitgeber waren laut Simplicissimus ausschließlich auf das Materielle gerichtet. Diesem Primat hatten sich Religion, Recht und Moral unterzuordnen. Die arbeitsrechtliche Situation der im Simplicissimus dargestellten landwirtschaftlichen Arbeitgeber und Arbeitnehmer war regional sehr unterschiedlich geprägt: Die ostelbischen Gutsbesitzer behandelten ihre Arbeiter schlimmer als das Vieh. Bei den bayerischen Bauern wurden zwischenmenschliche Beziehungen jeder Art, zu denen auch die arbeitsrechtlichen gehörten, trotz der Freude am Prozessieren unbürokratisch und selbstregulierend mit Schläue geregelt. Der Simplicissimus kritisierte zwar häufig alle Formen juristischer Fehl- und Überregulierungen, stellte aber das Fehlen jeglicher zivilisatorischer Regeln, einschließlich der arbeitsrechtlichen, vor allem bei den ostelbischen Gutsbesitzern als Manko dar. Die Zeitschrift thematisierte die sozialen und arbeitsrechtlichen Umwälzungen des 19. Jahrhunderts, stand aber auch in der Tradition einer jahrhundertealten Literatur, die die Bauern kritisierte, wenn sie die von Gott gegebene Ständeordnung durchbrechen wollten.[609] Abgesehen von den ostelbischen Zuständen fiel die Kritik des Simplicissimus an arbeitsrechtlichen Missständen in der landwirtschaftlichen Bereich moderater aus als im gewerblichen und industriellen Bereich. Wenn die neuere Forschung in der Bauernbefreiung auf der Wende vom 18. zum 19. Jahrhundert ein Ende der ostelbischen Gutsherrschaft sah,[610] wäre deren thematische Fortführung durch den Simplicissimus als anachronistisch zu betrachten. Die für die Gruppen der Aristokraten, Großbürger und Mittelständler überwiegend negativ

607 Schröder, Die Entwicklung des Kartellrechts, 1988, S. 67.
608 Haferkamp, § 242, 2007, Rn. 28; Rn. 37.
609 Fehr, Das Recht in der Dichtung, 1931, S. 537.
610 Kaak, Die Gutsherrschaft, 1991, S. 3.

gezeichneten Arbeitgeberbilder trafen auch – mit wenigen Einschränkungen – für die landwirtschaftlichen Arbeitgeber zu.

V. Angestellte und Beamte

1. Begriffsbestimmung

Der Simplicissimus berichtete satirisch von einem *„großen industriellen Etablissement"*, dessen Direktor *„unter der Beamtenschaft"* wegen seiner Strenge gefürchtet war. Zu dieser Beamtenschaft gehörten offenbar der Stellvertreter des Direktors, die Prokuristen, der Generalsekretär, der Sekretär usw. Sie alle delegierten die Arbeit nach unten. Die einzigen, die *„wie besessen"* arbeiteten, waren die *„Schreibmaschinenfräuleins"*, die als Angestellte auf einer der untersten Stufen der Hierarchie standen (6.7.1908, S. 251). Die Satire bestätigte in der Zuspitzung die Aussage des Sozialhistorikers Jürgen Kocka, dass die Großunternehmen der Vorweltkriegszeit öffentlichen Bürokratien in hohem Maße glichen.[611] Der Simplicissimus übte an den Beamten häufiger Kritik als an den Angestellten (2.7.1906, S. 218 u. ö.).[612] Dabei handelte es sich jedoch nicht zwingend um Beamte im heutigen Verständnis.[613]

Die arbeitsrechtliche Betrachtung dieser Untersuchung beschränkt sich folglich nicht nur auf diejenigen fiktiven Personen, die nach heutigem Verständnis einen privatrechtlichen Vertrag schließen, der die Leistung unselbständiger Dienste zum Gegenstand hat und eine persönliche Abhängigkeit der Dienstleistenden zur Folge hat.

In der sehr verkürzten und häufig unzutreffenden Verkehrsanschauung des untersuchten Zeitraums war ein Arbeiter derjenige, der überwiegend körperliche Arbeit verrichtete;[614] Angestellter war derjenige, der hauptsächlich geistige Tätigkeit

611 Kocka, Die Angestellten in der deutschen Geschichte 1850–1980, 1981, S. 80.

612 Die pauschale Schelte ignorierte die teilweise prekäre Real-Situation der Beamten. (Potthoff, Probleme des Arbeitsrechts, 1912, S. 52: besonders für die sog. Betriebsbeamten).

613 Der Beamte steht in einem Verhältnis zum Staat, „welches man nicht als Vertragsverhältnis bezeichnen kann, sondern als ein öffentlich-rechtliches Anstellungsverhältnis, da der Beamte zum Staatsorgan wird". (Schreurs, Soziale Entwicklung, 1946, S. 8).

614 „Arbeiter sind nach allgemeinem Sprachgebrauch überwiegend mit körperlicher Arbeit beschäftigte Hilfspersonen, die je nach der Art ihrer Tätigkeit in landwirtschaftliche, industrielle bezw. gewerbliche Arbeiter geschieden werden. Sie stehen, wie die Angestellten, in abhängigem Arbeitsverhältnis und fristen ihre Existenz, indem sie ihre Arbeitskraft – in der Regel ihr einziger Besitz – einem anderen gegen Bezahlung zur Verfügung stellen." (Conrad, Handwörterbuch, 1909, S. 578 f.). Karl-Heinz Ludwig macht allerdings Folgendes geltend: Schon vor der Jahrhundertmitte wirkten sich technische Neuerungen auf die Anforderungen der Arbeiterschaft aus: „Die Arbeiter hatten mehr und mehr geistige Arbeit zu leisten, sie beaufsichtigten den Gang der Maschinen und übernahmen Verantwortung für eine reibungslose Produktion." (Ludwig, Die Fabrikarbeit von Kindern, 1965, S. 83).

verrichtete.[615] Allein durch die Einbeziehung der Handlungsgehilfen[616], d. h. der kaufmännischen Angestellten,[617] in die Kategorie der Angestellten wurde diese Abgrenzung fragwürdig. So stellte das ***Handwörterbuch der Staatswissenschaften*** 1909 fest: „Im einzelnen zeigen sich nun freilich zwischen dem verantwortlichen Prokuristen und dem Verkäufer von Heringen erhebliche Differenzierungen ..."[618] Die Zahl der Angestellten in Industrie, Gewerbe und Handel wuchs in allen Segmenten stetig,[619] dies offenbar besonders seit 1895,[620] also im Erscheinungszeitraum des Simplicissimus. Der Anteil der Frauen nahm ebenfalls bei den Angestellten

615 Potthoff wies darauf hin, dass trotz der Unterschiede keine „scharfe Scheidung" zwischen Arbeitern und Angestellten bestand. (Potthoff, Probleme des Arbeitsrechts, 1912, S. 99). ***Das Handwörterbuch der Staatswissenschaften*** zählte 1909 zu den Angestellten: Techniker, Ingenieure, Architekten, Zeichner, Werkmeister, Handlungsgehilfen, Kontorpersonal, Verwalter, Inspektoren, Steiger u. a. (Conrad, Handwörterbuch, 1909, S. 578). Die „Definitionsprobleme des Angestelltenbegriffs" – einschließlich der Definition der Beamten und Privatbeamten – sind mannigfaltig. (Cf. Schulz, Die industriellen Angestellten, 1979, S. 225). Die rudimentäre Definition zwischen Arbeitern und Angestellten verlor vor allem durch die zunehmende Qualifizierung von Arbeitern ihre Bedeutung. Gleichwohl war in dem Vortrag von Julius Hirsch zum Entwurf des Versicherungsgesetzes aus dem Jahr 1911 hinsichtlich der Angestellten von „geistigen Arbeitern" die Rede. Ihnen sei „in gewissem Sinne die Führung der deutschen Arbeiter anvertraut:" (Hirsch, Entwurf eines Versicherungsgesetzes, 1911 S. 3).

616 Glücksmann, Handlungsgehilfe, 1923, passim.

617 Schulz, Die industriellen Angestellten, 1979, S. 247. Die Rechtsprechung des Bundessozialgerichts hob allerdings nach dem Zweiten Weltkrieg in seiner Rechtsprechung vielfach auf den Unterschied zwischen „geistiger" Arbeit (Angestellte) und „körperlicher" Arbeit (Arbeiter) ab. (Angestellte: Urteil vom 8. Juli 1959 – 4RJ 125/58 – BSGE 10, 163; Urteile vom 19. Juni 1959 – 3 RJ 95/56 – BSGE 10, 82 und 19. Oktober 1960 – 4 RJ 146/58 – SoR Nr. 4 zu § 3 AVG; Urteil vom 27. April 1961 – 3 RK 3/58 – SoR Nr. 5 zu § 3 AVG; Urteil vom 20. Dezember 1961 – 3 RK 65/57 – BSGE 16, 98; Urteil vom 30 Juni 1964 – 3 RK 10/60 – BSGE 21, 176; Urteil vom 19. Januar 1968 – 3 RK 106/ 64 – SoR Nr. 13 zu § 3 AVG; Urteil vom 21. Januar 1969 – 3 RK 58/66 – SoR Nr. 15 zu § 3 AVG; Urteil vom 11. März 1970 – 3 RK 25/67 – SozR Nr. 17 zu § 3 AVG; Urteil vom 27. Mai 1971 – 3 RK 12/71 – SozR Nr. 18 zu § 3 AVG; Urteil vom 6. Dezember 1978 – 8 RK 3/78 – BSGE 47, 254; Arbeiter: Urteil vom 15. Januar 1958 – 1 RA 85/56 – SozR Nr. 3 zu § 1227 RVO; Urteil vom 25. November 1965 – 12/3 RJ 244/60 – SozR Nr. 11 zu § 3 AVG; Urteil vom 21. Januar 1969 – 3 RK 40/66 – SozR Nr. 14 zu § 3 AVG).

618 Conrad, Handwörterbuch, 1909, S. 578.

619 Engelsing, Zur Sozialgeschichte deutscher Mittel- und Unterschichten, 1978, S. 60 f.; Kocka, Die Angestellten in der deutschen Geschichte 1850–1980, 1981, S. 142; Berghahn, Das Kaiserreich 1871–1914, 2003, S. 103.

620 Schulz, Die industriellen Angestellten, 1979, S. 239.

zu.[621] Im Unterschied zu den Arbeitern erhielten die Angestellten feste Bezüge,[622] ein „Gehalt“, das an Prestige dem „Lohn“ der Arbeiter überlegen war.[623] Roland Dubischar formulierte 1990: „Schon die Angestellten (‚Privatbeamten‘) und Arbeiter eines Industrieunternehmens schienen zweierlei Menschen.“[624] Angestellte in kaufmännischen Spitzenpositionen wurden sehr gut bezahlt. Die einfachen Angestellten verdienten jedoch häufig weniger als die Industriearbeiter, entwickelten aber gegenüber diesen ein eigenes Standesbewusstsein.[625] Dieses wurde von Staat und Unternehmen positiv bewertet, weil man in den Angestellten ein staatstreues Bollwerk gegen die Sozialdemokratie sah.[626] Der Sonderstatus der Angestellten wurde schließlich staatlich im ***Versicherungsgesetz für Angestellte vom 20. Dezember 1911*** anerkannt.

Der Unterschied zwischen Angestellten und Beamten war nicht immer eindeutig zu treffen. „Bereits damals war es unmöglich, die Tätigkeitsbereiche der Beamten von denen der öffentlichen Angestellten nach funktionalen Kriterien abzugrenzen oder zu definieren, welche konkreten Staatsaufgaben durch Beamte wahrgenommen

621 Grebing, Arbeiterbewegung, 1985, S. 88. Günther Schulz kommt zu dem Ergebnis: „Der Frauenanteil an den Angestellten in Bergbau und Industrie stieg durch die ‚Feminisierung‘ der Büros von 2,3% (2269; 1882) über 3,5% (9324; 1895) auf 9,3% (63936; 1907).“ (Schulz, Die industriellen Angestellten, 1979, S. 245).

622 ABG 1892, Brassert, S. 70; ABG 1905, Westhoff, Schlüter, S. 176.

623 Kocka, Die Angestellten in der deutschen Geschichte 1850–1980, 1981, S. 119 f. Der Lohn eines Arbeiters konnte in demselben Betrieb höher als das Gehalt eines Angestellten (Beamten) sein. Dies galt beispielsweise für die Löhne der Hauer (Bergarbeiter) im Vergleich zu den Gehältern der Bergwerksbeamten. (Krueger, Die wirtschaftliche und soziale Lage der Privatangestellten, 1912, S. 213 ff.).

624 Dubischar, Zur Entstehung, 1990, S. 84.

625 Engelsing, Zur Sozialgeschichte deutscher Mittel- und Unterschichten, 1978, S. 101, 103, 110 f. Der Sozial- und Wirtschaftshistoriker Günther Schulz warnt vor einer vorschnellen Bewertung der Lage der unteren Angestellten als Hinweis auf deren „Proletarisierung“. (Schulz, Die industriellen Angestellten, 1979, S. 255). Glücksmann spricht von einem „Stehkragenproletariat“ (Glücksmann, Handlungsgehilfe, 1923, S. 125).

626 Ritter, Staat, Arbeiterschaft und Arbeiterbewegung in Deutschland, 1980, S. 43; Mommsen, Bürgerstolz und Weltmachtstreben, 1995, S. 60.

werden sollten."[627] Angestellte in Unternehmen wurden häufig als Privatbeamte,[628] Betriebsbeamte[629], Werksbeamte oder als Beamte bezeichnet.[630]

Im letzten Drittel des 19. Jahrhunderts kam für die öffentlichen Beamten ein neuer, weiter Beamtenbegriff vor allem durch das Anschwellen der Beamtenschaft durch die Verkehrsbeamten und die Bediensteten mit untergeordneten oder mechanischen Befugnissen zustande. Dieser weite Beamtenbegriff sah nur das öffentlich-rechtliche Dienstverhältnis, nicht das Amt für den Beamtenbegriff als wesentlich an.[631] Die Übernahme der Post durch das Reich und die Verstaatlichung der Eisenbahnen führten zu einem Anwachsen der Beamtenschaft.[632]

---

627 Ramm, Arbeitsverfassung, 1978, S. 202 f.

628 Conrad, Handwörterbuch, 1909, S. 578: „Der Sprachgebrauch scheidet sie [die Personen, die dem Unternehmer ihre Arbeitskraft zur Verfügung stellen, Verf.] in Angestellte (neuerdings auch Privatbeamte) und Arbeiter."

629 Im Sinn der GewO und des GewGG galten Betriebsbeamte – mit Einschränkungen – als Arbeiter. (Cf. Nelken, Die deutschen Handwerker- und Arbeiterschutzgesetze, 1901 S. 734, 786 zu § 133 a GewO). Als Betriebsbeamter konnte beispielsweise der Küchenchef eines großen Restaurants oder ein Oberkellner mit einer besonderen beaufsichtigenden Tätigkeit angesehen werden. (Baum, Das Recht des Arbeitsvertrages, S. 22).

630 Stadthagen, Arbeiterrecht, 1904, S. 104; ABG 1892 Brassert, S. 70; ABG 1905, Westhoff, Schlüter, S. 176; Mommsen, Bürgerstolz und Weltmachtstreben, 1995, S. 59. 1907 gab es laut Paul Göhre im Kaufhaus Wertheim Angestellte, „höhere Angestellte" sowie „höhere Beamte und Beamtinnen des Hauses". (Göhre, Das Warenhaus, 1907, S. 32 f., 43). Im ländlichen Bereich gehörten beispielsweise die Gutsverwalter zu den versicherungspflichtigen Betriebsbeamten. (Bielefeldt, Invaliden- oder Altersrente, 1895, S. 18). Conrad bezeichnete 1909 die „Mittelspersonen" (Pächter, Administratoren, Agenten) zwischen Gutsherrn und Bauern als Beamte. (Conrad, Handwörterbuch, 1909, S. 12). Ramm verwies auf Potthoff, der den Begriff „Privatbeamte" synonym für Angestellte gebrauchte. (Ramm, Arbeitsverfassung, 1978, S. 208). Die Bezeichnungen „Privatbeamte", „Fabrikbeamte" u. ä. zeigen, wie sehr sich die Angestellten am Beamtenideal orientierten, vor allem hinsichtlich einer standesgemäßen Alimentation und Versorgung. (Cf. Hromadka, Arbeiter und Angestellte, 1989, S. 23.

631 RBG 1873, Fischbach zu § 1, S. 17; zum Begriff des Amtes § 4, S. 37 f. In den Rechtstexten des 19. Jahrhunderts wurden die Richter auch „richterliche Beamte" genannt. (Cf. Ormond, Richterwürde, 1994, S. 45).

632 Ramm, Arbeitsverfassung, 1978, S. 201.

Rechtlich unterstanden die öffentlichen Beamten[633] im Kaiserreich der Gesetzgebung des Reichs (als Reichsbeamte)[634], der Bundesstaaten (als Staats- oder Landesbeamte),[635] der Gemeinden oder der Körperschaften.[636] Charakteristisch für den Reichs- und Staatsbeamten war nach Auffassung des Staatsrechtslehrers Paul Laband 1901 das „Dienstverhältniß" öffentlich-rechtlicher Natur, das - im Unterschied zur „Dienstmiethe des Privatrechts" - nicht „Kontrakterfüllung, sondern Erfüllung der übernommenen Treue- und Gehorsamspflicht" bedeute.[637] Darin unterscheide sich das Rechtsverhältnis des Reichs- und Staatsbeamten von dem der wirtschaftlichen und technischen Beamten der juristischen oder physischen Privatpersonen.[638] Allerdings liege auch der Anstellung des Reichsbeamten ein „zweiseitiges Rechtsgeschäft", und damit ein Vertrag zugrunde.[639] Auch für zeitgenössische Kommentatoren der Novelle der GewO von 1891 war die Abgrenzung der Begriffe eingestandenermaßen schwierig,[640] so wie auch in der neueren Literatur keine saubere, arbeitsrechtlich tragfähige Unterscheidung zwischen öffentlichen und privaten Beamten für den Untersuchungszeitraum getroffen wurde.[641] Letztlich blieb es bei der Ablehnung des Vertragscharakters des Beamtenverhältnisses und der Beibehaltung des „besonderen Gewaltverhältnisses" für die öffentlichen Beamten.

Aufgrund der unternehmerseitigen Werterwartungen von Loyalität und Verlässlichkeit bei gleichzeitiger Zusicherung beruflicher Sicherheit wurden beispielsweise in der elektrotechnischen Firma Siemens & Halske Privatbeamte geführt und

---

633 Schmelzeisen wies darauf hin, dass den Beamten – d. h. den öffentlichen Beamten – in den Polizeiordnungen des 15. und 16. Jahrhunderts die Ausübung bürgerlicher Berufe untersagt war, ebenso wie die Betreibung eines Gewerbes ohne landesfürstliche Erlaubnis. (Schmelzeisen, Polizeiordnungen, 1955, S. 297).

634 Zur Definition des Beamten im Sinne des Strafgesetzes: § 35 9 StGB 1871 ff. Cf. Verordnung, betreffend die Klassifikation der Reichsbeamten nach Maßgabe des Tarifs zu dem Gesetze vom 30. Juni 1873 über die Bewilligung von Wohnungsgeldzuschüssen etc. In: RGBl 1873, Nr. 18, S. 160–183. Cf. Krause, Grundsätze des Berufsbeamtentums, 2008, S. 9 ff.

635 Beispielsweise waren die Gewerbeaufsichtsbeamten Landesbeamte. Ihnen kam eine hohe arbeitsrechtlich relevante Funktion zu. (Nelken, Die deutschen Handwerker- und Arbeiterschutzgesetze, 1901, S. 910 ff.). Cf. auch Simons, Staatliche Gewerbeaufsicht, 1984, S. 21).

636 Potthoff, Probleme des Arbeitsrechts, 1912, S. 20. Zur Lösung des (städtischen) Beamtenverhältnisses vom allgemeinen Arbeitsrecht: Schmieder, Geschichte des Arbeitsrechts, 1939, S. 79.

637 Laband, Das Staatsrecht des Deutschen Reiches, 1901, S. e403 ff.

638 Laband, Das Staatsrecht des Deutschen Reiches, 1901, S. 414.

639 Laband, Das Staatsrecht des Deutschen Reiches, 1901, S. 421. Ramm verkürzte Labands Aussage: „Laband sah das Beamtenverhältnis als ein Vertragsverhältnis an." (Ramm, Das Koalitions- und Streikrecht der Beamten, 1970, S. 65).

640 Ebeling, Das Reichsgesetz, 1892, S. 20.

641 Ramm, Das Koalitions- und Streikrecht der Beamten, 1970, S. 56 ff.; Ausnahme: S. 65 f.

mit staatsbeamtenähnlichen Privilegien ausgestattet.[642] Trotz der sehr unterschiedlichen Machtbefugnisse der Privatbeamten wurden diese den Arbeitnehmern zugerechnet.[643] Außerdem gab es noch vor dem Ersten Weltkrieg bei Potthoff und Sinzheimer Tendenzen, auch die öffentlichen Beamten in das Arbeitsrecht einzubeziehen.[644] Tendenzen, dem Beamtenverhältnis einen Dienstvertrag zugrunde zu legen, „der im römischen Recht von der locatio conductio (operarum) umfasst wurde", vermerkte Ferdinand Krause 2008 bereits bei den Naturrechtlern.[645] Eine andere Position als Potthoff und Sinzheimer vertrat Baum 1911, der die Tätigkeit der „öffentlichen Beamten" nicht aufgrund eines Vertrages ausgeübt sah.[646]

Die Betriebsbeamten standen in einem Dienstverhältnis zu ihrem Dienstherrn und unterlagen eigenen Vorschriften der fristgerechten und fristlosen Kündigung.[647]

Auch im Bergbau fanden sich neben den Königlichen Bergbeamten[648] Privat-Bergbeamte[649]. Die in Bergwerken beschäftigten Betriebsbeamten, deren Jahresverdienst

---

642 Kocka, Die Angestellten in der deutschen Geschichte 1850–1980, 1981, S. 21, 40 f; cf. Becker Arbeitsvertrag und Arbeitsverhältnis, 1995, S. 274 mit Bezug auf Gierke. Cf. Reulecke zur Gewährung von Urlaub für die Privatbeamten: Reulecke, Vom blauen Montag zum Arbeiterurlaub, 1976, S. 222. Cf. Schulz zu den „Beamten" bei Felten & Guillaume: Schulz, Felten & Guillaume, 1979, S. 127 ff. Schulz weist auch nachdrücklich darauf hin, dass die Bezeichnungen nicht reichseinheitlich verwendet wurden. So waren die bei Siemens geführten „Unterbeamten" (Zeichner und Werkstattschreiber) bei Felten & Guillaume unbekannt. (S. 353).

643 Kocka, Die Angestellten in der deutschen Geschichte 1850–1980, 1981, S. 51.

644 Potthoff, Probleme des Arbeitsrechts, 1912, S. 5, 106: Vom sozialen Standpunkt aus sei das Beamtenverhältnis als ein Arbeitsvertragsverhältnis anzusehen. Cf. Becker, Arbeitsrecht, 1995, S. 308 unter Berufung auf Potthoff/ Sinzheimer, Arbeitsrecht 1914.

645 Krause, Grundsätze des Berufsbeamtentums, 2008, S. 73.

646 Baum, Das Recht des Arbeitsvertrages, S. 4.

647 ABG 1905, Westhoff, Schlüter, S. 237. Die §§ 133a bis 133 f. der Gewerbeordnung (z. B.: GewO 1900) legten fest, dass für Betriebsbeamte, Werkmeister und ähnliche Angestellte sowie für Arbeiter, die mit höheren technischen Dienstleistungen betraut sind, wie Maschinentechniker, Bautechniker, Chemiker und Zeichner andere Vorschriften, z. B. hinsichtlich der Kündigungsfristen, gelten als für die „Gesellen und Gehilfen". (Stadthagen, Das Arbeiterrecht, 1904, S. 291). Zu den Kündigungsfristen der Angestellten und Arbeiter: Nelken, Die deutschen Handwerker- und Arbeiterschutzgesetze, 1901, S. 735 [zu § 133 a GewO)]; Baum, Das Recht des Arbeitsvertrages, 1911, S. 73. In den großen Warenhäusern wurde in der Regel mit den kaufmännischen Angestellten eine monatliche Kündigungsfrist vereinbart. Die für Aushilfskräfte geltende tägliche Kündigungsfrist stellte diese de facto auf ein Niveau mit den Saisonarbeitern. (Lux, Studien über die Entwicklung der Warenhäuser, 1910, S. 38).

648 Zu den Obersteigern als technische Leiter der Zechen und königlichen Beamten: Grebing, Arbeiterbewegung, 1985, S. 11.

649 § 180 ABG 1865. Der Knappschaftsvorstand erwählte die Beamten und Ärzte des Vereins und schloss Verträge mit ihnen ab. (§ 181 ABG 1865). Außerdem war von „Beamten" des Fabrikherrn die Rede. (Huyssen, Commentar, 1867, zu § 82, S. 51.

2.000 Mark nicht überstieg, galten als Arbeiter im Sinn der §§ 2, 82 GewGG und mussten Rechtsstreitigkeiten mit dem Bergwerksbesitzer beim Berggewerbegericht anhängig machen.[650] In den staatlich betriebenen Bergwerken hatten die Angestellten den „Charakter öffentlicher Beamter".[651] Auch ungeschulte Bergarbeiter konnten neben den Steigern - als den geschulten Grubenbeamten - als niedere Bergwerksbeamte von den Grubenbesitzern zur Ausübung von Kontrolle der Bergarbeiter und zur Erteilung von Anweisungen an diese angestellt werden.[652]

Nach 1890 schien sich auch in der Gesetzgebung die Bezeichnung „Angestellte" für einen Teil der bis dahin „Privatbeamte" genannten Arbeitnehmer zu behaupten.[653]

Noch nach der Jahrhundertwende galt „Privatbeamter" und „Privatangestellter" als Synonym.[654] Potthoff konstatierte 1912 im Privatbeamtenrecht „ein unbeschreibliches, sinnloses Durcheinander".[655] Das Bemühen von Juristen, die Arbeiter, Angestellten und Beamten unter dem Begriff des Dienstrechts zusammenzufassen, zeigte sich in dem 1914 von Heinz Potthoff und Hugo Sinzheimer herausgegebenen

---

Die Bergbeamten hatten als Steiger die Funktion von leitenden Angestellten, die Kontrollen durchführten und Anweisungen gaben. (Cf. Peukert, Industrialisierung des Bewußtseins, 1986, S. 96 f.

650 ABG 1905, Westhoff, Schlüter, S. 177.

651 Potthoff, Probleme des Arbeitsrechts, 1912, S. 20.

652 Krueger, Die wirtschaftliche und soziale Lage der Privatangestellten, 1912, S. 288 ff.

653 Kocka, Die Angestellten in der deutschen Geschichte 1850–1980, 1981, S. 123; § 2 GewGG 1890; § 133 a GewO 1891.

654 Cf. Silbermann, Ennesch, Eichler, Die Privatbeamten und die Versicherungsgesetzgebung, 1908, S. 8 ff. Elster, Lexikon des Arbeitsrechts, 1910, S. 155, s. v. „Privatangestellte, Privatbeamte": „Als Privatangestellte oder Privatbeamte faßt man alle diejenigen AN. zusammen, die höhere Dienste als die der gewerblichen Arbeiter in Abhängigkeit von Unternehmern, von denen sie entlohnt werden, verrichten." Cf. Potthoff, Probleme des Arbeitsrechts, 1912, S. 88 ff; Kocka, Die Angestellten in der deutschen Geschichte 1850–1980, 1981, S. 133; Croner, Soziologie der Angestellten, 1962, S. 79; cf. Becker Arbeitsvertrag und Arbeitsverhältnis, 1995, S. 149 f. zur Rechtsprechung des Reichsgerichts hinsichtlich der Ergänzung des öffentlich-rechtlichen Beamtenverhältnisses um privatrechtliche Grundsätze. Flesch/ Potthoff, Privatangestellte und Arbeitsrecht, 1912, S. 1: „Die Privatbeamten haben der Bewegung nach einem modernen Arbeitsrechte einen neuen Anstoß gegeben durch ihre Forderung nach einem einheitlichen Angestelltenrechte."

655 Potthoff, Die Zukunft des Privatbeamtenrechts, 1912, S. 3. Potthoff sprach sich laut Ramm als zeitgenössischer Autor für ein Streikrecht der Beamten aus, da er als Volkswirt das Beamtenverhältnis als eine „besondere Art des Lohnarbeiterverhältnisses" betrachtete. (Ramm, Das Koalitions- und Streikrecht der Beamten, 1970, S. 61).

Zeitschrift ***Jahrbuch für das gesamte Dienstrecht der Arbeiter, Angestellten und Beamten***.[656]

Gerade die fließenden Übergänge zwischen Angestellten- zum Beamtenstatus erschweren die arbeitsrechtliche Würdigung im untersuchten Zeitraum,[657] führen aber dazu, in der vorliegenden Untersuchung bestimmte Personengruppen, die heute nicht in die Zuständigkeit des Arbeitsrechts fallen, als Arbeitnehmer zu berücksichtigen.[658]

Außerdem werden einige Gruppen berücksichtigt, die als öffentliche Beamte auch im zeitgenössischen Verständnis von keinen arbeitsrechlichen Regelungen betroffen sind, deren Tätigkeit aber von mittelbarer arbeitsrechtlicher Relevanz ist. Dabei handelt es sich um Universitätsprofessoren, Lehrer und Polizisten.

2. Beamte als Stützen der Monarchie und ihre indirekte arbeitsrechtliche Relevanz

Im Gegensatz zu den Industriearbeitern galten die Beamten und Angestellten, besonders die Beamten im öffentlichen Dienst, ähnlich wie das Militär, als eine reichs- und kaisertreue Stütze der Monarchie.[659] Nach Meinung des Sozialisten Wilhelm

---

656 Die Zeitschrift „Jahrbuch für das gesamte Dienstrecht der Arbeiter, Angestellten und Beamten" sollte laut Ramm der wissenschaftlichen Forschung dienen. (Ramm, Arbeitsvertragsgesetz, 1992, Einleitung, S. 31.). Cf. dazu das Kapitel „Arbeitsvertrag" und „Arbeitsrecht" als allgemeines Dienstrecht: Rückert, „Frei" und „sozial", 1992, S. 265 ff.; Potthoff, Probleme des Arbeitsrechts, 1912, S. 5; Dubischar, Zur Entstehung, 1990, S. 90.

657 Potthoff, Probleme des Arbeitsrechts, 1912, S. 89: „Das Privatbeamtenrecht bildet vielleicht des verworrensten Rechtskomplex in Deutschland."

658 Noch 1922 forderte Rosenstock: „Deshalb betrifft aber das Arbeitsrecht nicht nur die Arbeiter, sondern auch die Beamten und Angestellten, weil auch ihr Lebensschicksal zwingend durch eine über ihnen stehende objektive Arbeits- und Berufsordnung realisiert wird." (Rosenstock, Die philosophischen Grundlagen des Arbeitsrechts, 1922, S. 561).

659 In Preußen wurde das Dienstverhältnis der Beamten früh im ***Allgemeinen Landrecht für die preußischen Staaten vom 5. Februar 1794*** geregelt. Selbst nach einer gewissen Liberalisierung der Treuepflichten der Beamten in der Regentschaft Wilhelm I. hatte der Beamte im Dienst einen vom Regierungskurs abweichenden politischen Standpunkt zurückzustellen und amtlichen Anordnungen unbedingt Folge zu leisten. Nach der Ernennung von Otto von Bismarck zum Ministerpräsidenten wurde die Treuepflicht wieder strenger eingefordert. (Rejewski, Die Pflicht zur politischen Treue, 1973, S. 57, S. 62 ff.). Cf. Rejewski u. a. unter Berufung auf die Disziplinarverordnung vom 11. Juli 1849 und ein Urteil des preußischen Oberverwaltungsgerichts vom 24.9.1909. (Rejewski, Die Pflicht zur politischen Treue, 1973, S. 24 f., S. 28). Zu Friedrich Wilhelm I. als den „eigentlichen Begründer des preußischen Beamtentums": Dollinger, Preußen, 1980, S. 99.

Wolff waren auch die meisten Beamten Verbündete der ostelbischen Gutsherren und leben „herrlich und in Freuden".[660]

In breiten Schichten der Bevölkerung vermutete man in der Arbeiterschaft eine staatsfeindliche Gesinnung, besonders dort, „wo der Arbeiter von der sozialistischen Bewegung erfaßt wurde".[661] Arbeiter waren für die staatserhaltenden Schichten „vaterlandslose Gesellen". Das Wort von den „vaterlandslosen Gesellen" war das Maledictum schlechthin für alle als staatsfeindlich eingeschätzten Personen (14.2.1905, S. 462). Der Begriff der „vaterlandslosen Gesellen" war über seine arbeitsrechtliche Bedeutung in Bezug auf die Arbeiterschaft hinaus die Bezeichnung eines politischen Verhaltens.

Auch der „kleinste" Beamte war seit der Einführung des Berufsbeamtentums im absolutistischen 17. und 18. Jahrhundert Träger der Staatsautorität. Der Simplicissimus beklagte satirisch, dass selbst ein *„Assessorchen"* nach vierjähriger Referendarzeit ohne Erfahrung im höheren Verwaltungsdienst große Kompetenzen habe (26.1.1904, S. 347).[662]

Die Aufhebung des Koalitionsverbotes durch die GewO von 1869 betraf nur den in § 152 genannten Personenkreis und damit weder die in § 133 a erfassten leitenden und höheren Angestellten noch die Beamten.[663] Beamtenvereinigungen, die als Interessenverbände für die Verbesserung der Gehalts- und Rangverhältnisse auftraten, waren unerwünscht.[664] Die Beamten wurden in unterschiedlicher Intensität an ihre Treuepflichten erinnert.[665] Das sich von der Arbeiterschaft abgrenzende Selbstverständnis der Beamten erklärte im Untersuchungszeitraum das fehlende Interesse der Beamten an der Durchführung von Streiks.[666] Die Beamten sahen in den kommunistisch beeinflussten Parteien und Gewerkschaften eine Bedrohung ihres Standes, zumal da das Revolutionskonzept von Marx keinen Beamtenapparat vorsah.[667] Allerdings verfügte die Sozialdemokratie bei den gering besoldeten Beamten

---

660 Wolff, Die schlesische Milliarde, 1885–87, S. 37.

661 Woldt, Die Lebenswelt des Industriearbeiters, 1926, S. 33; zum Begriff des Sozialismus: Hofmann, Arbeitsvertrag, 1972, S. 55 ff.

662 Cf. Laband, Das Staatsrecht des Deutschen Reiches, 1901, S. 464 u. ö. Zum unterschiedlichen Status der Assessoren im Verwaltungs- und Gerichtsdienst: Schröder, Die Richterschaft, 1983, 237 u. ö. sowie Schröder, Klassenjustiz, 1986, S. 3 und Schröder, Die Entwicklung des Kartellrechts, 1988, 416 u. ö. Wolfram Fischer weist darauf hin, dass der preußische Beamte sich in den dreißiger Jahren des 19. Jahrhunderts als Lehrer und Erzieher der Untertanen verstand. Die Aufgabe eines klugen Beamten sei es, die Untertanen zu ihrem Besten zu leiten. Dieses Beamtenverständnis geriet allerdings in Konflikt mit der liberalen Wirtschaftsauffassung, derzufolge sich das Individuum emanzipieren sollte. (Fischer, Wirtschaft und Gesellschaft im Zeitaltter der Industrialisierung, 1972, S. 167.).

663 Ramm, Das Koalitions- und Streikrecht der Beamten, 1970, S. 57 f.

664 Ramm, Das Koalitions- und Streikrecht der Beamten, 1970, S. 59; Rejewski, Die Pflicht zur politischen Treue, 1973, S. 101 ff., 110, 136.

665 Rejewski, Die Pflicht zur politischen Treue, 1973, S. 124 f. u. ö.

666 Ramm, Das Koalitions- und Streikrecht der Beamten, 1970, S. 60 f.

667 Ramm, Das Koalitions- und Streikrecht der Beamten, 1970, S. 66.

des einfachen Dienstes der Eisenbahnen, sowie der Telegrafen- und Postverwaltung über Anhänger, denen die Regierung seit den Attentaten auf Kaiser Wilhelm 1878 jahrzehntelang disziplinarisch zu begegnen versuchte.[668]

Besonders die Einflüsse der Gewerkschaften und der Sozialdemokraten auf die Eisenbahnen wurden verhindert, weil die Eisenbahnen sowohl für die Versorgung der Bevölkerung als auch für den Transport von Militär im Kriegsfall oder für den Transport von Militär und Polizei zum Einsatz bei Streiks Unentbehrlichkeitscharakter hatte.[669] Inwieweit untere Beamte der Eisenbahnen auch zur „Überwachung" der Arbeiter eingesetzt wurden, wird von der Literatur diskutiert. Zumindest wurden die „Unterbeamten" von der Arbeiterschaft als „Kundschafter der Eisenbahnbehörde" gedeutet.[670] Auch unter Bülow und Bethmann Hollweg stellte das Bekenntnis eines Beamten zu den Anschauungen der Sozialdemokratie „eine Verletzung seines Treueids" dar.[671] Durch die Verbeamtung der Beschäftigten in den Staatsbetrieben schuf der Staat eine gewerkschaftsfreie und damit streikfreie Zone.[672] So wurde bei den Beratungen des Staatsrates über den Arbeiterschutz im Februar 1890 erwogen, die staatlichen Betriebe als Musterbetriebe zu gestalten und deren Arbeiter mit der Zeit ins Beamtenverhältnis zu übernehmen.[673] „Die Schaffung von Unterbeamtenstellen galt zugleich als Prohibitivmittel gegen das Vordringen der Sozialdemokratie und den Ausbruch eines Streiks, ..."[674] Der Staatseisenbahndienst erschien vielen Arbeitern besonders wegen der Möglichkeit des Aufsteigens vom einfachen Arbeiter zum unteren oder mittleren Beamten mit den damit verbundenen Vorteilen wie Verbeamtung auf Lebenszeit, Wohngeldzuschuss, Urlaub[675] und Schutz vor willkürlicher Entlassung ausgesprochen attraktiv. Selbst die nicht verbeamteten

668 Rejewski, Die Pflicht zur politischen Treue, 1973, S. 98 ff.; zur Beamtenpolitik der preußischen Staatseisenbahnverwaltung: Saul, Konstitutioneller Staat, 1978, S. 319 u. ö.

669 Saul, Konstitutioneller Staat, 1978, S. 320 u. ö.

670 Saul, Konstitutioneller Staat, 1978, S. 322.

671 Rejewski, Die Pflicht zur politischen Treue, 1973, S. 133.

672 Mommsen, Bürgerstolz und Weltmachtstreben, 1995, S. 55.

673 Kaufhold, Neugestaltung des Arbeitsrechts, 1991, S. 302. Zur Zustimmung Bornhaks zu einer „staatlich-fürsorgerischen" Konzeption: Rückert, „Frei" und „sozial", 1992, S. 255 f. Zur Vermeidung von Streiks wurden in bestimmten Bereichen den Arbeitern Vorschriften auferlegt, die dem Beamtenrecht nachgebildet warn. So mussten sich 1913 die Arbeiter der Bahn und Post verpflichten, keiner Gewerkschaft beizutreten oder sich für die freien Gewerkschaften zu interessieren. Zuwiderhandlungen konnten zur Entlassung führen. (Bieber, Die Rolle der Gewerkschaften, 1998, S. 35).

674 Saul, Konstitutioneller Staat, 1978, S. 324. „Deshalb wurden nicht nur Zug- und Lokomotivführer, sondern auch Schaffner, Weichensteller, Rangierer, Bremser, Lokomotivheizer in das Beamtenverhältnis übernommen." (Saul, Konstitutioneller Staat, S. 324).

675 Zur Entwicklung des Urlaubs für Arbeiter nach dem Vorbild des den Beamten und der Angestelltenschaft gewährten Urlaubs seit den siebziger Jahren des 19. Jahrhunderts: Reulecke, Vom blauen Montag zum Arbeiterurlaub, 1976, S. 221 f.

Eisenbahner waren als „Arbeiterbeamte" weniger als die Industriearbeiter konjunkturellen Schwankungen unterworfen.[676] So folgerte Ferdinand Krause 2008 in seiner Untersuchung ***Die hergebrachten Grundsätze des Berufsbeamtentums***:

> „Das sich mit dem Ende des 19. Jhds. entwickelnde Gemeinwesen hat mithin nicht den neuen Typus des Berufsbeamten geschaffen, sondern allenfalls den Typus des sich weder vom mittleren noch vom Elitebeamten rechtlich unterscheidenden kleinen Beamten, der wegen seiner sozialen Sicherheit zum Arbeiterideal werden und so sein Integrationspotential entfalten konnte."[677]

Bei diesem Personenkreis überwog das Unterkommen im Beamtenstatus vor dem Kampf um arbeitsrechtliche Verbesserungen.

3. Die materielle Lage der Beamten

Im 19. Jahrhundert erlebten die Beamten eine Verbesserung ihrer jährlichen Einkommen und genossen eine gesicherte Altersversorgung.[678] Die mittleren und kleinen Beamten gehörten ebenso wie die Angestellten und Kleinhändler zur (klein-)bürgerlichen Mittelschicht. Hinsichtlich ihres Einkommens unterschieden sie sich oft kaum von den Industriearbeitern, hatten sich aber von der körperlichen Arbeit befreit und bezogen ihr Prestige aus dem Prestige ihrer Dienstherren.

Die Besoldung der öffentlichen Beamten war eine „standesgemäße Alimentierung".[679] Ähnlich wie von den Offizieren wurde von ihnen eine „standesgemäße" Lebensführung erwartet.[680] Im Zuge der Strukturreform der Richterbesoldung wurden 1897, ein Jahr nach dem Ersterscheinen des Simplicissimus, „fast allgemein die Beamtengehälter angehoben".[681] Allerdings wies Ferdinand Krause 2008 darauf hin, dass das preußische Finanzministerium im selben Jahr klarstellte, dass Einkommensverbesserungen über die Grenze einer standesgemäßen Lebensführung und einer

---

676 Saul, Konstitutioneller Staat, 1978, S. 323 f.

677 Krause, Grundsätze des Berufsbeamtentums, 2008, S. 26.

678 Berghahn, Das Kaiserreich 1871–1914, 2003, S. 50. Cf. Bornhak zum Beamtentum im 18. Jahrhundert: Das Beamtentum sei während des größten Teils des 18. Jahrhunderts „noch weit davon entfernt, irgend welche Sicherheit seiner wirthschaftlichen Existenz zu genießen". (Bornhak, Das deutsche Arbeiterrecht, 1892, S. 514). Auch Ramm stellte dar, dass der König frei über seine Beamten verfügen konnte, und dass es gegenüber den Landesherren „keinen Schutz" gegeben habe. (Ramm, Arbeitsverfassung, 1978, S. 200). „Preußen versprach erst 1850 in seiner Verfassung »angemessenen Schutz der Staatsbeamten gegen willkürliche Entziehung von Amt und Einkommen« und führte 1852 die Disziplinargerichtsbarkeit ein und regelte die vorläufige Dienstenthebung." (Ramm, Arbeitsverfassung, 1978, S. 201).

679 Laband, Das Staatsrecht des Deutschen Reiches, 1901, S. 469.

680 Laband fordert eine „achtungswürdige" Lebensführung. (Laband, Das Staatsrecht des Deutschen Reiches, 1901, S. 437).

681 Ormond, Richterwürde, 1994, S. 169.

angemessenen Unterhaltung der Beamtenfamilie hinaus „unzulässig" seien.[682] Auch das Richterbesoldungsgesetz vom Mai 1907 brachte Fortschritte.[683] Allerdings blieb ein Missverhältnis bestehen: Objektiv besehen gehörte die Richterschaft zur gut verdienenden Berufsgruppe. Dennoch fühlten sich viele im Hinblick auf die Anforderung einer „standesgemäßen Lebensführung" als „unzulänglich ausgestattet". Dies vor allem aufgrund des Umstandes, dass in Preußen bis zum Ende der Monarchie die höheren Verwaltungsbeamten tendenziell gegenüber den Richtern bevorzugt wurden.[684]

Wenn Beamte und Richter um die Jahrhundertwende aus Gesundheitsgründen vorzeitig pensioniert wurden, war das Überleben für sie und ihre Familie nicht einfach.[685] Zeitgenössische Aussagen zur mageren Alimentierung der Beamten und deren Bemühungen, diese aufzubessern, bildeten den Kontext für die satirische Darstellung des Simplicissimus.[686]

Die nicht zur Spitzengruppe der Beamten zählenden Angehörigen dieser Gruppe lebten laut Simplicissimus vielfach in engen finanziellen Verhältnissen. (22.6.1908, S. 208, 211). Dies galt besonders für die *„Subalternbeamten"* (12.7.1909, S. 253).[687] Sie stießen, ähnlich wie die Offiziere, bei der Erfüllung des Anspruchs einer standesgemäßen Lebensführung schnell an ihre finanziellen Grenzen (14.10.1907, S. 448). Von den Staatsdienern im Rang eines Regierungsrats wurde Regierungstreue erwartet, doch vergaßen die Regierungsräte im Simplicissimus ihre Treuepflicht, wenn

682 Krause, Grundsätze des Berufsbeamtentums, 2008, S. 257 f.

683 Ormond, Richterwürde, 1994, S. 169 f. Schröder wies darauf hin, dass die Höhe der Richterbesoldung in Relation zu ihren statusbedingten Ausgaben gesehen werden müsse. (Schröder, Die Richterschaft, 1983, S. 238 ff.). „Die Richter des Kaiserreiches waren *Beamtenrichter*. Ihre Bezugsgruppe waren höhere staatliche Beamte. Mit diesen wollten sie in bezug auf Arbeitsbelastung, Rang und Einkommen gleichgestellt sein, ein Verlangen, das für sich nicht unbillig ist." (Schröder, Die Richterschaft, 1983, S. 245).

684 Ormond, Richterwürde, 1994, S. 171 f. Dabei wurde die Besoldung der „richterlichen Beamten" aus zeitgenössischer Sicht auch nach der Erhöhung der Beamtengehälter von 1872 durchaus als unzureichend angesehen. Dazu ausführlich Ormond, Richterwürde, 1994, S. 58 ff., Kap. „Richterbesoldung" und „Pensionen". Westermann führt ein Beispiel aus dem Jahre 1894 an: „Das Anfangsgehalt eines Amtsrichters betrug 2850 Mark, das eines Regierungsrats 4800 Markr." (Westermann, Der Richtter, 1970, S. 19).

685 Ritter, In der Christnacht, 1994, S. 63. Das Änderungsgesetz vom 27. Mai 1907 brachte einige Verbesserungen. Dazu im Einzelnen: Ormond, Richterwürde, 1994, S. 173.

686 Cf. den (ironischen?) Beitrag Jherings: „...die Tochter des reichen Fabrikanten oder Kaufmanns wird die Frau des Offiziers oder Beamten, sie bringt ihm das Geld, er ihr soziale Stellung, beiden ist geholfen." (Jhering, Der Zweck im Recht, 1904, S. 159 u. 155).

687 Nach einer Verordnung von 1817 standen die Kreisrichter in der fünften Beamtenklasse auf einer Stufe wie die Subalternbeamten, d. h. mit Bureau- und Kassenbeamten, Inspektoren und Werkmeistern. (Ormond, Richterwürde, 1994, S. 64).

es um das eigene Geld ging: Dann kauften sie bei Schneidern ein, die wegen der schlechten Bezahlung ihrer Arbeiter von den Sozialdemokraten angeprangert wurden (28.4.1903, S. 35).

4. Die arbeitsrechtlichen Auswirkungen von Provenienz und Qualifikation der Angestellten und Beamten

Im Untersuchungszeitraum bestand für die arbeitende Bevölkerung eine hohe soziale Undurchlässigkeit zwischen den Schichten. Für die Arbeiter war der Aufstieg in den Stand der Angestellten und Beamten, bis auf die bereits erwähnten Bereiche, nahezu ausgeschlossen.[688] Allerdings war es laut Simplicissimus auch für „kleine" Beamte nicht einfach zu avancieren (27.2.1911, S. 821).

Die Inhaber höherer Beamtenposten kamen traditionell mehrheitlich aus den oberen, vielfach aristokratischen Gesellschaftsschichten.[689] Allerdings rekrutierte sich die hohe Staatsbeamtenschaft zunehmend auch aus dem Bürgertum, wirkte allerdings sowohl für die Monarchie als auch für den Adel als stützendes Element.[690] Öffentliche Beamte und Angestellte einfacher Dienstgrade kamen häufig aus den in den Ruhestand versetzten Angehörigen des Militärs. Die ehemaligen Soldaten garantierten Staatstreue und Disziplin. Diese Regelung wurde im Interesse des Militärs lange beibehalten, obwohl damit der Arbeitsmarkt für Zivilbewerber sowohl im Staatsdienst als auch im kommunalen Dienst auf der unteren und mittleren Ebene stark eingeschränkt wurde.[691]

Der vielfach gepflegte Primat der Treuepflicht vor der beruflichen Qualifikation hatte Konsequenzen: Es entwickelte sich im Simplicissimus ein Klischee, dass die öffentlichen Beamten nicht zu den hellsten Zeitgenossen gehörten (25.2.1902, S. 387). So äußerte sich ein älterer Beamter in einem Büro zu seinen Kollegen: *„Man wird immer älter, dümmer und für den Staatsdienst geeigneter."* (4.6.1898, S. 76).

---

688 Berghahn, Das Kaiserreich 1871–1914, 2003, S. 106.

689 Berghahn, Das Kaiserreich 1871–1914, 2003, S. 104.

690 Mommsen, Bürgerstolz und Weltmachtstreben, 1995, S. 72.

691 Als ein Beispiel von vielen seien hier die Angestellten der Kölner Pferdebahn erwähnt. Sie hatten einen zwar relativ sicheren, aber auch gering bezahlten Beruf. Kutscher und Schaffner fielen hier unter den Begriff „Angestellte und Beamte", obwohl es für diese Zuordnung keine eindeutigen Hinweise gab. (Wenzel, 75 Jahre öffentlicher Nahverkehr, 1952, S. 21 f.). In der Rechtsprechung des Landgerichts München wurden bayerische Straßenbahnschaffner zu den Gewerbegehilfen gezählt und unterlagen damit den Bestimmungen der Gewerbeordnung. (Stadthagen, Das Arbeiterrecht, 1904, S. 84). Nach anderer Auffassung richtete sich die Rechtsstellung der Straßenbahnschaffner weder nach der GO noch nach dem HGB. (Baum, Dienstvertrag, 1908, S. 11). Cf. zum Anspruch auf Zivilversorgung für die sogenannten „Zwölfender" und die arbeitspolitischen und arbeitsrechtlichen Konsequenzen: Messerschmidt, Preußens Militär, 1980, S. 60.

Wenngleich das Klischee vom unfähigen Beamten im Kontext einer satirischen Zeitschrift als Übertreibung zu werten ist, so ist die Bewertung doch vor einem realen Hintergrund zu sehen: Einerseits war das Funktionieren des preußischen Staates wie des Deutschen Reichs ohne eine gute Beamtenschaft nicht denkbar. Andererseits war die Auswahl der Kandidaten in manchen Bereichen in erster Linie darauf ausgelegt, über eine staatstreue Gruppe von Beamten verfügen zu können, die sich nicht der sozialistischen Arbeiterschaft anschlossen. Diese Beamten verhielten sich arbeitsrechtlich unauffällig und garantierten den Fortbestand des Staates unter wechselnden Strömungen.

Qualitativ anspruchsvoll verlief im Untersuchungszeitraum hingegen die Ausbildung der Techniker, Ingenieure und jungen Wissenschaftler in den Technischen Hochschulen, den Forschungsinstituten und wissenschaftlichen Gesellschaften. Sie wirkten entscheidend an der Entwicklung der deutschen Industrie mit.[692] Laut Simplicissimus wurden sie in der Großindustrie mit bedeutenden Aufgaben betraut, hatten einen Jahresurlaub von vierzehn Tagen,[693] arbeiteten aber beispielsweise als Chemiker für einen Hungerlohn (9.5.1910, S. 103) und waren den von den Generaldirektoren verfolgten Zielen der Gewinnmaximierung unterworfen (9.10.1911, S. 479).

Die Pflege und Übertragung hierarchischer Strukturen von Militär, Gesellschaft und Industrie auf die Amtsstuben der Behörden bot dem Simplicissimus Anlass zur satirischen Betrachtung des Verhältnisses zwischen Behördenleitern und Untergebenen:

> *[Untergebener] „Ich möchte Herrn Amtsvorstand ganz ergebenst um Beförderung bitten; ich bin in schwierigen Verhältnissen und habe soeben auch noch Familienzuwachs bekommen!“ –*
>
> *[Amtsvorstand] „Ja, was ist das! Sie wollen also nach jedem Kind befördert werden. Famos kalkuliert. – Da können Sie es ja mit Fleiß und Ausdauer noch bis zum Amtsvorstand bringen!“* (29.10.1898, S. 246).

Auch wenn die öffentlichen Beamten nicht in die Zuständigkeit des Arbeitsrechts fielen, so waren doch Auswirkungen ihrer Tätigkeit in vielen Fällen arbeitsrechtlich hoch relevant. Diese Tatsache rechtfertigt eine exemplarische Untersuchung der Gruppe der Hochschulprofessoren, der Lehrer und der Polizisten. In einem weiteren Kontext wird die Rolle der Richter zu untersuchen sein.

---

692 Berghahn, Das Kaiserreich 1871–1914, 2003, S. 90 f; Treue, Expansion und Konzentration, 1977, S. 37 ff.

693 Cf. Reulecke, Vom blauen Montag zum Arbeiterurlaub, 1976, S. 207 u. ö.

5. Ausgewählte Gruppenvertreter

a) Universitätsprofessoren

Wenngleich der Beamtenstatus der Universitätsprofessoren[694] grundsätzlich eine arbeitsrechtliche Bewertung verbietet, sollen ihre Vertreter Erwähnung finden, weil ihre Arbeit mittelbar von arbeitsrechtlicher Relevanz war.

Die ökonomische Entwicklung des Deutschen Reichs war eng mit seinem wissenschaftlichen und technologischen Fortschritt verbunden. Laut Ulrich Sieg besaß der Professorentitel im Kaiserreich „gleichsam eine eigene Weihe" und man erwartete von den Professoren „in einer Zeit beschleunigten kulturellen und sozialen Wandels die dringend benötigten verlässlichen Orientierungspunkte".[695]

Die Universitäten wurden im Untersuchungszeitraum von den Geisteswissenschaften dominiert. Diese wehrten sich gegen eine Teilhabe der Naturwissenschaften an den zur Verfügung stehenden Haushaltsmitteln und zeigten ihre Aversion nicht nur gegen die theoretisch orientierten Naturwissenschaften, sondern erst recht gegen die anwendungsbezogenen Disziplinen.[696] Ein Beispiel von vielen für die Abgrenzung der als erhaben wahrgenommenen Geisteswissenschaften von den Naturwissenschaften war Diltheys ***Einleitung in die Geisteswissenschaften*** mit Einfluss auf Vertreter der Jurisprudenz, wie Otto von Gierke, der Diltheys ersten Band rezensierte.[697]

So fand sich im Simplicissimus eine deutliche Kritik an den Professoren, die über das assyrische Brot forschten und nicht wussten, wie das tägliche Brot hergestellt wurde (16.6.1903, S. 96). Weitere Vorwürfe an die Adresse der Professoren waren Weltfremdheit[698], Selbstüberschätzung (28.8.1897, S. 174), Unfähigkeit zur eigenen Meinungsbildung (25.6.1898, S. 98), pathetische Deutschtümelei (18.2.1898, S. 372), fehlende Weltläufigkeit (9.7.1906, S. 236), Autoritätshörigkeit (30.1.1899, S. 346), Rückgratlosigkeit (18.4.1905, S. 32), Vetternwirtschaft (9.1.1911, S. 702), Missgunst (12.10.1908, S. 469) und Inkompetenz (29.7.1902, S. 144).

Der Simplicissimus entwarf satirisch ein Bild der Professoren und Hochschulen, das der Historiker Michael Stürmer für den Untersuchungszeitraum wie folgt beschrieb: „Die Universitäten blieben noch lange Zeit überwiegend älteren, fast schon

694 § 73, II, 12 ALR.

695 Sieg, Jüdische geisteswissenschaftler, 2001, S. 67.

696 Berghahn, Das Kaiserreich 1871–1914, 2003, S. 87 f.

697 Gierke, Eine Grundlegung für die Geisteswissenschaften, 1884, bes. S. 127 und S. 132: „Gerade in der Gegenwart, in der sich naturalistischer Unfug so breit macht, kann es der Geisteswissenschaft nicht dringend genug ans Herz gelegt werden, daß sie ihre hohen Aufgaben nur zu lösen vermag, wenn sie sich ihrer Selbständigkeit bewußt bleibt und aus ihrem eignen Reichthum schöpft."

698 Zur Kritik an der „Weltfremdheit" der Vertreter der sog. Begriffsjurisprudenz, wie Georg Friedrich Puchta: Haferkamp, Georg Friedrich Puchta, 2004, S. 30, 35, 48 u. ö.

abgelebten Welten verpflichtet."[699] Die Versuche einer Abgrenzung der einzelnen Wissenschaften voneinander beschäftigte intensiv die Professorenschaft.[700]

Der Kritik der Zeitgenossen und damit auch des Simplicissimus unterworfen waren damit auch die Rechtslehrer.

Rechtssoziologische Untersuchungen machten Hintergründe sichtbar, die für das vom Simplicissimus karikierte Professorenbild verantwortlich waren. Der Untersuchung von Gerhard Köbler über die Herkunft der deutschen Rechtslehrer des 19. Jahrhunderts kann u. a. Folgendes entnommen werden:

> „Ständisch entstammen sie ganz überwiegend dem gebildeten Bürgertum, wobei in etwa die Hälfte der Fälle der Vater und in einer nicht unbeachtlichen Anzahl der Fälle auch der Großvater bereits in irgendeiner Form in Justiz und Verwaltung tätig gewesen war. Angehörigen der Unterschicht war der Zugang zu ihrer Gruppe praktisch gänzlich verschlossen."[701]

Laut Simplicissimus widmeten sich die Professoren nicht einer praxisbezogenen Forschung und Wissenschaft. Sie gehörten wie die Schullehrer zu den Ausbildern von jungen Menschen. Ihre Defizite wirkten sich negativ auf deren Bildung und Ausbildung aus, so dass die ihnen Anvertrauten selbst ihre beruflichen Aufgaben nicht optimal erfüllen konnten und sich somit auch arbeitsrechtlich in einer prekären Situation befinden würden. Hueck wies darauf hin, dass „bei der wirtschaftlichen Überlegenheit des Arbeitgebers und dem oft vorhandenen Mangel an Rechtskenntnissen und geschäftlicher Gewandtheit auf Seiten des Arbeitnehmers die Gefahr einer Ausbeutung durch unbillige Arbeitsbedingungen besonders groß ist".[702] Die Unübersichtlichkeit der geltenden Rechtsvorschriften führte zu einer weit verbreiteten Unkenntnis nicht nur in der Arbeiterschaft über Rechte und Pflichten aus dem Arbeitsvertrag und der Sozialgesetzgebung.[703] Der Reichstagsabgeordnete der SPD und Jurist Arthur Stadthagen verfasste mit seinem Rechtshandbuch ***Das Arbeiterrecht*** eine Zusammenstellung der für Arbeiter und Unternehmer verpflichtenden Rechtsvorschriften, die seit der Erstauflage von 1895 in vier Auflagen bis 1904 erschien.

Der vom Simplicissimus gerügte fehlende Praxisbezug der traditionellen Universitäten fand seine Entsprechung in der zeitgenössischen Zurückhaltung der Rechtswissenschaften gegenüber dem Arbeitsrecht.

---

699 Stürmer, Das ruhelose Reich, 1983, S. 127.

700 Cf. Haferkamp, Psychologismus bei Ernst Zitelmann, 2009, S. 223.

701 Köbler, Zur Herkunft der deutschen Rechtslehrer, 1978, S. 128.

702 Hueck/ Nipperdey, Lehrbuch des Arbeitsrechts, 1963, S. 146; ähnlich Söllner, Der industrielle Arbeitsvertrag, 1972, S. 289: „Die unbeschränkte Vertragsfreiheit führte dazu, daß der wirtschaftlich überlegene Arbeitgeber den Lohnarbeiter ausbeuten konnte."

703 Dazu Zwiedineck-Südenhorst, Arbeiterschutz und Arbeiterversicherung, 1905, S. 38.

b) Lehrer

aa) Die Lage der Lehrer

Im Simplicissimus wurde der Status der Lehrer i. d. R. nicht ausdrücklich als der von Beamten qualifiziert. Sie waren vielmehr in zahlreiche arbeitsrechtliche Abhängigkeitsverhältnisse von Behörden, Kirchen und Patronatsherren[704] eingebunden. Paul Laband erwähnte 1901 als Beamte diejenigen, „welche an den Universitäten und Gymnasien Unterricht ertheilen".[705]

Zum Nachweis ihrer (Schein-)Bildung artikulierten sich die Simplicissimus-Lehrer in endlosen, hypotaktischen Sätzen. Sie lebten eingesponnen und besserwisserisch in ihrer Welt und waren zu ihren Schülern hartherzig. (20.11.1899, S. 276 u. ö). Außerdem waren sie arm und unhygienisch (20.6.1905, S. 137 u. ö.). Beruflich verkörperten sie jedoch ein extrem hohes Pflichtbewusstsein (1.2.1909, S. 750).

Den rechtshistorischen Kontext für das vom Simplicissimus gezeigte Verhalten bildete die seit der Reaktionszeit vom preußischen Staat eingeforderte innen- und außerdienstliche Überwachung der Lehrer.[706] Die nicht beamteten Lehrer standen gemäß BGB - wie Erzieher, Privatbeamte und Gesellschafterinnen – als Arbeitnehmer in einem „Dienstverhältniß" mit festen Bezügen und besonderem Kündigungsschutz.[707] „Lehrer und Erzieher" galten im ***AVG*** vom 20. Dezember 1911 als angest elltenversicherungspflichtig,[708] sofern sie nicht als versorgungsberechtigte Lehrer an öffentlichen Schulen oder Anstalten versicherungsfrei waren.[709]

Der Einsicht in die Notwendigkeit von Bildung stand lange in der Schulpolitik die Vorstellung gegenüber, dass der Staat „eher loyale Bürger brauche als gebildete".[710]

---

704 Zur Mit-Aufsicht der Geistlichkeit über die „gemeinen Schulen" (Elementarschulen): §§ 12 ff., II, 12 ALR. Zu den Kirchenpatronen: §§ 68–71 EKSO 1876; §§ 568 ff., II, 11 ALR. Die Patronatsherren bestimmten, wer in ihrem gutsherrlichen Bereich Pfarrer oder Lehrer wurde. (Kaak, Die Gutsherrschaft, 1991, S. 68).

705 Laband, Das Staatsrecht des Deutschen Reiches, 1901, S. 408. Der ursprünglich wenig geachtete Dorfschullehrer entwickelte sich zum „seminarmäßig gebildeten Lehrer", teilweise zum Oberlehrer, der in der Unterstufe des Gymnasiums unterrichten durfte. (Stürmer, Das ruhelose Reich, 1983, S. 137).

706 Rejewski, Die Pflicht zur politischen Treue, 1973, S. 40.

707 § 622 BGB. Ihnen konnte zum Ende des Quartals mit sechswöchiger Kündigungsfrist gekündigt werden. (Dazu: Baum, Das Recht des Arbeitsvertrages, 1911, S. 74). Nach heutiger Rechtslage sind Lehrer an allgemeinbildenden Schulen im Allgemeinen Arbeitnehmer, sofern sie keine Beamten sind. (Schaub, Vogelsang, ArbR-Hdb., 2011, § 8 Rn. 37 mit Hinweis auf BAG 9.7.2003 AP Nr. 158 zu § 611 BGB Lehrer, Dozenten = NZA-RR 2004, 9 m. w. N.).

708 § 1 AVG 1911/1924, dazu: AVG 1911/1924, Schulz, Hartmann, S. 48 Fn 17, S. 61 Fn. 70; cf. Kocka, Die Angestellten in der deutschen Geschichte 1850–1980, 1981, S. 135; cf. zur Lage der Lehrer im 19. Jahrhundert: Engelsing, Zur Sozialgeschichte deutscher Mittel- und Unterschichten, 1978, S. 104 f.

709 §§ 11, 12, 14 AVG 1911/1924.

710 Stürmer, Das ruhelose Reich, 1983, S. 134.

Gleichwohl wurde von offiziöser Stelle mit Stolz vermerkt, dass Deutschland „das Land der Schulen“ genannt würde.[711]

Die Lehrer wurden in der Regel vom Simplicissimus ikonisch klischeehaft konnotiert als hagere Gestalten, angetan mit einem Vollbart und einem Zwicker, dunkler Kleidung und einem Zylinder (4.7.1905, S. 167). Dick wurden sie nur, wenn der agrarische Patronatsherr sie benutzte, um an ihnen die Wirkung des neuen Schweinemastpulvers auszuprobieren (6.7.1908, S. 241). Das Beispiel zeigte den Grad ihrer Abhängigkeit von ausbeuterischen Arbeitgebern[712] und ihren arbeitsrechtlichen Status als rechtlose, tiergleiche Opfer.

Im Sinne der induktiven Auswahl der Gruppen erfolgt hier für das öffentliche Schulwesen eine Beschränkung auf Volksschullehrer und Gymnasiallehrer, ohne auf andere Schulformen einzugehen.[713]

bb) Volksschullehrer

Der Beruf des Volksschullehrers bot eine der wenigen Aufstiegschancen für Arbeiter- und Handwerkersöhne.[714] Die Bezahlung war dürftig.[715] Lange wurden die Volksschullehrer in einigen Landesteilen aus den kirchlichen Kollekten der Taufen, Hochzeiten und Beerdigungen bezahlt.[716] Von arbeitsrechtlichen Ansprüchen oder gar von einem sicheren Beamtenstatus konnte keine Rede sein. Die Volksschullehrer lebten in einem prekären Arbeitnehmerstatus. In zahlreichen Beiträgen widmete sich der Simplicissimus satirisch den Volksschullehrern: Besonders in Preußen würden die Volksschullehrer ausgehungert (4.2.1907, S. 736 u. ö.). In einer Karikatur,

---

711 Annalen des Deutschen Reichs für Gesetzgebung, Verwaltung und Statistik 1900, S. 653 f. Das preußische Innenministerium zählte beispielweise 1846 die Schullehrer zu den „glaubhaften Personen“, die im Auftrag von Schreibunkundigen Zeugnisse für deren Gesinde ausfertigen konnten. (§ 5 VEG 1846, Gerhard, S. 200).

712 Der Simplicissimus beschrieb hier Zustände, wie sie aus Schilderungen aus der Zeit der Wende vom 18. zum 19. Jahrhundert für den ostelbischen Raum überliefert wurden. (Knapp, Die Bauern-Befreiung 1887, Bd. I, S. 77).

713 Zu den Fortbildungsschulen: Nelken, Die deutschen Handwerker- und Arbeiterschutzgesetze, 1901, S. 554.

714 Stürmer, Das ruhelose Reich, 1983, S. 62.

715 Cf. Brüggemeier/ Niethammer, Aspekte der Arbeiterwohnungsfrage, 1981, S. 148 f. Brüggemeier/ Niethammer weisen auf die Überforderung der Volksschullehrer bei niedrigem Gehalt hin: Für den Untersuchungszeitraum gilt: Die durchschnittliche Klassenfrequenz an preußischen Volksschulen betrug 1896 57 Schüler, 1911 51 Schüler. Die schlechte Stellung der Elementarlehrer reicht bis in das Mittelalter: „Nahezu immer unterbezahlt, schlecht ausgebildet, dem städtischen Proletariat angehörend, unterrichteten **Lehrer** primär mit dem Stock.“ (Palme, Städtische Sozialpolitik, 1991, S. 59).

716 §§ 29 ff., II, 12 ALR; §§ 2, 3 ALBG 1876; cf. § 556 ff., II, 11 ALR. (Küster als „Schulhalter“).

die mit dem Titel *„Aus dem preußischen Irrenhaus"* überschrieben war, erklärte der Arzt einem Besucher:

> *„Sehn Sie, dieser Kranke schreit beständig ‚Hoch!', singt Choräle und Vaterlandslieder und klagt dazwischen über Hunger. Er war früher Volksschullehrer."* (8.7.1907, S. 235).

Die Frau eines preußischen Schullehrers teilte diesem mit, dass eines ihrer Kinder verhungert sei:

> *„Unser armes Kind ist verhungert – wie schade, jetzt können wir nicht mehr vierstimmig ‚Heil dir im Siegerkranz' singen."* (8.1.1901, S. 337).

Die Satire der Beiträge lag darin, dass Patriotismus, Staatstreue und Glaube weder durch Not noch durch den vom Staat verschuldeten Tod eines Kindes erschüttert wurden. Die schlechte Ausstattung der Schulen, der Druck der Geistlichkeit, der Behörden und der Bevölkerung auf die Volksschullehrer verhinderten nach Ansicht des Simplicissimus eine gute Ausbildung der Schüler. Die mangelhafte Ausbildung machte sie aber in zukünftigen arbeitsrechtlichen Situationen und Auseinandersetzungen zu Unterlegenen.

Besonders die Dorfschulen vermittelten nach Aussagen von Zeitgenossen eine primär religiös ausgerichtete, wissenschaftsferne Bildung.[717] Dem preußischen Staat liege angeblich daran, durch den „bewußten Akt der Volksverdummung zur Aufrechterhaltung der Klassengesellschaft und ihrer Machtstrukturen" beizutragen.[718] Dieser These widersprach allerdings die ebenfalls nachzuweisende Bemühung des Staates, aus Wettbewerbsgründen die Bildung seiner Bürger zu forcieren.[719] Das Zusammentreffen von sparsamer Politik der Ministerien und der „gewohnheitsmäßigen Knauserei" der örtlichen Gemeindevertreter schuf jenseits der Ideologien und Fakten den Nährboden für die Kritik des Simplicissimus.

1904 beklagte die Sozialistin Clara Zetkin die unzureichende Bezahlung der Volksschullehrer und den Status der Volksschule als „Arme-Leuteschule".[720] Eine gute Schulbildung sei eine Ware, die sich nur die Vermögenden kaufen könnten. Die allgemeine Bildung müsse so beschaffen sein, dass alle Schüler(innen) „zur Zeit der Berufswahl wohl ausgerüstet ins Leben treten" könnten.[721] Vor allem der „Arbeitsunterricht" sollte „Freude an schöpferischer Arbeit" geben und „Ehre und

---

717 Göhre, Drei Monate Fabrikarbeiter und Handwerksbursche, 1891, S. 71 ff.

718 Konrad, Nationale und internationale Tendenzen im „Simplicissimus", 1975, S. 98. Die Publikation des Hauptlehrers Heinrich Drees war einerseits ein Beleg für das Bemühen, die Sozialgesetzgebung den Schülern vertraut zu machen, andererseits ein Beweis festen Patriotismus'. (Drees, Die Reichs-Gesetze über die Arbeiter-Versicherung, 1893, passim).

719 Stürmer, Das ruhelose Reich, 1983, S. 121.

720 Zetkin, Die Schulfrage, 1904, S. 15.

721 Zetkin, Die Schulfrage, 1904, S. 8.

Würde der Arbeit" lehren.[722] Auch in diesem Beitrag wurde die arbeitsrechtliche Relevanz der Stellung der Volksschullehrer deutlich.

cc) Gymnasiallehrer

Finanziell besser gestellt als die Volksschullehrer und grundsätzlich verbeamtet[723] trugen die Gymnasiallehrer laut Simplicissimus häufig mit Stolz den Professorentitel (13.8.1901, S. 163 u. ö.). Sie waren autoritätshörig (6.11.1900, S. 362) und weltfremd (17.4.1899, 20 u. ö.). Eine kindgerechte Erziehung lag ihnen fern (6.8.1901, S. 156 u. ö.). Die Gymnasiallehrer kannten moderne Fremdsprachen nur aus Büchern (2.7.1906, S. 219). Vor allem die humanistischen Lehrer hielten die Beherrschung moderner Sprachen unter ihrer Würde. Ein Schüler, der die englischen Städte im Gegensatz zu seinem Lehrer korrekt aussprechen konnte, wurde spöttisch von diesem gefragt, ob er die Absicht hätte, *„mal Handlungsreisender zu werden"* (10.7.1911, S. 254). Die bayerischen Gymnasiallehrer benoteten ihre Schüler danach, ob sie Ministranten waren (10.4.1911, S. 35).[724]

Nach Auffassung der Zeitschrift kam es einem Mord gleich, wenn man ein Kind auf ein humanistisches Gymnasium schickte (8.5.1911, S. 90). In der vom Simplicissimus karikierten Pädagogik ging der Humanismus eine enge Verbindung mit dem Militär ein (16.4.1906, S. 39). Der Simplicissimus wies auf die Diskrepanz zwischen dem im Gymnasium vermittelten „humanistischen" Stoff und den wirklichen Erfordernissen für die Berufswelt hin. (5.11.1901, S. 261 u. ö.). Wenn sich auch aus der Betrachtung des Standes der Gymnasiallehrer keine unmittelbaren arbeitsrechtlichen Bezüge ableiten lassen, so wird doch deutlich, dass laut Simplicissimus das Gymnasium unzureichend auf das Berufsleben vorbereitete und damit auch keine Grundlagen zum Abschluss angemessener arbeitsrechtlicher Verhältnisse schuf. Dies wäre auf Seiten der Abiturienten und Studenten nicht die Position eines lohnabhängigen Arbeiters oder Kaufmannsgehilfen gewesen, wohl aber die eines gut ausgebildeten Arbeitgebers, Freiberuflers oder leitenden Angestellten.

In der gesellschaftlichen Realität des untersuchten Zeitraums war eine Anpassung an die moderne Industriewelt weniger von den als anachronistisch empfundenen

---

722 Zetkin, Die Schulfrage, 1904, S. 12.

723 § 65, II, 12 ALR; Pfaffenroth, Preußische Beamten-Gesetzgebung, 1916, S. V f.; Cf. Schröder, Die Richterschaft, 1983, S. 243: „Die *Oberlehrer*, deren Status sich im zweiten Kaiserreich ständig verbesserte, drängten offenbar auf Gleichbehandlung mit den Richtern, die sie im übrigen am Ende des Kaiserreiches im wesentlichen erreichten."

724 Die Haltung Ludwig Thomas kam in seiner Darstellung des Zeichners Rudolf Wilkes zum Ausdruck: „Dem deutschen Oberlehrer hat er in seinem Leben wie in seiner Kunst nachgestellt, hat seine Hilflosigkeit, seine Aufgeblasenheit, seine Tyrannengewohnheiten, seine bücherweise Weltfremdheit aufgespürt und festgenagelt …." (Thoma, Leute, die ich kannte, 1923, S. 43).

humanistischen Gymnasien zu erwarten als von den Oberrealschulen.[725] Besonders dieser Schultyp schien den Eltern des unteren und mittleren Bürgertums eine Aufstiegschance für ihre Söhne zu bieten.[726] Stolleis sah in der Schaffung von „Realschulen, Gewerbeschulen und Technische[n] Universitäten“ eine Form des staatlichen Einwirkens, das nichts mit einem „laissez-faire Standpunkt“ gemeinsam hatte.[727]

dd) Nachhilfelehrer, Privatlehrer, Hauslehrer, Hilfslehrer

Auch ein Gymnasiallehrer war für einen Nebenverdienst dankbar, wie sich aus einem Gespräch mit seiner Frau ergab:

> *„Wer ist der junge Herr?“*
> *„Das ist mein liebster Schüler.“*
> *„So, ist er so talentiert?“*
> *„Unsinn, en Esel ist er. Aber ich beziehe monatlich über 100 Mark von ihm für Nachhilfestunden.“* (26.5.1903, S. 75).

Arbeitsrechtlich relevant war der Status der Privat- und Hauslehrer: Der Nachhilfe- oder Hilfslehrer ging einen Vertrag mit den Erziehungsberechtigten des zu unterrichtenden Kindes ein, wobei er sich auf eine karge Bezahlung einstellen musste. (21.1.1910, S. 748). Ein solcher verdiente sich durch Unterricht im Hause eines Kommerzienrats ein Zubrot zu seiner kargen Entlohnung. (9.7.1901, S. 123 u. ö.). Während die Familie Fleisch aß, musste sich der Hauslehrer mit Kraut begnügen. (15.7.1907, S. 257). Die im Haushalt aufgenommenen Privat- und Hauslehrer hatten vielfach den Status von mit höheren Diensten beschäftigten Hausangestellten (Dienstboten) und unterfielen weder dem Beamtenrecht, noch der Gewerbeordnung, sondern den Gesindeordnungen und den Vorschriften des BGB.[728]

---

725 Stürmer, Das ruhelose Reich, 1983, S. 121 f. Seit den 1820er Jahren bauten die größeren deutschen Staaten technisch-ingenieurwissenschaftliche Lehranstalten und Gewerbeschulen auf. (Wehler, Das deutsche Kaiserreich 1977, S. 28; Pohl, Wirtschafts- und Sozialgeschichtliche Grundzüge, 1979, S. 14). Sie hatten jedoch ein geringeres gesellschaftliches Prestige als die humanistischen Gymnasien.

726 Kocka, Die Angestellten in der deutschen Geschichte 1850–1980, 1981, S. 90 ff.; Stürmer, Das ruhelose Reich, 1983, S. 63 f.; Berghahn, Das Kaiserreich 1871–1914, 2003, S. 158.

727 Stolleis, Interventionsstaat, 1989, S. 131 f. Cf. Pohl: „In wilhelminischer Zeit trat damit die naturwissenschaftlich-technische Ausbildung mehr und mehr neben die traditionelle humanistische.“ (Pohl, Wirtschafts- und sozialgeschichtliche Grundzüge, 1979, S. 44 f.

728 Hueck/ Nipperdey, Lehrbuch des Arbeitsrechts, 1963, S. 68. Ebel formulierte spitz: „...genau genommen paßten die Bestimmungen des BGB uneingeschränkt eigentlich auf das Dienstverhältnis des – heute ausgestorbenen [C. W. 1964] – Hauslehrers.“ (Ebel, Quellen zur Geschichte des Arbeitsrechts, 1964, S. 11). Cf. Schröder, Das Gesinde war immer frech und unverschämt, 1992, S. 50.

Nicht jeder Privatlehrer mochte aber als Bediensteter behandelt werden, nur damit die Mutter seines Zöglings im Badeort die Kurtaxe für ihn sparen konnte (2.8.1909, S. 303). In der Tat entsprach es den Gepflogenheiten von Kurorten, von begleitenden Gouvernanten, Erzieherinnen und Dienstboten keine Kurtaxe zu erheben.

c) Polizisten

Die Polizisten rekrutierten sich häufig aus den Schichten gedienter Soldaten,[729] nach Ansicht des Simplicissimus allerdings auch aus kriminellen Kreisen (19.11.1906, S. 541).

Der durchgängigen Kritik des Simplicissimus an den Polizisten standen die Wertschätzung staatstreuer Zeitgenossen und die – bisweilen durchaus kritische – Akzeptanz ihrer Aufgaben durch die juristische Öffentlichkeit gegenüber.[730]

Die Polizisten fielen nicht unmittelbar unter die Bestimmungen des Arbeitsrechts, jedoch war ihre Stellung in mehrfacher Hinsicht arbeitsrechtlich relevant: Sie blockierten den Arbeitsmarkt für andere Bewerber und sie waren als staatstreue Beamte verpflichtet, Vereine und Versammlungen zu überwachen. Auf Befehl hatten sie gegen streikende Arbeiter vorzugehen. Sie wurden als das unterste Glied der Exekutivorgane einer obrigkeitsstaatlichen Repression bezeichnet.[731] Eine ausgeprägte Rolle spielte der polizeiliche Zwang im Gesindedienstverhältnis, in dem die Polizei etwa „Streitigkeiten zwischen Dienstherrschaft und Gesinde mit wenigstens vorläufiger Wirkung" zu entscheiden hatte oder abgängige Dienstboten gewaltsam in den Dienst zurückzuführen berufen war.[732]

Im Zuge der Restauration entwickelte sich der preußische Staat zu einem Polizei-Staat, der in das Leben seiner Bürger eingriff.[733] Die Spannungen zwischen Staat und Bürger übertrugen sich auf die Polizei, die „gleich nach Gott" komme.[734] Im Laufe der Zeit unterstand die Polizei unterschiedlichen Autoritäten. In vielen Fällen handelten

---

729 Cf. Lemke, Die Preussische Exekutiv-Polizei, 1904, S. 155, 203 ff. Insbesondere die auf dem Land eingeführte Gendarmerie verlor erst 1919 ihre militärisch-polizeiliche Doppelstellung. (Melcher, Die Geschichte der Polizei, 1926, S. 76).

730 Drees erwähnte 1893 die „ungewöhnliche Straffheit, Pflichttreue und Uneigennützigkeit" des für die innere Sicherheit verantwortlichen Beamtenstandes. (S. 3). Cf. Murmann, Polizeiverordnung, 1913, S. 15: Die Polizei habe die Aufgabe, „die dem Einzelwillen gegenüber im Interesse des allgemeinen Wohles zu erhebenden Anforderungen festzustellen und, gegebenenfalls mit Gewalt, zur Geltung zu bringen". Murmann sah jedoch auch unter Berufung auf Rosin ein „Stück des alten Polizeistaates konserviert" (S. 50) und sah die Polizei nicht nur auf die Exekutive beschränkt (S. 89); Melcher, Die Geschichte der Polizei, 1926, S. 73.

731 Tenfelde, Sozialgeschichte der Bergarbeiterschaft, 1977, S. 579 f.

732 § 167 GesO 1810; Vormbaum, Politik und Gesinderecht im 19. Jahrhundert, 1980, S. 63 f.

733 Biermann, Privatrecht und Polizei in Preußen, 1897, S. 218; zur Geschichte des „Polizeistaates": Melcher, Die Geschichte der Polizei, 1926, S. 52 ff.

734 Harnischmacher/Semerak, Deutsche Polizeigeschichte, 1986, S. 54 f.

die Polizisten auf Anweisung des Bürgermeisters.[735] In ländlichen Gemeinden war der Schultheiß der Vorgesetzte des Polizeidieners (18.7.1910, S. 263), im Osten lange auch der Gutsbesitzer.[736]

Im Preußischen ***Gesetz über die Polizeiverwaltung vom 11. März 1850*** wurden die Gegenstände ortspolizeilicher Vorschriften bestimmt. Zu ihnen gehörte gem. § 6 b) i. V. m. § 5 die Aufrechterhaltung der „Ordnung, Sicherheit und Leichtigkeit des Verkehrs auf öffentlichen Straßen, Wegen und Plätzen, Brücken, Ufern und Gewässern."[737] Diese Vorschrift bedeutete nach Ansicht zeitgenössischer Juristen „zweifellos eine Ausdehnung der nach § 10 II 17 ALR bestehenden polizeilichen Machtvollkommenheit"[738] und war deshalb von arbeitsrechtlicher Relevanz, weil sie das Einschreiten gegen streikende Arbeiter und Streikposten rechtlich legitimierte. Zeitgenössische Autoren aus dem Bereich der Polizei beklagten selbst durchaus kritisch die Dehnbarkeit und Unklarheit der Aufgaben der Exekutiv-Polizei hinsichtlich „der Erhaltung der öffentlichen Ruhe, Ordnung und Sicherheit".[739]

Als Stellvertreter der Staatsautorität waren vor allem die uniformierten, preußischen Polizisten Zielscheibe der Angriffe des Simplicissimus:[740] Der „Schutzmann" dürfe sich alles erlauben und mit Hilfe seines Säbels regieren (16.1.1911, S. 718).[741] Im Dezember 1902 widmete die Zeitschrift der Polizei eine Sondernummer, in der alle dem Simplicissimus aufgefallenen Unarten der Polizei Erwähnung fanden (2.12.1902). Die Polizisten traten ikonisch bärbeißig mit Pickelhaube und Schleppsäbel oder mit Gewehr und aufgepflanztem Bajonett auf.

Hinsichtlich ihrer Einstellung hielt der Simplicissimus sie für parteiisch, obrigkeitshörig und brutal den Schwachen gegenüber, ansonsten für faul und auch bestechlich. (7.6.1909, S. 171 u. ö.).[742] Laut Simplicissimus wehrten sich die herrschenden Klassen mit Hilfe der Polizei gegen sozialdemokratische Arbeiter. So meldete ein Schutzmann seinem Landrat:

---

735 Murmann, 1913, S. 20; Pfeiffer, Der erste Bürgermeister, 1930, S. 42 und 46; cf. Lemke, Die Preussische Exekutiv-Polizei, 1904, S. 130, 192 ff.

736 Lemke, Die Preussische Exekutiv-Polizei, 1904, S. 194.

737 § 6b PolVwG 1850. Auch Harnischmacher/ Semerak, Deutsche Polizeigeschichte, 1986, S. 59.

738 Murmann, Polizeiverordnung, 1913, S. 43.

739 Lemke, Die Preussische Exekutiv-Polizei, 1904, S. 196 mit dem Versuch einer Definition der genannten Begriffe.

740 Zimdars, Die Zeitschrift „Simplicissimus", 1972, S. 40 f; Konrad, Nationale und internationale Tendenzen im „Simplicissimus", 1975, S. 70.

741 Lüdke/ Erwig-Drüppel, Das Subject. Das Object, 1994, S. 164 f. und passim.

742 Ein zeitgenössischer Polizeiinspektor stellte fest, dass „sowohl bei den oberen wie bei den unteren Exekutiv-Polizeibeamten" die körperlichen und geistigen Fähigkeiten häufig zu wünschen übrig ließen. (Lemke, Die Preussische Exekutiv-Polizei, 1904, S. 204). Lemke wehrte sich allerdings auch gegen Pressekampagnen, in denen einzelne Übergriffe nach dem Motto „Schutz gegen Schutzleute" aufgebauscht wurden. (S. 208).

„Melde gehorsamst, Herr Landrat, bei Schreinermeister Schierke ist ein sozialdemokratischer Geselle aufgezogen."

„Politik geht mich nichts an – aber ich erkläre den Kerl hiemit für pockenverdächtig. Das Haus bleibt geschlossen, niemand 'raus und 'rein, bis er gerne geht!" (14.3.1910, S. 864).

In diesem Beispiel zeigt sich exemplarisch die arbeitsrechtliche Relevanz der Polizei, die in Erfüllung des § 6 e) PolVwG 1850 die politische Motivation der Obrigkeit in die Zerstörung von Arbeitsverhältnissen umsetzt.[743] Die xenophobische Beschränkung der Rechtsfähigkeit von Fremden griff, laut Windscheid, noch vor das Justinianische römische Recht zurück: „Das heutige gemeine Recht kennt eine ungünstigere Behandlung Fremder für das Privatrecht nur in ganz vereinzelten Anwendungen."[744] Demgegenüber verhielten sich die früheren Polizeiordnungen fremden und ausländischen Arbeitnehmern gegenüber sehr misstrauisch, da man in ihnen Personen vermuten konnte, die im Gastland erworbenen Fähigkeiten und Fertigkeiten außer Landes brachten.[745] Diese Haltung entsprach alter merkantilistischer Tradition. Insgesamt zeigte sich in der arbeitsrechtlichen Haltung Fremden und Ausländern gegenüber der Unterschied zwischen gemeinem Recht und den konkreten Polizeiordnungen.

6. Zwischenergebnis zu V

Streng hierarchische Strukturen herrschten im Untersuchungszeitraum nicht nur im Militär und in den von Aristokraten und Bürgerlichen bestimmten Arbeitsverhältnissen, sondern auch in den Vorschriften der betrieblichen und öffentlichen Beamten und Angestellten. Im Gegensatz zum heutigen Beamtenrecht waren die nicht-öffentlichen Beamten des Untersuchungszeitraums Arbeitnehmer. Angestellten und Beamten war das Standesbewusstsein gegenüber den Arbeitern gemeinsam. Die Obrigkeit war bemüht, beide Gruppen an sich zu binden.

Der Simplicissimus bekundete zwar einerseits Mitempfinden für die unzureichende Alimentierung der Beamten, monierte aber andererseits ihre bescheidene mentale und fachliche Ausstattung, die vor allem auf den Rekrutierungsmodus, in dem Staatstreue und Herkunft Vorrang vor Kompetenz hatten, zurückzuführen sei.

Besonders das preußische Bildungssystem mit seiner Mischung aus staatlichen, kirchlichen und kommunalen Abhängigkeiten, seiner schlechten finanziellen und curricularen Ausstattung befand sich in einer prekären Situation. Der Hinweis der Zeitschrift auf diese Situation konnte durchaus eine aufklärerische Funktion entfalten.

---

743 § 6 e) PolVwG: Zu den Gegenständen der ortspolizeilichen Vorschriften gehörten: „das öffentliche Interesse in Bezug auf die Aufnahme und Beherbergung von Fremden."

744 Windscheid, Lehrbuch des Pandektenrechts, 1906, § 55, S. 245.

745 Schmelzeisen, Polizeiordnungen, 1955, S. 370 f.

Weder die Universitätsprofessoren, noch die Lehrer an Volksschulen und humanistischen Gymnasien leisteten nach Auffassung des Simplicissimus einen hinreichenden Beitrag zur Vorbereitung der Schüler und Studenten auf das Berufsleben und die Arbeitswelt. Folglich wurden keine Grundlagen zum Abschluss angemessener arbeitsrechtlicher Verhältnisse geschaffen. Dies wäre auf Seiten der Abiturienten und Studenten die Position eines fachlich und arbeitsrechtlich kompetenten und moralisch integren Arbeitgebers, Freiberuflers, leitenden Angestellten oder Beamten.

Obwohl die öffentlich-rechtlichen Beamten nicht dem Arbeitsrecht unterfielen, waren die Auswirkungen ihrer Tätigkeit von mittelbarer arbeitsrechtlicher Relevanz. Dies betraf auch die Polizei, deren Tätigkeit in das Leben der abhängigen Arbeitnehmer bis zur Zerstörung von Arbeitsverhältnissen eingriff.

VI. Künstlerinnen und Künstler

1. Die Lage der Künstlerinnen und Künstler

Im Untersuchungszeitraum bildeten die Künstler im Wesentlichen zwei, vom Simplicissimus thematisierte, arbeitsrechtlich relevante, nach sozialem Status zu unterscheidende Gruppen:

Zur ersten Gruppe gehörten die arrivierten, vom Hof und der Gesellschaft anerkannten, mit Adelstiteln, Orden und Alimentierung versehenen Künstler (27.6.1905, S. 147 u. ö.).

> *„Ich kam nach der Residenz und traf einen Jugendfreund, der dort am Hoftheater wirkte. ‚Sind Sie nicht der Schauspieler Müller?‘ redete ich ihn an. ‚Nein, der bin ich nicht!‘ war die Antwort, ‚ich bin der königliche Darstellungsbeamte Müller!‘“* (1.12.1903, S. 290).

Mit der Verwendung des Syntagmas *„königlicher Darstellungsbeamter Müller“* sind arbeitsrechtlich relevante Implikationen verbunden: Zum Wirrwarr der vielen Beamtentypen des Untersuchungszeitraums hat sich ein weiterer hinzugesellt: der des „Darstellungsbeamten“.[746] Der Begriff signalisiert soziale Absicherung, arbeitsrechtliche Stabilität, gesellschaftliche Anerkennung, gleichmäßiges finanzielles Auskommen und soziale Distanz, wie sie auch in der arroganten Antwort des Angesprochenen deutlich wird. Die ohnehin mit dem Beamtentum in Verbindung zu bringende Staatstreue wird durch das Adjektiv *„königlich“* verstärkt. Der vom Angesprochenen offenbar so empfundene soziale Aufstieg entlarvt sich schließlich

---

746 Manfred Rehbinder sieht gerade in der Befristung das Typische des Bühnen-Arbeitsvertrages („Bühnenengagement“): „Die Bretter, die die Welt bedeuten, bieten eben – was die vertragliche Bindung an eine bestimmte Bühne angeht – grundsätzlich keine Lebensstellung.“ (Rehbinder, Bühnenengagement, 1975, S. 88). Allerdings weist er auch auf die Besonderheiten der neuzeitlichen Hoftheater hin. (S. 97). Rehbinder zitiert u. a. einen Theatervertrag aus dem Jahre 1795, dessen arbeitsrechtliche Bestimmungen für die Schauspielerin weitaus günstiger sind als die des fiktiven Kontraktes à la Simplicissimus, (S. 97 f.).

durch die Beibehaltung seines Namens *„Müller“* in der stilistischen Form eines Oxymerons als Hinweis auf den Fortbestand seiner tatsächlichen Banalität.

In der zweiten Gruppe befanden sich die zahllosen, um ihr Überleben kämpfenden Künstlerinnen und Künstler. (30.10.1897, S. 243 u. ö.):

> *„Erinnern Sie sich daran, Herr Direktor, als ich damals den alten Moor spielte? Da warf mir das gerührte Publikum so viel in den Hungerturm, daß unser Ensemble acht Tage zu fressen hatte!“* (1.12.1903, S. 293)

In diesem Fall wurde der vom Arbeitgeber gezahlte unzureichende Lohn durch die Spende von Naturalien wohltätiger Dritter ergänzt.

Die geringe Bezahlung der Tänzerinnen und „Ballettratten“ machte sie laut Simplicissimus nicht nur wehrlos gegenüber ihrem arbeitgebenden Intendanten (23.4.1901, S. 36), sondern auch anfällig für die sexuellen Avancen reicher „Herren“ (25.6.1898, S. 99).[747]

Obwohl Künstler es zu hohem Ansehen[748] bringen konnten, standen sie laut Simplicissimus bei den bildungsfernen Adligen auf der untersten sozialen Stufe:

> *„Wie hat es Ihnen denn auf Ihrem Botschafterposten in Rom gefallen?“*
> *„Na, Excellenz, es geht, man muß dort eben alles empfangen bis zum Künstler hinunter.“* (25.9.1897, S. 206).

Auch das vom Simplicissimus dargestellte gehobene Bürgertum hielt nichts von den Künstlern:

> *„Na, ja, Bildung mögen diese Leute, die Litteraten, Künstler, Erfinder etcetera ja haben, aber die Hauptsache fehlt: examina!“* (22.5.1899, S. 65).

Dichter und Schriftsteller rangierten auf einer Stufe mit den Frisören (29.9.1903, S. 213). Kunstmaler waren laut Simplicissimus keine standesgemäßen Partien für Töchter aus gutbürgerlichen Familien (5.11.1898, S. 253). Sie standen außerhalb der akzeptierten Sozialstrukturen (20.2.1906, S. 561 u. ö) und galten als unmoralisch (21.8.1897, S. 164).

Der Zwickauer Staatsanwalt Heinzmann beklagte in seiner Schrift ***Deutsches Theaterrecht*** von 1905, dass das Publikum dazu neige, sehr rasch mit seinem Urteil hinsichtlich der Moral von Schauspielerinnen zu sein. Gleichzeitig aber wies er darauf hin, dass die materielle Not die Schauspielerinnen eher in Unmoral und Prostitution treibe als die behüteten Töchter.[749] Besonders an den Hofbühnen der Residenzstädte betrieben die Intendanten mit lebenslänglichem Kontrakt und hoher

---

747 Weit über den hier untersuchten Zeitraum hinaus blieben die soziale Herkunft der „Revuegirls“ ungewiss, ebenso wie ihr Verdienst und ihr Verbleib nach dem Ausscheiden aus den Truppen aus Altersgründen. (Fleig, Tanzmaschinen, 2005, S. 110).

748 Kurzdarstellung der Geschichte des Ansehens der Schauspieler bei Heinzmann, Deutsches Theaterrecht, 1905, S. 162 ff.

749 Heinzmann, Deutsches Theaterrecht, 1905, S. 186.

Gage[750] die Kuppelei in schamloser Weise. Auch nach Ansicht des Simplicissimus zeigten die Intendanten der Hoftheater amouröse Neigungen für ihre Ballettdamen (24.10.1905, S. 354).

Doch die Künstler waren nach Auffassung des Simplicissimus nicht nur Opfer ihrer Arbeitgeber, sondern trugen selbst zu ihrem schlechten Ruf bei, wie eine berühmte Opernsängerin, die der Liebe sehr zugetan war (27.11.1899, S. 278). Auch manche junge und schöne Schauspielerin lebte nicht nur von der Gage. (7.2.1905, S. 458). Eine Schauspielerin hatte keine Einwände gegen das unmoralische Ansinnen eines Intendanten, wohl aber dagegen, dass sie als Gegenleistung nur eine kleine Rolle erhielt (18.11.1907, S. 535).[751]

2. Die Auseinandersetzung um die arbeits- und sozialrechtliche Einordnung

Die arbeitsrechtliche Stellung der Künstler wurde dadurch erschwert, dass sie oft als Einzelne einem Arbeitgeber oder Mäzen gegenüberstanden und nicht, wie die Industriearbeiter, als Gruppe gemeinsam für ihre Interessen kämpfen konnten.[752] Heinzmann machte für den schlechten Status vieler Schauspieler u. a. die unwürdige Rechtslage verantwortlich, in der sich die Schauspieler vertraglich gegenüber den Bühnenleitern befanden. Er kam zu dem Schluss: „Bei der großen Masse des Schauspielerproletariats kann tatsächlich von einer Theatersklaverei die Rede sein."[753] Er forderte, die Freiheit des Lohnvertrages zu beschränken, wie dies bei der Kinder- und Frauenarbeit in der Industrie bereits geschehen sei.[754] Wie in anderen Bereichen des Arbeitslebens bereits vor einem halben Jahrhundert geschehen, machte sich auch hier um die Jahrhundertwende der Ruf zeitgenössischer Juristen nach der Intervention des Staates in Gestalt des Gesetzgebers als Korrektiv der sogenannten Vertragsfreiheit bemerkbar.[755]

Heinzmann stellte 1905 lapidar fest, dass die „Bühnen der Gewerbeordnung unterstehen" und dass folglich Streitfälle zwischen Bühnenleitern und Bühnenmitgliedern in die Zuständigkeit der Gewerbegerichte fielen. Dort wo keine Gewerbegerichte

750 Heinzmann, Deutsches Theaterrecht, 1905, S. 187.

751 Der Simplicissimus greift hier gerne zurück auf die seit der römischen Antike bestehende Tradition des Berufs der Schauspieler und Schauspielerinnen als „inhonesta professio". (Cf. Rehinder, Bühnenengagement, 1975, S. 96).

752 Selbst die Genossenschaft Deutscher Bühnenangehöriger als Organisation der Arbeitnehmer wirkte der Vereinzelung nur bedingt entgegen.

753 Heinzmann, Deutsches Theaterrecht, 1905, S. 176.

754 Heinzmann, Deutsches Theaterrecht, 1905, S. 177.

755 Bereits 1900 wies Meili darauf hin, dass die Theaterverträge einseitig von der Theaterdirektion formuliert würden, dass die sozial stärkere Partei „ihre präponderante Stellung" ausnütze, dass man von einem wirklichen Vertrag nicht sprechen könne und dass der Staat die „wahre Freiheit der Kontrahenten" herstellen müsse. (Meili, Ein Blick in das Theaterrecht, 1900, S. 122, 124).

bestünden oder zuständig seien, stehe den Bühnenmitgliedern die Klage gegen Vertragsbrüche beim Amts- oder Landgericht, auch unter Zuhilfenahme des Armenrechts, offen.[756] Für den sozialdemokratischen Juristen Stadthagen fiel allerdings 1904 die literarische und künstlerische Tätigkeit nicht allgemein unter die Bestimmungen der Gewerbeordnung.[757] Er wies auf die unterschiedliche Rechtsprechung von Gewerbegerichten und Landgerichten hin, die Artisten, Clowns und Musiker einmal als gewerbliche Gehilfen anerkannten, zum anderen aber nicht.[758]

Lotmar zählte 1902 in seinem ***Arbeitsvertrag*** unter Berücksichtigung des § 32 GewO[759] Bühnenkünstler und Orchestermitglieder nicht zu den gewerblichen Arbeitern:

> „Wohl aber sind die fraglichen Arbeitnehmer - ohne Unterschied des künstlerischen Ranges ihrer Leistung - darum nicht gewerbliche Arbeiter, weil sie weder Lehrlinge sind noch Fabrikarbeiter, noch Angestellte der in § 133a geschilderten Art, noch endlich Gesellen und Gehilfen, wie sich wiederum aus den Vorschriften ergibt, welche für diese letzte Klasse in §§ 121–125 enthalten sind. Und weitere, gewerbliche Arbeiter kennt das Gesetz nicht."[760]

Allerdings sprach Lotmar später (1908) selbst im genannten ***Arbeitsvertrag*** von den Darstellern als „Gehilfen".[761] Auch 1911 bestanden Unsicherheiten bei der arbeitsrechtlichen Einordnung der Künstler: Schauspieler, Musiker und Opernsänger, „deren Leistungen auf dem Gebiet der höheren Kunst sich bewegen", gehörten - im Gegensatz zu den Darstellern „in den niederen Belustigungsetablissements" - nicht zu den gewerblichen Arbeitern.[762]

Für den Bereich der Bühnenkünstler lagen sehr früh schriftliche Vertragsmuster vor, die vom 1846 gegründeten ***Deutschen Bühnenverein*** als Organisation der

---

756 Heinzmann, Deutsches Theaterrecht, 1905, S. 80 f.

757 Stadthagen, Das Arbeiterrecht, 1904, S. 78.

758 Stadthagen, Das Arbeiterrecht, 1904, S. 89 f.

759 Lotmar, Der Arbeitsvertrag, 2001/1902, S. 352. Der von Lotmar zitierte § 32 der Gewerbeordnung besagt: „Schauspielunternehmer bedürfen zum Betrieb ihres Gewerbes der Erlaubniß". (§ 32 Abs. 1 GewO 1896 und 1900; Abs. 2 spricht von „Gewerbebetrieb").

760 Lotmar, Der Arbeitsvertrag, 2001/1902, S. 352.

761 Lotmar, Der Arbeitsvertrag, 2001/1908, S. 1334.

762 Baum, Das Recht des Arbeitsvertrages, 1911, S. 13. Baum wies darauf hin, dass es bei der Beurteilung der Frage, ob ein gewerblicher Arbeitsvertrag vorliege, weniger „auf die künstlerische Tätigkeit des Einzelnen, als auf die ganze Natur des Unternehmens ankomme". Auch bemängelte er die nicht nachvollziehbaren Entscheidungen des Reichsgerichts in diesem Zusammenhang. Cf. Nelken, Die deutschen Handwerker- und Arbeiterschutzgesetze, 1901, S. 357.

Arbeitgeber[763] oder von der ***Bühnengenossenschaft*** als Organisation der Arbeitnehmer herausgegeben wurden.[764]

Ähnlich problematisch wie die arbeitsrechtliche Zuordnung war die sozialrechtliche Bestimmung der Versicherungspflicht gemäß dem ***Gesetz, betreffend die Invaliditäts- und Altersversicherung vom 22. Juni 1889***: Mitwirkende an Unternehmen ohne künstlerischen Wert waren versicherungspflichtig. Genügte jedoch „das Gesammtunternehmen höheren künstlerischen Anforderungen, so waren alle Mitwirkenden von dem Versicherungszwange befreit".[765] Während die großen Bühnen Pensionsanstalten schufen, rief die ***Bühnengenossenschaft*** eine Alters- und Invaliditätskasse ins Leben, die von zeitgenössischen Kommentatoren des Theaterrechts, wie Heinzmann, lebhaft begrüßt wurde.[766]

3. Auswahl der Gruppen nach arbeitsrechtlichen Gesichtspunkten

Die arbeitsrechtlichen Implikationen werden exemplarisch an zwei Gruppen untersucht: an der der **Schauspielerinnen** und der der **Maler und Bildhauer**. Unberücksichtigt bleiben folglich Dichter und Schriftsteller, Artisten, Tänzerinnen und Sonstige. Häufig wurden mit Künstlern konkludente Verträge geschlossen: So bot laut Simplicissimus der Repräsentant einer Firma einer Vortragskünstlerin Folgendes an:

> *„Also meine Firma offeriert Ihnen hundert Mark pro Abend nebst prachtvollem Lorbeerkranz für Vortrag des Couplets: ‚Hoch lebe der Triumph – Schweißpuder'."* (28.5.1901, S. 74).

Da die Dame bereits mehrere Lorbeerkränze an der Wand hängen hatte, war sie offenbar eine gefragt Künstlerin. Somit entstand zwischen den beiden Parteien auf der Grundlage einer „freien Vereinbarung" ein formloser, mündlicher Dienstvertrag nach § 611 BGB.[767]

---

763 Das „Theaterhausgesetz des Deutschen Bühnenvereins" stößt bei Meili (1900, S. 122 f.) auf Ablehnung.

764 Heinzmann, Deutsches Theaterrecht, 1905, passim. Die „Genossenschaft Deutscher Bühnenangehöriger" wurde 1871 gegründet.

765 Bielefeldt, Invaliden- oder Altersrente, 1895, S. 18.

766 Heinzmann, Deutsches Theaterrecht, 1905, S. 160 ff.

767 Zum formlosen und stillschweigenden Zustandekommen des Dienstvertrags: Baum, Das Recht des Arbeitsvertrages, 1911, S. 29.

4. Die Arbeitswelt der Schauspieler

a) Ein fiktiver „Theaterkontrakt"

Bereits kurz nach seinem ersten Erscheinen veröffentlichte der Simplicissimus einen „*Modernen Theaterkontrakt*",[768] in dem alle Aspekte willkürlicher Abhängigkeiten und arbeitsrechtlicher Defizite und Verstöße satirisch umgesetzt wurden:[769]

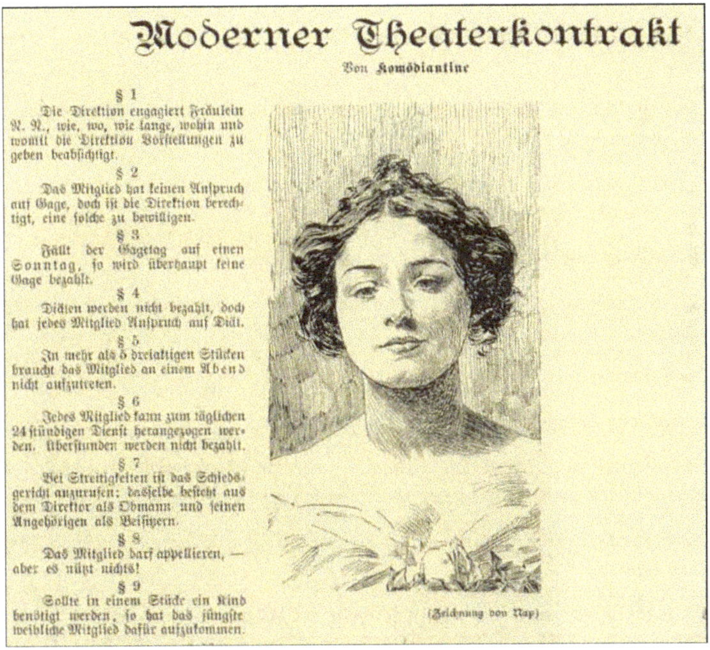

Moderner Theaterkontrakt

Von Komödiantine

§ 1

Die Direktion engagiert Fräulein N. N., wie, wo, wie lange, wohin und womit die Direktion Vorstellungen zu geben beabsichtigt.

§ 2

Das Mitglied hat keinen Anspruch auf Gage, doch ist die Direktion berechtigt, eine solche zu bewilligen.

§ 3

Fällt der Gagetag auf einen Sonntag, so wird überhaupt keine Gage bezahlt.

§ 4

Diäten werden nicht bezahlt, doch hat jedes Mitglied Anspruch auf Diät.

§ 5

In mehr als 5 dreiaktigen Stücken braucht das Mitglied an einem Abend nicht aufzutreten.

§ 6

Jedes Mitglied kann zum täglichen 24stündigen Dienst herangezogen werden. Überstunden werden nicht bezahlt.

§ 7

Bei Streitigkeiten ist das Schiedsgericht anzurufen; dasselbe besteht aus dem Direktor als Obmann und seinen Angehörigen als Beisitzern.

§ 8

Das Mitglied darf appellieren, — aber es nützt nichts!

§ 9

Sollte in einem Stücke ein Kind benötigt werden, so hat das jüngste weibliche Mitglied dafür aufzukommen.

(Zeichnung von Nay)

(3.10.1896, S. 6)

Moderner Theaterkontrakt (Auszug)
Von Komödiantine

---

768 Zu dem Zeitpunkt stand die Frage der Theaterkontrakte intensiv zur Diskussion: Im Jahr 1897 gelang es der „Genossenschaft Deutscher Bühnenangehöriger" (Arbeitnehmervertreter), den „Deutschen Bühnenverein" (Arbeitgeberorganisation) zur Ausarbeitung eines neuen Vertragsformulars zu bewegen, das wesentliche Verbesserungen vorsah. Aber bereits 1900 war die Verwendung des Formulars nur noch faktultativ vorgeschrieben. Außerdem war nur ein Bruchteil der Bühnen überhaupt im „Deutschen Bühnenverein" organisiert. (Rehbinder 1975, S. 103 f.).

769 Der Simplicissimus kann auf eine Tradition von Theaterverträgen zurückgreifen, die in den 1860er bis 1880er Jahren eine schockierende Vormachtstellung der Theaterdirektoren zuungunsten der Schauspieler normierten. (Cf. Rehbinder 1975, S. 100 f.).

§ 1 Die Direktion engagiert Fräulein N.N., wie, wo, wie lange, wohin und womit die Direktion Vorstellungen zu geben beabsichtigt.

§ 2 Das Mitglied hat keinen Anspruch auf Gage, doch ist die Direktion berechtigt, eine solche zu bewilligen.

§ 3 Fällt der Gagetag auf einen Sonntag, so wird überhaupt keine Gage bezahlt.

§ 4 Diäten werden nicht bezahlt, doch hat jedes Mitglied Anspruch auf Diät.

§ 5 In mehr als 5 dreiaktigen Stücken braucht das Mitglied an einem Abend nicht aufzutreten.

§ 6 Jedes Mitglied kann zum täglichen 24 stündigen Dienst herangezogen werden. Überstunden werden nicht bezahlt.

§ 7 Bei Streitigkeiten ist das Schiedsgericht anzurufen: dasselbe besteht aus dem Direktor als Obmann und seinen Angehörigen als Beisitzern.

§ 8 Das Mitglied darf appellieren, - aber es nützt nichts!

§ 9 Sollte in einem Stücke ein Kind benötigt werden, so hat das jüngste weibliche Mitglied dafür aufzukommen.

§ 10 Doch steht es auch der Direktion frei, es zu thun.

§ 11 Schriftliche Abmachungen sind ungültig.

§ 12 Das Mitglied verpflichtet sich, 6 Monate vorher im Engagement einzutreffen und in sämtlichen Proben und Vorstellungen unentgeltlich mitzuwirken.

§ 13 Macht die Direktion Anspruch auf früheres Eintreffen, so hat das Mitglied Anspruch auf halbe Gage.

§ 14 Die Direktion ist berechtigt, die Ansprüche des Mitglieds abzuweisen.

§ 15 Jede Rolle des Repertoires muß vorwärts und rückwärts gekonnt sein.

§ 16 Das Mitglied verpflichtet sich, jede Rolle zu jeder Zeit zu erlernen!

§ 17 Bei Krankheitsfällen hat sich das Mitglied gesundzumelden.

§18 In folgenden Fällen ist die Direktion berechtigt, das Mitglied durch Abzug einer Monatsgage zu bestrafen:

1. *wenn das Mitglied stirbt;*
2. *wenn es verhungert;*
3. *wenn es nicht verhungert;*
4. *wenn es blödsinnig wird;*
5. *wenn es selbst Direktor wird;*
6. *wenn sich das weibliche Mitglied nicht fügt;*
7. *wenn es gefällt;*
8. *auch, wenn es nicht gefällt.*

§ 19 Stirbt ein Mitglied vor Ablauf der Kontraktzeit, so darf dieses

1. *nur nach der Vorstellung geschehen;*
2. *sind die Angehörigen verpflichtet, Konventionalstrafe zu zahlen und für Ersatz zu sorgen.*

§ 20 Das verstorbene Mitglied hat die Pflicht, sich am jeweiligen Aufenthaltsorte der Direktion begraben zu lassen.

§ 21 Die Leiche ist zur Statisterie, Komparserie, Ausstattungszwecken und stummen Rollen verpflichtet, doch hebt dies die Zahlung der Konventionalstrafe nicht auf.

§ 22 Repertoire werden nicht bekannt gegeben.

§ 23 Die Frist zur Erlernen der Rollen läuft vom Tage der Bekanntmachung des Repertoires.

§ 24 Tod gilt nicht als Krankheitsgrund.

§ 25 Krankheitszeugnisse sind ungültig.

§ 26 Im Falle der Einleitung der Klage hat das Mitglied die bereits erhaltene Gage zurückzuzahlen.

§ 27 Gagen werden nur mit Protest bezahlt.

§ 28 Für Abendvorstellungen wird kein Honorar bezahlt.

§ 29 Die Direktion hat immer recht.

§ 30 Das Mitglied hat immer unrecht!

§ 31 Hat das Mitglied recht, so hat es doch unrecht.

§ 32 Hat die Direktion unrecht, so hat sie doch recht!

Der vorliegende Kontrakt ist von den Mitgliedern gelesen, gründlich geprüft, unterschrieben und die Direktion um Annahme desselben ersucht worden.

b) Die arbeitsrechtliche Würdigung des in der Karikatur dargestellten Vertrags

aa) Ausgewählte Bestimmungen des Theaterkontraktes

§ 1 ermächtigte den Arbeitgeber zur Verfügung über die Person der Schauspielerin wie über eine Sklavin. Es sei an die oben zitierte Aussage des Staatsanwaltes Heinzmann erinnert, der als Zeitgenosse des Simplicissimus von „Theatersklaverei" gesprochen hatte. Nach kontemporärer Auffassung waren in der Theaterwirklichkeit eine „Unmasse von Entlassungsgründen ... ganz in das Ermessen des Direktors gestellt".[770]

770 Heinzmann, Deutsches Theaterrecht, 1905, S. 82. Cf. dagegen die heutige Rechtslage in Genenger, Das Bühnenarbeitsrecht, 2009, S. 717. Der vorliegende Theaterkontrakt

In den §§ 2 und 3 wurde die Verweigerung einer Vergütung durch die Theaterdirektion angesprochen. Im Untersuchungszeitraum verpflichtete der Dienst- und Arbeitsvertrag den Arbeitgeber in erster Linie zur Zahlung von Lohn,[771] im Falle einer Künstlerin Gage genannt.[772] Das im selben Jahr ausgefertigte BGB regelte allgemein in § 611 die Verpflichtung des Arbeitgebers zur Vergütung von Dienstleistungen. Es wurde nicht ausdrücklich der Geldlohn erwähnt, da die Vergütung auch unter den im § 115 der GewO genannten Voraussetzungen in Naturallohn erfolgen konnte. Der Direktor kam seiner Hauptpflicht, der Entrichtung des Lohns nicht nach. Laut Simplicissimus entzogen sich die „Direktoren" auch bei anderen Gelegenheiten gerne der Lohnzahlungspflicht. Ein solcher Herr tröstete die für ihn arbeitenden Damen für den ausfallenden Lohn damit, dass demnächst ein Kavallerie-Regiment in den Ort verlegt werde (2.10.1900, S. 224). Nach § 105 i des „Arbeiterschutzgesetzes" von 1891 durften „theatralische Vorstellungen" an Sonntagen stattfinden.[773] Nach § 3 des Vertragsmusters des ***Bühnenvereins*** fand die Zahlung an dem auf einen Sonn- oder Feiertag folgenden Tage statt.[774]

Für die §§ 2 und 15 war ggf. der „Schikaneparagraf" § 226 BGB einschlägig.[775]

§ 5: Die Wirklichkeit der Schauspieler sah nach Darstellung des zeitgenössischen Theaterrechtlers Heinzmann so aus, dass sie hinsichtlich der Rollen von der Direktion ohne jedes Mitspracherecht ausgebeutet wurden.[776]

In § 6 wurde das Überschreiten der Arbeitszeit angesprochen. Abgesehen von der unzulässigen Dauer fehlte eine Regelung der Vergütung von Überzeiten

§ 7 erwähnte ein „Schiedsgericht", das ursprünglich eine Schöpfung des arbeitgebernahen ***Deutschen Bühnenvereins*** war. Die Besetzung wurde lange von Mitgliedern des ***Bühnenvereins*** dominiert und erst 1905 wurde die ***Bühnengenossenschaft*** als ebenbürtige Partnerin akzeptiert.[777] Der vom Simplicissimus konzipierte Paragraf zielte also unmittelbar auf die ungleiche Besetzung der Schiedsgerichte.

§ 8 nahm auf die Vorschriften des Bühnenvereins Bezug, wonach die ordentlichen Gerichte erst angerufen werden durften, wenn eine hausinterne Beilegung erfolglos

begründet keinen Arbeitsvertrag im arbeitsrechtlichen Sinn und geht damit noch hinter die Bestimmungen der zeitgenössischen Gesindeverträge zurück.

771 § 115 GewO 1891.

772 Zur heutigen Rechtslage: Schaub, Vogelsang, ArbR-Hdb., 2011, § 66 Rn. 4.

773 § 115 i GewO 1891; dazu Ebeling, Das Reichsgesetz, 1892, S. 6.

774 Heinzmann, Deutsches Theaterrecht, 1905, S. 89.

775 Dies wahrscheinlich aber nicht bei der engen Auslegung von Blümner, Die Lehre vom böswilligen Rechtsmissbrauch, 1900, S. 140.

776 Heinzmann, Deutsches Theaterrecht, 1905, S. 178.

777 Heinzmann, Deutsches Theaterrecht, 1905, S. 151. Das Schiedsgericht sprach allerdings auch zugunsten von Angestellten. (Meili, Ein Blick in das Theaterrecht, 1900, S. 123).

war.[778] Die Bestimmung erinnerte an Normen des Gesinderechts, die vor der Anrufung der Gerichte die Einschaltung der Polizeibehörden zur Schlichtung vorsahen.

§ 17: In einem anderen Beitrag griff der Simplicissimus das Verfahren im Krankheitsfall erneut auf:

> *„Sagen Sie, Herr Kollege, ziehen Sie in Krankheitsfällen Spielhonorar ab?"*
> *„Wenn die Krankheit selbstverschuldet ist, ja."*
> *„Und wenn sie nicht selbstverschuldet ist?"*
> *„Dann natürlich auch."* (22.3.1909, S. 871).

Der Vertragsentwurf des ***Deutschen Bühnenvereins*** vom 1. Oktober 1897 bestimmte für den Krankheitsfall:

> „Bei Dienstunfähigkeit des Mitglieds durch Erkrankung, welche nicht länger als vierzehn Tage ununterbrochen andauert, hat dasselbe für diese Zeit Anspruch auf unverkürzte Auszahlung seiner Gage [der Lohn für die Kontraktdauer, Verf.], aber nicht auf den verhältnismäßigen Teil des garantierten Spielgeldes [der Lohn für die einzelnen Auftritte, Verf.].
>
> Bei Dienstunfähigkeit des Mitgliedes, welche durch Krankheit von längerer ununterbrochener Dauer als vierzehn Tage hervorgerufen wird, steht der Bühnenleitung vom Beginn der dritten Woche ab das Recht zu, für die weitere Dauer der Krankheit die Gage auf die Hälfte herabzusetzen. Nach Ablauf der dritten Woche der Krankheit hat die Bühnenleitung das Recht, den Vertrag zu kündigen und acht Tage darauf zu lösen."[779]

§ 18 regelte eine Reihe von Strafen. Strafen spielten auch in anderen Arbeitsbereichen eine große Rolle, so in den Arbeitsordnungen der Industriearbeiter und Bergarbeiter, im Gesinderecht und in der Landwirtschaft. Wenngleich an der Absurdität der hier genannten Theater-Strafen kein Zweifel besteht, so waren die Strafen in der Theaterwirklichkeit nach Aussagen von juristischen Zeitgenossen von Bedeutung:

> „Kein Berufsstand, auch kaum der militärische, ist nur annähernd so durch Disziplinarvorschriften und Strafbestimmungen eingeengt wie der des Bühnenmitgliedes. Nur

778 Meili, Ein Blick in das Theaterrecht, 1900, S. 122.

779 Zitiert nach Heinzmann, Deutsches Theaterrecht, 1905, S. 92 f. Am Beispiel des Verfahrens bei Erkrankungen wurde der Unterschied zwischen dem Vertragsmuster des ***Deutschen Bühnenvereins*** und dem arbeitnehmerfreundlichen Entwurf der ***Genossenschaft Deutscher Bühnenangehöriger*** vom Dezember 1900 deutlich: „Bei Krankheiten von ununterbrochener Dauer a) bis zu 14 Tagen: hat das Mitglied für diese Zeit Anspruch auf unverkürzte Auszahlung seines Gehalts und gewährleisteten Spielgeldes. b) von länger als 14 Tagen bis zum 42. Tage einschließlich: steht der Bühnenleitung vom Beginn der dritten Woche ab das Recht zu, für die weitere Dauer der Krankheit das Gehalt und gewährleistete Spielgeld auf die Hälfte herabzusetzen. c) von länger als 42 Tagen: steht der Bühnenleitung das Recht zu, den Vertrag ohne weiteres zu lösen." (Zitiert nach Heinzmann, Deutsches Theaterrecht, 1905, S. 106).

> eine tolerante Ausübung läßt manche Bestimmungen überhaupt begreiflich finden. Die zahlreichen Strafen schmälern auch zugleich beträchtlich das Einkommen der Bühnenmitglieder."[780]

§ 22 nahm Bezug auf eine Vertragsklausel des „Theaterhausgesetzes des Deutschen Bühnenvereins": „Der Bühnenleitung steht zu, ganz nach ihrem Ermessen über die künstlerische Thätigkeit jedes Mitglieds bei dem von ihr geleiteten Theater zu verfügen."[781]

bb) Die Stimmen zeitgenössischer Arbeitsrechtler

Heinzmann teilte nicht die Auffassung von Opet, der 1896 in seiner Schrift ***Der Bühnenengagementsvertrag***[782] diesen Vertrag als Fall der Werkmiete, als locatio conductio operis, aufgefasst hatte. Tatsächlich sei der Engagementskontrakt als Fall der Dienstmiete, als locatio conductio operarum, im Sinne des § 611 BGB aufzufassen.[783] Heinzmann begrüßte die Regelungen des BGB,[784] weil es den Künstlern die vorher rechtlich nicht bestehenden Möglichkeiten gebe, ihrerseits den Vertrag gemäß § 626 zu lösen. Er wies auf die Bestimmungen über den Dienstvertrag (§§ 611 bis 630) und auf die für minderjährige Künstler[785] und verheirateten Künstlerinnen[786] zutreffenden Bestimmungen hin.

Heinzmanns positive Einschätzung traf allerdings auf den vom Simplicissimus satirisch formulierten *„Modernen Theaterkontrakt"* nicht zu. Er bot vielmehr ein Kompendium von arbeitsrechtlichen Verstößen:

---

780 Heinzmann, Deutsches Theaterrecht, 1905, S. 82. Bereits Meili sprach der Theaterdirektion das sog. Strafrecht ab.

781 Zitiert nach Meili, Ein Blick in das Theaterrecht, 1900, S. 122.

782 Manfred Rehbinder defininiert das „Bühnenengagement" (BE) als einen „Vertrag, durch den sich der Bühnenkünstler gegenüber einem Theaterunternehmer verpflichtet, an dessen Bühne tätig zu sein, und der Theaterunternehmer sich seinerseits verpflichtet, dem Bühnenkünstler dafür eine Gage zu zahlen. Das BE ist ein Spezialfall des Arbeitsvertrages." (Rehbinder, Bühnenengagement, 1975, S. 87).

783 Heinzmann, Deutsches Theaterrecht, 1905, S. 77. Bereits 1900 wies Meili auf die Rechtsfigur der Dienstmiete beim Theaterengagementsvertrag hin. (Meili, Ein Blick in das Theaterrecht, 1900, S. 121).

784 „Wie aus den wenigen angeführten Bestimmungen hervorgehen wird, haben unsere Bühnenmitglieder allen Anlass, das Inkrafttreten unseres wichtigsten Gesetzbuches, einen der wesentlichen Fortschritte in der Geschichte der deutschen Einheitsbestrebungen, in ihrem eigensten Interesse freudig zu begrüßen." (Heinzmann, Deutsches Theaterrecht, 1905, S. 128).

785 § 113 BGB 1896.

786 §§ 626, 1358 BGB 1896.

1. Allen Regelungen des *„Modernen Theaterkontraktes“* war gemeinsam, dass sie gegen die Fürsorgepflichten (Schutzpflichten) des Arbeitgebers verstießen.[787] Lotmar trat zeitnah mit mehreren Äußerungen hervor, die auf den zitierten Kontrakt anwendbar waren: In seiner als Kritik am BGB-Entwurf gefassten Schrift ***Der Dienstvertrag des zweiten Entwurfs eines bürgerlichen Gesetzbuches für das Deutsche Reich***[788] von 1895 monierte er: „Zweitens nimmt das Gesetz den Dienstpflichtigen nur gegen die Gefahr für Leben und Gesundheit in Schutz, es hätte auch Ehre, namentlich Geschlechtsehre, einbeziehen sollen.“[789] Lotmar stand im Kontext namhafter Juristen, die auch nach 1900 der Ansicht waren, „ein zivilrechtlicher Schutz der Ehre sei notwendig“.[790] Lotmar griff hier einerseits auf die von Pufendorf ausgeprägten naturrechtlichen Vorstellungen der Unverletzlichkeit des Lebens sowie der Ehre, einschließlich der Geschlechtehre, zurück[791] und nahm andererseits eine Auffassung von Fürsorgepflichten vorweg, wie sie sich erst nach dem Zweiten Weltkrieg zunehmend durchsetzte und wie sie sich im Rahmen des Schutzes der Persönlichkeitsrechte in Art. 2 GG niederschlugen.
2. Der Vertrag verstieß gegen die Vertragsfreiheit, und zwar gegen die „Freiheit der inhaltlichen Gestaltung“ des Vertrags durch beide Parteien.[792] Der vorliegende Vertrag war ausschließlich das Diktat einer Partei, nämlich der des Arbeitgebers.
3. Gemäß der einschlägigen ***Gewerbeordnung*** hätte dem Theater-Direktor überhaupt nicht erst die Konzession zum Betrieb erteilt werden dürfen:

   > „Die Erlaubniß ist [dem Schauspielunternehmer, Verf.] zu versagen, ... wenn die Behörde auf Grund von Thatsachen die Überzeugung gewinnt, daß derselbe die zu dem beabsichtigten Gewerbebetriebe erforderliche Zuverlässigkeit, insbesondere in sittlicher, artistischer und finanzieller Hinsicht nicht besitzt.“[793]

4. Besonders ergiebig waren Lotmars Äußerungen in dem Vortrag ***Der unmoralische Vertrag insbesondere nach gemeinem Recht*** von 1896. Er setzte sich mit dem Verhältnis von Moral und Recht auseinander, insbesondere im Zusammenhang

---

787 Offenbar besonders als Folge der Kritik Otto von Gierkes gelangte die Fürsorgepflicht des § 618 in das BGB. (Adomeit, Dienstvertrag, 1996, S. 1710); dazu Schwab, Das BGB und seine Kritiker, 2000, passim. Eindeutig Söllner: „Erst die Kritik, die Otto von Gierke am Entwurf des BGB übte, führte schließlich zur Aufnahme einer solchen – immer noch eng begrenzten – Schutzpflicht in das Dienstvertragsrecht (§ 618 BGB).“ (Söllner, Der industrielle Arbeitsvertrag, 1972, S. 295).

788 Zur Kritik Lotmars am zweiten Entwurf: Ramm, Arbeitsvertragsgesetz, 1992, Einleitung, S. 16.

789 Lotmar, Der Dienstvertrag, 1992, S. 135.

790 Klippel/ Lies-Benachib, Der Schutz von Persönlichkeitsrechten um 1900, 2000, S. 361.

791 Cf. Denzer, Samuel Pufendorf, 1972, S. 147.

792 Cf. im heutigen Recht: Brox/ Rüthers/ Henssler, Arbeitsrecht, 2011, Rn. 24.

793 § 32 GewO 1896; dazu Biermann, Privatrecht und Polizei in Preußen, 1897, S. 80 ff.

mit Verträgen.[794] Er wies darauf hin, dass die Perhorreszierung des unmoralischen Geschäfts bereits sowohl im ***ALR*** als auch im ***Code civil*** und in anderen Gesetzen überliefert sei.[795] Für ihn waren Moral und Sittlichkeit Synonyme.[796] Lotmar sprach sich gegen eine inhaltliche Trennung von Recht und Moral aus.[797] Er berief sich prinzipiell bei der Definition des „Unmoralischen" auf das römische Recht, nannte aber aus der deutschen Praxis auch Folgendes:

> „Eine Handlung, die unmoralisch ist, wäre ferner vereinbart mit einer Person, die eine unmoralische Vorstellung oder Schaustellung geben oder hieran mitwirken soll. Dies würde zwar nicht zutreffen auf das Modellstehen gegenüber dem bildenden Künstler oder Kunstschüler, wohl aber auf manche dramatische, mimische oder pantomimische Darbietungen. Das Engagement eines Bühnenkünstlers für ein Fach und damit für eine mehr oder weniger bestimmte Reihe von Dienstleistungen gegenüber dem Unternehmer ist insoweit nicht bindend (...) als die Ausführung einer Rolle den Darsteller zu einer in Wirklichkeit unmoralischen Handlung nötigen würde.
>
> Das heute gewöhnliche Bühnenengagement enthält, wie in letzter Zeit weiteren Kreisen bekannt gemacht worden ist, nicht wenige Vertragsbestimmungen, die unter die in Rede stehende erste Kategorie unmoralischer Verträge fallen, indem es sich dabei um unmoralische Duldungen handelt; so die Absicht, die ausschließlich dem Direktor (also einer Partei, nicht einem Unparteiischen) den Entscheid über die Verwirkung einer Konventionalstrafe anheimstellt, oder demselben die Sistierung der Gegenzahlung für die Dauer des Prozesses gestattet, den der Schauspieler aus dem Engagement erhoben hat, oder dem Direktor allein, nicht auch der Gegenpartei, die Rücktrittsfreiheit einräumt."[798]

Mehrere Paragraphen des vom Simplicissimus zitierten *„Modernen Theaterkontraktes"* wiesen ihn nach der Definition Lotmars als einen unmoralischen, und damit nichtigen, aus. Das von Lotmar zitierte BGB formulierte in § 138 Abs. 1: „Ein Rechtsgeschäft, das gegen die guten Sitten verstößt, ist nichtig."[799] Relevant waren auch die Ausführungen des § 618 (Pflicht zu Schutzmaßnahmen). Diese begründeten jedoch keinen Leistungsanspruch des Arbeitnehmers, sondern nur einen „arbeitsvertraglich

---

794 Lotmar, Der unmoralische Vertrag, 1992, S. 184; cf. zu den Begriffen „Moral", „Sitte" und „Sittlichkeit": Schröder, Die Entwicklung des Kartellrechts, 1988, S. 519 ff.

795 Lotmar, Der unmoralische Vertrag, 1992, S. 187.

796 Lotmar, Der unmoralische Vertrag, 1992, S. 245.

797 Gasser, Philipp Lotmar 1850–1922, 1997, S. 60. Zur rechtsgeschichtlichen Problematik von Recht und Moral: Haferkamp, Die heutige Rechtsmißbrauchslehre, 1995, S. 30 ff. Cf. auch Bekker, Ernst und Scherz, 1892, S. 250: Das Recht ist „auch eine moralische Wissenschaft". „Die wahre Rechtsschule muß also zugleich eine Moralschule sein, den Einzelnen zu lehren, sich selbst zu zwingen."

798 Lotmar, Der unmoralische Vertrag, 1992, S. 248 f.

799 §138 BGB 1896.

unabdingbaren Schadensersatzanspruch".[800] In der zeitnahen Auseinandersetzung mit dem BGB wurde die Nähe des Ausdrucks „gute Sitten" mit „Sittlichkeit" kontrovers diskutiert.[801]

Lotmar griff im ***Arbeitsvertrag*** von 1902 das Thema erneut auf: Die vom Dienstpflichtigen zu verrichtende Arbeit durfte weder rechtswidrig noch moralwidrig sein. Die Arbeit musste diesen negativen Ansprüchen genügen. Er betonte erneut, dass nach § 138 Abs. 1 BGB ein Vertrag, in dem eine moralwidrige Arbeit vereinbart werde, nichtig sei. Lotmar setzte den Teilsatz „gegen die guten Sitten verstößt" gleich mit dem Begriff „moralwidrig".[802] Auch wenn nur ein Teil des Arbeitsvertrages eine moralwidrige Arbeit verlange, so sei der ganze Vertrag „moralwidrig"[803]. Lotmar ging nicht speziell auf die Situation der Frauen ein, wohl aber auf die der Schauspieler, welche die Übernahme von Rollen ablehnen dürften, deren Darstellung sie zu Verstößen gegen Moral und „öffentliche Ordnung" nötigen würde.[804] Lotmar bezog sich hier und an anderer Stelle auf die „öffentliche Ordnung" als Schranke für die Vertragsfreiheit, die im Entwurf der 1. Kommission des zukünftigen BGB vorgesehen war, doch letztlich entgegen dem Antrag des sozialdemokratischen Abgeordneten Arthur Stadthagen nicht in den § 138 einfloss.[805]

Ähnlich wie Lotmar setzte sich Hachenburg 1900 mit der Problematik auseinander:[806] Er berief sich auf die Übersetzung der boni mores der Römer und setzte die „guten Sitten" mit dem „Sittengesetz" gleich. Hachenburg wies darauf hin, dass der Begriff in das Gesetz eingeflossen sei, um der Vorschrift „einen umfassenderen Geltungsbereich" zu geben und um die persönliche Auffassung des Richters über Sittlichkeit auszuschließen.[807]

Stadthagen betonte hingegen, dass „gute Sitten" nicht gleichbedeutend mit Sittlichkeit sei. Nach seiner Auslegung des § 138 waren damit Verträge, die gegen die persönliche Freiheit, gegen die Koalitionsfreiheit, gegen die Gewerbefreiheit, gegen die Gewissensfreiheit etc. verstoßen, als nichtig anzusehen.[808] Allerdings fände

---

800 Bernert, Arbeitsverhältnisse im 19. Jahrhundert, 1972, S. 244.

801 Nelken zu den „Guten Sitten" im Zusammenhang mit den Arbeitsordnungen: Nelken, Die deutschen Handwerker- und Arbeiterschutzgesetze, 1901, S. 810. Cf. Jhering, Der Zweck im Recht, 1905, passim.

802 Lotmar, Der Arbeitsvertrag, 2001/1902, S. 153.

803 Lotmar, Der Arbeitsvertrag, 2001/1902, S. 153.

804 Lotmar, Der Arbeitsvertrag, 2001/1902, S. 155.

805 Cf. Haferkamp, Der ordre public interne, 2006, S. 105 f.

806 Hachenburg, Vorträge, 1900, S. 50 ff.

807 Hachenburg, Vorträge, 1900, S. 51. Cf. zum Problemkreis der „guten Sitten" und dem richterlichem Handeln in der Rechtswissenschaft der dreißiger und vierziger Jahre des 19. Jahrhunderts am Beispiel von Puchta: Haferkamp, Georg Friedrich Puchta, 2004, S. 378.

808 Stadthagen 1908, S. 40; cf. dazu Gottlieb Planck, Kommentar zum BGB, Bd. I, Allgemeiner Teil, 3. Aufl., Berlin 1903, § 138 Nr. 2, S. 250, zitiert bei Haferkamp, Der ordre public interne, 2006, S. 124.

auch in dem Verständnis Stadthagens die Vorschrift des BGB Anwendung auf den *„Modernen Theaterkontrakt"*.

In der Konfrontation mit der hier referierten zeitgenössischen gesetzgeberischen Wirklichkeit und der rechtswissenschaftlichen Meinung stellt sich deutlich die vom Simplicissimus intendierte Darstellung der Sittenwidrigkeit des präsentierten Vertrages dar.

c) Die Konsequenzen

Noch nahezu zehn Jahre nach dem Erscheinen des *„Modernen Theaterkontrakts"* im Simplicissimus wurde die arbeitsrechtliche Situation von Heinzmann als höchst unerfreulich beschrieben:

> „Denn das Ergebnis ist, daß das heute allgemein übliche Vertragsverhältnis die Bühnenmitglieder geradezu rechtlos macht, indem es nicht nur in Sachen der Disziplin des Personals und der Leitung der Bühne, sondern auch in Bezug auf das Inkrafttreten, auf die Fortdauer und die Auflösung des Vertrages den Direktor zum Kläger, Richter und Vollzugsbeamten macht.
>
> In den meisten Fällen ist der Kontrakt ein Kodex der materiellen Abhängigkeit und künstlerischen Unfreiheit des Mitgliedes."[809]

Seine Ausführungen waren nahezu kongruent zu einer zeitnahen Darstellung im Simplicissimus aus dem Jahr 1904: Ein Theaterdirektor brüllte einen Schauspieler an, er spiele einen Sterbenden zu lahm, um schließlich festzustellen, dass dieser tatsächlich – durch die schikanöse Behandlung - verstorben war (13.12.1904, S. 373).

5. Die Arbeitswelt der Maler und Bildhauer

Darstellungen von Künstlern, insbesondere von Malern, fanden sich häufig im Simplicissimus (29.1.1912, S. 774 u. ö.). Nur wenigen Malern war es vergönnt, Geld zu verdienen. Der Gerichtsvollzieher ging bei ihnen ein und aus. (4.5.1908, S. 93 u. ö). Gut verkauften sich Aktbilder (19.12.1910, S. 657), besonders wenn die Maler ihren Kunden, bzw. Mäzenen noch die Adressen ihrer Modelle zum Bild dazu lieferten und als Kuppler fungierten (18.9.1900, S. 208 u. ö). Selbst in finanzieller Not lebend, nutzten die Maler laut Simplicissimus die Not ihrer Modelle aus.

Aus arbeitsrechtlicher Sicht ergab sich ein komplexes Geflecht von Vertragsverhältnissen:

Das Malermodell leistete Arbeit, die unter Umständen eine Überwindung psychischer Hemmnisse implizierte.[810] Lotmar stellte fest, dass „das Modellstehen gegenüber dem bildenden Künstler oder Kunstschüler" keine unmoralische Handlung

809 Heinzmann, Deutsches Theaterrecht, 1905, S. 79.

810 Cf. Schaub, Vogelsang, ArbR-Hdb., 2011, § 8 Rn. 8.

darstellte.[811] Die Feststellung stand offenbar im Widerspruch zur Verkehrsanschauung, der zufolge laut Simplicissimus die Polizei gegen unbekleidete Modelle vorgehen sollte (21.2.1910, S. 819). Der Künstler beschäftigte das Modell (21.6.1909, S. 196) und bezahlte ihm ein „Modellgeld" (13.10.1903, S. 229). Gegenüber seinem Modell war der Maler oder Bildhauer Dienstberechtigter oder Arbeitgeber.[812] Zwischen dem Maler und dem Modell bestand ein Dienstvertrag (locatio conductio operarum). Die Künstler waren aber selbst oft so arm, dass die Modelle selbst den Zucker für den Tee mitbringen mussten (7.8.1911, S. 329). Dabei muss berücksichtigt werden, dass in der gesellschaftlichen Realität des Untersuchungszeitraums der Verbrauch von Zucker einen enormen Aufschwung genommen hatte und um 1900 in jeder – auch armen - Arbeiterfamilie zu finden war.[813] Somit waren nach Ansicht des Simplicissimus die Künstlermodelle als Arbeitnehmer noch unterhalb der armen Arbeiter anzusiedeln. Auch konnten die Künstler in der kalten Jahreszeit ihre Ateliers nicht heißen und ließen ihre Modelle frieren (13.3.1899, S. 400). Bisweilen mussten sich die Modelle mit ein paar Weißwürsten und einem Kompliment über ihre Anatomie zufriedengeben. (27.2.1911, S. 825). Ihre eigene Armut ließ die Künstler gegen die ihnen nach § 618 Abs. 1 BGB obliegenden Fürsorgepflichten verstoßen. Das arbeitsrechtliche Handeln der Künstler las sich wie ein einziger Verstoß gegen § 618 BGB 1896:

> „Der Dienstberechtigte hat Räume, Vorrichtungen oder Geräthschaften, die er zur Verrichtung der Dienste zu beschaffen hat, so einzurichten und zu unterhalten und Dienstleistungen, die unter seiner Anordnung oder seiner Leitung vorzunehmen sind, so zu regeln, daß der Verpflichtete gegen Gefahr für Leben und Gesundheit soweit geschützt ist, als die Natur der Dienstleistung es gestattet."

Während zwischen dem Maler und dem Modell ein Dienstvertrag bestand, bestand zwischen dem Maler als Werkunternehmer und seinem Auftraggeber bzw. Mäzen als Besteller des Kunstwerks ein Werkvertrag (locatio conductio operis) als privatrechtlicher Vertrag.[814] Im Gegensatz zur Schauspielerin - oder zu einem Orchestermusiker - war der Maler oder Bildhauer selbständig in dem Sinn, dass er seine Tätigkeit im Wesentlichen frei gestalten und seine Arbeitszeit bestimmen konnte.[815] Der Künstler war als Schuldner vorleistungspflichtig. Der Besteller

811 Lotmar, Der unmoralische Vertrag, 1992, S. 248 f.

812 Zur Arbeitnehmereigenschaft des Fotomodells: HWK/Thüsing, Arbeitsrecht Kommentar, 2012, vor § 611 BGB Rn. 103.

813 Tenfelde, Nahrung der sozialen Unterschichten, 1981, S. 183 f.

814 Der Abschluss eines Werkvertrags sieht einen bestimmten Erfolg vor. Beim Werkvertrag trägt der Werkunternehmer die Gefahr für das Nichtgelingen des Werkes (§ 644 BGB). Dies betrifft auch das Einwirken von höherer Gewalt.

815 Zur Besserstellung hinsichtlich des sozialen Ansehens des Werkunternehmers über dem Lohnarbeiter im römischen Recht: Möller, Freiheit und Schutz im Arbeitsrecht, 1990, S. 39 f. Der Maler ist zwar aufgrund eines Werkvertrages für eine andere Person tätig, ist aber nach heutiger Rechtslage keine „arbeitnehmerähnliche Person", weil er nicht zwingend für eine einzige Person tätig ist und nicht

als Gläubiger schuldete dem Maler nach Fertigstellung des Werks den Werklohn. Künstler schlossen nach § 631 BGB als „Unternehmer" einen Werkvertrag mit dem Besteller ab, wenn sie auf seinen Auftrag hin arbeiteten,[816] z. B. ein Porträt von der beauftragenden Person malten: So war auch der Status eines Bildhauers im Simplicissimus, der die Büste eines Gemüsehändlers anfertigte, der eines Werkunternehmers (11.12.1897, S. 294). Ein solches Rechtsverhältnis bestand auch zwischen einem neureichen Kaffeemakler aus Hamburg und einem Kunstmaler, der dessen neuen Speisesaal ausmalen sollte (7.11.1905, S. 378). Gleiches galt für einen Kunstmaler, der das Porträt einer, allerdings mit dem Erfolg unzufriedenen, Kundin gemalt hatte:

> *„Ich finde, das Auge hat immer noch zu wenig Seele."*
> *„Aber gnä Frau, ich kann doch für fünfzig Mark nicht meine Seele vermalen."* (21.9.1908, S. 417).

Das letzte Beispiel zeigt die wirtschaftliche Abhängigkeit des Werkunternehmers von seinen Kunden, die aber von der persönlichen Abhängigkeit eines Arbeitnehmers verschieden ist.

Solche Werkverträge wurden in der Regel mündlich und konkludent geschossen, was allerdings laut Simplicissimus dazu führen konnte, dass die eine Partei die andere im Nachhinein übervorteilte (10.4.1899, S. 11).

Die Nähe des Werkunternehmers zum selbständigen Unternehmer war offenkundig: So fasste ein verzweifelter Maler einen Entschluss:

> *„Bei dem Bildermalen verhungert man doch. – Ich gründe jetzt einfach eine Malerschule."* (21.8.1897, S. 165 u. ö.)

Im Gegensatz zum gewerblichen Arbeitnehmer hatte der Künstler die Möglichkeit, ohne Kapitaleinsatz vom selbständigen Werkunternehmer zum selbständigen Unternehmer zu wechseln.

6. Zwischenergebnis zu VI

In mehreren Beiträgen stellte der Simplicissimus Ausbeutung und Willkür von Arbeitgebern in der Welt der Kunst satirisch dar. Die von zeitgenössischen Arbeitsrechtlern beschriebenen Arbeitsverhältnisse im Untersuchungszeitraum zeigten eine große Übereinstimmung mit der satirischen Darstellung durch den Simplicissimus. Die Defizite dieser Arbeitsverhältnisse führten z. B. im Theaterwesen um die

---

von dieser Person durchschnittlich mehr als die Hälfte, im Fall der künstlerischen Leistung mehr als ein Drittel, des Entgelts bezieht. (§ 12a I Nr. 1 TVG; dazu: HWK/Henssler, Arbeitsrecht Kommentar, 2012, § 12 a TVG Rn. 11).

816 § 631 BGB 1896. Zum Werkvertrag im heutigen Recht: HWK/Thüsing, Arbeitsrecht Kommentar, 2012, vor § 611 BGB Rn. 8 f; Zur Abgrenzung von Werkvertrag und Kaufvertrag beim Kauf einer „zukünftigen Sache" im römischen Recht: Honsell, Römisches Recht, 2006, S. 128.

Jahrhundertwende zu intensiven Bemühungen spezialisierter Theaterrechtler. Im Gegensatz zu den von der Gewerbeordnung geschützten und sich zu Koalitionen zusammenschließenden Industriearbeitern waren die Künstlerinnen und Künstler trotz der arbeitsrechtlichen Initiativen und trotz allgemeiner Verbesserungen im Dienstrecht meist ohne kollektiven Beistand und verblieben in wirtschaftlicher und persönlicher Abhängigkeit von ihren Arbeitgebern. Doch die Künstler waren nach Auffassung des Simplicissimus häufig nicht nur Opfer: Obwohl viele Maler und Bildhauer als selbständig Freischaffende und Werkunternehmer in wirtschaftlicher Abhängigkeit von ihren Auftraggebern lebten, nutzten sie die Not ihrer Modelle aus und beanspruchten wie die Theaterdirektoren eine – auch sexuelle – Verfügungsgewalt über ihre Vertragspartner. Auch im Bereich der Künstler nahm der Simplicissimus einen deutlichen Unterschied zwischen bemitleidenswerten Arbeitnehmern (Theaterschauspieler(innen), Malermodellen) einerseits und ausbeutenden Arbeitgebern (Theaterdirektoren, Maler und Künstler) andererseits wahr. In allen Fällen wurde die Ursache für die arbeitsrechtlichen Missstände in der sogenannten Vertragsfreiheit gesehen.

VII. Lohnabhängige, weisungsgebundene, unselbständige Arbeiter, Handwerker und Kaufmannsgehilfen

1. Begriffsbestimmung

In dieser Gruppe sind die Arbeiter, Kaufmannsgehilfen (Handlungsgehilfen) und Handwerker zusammengefasst, sofern ihnen als Arbeitnehmer Lohnabhängigkeit, Weisungsgebundenheit und Unselbständigkeit zukommen. In den zeitgenössischen Rechtsquellen wurden die unselbständigen gewerblichen Arbeiter in der Regel „Gesellen und Gehilfen [Gehülfen]" und „Fabrikarbeiter" genannt,[817] die abhängigen Angestellten in einem Handelsgewerbe „Handlungsgehilfen"[818]. Den Bergarbeitern wird ein gesondertes Kapitel gewidmet. Die oft nur kurzen, aphoristischen Beiträge des Simplicissimus lassen nicht immer erkennen, ob Leistungen erbracht werden, die

817 Z. B.: Ebeling, Das Reichsgesetz, 1892, S. 18; Kaskel, Arbeitsrecht, 1925, S. 1. Die Gewerbeordnungen gaben ebenso wenig eine Begriffsbestimmung des Fabrikarbeiters wie der Fabrik. (Nelken, Die deutschen Handwerker- und Arbeiterschutzgesetze, 1901, S. 772).

818 § 59 HGB 1897. Ein Abriss der Geschichte des Arbeitsrechts der Handlungsgehilfen bei Ogris, Geschichte des Arbeitsrechts 1967, S. 292 f. Günther Schulz kommt u. a. für die Handlungsgehilfen zu dem Schluss, dass im Zuge der Hochindustrialisierung die Aussicht der kaufmännischen und technischen Angestellten schwand, jemals Selbständigkeit zu erlangen. „Die Beschäftigung in unselbständiger Stellung wurde Dauerzustand." (Schulz, Die industriellen Angestellten, 1979, S. 244). Diese – für den Untersuchungszeitraum relevante - Feststellung rechtfertigt die Einordnung der Handlungsgehilfen in dieser Kategorie.

nach der Gewerbeordnung oder – selten – nach dem Handelsgesetzbuch zu beurteilen sind.[819] Diese Unschärfe muss billigend in Kauf genommen werden. Sie entspricht den sich verändernden und sich überschneidenden Berufsbildern im Untersuchungszeitraum. Vielfach wurde vom Simplicissimus der Status der Lohnabhängigkeit ohne genauere Berufsbezeichnung nur ikonisch konnotiert, so dass in diesen Fällen hier von „Arbeitern" oder „Arbeitnehmern" die Rede sein wird, wenn keine Präzisierung und Betrachtung der unterschiedlichen Rechtsfolgen geboten ist.[820]

2. Sozialpolitische und arbeitsrechtliche Stagnation im Gründungsjahr des Simplicissimus als Impuls für Satire

Der Simplicissimus schöpfte sein Bild von der arbeitsrechtlichen Situation der lohnabhängigen Arbeitnehmer aus einer Vielzahl von Quellen. Von der überwiegenden Zahl der juristischen, sozialen und belletristischen Autoren wurde die „soziale Lage" der Arbeiterschaft seit der industriellen Revolution bis zur Ersten Weltkrieg als desolat beschrieben. Vielfältig waren die Vorschläge, Forderungen und Initiativen aus den

819 Stadthagen, Das Arbeiterrecht, 1904, S. 83.

820 Für die zeitgenössische Rechtsliteratur hatte „die rechtliche Klassifikation der verschiedenen Gruppen des Arbeitsvertrages mit großen Schwierigkeiten zu kämpfen". (Baum, Das Recht des Arbeitsvertrages, 1911, S. 22). Sie verstand unter „Gesellen" eine Person, die ein Gewerbe erlernt hatte (zu § 121 GewO 1891: Neukamp; enger: Nelken, Die deutschen Handwerker- und Arbeiterschutzgesetze, 1901, S. 24, 606). Ein „Gehilfe" war jemand, der im Gewerbe „hilft", ohne dass begrifflich über seine Fähigkeit damit etwas ausgesagt wurde. (zu § 121 GewO 1891: Neukamp; Nelken, Die deutschen Handwerker- und Arbeiterschutzgesetze, 1901, S. 606). Gesellen und Gehilfen wurden im VII. Titel der GewO rechtlich gleich behandelt. Hinsichtlich der Handlungsgehilfen bezeichnete das Handelsgesetzbuch vom 10. Mai 1897 nur die zu kaufmännischen Diensten eingestellten Arbeitnehmer als Handlungsgehilfen. Damit war die seit dem ADHGB von 1861 streitige Frage, ob auch die mit gewerblichen Arbeiten beschäftigten Gehilfen eines Kaufmanns Handlungsgehilfen seien, verneint. (ADHGB 1861, GS 1861, 449; HGB 1897, RGBl. 1897, 219 sowie Vietinghoff-Scheele, Gewerbliches Arbeitsvertragsrecht, 1972, S. 110 f.). Für den Untersuchungszeitraum, und damit für den Simplicissimus, galt damit das HGB von 1897.

Bereichen Religion,[821] Philosophie, Ökonomie,[822] Gesetzgebung, Rechtswissenschaft, Literatur und Journalismus, die eine Verbesserung oder Linderung der sozialen und arbeitsrechtlichen Missstände intendierten.[823] Die Initiativen stießen teilweise auf das Misstrauen des Simplicissimus, der etwa die Anhänger des 1890 von Alfred Stoecker gegründeten ***Evangelisch-sozialen Kongresses***[824] für Pharisäer hielt: Die

---

821 Als Gegenpol zu der als umstürzlerisch und atheistisch geltenden sozialdemokratischen Arbeiterbewegung gründete der Protestant Adolf Stoecker im Januar 1878 die ***Christlich-Soziale Arbeiterpartei*** als eine christliche, königstreue, auf soziale Hilfe gerichtete Organisation. Die Mobilisierung der Industriearbeiterschaft misslang allerdings. Das Bemühen um Vermittlung zwischen Arbeitgebern und Arbeitnehmern kennzeichnete die katholischen Initiativen. (Gottwald 1994, S. 35). Der im Oktober 1890 gegründete ***Volksverein für das katholische Deutschland*** erstrebte eine Aufklärung aller Berufsstände. Seine Vertreter beschworen als Gegenmittel zu den „Irrlehren" des Sozialismus die Verwirklichung des Christentums in Familie, Schule und im öffentlichen Leben. (Kaufhold, Neugestaltung des Arbeitsrechts 1991, S. 283; Eßer, Stadtgeschichte, 2006, S. 281). Die Enzyklika ***Rerum novarum vom 15. Mai 1891*** von Papst Leo XIII. definierte in einer arbeitsrechtlich affinen Weise Rechte, Pflichten und Grenzen im Arbeitsleben. Die Enzyklika galt als die „Magna Charta christlichen Sozialdenkens". (Gottwald, 1891, 1994, S. 9).

822 Im Jahre 1873 (1872?) wurde der ***Verein für Socialpolitik*** gegründet. (Einer von vielen: Kaiser, Vertragsfreiheit und Gesellschaftsordnung, 1972, S. 178 ff.) Der Verein war geprägt vom wissenschaftlich-ökonomischen Denken des sogenannten Kathedersozialismus, der sich mit dem Arbeitsvertrag, der betrieblichen Mitbestimmung, der Bildung von Kartellen (Schröder, Die Entwicklung des Kartellrechts, 1988, S. 105 ff.) und einer Stärkung der Gewerkschaften auseinandersetzte. (Teuteberg, Die Doktrin des ökonomischen Liberalismus, 1977, S. 54 ff., 73). Den – von Marxisten als „Bougeoisiesozialisten" (Völkerling, Der deutsche Kathedersozialismus, 1959, S. 11) verunglimpften - Vertretern ging es um eine Sozialreform, die sich sowohl von der manchesterlich-liberalen Nationalökonomie als auch vom Marxismus abgrenzte und stattdessen unter der reformerischen Regie der Monarchie, etwa in der Fabrikgesetzgebung (Umlauf, Die deutsche Arbeiterschutzgesetzgebung 1880–1890, 1980, S. 37), eine Verbesserung der Lebensverhältnisse der Industriearbeiter als Voraussetzung für politische Stabilität (Stürmer, Das ruhelose Reich, 1983, S. 261) und eine Versöhnung von Arbeitern und Arbeitgebern anstrebte. (Waldt, Die Lehre vom Arbeitsvertrag, 1974, S. 12; cf. Becker Arbeitsvertrag und Arbeitsverhältnis, 1995, S. 155 ff.; Caroni, Kathedersozialismus, 1984, S. 205 ff.). „Ein auch für das Arbeitsrecht wichtiger Faktor der Sozialpolitik des kaierlichen Deutschlands war der Verein für Socialpolitik. Ohne unmittelbaren Einfluß auf die Gesetzgebung zu nehmen, wirkte er entscheidend im Vorfeld der Arbeiterschutzgesetzgebung." (Mestitz, Probleme der Geschichte des Arbeitsrechts, 1980, S. 50).

823 Rehbein 1891, passim, bes. S. 261 f. Ein kurzer Abriss der Lehren von Lassalle, Marx und Engels bei Umlauf, Die deutsche Arbeiterschutzgesetzgebung 1880–1890, 1980, S. 37 ff.

824 Der 1890 von Adolf Stoecker gegründete ***Evangelisch-sozialen Kongreß*** arbeitete primär wissenschaftlich und wollte dem Gesetzgeber Anregungen zur Lösung der

„Stöckerianer" zögen es vor, dass ein unehelich gezeugtes Kind verhungere, damit *„diese Frucht der Sünde"* in ein besseres Jenseits abberufen werde. (10.4.1900, S. 24).

Es ging aus arbeitsrechtlicher Sicht allerdings nicht nur um einen Beitrag zur Lösung der das 19. Jahrhundert bewegenden „sozialen Frage" allgemein, sondern vor allem um die Herstellung oder Optimierung arbeitsrechtlicher Standards. Neben theoretischen Forderungen und mildtätigen Aktivitäten trugen dazu seit den 30er Jahren arbeitsrechtlich relevante Gesetze bei. Je nach Standpunkt wurden die legislativen Errungenschaften dieser Zeit allerdings als unterschiedlich wirksam eingeschätzt:[825]

Das frühe Arbeitsrecht war ein vom Staat verordnetes Recht,[826] das zwar auch dem Schutz und dem Wohle der Arbeiter dienen sollte, aber die Staatsordnung nicht destabilisieren durfte. Es entwickelte sich so einerseits ein „systemnahes" Arbeitsrecht, dem der Gesetzgeber meist unter dem Druck der Ereignisse Geltung verschuf, und ein systemkritisches Arbeitsrecht, das sich rechtstheoretisch (Lotmar, Stadthagen), überwiegend sozialistisch und sozialdemokratisch artikulierte.[827]

Wenn man auch der Einschätzung einer geringen Wirksamkeit der frühen Arbeitsgesetzgebung beipflichten wird, so sind doch die arbeitsrechtlichen Impulse anzuerkennen, wenngleich sie oft nicht unmittelbar ihre Wirkung entfalteten, sondern als Grundlage für spätere, wirksamere Novellen dienten. Eine schmälernde Einschätzung der frühen arbeitsrechtlichen Bemühungen entstammt häufig einer hermeneutisch-ahistorischen Sicht, die etwa die rasante Entwicklung des Arbeitsrechts seit Beginn der Weimarer Republik als Maßstab ansetzt und die Realitäten des im Untersuchungszeitraum historisch Möglichen verkennt. Unter einem historisierenden Gesichtspunkt ist auch eine positive Würdigung des „systemnahen" arbeitsrechtlichen Fortschritts erkenntnisbildend.

Während die Industriearbeiter nach Auffassung sozialdemokratischer Autoren der Zeit von der Gewerkschaftsbewegung profitierten, seien andere Berufsgruppen, wie die der Großstadtkellner, schutzlos. Ihre Lage sei die von ausgebeuteten Sklaven, die ohne festen Lohn hohe Arbeitszeiten ertragen müssten und Arbeitsverträge

---

sozialen Frage geben. (Eger, Der Evangelisch-Soziale Kongress, 1931, S. 97). Die sozialdemokratische Presse wurde nicht müde, der Kirche vorzuwerfen, sie sei ein Werkzeug des Kapitalismus. (Eger, Der Evangelisch-Soziale Kongress, 1931, S. 100). Paul Göhre als Generalsekretär des ***ESK*** sah folgende Hauptaufgabe des ***ESK***: „...die Erziehung, die Veredlung, die Christianisierung der heute noch wilden, heidnischen Sozialdemokratie und die Vernichtung ihrer widerchristlichen materialistischen Weltanschauung". (Göhre, Drei Monate Fabrikarbeiter und Handwerksbursche, 1891, S. 109, 116).

825 Zur Einschätzung einer geringen Wirksamkeit: Bieber, Die Rolle der Gewerkschaften, 1998, S. 46.

826 Brox/ Rüthers/ Henssler, Arbeitsrecht, 2011, Rn. 7. Wenn der Simplicissimus sich in der Frage der Sozialgesetzgebung zurückhielt, konnte man aus der Glorifizierung Bismarcks einen indirekten Konsens mit ihr herauslesen.

827 Zur ungenauen zeitgenössischen Verwendung des Begriffs „sozialistisch": Konrad, Nationale und internationale Tendenzen im „Simplicissimus", 1975; S. 21.

unterschreiben müssten, die kein Industriearbeiter unterschriebe.[828] Andererseits erschienen im Simplicissimus die Kellner durchaus als wohlhabende, allerdings häufig straffällige, Arbeitnehmer (15.5.1911, S. 112).

Im Vergleich zu anderen unselbständig Beschäftigten gelang es zunächst der industriellen Arbeiterschaft, ihre wirtschaftliche und arbeitsrechtliche Situation zu verbessern.[829] Das frühe Arbeitsrecht war zunächst ein Sonderrecht der gewerblichen Arbeiter, der Fabrikarbeiter und Bergarbeiter.[830] Der evangelische Theologe Paul Göhre, stellte 1891 als Arbeiter in einer Maschinenbaufabrik zwar Missstände fest, folgerte aber: „Aus alledem geht hervor, daß von Not unter dieser Arbeiterklasse nicht die Rede sein kann."[831] Dennoch lag im Untersuchungszeitraum auch für die hier betrachtete Gruppe vieles im Argen. Dies betraf etwa den Umfang der Arbeitszeit.[832] Der Simplicissimus beklagte, dass die Verbesserung der Löhne kaum höher Qualifizierte – wie etwa die Chemiker - betreffe, die eine Stelle als Maurer anzunehmen müssten. (9.5.1910, S. 103).[833] Die Wohnungssituation der Arbeiter war vielerorts so schlecht, dass selbst der Kaiser 1899 Verbesserungsbedarf sah[834]

828 Schippel, „Die Lage der großstädtischen Kellner", 1891, passim, besonders S. 98, 101, 103 ff, 144.

829 Mommsen, Bürgerstolz und Weltmachtstreben, 1995, S. 59; Stürmer, Das ruhelose Reich, 1983, S. 41 u. ö.

830 Hueck/ Nipperdey, Lehrbuch des Arbeitsrechts, 1963, S. 11, 34.

831 Göhre, Drei Monate Fabrikarbeiter und Handwerksbursche, 1891, S. 39 f., 24.

832 Für erwachsene männliche Arbeiter unterlag die Arbeitszeit an Wochentagen keinen Beschränkungen. (Elster, Lexikon des Arbeitsrechts, 1910, S. 37); Baum, Das Recht des Arbeitsvertrages, 1911, S. 57: „Ein allgemeiner Maximalarbeitstag besteht in Deutschland nicht." Nach Angaben von Paul Göhre betrug 1907 die Arbeitszeit im Warenhaus Wertheim 9 Stunden. Hinzu kamen 2 Stunden Mittagspause und zwei kurze Pausen, so dass die Angestellten auf eine Gesamtzeit von 11 1/2 Stunden kamen. (Göhre, Das Warenhaus, 1907, S. 75). Laut Käthe Lux betrug die durchschnittliche Maximalarbeitszeit in den großen Warenhäusern 10 1/2 Stunden. (Lux, Studien über die Entwicklung der Warenhäuser, 1910, S. 27). Zur Arbeitszeit als Bestandteil der Bedingungen industrieller Arbeit im 19. Jahrhundert: W. H. Schröder, Arbeitergeschichte, 1978, S. 193 ff.

833 Leo XIII. äußerte sich nicht nur zum Arbeitsschutz, sondern auch zur Entlohnung, indem er forderte, dass der Arbeiter Anspruch auf „gebührenden Verdienst" habe. (Gottwald, 1891, 1994, Abs. 17, S. 64).

834 Johann, Reden des Kaisers, 1966, S. 82. Rehbein stellte ebenfalls dar, dass sich die Katen der Landarbeiter „auch nicht entfernt mit den gutsherrlichen Schweineställen messen" konnten. (Rehbein, Das Leben eines Landarbeiters, 1911, S. 97). Zu den häufigen Beschwerden über die Wohnverhältnisse der ostelbischen Landarbeiter: Nichtweiss, Saisonarbeiter, 1959, S. 68 u. ö. Besonders die Wohnverhältnisse der Wanderarbeiter wurden von Zeitgenossen des Simplicissimus angeprangert, so von Karl Kautzky in seinem Buch ***Die Agrarfrage*** von 1899, zit. nach Nichtweiss, Saisonarbeiter, 1959, S. 228 ff.

und dass sich zeitgenössische Soziologen dem Problem widmeten.[835] In diesem historischen Kontext stand eine Karikatur des Simplicissimus, in der unter dem Titel *„Zur Wohnungsnot"* ein Friedhof mit einem Schild *„Billige Arbeiterwohnungen"* erschien (2.7.1901, S. 116 u. ähnl.). Dieser zynische Beitrag konnte durchaus eine aufklärerische Funktion hinsichtlich der Lebensbedingungen und Zukunftserwartungen der Arbeiter entfalten. Vor allem von sozialistischen Kritikern musste sich der Simplicissimus den Vorwurf gefallen lassen, die dargestellten Arbeiter nicht als Kämpfernaturen, sondern als ausgebeutete Opfer zu präsentieren. Allerdings entwickelte auch der Arbeiter im Simplicissimus trotz schwerster körperlicher Arbeit ein Standesbewusstsein[836] gegenüber dem höfischen Lakaien, der sich um den hoheitlichen Nachttopf kümmern musste (21.11.1896, S. 6). Der sozialistischen Wunschvorstellung entsprach eher der Arbeiter, der nicht hilfloses Opfer, sondern Agierender im Klassenkampf war[837] und der als Steineklopfer auf seine Steine wie auf *„Kapitalistenlümmel"* eindrosch (11.5.1908, S. 103). Der Simplicissimus beherzigte offenbar die Klagen kontemporärer Soziologen, die im Kapitalismus den Verlust des Berufsstolzes und der proletarischen Berufsehre beklagten.[838]

Als am 4. April 1896 die erste Nummer des Simplicissimus erschien, drängten trotz der Verbesserungen in Teilbereichen zahlreiche arbeitsrechtliche Probleme nach publizistisch-satirischer Darstellung: Mitte der neunziger Jahre gab Kaiser Wilhelm II. die sozialen Bemühungen seiner ersten Regierungsjahre auf.[839] Seine Hoffnung, die Sozialpolitik werde die Arbeiter der Sozialdemokratie entfremden, erfüllte sich ebenso wenig für ihn wie vorher für Bismarck.[840]

Im Juni 1896 demissionierte der preußische Minister für Handel und Gewerbe, Hans Hermann von Berlepsch,[841] weil er mit seinen sozialpolitischen Vorstellungen weder beim Kaiser noch beim Reichskanzler Chlodwig zu Hohenlohe-Schillingsfürst Rückhalt fand. Der Arbeitsschutz und die Lösung der „sozialen Frage" stagnierten

---

835 Sombart, Das Proletariat, 1906, S. 22: Die Wohnungsverhältnisse des allergrößten Teils der arbeitenden Bevölkerung machten „ein gesittetes Familienleben" unmöglich. Dazu: Grebing, Arbeiterbewegung, 1985, S. 92.

836 Cf. Engelhardt, Gewerkschaftsbewegung, 1984, S. 12 zur Entwicklung des „Solidaritätsstolzes" der Arbeiterschaft seit den 1840er Jahren.

837 Haese, Die gesellschaftskritische Karikatur im „Simplicissimus", 1966, S. 123 u. ö.

838 Sombart, Das Proletariat, 1906, S. 64.

839 Eger, Der Evangelisch-Soziale Kongress, 1931, S. 39; Ritter, Staat, Arbeiterschaft und Arbeiterbewegung in Deutschland, 1980, S. 57; Adomeit, Dienstvertrag, 1996, S. 1711; Jähnichen, Vom Industrieuntertan zum Industriebürger, 1998, S. 130; Konzen, Vom Neuen Kurs, 1991, S. 380.

840 Kaufhold, 150 Jahre Arbeitsschutz in Deutschland, 1998, S. 232.

841 Konzen wies auf den preußischen Handelsminister von Berlepsch hin, „unter dessen Stabführung der ‚Neue Kurs' umgesetzt worden war". (Konzen, Von Neuen Kurs, 1991, S. 383.

oder entwickelten sich nur langsam weiter.[842] Die arbeitsrechtlich relevanten Bestimmungen des ***BGB*** traten erst am 1. Januar 1900 in Kraft.

3. Abhängigkeitsverhältnisse

Die arbeitsrechtliche Situation des Arbeitnehmers gestaltete sich im Simplicissimus des Untersuchungszeitraums in der Regel als bedingungslose Abhängigkeit von einem zynisch-korpulenten Arbeitgeber.

> *„Ich bin jetzt zehn Jahre in Ihrem Geschäft und habe noch immer dasselbe Gehalt."*
> *„Das ist richtig. Denn jedesmal, wenn ich Ihr Gehalt heruntersetzen oder Sie entlassen wollte, habe ich an Ihre Frau und Kinder gedacht."*
> (11.4.1910, S. 31).

Der Arbeitgeber kam zwar seinen Hauptpflichten, der Beschäftigungspflicht und Lohnzahlungspflicht, nach, nicht aber seinen Nebenpflichten, zu denen auch die Fürsorgepflicht gehörte.[843] Die Verweigerung der Lohnerhöhung schadete gerade denen, die er vorgab, schützen zu wollen.

Ähnlich verweigerte ein Arbeitgeber seinem Arbeiter eine Lohnaufbesserung:

> *„Was, Sie wollen Gehaltsaufbesserung, weil S'so viel Kinder ham? Dös gibt's net. Wann S'mehr Geld ham, nacha leben S'üppiger, nacha erhöht sich die Sinneslust, nacha kriegen S'ja no mehr Kinder!"* (28.10.1912, S. 488).

Der Simplicissimus wies auf ein wichtiges sozialpolitisches Problem hin, das zeitgleich von dem Sozialpolitiker Karl Flesch erörtert wurde: Flesch betonte das Unvermögen des Arbeitsvertrages und des „Kollektiv-Vertrages", sowohl den Lohnforderungen der Familienväter als auch denen der Unverheirateten gerecht zu werden.[844]

Für Dankbarkeit verdienten Mitarbeitern gegenüber war bei den ausbeutenden Arbeitgebern kein Platz. Dies zeigte auch die folgende, mit „Gratifikation" betitelte Karikatur.

> *[Arbeiter] „Ich möchte Sie nur drauf aufmerksam machen, Herr Kommerzienrat, es sind heute vierzig Jahre, daß ich in die Fabrik eingetreten bin."*

---

842 Kaufhold, 150 Jahre Arbeitsschutz in Deutschland, 1998, S. 232.

843 Mayer-Maly sah die „Fremdinteressenwahrung" als umfassenden und neutralen Begriff für die Fürsorgepflicht des Arbeitgebers und die Treuepflicht des Arbeitnehmers nicht als Neben-, sondern als Hauptpflicht an. (Mayer-Maly, Arbeitsrecht, 1985, Sp. 303). Zur „allgemeinen Fürsorgepflicht des Arbeitgebers": Ryssel, Fürsorgepflicht, 1970, passim.Nach heutiger Rechtsauffassung hat ein fürsorglicher Arbeitgeber nicht nur den Arbeitnehmer im Blick, sondern eventuell auch dessen Familie. (Cf. Schade, Arbeitsrecht, 2010, S. 83, Rn. 258.

844 Flesch, Zur Kritik des Arbeitsvertrags, 1901, S. 12. Lösungsansätze sah er in den Versicherungen, in die Ledige für die Verheirateten einzahlen müssten, und in sozialen Leistungen für die Verheirateten.

[Arbeitnehmer] „So? Na, dann gehen Sie mal schön an Ihre Arbeit und denken Sie drüber nach, was für'n Haufen Geld Sie in diesen vierzig Jahren aus meiner Fabrik hinausgetragen haben!" (24.2.1913, S. 796).

Die Gewährung einer Gratifikation diente grundsätzlich dazu, dem Arbeitnehmer gegenüber eine besondere Wertschätzung zum Ausdruck zu bringen. Der im Simplicissimus vorgeführte Arbeitgeber verband die Verweigerung der Gratifikation mit einer Kulpabilisierung des Arbeitnehmers. Die Verweigerung war allerdings arbeitsrechtlich nicht zu beanstanden. Eine Verpflichtung zur Gewährung einer Gratifikation bestand für den Arbeitgeber ohne entsprechende Rechtsgrundlage, wie etwa bei einer betrieblichen Übung[845], nicht.

Waren Gratifikationen jedoch verkehrsüblich, durfte der Arbeitnehmer nach Treu und Glauben mit einer solchen Einnahme rechnen.[846] Die satirische Kritik des Simplicissimus am Verhalten des Arbeitgebers war weniger arbeitsrechtlich als moralisch begründet. Sie traf in diesem Sinn die Missachtung der bona fides, das treuwidrige Verhalten des Arbeitgebers.[847]

4. Die Entmystifizierung der Vertragsfreiheit

Der Simplicissimus setzte sich mit der Vertragsfreiheit als einer der wichtigsten Erscheinungsformen der Privatautonomie und als Grundprinzip des Arbeitsrechts auseinander. Privatautonomie und Vertragsfreiheit galten für ihn, wie für zahlreiche Zeitgenossen, lediglich für die Arbeitgeber als vorteilhaft. Die Auseinandersetzung mit dem Thema bot dem Simplicissimus erneut die Möglichkeit, sich im Untersuchungszeitraum als Anwalt ausgebeuteter Arbeiter zu profilieren. Auch die Forschungsliteratur zum Simplicissimus schloss sich teilweise dieser Selbsteinschätzung an.[848] Dem entsprach die folgende Karikatur, die insinuierte, dass die Arbeit in einer Fabrik, selbst wenn sie ironischerweise „Luxusartikel" herstellte, dem Aufenthalt in einem Zuchthaus gleichzusetzen sei.[849]

845 Zum heutigen Recht: Dütz/ Thüsing, Arbeitsrecht, 2011, Rn. 64.

846 Elster, Lexikon des Arbeitsrechts, 1910, S. 84, s. v. „Gratifikation".

847 Zur Bedeutung der „Treue" als traditioneller „ethischer Faktor" im deutschen Recht: Gierke, Der Humor im deutschen Recht, 1886, S. 12. Umfassend zu „Treu und Glauben": Haferkamp, § 242, 2007, passim; zur Bedeutungsbreite der Termini aequitas, bona fides und Treu und Glauben vor allem Rn. 20.

848 Konrad, Politische Zielsetzungen, 1977, S. 91.

849 Stüwe, Thomas Theodor Heine als Maler, 1978, S. 105 deutete die Karikatur als Scheinwahl des Arbeiters zwischen Fabrik oder Kriminalität.

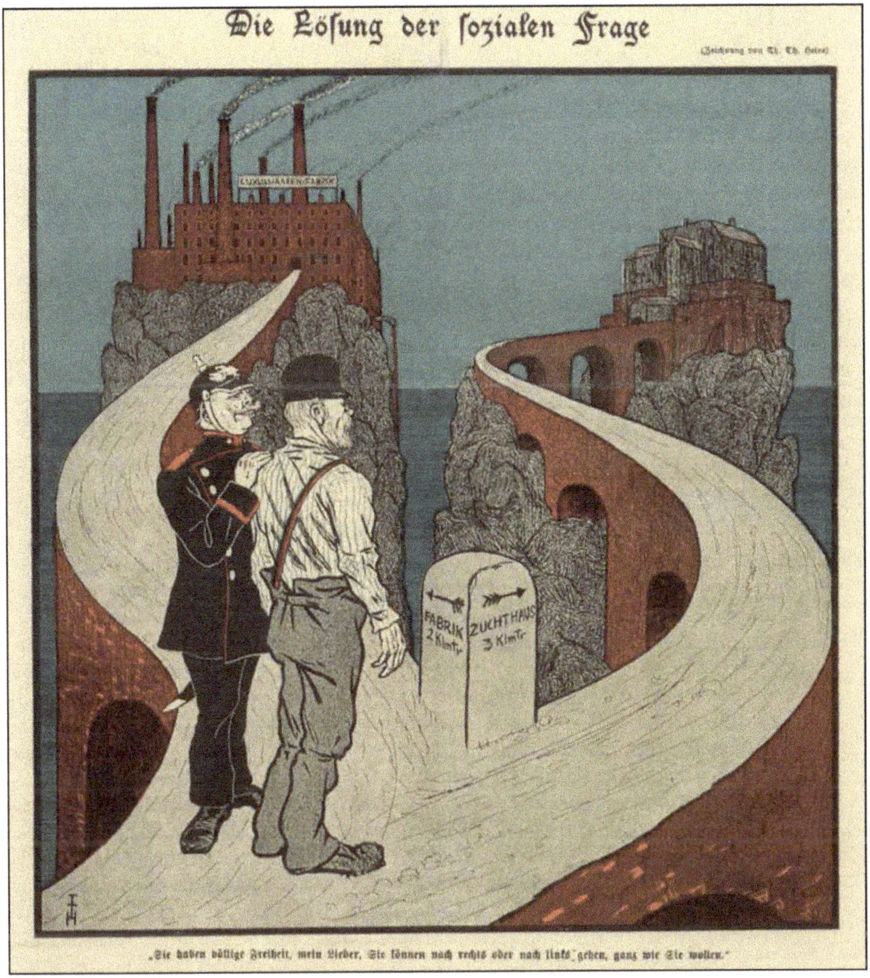

(1.10.1898, S. 209, Zeichnung von Th. Th. Heine)

Die Lösung der sozialen Frage[850]
„Sie haben die völlige Freiheit, mein Lieber. Sie können nach rechts oder links gehen, ganz wie Sie wollen."

Der Staat, hier durch einen „Schutzmann" repräsentiert, macht dem Arbeiter sarkastisch vor, er habe die freie Wahl zwischen einem Aufenthalt im Zuchthaus oder

850 © VG Bild-Kunst, Bonn 2015.

in einer Fabrik. Wie in anderen Karikaturen ist das Handeln der Polizei konnotativ und denotativ mittelbar arbeitsrechtlich relevant. Der Begriff der „Fabrik" wird hier, wie in anderen Karikaturen, durch die Zeichnung eines großen Gebäudes mit mehreren Schornsteinen konnotiert. Größe und Lage ähneln denen eines Zuchthauses.[851]

Die Karikatur machte folgende Diskrepanz deutlich: Innerhalb der rechtlich-verbalen Form der Freiheit (Vertragsfreiheit: *„Sie haben die völlige Freiheit..."*) entwickelte sich eine reale Unfreiheit, die den Gewaltverhältnissen früherer Zeiten (ikonisch-konnotativ: Polizei, Zuchthaus) gleichkam.

Der Arbeitnehmer war sowohl in der Karikatur als auch in der Realität arbeitsrechtlich vielfach nur scheinbar frei darin, auf die Arbeitsbedingungen des Arbeitgebers einzugehen. Weder aus dem Zuchthaus noch aus der Fabrik gab es offenbar ein Entkommen.[852] Nach Annahme des Vertrages hatte der Arbeitnehmer so gut wie keine Möglichkeit mehr, sich gegen Hungerlöhne und übermäßig lange Arbeitszeiten zu wehren. Der Vergleich einer Fabrik mit einem Zuchthaus verdeutlichte, dass das Grundmerkmal für den Abschluss eines privatrechtlichen Vertrages fehlte: die tatsächliche Freiheit der Übereinkunft.[853] Die „Zuchthaus"-Metaphorik gehörte

---

851 Eine Definition des Begriffs „Fabrik", vor allem in Abgrenzung zum Handwerksbetrieb, war durch die ständige Veränderung der Produktionsweise schwierig und oft nur in Teilbereichen gültig. Die ***Gewerbeordnungen*** definierten weder „Fabrik" noch „Fabrikarbeiter". (Cf. Nelken, Die deutschen Handwerker- und Arbeiterschutzgesetze, 1901, S. 766). Das ***Unfallversicherungsgesetz vom 6. Juli 1884*** machte die Fabrik u. a. von der Mindestanzahl der Arbeiter abhängig. (§ 1 UVG 1884; cf. auch Drees, Die Reichs-Gesetze über die Arbeiter-Versicherung, 1893, S. 15). Das Reichsgericht stellte in mehreren Entscheidungen die Arbeitsteilung und die Größe des Betriebes als Unterscheidungskriterium fest. (Ebeling, Das Reichsgesetz, 1892, S. 21). Die ***Gewerbeordnungsnovelle vom 28.12.1908*** setzte an die Stelle der Überschrift „Verhältnisse der Fabrikarbeiter" die Worte „Besondere Bestimmungen für Betriebe, in denen in der Regel mindestens zehn Arbeiter beschäftigt werden" und ersetzte das Wort „Fabrik" durch „Betrieb" (§ 134 u. ö. GewO 1908; ausführlich dazu Baum, Das Recht des Arbeitsvertrages, 1911, S. 91 f.). Zur Verwendung des Begriffs „Fabrik" im 18. Jahrhundert, vor allem im Zusammenhang mit Manufaktur und Hausindustrie: Gellbach, Arbeitsvertragsrecht, 1939, S. 7 f. Cf. zur Definition der Fabriken „im Sinne zentralisierter, arbeitsteiliger, großgewerblicher, maschineller Produktionsstätten": Schulz, Felten & Guillaume, 1979, S. 20.

852 So auch Zimdars, Die Zeitschrift „Simplicissimus", 1972, S. 50.

853 Aus diesem Grund gehören bis heute die Rechtsverhältnisse von arbeitenden Strafgefangenen nicht zu den Arbeitsverhältnissen. Strafgefangene sind keine Arbeitnehmer. Ihnen steht es nicht frei, einen Arbeitsvertrag zu schließen oder zu kündigen. (Cf. Brox/ Rüthers/ Henssler, Arbeitsrecht, 2011, Rn. 39). Gellbach weist darauf hin, dass bereits in vorindustrieller Zeit Insassen von Zuchthäusern oder anderen Zwangshäusern ohne Arbeitsvertrag von Verlegern an Arbeitgeber vermietet wurden oder dass sogar solche Häuser gegründet wurden, um über ein entsprechendes Arbeitervolumen zu verfügen. Die gedanklichen Beziehungen zwischen der Einrichtung einer Fabrik und der eines Zuchthauses können somit

zum Sprachschatz der organisierten Arbeiterschaft, wenn beispielweise die Arbeitsordnungen als „Zuchthausordnungen“ bezeichnet wurden.[854] Dabei regelten die Arbeitsordnungen nicht nur das eigentliche - durch einen schuldrechtlichen Vertrag[855] über den Austausch von Arbeit gegen Lohn begründete - Arbeitsverhältnis, sondern griffen über die Vorschriften zur Betriebsdisziplin in das außerbetriebliche Verhalten und Leben der Arbeitnehmer ein.[856]

Zum Zeitpunkt des Erscheinens der Simplicissimus-Karikatur im Jahre 1898 war die Erkenntnis der Janusköpfigkeit von Vertragsfreiheit, Privatautonomie und wirtschaftlichem Liberalismus nicht neu. Diese Erkenntnis führte dazu, dass in der Folgezeit die Vertragsfreiheit nicht nur gesetzlichen Beschränkungen unterworfen war, sondern sich auch an anerkannten „gesellschaftlichen Wertmaßstäben“ zu richten hatte.[857]

Die Ablösung des dirigistisch-merkantilistischen Systems des absoluten Staates und des Zunftwesens durch das physiokratische und liberal-freiheitliche System wurde in der Arbeitsrechtsgeschichte vielfach beschrieben.[858]

Für das Verständnis der Karikatur ist auf den zentralen Begriff der Freiheit hinzuweisen, der sich wesentlich aus dem Naturrecht speiste,[859] und sich seit dem ausgehenden 18. Jahrhundert zunehmend zu einer „Freiheit *gegenüber* dem Staat“ entwickelt hatte.[860] Reiner Schulze beschreibt diese Veränderung wie folgt:

„Im Hintergrund dieser neuen, stärker individualistischen und partiell antietatistischen Freiheitsverständnisse kündigt sich der Übergang zu frühliberalen Wirtschaftsanschauungen und einem darauf basierenden Sozialmodell an, auch wenn

---

als traditionelles Gemeingut bezeichnet werden. (Gellbach, Arbeitsvertragsrecht 1939, S. 18).

854 Reichold, Der „Neue Kurs“ von 1890 und das Recht der Arbeit, 1990, S. 38; Kaufhold, Neugestaltung des Arbeitsrechts, 1991, S. 309. Selten waren zeitgenössische positive Beschreibungen von Fabriken anzutreffen, wie etwa bei Göhre, Drei Monate Fabrikarbeiter und Handwerksbursche, 1891, S. 43: „Und doch lag über dem allen [der Fabrik, Verf.] auch Adel und Poesie.“

855 Zum Dienstvertrag als schuldrechtlichem Vertrag im 19. Jahrhundert: Machek, Rechtsnatur des Arbeitsvertrages, 1965, S. 285.

856 Vietinghoff-Scheel, Betriebliches Arbeitsvertragsrecht, 1972, S. 96 f.

857 Haferkamp, § 138, 2003, Rn. 1.

858 Einer von vielen: Kaiser, Vertragsfreiheit und Gesellschaftsordnung, 1972, S. 27 ff.

859 Wolzendorff, Arbeitsrecht, 1915, S. 66: „Das rechtspolitische [Element] war die Lehre des Naturrechts von der unveräußerlichen Freiheit und der angeborenen Gleichheit der Menschen. Aus ihr ergab sich die Forderung, daß auch im wirtschaftlichen Leben jeder dem anderen frei und gleich gegenüberstehen müsse und unabhängig vom Dreinreden einer im Naturrecht nicht begründeten Autoritätenorganisation in freier Vereinbarung seine Rechtsgeschäfte zu anderen bestimmen müsse.“ Zur Wirkungsmacht des Naturrechts bis „weit in das 19. Jahrhundert hinein“: Klippel, Politische und juristische Funktionen des Naturrechts, 2000, S. 8.

860 Schulze, Policey, 1982, S. 152 f. (kursiv im zit. Text).

die wirtschaftstheoretischen Grundlagen häufig nur wenig präzise gefaßt sind und die Rezeption der Lehren *Adam Smiths'* erst zu wirken beginnt."[861]

Die Karikatur des Simplicissimus war damit eine Kritik sowohl an den negativen Auswirkungen des liberalistischen Wirtschaftssystems als auch an dessen absolutistischem, „polizeistaatlichem"[862] Vorgänger.

Es entwickelte sich in den 30er und 40er Jahren des 19. Jahrhunderts ein Streit, ob das Prinzip der Freiheit im Privatrecht wissenschaftlich eher von der Germanistik oder eher von der Romanistik vertreten werde.[863]

Die nur scheinbar, aber nicht faktisch vorhandene „völlige Freiheit" hatte man in Anlehnung an Karl Marx[864] als „Vogelfreiheit" des Arbeitnehmers bezeichnet[865]:

Nach der Aufweichung der Zunftverbände und mit der Durchsetzung der Gewerbefreiheit geriet die Gestaltung der Vertragsbedingungen nach der GewO zwar in die freie Übereinkunft der Parteien, jedoch wirkte sich diese Freiheit je nach Wirtschaftslage zum Vor- oder Nachteil der einen oder anderen Partei aus.[866] Die Gewerbefreiheit konnte auch in Widerspruch zur Vertragsfreiheit des Einzelnen treten. Daraus entstehende Konflikte bedurften der gerichtlichen Klärung.[867] In der Regel aber wurde in diesem individualistischen Konzept der wirtschaftlich schwächere Arbeitnehmer als Gegenüber eines mächtigen Arbeitgebers gesehen[868] und vom Arbeitsrecht als schutzbedürftig bewertet.[869] Aufgrund dieser Machtasymmetrie wurde der schutzbedürftige Arbeitnehmer zur Grundlage für die Schaffung des

---

861 Schulze, Policey, 1982, S. 154 (kursiv im zit. Text).

862 Im Sinne Wolzendorffs als „eudämonistischer Polizeistaat": Wolzendorff, Arbeitsrecht, 1915, S. 67.

863 Hofer, Freiheit ohne Grenzen? 2001, S. 22 u. ö.

864 Marx, Werke, Bd. 23. Das Kapital, 1968, S. 744.

865 Heinz, Arbeiter, 1999, S. 27. Klippel weist unter Berufung auf das frühe Naturrecht darauf hin, dass ein Arbeitsvertrag nicht gleichbedeutend mit einem „freien Arbeitsvertrag" ist, sondern durchaus die Unfreiheit begründen kann. (Klippel, Der Lohnarbeitsvertrag, 1990, S. 167).

866 Hueck/ Nipperdey, Lehrbuch des Arbeitsrechts, 1963, S. 9; Sawall, Die Entwicklung der Arbeitsgerichtsbarkeit, 2007, S. 111. Zur Begrenzung der Vertragsfreiheit durch das Zunftwesen vor dem Untersuchungszeitraum: Wieacker, Privatrechtsgeschichte der Neuzeit, 1967, S. 110.

867 Schröder, Die Entwicklung des Kartellrechts, 1988, S. 66, 69 u. ö.

868 Gellbach weist darauf hin, dass es eine falsche Auffassung sei, „Unternehmer und Arbeiter ständen sich beim freien Vertragsabschluß gleichberechtigt und gleichstark gegenüber". (Gellbach, Arbeitsvertragsrecht, 1939, S. 32).

869 Hueck/ Nipperdey, Lehrbuch des Arbeitsrechts, 1963, S. 26 und passim. Dazu auch Preis, Arbeitsrecht. Individualarbeitsrecht, 2009, § 4. Reichold benennt J. C. Bluntschli als Ausnahme unter den Rechtswissenschaftlern, der bereits Mitte des 19. Jahrhunderts die Vertragsfreiheit als „Schein ohne Realität" bezeichnet habe. (Reichold, 1990, S. 9). Bieber, Die Rolle der Gewerkschaften, 1998, S. 19; Waldt, Die Lehre vom Arbeitsvertrag, 1974, S. 4; dazu. auch Leibholz, Verfassungsrecht und Arbeitsrecht, 1960, S. 26 f.

modernen Arbeitsrechts, wodurch sich bald ein Konflikt zwischen Vertragsfreiheit und Arbeitsrecht herausbildete.[870]

„Schrankenloser" Liberalismus und seine Merkmale Privatautonomie und Vertragsfreiheit waren bereits durch die der Karikatur vorangegangene und zeitgenössische Gesetzgebung relativiert worden.

Für das Eingehen von Arbeitsverhältnissen zwischen Arbeitgebern und gewerblichen Arbeitern boten im Untersuchungszeitraum Gewerbeordnungen die rechtliche Grundlage. Die ***Gewerbeordnung von 1845*** - und nach ihr die ***Gewerbeordnung vom 21. Juni 1869***[871] - formulierte den Grundsatz der Vertragsfreiheit[872] wie folgt: „Die Festsetzung der Verhältnisse zwischen den selbstständigen Gewerbetreibenden und ihren Gesellen, Gehülfen und Lehrlingen ist Gegenstand freier Uebereinkunft."[873]

Doch bereits 1839 hatte Preußen mit dem ***Regulativ über die Beschäftigung jugendlicher Arbeiter in den Fabriken*** in die Privatautonomie und Vertragsfreiheit von Arbeitgebern und Arbeitnehmern (hier Eltern) eingegriffen.

Die 1870er Jahre waren geprägt von der Abwendung von einem fast schrankenlosen ökonomischen Liberalismus zu einem gemäßigten Interventionismus,[874]

---

870 HWK/Thüsing, Arbeitsrecht Kommentar, 2012, vor § 611 BGB Rn. 1.

871 § 105 GewO 1869; § 127 für die Fabrikarbeiter; dazu: Teuteberg, Die Doktrin des ökonomischen Liberalismus, 1977, S. 51; John, Handwerk im Spannungsfeld, 1987, S. 284 ff.

872 Nach gegenwärtiger Rechtsauffassung gilt für den Arbeitsvertrag grundsätzlich die freie Vereinbarkeit („Vertragsfreiheit"), so wie sie mit den bekannten Einschränkungen in § 105 GewO für Arbeitsverträge anerkannt wird. (HWK/Gotthardt, Arbeitsrecht Kommentar, 2012, § 310 Gesetz BGB Rn. 12; Schaub, Linck, ArbR-Hdb., 2011, § 31 Rn. 2.

873 § 134 GewO 1845 i. V. m. § 145 für die Fabrikarbeiter. Zur Entstehungsgeschichte der GewO von 1869: Benöhr, Wirtschaftsliberalimus, 1977, S. 189 ff.

874 Zur Etablierung des sogenannten Interventionsstaates seit den achtziger Jahren und zur Verwendung des Begriffs „Interventionsstaat" im rechtshistorischen Kontext: Stolleis, Interventionsstaat, 1989, S. 129 ff., bes. S. 135 f. Zur Rolle der „Kathedersozialisten" bei der Beförderung staatlicher Interventionen: Caroni, Kathedersozialismus, 1984, S. 208 f. Bei der Betrachtung des Staatsinterventionismus ist der merkantilistische Eingriff des Staates zur Förderung der Wirtschaft – etwa im 18. Jahrhundert – vom Eingreifen des Staates in die Verhältnisse zwischen Arbeitgebern und Arbeitnehmern zu unterscheiden. (Gellbach, Arbeitsvertragsrecht, 1939, S. 50 f.). Zum wirtschaftlichen Kurswechsel vom Liberalismus zum staatlichen Protektionismus gegen Ende der 1870er Jahre: Kaufhold, Handwerk, 1979, S. 126. Cf. auch Becker, Sozialpolitische Vorstellungen der Kirchen, 1991, S. 186. Becker benennt Autoren aus den 1860er Jahren, die Kritik übten an der „damals verbreitete[n] liberale[n] Auffassung, daß die Arbeit nur eine Ware im angeblich freien Spiel der Kräfte zwischen Angebot und Nachfrage der Arbeitskraft darstelle". Zur Erkenntnis, dass es sich bei der „Vertragsfreiheit" „in Wirklichkeit um eine ungleichgewichtige Machtbeziehung handelt": Buck-Heilig, Gewerbeaufsicht, 1989, S. 32.

zu einem Eingriff in das „freie Kräftespiel des Wirtschaftslebens“,[875] vor dessen Hintergrund auch die Frage des Arbeitsschutzes und einer „Hinwendung zur gesetzgeberischen Stützung des alten Mittelstandes“ diskutiert wurde.[876] Einer der Hauptangriffspunkte gegen den Wirtschaftsliberalismus war die Erkenntnis, dass „er nur eine abstrakte Rechtsgleichheit schaffe, die tatsächliche Ungleichheit aber eher verstärke“.[877] Im Kampf um die Doktrin des Gehenlassens wurde der Ruf nach einem Schutz des Schwächeren, nach Gemeinsinn und Bürgertreue laut.[878] Der Gedanke der „freien Übereinkunft“ zwischen den Vertragsparteien blieb zwar in den Novellen der Gewerbeordnung erhalten, doch wurde in der ***GewO vom 17. Juli 1878*** die „freie Übereinkunft“ an den Vorbehalt „der durch Reichsgesetz begründeten Beschränkungen“[879] gebunden.[880]

Durch die Schutzzollgesetzgebung der Jahre 1878/1879 hatte der Staat gegen Prinzipien des liberalen Freihandels verstoßen.[881] Die Interventionsgesetzgebung zum konkreten Schutz der deutschen Wirtschaft bekam Vorrang vor der liberalen Theorie.[882] „Seit etwa 1880 dominierte der stete Hinweis auf Konflikte zwischen rechtlicher Gleichheit der Freiheitssubjekte und faktischer Ungleichheit.“[883]

Das Inkrafttreten des ***Bürgerlichen Gesetzbuches*** bedeutete nicht nur allgemein für Deutschland „eine Zeitenwende“,[884] sondern einen wichtigen Schritt für die

---

875 Zwiedineck-Südenhorst, Arbeiterschutz und Arbeiterversicherung, 1905, S. 3; Benöhr, Wirtschaftsliberalismus, 1977, S. 197.

876 Kaufhold, 150 Jahre Arbeitsschutz in Deutschland, 1998, S. 230. Mayer-Maly (1999, S. 148) zu den Arbeitsverhältnissen im römischen Recht und in der Antike: Es gebe zwar Staatsinterventionen mit „sozialpolitischer Zielsetzung“ (Verteilung von Nahrungsmitteln und Schuldenerlass), „nicht aber zur Gestaltung von Arbeitsverhältnissen“. Dazu: Benöhr, Wirtschaftsliberalismus, 1977, S. 215.

877 Benöhr, Wirtschaftsliberalismus, 1977, S. 197.

878 Benöhr, Wirtschaftsliberalismus, 1977, S. 198. Zu den spärlichen Ansätzen eines Schutzes des wirtschaftlich Schwächeren im antiken Recht: Mayer-Maly, Aufgabe und Probleme, 1956, S. 126.

879 § 105 GewO 1878. Die Einschränkung hatte nach Nelken den Zweck, „die vermöge freier Übereinkunft begründeten Rechte und Pflichten der vertragschließenden Theile gegen einseitige Willkürhandlungen zu schützen“. (1901, S. 359). Laut Stolleis war das Jahr 1878 im Hinblick auf den „Interventionsstaat“ das „eigentliche Schwellenjahr“. (Stolleis, Interventionsstaat, 1989, S. 146).

880 Außerdem ist den Fabrikinspektoren durch die Novelle der GewO 1878 ein „direkter Eingriff in die Produktionstechnik möglich“. (Simons, Staatliche Gewerbeaufsicht, 1984, S. 39).

881 Finanzpolitische Interessen der Unternehmerverbände und politisches kalkül Bismarcks führten zur Beseitigung liberaler privatwirtschaftlicher Institutionen. (Born, Wirtschaftsentwicklung, 1969, S. 188).

882 Schröder, Die Entwicklung des Kartellrechts, 1988, S. 33.

883 Haferkamp, Die Bedeutung der Willensfreiheit für die historische Rechtsschule, 2008, S. 197.

884 Schäfer, Zwischen BGB und Schützengräben, 2009, S. 53.

arbeitsrechtliche Situation der deutschen Arbeitgeber und Arbeitnehmer.[885] Sozialdemokratische Reichstagsabgeordnete, wie der Sprecher der sozialdemokratischen Reichstagsfraktion Arthur Stadthagen, betonten jedoch, dass das ***BGB*** in seinen Bestimmungen über den Dienstvertrag in den §§ 611–630 ängstlich bemüht sei, „die Ausdrücke Arbeit, Arbeiter, Arbeitgeber, Lohn zu vermeiden".[886] Der Vorwurf, das ***BGB*** sei unsozial, individualistisch, kapitalistisch, gemeinschaftswidrig,[887] erwies sich bis weit in das 20. Jahrhundert hinein als langlebig, wurde aber nicht von allen juristischen Zeitgenossen geteilt[888] und war aus der späteren Sicht Schwabs „maßlos übertrieben".[889]

Bei Vertretern aller Parteien bestand grundsätzlich Einsicht darin, dass auch im Dienstvertrag des BGB 1896 der zu Diensten Verpflichtete trotz seiner formalrechtlichen Gleichheit mit dem Dienstgeber regelmäßig der wirtschaftlich Schwächere sei.[890]

Kennzeichen des Dienstvertrages blieb die freie Gestaltung des Arbeitsverhältnisses durch die Parteien. Arbeit war weiterhin Gegenstand privatautonomer Vereinbarung. Die soziale Problematik wurde nach häufig vertretener Meinung aus dem neu geschaffenen Gesetz ausgeklammert:[891] „Weite Bereiche des Arbeitsverhältnisses blieben regelungstechnisch unberücksichtigt und an ihren bisherigen Regelungsorten bestehen."[892] Das Inkrafttreten des ***BGB*** änderte nichts an der Kritik an der Privatautonomie, wie Haferkamp betonte: „Auch die inzwischen zum Gemeingut avancierten Zweifel am Gerechtigkeitswert einer rein liberalen Vertragstheorie sahen im Richter als Umsetzer ethischer Minimalstandards einen Ausweg."[893]

Auch in der Rechtslehre vollzog sich eine Relativierung von Privatautonomie, Vertragsfreiheit und „schrankenlosem" Liberalismus.

---

885 Zur Terminologie der am Dienstvertrag (Arbeitsvertrag) beteiligten Parteien: Bernert, Arbeitsverhältnisse im 19. Jahrhundert, 1972, S. 242.

886 Stadthagen, Das Arbeiterrecht, 1904, S. 9. Zu den gescheiterten Bemühungen der SPD im Reichstag, den Begriff „Arbeitsrecht" einzuführen: Rückert, „Frei" und „sozial", 1992, S. 230. Zu den ebenfalls gescheiterten Bemühungen, den Begriff „Dienstvertrag" durch „Arbeitsvertrag" und die Begriffe „Dienstberechtigter" und „Dienstverpflichteter" durch „Arbeitgeber" und „Arbeitnehmer" zu ersetzen: Ramm, Arbeitsvertragsgesetz, 1992, Einleitung, S. 11.

887 Dazu Hofmann, Arbeitsvertrag, 1972, S. 40.

888 Liebenthal stellt 1897 fest: „Mit gutem Grunde characterisirt man unsere moderne Gesetzgebung und vor allem das neue B. G. B. durch die Bezeichnung einer socialen Gesetzgebung; ..." (Liebenthal, Kantischer Geist, 1897, S. 234).

889 Schwab, Das BGB und seine Kritiker, 2000, S. 345, S. 351 u. ö.

890 Weiß, Arbeitsvertragsrecht, 1991, S. 98.

891 Bernert, Arbeitsverhältnisse im 19. Jahrhundert, 1972, S. 239; Waldt, Die Lehre vom Arbeitsvertrag, 1974, S. 21.

892 Becker Arbeitsvertrag und Arbeitsverhältnis, 1995, S. 231 ff. Mit den „bisherigen Regelungsorten" waren gemeint: das HGB, die GewO und ihre Nebengesetze sowie die landesgesetzlichen Bestimmungen der Berggesetze und der Gesindeordnungen.

893 Haferkamp, Die exceptio doli generalis, 2000, S. 24.

Nach Jhering handelten auf der Schwelle von den 1870er zu den 1880er Jahren die Vertragspartner auf der Basis der „Koinzidenz ihrer Interessen",[894] aufgrund ihres Egoismus, dessen einzige Beschränkung im Verbot unerlaubter Mittel liege.[895] Der Staat dürfe nur in Ausnahmefällen eingreifen.[896] Die Gerechtigkeit stehe über der Freiheit,[897] und damit über der Vertragsfreiheit.

Bei Windscheid kam 1884 die Ambivalenz deutlich zum Ausdruck: In seiner Abgrenzung des Rechtsgesetzes vom Sittengesetz wurden allgemein die Rechte des Schuldners, d. h. auch des Arbeitnehmers, betont: „Die Vorschriften des Sittengesetzes sagen dem Menschen: sei so und nicht anders, damit du gut seiest; die Vorschriften des Rechtsgesetzes sagen: sei so und nicht anders, damit der dir Gegenüberstehende etwas habe, was er sonst nicht haben würde."[898] Ebenso betonte er, dass „die letzten Ziele der Rechtswissenschaft praktische Ziele" seien.[899]

Dennoch seien beispielsweise die „Gesetze zur Abhilfe der sozialen Not" „nicht Sache des Juristen als solchen", sondern beruhten „in zahlreichen Fällen auf ethischen, politischen, volkswirtschaftlichen Erwägungen oder auf einer Kombination dieser Erwägungen".[900]

---

894 Jhering, Der Zweck im Recht, 1904, S. 54.

895 Jhering, Der Zweck im Recht, 1904, S. 94. Jhering, Der Zweck im Recht, 1905, S. 149: „Nicht der Egoismus als solcher ist unsittlich, sondern nur das Übermaß desselben."

896 „Handel und Gewerbe, Ackerbau, Fabrikation und Industrie, Kunst und Wissenschaft, die Sitte des Hauses und des Lebens organisieren sich im wesentlichen durch sich selbst. Der Staat mit seinem Recht greift nur hie und da ein, soweit es unerläßlich ist, um die Ordnung, die diese Zwecke sich selber gegeben haben, gegen Verletzung zu sichern." (Jhering, Der Zweck im Recht, 1904, S. 68). Zu „Dienstvertrag" und „Dienstmiete": S. 77, S. 95. Cf. Wilhelm, Theorie des abstrakten Privatrechts, 1972, S. 273: „Aus solch strikter Auffassung des Prinzips der Privatautonomie folgt zugleich, daß der Gesetzgebung im Bereich des Privatrechts nur eine sanktionierende Funktion zukommt."

897 „Der einzelne ist nicht bloß für sich, sondern auch für die Welt da - darum hat die Freiheit: das, was dem einzelnen paßt, sich der Gerechtigkeit: dem, was allen paßt, unterzuordnen." (Jhering, Der Zweck im Recht, 1904, S. 108).

898 Windscheid, Die Aufgaben der Rechtswissenschaft, 1884, S. 101.

899 Windscheid, Die Aufgaben der Rechtswissenschaft, 1884, S. 106: „Die Rechtswissenschaft ist eine praktische Wissenschaft."

900 Windscheid, Die Aufgaben der Rechtswissenschaft, 1884, S. 112. Gleichwohl wurden die Pandekten des „berühmtesten Lehrers des römischen Rechts, Windscheid" vom sozialpolitisch engagierten Juristen Flesch noch 1910 bemüht. (Flesch, Reform des Arbeitsrechts, 1910, S. 9). Zu Windscheids Beitrag: Esser: „*Windscheid* geht eben von dem damals begreiflichen Irrtum aus, daß die Rechtsenscheidung [sic] ohne rechtspolitische Entscheidung möglich und sinnvoll sei und daß der Jurist legitimerweise auf seine Kenntnisse rechtsdogmatischer Zusammenhänge beschränkt bleiben und sich von jeder Art sozialer Wertung freihalten müsse." (Esser, Vorverständnis und Methodenwahl in der Rechtsfindung, 1972, S. 177).

Otto von Gierke warnte 1889 vor der „schrankenlosen Vertragsfreiheit".[901] Der wirtschaftlich Schwächere dürfe allerdings nicht - nach dem geflügelten Wort Gierkes - der sich selbst zerstörenden „schrankenlosen Vertragsfreiheit" zum Opfer fallen.[902]

In der für die Rechte der Arbeiter eintretenden Rechtsliteratur wurde früh darauf hingewiesen, dass von einer „freien Übereinkunft" auf dem Grundsatz der Privatautonomie wegen der ungleichen Machtposition der Arbeitnehmer und Arbeitgeber in der Realität keine Rede sein könne.[903] Nach dem zeitgenössischen Juristen Conrad Bornhak lag 1892 „die rein privatrechtliche Struktur des Arbeitsverhältnisses lediglich im Interesse der Unternehmer".[904] In den meisten Fällen profitierten somit die Arbeitgeber von der theoretisch gegebenen „freien Übereinkunft". „Die rechtliche Individualfreiheit wurde aber überwiegend zur faktischen Ungleichheit."[905] Damit geriet die tatsächliche Entwicklung der Arbeitsverhältnisse in einen „krassen Gegensatz zu ihrer Interpretation durch die *gemeinrechtliche Wissenschaft*".[906]

Gleichwohl hielten zeitgenössische Juristen, wie Johannes Biermann 1897, am Grundsatz der Vertragsfreiheit fest und warnten vor nicht gerechtfertigten Einschränkungen, etwa durch Polizeiverordnungen.[907]

Die vermeintliche Freiheit des Arbeitsvertrages als Ursache sozialer und arbeitsrechtlicher Missstände war auch Thema der dem Simplicissimus kontemporären sozialkritischen naturalistischen Literatur. Der Simplicissimus stand somit in einem Kontext der Entmystifizierung, an der sich Vertreter der zeitgenössischen Rechtswissenschaft maßgeblich beteiligten. Nach Lotmars Aussage der „Präponderanz des Tarifvertrags über den Arbeitsvertrag"[908] von 1900 und gemäß seines Ausschlusses von günstigeren Individualabreden im Arbeitsvertrag gegenüber dem Tarifvertrag kam es schließlich zu einer Vorherrschaft der Koalitionen über die Freiheit der Übereinkunft.[909]

---

901 Gierke, Die soziale Aufgabe des Privatrechts, 1889, S. 28.

902 Liebenthal, Kantischer Geist, 1897, S. 236.

903 Nach Bornhak hatte vor allem die Nationalökonomie darauf hingewiesen, dass die Arbeit keine Ware wie andere sei. Bei der Begründung des Arbeitsverhältnisses sei „eine derartige wirthschaftliche Uebermacht des Unternehmers über den Arbeiter vorhanden, daß thatsächlich von einer freien Willensäußerung beider Theile nicht schlechthin die Rede sein kann". (Bornhak, Das deutsche Arbeiterrecht, 1892, S. 527). Hofer wies auf den „negativen Klang" hin, den die Vertragsfreiheit in Zweigen der Nationalökonomie in den 60 und 70er Jahren bekommen habe. (Hofer, Freiheit ohne Grenzen? 2001, S. 98). Cf. Stadthagen, Das Arbeiterrecht, 1904, S. 41 sowie Helmut Konrad, Recht, Justiz und Arbeiterbewegung, 1977, S. 58.

904 Bornhak, Das deutsche Arbeiterrecht, 1892, S. 529.

905 Becker Arbeitsvertrag und Arbeitsverhältnis, 1995, S. 323.

906 Willoweit, Historische Grundlagen des Privatrechts, 1977, S. 576 [kursiv im zit. Text].

907 Biermann, Privatrecht und Polizei in Preußen, 1897, S. 50.

908 Lotmar, Die Tarifverträge, 1992, S. 115.

909 Dazu Becker, Arbeitsvertrag und Arbeitsverhältnis, 1995, S. 266; Flesch, Zur Kritik des Arbeitsvertrags, 1901, S. 9 u. ö. Laut Ogris war „die freie Parteienübereinkunft"

Haferkamp zitierte den Pandektisten Regelsberger, der 1902 von einem „Terrorismus der Privatautonomie“ sprach[910] und sich mit dieser Metapher in der Kriminalisierungsmetaphorik des Simplicissimus bewegte.[911]

Der rechtwissenschaftlich Schuldige der Wegbereitung für Unternehmerwillkür unter dem Mantel der Vertragsfreiheit wurde von Zeitgenossen vielfach in der Pandektistik gesehen. In diesem Sinne äußerte sich 1912/1913 Jastrow: „Wenn der Verfasser eines Pandektenlehrbuchs in einer Anmerkung zum Dienstvertrag verriet, dass ihm die Gewerbeordnung bekannt war, so war das schon sehr viel.“[912] Jastrow formulierte 1912/1913: „Arbeiterschutz ist die gesetzliche Beschränkung des Arbeitsvertrages zum Schutze des Arbeiters.“[913]

Potthoff beklagte 1912, dass das Recht trotz der Veränderung der wirtschaftlichen Verhältnisse noch auf römischen Grundsätzen beruhe.[914] Das „veraltete Arbeitsrecht“ ermögliche es den Arbeitgebern, sich durch Ausnutzung der Arbeitnehmer zu bereichern und die Versorgung der Arbeitsunfähigen der Gesamtheit zu übertragen.[915] Folglich begrüßte es Potthoff, dass die „neue soziologische Methode der Rechtsfindung“ der „konstruierenden Pandektologie“ den Krieg erklärt habe.[916] Das von ihm beabsichtigte soziale Arbeitsrecht habe den „lebenden Menschen“ vor allen Gütern und Einrichtungen der Erde zu berücksichtigen.[917]

Damit war indirekt eine grundsätzliche Aussage zum geschichtlichen Stellenwert des Arbeitsrechts getroffen, wie sie 1915 von Kurt Wolzendorff formuliert wurde: „Die Freiheit, die das Zivilrecht gewähren kann, ist nicht imstande, die Gewaltverhältnisse, die in der wirtschaftlichen und sozialen Organisation fundiert sind, zu beseitigen.“[918]

---

in der Praxis nichts anderes als „das Lohndiktat durch die Arbeitgeber“ (Ogris, Geschichte des Arbeitsrechts 1967, S. 295).

910 Haferkamp, Die exceptio doli generalis, 2000, S. 24.

911 Ebel formuliert: „Das war scheinbar ein Sieg formaler, auf der Entscheidungsfreiheit des Individuums gegründeter Gerechtigkeit, tatsächlich aber, wie bekannt, eine Kapitulation des Staates und Gesetzgebers vor der tiefststehenden Sozialgesinnung, die in der Geschichte des Abendlandes bis dahin dagewesen war.“ (Ebel, Quellen zur Geschichte des Arbeitsrechts, 1964, S. 20).

912 Jastrow, Was ist „Arbeiterschutz“? 1912/1913, S. 318. Cf. Ogris, Geschichte des Arbeitsrechts 1967, S. 287.

913 Jastrow, Was ist „Arbeiterschutz“? 1912/1913, S. 322 und S. 332: „...ob ein Arbeitsvertrag zustande kommt, entscheiden die Parteien; wie er aussieht entscheidet der Staat.“ Allerdings können nach Jastrow an die Stelle des gesetzlichen Vertragsrahmens Rahmenverträge (Tarifvertrag, Arbeitsnormenvertrag, kollektiver Arbeitsvertrag) treten, die von den Organisationen der Arbeitgeber und Arbeitnehmer ausgehandelt werden. (S. 511).

914 Cf. die Kritik der zeitgenössischen Freirechtsschule: Böhl u. a., Hermeneutik, 2013, S. 319.

915 Potthoff, Probleme des Arbeitsrechts, 1912, S. 71.

916 Potthoff, Probleme des Arbeitsrechts, 1912, S. 54.

917 Dazu auch: Ryssel, Fürsorgepflicht, 1970, S. 45 f.

918 Wolzendorff, Arbeitsrecht, 1915, S. 68.

Deutlich war der von der Rechtsprechung vorgenommene Eingriff in den Markt: Wenige Monate nach dem ersten Erscheinen des Simplicissimus fällte das Reichsgericht am 4. Februar 1897 eine Entscheidung (zum sächsischen Holzstoffkartell), die sich von einem rein marktorientierten, individualistischen Denken löste: „In einer Epoche, von der man glaubt, sie sei der Höhepunkt des wirtschaftlichen Liberalismus, hielt der VI. ZS private Eingriffe in den Markt, die Verbindung von marktmächtigen Verbänden, für volkswirtschaftlich geboten."[919]

Die Haltung der Justiz und der – auch sozialdemokratischen[920] - Öffentlichkeit den Kartellen gegenüber blieb gespalten, zumal der Begriff „Kartell" lange uneinheitlich bis positiv als Rettungsinstrument vor Wirtschaftskrisen verwendet wurde.[921] Der Simplicissimus stellte sich auf die Seite deren, die gegen die „krakenhaften" Trusts kämpften. (12.6.1911, S. 195). Dabei verwendete die Zeitschrift den Begriff „Trust" offenbar eher umgangssprachlich als Synonym für „Kartell", „Monopol", „Großunternehmen" und „Syndikat".[922] Die Begrifflichkeiten waren allerdings selbst in gelehrten Kreisen umgangssprachlich, und damit von Unschärfe geprägt. So sah das ***Handwörterbuch der Staatswissenschaften*** 1909 im „Syndikat" eine Organisation, die dem einzelnen Unternehmer die Verwertung seiner Produkte abnahm und in der damit verbundenen „Monopolstellung" eine Erleichterung der Arbeit des Unternehmers und Verminderung der Konkurrenz.[923]

Die Tatsache, dass die Zeitschrift den Begriff „Trust" verwendete, verweist nicht nur auf die faktisch zunehmende Internationalisierung der Unternehmenskonzentrationen[924], sondern insinuierte auch xenophobisch eine Bedrohung der Deutschen durch das Ausland.

Beim Erscheinen der o. a. Karikatur war also der Mythos der uneingeschränkten Vertragsfreiheit allerdings bereits von der Gesetzgebung, Rechtslehre und Rechtsprechung relativiert worden.

Spätere Beurteiler der arbeitsrechtlichen Situation im Untersuchungszeitraum sahen in der Pandektenwissenschaft die Verantwortliche für die negativen Auswirkungen von Wirtschaftsliberalismus, Privatautonomie und Vertragsfreiheit. Der rechtwissenschaftlich Schuldige der Wegbereitung für Unternehmerwillkür unter dem Mantel der Vertragsfreiheit wurde in der Regel in der Pandektistik gesehen.[925]

---

919 Schröder, Die Entwicklung des Kartellrechts, 1988, S. 17.

920 Schröder, Die Entwicklung des Kartellrechts, 1988, S. 58.

921 Schröder, Die Entwicklung des Kartellrechts, 1988, S. 76; zum „Kartellproblem" auch: Coing, Europäisches Privatrecht II, 1989, S. 176 ff.

922 Zu Unternehmensverbänden und –zusammenschlüssen: Coing, Europäisches Privatrecht II, 1989, S. 86 f.

923 Conrad, Handwörterbuch, 1909, S. 578. Cf. dazu Kaiser, Vertragsfreiheit und Gesellschaftsordnung, 1972, S. 122: Die Monopolisierung der Wirtschaft „trat in Erscheinung in Form von Kartellen, Syndikaten, Trusts, Vereinigungen, Konventionen, Assoziationen, Ringen, Allianzen, Fusionen, Verschmelzungen".

924 Dazu Coing, Europäisches Privatrecht II, 1989, S. 86 f.

925 Kritisch dazu: Steindl, Wege zur Arbeitsrechtsgeschichte, 1984, S. XIII.

Einseitiger Erlass und inhaltliche Gestaltung der Arbeitsordnungen zeigten nach Vietinghoff-Scheel 1972 „die Brüchigkeit der theoretischen Grundlage des Prinzips der Vertragsfreiheit im Arbeitsvertragsrecht".[926]

Als einen Grund für den „Erfolg der zweiten Rezeption" sah Andreas Kaiser 1972 eine „partielle morphologische Parallelität" zwischen der römischen Wirtschafts-, Gesellschafts- und Rechtsordnung und der ökonomisch-sozialen Struktur Deutschlands.[927] Als einen weiteren Grund nannte er den Vorbildcharakter des national-einheitlichen römischen Privatrechts für ein nach wirtschaftlicher Einheit strebendes Deutschland.[928]

So formulierte Teuteberg 1977: „Durch den Eintritt in den Betrieb geriet der Arbeiter automatisch unter die Macht und den Einfluß des Unternehmers."[929]

1985 entwickelte Heinz Wagner unter dem Titel ***Politische Pandektistik*** mit einem „umfassenden sozio-ökonomischen Ansatz"[930] die These, dass die als unpolitisch geltende Pandektenwissenschaft in Wirklichkeit durch die Absage an alle feudalen Inhalte hochpolitisch den Interessen des Bürgertums und „einseitig kapitalistischen Interessen" gedient habe:[931]

> „Eine schrankenlose Privatautonomie, verbunden mit einer Proletarisierung von Bevölkerungsteilen, ließ die faktische Überlegenheit der Produktionsmittelbesitzer voll zum Zuge kommen und ermöglichte ihnen eine schrankenlose Ausbeutung."[932]

Andererseits relativierte Wagner:

> „Gleichwohl wird diese inhaltliche Gestaltungsfreiheit nie völlig schrankenlos vertreten; stets werden auch Lohnarbeitsverträge korrigierende Institute behauptet.
>
> Ein solch korrigierendes Institut war nach der Lehre der Grundsatz von Treu und Glauben."[933]

926 Vietinghoff-Scheel, Betriebliches Arbeitsvertragsrecht, 1972, S. 100.
927 Kaiser, Vertragsfreiheit und Gesellschaftsordnung, 1972, S. 113 f.
928 Kaiser, Vertragsfreiheit und Gesellschaftsordnung, 1972, S. 116 a.
929 Teuteberg, Die Doktrin des ökonomischen Liberalismus, 1977, S. 51.
930 Wagner, Politische Pandektistik, 1985, S. 221.
931 Wagner trifft eine Unterscheidung zwischen dem Selbstverständnis der Pandektistik einerseits und ihrer rechtlich-gesellschaftlichen Wirkung andererseits und warnt vor einer Beurteilung der Pandektistik aus ihrem eigenen Selbstverständniss heraus. (Wagner, Politische Pandektistik, 1985, S. 25 ff., S. 173). Laut Wagner ist die Pandektistik nicht unpolitisch. Sie habe vielmehr grundlegende Auswirkungen auf das Arbeitsrecht: „Und die Pandektistik ermöglichte mit der Vertragsfreiheit im Arbeitsrecht die ungehinderte ursprüngliche Akkumulation ..., eine Grundvoraussetzung der kapitalistischen Frühentwicklung." (Wagner, Politische Pandektistik, 1985, S. 113).
932 Wagner, Politische Pandektistik, 1985, S. 173.
933 Wagner, Politische Pandektistik, 1985, S. 187.

Obwohl nach den Lehrbüchern der Pandektistik die Vertragsfreiheit nicht schrankenlos war, fanden diese Lehren keine Anwendung auf die konkreten Arbeitsverhältnisse.[934]

Aus der Sicht späterer Beurteiler der Pandektenwissenschaft ignorierten ihre Vertreter sowohl die Gesetzgebung als auch die Rechtsprechung, welche die Pflicht des Arbeitgebers zum betrieblichen Gesundheitsschutz nach den Grundsätzen des gemeinen Rechts anerkannt hatte.[935] Allerdings wies Wolfgang Klatt 1990 darauf hin, dass die „wissenschaftliche Abstinenz gegenüber dem Arbeitsverhältnis" nicht nur den Romanisten zuzuschreiben sei, sondern „eine in der Rechtslehre allgemein verbreitete Erscheinung" – einschließlich des öffentlichen Rechts – war.[936]

Nach Becker komme 1995 die Pandektistik – wie zuvor Savigny - zwar den Forderungen des besitzenden Bürgertums nach Vertrags- und Eigentumsfreiheit entgegen, berücksichtige aber durch den „Verzicht auf den gesellschaftlichen Wirklichkeitsbezug"[937] nicht die Bedürfnisse der Lohnarbeiter. Sie erweise sich somit durch die strenge Bindung an die Quellen des Corpus iuris als wenig geeignet für die Gestaltung der Sonderrechtsgebiete des Privatrechts und damit für die Lösung der Probleme einer veränderten gesellschaftlichen Realität.[938]

---

934 Wagner, Politische Pandektistik, 1985, S. 192 f.

935 Klatt, Treuepflichten, 1990, S. 160 f.: „In der Lehre existierte eine Fürsorgepflicht des Arbeitgebers also nur in sehr kümmerlichen Ansätzen. Dies ist umso merkwürdiger, als Gesetzgeber, Rechtsprechung und nicht zuletzt die sozialpolitische Publizistik die soziale Problematik der Arbeitnehmerschaft immer stärker - besonders im letzten Drittel des Jahrhunderts - in das allgemeine Bewußtsein gerückt hatten."

936 Klatt, Treuepflichten, 1990, S. 162 f. Dazu: Söllner, Der industrielle Arbeitsvertrag, 1972, S. 298: Söllner stellte zwar in den Pandektenlehrbüchern ein „Desinteresse an den Problemen des Arbeitsvertrages" fest, weigerte sich jedoch, „das Desinteresse der deutschen Rechtswissenschaft des 19. Jahrhunderts am industriellen Arbeitsvertrag allein auf ihre Orientierung am römischen Recht zurückzuführen". Kaiser formulierte: „Die Vertragsfreiheit hatte eine sorgfältige Konstruktion verschiedener Vertragstypen ermöglicht, die trotz ihrer Bedeutung für wesentliche Wirtschaftsbereiche und die gesamte Gesellschaftsordnung von der juristischen Literatur nicht zur Kenntnis genommen wurden." (Kaiser, Vertragsfreiheit und Gesellschaftsordnung, 1972, S. 128).

937 Becker, Arbeitsvertrag und Arbeitsverhältnis, 1995, S. 120. Dagegen vom Anspruch her Windscheid, der dem römischen Recht attestierte, „sich jedem neu auftretenden Lebensbedürfnisse zu öffnen und den Anforderungen desselben in sich Raum zu gewähren". (Windscheid, Lehrbuch des Pandektenrechts, 1906, § 6).

938 Cf. Schlosser, Grundzüge der Neueren Privatrechtsgeschichte, 2001, S. 151, 157. Kritisch gegenüber der Pandektistik und der Unterordnung der Dienstmiete unter die Mietverträge und gegenüber dem Verweis auf die Analogie zur Sachenmiete noch 1892 etwa bei Dernburg: Ebel, Quellen zur Geschichte des Arbeitsrechts, 1964, S. 11. Cf. Wieacker, Privatrechtsgeschichte der Neuzeit, 1967, zum „Praxisbezug" der Glossatoren (S. 54) und der Ergänzungsbedürftigkeit der Pandekten durch die örtlichen Polizeiordnungen (S. 201 f.). Zur „verhältnismäßig unbedeutenden

Es entwickelte sich ein Topos, der die Einschätzung von Arbeitgebern und Arbeitnehmern und die Ausformung des Arbeitsrechts bis in das 21. Jahrhundert prägte.[939] Rückert sah 1992 in diesem Vorgang das Wirken „antiliberaler Vorurteile", methodisch ausgebildet in der retrospektiv falschen und selektiven Bewertung von einem unbestimmten „sozialen" Standpunkt aus.[940] In dieser Sicht gehe vor allem die „material-freiheitliche Gesamtkonzeption von Arbeitsvertrag, Privatrecht, Rechtsstaat und Politik" Lotmars zu Unrecht als „altmodisch, liberalistisch und pandektistisch polemisch" unter.[941]

Die Idee der „freien Übereinkunft", der Vertragsparität als Teilaspekt einer angeblich „grundsätzlich unbeschränkten Privatautonomie" wurde zu einem Mythos, der von Hofer 2001 auch als ein solcher benannt wurde.[942] Die Privatrechtskonzeptionen der Zeit seien weitaus überwiegend „keineswegs vom Gedanken grundsätzlich unbeschränkter Freiheit geprägt"[943] worden. Der Mythos sei aber geeignet, als „Gegenposition"[944] einer interessengebundenen Kritik an der liberalen Wirtschaftstheorie zu dienen.

Haferkamp machte 2011 auf das Zusammentreffen der am römischen Recht orientierten Rechtswissenschaft mit dem „liberalen Zeitgeist des 19. Jahrhunderts" aufmerksam.[945] Außerdem wies er in seiner Untersuchung über Puchta auf den hohen Stellenwert der „Freiheit" in dessen Rechtslehre und in der Philosophie, wie der Schellings hin.[946] Der Begriff der Freiheit wurde allerdings arbeitsrechtlich zu einem Passepartout. Die Vernachlässigung des Dienstvertrages als locatio conductio operarum durch die am römischen Recht orientierte Rechtswissenschaft stand im Einklang mit dem geringen Interesse der römischen Juristen am Dienstvertrag, der kaum Anlass zur Ausbildung einer eigenständigen Dogmatik bot.[947] Lange währte

---

Rolle" des Dienstvertrages in den römischen Quellen: Honsell, Römisches Recht, 2006, S. 149. Nach Möller sah die von der Pandektistik geprägte Jurisprudenz ihre Hauptaufgabe in der Herausbildung einer formalen Dogmatik. (Möller, Freiheit und Schutz im Arbeitsrecht, 1990, S. 104). Coing: „Damit hat sich die Pandektistik für lange Zeit gerade von neu auftauchenden Problemen abgewendet, etwa vom Urheber- und Patentrecht, vom Gesellschaftsrecht oder vom Arbeitsrecht." (Coing, Europäisches Privatrecht II, 1989, S. 46.

939 Schade, Arbeitsrecht, 2010, S. 1, Rn. 1.

940 Rückert, „Frei" und „sozial", 1992, S. 290.

941 Rückert, „Frei" und „sozial", 1992, S. 294.

942 Hofer, Freiheit ohne Grenzen? 2001, S. 1.

943 Hofer, Freiheit ohne Grenzen? 2001, S. 275 f.

944 Hofer, Freiheit ohne Grenzen? 2001, S. 275.

945 Haferkamp, Dogmatisierungsprozesse, 2011, S. 265.

946 Haferkamp, Georg Friedrich Puchta, 2004, S. 337 ff. Zu Puchtas Zurückhaltung bei der Auseinandersetzung mit der locatio conductio operarum: Möller, Freiheit und Schutz im Arbeitsrecht, 1990, S. 77.

947 Harke, Römisches Recht, 2008, S. 146 f. Wolzendorff griff auf die gesellschaftlichen Verhältnisse Roms zurück und gelangte zu der Formulierung: „...die öffentlich-rechtliche Gliederung eines Volkes in eine Herrenklasse und eine unfreie Arbeitsklasse,

die Streitfrage, „ob die Wurzeln des bürgerlich-rechtlichen Dienstvertrages in der römisch-rechtlichen Dienstmiete oder im deutsch-rechtlichen Treudienstvertrag zu suchen seien".[948]

Die Entwicklung der Gewerbeordnung bis heute zeigt, dass die Auffassung von der freien Gestaltung des Arbeitsvertrages sich grundlegend gewandelt hat: Zunächst wurde die „freie Übereinkunft" lediglich an den Vorbehalt „der durch Reichsgesetz begründeten Beschränkungen" gebunden, um schließlich in ein dichtes Netz staatlicher und kollektivrechtlicher Abhängigkeiten eingebunden zu werden.[949]

5. Koalitionen und Gewerkschaften

Das Unvermögen des Arbeiters, sich als Individuum bei der Umsetzung der Vertragsfreiheit gegenüber seinem Arbeitgeber durchzusetzen, führte zum Zusammenschluss mit anderen Arbeitern in Vereinigungen, Koalitionen und Gewerkschaften, zum „Kollektivismus".[950] Die Berechtigung zum Zusammenschluss wurde darin gesehen, dass der Arbeitgeber als Kapitalist als „Kollektivperson"[951] verstanden wurde, dem gegenüber sich der einzelne Arbeiter nur im Rahmen einer Koalition durchsetzen konnte.[952] Dabei war der Begriff „Koalition" weit gefasst[953] und arbeitsrechtlich definiert als Zusammenschluss zum Zweck des Einwirkens auf bestehende Arbeits- und Lohnbedingungen.[954] Solche Koalitionen, etwa der Handwerksgesellen, existierten

---

der die Güterproduktion für jene obliegt, schließt ein Arbeitsrecht aus." (Wolzendorff, Arbeitsrecht, 1915, S. 58. Cf. Trinkner, Wolfer, Modernes Arbeitsrecht, 1986, S. 6: „Das römische Recht enthält nur wenige Bestimmungen, die sich ausdrücklich mit dem befassen, was wir mit dem Begriff des Rechts der abhängigen Arbeit umschreiben. Sozialpolitische Motive – also der Schutz des Schwächeren und Ausgleich dieser Schwäche – haben in der römischen Ordnung der Arbeit ... keine nennenswerte Rolle gespielt."

948 Wahsner, Stand und Aufgaben, 1977, S. 107. Kritisch zur Herleitung des Arbeitsvertrages vom Treudienstvertrag: Mayer-Maly, Aufgabe und Probleme, 1956, S. 126.

949 Becker, Arbeitsvertrag und Arbeitsverhältnis, 1995, S. 9. Becker folgerte: „Im Kaiserreich wie heute geht es darum, die Selbstbestimmung des Individuums im Produktionsprozess zu garantieren. Damals waren es die Freiheitsbeschränkungen, die durch das freie Spiel der Kräfte auf dem Arbeitsmarkt entstanden waren, die es zu beseitigen galt. Heute sind es die mitunter repressiven Zwänge, die das freie Spiel der kollektiven Entscheidungsträger mit sich bringen kann, die zu beseitigen sind." (S. 334).

950 Brox/ Rüthers/ Henssler, Arbeitsrecht, 2011, Rn. 18; Ritscher, Koalitionen, 1992, Einleitung von Schröder, S. 11; Nörpel, Entwicklung und Ausbau des Arbeitsrechts, 1931, S. 3.

951 Ritscher, Koalitionen, 1992, S. 207.

952 Ritscher, Koalitionen, 1992, S. 208: „Dem Unternehmer gegenüber ist der einzelne Arbeiter ein verlorener Mann."

953 Vietinghoff-Scheel, Gewerbliches Arbeitsvertragsrecht, 1972, S. 113.

954 Ritscher, Koalitionen, 1992, S. 1, 228.

bereits in vorindustrieller Zeit und wurden mit vielfältigen Reichs- und Partikulargesetzen und mit unterschiedlicher Wirksamkeit bekämpft.[955] Die Härte der Bestimmungen gegen Gesellenkoalitionen, etwa im Reichsgesetz von 1731, wurde in der (arbeitsrechtlichen) Literatur mit den Strafgesetzen „des 19. Jahrhunderts gegen die Arbeiterkoalitionen" in Verbindung gebracht.[956]

Im Untersuchungszeitraum – und bis 1933 - gab es in der deutschen Gewerkschaftsbewegung im Wesentlichen drei Richtungen: die liberalen Gewerkvereine, die sozialistischen und die christlichen Gewerkschaften.[957] Die Gewerkschaften entzogen sich weitgehend der Kritik des Simplicissimus. Nur die christlichen Gewerkschaften sahen sich dem Vorwurf des Paktes mit den Arbeitgebern ausgesetzt.

Trotz des politischen und sozialen Gewichts der sozialistisch organisierten Arbeiterschaft ließen sich gegen Ende des 19. Jahrhunderts viele Arbeiter von einer christlichen Organisation vertreten.[958] Obwohl deren Führer keine Beseitigung der bestehenden Ordnung anstrebten, betrachteten die Unternehmer jede gewerkschaftliche Betätigung als unzulässige Einmischung.[959]

Laut Simplicissimus sahen die Unternehmer die Zusammenschlüsse von Arbeitern in „christlichen Arbeitervereinen" als Negativ-Ergebnis ihrer eignen Großzügigkeit: Die Arbeiter schlossen sich angeblich den Lohnforderungen anderer, streikender Arbeitergruppen an und danken den Arbeitgebern ihren Großmut nicht durch Wohlverhalten:[960]

> *„Welche Mühe haben wir uns gegeben, den christlichen Arbeiterverein ins Leben zu rufen, und jetzt, wo der Ausstand beginnen soll, fordern die Kerls ebenso Lohnerhöhung, wie die anderen. Ja, was denken sich denn die Leute unter ‚christlich'?"* (10.4.1899, S. 11).

Nach Auffassung der vom Simplicissimus dargestellten Unternehmer waren Zusammenschlüsse von Arbeitern demnach nicht arbeitsrechtlich begründet, sondern das Ergebnis von Wohltaten der Arbeitgeberschaft.[961] Der Simplicissimus griff hier auf

---

955 Ritscher, Koalitionen, 1992, S. 36 u. ö.; cf. Reininghaus, Gesellenvereinigungen, 1984, S. 221.

956 Ritscher, Koalitionen, 1992, S. 91.

957 Saffert, Die oberste Arbeitsbehörde, 1968, S. 59. Die „gelben" und „vaterländischen" Werkvereine werden hier nicht berücksichtigt; cf. zu diesen Organisationen: Angermeier, Die gelben Gewerkschaften, 1962, S. 191 ff.

958 Eßer, Stadtgeschichte, 2006, S. 281; Kaufhold, Neugestaltung des Arbeitsrechts, 1991, S. 283.

959 Steinisch, Der Gewerkverein christlicher Bergarbeiter, 1979, S. 279; Hiepel, Arbeiterkatholizismus an der Ruhr, 1999, S. 259; Tenfelde, Sozialgeschichte der Bergarbeiterschaft, 1977, S. 529.

960 Die Arbeitnehmer hatten sich „Gegnerfreiheit" und „Gegnerunabhängigkeit" in personeller, finanzieller und organisatorischer Hinsicht bewahrt, um in Begriffen des modernen Arbeitsrechts zu sprechen. (Brox/ Rüthers/ Henssler, Arbeitsrecht, 2011, Rn. 632).

961 In der Tat versuchten die geistlichen Führer der christlich-sozialen Knappenvereine, die Bergarbeiter auch dadurch von der Sozialdemokratie abzuhalten, dass sie

Vorstellungen zurück, denen zufolge bereits die Arbeiterbildungsvereine der 30er und 60er Jahre ausschließlich von der Bourgeoisie gegründet worden waren, um über eine geistige Arbeiter-Elite Einfluss auf die Masse der Arbeiter zu gewinnen.[962]

Die Kritik des Simplicissimus an den christlichen Gewerkschaften stand im Zusammenhang mit der generellen Missachtung kirchlicher Bemühungen zur Lösung der Arbeiterfrage durch die Zeitschrift, einschließlich der Bemühungen von Papst Leo XIII.[963]

Gemäß der Enzyklika ***Rerum Novarum*** wollten die Sozialisten den privaten Besitz aufheben, schadeten aber damit auch dem Arbeiter, der sich einen kleinen Besitz erspart habe. Der Mensch habe ein Recht auf „Sonderbesitz", weil erst durch seine Arbeit der Boden Erträge bringe.[964] Der Familienvater habe zusätzlich ein Recht auf Besitz, weil er sich und seine Familie vor Wechselfällen schützen müsse, um seinen Kindern ein Erbe zu hinterlassen. Das Privateigentum müsse folglich unangetastet bleiben. Die soziale Frage könne nur dadurch gelöst werden, dass auch den sparsamen Arbeitern die Möglichkeit gegeben werde, einen kleinen Privatbesitz zu erwerben.[965] Die von Leo XIII. eingeforderte Sparsamkeit widersprach allerdings dem kameralistischen Prinzip des vorausgegangenen Absolutismus, dem zufolge das Geld zum Wohle des Staates im Umlauf zu halten sei.[966] Die Sparsamkeit fand sich auch nicht im Wertekanon des Simplicissimus, wie seine Parteinahme für die besitzlosen Müßiggänger des Lebens und seine Ablehnung der knauserig-betrügerischen Bauern und Krämer belegen.

Obwohl das Eintreten des Papstes für soziale Gerechtigkeit ihm den Titel des „Arbeiterpapstes" einbrachte, und obwohl der positive Einfluss des Weltrundschreibens über den Sozialkatholizismus hinaus auf zukünftige „arbeitsrechtliche Bestimmungen" von der Forschung gewürdigt wurde,[967] änderte das nichts an der antipäpstlichen Haltung des Simplicissimus.[968] Der Simplicissimus verspottete Leo XIII. als Dichter (24.4.1899, S. 25), als Retter von Monarchien (28.4.1903, S. 33) und als speziellen Lateinkenner (4.8.1903, S. 145). Die Zeitschrift ließ schwer von einmal

scharf gegen die Unternehmer vorgingen. (Cf. Koch 1954, S. 26: „Deshalb ging auch aus allen Kundgebungen der Zechenbesitzer hervor, daß sie die Christlichsozialen für ebennso gefährlich hielten wie die Sozialdemokraten").

962 Ritscher, Koalitionen, 1992, S. 209 f.: Ritscher wies auf die liberale Auffassung des Begriffs „Arbeiterverein" hin (S. 231).

963 Lothar Machtan wies auf die intensiven Bemühungen der Zentrumsfraktion und der katholischen Sozialpolitiker im Hinblick auf eine Verbesserung des Arbeiterschutzes - vor allem seit den 1880er Jahren - hin. (Machtan, Arbeiterschutz, 1991, S. 121 f.).

964 Cf. Umlauf, Die deutsche Arbeiterschutzgesetzgebung 1880–1890, 1980, S. 33 zur Besitztheorie von Lorenz von Stein.

965 Gottwald, 1891, 1994, Abs. 10, 12 und 35.

966 Liebner, Wucher und Staat, 2010, S. 25 ff.

967 Monzel, Die katholische Kirche in der Sozialgeschichte, 1980, S. 246.

968 Kelly, Lexikon der Päpste, 2005, S. 329.

gefassten Vorurteilen ab. Sie konnte allerdings in solchen Fällen auch keine aufklärerische Wirkung entfalten.

Die für die Rechte der Arbeiter eintretende Literatur des Untersuchungszeitraums sah die Möglichkeit der Herstellung eines Gleichgewichts der Machtverhältnisse zwischen Arbeitgebern und Arbeitnehmern nur darin, dass die Arbeiter gemeinsam ihre Interessen vertraten und ihr Koalitionsrecht wahrnahmen, „um eine bessere Lebenslage – insbesondere bessere Lohn- und Arbeitsbedingungen – zu erreichen."[969].

Der Staat sah sich früh genötigt, diesen Zusammenschlüssen durch Koalitionsverbote entgegenzutreten, konnte aber den angeblich „natürlichen Einigungsdrang"[970] der Arbeiter und die Gründung von Gewerkschaften und letztlich die Etablierung des Tarif- und Betriebsverfassungsrechts als Ausdruck kollektiver Interessenvertretung der Arbeitnehmer nicht verhindern.[971] Das kaiserliche Deutschland konzedierte den Gewerkschaften zwar „einen Spielraum im sozio-ökonomischen Bereich", hielt

969 Stadthagen, Das Arbeiterrecht, 1904, S. 16. „Einen festumrissenen Inhalt hatte der Koalitionsbegriff vor dem Ersten Weltkrieg nicht." Ramm, Das Koalitions- und Streikrecht der Beamten, 1970, S. 62; Schade, Arbeitsrecht, 2010, Rd. 530. Nach heutiger Rechtsauffassung ist gemäß Art. 9 Abs. 3 S. 1 GG für jedermann und für alle Berufe das Recht gewährleistet, zur Förderung der Arbeits- und Wirtschaftbedingungen Vereinigungen zu bilden. (Brox/ Rüthers/ Henssler, Arbeitsrecht, 2011, Rn. 628). Zur Koalition als „Jedermann-Recht": HWK/Henssler, Arbeitsrecht Kommentar, 2012, § 2 TVG Rn. 21.

970 Ritscher, Koalitionen, 1992, S. 202.

971 Bis zum Ende der sechziger Jahre des 19. Jahrhunderts waren Koalitionen der Arbeitnehmer verboten. Als „formale Ausgleichsbestimmung" galten die Koalitionsverbote teilweise auch für die Arbeitgeber. (Ritscher, Koalitionen, 1992, S. 160 f. u. ö.). Gesetzliche Grundlagen waren u. a. die ***Reichszunftordnung vom 16. November 1731***, die preußische ***Gewerbeordnung von 1845*** (§§ 182 f. GewO 1845) und die ***Verordnung über die Verhütung eines die gesetzliche Freiheit und Ordnung gefährdenden Mißbrauchs des Vereins- und Versammlungsrechts vom 11. März 1850.*** Die Verordnung unterband in § 8 b alle überörtlichen Organisationsbestrebungen für Vereine, „welche bezwecken, politische Gegenstände in Versammlungen zu erörtern" (§ 8 b VG 1850) und enthielt der Arbeitnehmerschaft damit wichtige Koalitionsrechte vor. Die Zusammenschlüsse wurden als Gefahr für die „gesetzliche Freiheit und Ordnung" angesehen. Trotz Verbot bildeten sich Berufsgewerkschaften, und der Organisationsgrad der Arbeiter nahm schnell zu. Als erste Arbeiterorganisationen entstanden die sozialistisch ausgerichteten Verbände und freien Gewerkschaften. (Waldt, Die Lehre vom Arbeitsvertrag, 1974, S. 9).Die Gewerkschaften vertraten die Arbeiter und waren Träger des kollektiven Arbeitsrechts. (Nörpel, Entwicklung und Ausbau des Arbeitsrechts, 1931, S. 4). Die Bildung von Gewerkschaften ist im heutigen kollektiven Arbeitsrecht fest verankert. „Die Gewerkschaften sind die koalitionsmäßigen Zusammenschlüsse der Arbeitnehmer." (Brox/ Rüthers/ Henssler, Arbeitsrecht, 2011, Rn. 649). Cf. Preis, Arbeitsrecht. Individualarbeitsrecht, 2009, § 4; HWK/Thüsing, Arbeitsrecht Kommentar, 2012, vor § 611 BGB Rn. 22.

jedoch die Arbeiterbewegung, etwa durch das preußische Dreiklassenwahlrecht, von politischer Einflussnahme ab.[972]

Die 1869[973] erfolgte Aufhebung des Koalitionsverbots[974] galt allerdings nur für „Gewerbetreibende, gewerbliche Gehilfen, Gesellen und Fabrikarbeiter", nicht für die Dienstboten, landwirtschaftlichen Arbeitnehmer u. a.[975]

---

972 Mestitz, Probleme der Geschichte des Arbeitsrechts, 1980, S. 50.

973 Zur gesetzlichen Anerkennung der Koalitionsfreiheit in Sachsen 1861: Ritscher, Koalitionen, 1992, S. 214 ff.

974 Nahezu zwanzig Jahre nach Erlass des Koalitionsverbots wurde es in der ***Gewerbeordnung für den Norddeutschen Bund vom 21. Juni 1869*** aufgehoben. (§§ 152, 153 GewO 1869; Kahn-Freund, Arbeit und Recht, 1979, S. 172). Damit waren die Gewerkschaften nicht mehr verboten, und mit der Aufhebung der Strafbarkeit von Streik und Aussperrung fiel deren Rechtswidrigkeit fort. (Cf. Becker Arbeitsvertrag und Arbeitsverhältnis, 1995, S. 99). Die Aufhebung der Verbote und Strafbestimmungen durch § 152 Abs. 1 GewO 1869 bezog sich nur auf „Verabredungen und Vereinigungen zum Behufe der Erlangung günstiger Lohn- und Arbeitsbedingungen". War der Zweck ausschließlich oder nebenbei ein anderer, so bewendete es bei den gesetzlichen Bestimmungen über das Vereins- und Versammlungsrecht. (ABG 1892, Brassert, S. 132). Der § 153 stellte die Fälle unter Strafe, in denen das nach § 152 erlaubte Koalitionsrecht „durch Anwendung körperlichen Zwanges, durch Drohungen, durch Ehrverletzung oder durch Verrufserklärung" missbraucht wurde. Die Strafe für solche Vergehen konnte bis zu drei Monaten Gefängnis betragen, „sofern nach dem allgemeinen Strafgesetz nicht eine härtere Strafe eintritt". Nach der Reichsgründung wurde die Gewerbeordnung für den Norddeutschen Bund zur Reichsgewerbeordnung und schuf eine einheitliche Rechtsgrundlage auf dem Gebiet des Arbeitsschutzes. (Kaufhold, 150 Jahre Arbeitsschutz in Deutschland, 1998, S. 230). Zwei Attentate auf Kaiser Wilhelm I. im Mai und Juni 1878 boten Reichskanzler Otto von Bismarck eine Gelegenheit, gegen die als Reichsfeinde eingeschätzten Sozialdemokraten vorzugehen: Das ***Gesetz gegen die gemeingefährlichen Bestrebungen der Sozialdemokratie vom 21. Oktober 1878*** verbot Vereine, Versammlungen und Druckschriften „welche durch sozialdemokratische, sozialistische und kommunistische Bestrebungen den Umsturz der bestehenden Staats- oder Gesellschaftsordnung bezwecken". (§§ 1, 9, 11. *„Sozialistengesetz"* 1878; Schaub, Treber, ArbR-Hdb., 2011, § 189 Rn. 2). Durch dieses ***„Sozialistengesetz"*** wurden sämtliche gewerkschaftlichen Verbände verboten; lediglich örtliche Berufsfachverbände waren zugelassen. Bismarck konnte die sozialistischen Organisationen zwar schwächen, aber nicht unwirksam machen. (Ritter, Staat, Arbeiterschaft und Arbeiterbewegung in Deutschland, 1980, S. 38 f.; Kaufhold, Neugestaltung des Arbeitsrechts, 1991, S. 284; Tenfelde, Sozialgeschichte der Bergarbeiterschaft, 1977, S. 522 ff.).

975 Cf. Ramm, Das Koalitions- und Streikrecht der Beamten, 1970, S. 57; Kuntschke, Zur Kritik Otto von Gierkes, 1970, S. 138: „Die Gewerbeordnung galt bezeichnenderweise nicht für ländliche Arbeiter und Dienstboten, die zum Beispiel in Preußen nach dem Gesetz vom 24. April 1854 für Koalitionen bestraft werden konnten."

In Anbetracht der tatsächlichen Verhältnisse wurde der umstrittene § 8 b des Vereinsgesetzes durch den einzigen Artikel des ***Reichsgesetzes vom 11. Dezember 1899, betreffend das Vereinswesen*** aufgehoben:[976] Allerdings behinderten Gesetzgebung und Rechtsprechung die politische Aktivität immer noch und gaben den Behörden Eingriffsmöglichkeiten.[977] Auch nach Aufhebung des Koalitionsverbots versuchten Arbeitgeber mit zivilrechtlichen Mitteln, Gewerkschaftsbeitritte zu verhindern. Gewerkschaftsmitgliedern drohten Kündigung und Beschäftigungsverhinderung bei anderen Arbeitgebern durch schwarze Listen.[978] Nach der Aufhebung des Koalitionsverbots trat der individuelle Arbeitsvertrag zunehmend hinter die für das ganze Unternehmen oder eine Branche ausgehandelten Regelungen zurück.[979]

Die Arbeits- und Lebensbedingungen der Industrieproletarier verbesserten sich offenbar. Dies betraf beispielsweise die schrittweise Reduzierung der täglichen

---

976 VG 1899: „Inländische Vereine jeder Art dürfen miteinander in Verbindung treten. Entgegenstehende landesgesetzliche Bestimmungen sind aufgehoben."

977 Mommsen, Bürgerstolz und Weltmachtstreben, 1995, S. 245. Das Vereins- und Versammlungsrecht und damit die Frage der Koalitionsfreiheit beschäftigten auch 1905 noch die Kommentatoren des „Vereinsgesetzes". Delius betonte, dass mit der Aufhebung des Koalitionsverbotes „nur das freie Vereins- und Versammlungsrecht der bezeichneten Personen zu den gedachten Zwecken gewährt [sei, Verf.], in Beziehung auf sonstige Verabredungen und Vereinigungen, welche andere Zwecke ausschließlich oder nebenbei verfolgen, verbleibt es bei den Vorschriften des Vereinsgesetzes." VG 1850, Delius, S. 108 f.: „Der § 152 der Gewerbeordnung hat es absolut nicht mit irgend welchen Gegenständen allgemeiner Natur, sondern ausschließlich mit den konkreten Arbeitsverträgen zwischen Arbeitgebern und Arbeitnehmern, mit den unmittelbar durch diese Verträge geregelten Lohn- und Arbeitsbedingungen und mit dem Gegensatze und Kampfe der sozialökonomischen Interessen unmittelbar um diese Bedingungen zu tun. (R.G. 10. Nov. 1887, E. XVI. 385, R. IX. 591, u. O.L.G. München 29. Dez. 1894, Goltd. Anh. Bd. 43 S. 71). Sobald daher Gewerk- und Fachvereine diese konkreten Verhältnisse verlassen, berühren sie das Interesse der Allgemeinheit und unterstellen sich deshalb dem Vereinsgesetz. (O.B.G. 27. März 1900, Entsch. XXXVIII. 409). Vereine, welche ihren Zweck, die Lohn- und Arbeitsverhältnisse ihrer Mitglieder zu bessern, nur durch Hebung der Lohn- und Arbeitsverhältnisse des ganzen Standes erreichen können, sind Vereine, welche eine Einwirkung auf öffentliche Angelegenheiten bezwecken (K.G.24. November 1902 S. 970/02 bei Groschuff S. 53). Vgl. auch O.B.G. 6. Mai 1903, Preuß.V. Bl.XXV. 284."

978 Ramm, Das Koalitions- und Streikrecht der Beamten, 1970, S. 62.

979 Weiß, Arbeitsgerichtsbarkeit, 1994, S. 31.

Arbeitszeit.[980] Andere Stimmen hielten die Situation der Arbeiter auch um 1910 noch für sehr schwierig.[981]

Eine mögliche Mitverantwortung der Gewerkschaften an Planung und Ausgang von Streiks, bei denen viele Arbeiter ihre Arbeit verloren oder Löhne einbüßten, wurde vom Simplicissimus nicht in Betracht gezogen.

6. Kontraktbruch und Streik

a) Lohnverhandlungen und Streiks

Streiks wurden vom Simplicissimus vor allem im Bereich des Bergbaus dargestellt. Nach Misserfolgen streikender Arbeiter gingen die Arbeitgeber in der Regel gestärkt aus der Auseinandersetzung hervor. Daraus folgerte der Simplicissimus, dass Versuche der Arbeiter, bessere Löhne zu erhalten, zum Scheitern verurteilt waren: In stereotyper Darstellung wurden vor dem Weltkrieg ausgemergelte und gekrümmte Arbeiter, die um Lohnerhöhungen nachsuchten, mit Sprüchen von wohlgenährten, ausbeuterischen Unternehmern abgespeist. Aus sozialistischer Sicht verkannte diese vom Simplicissimus gewählte Darstellung der Arbeiter als Opfer jedoch ihre tatsächliche Macht im Klassenkampf.[982] Aus historischer Sicht gehörten seit der Mitte des 19. Jahrhunderts die Ernährungskrisen der Vergangenheit an. So kam Hans Jürgen Teuteberg zu dem Schluss: „Alle pessimistischen Thesen früherer Sozialkritik, die eine tendenziell fortschreitende Unterkonsumption und Verschlechterung der Nahrungssituation insbesondere bei den städtischen Lohnarbeitern behaupteten, lassen sich historisch-statistisch nicht verifizieren." Fälle von „erbärmlicher" Nahrung waren für Teuteberg folglich Einzelfälle.[983]

In der folgenden Karikatur konnotierte der konvex gezeichnete Bauch des Unternehmers ikonisch komplementär die konkave Gestalt des Arbeiters. Dabei war aus der Forschungsliteratur bekannt, dass „der mit Zylinder und Zigarre equipierte Kapitalist"[984] zum Topos-Inventar der Satiren gehörte. Die Klischeehaftigkeit, die dem Leser das Wiedererkennen von Figuren und Sachverhalten erleichterte, war konstitutiv für viele Satiren.

---

980 Weiß, Arbeitsgerichtsbarkeit, 1994, S. 4. Stürmer setzte in der Industrie für die Jahre vor dem Weltkrieg eine Arbeitszeit von 56 bis 60 Wochenstunden bei 6 Arbeitstagen an. (Stürmer, Das ruhelose Reich, 1983, S. 30). Göhre gab für die Arbeit in der Fabrik eine Arbeitszeit von 11 Stunden an. (Göhre, Drei Monate Fabrikarbeiter und Handwerksbursche, 1891, S. 54 u. ö.).

981 Heinz, Arbeiter, 1999, S. 24.

982 Haese, Die gesellschaftskritische Karikatur im „Simplicissimus", 1966, S. 123 u. ö.

983 Teuteberg, Nahrung der sozialen Unterschichten, 1981, S. 182 u. S, 186. Wiegelmann weist vor allem auf die Eintönigkeit der Nahrung eigentumsloser Arbeiter hin. (Wiegelmann, Tendenzen Kulturellen Wandels in der Volksnahrung, 1981, S. 175).

984 Gärtner, Was die Satire darf, 2009, S. 117.

Der künstlerische Neuansatz des Zeichners Karl Arnold bestand im oben beschriebenen grafischen Arrangement der Vertragspartner.

Das Sprachverhalten des Unternehmers insinuierte einen in Wirklichkeit nicht vorhandenen Konsens der Parteien. Die unidirektionale, „persuasive Kommunikation“[985] täuschte aus semiotischer Sicht eine bidirektionale Kommunikationsform lediglich vor:[986]

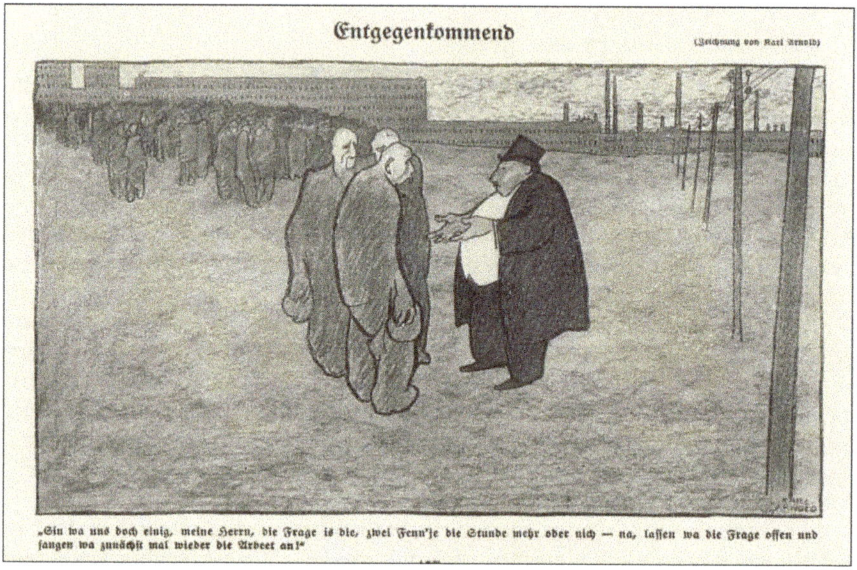

(18.9.1911, S. 427, Zeichnung von Karl Arnold)

<u>*Entgegenkommend*</u>
„Sin wa uns doch einig, meine Herrn, die Frage is die, zwei Fenn'je die Stunde mehr oder nich – na, lassen wa die Frage offen und fangen wa zunächst mal mit die Arbeet an!“

Die Unternehmer waren nicht gewillt, die Arbeiter an ihrem Gewinn teilhaben zu lassen:

> *[Arbeiter] „Und wir dachten, wo daß der Herr alle Tage Kaviar für zwanzig Mark das Pfund ißt und wir nischt haben, er uns doch bei diese teuren Zeiten ein bißchen entgegenkommen wird!“ –*
>
> *[Unternehmer] „Schön, - ich werde das Pfund zu achtzehn Mark nehmen.“* (15.4.1912, S. 51)

985 Rottleuthner, Probleme der Beobachtung, 1978, S. 119.
986 Nöth, Handbuch der Semiotik, 1985, S. 227.

Dialoge, die zur Problemlösung hätten beitragen können, kamen nicht auf. Die Arbeitergeber beherrschten und beendeten die einseitige kommunikative Situation stilistisch durch Argumentationsstopper („*na, lassen wa die Frage offen*“, „*Adjöh!*“) und durch Scheinsyllogismen, die eine jeden Widerspruch verbietende Logik suggerierten:

> *„Die Sache liegt sehr einfach, meine Herren: in der Zeit wirtschaftlichen Aufschwungs hungern Sie, weil die Preise steigen – in der Zeit wirtschaftlichen Niedergangs, weil die Löhne sinken. Adjöh!“*
> (30.9.1912, S. 42).

In der Wirklichkeit des Untersuchungszeitraums war es durchaus nicht so, dass die Arbeitgeber immer am längeren Hebel saßen. Dies betraf vor allem kleinere Betriebe.[987] Im Untersuchungszeitraum waren Arbeitgeber, Staat und Justiz bemüht, den Einfluss der Gewerkschaften, besonders bei der Organisation und Durchführung von Streiks,[988] die seit Ende der sechziger Jahre an der Tagesordnung waren,[989] zu mindern. Zeitgenössische Juristen, wie Rudolf von Jhering, anerkannten die Berechtigung der Staatsgewalt, gegen das „komplottmäßige Einstellen der Arbeit von Seiten ganzer Arbeiterklassen zum Zwecke der Erzwingung höherer Lohnsätze (Strikes)“ vorübergehend vorzugehen, und zwar aufgrund des „Gebots der eigenen Selbsterhaltung“ der Gesellschaft.[990] 1910 argumentierte der sozialpolitische Jurist Karl Flesch, dass Streiks und Aussperrung keine „Schädigung der Allgemeinheit“ bewirken dürften.[991] Ähnlich hatte sich Papst Leo XIII. in der Enzyklika ***Rerum Novarum*** 1891 zum Streik geäußert.[992]

---

987 Imbusch, 25 Jahre Gewerkverein christlicher Bergarbeiter, 1919, S. 139.

988 In dieser Untersuchung erfolgt eine Konzentration auf den **Streik** als Mittel des Arbeitskampfs. Die **Aussperrung** spielte im Simplicissimus nur eine marginale Rolle: Thematisiert wird der Aussperrung der Bauerbeiter 1910 (18.7.1910, S. 263). Zur Aussperrung im Untersuchungszeitraum: Baum, Das Recht des Arbeitsvertrages, 1911, S. 124. Zum **Boykott** allgemein: Schröder, Die Entwicklung des Kartellrechts, 1988, S. 265 ff.; Zum Boykott von Warenhäusern: Lux, Studien über die Entwicklung der Warenhäuser, 1910, S. 41 ff.

989 Weiß, Arbeitsgerichtsbarkeit, 1994, S. 22.

990 Jhering, Der Zweck im Recht, 1904, S. 357.

991 Flesch, Reform des Arbeitsrechts, 1910, S. 18.

992 Die Pflicht der „arbeitenden Stände“ sei es „vollständig und treu die Arbeitsleistung zu verrichten, zu welcher sie sich frei und mit gerechtem Vertrage verbunden haben; den Arbeitgebern weder an der Habe noch an der Person Schaden zuzufügen; in der Wahrung ihrer Interessen sich der Gewalttätigkeit zu enthalten und in keinem Falle Auflehnung zu stiften; nicht Verbindung zu unterhalten mit Übelgesinnten, die ihnen trügerische Hoffnungen vorspiegeln und nur bittere Enttäuschung und Ruin zurücklassen.“ (Gottwald, 1891, 1994, Abs. 16, S. 63). Ein Eingreifen des Staates im Falle von Arbeitsniederlegungen sei deshalb gerechtfertigt, weil diese häufig zu gewalttätigen Auseinandersetzungen führten und der

Die justizielle Bewältigung von Streiks, Aussperrung und Boykott erfolgte uneinheitlich sowohl hinsichtlich der – relativ liberalen - Rechtsprechung der Zivil-Senate des Reichsgerichts und der Untergerichte als auch aus zivil- oder strafrechtlicher Sicht:[993] „Die Strafsenate gingen tendenziell von der Rechtswidrigkeit (und Sozialschädlichkeit) des Streiks aus, die Zivilsenate von deren Legalität."[994] Für den Zusammenhang der vorliegenden Untersuchung ergibt sich vereinfacht folgendes Bild: Die Einstellung der Arbeit ohne Beachtung der Kündigungsfristen durch den einzelnen Arbeiter stellte zivilrechtlich einen Kontraktbruch dar. Beteiligte sich ein Arbeiter ohne Einhaltung der Kündigungsfristen[995] an einem Streik, konnte diese als Kontraktbruch gewertete Handlung zivilrechtliche Folgen haben.[996] Eine strafrechtliche Verfolgung trat grundsätzlich wegen Zuwiderhandlung gegen den Arbeitsvertrag nicht ein.[997] Ebenso waren die Verabredungen über die Einstellung der Arbeit grundsätzlich durch § 152 GewO von Verboten und Strafen befreit.[998] Die zivilistische Rechtsprechung betonte grundsätzlich die Rechtmäßigkeit von Streik und Boykott, „beide Handlungen sollten prinzipiell keine Schadensersatzverpflichtungen auslösen".[999] Allerdings rissen die Forderungen nach einer strafrechtlichen Behandlung des Kontraktbruchs nicht ab, oder wie es Andreas Kaiser formulierte, nach einer „Kriminalisierung des Vertragsbruchs".[1000]

Gesamtwirtschaft schadeten. Sinnvoller als ein staatliches Vorgehen sei indes die Beseitigung der Ursachen im Vorfeld. (Gottwald, 1891, 1994, Abs. 31, S. 75).

993 Schröder, Die Entwicklung des Kartellrechts, 1988, S. 279 u. ö.

994 Schröder, Die Entwicklung des Kartellrechts, 1988, S. 399.

995 § 122 GewO 1878, 1891, 1900.

996 Dazu im Einzelnen Elster, Lexikon des Arbeitsrechts, 1910, S. 173.

997 Nelken, Die deutschen Handwerker- und Arbeiterschutzgesetze, 1901, S. 361.

998 Zitiert nach Elster, Lexikon des Arbeitsrechts, 1910, S. 172, s. v. „Streikrecht". Zur Aufhebung der Koalitionsverbote (§ 152 Abs. 1), aber Unklagbarkeit der Koalitionsabrede (§ 152 Abs. 2) und Strafbarkeit des Koalitionszwanges (§ 153): Mestitz, Probleme der Geschichte des Arbeitsrechts, 1980, S. 56 f. Eine lebhafte Diskussion löste die Frage nach einer strafrechtlichen Ahndung der Aufforderung zum Kontraktbruch aus. Nelken, Die deutschen Handwerker- und Arbeiterschutzgesetze, 1901, S. 361: Die Verleitung zum Kontraktbruch gab dem Geschädigten einen Anspruch auf Schadensersatz gegen den „Verleiter" nach Maßgabe der §§ 125 und 127 g Abs. 2 GewO. Eine Gruppe von Bergleuten hatte die Arbeiter eines anderen Bergwerks anlässlich des Streiks im Mai 1889 zur Niederlegung der Arbeit und zum Anschluss an die „Aufständischen" aufgefordert. Der IV. Strafsenat des Reichsgerichts bestätigte am 28.11. und 3.12.1889 die Verurteilung wegen Hausfriedensbruch und erkannte auf Anwendung des § 110 StGB, da einer der Angeklagten den Entschluss bei anderen habe hervorrufen wollen, gegen Gesetze (u. a. § 82 Berggesetz) zu verstoßen. (RG 4. Strafsenat Urteil vom 28.11.1889 2468/89 RGSt 20, 150–156). Cf. Schröder, Die Entwicklung des Kartellrechts, 1988, S, 250 f.

999 Schröder, Die Entwicklung des Kartellrechts, 1988., S. 252.

1000 Kaiser, Vertragsfreiheit und Gesellschaftsordnung, 1972, S. 165 ff.

Unbeschadet davon wurde eine Vielzahl von Streikandrohungen und Streikhandlungen unter Strafe gestellt:[1001]

§ 153 GewO stellte die Fälle unter (Gefängnis-)Strafe, in denen das nach § 152 erlaubte Koalitionsrecht „durch Anwendung körperlichen Zwanges, Drohungen, Ehrverletzungen oder durch Verrufserklärungen" missbraucht wurde.[1002] Eine strafrechtliche Verfolgung fand offenbar dann ihre Berechtigung, wenn Arbeitswillige und ihre Familien eingeschüchtert und unter Druck gesetzt wurden.[1003] Die Norm des § 153 hatte ihre Wurzeln im Kampf der Behörden gegen Gesellenverbindungen, die bereits in vorindustrieller Zeit auf arbeitswillige Gesellen Druck ausübten.[1004] Ausgehend von den Koalitionen der Gesellen und den dort herrschenden tatsächlichen oder vermuteten Missbräuchen kam Ritscher für das 18. Jahrhundert zu dem Schluss: „Der absolute Staat konnte eigenmächtige Vereinigungen – wenn es auch nur in Form von brieflichem und mündlichem Verkehr verschiedener Orte geschah – nicht dulden und war auf Grund seiner allgemeinen Auffassung vom Staatsgedanken durchweg G e g n e r der K o a l i t i o n ."[1005] Wenngleich Ritscher einige Gesellenaufstände „aus nur eingebildeten Gründen der Gesellen" qualifizierte, war seine Gesamtdarstellung doch eine durchaus arbeitnehmerfreundliche und behördenkritische.[1006]

Streikdrohungen der Arbeiter wurden als Erpressung angesehen und von den Strafsenaten in Auslegung des § 253 StGB bestraft.[1007] „Bereits die Ankündigung eines Streiks wurde nach § 253 StGB als Versuch einer Erpressung verfolgt und bestraft, weil die Arbeiter keinen zivilrechtlichen Anspruch auf den höheren Lohn hatten."[1008]

Kam es bei Arbeitseinstellungen trotz vorangegangener Vorsichtsmaßnahmen der Gewerkschaftsführung zu tätlichen Auseinandersetzungen zwischen Streikenden und Streikbrechern, wendeten die Gerichte in der Regel die Bestimmungen das

---

1001 Schröder, Die strafrechtliche Bewältigung von Streiks, 1991, S. 91; Ritscher, Koalitionen, 1992, Einleitung von Schröder, S. 8.

1002 § 153 GewO 1869 ff.; ABG 1892, Brassert, S. 165. Zur umfangreichen Literatur zum § 153 GewO äußerte sich ausführlich Schröder, Die Entwicklung des Kartellrechts, 1988, S. 331 ff. Cf. auch Benöhr, Wirtschaftsliberalismus, 1977, S. 189. Cf. Saffert, Die oberste Arbeitsbehörde, 1968: „§ 153 GewO verbot unter Strafandrohung, jemand durch Gewalt oder Drohung zum Beitritt zu einer Koalition zu bestimmen oder den Austritt zu verhindern." Zu den §§ 152 du 153 auch: Konzen, Vom Neuen Kurs, 1991, S. 382.

1003 Schröder, Die strafrechtliche Bewältigung von Streiks, 1991, S. 92, 370 f.

1004 Ritscher, Koalitionen, S. 116 u. ö.

1005 Ritscher, Koalitionen, S. 116.

1006 Ritscher, Koalitionen, S. 141 u. ö.

1007 Schröder, Die strafrechtliche Bewältigung von Streiks, 1991, S. 93, bes. Kap. 4. 4. 2 „Erpressung", S. 397 ff.

1008 Schröder, Klassenjustiz, 1986, S. 2.

StGB an und erkannten auf Beleidigung[1009], Nötigung[1010] oder Landfriedensbruch[1011]. Die Staatsanwälte und Richter kannten offenkundig die Erwartungen, die an sie gestellt wurden und erkannten häufig auf Haftstrafen.[1012]

Der Simplicissimus berichtete von einem Streik der Maurer in einer kleinen Stadt Ostpreußens, in dessen Verlauf der Streikende Philipp Kaczmarek den Streikbrecher Josef Olejniczak beschimpfte. Der Staatanwalt erhob Anklage und der Amtsrichter erließ gegen den Übeltäter Haftbefehl:

> *„Der Angeschuldigte gehört notorisch der vaterlandslosen Sozialdemokratie an, er ist somit ein Heimatloser, und der Verdacht der Flucht bedarf daher nach § 112 No. 2 StPO. keiner weiteren Begründung."* (27.12.1909, S. 689).

Der Simplicissimus bewegte sich mit seiner grundsätzlich positiven Einstellung Streikenden gegenüber in einem Umfeld, in dem Streiks gesellschaftlich und rechtlich sehr unterschiedlich beurteilt wurden, in dem Streiks vor allem strafrechtlich ungünstig bewertet wurden: „Betätigten sich die lokalen Vereinigungen auch nur in geringem Maße politisch, so wurden sie vor der Geltung des Reichsvereinsgesetzes in Preußen als politische Vereine verboten und aufgehoben. Stellte man Streikposten auf, so wurden diese durch polizeiliche Verordnungen oder einfache Platzverweise behindert. Versuchte man Streikbrecher zu bedrängen, so hagelte es alsgleich Anklagen wegen Beleidigung und Körperverletzung bzw. Verstoßes gegen § 153 GewO. All diese Maßnahmen ließen - zumindest theoretisch — das Streikrecht als solches unangetastet."[1013]

Während die Streiks einen großen Raum im Simplicissimus einnahmen, wurde das Thema der Tarifverträge ausgeklammert. Dafür können mehrere Gründe angeführt werden:

Das Rechtsinstitut des Tarifvertrages war noch in der Entwicklung begriffen. Nicht nur die Arbeitgeber sahen durch Tarifverträge ihre Freiheit gefährdet, sondern auch die sozialistischen Gewerkschaften standen dem Tarifvertrag lange zurückhaltend gegenüber.[1014] Außerdem fehlte den Tarifvereinbarungen die Verbindlichkeit

---

1009 § 185 StGB 1871, 1900.

1010 § 240 StGB 1871, 1900.

1011 § 125 StGB 1876, 1900.

1012 Bieber, Die Rolle der Gewerkschaften, 1998, S. 37; zum Bestreben rheinischer Zivilrichter, sich in der 1. Hälfte des 19. Jahrhunderts staatsanwaltlichen Einflüssen zu entziehen: Haferkamp, Der ordre public interne, 2006, S. 118 f.

1013 Schröder, Die Entwicklung des Streikrechts, 1988, S. 333 ff.

1014 Dütz/ Thüsing, Arbeitsrecht, 2011, Rn. 8; zur ablehnenden Haltung der Gewerkschaften und der Industriellen dem Tarifvertragswesen gegenüber: Vietinghoff-Scheel, Gewerbliches Arbeitsvertragsrecht, 1972, S. 127. Zur Rolle der Gewerkschaften bei der Entwicklung von Tarifverträgen im Untersuchungszeitraum: Mestitz, Probleme der Geschichte des Arbeitsrechts, 1980, S. 49. Klatt, Treuepflichten, 1990, S. 114: „Der Tarifvertrag im Druckgewerbe war aber selbst in weiten Kreisen der Gewerkschaften nicht unumstritten, welche – meist von Parteien geründet und

und rechtliche Unabdingbarkeit. So nahm das Tarifvertragswesen erst nach der Jahrhundertwende einen gewissen Aufschwung[1015] und wurde erst nach dem Ersten Weltkrieg anerkannt.[1016] Hinzu kam, dass selbst in dem für die Entwicklung der Tarifvereinbarungen fortschrittlichen Buchdruckerwesen eine „tariflose Zeit zwischen 1891 und 1896“, d. h. in der dem Ersterscheinen des Simplicissimus unmittelbar voraufgehenden Epoche, eingetreten war.[1017]

Aus der journalistischen Sicht des Simplicissimus waren auf Konsens beruhende Tarifverträge für eine satirische Darstellung weniger geeignet als auf Dissens beruhende Streiks. So nimmt der Simplicissimus auch keine Kenntnis von der 1907/1908 erschienenen Monografie Sinzheimers ***Der korporative Arbeitsnormenvertrag***. Der Arbeitsnormenvertrag sollte eine „Verbindung von individualistischer und sozialistischer Lebensregelung“[1018] ermöglichen und einen Beitrag zur Verbesserung der Kultur in der Auseinandersetzung zwischen Arbeitgebern und Arbeitern leisten.[1019] 1910 bestanden zwar schon zahlreiche Tarifverträge, jedoch noch keine Kodifikation des Tarifvertragsrechts.[1020]

---

damit weltanschaulich festgelegt – das Tarifvertragswesen aus politischen Gründen ablehnten, da sie in jeder Kompromißbereitschaft gegenüber dem Unternehmertum den Klassenkampf verraten sahen.“

1015 Becker Arbeitsvertrag und Arbeitsverhältnis, 1995, S. 106. Im Bergbau gab es 1913 noch keine Tarifverträge. (Rohn, Der Arbeitsvertrag der Bergarbeiter, 1913, S. 13).

1016 Leibholz, Verfassungsrecht und Arbeitsrecht, 1960, S. 25; Zöllner, Arbeitsrecht, 1983, S. 32; Löwisch/ v. Langsdorff wiesen darauf hin, dass es 1913 zwar 13.000 Tarifverträge gab, dass diese jedoch keine normative Wirkung erzielten: „Sie waren aber schuldrechtlich verbindlich, so daß die Tarifvertragsparteien voneinander verlangen konnten, für die Einhaltung der Tarifverträge zu sorgen.“ (Löwisch/ v. Langsdorff, Gesetzgebung, 1973, S. 11).

1017 Vietinghoff-Scheel, Gewerbliches Arbeitsvertragsrecht, 1972, S. 132.

1018 Sinzheimer, Der korporative Arbeitsnormenvertrag, 1977/1908, S. 63.

1019 „Der Arbeitsfriede, welchen der Arbeitsnormenvertrag während seiner Geltungsdauer rechtlich zu errichten bestrebt ist, erscheint darum in diesem Zeitalter der Arbeitsfreiheit und der Arbeiterorganisationen als die einzige Möglichkeit, diejenige Stetigkeit und Sicherheit in der Arbeitsbeschaffung herbeizuführen, deren die Produktion bedarf.“ (Sinzheimer, Der korporative Arbeitsnormenvertrag, 1977/1908, S. 286; cf. auch: 1977/1908, S. 105, 147 ff.).

1020 Elster, Lexikon des Arbeitsrechts, 1910, S. 175, s. v. „Tarifvertrag“. Käthe Lux vermerkte zeitgleich, dass für Hausdiener, Packer, Schaffner, Portiers zunehmend Tarifverträge zwischen Warenhausunternehmen und Gewerkschaften abgeschlossen würden, dass aber für alle anderen Angestellten „uneingeschränkt“ Individualverträge bestünden. (Lux, Studien über die Entwicklung der Warenhäuser, 1910, S. 37).

b) Streikbruchprämien

Zur Aufrechterhaltung der Arbeit bei Streiks warben die Arbeitgeber arbeitswillige Arbeitnehmer an. Diese Streikbrecher erhielten vom Arbeitgeber eine „Streikbrecherprämie".[1021]

Im untersuchten Zeitraum waren Wirtschaft und Politik daran interessiert, dass sich die Angeworbenen nicht den Streikenden anschlossen. Die streikenden Arbeiter versuchten ihrerseits, arbeitswillige Arbeitnehmer vor den Toren der bestreikten Betriebe durch Streikposten von der Arbeit abzuhalten.[1022] Auch zu Beginn des 20. Jahrhunderts war das Aufstellen von Streikposten erlaubt, ebenso wie die Veröffentlichung von Warnungen an Arbeitswillige vor dem Zuzug nach dem Streikort.[1023] In der Praxis wurden Streikposten aufgrund von Straßenverkehrsordnungen von der Polizei fortgewiesen und ggf. bestraft.[1024]

Wie bereits dargelegt, stellte jedoch § 153 GewO die Fälle unter (Gefängnis-) Strafe, in denen das nach § 152 erlaubte Koalitionsrecht „durch Anwendung körperlichen Zwanges, Drohungen, Ehrverletzungen oder durch Verrufserklärungen"

1021 Der Begriff der Prämie geht ggf. auf die Prämien zurück, die bereits im 18. Jahrhundert an besonders fleißige und erfolgreiche Fabrikarbeiter ausgegeben wurden. (Gellbach, Arbeitsvertragsrecht, 1939, S. 38). Auch in heutigen Arbeitskämpfen können die Arbeitgeber ein Interesse daran haben, bestimmte, vom Streik betroffene Arbeitsprozesse weiter zu betreiben. Ein Mittel dazu ist die sog. Streikbruchprämie. Deren Zulässigkeit wird in der Literatur diskutiert. (Schaub, Treber, ArbR-Hdb., 2011, § 195 Rn. 24; Brox/ Rüthers/ Henssler, Arbeitsrecht, 2011, Rn. 310; Schade, Arbeitsrecht, 2010, S. 191, Rn. 600). Prinzipiell stellt „die Zahlung einer Prämie während eines Arbeitskampfs an diejenigen Arbeitnehmer, die sich nicht an einem Streik beteiligen, keine unzulässige Maßregelung der streikenden Arbeitnehmer i. S. v. § 612 a BGB" dar. (Schaub, Linck, ArbR-Hdb., 2011, § 108 Rn. 25).

1022 Nach heutiger Rechtsauffassung sind Streikposten befugt, Arbeitswillige durch gütliches Zureden zur Befolgung des Streikaufrufs zu veranlassen. Die Gewerkschaften sind verpflichtet, die Rechtmäßigkeit der Einwirkung der Streikposten zu überwachen. (Schaub, Treber, ArbR-Hdb., 2011, § 193 Rn. 78). Nötigungen und Körperverletzungen der Arbeitswilligen durch Streikposten sind als Verstoß gegen das Strafrecht zu bewerten. Einzelne Ausschreitungen gegen Arbeitswillige haben keinen Einfluss auf die Rechtmäßigkeit des Arbeitskampfes (Brox/ Rüthers/ Henssler, Arbeitsrecht, 2011, Rn. 788), sondern sind als strafbare Handlungen Einzelner zu werten. Werden solche strafbaren Handlungen allerdings in den Kampfplan der Kampfleitungen aufgenommen, machen sie einen – sonst rechtmäßigen – Arbeitskampf zu einem rechtswidrigen. Außerhalb dieses Rahmens wird die kollektive Rechtmäßigkeit von strafrechtlichen Verfehlungen Einzelner nicht betroffen. (HWK/Hergenröder, Arbeitsrecht Kommentar, 2012, Art. 9 GG Rn. 315). Zur Frage der Lohnzahlung an arbeitswillige Arbeiter, die durch Streikposten am Betreten des Betriebes gehindert werden: Nitsche, Betriebsrisikolehre, 1976, S. 116.

1023 Baum, Das Recht des Arbeitsvertrages, 1911, S. 122; Neukamp, Arbeitswilligenschutz, 1914, S. 954.

1024 Schröder, Klassenjustiz, 1986, S. 3.

missbraucht wurde.[1025] Rainer Schröder führte zahlreiche Fälle auf, in denen die Gerichte unter Bezug auf § 153 GewO in Idealkonkurrenz zu den Delikten des Strafgesetzbuchs Freiheitsstrafen wegen Beleidigung von Streikbrechern verhängten.[1026] „Es hagelte Verurteilungen wegen Beleidigung: der Zuruf ‚Streikbrecher' wurde von den Gerichten als ausreichend angesehen, um den Tatbestand ... des § 185 StGB anzunehmen."[1027] „Wer Druck auf Nichtgewerkschaftler ausübte, damit diese sich den Kampfmaßnahmen bzw. der Gewerkschaftsorganisation anschlossen, riskierte Bestrafungen auf § 240 StGB oder § 153 RGewO."[1028]

Laut Simplicissimus statteten die Arbeitgeber die Streikbrecher und ihre Familien mit Privilegien aus: Auseinandersetzungen zwischen Streikenden und Streikbrechern wurden bis in die Familien getragen. So wurde des *„Streikbrechers Töchterlein"* von den anderen Kindern distanziert beobachtet.

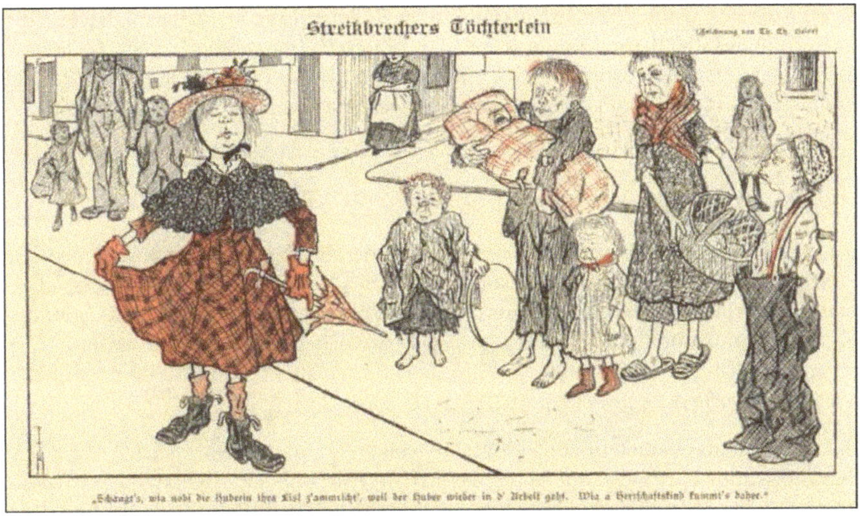

(20.11.1897, S. 268, Zeichnung von Th. Th. Heine)

Streikbrechers Töchterlein[1029]
„Schaugt's, wia nobi die Huberin ihra Lisl z'ammricht', weil der Huber wieder in d' Arbeit geht. Wia a Herrschaftskind kummt's daher."

1025 § 153 GewO 1869 ff.; ABG 1892, Brassert, S. 165.
1026 Schröder, Die Entwicklung des Kartellrechts, 1988, S. 349 f.; ebenso Schröder, Klassenjustiz, 1986, S. 3.
1027 Schröder, Klassenjustiz, 1986, S. 3.
1028 Schröder, Klassenjustiz, 1986, S. 2.
1029 © VG Bild-Kunst, Bonn 2015.

Zahlreiche ikonische Konnotationen lassen den Rückschluss zu, dass der Simplicissimus keine Sympathien mit den Streikbrechern zeigen wollte: Die Haltung des Mädchens ist arrogant. Es trägt offenbar nicht nur - auch im Gegensatz zu den umstehenden Kindern - Schuhe und Strümpfe, sondern ein neues Kleid, das es demonstrativ zeigt, dazu ein Hütchen, und zu den klobigen Schuhen auch einen winziges Schirm. In diesem Aufzug gibt das Kind eine lächerliche Figur ab, ein misslungenes Imitat bürgerlichen Aussehens.[1030] Außerdem sondert sich das Kind von den anderen ab, vermeidet Blickkontakt und verhält sich metonymisch wie sein Vater unsolidarisch zu seiner Gruppe.

Als Reaktion auf die Streikbewegungen sollten bestimmte Streikhandlungen erneut durch ein Gesetz unter harte Strafen gestellt werden.[1031] Der Entwurf der ***Gesetzes zum Schutze des gewerblichen Arbeitsverhältnisses*** vom Mai 1899 sah Gefängnisstrafen für diejenigen vor, die Arbeitswillige zur Teilnahme an einem Streik zwingen wollten, Zuchthausstrafen für Rädelsführer, wenn beispielsweise die Sicherheit des Reiches gefährdet war. Diese ***„Zuchthausvorlage“*** scheiterte jedoch am 20.11.1899 im Reichstag. Der Simplicissimus hatte am 18.9.1899 auf dem Titelbild Polizisten dargestellt, die einen Arbeiter gefesselt abführten mit den Worten:

> *„Hau' m nur noch eene runder, dem Lumich. Mir woll' n der Bande schon zeichen, daß 's bei uns ooch ohne Zuchthausvorlage geht.“*
> (18.9.1899, S. 193).[1032]

Das Scheitern der ***„Zuchthausvorlage“*** wurde somit auch vom Simplicissimus ideell vorbereitet. Da aber der Gesetzesentwurf schon vor der Abstimmung allgemein auf Protest stieß, ist ein Kausalzusammenhang zwischen den Beiträgen des Simplicissimus und dem Scheitern der Gesetzesvorlage nicht nachzuweisen.

c) Das Zusammenspiel von Wirtschaft und Staat

Bei den Auseinandersetzungen zwischen Streikenden und Streikbrechern stand laut Simplicissimus die Polizei auf Seiten der Arbeitgeber und der arbeitswilligen Streikbrecher. Gerade in diesem Bereich wurde die arbeitsrechtlich relevante Funktion der Polizei besonders deutlich.

Die Frage des Arbeitswilligenschutzes war von großem öffentlichem und rechtlichem Interesse. So sicherte § 152 GewO ausdrücklich Koalitionsfreiheit und Ausstandsrecht (unter Einhaltung der Kündigungsfristen) zu. „Streiklustige“ und „Arbeitswillige“ sollten in voller Freiheit über ihre Teilnahme entscheiden.[1033]

1030 Zum Imitationsverhalten der Schichten im 19. Jahrhundert: Wiegelmann, Tendenzen Kulturellen Wandels in der Volksnahrung, 1981, S. 177.

1031 Ritscher, Koalitionen, 1992, Einleitung von Schröder, S. 9.

1032 Analyse der Karikatur auch bei Lüdke/ Erwig-Drüppel, Das Subject. Das Object, 1994, S. 161 f.

1033 Neukamp, Arbeitswilligenschutz, 1914, S. 954.

Jedoch eröffneten § 153 GewO und Polizeiverordnungen der Polizei Möglichkeiten zum Einschreiten.[1034]

Besonders das - grundsätzlich nicht strafbare - Streikpostenstehen führte zu ständigen Auseinandersetzungen mit der Polizei. Die Behörden erließen unter Berufung auf § 10, II, 17 ALR sowie §§ 5, 6, 12, 15 PolVwG 1850 Polizeiverordnungen, aufgrund derer die Polizei einen Streikposten fortweisen und bei Widerstand dem Gericht zuführen konnte. Die Polizei berief sich vor Gericht darauf, dass sie im Sinne der Verordnung die „Ordnung, Sicherheit und Leichtigkeit des Verkehrs"[1035] aufrecht zu erhalten hatte.[1036] „Vielfältig beharrten die StS auf dogmatisch noch vertretbaren Argumentationen, (Streikposten als Verkehrsbehinderung), selbst wenn diese an der Wirklichkeit und den tatsächlichen Intentionen der Verordnungen vorbeigingen."[1037] Kam das Gericht allerdings zu der Entscheidung, es habe keine Verkehrsstörung vorgelegen und die Aufforderung des Polizeibeamten sei unberechtigt gewesen, erfolgte - mit höchstrichterlicher Bestätigung - Freispruch.[1038]

Entgegen der Ansicht des Simplicissimus traten die Gerichte etwaigen Übergriffen der Polizei entgegen.[1039] Zudem wurden einschlägige Polizeiverordnungen auf ihre Rechtmäßigkeit hin überprüft.[1040]

Die folgende Karikatur wies auf das vom Simplicissimus vermutete Zusammenspiel von Wirtschaft – vertreten durch den sitzenden Kommerzienrat - und Politik - vertreten durch den stehenden Geheimrat - bei der Unterdrückung der Streikenden und der Unterstützung der Streikbrecher hin:

1034 Im Hinblick auf die folgende Karikatur: §§ 152, 153 der GewO von 1900. Nach heutiger Rechtslage haben sich Arbeitskämpfe im Rahmen der öffentlichen Sicherheit und Ordnung zu halten. Bei Gefährdung zentraler Rechtsgüter können die Ordnungsbehörden zur Gefahrenabwehr einschreiten. (HWK/Hergenröder, Arbeitsrecht Kommentar, 2012, Art. 9 GG Rn. 345).

1035 § 6 b) PolVwG 1850. Zur Beteiligung eines Gerichts bei Nichtbeachtung einer Polizeiverordnung: Murmann, Polizeiverordnung, 1913, S. 55. Zur Ungültigkeit einer als „Straßenpolizeiordnung" deklarierten Polizeiverordnung: Murmann, Polizeiverordnung, 1913, S. 62.

1036 Zu § 6 b) des PolVwG 1850: Murmann, Polizeiverordnung, 1913, S. 43; cf. Rottmann, Der Beamte als Staatsbürger, 1981, S. 92.

1037 Schröder, Die Entwicklung des Kartellrechts, 1988, S. 358.

1038 Neukamp, Arbeitswilligenschutz, 1914, S. 955.

1039 Neukamp, Arbeitswilligenschutz, 1914, S. 957.

1040 Buchka, Die landesrechtlichen Strafbestimmungen, 1900, S. 310 f.

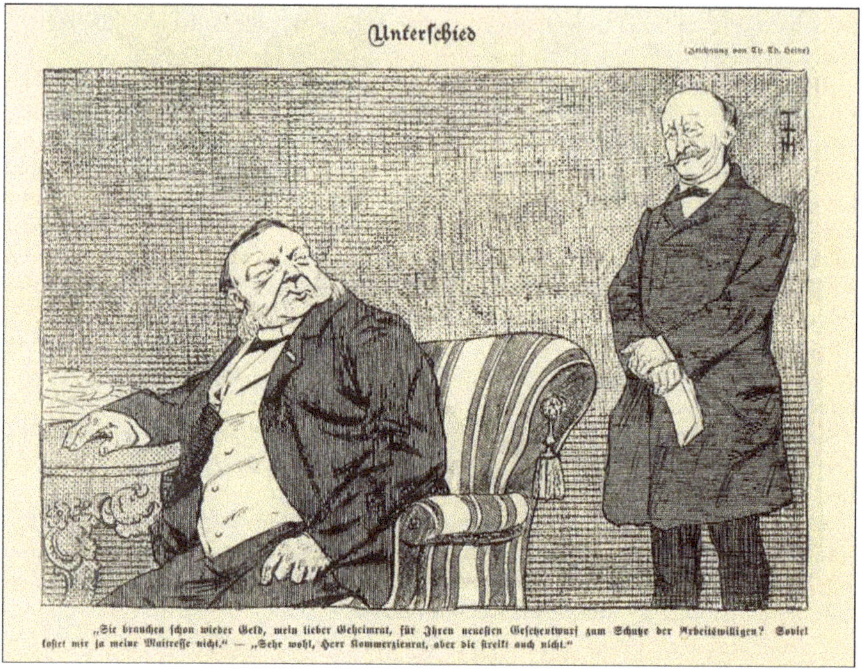

(20.11.1900, S. 279, Zeichnung von Th. Th. Heine)

<u>*Unterschied*</u>[1041]
„Sie brauchen schon wieder Geld, mein lieber Geheimrat, für Ihren neuesten Gesetzentwurf zum Schutze der Arbeitswilligen? Soviel kostet mir ja meine Maitresse nicht."
„Sehr wohl, Herr Kommerzienrat, aber die streikt auch nicht."

Der Vertreter des Staates beschafft sich bei einem unmoralischen Vertreter der Wirtschaft finanzielle Unterstützung, um durch ein Gesetz die Interessen der Wirtschaft zu schützen. Diese Form der Finanzierung eines Gesetzes zum Schutz der Arbeitswilligen wird durch den satirischen Vergleich mit der Finanzierung einer Mätresse vom Simplicissimus als sittenwidrig entlarvt.

Die Anordnung der Personen im Bild konnotiert die Abhängigkeit des Staates von der Wirtschaft, indem der schlanke Vertreter des Staates als stehender Bittsteller dem wohlgenährten, sitzenden Vertreter der Wirtschaft gegenüber tritt. Zur Verdeutlichung der Opposition bedarf es keiner farblichen Gestaltung. Die beiden Figuren sind Personifikationen der von ihnen repräsentierten Mächte. Die Abwehrhaltung und das Distanzverhalten des sitzenden Kommerzienrats ist semiotisch bedeutsam, indem sein proxemisches Territorialverhalten Prestige und

1041 © VG Bild-Kunst, Bonn 2015.

Macht konnotiert.[1042] Th. Th. Heine realisierte in der Karikatur eine Symbolik, auf die zeitnah auch Jhering in ***Der Zweck im Recht*** hinwies: „Mit dem Gegensatze des Sitzens und Stehens ist von allen Völkern eine symbolische Bedeutung verbunden worden. Wo es gilt, den Abstand, in der Stellung zweier Personen äußerlich zum Ausdruck zu bringen, sitzt die eine, während die andere steht; der Sitz ist das Symbol und das Vorrecht der Macht."[1043]

Die Beeinflussung des Staates durch die Großindustrie, etwa durch die *„Schlotbarone"* in der Montanindustrie, wurde mehrfach im Simplicissimus thematisiert (28.8.1911, S. 365 u. ö.).

Die Unterordnung des Staates unter die Interessen von Industrie und Wirtschaft wurde von sozialistischer Seite vielfach kritisiert.[1044] Die Verfilzungen von „Regierungsapparat und große[m] Kapital" sowie der „Machtgruppeneinfluss" wurden schließlich zum Gemeinplatz in den Darstellungen der Gesellschaftsordnung des ausgehenden 19. Jahrhunderts.[1045] Differenzierungen sind auch hier geboten. So kam Schröder für den Streik von 1905 u. a. zu dem Ergebnis: „Die Berichte der Regierungspräsidenten und Landräte erstaunen durch eine unvermutete Reserviertheit gegenüber den Vorstellungen der Arbeitgeber ..." und: „Die Staatsverwaltung wahrte eine erstaunliche Neutralität."[1046]

Nicht nur die Unternehmer beuteten nach Aussagen des Simplicissimus die Arbeiter aus, sondern auch der Staat durch eine ungerechte Besteuerung: So behandelte der Finanzbeamte den Arbeiter anders als den Großgrundbesitzer:

> *„Sie haben in Ihrer Deklaration nicht angegeben, daß Ihre Frau einzelne Tage in der Woche gegen Taglohn arbeitet. Ich muß Sie wegen Steuerdefraudation zur Anzeige bringen."*

Aber:

> *„Es tut mir leid, daß ich Sie herbemühen mußte, Herr Graf. Ich habe mir ja gleich gedacht, daß Ihre Güter kein Einkommen abwerfen können."*
> (10.5.1909, S. 86).

Die satirische Wirkung wurde durch die Gegenüberstellung einer Vertreterin der untersten Arbeitnehmerschicht (Tagelöhner/ Taglöhner) mit einem konnotativ als

---

1042 Zur Semiotik des Territorialverhaltens und der Proxemik: Nöth, Handbuch der Semiotik 1985, S. 373.

1043 Jhering, Der Zweck im Recht, 1905, S. 506 f. „Jemanden stehen lassen, während man selber sitzt, enthält eine Ungezogenheit., man behandelt ihn wie einen Diener oder als einen geringen Mann, gegen den man die Rücksichten der Höflichkeit nicht zu beachten braucht." (S. 507). Im Umkehrschluss galt für einen Richter die Vorschrift, sich von seinem Sitz zu erheben, wenn der Vorgesetzte das Dienstzimmer betrat. (Cf. Ormond, Richterwürde, 1994, S. 256).

1044 Völkerling, Der deutsche Kathedersozialismus, 1959, S. 131. Cf. dazu Ritter, Staat, Arbeiterschaft und Arbeiterbewegung in Deutschland, 1980, S. 64 f.

1045 So etwa bei Kaiser, Vertragsfreiheit und Gesellschaftsordnung, 1972, S. 129, 140 f.

1046 Schröder, Die Entwicklung des Koalitionsrechts, 1988, S. 374 und 376.

wohlhabend und aristokratisch dargestellten Agrarier erzeugt. In der Verurteilung der Ungerechtigkeit und der Ungleichbehandlung traf sich der Simplicissimus mit rechtsphilosophischen Positionen, wie denen Lotmars.[1047]

7. Arbeiterschutz und Arbeitsschutz

Arbeiterschutz und Arbeitsschutz sowohl im engen Sinn eines Schutzes vor körperlicher Versehrtheit als auch im weiten Sinn als Maßnahmen zum Schutz und Wohl der Arbeitnehmer war im Untersuchungszeitraum noch keine Selbstverständlichkeit. Allerdings bewegte die Frage des Arbeiterschutzes zunehmend die gelehrte Öffentlichkeit.[1048] So widmete das ***Handwörterbuch der Staatswissenschaften*** 1909 nahezu 200 Seiten der nationalen und internationalen Arbeiterschutzgesetzgebung.[1049] Das den deutschen Rechtskreis beeinflussende römische Recht hatte zwar bereits Rechtsgrundsätze mit schutzähnlichen Wirkungen für den Dienstleistenden entwickelt, jedoch war dem römischen Recht eine besondere dem Arbeitsverhältnis zukommende Schutzpflicht nicht geläufig. Nach römischem Recht hing die Begründung eines Arbeitsverhältnisses „allein von der Willenseinigung der Beteiligten" ab.[1050] Im Mittelalter fand sich in einigen Bereichen ein Arbeitnehmerschutz,[1051] jedoch war offenbar keine allgemeine Pflicht des Arbeitgebers zur Fürsorge vorhanden. Ogris vertrat jedoch die Auffassung, dass sich in der Gestaltung der Arbeitsverhältnisse das mittelalterliche Recht grundlegend vom römisch-gemeinen Recht unterschied: Letzteres sah im Arbeitsvertrag lediglich ein auf den Austausch der „Ware" Arbeit gegen Lohn gerichtetes zweiseitiges Geschäft. Demgegenüber habe im mittelalterlichen Arbeitsverhältnis eine gegenseitige „Treupflicht" bestanden, die beide Vertragspartner verpflichtete, „die Interessen und den Vorteil des anderen zu wahren und zu vertreten".[1052] In der Zeit bis zum Beginn des 19. Jahrhunderts entstanden „erste Konturen einer Lehre vom Arbeitsrecht, die den Arbeitnehmer als den regelmäßig wirtschaftlich schwächeren Teil des Arbeitsverhältnisses erkennt und ihm deswegen einen teilweise schon bemerkenswert starken sozialen Schutz

1047 Dazu: Rückert, Lotmar, 2003, S. 156. und Caroni, Philipp Lotmar, 2003, S. 191.

1048 Zum Aufkommen des Begriffs des „Arbeiterschutzes" in den 80er Jahren des 19. Jahrhunderts und zu seiner Ablösung durch den Begriff des „Arbeitsschutzes" sowie zur wissenschaftlichen Aufarbeitung der „Materie" in den 1860er Jahren: Machtan, Arbeiterschutz, 1991, S. 111 ff.

1049 Conrad, Handwörterbuch, 1909, S. 591–783. Zählt man die Arbeiterversicherung im weiten Sinn zum Arbeiterschutz, umfasst der Artikel S. 591–913.

1050 Schmelzeisen, Arbeitsordnung, 1955, S. 118.

1051 Cf. Ebel, Arbeitsvertragsrecht, 1934, S. 114 f.: Bereits im Mittelalter existierten nach Ebel zahlreiche Vorschriften und Maßnahmen des Arbeiterschutzes, die auf einem sozialen Grundgedanken beruhten, und nicht – wie im 19. Jahrhundert – „als Ausdruck politischer Macnht der organisierten Arbeiterschaft" geschaffen wurde.

1052 Wirth u. a., Lexikon des Mittelalters, 1980, Sp. 876.

zubilligen will."[1053] Im letzten Drittel des 19. Jahrhunderts entwickelten sich unter dem Eindruck sozialreformerischer Bewegungen in der Gesetzgebung Schutzregelungen. In der Rechtsprechung zum gemeinen Recht war anerkannt, dass sich eine Fürsorgepflicht des Arbeitgebers aus dem Grundsatz der *bona fides* ergab. In der Lehre war von einer Fürsorgepflicht des Arbeitgebers nach Auffassung von Klatt keine Rede. Immerhin ließ man aber nach einhelliger Auffassung den Arbeitgeber das Lohnrisiko bei zufälligem Wegfall des Arbeitssubstrats tragen. Der in der GewO von 1891 kodifizierte Arbeiterschutz resultierte zwar aus der staatlichen Intervention, doch war er laut Konzen „zu marginal, um die vorherrschenden Ansichten über die freie Marktwirtschaft sowie den Grundsatz der Vertragsfreiheit anzutasten".[1054] Im Zusammenhang mit der Normsetzung zum Dienstvertrag im BGB „fanden Bestimmungen mit fürsorgerischem Charakter nur mühsam Berücksichtigung". Dies hing im Wesentlichen mit der Absicht zusammen, ein von Sonderinteressen freies Gesetzeswerk des Privatrechts zu schaffen.[1055]

Das ***Gesetz, betreffend Abänderung der Gewerbeordnung vom 1. Juni 1891,*** auch „Deutsches Arbeiterschutzgesetz"[1056] und „Lex Berlepsch" genannt, umfasste unter dem Begriff „Gewerbliche Arbeiter" Gesellen, Gehülfen, Lehrlinge, Betriebsbeamte, Werkmeister, Techniker, Fabrikarbeiter.[1057] Das Gesetz erregte große

---

1053 Klatt, Treupeflichten, 1990, S. 349.

1054 Konzen, Vom Neuen Kurs, 1991, S. 384.

1055 Klatt, Treuepflichten, 1990, S. 348 f.

1056 Jastrow, Was ist „Arbeiterschutz"? 1912/1913, S. 140.

1057 Titel VII GewO 1891: Die Arbeitgeber wurden verpflichtet, die Betriebsräume so einzurichten, dass das Leben, die Gesundheit und Sittlichkeit der dort beschäftigten Arbeiter nicht gefährdet wurde (§§ 120 a ff., 128, 139 a). Die Sonn- und Feiertagsarbeit wurde beschränkt (§ 105 a; cf. auch ABG 1892, Brassert, S. 95 ff.). Der Schutz von Frauen, Kindern und Jugendlichen wurde verbessert (§ 135, 137, 154 a). Die Arbeitgeber waren verpflichtet, in Fabriken mit mindestens 20 Arbeitern eine Arbeitsordnung zu erlassen (§ 134 a; Konzept einer Arbeitsordnung in Ebeling, Das Reichsgesetz, 1892, S. 23 ff. und 27 f. Darstellung und Kommentierung einer Arbeitsordnung bei Göhre, Drei Monate Fabrikarbeiter und Handwerksbursche, 1891, S. 48 ff.). Darin mussten geregelt werden: Beginn und Ende der täglichen Arbeitszeit, Zeit und Art der Abrechnung, Lohnzahlung, Kündigungsfristen und Kündigungsgründe. Der Erlass der Arbeitsordnung erfolgte einseitig durch den Arbeitgeber. Großjährige Arbeiter hatten ein Äußerungsrecht, was jedoch in der Arbeitgeberschaft „große Erregung" hervorrief (Ebeling, Das Reichsgesetz, 1892, S. 25). Außerdem wurde die Einrichtung freiwilliger Arbeiterausschüsse in Fabriken geregelt. (Reichold, Der „Neue Kurs" von 1890 und das Recht der Arbeit, 1990, S. 39). Die Arbeiterausschüsse können als Vorläufer der modernen Mitbestimmung in Betrieben und Unternehmen gedeutet werden, die ihre gesetzliche Verankerung im Betriebsrätegesetz von 1920 und im Betriebsverfassungsgesetz von 1952 fanden. Die Schaffung fakultativer Arbeiterausschüsse entsprach laut Mestitz noch „einer stark patriarchalisch gefärbten Sozialpolitik" (Mestitz, Probleme der Geschichte des Arbeitsrechts, 1980, S. 56). Den Vertrauensleuten oblag nach Auffassung

Aufmerksamkeit[1058] und wurde vielfach erwähnt und dargestellt.[1059] Nicht so vom Simplicissimus. Aus arbeitsrechtsgeschichtlicher Sicht verfuhr der Simplicissimus sehr selektiv.[1060]

Positive Entwicklungen im Arbeitsrecht und Forderungen nach „ruhigem Meinungsaustausch"[1061] zwischen Arbeitern und Unternehmern taugten nicht für satirische Betrachtungen. Demgegenüber wurden unzureichender oder fehlender Arbeitsschutz als arbeitsrechtliches Desiderat seitens der Arbeitgeberschaft vom Simplicissimus mehrfach satirisch kommentiert. Dabei lag für den Simplicissimus das Verschulden - etwa durch Nichtbeachtung von Schutzvorrichtungen[1062] - nie beim Arbeitnehmer, sondern ausschließlich beim Arbeitgeber. In den Beiträgen des Simplicissimus ging es vor allem um den betrieblichen Arbeitsschutz, wie das Anbringen von Schutzvorrichtungen zur Verhütung von Arbeitsunfällen.[1063] In der dem Simplicissimus zeitgenössischen arbeitsrechtlichen Literatur wurde auf die Verpflichtung zur Herstellung von „Schutzeinrichtungen" in dem vom § 120 a GewO gemeinten engeren Sinn eingegangen: Zu diesen Schutzvorrichtungen gehörten ausdrücklich die „dauernden Schutzanlagen (z. B. Umkleidung der Maschinen)"[1064], die in den Beiträgen des Simplicissimus eine Rolle spielten:

Elsters die Förderung des sozialen Friedens durch einen „regelmäßigen ruhigen Meinungsaustausch zwischen AG. und AN". (Elster, Lexikon des Arbeitsrechts, 1910, S. 9.). Durch die Gewerbeordnungsnovelle wurde auch der Bergbau in erweitertem Umfang unter die gewerberechtlichen Vorschriften des Reichs gestellt. Den Landesregierungen blieb es jedoch überlassen, ergänzende Bestimmungen für den Bergbau zu treffen. In Preußen geschah dies durch die ***Berggesetznovelle vom 24. Juni 1892.*** (ABG 1892, Brassert, S. III).

1058 Ebeling, Das Reichsgesetz, 1892, S. 5. Jastrow wies darauf hin, dass die Zeitschriften dazu beitrugen, dass der Begriff „Arbeiterschutzgesetzgebung" „mit unermüdlicher Zähigkeit sich in die Lesergehirne einbohrte". (Jastrow, Was ist „Arbeiterschutz"? 1912/1913, S. 140).

1059 Einige von vielen: Waldt, Die Lehre vom Arbeitsvertrag, 1974, S. 12; Kaufhold, Neugestaltung des Arbeitsrechts, 1991, S. 308 ff; Preis, Arbeitsrecht. Individualarbeitsrecht, 2009, § 4.

1060 Der Simplicissimus war offensichtlich beeinflusst von den häufigen Arbeitsunfällen und die Gesundheitsschäden der Arbeitnehmer durch den schnellen Anstieg der industriell entwickelten Chemikalien in den 1880er Jahren, also im Jahrzehnt vor seiner Veröffentlichung, (Cf. Andersen, Arbeiterschutz in Deutschland, 1991, S. 74).

1061 Elster, Lexikon des Arbeitsrechts, 1910, S. 9.

1062 Zwiedineck-Südenhorst verwies 1905 auf eine Statistik, der zufolge 1887 26,56% der Unfälle auf ein Verschulden der Arbeiter zurückzuführen waren, 1897 jedoch 29,74%. (Arbeiterschutz und Arbeiterversicherung, S. 60).

1063 Zur ihrer Verhütung dienen gegenwärtig die BGV, die TRBS, das ProdSG als Nachfolger des GPSG sowie die BetrSichV.

1064 Stadthagen, Das Arbeiterrecht, 1904, S. 219.

In der Darstellung des Simplicissimus war ein Arbeiter beim Guss einer Kanone in das flüssige Metall gefallen und in diesem spurlos aufgegangen. Die Witwe bekam vom Kriegsminister die Erlaubnis, einmal im Jahr mit ihren Kindern *„die letzte Ruhestätte ihres Mannes zu besuchen und zu schmücken"*. (21.8.1899, S. 165). Die Satire kritisierte nicht nur das Fehlen von Sicherheitseinrichtungen, sondern auch die Einstellung des Kriegsministers, der *„ein weiches Herz"* hat.

Die dem Simplicissimus zeitgenössische arbeitsrechtliche Literatur verstand „Arbeiterschutz" oft in einem weiten Sinn.[1065] In einem engeren Sinn war der Arbeitsschutz vornehmlich als Schutz des Arbeiters vor körperlicher Versehrtheit zu verstehen. Im Untersuchungszeitraum dienten zum Schutz der Arbeiter und Handlungsgehilfen v. a. die einschlägigen Bestimmungen der Gewerbeordnung und des Handelsgesetzbuchs[1066], des Strafgesetzbuches[1067], des Unfallversicherungsgesetzes und des Bürgerlichen Gesetzbuches[1068]. Dabei war der Schutz der Handlungsgehilfen

---

1065 Laut Stadthagen sollten Bestimmungen den Arbeiter davor schützen, „daß die Zeit, die Dauer und die Art der Arbeit ihm unter Mißachtung seiner wirtschaftlichen Bedürfnisse, seiner Gleichberechtigung, ja selbst seiner Gesundheit durch Ausbeutung seiner wirtschaftlichen Notlage vom Unternehmer diktiert werden". (Stadthagen, Das Arbeiterrecht, 1904, S. 15). Jastrow sah den Gegensatz zwischen Arbeiterschutz und Sozialgesetzgebung als einen polemisch aufgebauten an und befürwortete stattdessen die Integration der Sozialgesetzgebung unter dem weiten Begriff des Arbeiterschutzes. (Jastrow, Was ist „Arbeiterschutz"? 1912/1013, S. 329). Zwiedineck-Südenhorst, Arbeiterschutz und Arbeiterversicherung, 1905, S. 2: „Arbeiterschutz sind alle jene wirtschafts- und sozialpolitischen Maßnahmen (Normen und Einrichtungen), die darauf gerichtet sind, Schädigungen irgendwelcher Art, denen der unselbständige Arbeiter durch seine Berufsstellung und in seiner beruflichen Beschäftigung ausgesetzt ist, hintanzustellen, d. h. ihnen vorzubeugen."

1066 §§ 120 a bis e, 139 b, 147 GewO 1891, 1896, 1900. Analog: § 62 Abs. 1 HGB.

1067 §§ 230, 231, 232 StGB 1900 (Körperverletzung).

1068 § 618 BGB 1896. In der vorindustriellen Epoche war laut Preis „ein gesetzlicher Schutz des Arbeitnehmers vor der Übermacht des Arbeitgebers" unbekannt. (Preis, Arbeitsrecht. Individualarbeitsrecht, 2009, § 4). Noch gemäß der ***Allgemeinen preußischen Gewerbe-Ordnung vom 17. Januar 1845*** waren die Arbeitnehmer mittelbare Nutznießer des durch die Beachtung sicherheitstechnischer Anforderungen zu gewährleistenden öffentlichen Gesundheitsschutzes. So durften bestimmte Anlagen zur industriellen Produktion nur nach vorheriger Beantragung und anschließender polizeilicher Genehmigung errichtet werden. (§§ 27 und 28 GewO 1845). Das Gesuch war zurückzuweisen, wenn nach dem Ermessen der Behörde die beabsichtigte Anlage „mit so erheblichen Nachtheilen, Gefahren oder Belästigungen für die Nachbarn oder für das Publikum überhaupt verbunden ist, daß dieselbe sich ohne Weiteres als unzulässig darstellt". (§ 29 GewO 1845). Zum Schutz Dritter bei den „riskanten Technologien": Simitis, Zur Verrechtlichung der Arbeitsbeziehungen, 1984, S. 151 ff. Nach § 136 waren allgemeine Schutzpflichten für die Gesellen, Gehilfen und Lehrlinge gegeben, die laut § 145 auch für die Fabrikarbeiter galten: „Die Ortspolizei-Obrigkeit hat darauf zu achten, daß bei im ADHGB[1069] für den Fall unverschuldeter Erkrankung und im Fall einer Kündigung ausgeprägter als für die gewerblichen Arbeiter. Erst mit der Novelle der Gewerbeordnung von 1891 wurden für die gewerblichen Angestellten in den §§ 133 a – e im Wesentlichen die Regelungen getroffen, wie sie im ADHGB für kaufmännische Angestellte enthalten waren.[1070]

Der Arbeiterschutz vollzog sich in kleinen Schritten und teilweise nur in einzelnen Bereichen.[1071] Weder die Arbeitgeber der Großindustrie noch Bismarck konnten einem Ausbau des Arbeitsschutzes/ Arbeiterschutzes Geschmack abgewinnen.[1072] Der vom Simplicissimus verherrlichte und als Antipode zu Wilhelm II. aufgebaute

---

Beschäftigung und Behandlung der Gesellen, Gehülfen und Lehrlinge gebührende Rücksicht auf Gesundheit und Sittlichkeit genommen und denjenigen, welche des Schul- und Religionsunterrichts noch bedürfen, Zeit dazu gelassen werde." Die ***Verordnung vom 9. Februar 1849, betreffend die Errichtung von Gewerberäthen, Gewerbegerichten u. verschiedenen Abänderungen der allgemeinen Gewerbeordnung*** enthielt Schutzvorschriften für die erwachsenen Arbeiter: Sie wurden von der Verpflichtung zur Arbeit an Sonn- und Feiertagen entbunden. Außerdem wurde das lange geforderte Truckverbot eingeführt. (Kaufhold, 150 Jahre Arbeitsschutz in Deutschland, 1998, S. 230. Zum Trucksystem: Baum, Das Recht des Arbeitsvertrages, 1911, S. 110 f. und Anton, Preußische Fabrikgesetzgebung, 1953, S. 157 ff.). Bei der Novellierung der Gewerbeordnung wurde 1878 die obligatorische Gewerbeaufsicht eingeführt und das Truckverbot erweitert. Außerdem enthielt die Novelle Bestimmungen zu Unfallschutz und Unfallverhütung für die Fabrikarbeiter allgemein und für die Arbeiter unter 18 Jahren insbesondere. (Waldt, Die Lehre vom Arbeitsvertrag, 1974, S. 11; § 120 GewO 1878).

1069 Dazu Saffert, Die oberste Arbeitsbehörde, 1968, S. 61: „Das AHGB war durch das Gesetz des Norddeutschen Bundes vom 5. Juni 1869 (BGBl. S. 379) Bundesrecht geworden. Durch § 2 des Gesetzes betr. die Verfassung des Deutschen Reiches vom 16. April 1871 (RGBl. S. 63) wurde das AHGB Reichsgesetz."

1070 Dazu Löwisch/ v. Langsdorff, Gesetzgebung, 1973, S. 11.

1071 Beispiel dafür war das ***Gesetz, betreffend die Anfertigung und Verzollung von Zündhölzern vom 13. Mai 1884.*** Das Gesetz bezog sich zwar nur auf einen Teilbereich der gewerblichen Arbeit, war aber dennoch bedeutend für den Arbeitsschutz, indem die Anfertigung bestimmter Zündhölzer ausschließlich in Anlagen stattfinden durfte, „welche ausschließlich für die Herstellung von Zündhölzern benutzt werden". (§ 1 Zündhölzer-Gesetz 1884). Das Gesetz war außerdem bedeutend für den Jugendschutz und Kinderschutz, indem unter Berufung auf die entsprechenden Vorschriften der Gewerbeordnung der Aufenthalt von Jugendlichen, bzw. Kindern in Räumen bestimmter Produktionsvorgänge untersagt war. Zuwiderhandlungen gegen die §§ 1 und 2 wurden mit Geld- oder Haftstrafen geahndet. (§§ 2 und 3 Zündhölzer-Gesetz 1884). Zur volkswirtschaftlichen Bedeutung des Arbeitsschutzes in diesem Bereich: Zwiedineck-Südenhorst, Arbeiterschutz und Arbeiterversicherung, 1905, S. 15 ff.

1072 Kaufhold, 150 Jahre Arbeitsschutz in Deutschland, 1998, S. 231; Schröder, Die Entwicklung des Kartellrechts, 1988, S. 143. Bismarcks Sozialpolitik war offenbar nicht von einem fürsorglichen Interesse bestiimmt, sondern von dem Wunsch

Bismarck[1073] sah im präventiven Arbeiterschutz ein unstatthaftes Eingreifen des Staates in die Beziehungen zwischen Arbeitern und Unternehmern[1074] und eine Beeinträchtigung der Konkurrenzfähigkeit der deutschen Industrie.[1075] Deren Rückgang bedrohe letztlich auch die Existenz der Arbeiter.[1076] Die Arbeitsschutzbemühungen stagnierten ein Jahrzehnt, während Bismarck sein Konzept zur Lösung der sozialen Frage, die Sozialversicherungsgesetzgebung, realisierte.[1077]

Nach den Vorstellungen Bismarcks sollte die Arbeiterversicherungsgesetzgebung ebenso wie das Sozialistengesetz zur Stabilisierung der Staatsordnung beitragen[1078] und die Industriearbeiterschaft der Sozialdemokratie entfremden.[1079] Der mit dem öffentlich-rechtlichen Fürsorgecharakter in Zusammenhang stehende

---

nach Stabilisierung der sozialen und politischen Ordnung. (Cf. Simons, Staatliche Gewerbeaufsicht, 1984, S. 37).

1073 Konrad, Politische Zielsetzungen, 1977, S. 59. Wie auch immer die Motive des jungen Kaisers Wilhelm II. interpretiert werden, so boten doch seine gegen den Willen Bismarcks veröffentlichen Erlasse vom 4. Februar 1890 als Einleitung eines „Neuen Kurses" Anlass zur Normsetzung zugunsten des Arbeitsschutzes: „Dennoch kam es in Deutschland auch ohne völkerrechtlichen Druck zur innerstaatlichen Umsetzung des vom Kaiser verlangten Arbeitsschutzes, und zwar hauptsächlich durch das Gewerbegerichtsgesetz vom 29.7.1890 und die Novellierung der Gewerbeordnung vom 1.6.1891 mit dem Verbot der Sonntagsarbeit, dem Betriebs- und Gefahrenschatz, der Einschränkung der Frauen- und Kinderarbeit, der Regelung der Gewerbeinspektion sowie schließlich den Vorschriften über die Arbeitsordnung und die Arbeitsausschüsse." (Konzen, Vom Neuen Kurs, 1991, S. 380 f.).

1074 Mommsen, Bürgerstolz und Weltmachtstreben, 1995, S. 105; Hofmann, Arbeitsvertrag, 1972, S. 90 f.

1075 Erst später wurde erkannt, dass die Arbeiterschutzpolitik als „Schutz produktiver Kräfte" im Interesse der Volkswirtschaft lag. (Zwiedineck-Südenhorst, Arbeiterschutz und Arbeiterversicherung, 1905, S. 5).

1076 Kaufhold, Neugestaltung des Arbeitsrechts, 1991, S. 297. Diese Position bezog 1911 auch Baum: „Der Arbeiterschutz kann nicht soweit gehen, daß er die Industrie erdrosselt, d. h. durch allzu große Anforderungen konkurrenzunfähig macht, denn damit würde den Arbeitern Verdienst und Lebensunterhalt entzogen und der Schutz der Gesundheit könnte ihnen nichts mehr nützen." (Baum, Das Recht des Arbeitsvertrages, 1911, S. 65). Dazu Benöhr, Wirtschaftsliberalismus, 1977, S. 207.

1077 Kaufhold, 150 Jahre Arbeitsschutz in Deutschland, 1998, S. 231, 292. Somit kam Jastrow noch für das Jahr 1890 zu dem Schluss: „Dass der Arbeiterschutz in der juristischen Literatur heimatlos war, lag daran, dass der Arbeitsvertrag von den Juristen bislang gänzlich vernachlässigt war." (Jastrow, Was ist „Arbeiterschutz"? 1912/1913, S. 318). Zur Sozialgesetzgebung unter dem Einfluss Bismarcks: Erdmann, die deutschen Arbeitgeberverbände, 1966, S. 41 ff.

1078 Umlauf, Die deutsche Arbeiterschutzgesetzgebung 1880–1890, 1980, S. 47 ff., 89.

1079 Treue, Expansion und Konzentration, 1977, S. 35; Bieber, Die Rolle der Gewerkschaften, 1998, S. 29.

Versicherungszwang war Ausdruck der Abkehr von einem liberalen Staatsverständnis[1080] hin zum „Staatssozialismus".[1081]

Es erging zunächst das Gesetz, betreffend die Krankenversicherung der Arbeiter vom 15. Juni 1883.[1082] Als zweite Säule der Sozialgesetzgebung folgte das Unfallversicherungsgesetz vom 6. Juli 1884.[1083]

Bereits 1886 erließen die Berufsgenossenschaften als Träger der Unfallversicherung Unfallverhütungsvorschriften zum Schutz der Arbeiter.[1084] Diese Präventions-Maßnahmen sind bei der Beurteilung der vom Simplicissimus durchgängig und askriptiv behaupteten völligen Schutzlosigkeit der Arbeiter relativierend zu berücksichtigen.[1085]

Für alle unfallversicherungspflichtigen Betriebe fiel in den Fällen, in denen die Verletzung des Körpers oder der Gesundheit durch einen Unfall herbeigeführt wurde,

---

1080 Umlauf, Die deutsche Arbeiterschutzgesetzgebung 1880–1890, 1980, S. 79; Bornhak, Das deutsche Arbeiterrecht, 1892, S. 574.

1081 Schreurs, Soziale Entwicklung, 1946, S. 41. Bismarck sah offenbar eine größere Außenwirkung für die Entschädigung entstandener Schäden als in der Prophylaxe solcher Schäden. (Cf. Simons, Staatliche Gewerbeaufsicht, 1984, S. 37 f.).

1082 Eine didaktisch aufgearbeitete Fassung für Volks- und Fortbildungsschulen bot Drees, Die Reichs-Gesetze über die Arbeiter-Versicherung, 1893.

1083 „Was die Arbeitsunfälle angeht, so sieht das Reichshaftpflichtgesetz nur vor, daß der Unternehmer für ein Verschulden derjenigen Angestellten hafte, denen die Leitung oder Beaufsichtigung des Betriebes übertragen war. Diese Regelung erwies sich in der Praxis als unzureichend, da sie dem Verletzten nach wie vor den Beweis eines Verschuldens auferlegte. Gelöst wurde das Problem erst durch die in den achtziger Jahren ergangene Gesetzgebung zur Unfallversicherung. Damit wurde die Haftung für Unfälle in technisierten Betrieben mit dem Gedanken einer Versicherung verbunden, die öffentlich-rechtlich organisiert war." (Coing, Europäisches Privatrecht II, 1989, S. 526 f.). Cf. zur Kritik am Reichshaftpflichtgesetz auch Andersen, Arbeiterschutz in Deutschland, 1991, S. 67 f. Zum Vergleich der gesetzgeberischen und richterlichen Handhabung von Arbeitsunfällen im Zuständigkeitsbereiich des Code civil und der Rechtssprechung des zweiten Zivilsenats des Reichsgerichts: Geyer, Code civil, 2009, S. 201.

1084 Bis heute ist die Berufsgenossenschaft Trägerin der gesetzlichen Unfallversicherung und für die Schadensregulierung zuständig. Zur Beitragspflicht des Arbeitgebers an die Berufsgenossenschaft: § 10 UVG 1884; Elster, Lexikon des Arbeitsrechts, 1910, S. 15. Zur gegenwärtigen Rechtslage: Brox/ Rüthers/ Henssler, Arbeitsrecht, 2011, Rn. 356.

1085 Zu berücksichtigen ist allerdings die Tatsache, dass in den 1890er Jahren häufig der Vorwurf erhoben wurde, dass die Berufsgenossenschaften die Durchführung der Unfallverhütungsvorschriften nicht genügend überwachten. (Simon, Staatliche Gewerbeaufsicht, 1984, S. 139). Da diese Vorwürfe auch in der Öffentlichkeit erhoben wurden, kann daraus geschlossen werden, dass der Simplicissimus seine Einstellung zur Unfallverhütung aus diesen allgemeinen Quellen bezog und mit seiner Kritik wiederum die öffentliche Meinung verstärkend bediente.

die Schadensersatzpflicht nach BGB[1086] fort. An deren Stelle traten die Leistungen des Unfallversicherungsgesetzes.[1087]

Maßnahmen des Arbeitsschutzes müssen immer im Kontext des untersuchten Zeitraums gesehen werden und dürfen nicht einseitig aus heutiger Sicht beurteilt werden. Das Bewusstsein des Arbeitsschutzes und der Sicherheit am Arbeitsplatz war im Untersuchungszeitraum weitaus geringer ausgeprägt als im heutigen Arbeitsrecht.[1088]

In seinem Referat ***Der Dienstvertrag im künftigen schweizerischen Zivilrecht*** forderte Lotmar 1902 den Gesetzgeber auf, durch Regelungen zu gewährleisten, dass die Arbeit ohne körperliche Beeinträchtigung des Arbeitnehmers erbracht werden könne. Außerdem solle sichergestellt werden, dass die Arbeit nach Art, Umfang und Dauer der Person des Arbeitnehmers angemessen ist, drohende Schäden vermieden und Räume, Maschinen usw. entsprechend ausgerichtet werden. Lotmar betonte, dass „die lebendige Arbeit" höher zu bewerten sei als der „tote Besitz". Die Forderungen Lotmars an den Gesetzgeber zeigten Dorndorf, dem die hier wiedergegebenen Aussagen zu Lotmar entnommen sind, dass man 1902 von einer Realisierung des geforderten Arbeiterschutzes noch weit entfernt war.[1089]

Es folgte das ***Gesetz, betreffend die Invaliditäts- und Altersversicherung vom 22. Juni 1889***. Die Sozialgesetze bewirkten eine Verbesserung des Schutzes vor allem der kranken, invaliden und alten Arbeiter und waren als Grundlage für die Weiterentwicklung der Sozialgesetzgebung von Bedeutung.[1090] Die Sozialgesetzgebung

1086 Stadthagen, Das Arbeiterrecht, 1904, S. 9.

1087 § 95, später § 135; Stadthagen, Das Arbeiterrecht, 1904, S. 238. Damit war die Schadensersatzpflicht des Arbeitgebers bei Nichtbefolgung der durch die Gewerbeordnung zum Schutz des Arbeiters gegebenen Vorschriften durch das Unfallversicherungsgesetz eingeschränkt, so dass sich die Schadensersatzpflicht im Wesentlichen auf nicht unfallversicherungspflichtige, sowie für alle Betriebe auf die Fälle der sich allmählich entwickelnden Krankheiten bezog. (Stadthagen, Das Arbeiterrecht, 1904, S. 220 f.). Der Grundsatz des Eintretens der Unfallversicherung hat sich in der heutigen Rechtsauffassung erhalten. Bei einem Arbeitsunfall bietet die zuständige Berufsgenossenschaft als Träger der gesetzlichen Unfallversicherung dem Arbeitnehmer und seiner Familie sozialen Schutz. (Cf. §§ 7 Abs. 2 und §§ 26 ff. SGB VII).

1088 Ein Beispiel: Die Stadt Köln begann ab 1901 mit der Elektrifizierung der Straßenbahnen. Trotz dieses Fortschritts waren die Fahrer schutzlos den Unbilden der Witterung ausgesetzt. Erst einige Jahre später wurden die Triebwagen mit Glasschutzwänden versehen. (Wenzel, 75 Jahre öffentlicher Nahverkehr, 1952, S. 76). Zum Bewusstsein der Gefahrenlage in den Fabriken vor dem Untersuchungszeitraum: Weiß, Arbeitsvertragsrecht, 1991, S. 43.

1089 Zitiert nach Dorndorf, Markt und Moral, 1998, S: S. 233, 243, 248. Dorndorf bezog sich auf Lotmars Referat auf der 40. Jahresversammlung des schweizerischen Juristenvereins vom September 1902.

1090 Am 4. Februar 1890 ergingen zwei Erlasse Wilhelm II., die vorübergehend einen „Neuen Kurs" in der Sozialgeschichte andeuteten. (Reichold, Der „Neue Kurs" entfaltete jedoch nicht die erwünschte Wirkung, da sie nach zeitgenössischer Meinung für den gesunden Arbeiter keine Verbesserung brachte.[1091] Trotz der gesetzgeberischen Initiativen Bismarcks kam es in der Arbeiterschaft zu einer Solidarisierung mit der in die Illegalität abgedrängten Sozialdemokratie[1092] und 1889 zum großen rheinisch-westfälischen Bergarbeiterstreik.[1093]

Der Simplicissimus vertrat die Auffassung, dass die Arbeitgeber jede Möglichkeit nutzten, um den technischen Schutz der Arbeiter zu umgehen oder zu unterlassen. Selbst wenn ein väterlich anmutender Fabrikdirektor patriarchalisch-fürsorglich eine Maßnahme zum Betriebsschutz, resp. Fabrikschutz[1094] in Erwägung zog, fand sich ein beflissener „unterer Vorgesetzter", der in einer Karikatur mit dem Titel *„Arbeiterschutz"* seinem Patron diese Anwandlung mit Hinweis auf die Krankenversicherung des Arbeitnehmers wieder ausredete:

> *[Direktor]: „Sagen Sie mal, werden wir nicht um das große Transmissionsrad drüben eine Sicherheitsvorrichtung machen lassen müssen?"*
>
> *[Höherer Angestellter]: „Ach, das ist wohl nicht nötig, Herr Direktor, - die Leute sind ja alle schon in der Krankenkasse."* (20.3.1900, S. 415).

Das Verhalten des „unteren Vorgesetzen" widersprach der Gewerbeordnung für das Deutsche Reich, und zwar in den wortgleichen Fassungen von 1891, 1896 und 1900.

> „Ebenso sind diejenigen Vorrichtungen herzustellen, welche zum Schutze der Arbeiter gegen gefährliche Berührungen mit Maschinen oder Maschinentheilen oder gegen andere in der Natur der Betriebsstätte oder des Betriebes liegende Gefahren, namentlich auch gegen die Gefahren, welche aus Fabrikbränden erwachsen können, erforderlich sind."[1095]

---

von 1890 und das Recht der Arbeit, 1990, S. 5; cf. Umlauf, Die deutsche Arbeiterschutzgesetzgebung 1880–1890, 1980, S. 89; Zöllner, Arbeitsrecht, 1983, S. 32 f.). 1910 nannte Elster die Sozialgesetzgebung „segensreich". (Elster, Lexikon des Arbeitsrechts, 1910, S. 12).

1091 Jastrow, Was ist „Arbeiterschutz"? 1912/1913, S. 137: „Objekt jener Gesetzgebung war der kranke, der unfallverletzte, der invalide Arbeiter. Was aber die Arbeiterbevölkerung wünschte, war eine Besserstellung des gesunden Arbeiters." So auch Schreurs, Soziale Entwicklung, 1946, S. 47. Die Aussage Jastrows muss jedoch dahingehend relativiert werden, dass das UVG gem. §§ 78 ff. und § 82 die Befugnis der Berufsgenossenschaften enthielt, Unfallverhütungsvorschriften zu erlassen und zu überwachen und somit einen „präventiven Charakter" für den aktiven Arbeiter hatte. (Cf. Umlauf, Die deutsche Arbeiterschutzgesetzgebung 1880–1890, 1980, S. 58).

1092 Reichold, Der „Neue Kurs" von 1890 und das Recht der Arbeit, 1990, S. 11.

1093 Jastrow, Was ist „Arbeiterschutz"? 1912/1913, S. 137; cf. Ausstand 1905, S. 5–12; Grebing, Arbeiterbewegung, 1985, S. 9. Zum Verlauf des Streiks von 1889: Koch, Bergarbeiterbewegung im Ruhrgebiet, 1954, S. 33 ff.

1094 Zum „Fabrikschutz": Coing, Europäisches Privatrecht II, 1989, S. 190.

1095 § 120 a GewO 1891, 1896 und 1900; außerdem § 62 HGB 1897 und § 618 BGB 1896. Dazu: Nelken, Die deutschen Handwerker- und Arbeiterschutzgesetze, 1901, S. 563 ff. Zur Geltung von Polizeiverordnungen hinsichtlich der „Verkleidung

Der vorangegangene und folgende Beitrag des Simplicissimus standen im Zusammenhang mit einer gesetzlichen Fixierung des Betriebsschutzes seit Beginn der 90er Jahre sowohl in der GewO als auch im BGB und HGB.[1096] Im Betriebs- und Fabrikschutz wurden die privatrechtlichen Grenzen des Arbeitsvertrages hin zum öffentlichen Recht überschritten. Allerdings wiesen die Beiträge des Simplicissimus satirisch darauf hin, dass es trotz der gesetzlichen Fixierung an der Umsetzung fehle.

Auch im folgenden Beitrag machte der Simplicissimus auf die besondere Hartherzigkeit der Vorarbeiter, Werkmeister, Betriebsleiter etc. aufmerksam:

> *„In den Kruppschen Eisenwerken hatte kürzlich ein Arbeiter das Unglück, von der Maschine erfasst zu werden. Nach stundenlanger Arbeit gelang es endlich, ihn aus den Rädern los zu machen. Beide Arme waren ihm ausgerissen. Der Betriebsleiter trat auf ihn zu und sagte: ‚Das haben Sie bloß gemacht, um die Adresse nicht zu unterschreiben. Sie sind entlassen.'"*
> (6.1.1903, S. 322).

Der Betriebsleiter spielte hier auf den Tod von Friedrich Alfred Krupp am 22. November 1902 an. Die Arbeiter waren aufgefordert, ein Kondolenzschreiben, eine „Adresse", zu verfassen. Der o. a. Arbeiter entzog sich in der Satire dem Kondolenzschreiben nicht nur durch die vorgeworfene Selbstverstümmelung, sondern rückte die damit verbundene Betriebsstörung in die „Sphären-Verantwortlichkeit",[1097] d. h. in die Verantwortlichkeit der Arbeitnehmer.[1098] Der Simplicissimus griff in seiner

---

solcher Maschinentheile ..., mit denen Menschen ... in Berührung kommen können": Biermann, Privatrecht und Polizei in Preußen, 1897, S. 48.

1096 Hofmann, Arbeitsvertrag, 1972, S. 99.

1097 Ausführlich zum Begriff „Sphäre": Nitsche, Betriebsrisikolehre, 1976, S, 103 ff., bes. S. 107: „Ausnahmesweise gehört eine den Leistungsanteil des Arbeitgebers betreffende Störung dennoch nicht in dessen Sphäre, dann nämlich, wenn der Arbeitnehmer die Störung selbst – wenngleich nicht schuldhaft, da dann bereits § 325 eingriffe – herbeigeführt hat, so etwa wenn der Arbeitnehmer, der Lohnzahlung verlangt, die ausgefallene Maschine selbst beschädigt hat." Zur rechtsphilosophischen Einordnung des Begriffs „Sphäre"auch: Wagner, Politische Pandektistik, 1985, S, 85 ff.

1098 Durch die Behauptung des eigenen Verschuldens des Verletzten wies der Betriebsleiter eine aus dem ***„Reichshaftpflichtgesetz"*** vom 7. Juni 1871 entstehende Haftung zurück. Der Simplicissimus kritisierte eine der häufigsten Befreiungsmöglichkeiten für den Haftpflichtenden: Die (angebliche) Schuld des Verunglückten diente als Vehikel der Exkulpation. (Dazu Hedemann, Die Fortschritte des Zivilrechts im XIX. Jahrhundert, 1910, S. 96 f.). Zum Themenkreis des Mitverschuldens des Beschädigten in der hochklassischen römischen Jurisprudenz: Mayer-Maly, Römisches Recht, 1999, S. 165). Bereits gem. der RGewO vom 17. Juli 1878 haftete der Gewerbebetreiber bei kausal verursachten Schäden als Verstoß gegen § 120 GewO 1878. Das Reichsgericht trug mit der Anerkennung der Pflicht des Arbeitgebers (Dienstmieters) zum Schutz der körperlichen Integrität des Arbeiters (Dienstvermieters) aus dem Dienstmietvertrag zur Verbesserung der Position des Arbeiters arbeitsrechtlichen Kritik am „mittleren Management“ sowohl auf reale Ereignisse zurück als auch auf die in populär-soziologischen Schriften[1099] und naturalistischen Dramen häufig dargestellten Vertreter eines „Unterorgans“[1100], die drastisch die vermeintlichen Interessen ihrer Arbeitgeber und der gesamten sozialen Ordnung vertraten.[1101]

Sinzheimer wies zeitnah 1908 im 2. Teil seiner Schrift ***Der Korporative Arbeitsnormenvertrag,*** darauf hin, dass das Fehlen klarer Arbeitsbedingungen, wie sie durch den Arbeitsnormenvertrag festgelegt werden könnten, dazu führe, dass „oft eine Macht des Meisters und der unteren Vorgesetzen“ herbeigeführt werde, „welche die Arbeiter ganz deren Willkür ausliefert“.[1102]

In der Tat wurden seit der Novelle der GewO von 1891 die Befugnisse der „bevollmächtigten Betriebsleiter“, etwa durch ihre Eintragungsbefugnis in die Arbeitsbücher, erweitert.[1103] Die „industrielle Bürokratie“ schob sich als – oft bedrohlich empfundener - Faktor der Entpersönlichung zwischen Unternehmer und Arbeiter.[1104] Der Simplicissimus nahm in den beiden Karikaturen kritisch zu der Tatsache

---

bei der Durchsetzung etwaiger Schadensersatzansprüche wegen Körperverletzung bei. Die Rechtsprechung des Reichsgerichts bedeutete aus der Arbeiterperspektive Verbesserungen. (Möller, Freiheit und Schutz im Arbeitsrecht, 1990, S. 120 f.; dazu Söllner, Der industrielle Arbeitsvertrag, 1972, S. 296). Zum Problemkreis „Unmöglichkeit“, „Verzug“, „Sphärentheorie“: Rückert, Unmöglichkeit und Annahmeverzug, 1983, passim; ebenso: Trinkner, Wolfer, Modernes Arbeitsrecht, 1986, S. 4. Zu späteren Entscheidungen des Reichsarbeitsgerichts zum Sphärengedanken: Nitsche, Betriebsrisikolehre, 1976, S. 34.

1099 Sombart, Das Proletariat, 1906, S. 69: „Und hinter ihm [dem Proletarier, Verf.] steht der verhaßte Fronvogt mit der Peitsche und treibt ihn zur Anspannung aller seiner Kräfte an; der Fronvogt heißt Werkmeister und die Peitsche ist die Drohung der Entlassung.“ Hängt der Lohn des Beaufsichtigenden von der Leistung der Zeitlöhner ab, „wird er leicht zu deren Antreiber“. (Lotmar, Der Arbeitsvertrag, 2001/1902, S. 904). Zu dem „sozial- und rechtspolitischen Problem“ der leitenden Angestellten: Mestitz, Probleme der Geschichte des Arbeitsrechts, 1980, S. 61. Zum Direktionsrecht leitender Angestellter: Mayer-Maly, Arbeitsrecht, 1985, Sp. 298.

1100 Schwarz, Das Recht in den sozialen Dramen, 1936, S. 34 f.

1101 Auch auf den ostelbischen Gütern zeigten sich offenbar die Inspektoren als direkte Untergebene des Gutsherrn und die Vogte als deren Untergebene von ihrer brutalen Seite. (Rehbein, Das Leben eines Landarbeiters, 1911, S. 52 ff.). Schmelzeisen vermutet, dass in den früheren Bergwerksverfassungen die „unteren“ Vorgesetzen („die leitenden Dienste“) vermittelnd zwischen Unternehmertum und Arbeitern standen und eher im Sinne der Arbeiter agierten. (Schmelzeisen, Arbeitsordnung, 1955, S. 116).

1102 Sinzheimer, Der korporative Arbeitsnormenvertrag, 1977/1908, S. 277.

1103 § 111 GewO 1891; dazu Ebeling, Das Reichsgesetz, 1892, S. 13.

1104 Teuteberg, Die Doktrin des ökonomischen Liberalismus, 1977, S. 52; Croner, Soziologie der Angestellten, 1962, S. 181 ff. In den größeren Unternehmen wurden Einstellungen, Einweisungen, Kontrollen und Entlassungen von Arbeitnehmern verantwortlich vom Werkstattleiter durchgeführt, nicht vom Unternehmer selbst.

Stellung, dass in der wirtschaftlichen Entwicklung keine persönliche Bindung zwischen den Kontrahenten des Arbeitsvertrages stattfand.[1105] Die „unteren Vorgesetzten", Werkmeister, Facharbeiter, Techniker bildeten für die Unternehmer i. d. R.[1106] unentbehrliche Zwischeninstanzen, an deren Erhalt die Eigentümer stärker interessiert waren als an dem der ungelernten Arbeiter.[1107] Durch die Schilderung der Hartherzigkeit der „unteren Vorgesetzten" nahm er außerdem eine Entlastung der Unternehmer an der Umsetzung moralischer und arbeitsrechtlicher Grundsätze vor.

8. Die Arbeitnehmer und das Recht[1108]

Trotz einer aus der griechisch-römischen Tradition erwachsenen und in der historischen Aufklärung zum Programm erhobenen formalen Forderung nach einer Gleichheit vor dem Gesetz hielt sich hartnäckig eine Auffassung, dass das Recht den Besitzenden diene und den Nicht-Besitzenden schade. Jean-Jacques Rousseau vertrat sie beispielsweise in seiner Schrift ***Du Contrat Social Ou Principes Du Droit Politique*** von 1762 bei seiner Charakterisierung der „schlechten Regierungen".[1109]

In einer Parodie auf das Weihnachtslied ***Stille Nacht, heilige Nacht***[1110] insinuierte auch der Simplicissimus, dass das Recht nicht auf Seiten der Arbeiter stehe:

Gleiches Recht stärkt und schwächt,
Stärkt den Herrn, schwächt den Knecht.
Weil das Recht so gemein kann sein,
Führt es mit Recht den Namen gemein
Allen Juristen zum Trost.
(*Weihnachtslied,* 3. Strophe, 26.12.1910, S. 683)

Nur in kleineren Betrieben bestand ein Arbeitgeber-Arbeitnehmerverhältnis. (Schäfer, Industriearbeiter, 1979, S. 177).

1105 Zum Fehlen der persönlichen Bindung zwischen den Kontrahenten des Arbeitsvertrages: Schreurs, Soziale Entwicklung, 1946, S. 173.

1106 Gellbach weist auf die Bezeichnung „Werkmeister" bereits für „höhergestellte Arbeiter" in den Großbetrieben des 18. Jahrhunderts hin. (Gellbach, Arbeitsvertragsrecht, 1939, S. 10).

1107 Dazu: Vietinghoff-Scheel, Gewerbliches Arbeitsvertragsrecht, 1972, S. 44 f.

1108 Da es im Untersuchungszeitraum – abgesehen von den Gewerbe- und Handelsgerichten - keine besondere Arbeitsgerichtsberkait gab, sondern rechtlich zu lösende Konflikte zwischen Arbeitgebern und Arbeitnehmern in die Zuständigkeit der ordentlichen Gerichtsbarkeit fielen, wird diese auch für das anstehende Thema im Hinblick auf die arbeitsrechtliche Relevanz betrachtet.

1109 Rousseau, Du Contrat Social, 1962, Livre I, Note 5, p. 249: „Sous les mauvais gouvernements, cette égalité n'est qu'apparente et illusoire; elle ne sert qu'à maintenir le pauvre dans sa misère, et le riche dans son usurpation. Dans le fait, les lois sont toujours utiles à ceux qui possèdent et nuisibles à ceux qui n'ont rien: d'où il suit que l'état social n'est avantageux aux hommes qu'autant qu'ils ont tous quelque chose, et qu'aucun d'eux n'a rien de trop."

1110 Bald, Politisch-satirische Lyrik, 1936, S. 85.

Das hier gescholtene und für die Ungleichbehandlung verantwortlich gemachte „gemeine Recht" ist für die juristisch vorgebildeten Autoren des Simplicissimus das „Gemeine Recht". Dem (rezipiertem) römischen „ius commune" wird unterstellt, im Dienst der Besitzenden zu stehen.

Laut Simplicissimus waren selbst vermögende Bürgerliche für die Aristokratie Menschen zweiter Klasse. Am besten kamen unter den Bürgerlichen noch die Juristen weg. Sie waren in den Augen eines preußischen Offiziers sozusagen die *„Kavallerie von's Civil: die feine Jattung!"* (25.9.1897, S. 204).[1111] Die Ironie dieser Aussage wird in der Gegenüberstellung mit der durchgängigen Kritik des Simplicissimus an den Juristen deutlich. Auch diese Kritik hatte eine lange Tradition.[1112]

Die Stellungnahme des Simplicissimus zum Juristenstand blieb auch den Juristen nicht verborgen. So kommentierte Rainer Schröder die Karikatur zutreffend: „Diese Äußerung und Zeichnung überträgt die heftige Kritik des Simplicissimus an der Überformung der Gesellschaft und des Staates durch das Militär auf die Juristen ..."[1113] Schröder sah die Karikatur im Zusammenhang mit einer weiteren von Eduard Thöni, „die einen schmächtigen, ungelenken Offizier darstellt, über den zwei andere Personen äußern: ‚Du der Lehmann ist Fähnrich geworden!' – ‚Sieh mal an, und sein Vater lief noch als Landgerichtsdirektor rum.'" (27.10.1903, S. 248). Diese Karikatur verspottete den gesellschaftlichen Zustand, dass der niedere militärische Rang dem hohen zivilen der Juristen offenkundig überlegen war. In der Realität schuf die Wahl zum Reserveoffizier[1114] die Klammer, die den Richterberuf mit dem Militär verband.

Die Äußerung, dass die Juristen gewissermaßen der „zivilen Kavallerie" angehörten, entsprach einer Feststellung, die Philipp Lotmar im Gründungsjahr des Simplicissimus in seiner Schrift ***Der unmoralische Vertrag insbesondere nach gemeinem Recht*** traf: Er verwies darauf, dass „der grösste Teil der heutigen Juristen schon jetzt aus dem kleinen Kreise der sog. höheren Stände stammt".[1115] Das habe zur Folge, dass Urteile zuungunsten der Arbeiter nicht notwendigerweise besonderer Absicht entspringen, sondern das Ergebnis des jeweiligen „Moralkreises" sein können, dem die Richter angehörten.[1116]

1111 Stüwe erkannte in dieser Karikatur vom Typ „Illustrationskarikatur" keinen Zusammenhang zwischen Bild und Text. (Stüwe, Thomas Theodor Heine als Maler, 1978, S. 48). Schröder wies darauf hin, dass sich die Staatsanwaltschaft selbst als „Kavallerie der Justiz" definierte. (Schröder, Die Entwicklung des Kartellrechts, S. 415). Der Beitrag des Simplicissimus lag damit weniger in der Originalität als in der Umdeutung einer vorgegebenen Redensart.

1112 Keysser, Recht und Juristen im Spiegel der Satire, 1919, Teil II, S. 33 ff: „Juristen sind böse Christen".

1113 Schröder, Die Richterschaft, 1983, S. 205.

1114 Schröder, Die Richterschaft, 1983, S. 236.

1115 Lotmar, Der unmoralische Vertrag, 1992, Anm. 276 zu S. 277: Huckert, in sociale Praxis, V. Jg. Sp. 968.

1116 Lotmar, Der unmoralische Vertrag, 1992, S. 277.

Als Konsequenz sei es

> „... dringend geboten, organische Veranstaltungen zu treffen, welche auch den Armen und Niedriggeborenen den Zutritt zum Studium im allgemeinen und zum Richteramt im besonderen erleichtert, wenn nicht die Entscheidung streitiger Rechtsfragen und damit oft genug das Urteil über sociale Gegensätze ganz einseitig den höheren Ständen überlassen werden soll“[1117]

Während diese Feststellung bei Lotmar zu der Forderung führte, auch Mitgliedern anderer Schichten das Studium der Rechtswissenschaften zu ermöglichen, beschrieb die Enzyklika ***Rerum novarum*** von 1891 diese Standesunterschiede als gegeben: So hätten diejenigen einen höheren Rang, „die sich mit der Gesetzgebung, der Rechtsprechung, der Verwaltung und den militärischen Angelegenheiten“ beschäftigen müssten.[1118]

So ergab sich der kuriose Umstand, dass sich der karikierte preußische Offizier bei der Einschätzung der Klassen, Stände und Berufe auf einer Ebene mit der offiziellen katholischen Lehrmeinung befand. Erst im Lichte dieses historischen Kontextes wird der satirische Charakter der Metapher von den Juristen als der „*Kavallerie von's Civil*“ offenkundig.

Die Auffassung Lotmars wurde 1904 vom sozialdemokratischen Reichstagsabgeordneten Stadthagen aufgegriffen:

> „... die gelehrten Richter leben in der Anschauung der besitzenden Klasse. Ihr Urteil läßt sich daher auch unbewußt von deren Interessen leiten. So werden sie, ohne es zu wollen, zu ausführenden Organen für die Interessen der besitzenden Klasse.“[1119]

1117 Lotmar, Der unmoralische Vertrag, 1992, Anm. 276 zu S. 277: Huckert, in sociale Praxis, V. Jg. Sp. 968. Die Annahme einer Orientierung der Richter an den Ansichten der „führenden Schichten“ hatte lange Bestand, wobei dem Begriff zwar die pejorative Komponente fehlen konnte, die Gefahr einer „Suche nach Konsens“ aber im Raum stand. (Englisch, Subsumption und Rechtsfortbildung, 1986, S. 9). Lotmars „Moralkreis“ fand sich bei Esser teleologisch in etwa als „Erwartungshorizont“ wieder: Der Rechtsanwender/ Richter stehe in einem Erwartungshorizont, „aus dem er nicht heraustreten kann“. „Dieser Erwartungshorizont ist kein subjektiver, sondern ein allgemeiner; er repräsentiert das Rechtsverständnis ganzer gesellschaftlicher Gruppen, mit dem der Richter sich bei seiner Interpretation auseinandersetzen muß.“ (Esser, Vorverständnis und Methodenwahl in der Rechtsfindung, 1972, S. 68). Zur Bindung der Richter an das staatliche Gesetz: Wieacker, Privatrechtsgeschichte der Neuzeit, 1967, 184. Bei Thomas Ormond findet sich trotz der sehr ausführlichen Behandlung desselben Themas kein Hinweis auf Lotmars Forderung.

1118 Leo XIII 1994, Abs. 27, S. 72.

1119 Stadthagen, Das Arbeiterrecht, 1904, S. 41.

Ähnlich wie Lotmar machte Stadthagen geltend, dass die Verstöße „gegen die Gleichheit der Personen vor Recht und Richter“ unbewusst geschähen.[1120] Durch diese Argumentation, die auf die „Eingebundenheit der Richter in die soziale Schicht, aus der sie stammten“, abhob, ersparten sich die Kritiker ihrerseits die Vorwürfe, man habe den Richtern eine bewusste Gleichheitsverletzung angelastet.[1121]

Dem entsprach die Einschätzung von Andreas Kaiser, der 1972 das Rechtsdenken dieser Gruppe mit ihrer Herkunft und ihrem sozialen Status in Verbindung brachte:

„Daß juristisches Denken regelmäßig zugleich an konventionell gegebene Schemata gebunden war, ist ein Ergebnis auch der Tatsache, daß Professoren und Richter den Kreisen von ‚Besitz und Bildung‘ entstammten. Die Mehrzahl der Professoren verteidigte die bestehende Gesellschaftsordnung. Rechtslehrer wurden geadelt, in Herrenhäuser berufen, zu Ministern ernannt; Rechtslehrer verherrlichten den Kaiser, Bismarck und das Militär, betonten, daß in den oberen Schichten „der Besitz der Nation an Wissen und geistigem Können“ sich darstelle und übten scharfe Kritik an den „Radikalen“, die die „naturgemäße Ordnung der Gesellschaft“ negierten.“[1122]

Der Simplicissimus lieferte mehrere Beispiele für die Anpassung der Richter in der justiziellen Praxis an die Erwartungen herrschenden Gruppen, wie die der Aristokratie und des Militärs (15.10.1901, S. 240).[1123]

Die Zeitschrift spiegelte offenbar einen realen Sachverhalt, so wie ihn Schröder beschreibt: „Die Gerichte mußten die Interessen der gesellschaftlich dominanten Gruppen vollziehen, weil im beginnenden Rechtsstaat die schiere Repression nach Art eines Metternich nicht mehr möglich war.“[1124]

Der Simplicissimus übte allgemein Kritik am gesamten justiziellen Entscheidungssystem, ohne eine saubere Trennung von Legislative, Exekutive und Judikative vorzunehmen. Dabei ist zu bedenken, dass auch das arbeitsrechtlich relevante Richterrecht selbst sich „nur schlecht“ mit dem Grundsatz der Gewaltenteilung vertrug.[1125] Außerdem verwischten auch in der Realität der Spezialgesetze, wie der Gesindeordnungen, Befugnisse der Exekutive und Judikative. Differenzierungen hinsichtlich der oft sehr unterschiedlichen oder schwankenden Positionen des Kaisers, der Parlamente, der Regierungen und der Rechtsprechung unterschiedlicher Instanzen blieben so – bis auf wenige Ausnahmen unberücksichtigt.

Der Simplicissimus traf auch keine Unterscheidung hinsichtlich der generellen Treue- und Gehorsamspflicht der Richter einerseits und dem „engeren Bereich der

---

1120 Cf. dazu Schröder, Die Richterschaft, 1983, S. 212.

1121 Schröder, Die Richterschaft, 1983, S. 214.

1122 Kaiser, Vertragsfreiheit und Gesellschaftsordnung, 1972, S. 198 f. Zu den „wenigen Ausnahmen unter den Rechtslehrern“ zählte er Otto Gierke, Rudolph Sohm, Anton Menger und Eugen Dühring.

1123 Zur Geschichte des Richterberufs und der Rechtspflege bis zum ausgehenden 18. Jahrhundert: Heinemann, Der Richter und die Rechtspflege in der deutschen Vergangenheit, 1900, passim.

1124 Schröder, Die strafrechtliche Bewältigung der Streiks, 1991, S. 89.

1125 Mayer-Maly, Arbeitsrecht, 1985, Sp. 301.

rechtsprechenden Tätigkeit“ andererseits.[1126] Dadurch konnte beim Leser der Eindruck erweckt werden, als existiere eine omnipräsente Einflussnahme des Staates auf jeden einzelnen Richterspruch. Die Kritik der Zeitschrift an den Richtern und der Willkür ihrer Urteile ist eine allgemeine, nicht spezifisch arbeitsrechtlich begründete (22.10.1901, S. 245 „Die Richter im Beratungszimmer“).

Haferkamp wies darauf hin, dass die Juristen des Untersuchungszeitraums überwiegend dem Sozialismus ablehnend gegenüberstanden.[1127] Diesem Befund entsprach das Ergebnis der Untersuchungen von Thomas Ormond über die Einstellung der reichspolitisch aktiven Richter: „Die in der Reichspolitik aktiven Richter der spät-wilhelminischen Ära zeichneten sich mithin durch überdurchschnittliche Rechtstendenz und Regierungstreue aus.“[1128]

Es herrscht darüber hinaus nicht nur in der arbeitsrechtlichen Literatur die Auffassung, dass die Richter in der Kaiserzeit nicht auf Seiten der Arbeiter standen:[1129] Ihre Urteile lieferten der Linken und der Sozialdemokratie Argumente für den Vorwurf der „Klassenjustiz“.[1130] „Klassenjustiz“ wurde sowohl dem Justizsystem allgemein als auch dem einzelnen Richter unterstellt, wobei der Richter selbst „als Produkt, wenn nicht gar Opfer seiner Herkunft“ aufgefasst wurde.[1131] Dabei richtete sich der Vorwurf der „Klassenjustiz“ vor allem gegen Preußen und weniger gegen die anderen Länder.[1132] „Durch die unbesoldete Beschäftigung von Assessoren und

1126 Cf. Ormond, Richterwürde, 1994, S. 254.

1127 Haferkamp, Rechtsgeschichte und Evolutionstheorie, 2011, S. 43.

1128 Ormond, Richterwürde, 1994, S. 321. Ormond ergänzte: „Unbestritten war die Richterschaft im wilhelminischen Preußen über Parteigrenzen hinweg streng monarchistisch. Vor 1914 dürfte es unter den Justizbeamten mit hoher Wahrscheinlichkeit keine Anhänger der Sozialdemokratischen Partei gegeben haben.“ (Ormond, Richterwürde, 1994, S. 330 f.).

1129 Sawall, Die Entwicklung der Arbeitsgerichtsbarkeit, 2007, S. 219: „Die schichtenbewussten Richter der Kaiserzeit distanzierten sich von den unteren Bevölkerungsschichten.“

1130 Schröder, Die Richterschaft, 1983, S. 205, 212 ff. Wie tief bei den Sozialdemokraten die Vermutung der Klassenjustiz saß, zeigte sich u. a. bei den Beratungen zu den Selbsthilfebestimmungen des BGB im Februar 1896. Sozialdemokratische Abgeordnete wie Stadthagen befürchteten, dass ein solches Gesetz „zu einem Ausnahmegesetz gegen die Arbeiter werden“ könne. (Haferkamp, §§ 226–231, 2003, S. 1077 f., Zitat bei Haferkamp). Der Sozialist Wilhelm Wolff bemerkte bereits 1849: Die Gutsherren standen im innigsten Bunde „mit jenem Scheusal, altpreußischer Richterstand genannt, einem Scheusal, das namentlich auf dem Landvolk schlimmer gelastet hat und noch lastet als alle ägyptischen Landplagen zusammengenommen.“ (Wolff, Die schlesische Milliarde, 1885–87, S. 39). Zum Vorwurf der Klassenjustiz: Rainer Schröder, Die strafrechtliche Bewältigung der Streiks, 1991, S. 88 f. Zur differenzierten Auseinandersetzung mit dem landläufigen Vorwurf der Klassenjustiz auch: Ormond, Richterwürde, 1994, S. 8 u. ö.

1131 Schröder, Klassenjustiz, 1986, S. 1.

1132 Ormond, Richterwürde, 1994, S. 564.

die Notwendigkeit des langfristigen Unterhaltsnachweises bei der Examenszulassung wurde bewußt den Söhnen ärmerer Familien der Zugang [zum Jurastudium, Verf.] versperrt und die ‚Klassenjustiz' vorprogrammiert."[1133]

Die sozialdemokratischen Reichstagsabgeordneten mit Stadthagen an der Spitze unternahmen gerade seit dem Gründungsjahr des Simplicissimus 1896 mehrere Versuche, die beklagten Regierungseinflüsse auf die Rechtsprechung auszuschließen und damit „eine der vermuteten Wurzeln der ‚Klassenjustiz' und ‚politischen Justiz' gegen Linke" zu beseitigen.[1134] Die im Reichstag geführte Diskussion brachte zwar nicht das von den Sozialdemokraten gewünschte Ergebnis, blieb aber der politisch interessierten Öffentlichkeit, und damit dem Simplicissimus, nicht verborgen.[1135] Thomas Ormond wies mehrfach auf die große Resonanz hin, welche die Fragen der Richterbestallung und der richterlichen Unabhängigkeit in der Presse fanden.[1136]

Die starre Kritik des Simplicissimus und der politischen Linken an den zu Ungunsten der Arbeitnehmer ergangenen Richtersprüchen blendet den Spielraum aus, den Richter im 19. Jahrhundert nicht nur allgemein in der Berücksichtigung von Treu und Glauben hatten, sondern besonders im Handels- und Zivilrecht, eben auch bei der „Dienst- und Werkmiete".[1137]

Rainer Schröder wies nach, dass die Rechtsprechung des Zivilsenats des Reichsgerichts nicht vom Vorwurf der Klassenjustiz betroffen war, sondern dass die Ungleichbehandlung der Gewerkschaften vornehmlich durch den Strafsenat des Reichsgerichts erfolgte. Der Strafsenat stand demzufolge im Widerspruch zur liberalen Linie des Zivilsenates: „Trennungslinien verliefen nicht zwischen dem Wirtschafts- und Arbeitsrecht, sondern zwischen Straf- und Zivilrecht." Und: „Strafrichter konterkarierten die zivilrichterliche Liberalität."[1138]

Während die Zivilsenats-Mitglieder des Reichsgerichts in Streik und Boykott zulässige Formen des gewerblichen Kampfes sahen, sahen ihre strafrichterlichen Kollegen in den Streiks Störungen der Ordnung und kriminalisierten sie als erpresserisch und

1133 Ormond, Richterwürde, 1994, S. 431.

1134 Ormond, Richterwürde, 1994, S. 123 f.

1135 Ormond beschrieb die Situation – u. a. unter Berufung auf Schröder – wie folgt: „Aus der Beobachtung, dass die Vorstöße der politischen Parteien zur Änderung der Richter-Gesetzgebung mit immer weniger Entschiedenheit vorgetragen wurden und schnell versandeten, darf allerdings nicht auf die ungeteilte Zufriedenheit mit den herrschenden Zuständen geschlossen werden. Im Gegenteil läßt sich seit den späten 90er Jahren eine zunehmende (teilweise widersprechende) öffentliche Kritik an Rechtsprechung und Richterschaft feststellen – unter Stichworten wie „Klassenjustiz", „Subalternisierung" und „Weltfremdheit der Richter"." (Ormond, Richterwürde, 1994, S. 130 f.).

1136 Ormond, Richterwürde, 1994, S. 162.

1137 Haferkamp, § 242, 2007, Rn. 30, 54.

1138 Schröder, Die Entwicklung des Kartellrechts, 1988, S. 528 und 530; Schröder, Die strafrechtliche Bewältigung von Streiks, 1991, S. 97; Ritscher, Koalitionen, 1992, Einleitung von Schröder, S. 8.

sozialschädlich.[1139] Die strafrechtlich motivierte Intervention zugunsten des Erhalts der öffentlichen Ordnung macht deutlich, dass unerwünschte Begleiterscheinungen des eigentlich privatrechtlich geschlossenen Arbeitsverhältnisses nicht mehr als Domäne der privatrechtlichen Vereinbarungen angesehen wurden. Die „öffentliche Ordnung" lag dem Zivilrecht weniger am Herzen als dem Strafrecht.[1140]

Der Simplicissimus verallgemeinerte seine Kritik von der strafrichterlichen Komponente auf die gesamte Justiz, ohne die mildere, zivilrechtliche zu würdigen.

Die Richter unterlagen zwar selbst keinen arbeitsrechtlichen Bestimmungen, spielten aber etwa im Zusammenhang mit Streiks eine arbeitsrechtlich relevante Rolle. Die rechtliche Bewertung der Streiks oblag der Rechtsprechung der Gerichte.[1141]

Der Simplicissimus missbilligte, dass die Richter sich in einem abgeschlossenen gesellschaftlichen Milieu bewegten, das keine Kontakte zu anderen Schichten suchte (25.6.1898, S. 100; ähnlich 6.4.1908, S. 13): Ein *„Herr Oberlandesgerichtsrat"* kann zwar seinem Sohn die Tätigkeit eines Bauern auf dem Acker als Handlung *„im Ausflusse einer locatio conductio operarum, also eines Dienstmietvertrages"* erklären, nicht aber, ob man auf diese Art Brot herstellt. Dazu habe man schließlich vereidigte Sachverständige (12.19.1905, S. 444). Die Unkenntnis der „Verkehrssitte"[1142] würde dem Oberlandesgerichtsrat nicht bei der sachgerechten Ausfüllung von Generalklauseln, wie der in § 242, helfen. Dieses Beispiel ist wahrscheinlich nicht nur als Satire auf die Juristen allgemein, sondern vor allem auch als Satire auf die Romanisten, bzw. auf die dem römischen Recht verpflichteten Richter[1143] zu werten. Der Simplicissimus schloss sich einer zeitgenössischen Kritik an, die besonders aus „kaufmännischen und industriellen Kreisen" den Richtern „mangelnde Vertrautheit mit den realen Lebensverhältnissen" vorwarf.[1144] Es ist möglich, aber eher unwahrscheinlich, dass den juristisch bewanderten Mitarbeitern des Simplicissimus Savignys Überlegungen zur Verbindung von Theorie und Praxis in der gebildeten Persönlichkeit des Juristen

---

1139 Ormond, Richterwürde, 1994, S. 437 in Bezug auf Schröder, Die Entwicklung des Kartellrechts, 1988, S. 396 ff.

1140 Cf. den Bezug zur Einstellung der (rheinischen) Zivilrichter zum Begriff des „ordre public" zu Beginn des 19. Jahrhunderts: Haferkamp, Der Militärdienst des Johann Steves, 2008, S. 198 ff. Ähnlich zur „deutschen Abneigung gegen den *ordre public* als privatrechtliches Argument": Haferkamp, Der ordre public interne, 2006, S. 125.

1141 Bieber, Die Rolle der Gewerkschaften, 1998, S. 36 f: „So konnte schon die Ankündigung eines Streiks oder Boykotts als Erpressung verfolgt werden. Vergaß ein Redner bei einer öffentlichen Aufforderung zur Arbeitsniederlegung den Hinweis, die Kündigungsfristen zu beachten, so galt dies als Verleitung zum Kontraktbruch und konnte als Aufforderung zum Widerstand gegen Gesetze mit Gefängnis geahndet werden."

1142 §§ 151, 157, 242 BGB 1896. Cf. Haferkamp, § 242, 2007, Rn. 33 f.

1143 Schröder, Die Richterschaft, 1983, S. 219.

1144 Schröder, Die Richterschaft, 1983, S. 205.

als Ideal vor Augen standen, zumal auch bei Savigny in den 40er Jahren die Praxis der reinen Theorie untergeordnet worden war.[1145]

Laut Simplicissimus fielen die Urteile der Richter klassenspezifisch aus: So komme für die gleiche Tat der Proletarier ins Zuchthaus, der Bürger ins Gefängnis, der Adelige auf die Festung und ein Angehöriger des Herrscherhauses in eine Nervenheilanstalt (30.1.1900, S. 364). Laut Simplicissimus waren die Richter nicht sonderlich lernwillig: Dem Bürgerlichen Gesetzbuch sahen sie gelassen entgegen: Sie hätten das alte Recht nicht beherrscht und kämen auch ohne Kenntnis des neuen zurecht (13.3.1900, S. 409 u. ö.).

Dem Simplicissimus war die z. T. heftige Kritik am BGB, bzw. dessen erster Fassung, nicht entgangen. Er ignorierte aber die Tatsache, dass das BGB „von der deutschen Juristenschaft und einer weiteren Öffentlichkeit" außerordentlich begrüßt wurde.[1146] Die Kritik des Simplicissimus stand somit auch im Widerspruch zur Darlegung des Mitherausgebers der Deutschen Juristen-Zeitung, Paul Laband, der gerade die Leistungen der Rechtsprechung, und damit die der Richter und Rechtsanwälte, zeitnah hervorhob: Sie hätten sich mit dem Inkrafttreten des BGB vom ALR, dem Sächsischen Gesetzbuch, dem Code civil[1147] und dem Corpus juris tatkräftig umgestellt. Laband kritisierte allerdings die Strafjustiz in Gesetzgebung und -anwendung, die im öffentlichen Ansehen sehr gelitten habe.[1148]

Um einen Arbeiter zu verurteilen, setzten sich die Richter laut Simplicissimus auch über die Entscheidungen des Reichsgerichts hinweg (29.11.1909, S. 605). Richter vertraten nach Auffassung des Simplicissimus die Interessen des Großkapitals (26.11.1898, S. 278). Max Weber[1149] äußerte sich ähnlich, wenn er schlussfolgerte, dass wirtschaftsgeschichtlich das „Bündnis zwischen Staat und formaler Jurisprudenz indirekt dem Kapitalismus zugute kam".[1150]

Der Arbeiter hatte gemäß der folgenden Karikatur des Simplicissimus von Justitia keine Gerechtigkeit zu erwarten, da sie mit zweierlei Maß maß: „Bankiers und Fähnriche" könnten die Justitia ungestraft verhöhnen, während „Arbeiter und Gemeine" ihr zum Opfer fielen. In der folgenden Karikatur nahm eine wohlgenährte, blinde Justitia nicht zur Kenntnis, wie ein Großbürgerlicher ihr eine Nase zeigte und ein Offizier ihr mit Champagner zuprostete. Eine zweite, schrecklich anzusehende, dem Tod ähnelnde Justitia suchte sich mit irre-wütendem Blick mit dem Fernrohr ihre Opfer, zertrat sie und durchbohrte sie mit dem Schwert. In der allegorischen Umdeutung und Verdoppelung der Justitia manifestierte sich die satirische Darstellung

---

1145 Dazu Mohnhaupt, Richter und Rechtsprechung, 1972, S. 258.

1146 Schwab, Das BGB und seine Kritiker, 2000, S. 225.

1147 Zum Bedeutungsverlust des Code civil als geltendes Recht im Westen Deutschlands nach dem Inkrafttreten des BGB: Schulze, Rheinisches Recht, 2002, S. 77.

1148 Laband, Die Fortschritte des Rechts 1896–1905, 1906, Sp. 4 und 7.

1149 Max Weber verband in einer Person Wirtschafts- und Sozialgeschichte mit der Rechtsgeschichte. Zu seiner Person: Schäfer, Zwischen BGB und Schützengräben, 2009, S. 81 f.

1150 Weber, Wirtschaftsgeschichte, 1923, S. 293.

der Ungerechtigkeit und die Umdeutung des Satzes des Ulpian: „iustitia est constans et perpetua voluntas ius suum cuique tribuendi“.[1151]

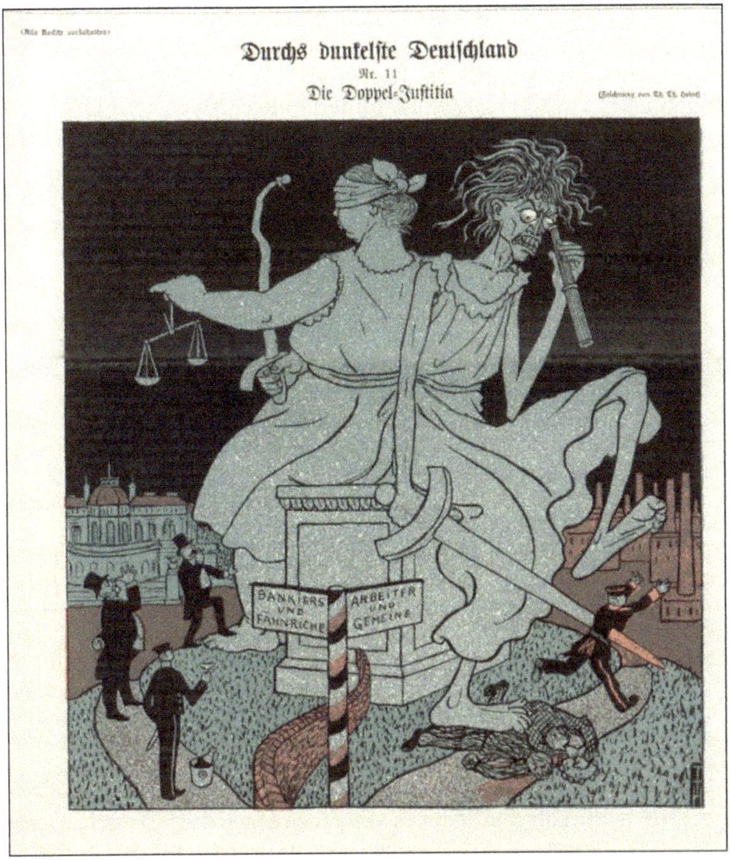

(18.8.1903, S. 161, Zeichnung von Th. Th. Heine)

Durchs dunkelste Deutschland[1152]
Nr. 11
Die Doppel-Justitia

Richter und Staatsanwälte standen laut Simplicissimus mit der Staatsmacht im Bunde (6.11.1900, S. 265 [„Die Thron-Stütze“], 24.11.1903, S. 280) und sind ihr hörig

1151 Ulp. D. I, 1, 10 zitiert nach Honsell, Römisches Recht, 2006, S. 20.
1152 © VG Bild-Kunst, Bonn 2015.

(13.11.1900, S. 269 und 271). Die Kritik des Simplicissimus fand ihre Entsprechung in einem zeitgenössischen Wandel des Bildes vom Richter, der um 1900 von einem „bisweilen hofierten Richter ins Kreuzfeuer der Kritik" geriet. „‚Klassenjustiz', ‚schlappe Justiz', ‚Weltfremdheit der Richter' waren Schlagworte für die disparaten Anforderungen, unter denen das Richterbild immer mehr litt."[1153] Der Vorwurf der im Untersuchungszeitraum geübten „Klassenjustiz" entwickelte sich zum Topos der Historiographie.[1154] Aus diesem Grund forderten Rechtswissenschaftler, wie Ernst Immanuel Bekker 1892 vom Richter, dass er unparteiisch urteile, dass er sich nicht darum kümmere, wem sein Spruch Nutzen oder Schaden bringt.[1155]

Die Karikatur des Simplicissimus entsprach den Vorwürfen, die vor allem von den Linken ständig vorgetragen wurden: „Insbesondere die SPD-Abgeordneten Stadthagen und Karl Liebknecht prangerten immer wieder Vorfälle an, in denen sich

1153 Haferkamp, Die exceptio doli generalis, 2000, S. 28 f. Der Vorwurf der „Klassenjustiz" an die Adresse der Gerichte und Staatsanwaltschaften erfolgte durch die politische Linke, der Vorwurf der „schlappen Justiz" kam von der politischen Rechten, der Vorwurf der „Weltfremdheit der Richter" stammte aus Unternehmerkreisen. (Schröder, Die Richterschaft, 1983, S. 203; Schröder, Klassenjustiz, 1986, S. 3). Zur Abnahme des Sozialprestiges des Richterstandes gegen Ende des 19. Jahrhunderts auch Ormond, Richterwürde, 1994, S. 155; zum Vorwurf der „Weltfremdheit" der späten Kaiserzeit ders., S. 308 mit Berufung auf Schröder. Schröder wies auch auf Folgendes hin: „Die Kritik an Rechtsprechung und Juristen ist so alt wie die Justiz selbst." (Schröder, Die Richterschaft, 1983, S. 204). Gemäß Keysser durchzog die Darstellung der „Weltfremdheit der Richter" seit Jahrhunderten die satirische Literatur. (Keysser, Recht und Juristen im Spiegel der Satire, 1919, Teil 1, S. 7). Sie war somit ein satirisches Klischee und keine Erfindung des Simplicissimus. Sie war auch juristische Selbsterkenntnis, wenn Windscheid von den Juristen sagte, dass sie „ein Rechtsbewußtsein haben können, welches der Gesamtheit des Volkes mehr oder minder fremd ist". (Windscheid, Lehrbuch des Pandektenrechts, 1906, § 16, S. 89). In der Kritik des Simplicissimus lebte eine kulturelle Struktur fort, die Wieacker als „ein dumpfes Mißtrauen gegen den juristischen Fachmann" bezeichnete. (Wieacker, Privatrechtsgeschichte der Neuzeit, 1967, S. 189). Cf. auch DJZ, 7. Jg, Nr. 1, 1.1.1902 zur „Unpopularität des Juristenstandes in Deutschland" (S. 12 ff.). Cf. Stein, Römisches Recht und Europa, 1996, S. 142 f. zur Kritik am Juristenstand im 16. Jahrhundert: Die Juristen wurden als Verbündete der Mächtigen und Reichen gesehen. Vor allem das römische und kanonische Recht wurden als fremde Importe betrachtet.

1154 Cf. Wehler, Das Deutsche Kaiserreich, 1973, S. 132.

1155 Bekker, Ernst und Scherz, 1892, S. 84. Vorsichtig plädierte Bekker für den Gegenwartsbezug der Rechtsauslegung und Rechtsanwendung: „Nicht contra legem, aber wo über den Willen des Gesetzgebers Zweifel bleiben, da sind die Bedürfnisse der Gegenwart den Absichten der Vergangenheit nicht bedingungslos zu opfern." (Bekker, Ernst und Scherz, 1892, S. 86). Jhering machte auf die Abhängigkeiten aufmerksam, denen der Richter indirekt durch die „Staatsgewalt" ausgesetzt sei. (Jhering, Der Zweck im Recht, 1904, S. 313 ff.).

militante Sozialisten- und Gewerkschaftsfeindlichkeit ausdrückte, und Angehörige der Ober- und der Unterschicht mit zweierlei Maß gemessen wurden."[1156]

Die Vorwürfe der „Lebensfremdheit" und „Weltfremdheit" gehörten zum Inventar der Kritik der zeitgenössischen Öffentlichkeit nicht nur an den Professoren, zu denen auch die Rechtslehrer zählten, sondern auch an der Richterschaft und führten zum Verlust des Ansehens der Richter um die Jahrhundertwende,[1157] zu einer Vertrauenskrise, von der die Justiz um 1900 massiv erfasst wurde. Die Kritik kam aber nicht nur aus linken und liberalen Kreisen, sondern selbst Wilhelm II. hielt von den Juristen wegen ihrer „Weltferne" und „Pedanterie" nur wenig.[1158] Mit Ormond kann festgehalten werden, dass um die Jahrhundertwende extremer Verfolgungseifer vor allem gegen Sozialdemokraten und Arbeiter, drakonische Härte und „borniertes Unverständnis für alles, was vom bürgerlich-wilhelminischen Wertekanon abwich" das Vorgehen von Richtern und Staatsanwälten kennzeichnete.[1159]

Es ist zu berücksichtigen, dass im Zeitraum des Erscheinens des Simplicissimus die Diskussion unter den Juristen über den „Zweck" des Rechts intensiv geführt wurde. So verteidigte der Königsberger Rechtsanwalt Robert Liebenthal 1897 in einer Tischrede anlässlich des 173. Geburtstages Immanuel Kants „zwischen Fisch und Braten" grundsätzlich den „Selbstzweck" des Rechts unter Berufung auf Kant gegen die „Utilitarier unter den modernen Rechtslehrern", zu denen er vor allem Jhering zählte.[1160] Andererseits schloss für ihn der Selbstzweck des Rechts die Aufgabe des Richters ein, „sein eigenes, auf praktischer Lebenserfahrung beruhendes Ermessen walten zu lassen" ein. Das BGB bot ihm den Rahmen für die Entfaltung der richterlichen Lebenserfahrung bei der Rechtsschöpfung,[1161] im BGB sah er den Kantischen Geist weiterleben.[1162]

Immer wieder sah der Simplicissimus Belege für ein einseitiges Engagement nicht nur der Justiz, sondern auch der Exekutive zugunsten der Arbeitgeber:[1163]

Im Jahr 1904 bot ein Streik im sächsischen Crimmitschau, dem Standort zahlreicher textilindustrieller Betriebe, einen solchen Beleg. Der Simplicissimus stellte sich auf die Seite der streikenden Textilarbeiter und Arbeiterinnen. Eine Karikatur zeigte

---

1156 Ormond, Richterwürde, 1994, S. 557.

1157 Ormond, Richterwürde, 1994, S. 430 f. Zur Kritik an der „Lebensfremdheit" der Jurisprudenz durch die Freirechtsschule: Thieme, Freirechtsschule, 1970, S. 72 f.

1158 Ormond, Richterwürde, 1994, S. 444.

1159 Ormond, Richterwürde, 1994, S. 441.

1160 Liebenthal, Kantischer Geist, 1897, S. 222 und 227.

1161 Liebenthal, Kantischer Geist 1897, S. 229 f.

1162 Liebenthal, Kantischer Geist, 1897, S. 239: „Zur Bekräftigung dieses Gelöbnisses bitte ich Sie, meine Herren, die Gläser zu erheben und den Manen Immanuel Kant's ein volles Glas zu weihen."

1163 Lüdke/ Erwig-Drüppel, Das Subject. Das Object, 1994, S. 163 f. weisen auf das Titelblatt vom 16.10.1899 hin, auf dem ein Richter in Begleitung eines Schutzmanns in aggressiver Haltung über einer Industrielandschaft schwebt, offenkundig vereint auf der Suche nach unbotmäßigen Industriearbeitern.

bärbeißige Schutzleute, die eine arme, ausgezehrte Frau mit ihren zwei Kindern hetzten und würgten. Die Karikatur wurde von einem Gedicht von Peter Schlemihl (alias Ludwig Thoma) kommentiert:

Gendarmen sind gut für die bittere Not,
Denn jeder, den sie ins Zuchthaus stecken,
Der findet drinnen den sanften Tod
Und muß nicht auf der Straße verrecken.
(5.1.1904, S. 330, 3. Strophe)

Die vom Simplicissimus vorgetragene Verquickung von Judikative und Exekutive spiegelte offenkundig die Realität: „Der Kampf gegen die Arbeiterbewegung wurde von der Polizei, den Innenbehörden sowie Staatsanwaltschaften und Strafgerichten übernommen."[1164]

Zu dem arbeitnehmerfeindlichen Bündnis von Judikative und Exekutive gesellten sich laut Simplicissimus noch die Kirchen mit einem einseitigen Engagement zugunsten der Arbeitgeber. Zur Verdeutlichung der Allianz von weltlicher und kirchlicher Macht präsentierte der Simplicissimus das Gebet eines Crimmitschauer Fabrikanten:

„Du wirst uns beistehen in diesem Kampfe, o Gott und Herr! Zeige deine Macht an uns und zwinge die Arbeiter durch grimmige Kälte zur Umkehr!" (5.1.1904, S. 329).

Die Forschung wies darauf hin, dass der Fall „Crimmitschau" – neben anderen - Beleg für die nachweislichen arbeitsrechtlichen und sozialpolitischen Erfolge des Simplicissimus sei.[1165]

Obwohl im Gründungsjahr des Simplicissimus und wenige Jahre später bereits Hunderte von Gewerbegerichten[1166] existierten, wurden sie im Simplicissimus nur sporadisch erwähnt.[1167] Die sachliche Zuständigkeit der zunächst fakultativ

1164 Schröder, Die strafrechtliche Bewältigung der Streiks, 1991, S. 90.

1165 Konrad, Nationale und internationale Tendenzen im „Simplicissimus", 1975, S. 85: „Er hatte das Zusammenspiel von kapitalistischen Unternehmerinteressen mit den staatlichen Behörden, inbegriffen Polizei und Justiz, gegenüber der Arbeiterschaft aufgedeckt."

1166 Zur Entstehung der Gewerbegerichte in den vom französischen Recht beeinflussten Rheinlanden: Schulze, Rheinisches Recht, 2002, S. 69.

1167 Im Erscheinungsjahr des Simplicissimus bestanden bereits 284 Gewerbegerichte in allen Großstädten und fast allen mittelgroßen Städten. Im Jahr 1900 waren es 316. (Reichold, Der „Neue Kurs" von 1890 und das Recht der Arbeit, 1990, S. 19; cf. auch Wenzel, Arbeitsrechtsprechung, 1970, S. 286). Im Jahr 1913 existierten offenbar 504 Gewerberichte in Deutschland. (Matsumoto, Frauen vor dem Gewerbegericht, 2009, S. 31). Die Kaufmannsgerichte wurden offenbar im Simplicissimus überhaupt nicht erwähnt.

eingerichteten, dann durch Gesetz vom 29. Juli 1890 reichsweit geregelten[1168] Gewerbegerichte bezog sich auf gewerblichen Streitigkeiten zwischen Arbeitgebern und ihren Arbeitnehmern, sowie zwischen Arbeitnehmern desselben Arbeitgebers.[1169]

Das Gesetz war zunächst nur für die der Gewerbeordnung unterstellten Gewerbetreibenden und deren Arbeiter bestimmt. Nach § 2 galten als Arbeiter im Sinne des Gesetzes „diejenigen Gesellen, Gehülfen, Fabrikarbeiter und Lehrlinge, auf welche der siebente Titel der Gewerbeordnung Anwendung findet". Ihnen gleichgestellt waren die gewerblichen „Betriebsbeamten, Werkmeister und mit höheren technischen Dienstleistungen betrauten Angestellten, deren Jahresarbeitsverdienst an Lohn oder Gehalt zweitausend Mark nicht übersteigt".[1170] Matsumoto wies für den Fall der Stadt Worms darauf hin, dass diese pragmatisch nie die Zuständigkeit thematisierte und im Untersuchungszeitraum, abgesehen von Dienstboten, Bauern und Kaufleuten, Klagen annahmen von „Hausdiener[n], Küchenmädchen, Kellner(innen), Büffetmamsells und Verkäuferinnen in einer Bäckerei oder Trinkhalle" annahmen.[1171]

Das Gewerbegericht als Sondergericht war mit einem Vorsitzenden und Beisitzern besetzt. Der Vorsitzende und sein Stellvertreter waren in der Regel Magistratsbeamte.[1172] Die Beisitzer kamen paritätisch aus der Arbeitgeber- und

1168 ***Gesetz, betreffend die Gewerbegerichte vom 29. Juli 1890*, *Gesetz, betreffend die Königlichen Gewerbegerichte in der Rheinprovinz vom 11. Juli 1891*** (Sawall, Die Entwicklung der Arbeitsgerichtsbarkeit, 2007, S. 230 f.) und ***Gesetz vom 30. Juni 1901 zur Abänderung des Gesetzes, betreffend Gewerbegerichte vom 29. Juli 1890***. Dazu: Matsumoto, Frauen vor dem Gewerbegericht, 2009, S. 31.

1169 Weiß, Arbeitsgerichtsbarkeit, 1994, S. 17. Reichold wies darauf hin, dass die Zuständigkeit durchaus nicht immer klar war: Der Arbeiter könnte teilweise nicht wissen, ob ein Gewerbegericht, ein Innungsschiedsgericht oder ein ordentliches Gericht für ihn zuständig sei. Außerdem bestünden unklare Zuständigkeiten bei bestimmten Berufsgruppen, wie beispielsweise bei den in Kleinstbetrieben tätigen Dienstboten. (Reichold, Der „Neue Kurs" von 1890 und das Recht der Arbeit, 1990, S. 22 f.; auch Nelken, Die deutschen Handwerker- und Arbeiterschutzgesetze, 1901, S. 353 f.).

1170 § 2 GewGG 1890. Die abhängigen Heimarbeiter wurden zwar in § 4 berücksichtigt, jedoch wurden immer noch bestimmte Arbeitnehmergruppen, wie Handlungsgehilfen, Dienstboten und Land- und Forstarbeiter von der Inanspruchnahme der Gewerbegerichte ausgeschlossen. (Reichold, Der „Neue Kurs" von 1890 und das Recht der Arbeit, 1990, S. 22). Auch befanden sich die Arbeitgeber noch in einer günstigen Position, da sie nach § 119 a GewO einen Teil des Lohns des Arbeiters „zur Sicherung des Ersatzes eines ihnen aus der widerrechtlichen Auflösung des Arbeitsverhältnisses erwachsenden Schadens oder einer für diesen Fall verabredeten Strafe" einbehalten konnten. (§ 119 a GewO 1900; Sawall, Die Entwicklung der Arbeitsgerichtsbarkeit, 2007, S. 233 ff.).

1171 Matsumoto, Frauen vor dem Gewerbegericht, 2009, S. 36.

1172 Sawall, Die Entwicklung der Arbeitsgerichtsbarkeit, 2007, S. 224.

Arbeitnehmerschaft.[1173] Die Gewerbegerichte arbeiteten, „ohne daß irgendeine juristische Qualifikation verlangt wurde".[1174] Gleichwohl übten die städtischen Magistrate in der zeitgenössischen juristischen Meinung eine „quasi richterliche Tätigkeit" aus.[1175] Durch die Schaffung von Kaufmannsgerichten 1904 sollten – im Unterschied zum Gewerbegerichtsgesetz – Personen zu Vorsitzenden berufen werden, die entweder die Fähigkeit zum Richteramt oder zum höheren Verwaltungsamt hatten.[1176] Damit ist erklärlich, dass für die Öffentlichkeit, und damit auch für den Simplicissimus, Vorsitzende der Gewerbegerichte „Richter" waren.

Der Simplicissimus zeigte die Schliche, die Arbeitgeber nutzten, um vor den Gewerbegerichten ihren Arbeitern den Lohn vorzuenthalten:

> *„Der Prokurist einer Speditionsfirma steht in Vertretung seines beklagten Chefs vor dem Gewerbegericht. Kläger ist ein ohne Kündigung entlassener Möbelpacker, der nun Lohn für vierzehn Tage begehrt. Vergebens sucht der Richter dem Prokuristen begreiflich zu machen, daß der Kläger im Rechte sei, weil eine solche Entlassung ohne Kündigung vereinbart sein müsse. ‚Aber er wurde ja nur aushilfsweise aufgenommen und nicht definitiv' sträubt sich der Vertreter.*
>
> *‚Was nennen Sie eigentlich definitiv?' fragt der Richter.*
>
> *‚Definitiv heißt, wenn der Mann bei seiner Aufnahme unterschreibt, daß er mit Entlassung ohne Kündigung einverstanden ist, bei aushilfsweisen ist das ja selbstverständlich.'"* (3.9.1906, S. 371).[1177]

Sozialhistorische und arbeitsrechtshistorische Untersuchungen ergaben, dass in der realen Arbeitswelt das Anspruchsziel der vor dem Gewerbegericht Klagenden „meistens die Zahlung von ausstehendem Lohn oder Entschädigung wegen Nichteinhaltung der Kündigungsfrist" war.[1178] Bei den klagenden Arbeitnehmerinnen fiel auf, dass die „parallel zu der Entwicklung der Gewerbegerichte neu entstandenen Normen zum Arbeiterinnenschutz" (Mutterschutz, Nachtarbeitsverbot etc.) für den untersuchten Raum nie als Streitpunkte vorkamen.[1179]

In der Darstellung des Gewerbegerichts wandelte sich das Bild vom Richter: Der Vorsitzende, vom Simplicissimus „Richter" genannt, steht nicht a priori auf Seiten des Arbeitgebers, sondern versucht der Arbeitgeberseite begreiflich zu machen,

---

1173 Eger/ Weise, Die Entstehung des Arbeitsrechts, 1998, S. 296; Sawall, Die Entwicklung der Arbeitsgerichtsbarkeit, 2007, S. 225.

1174 Ormond, Richterwürde, 1994, S. 158.

1175 Ormond, Richterwürde, 1994, S. 238.

1176 Zum Gesetz betr. Kaufmannsgerichte vom 6. Juli 1904 (RGBl. S. 266): Saffert, Die oberste Arbeitsbehörde, 1968, S. 61.

1177 „ohne Kündigung" war im Untersuchungszeitraum die kündigungslose Entlassung (durch den Arbeitgeber), bzw. der kündigungslose Austritt (durch den Arbeitnehmer). (Cf. Baum, Das Recht des Arbeitsvertrages, 1911, S. 71).

1178 Matsumoto, Frauen vor dem Gewerbegericht, 2009, S. 40.

1179 Matsumoto, Frauen vor dem Gewerbegericht, 2009, S. 45.

dass der Arbeitnehmer im Recht ist.[1180] Wieder wurde im Simplicissimus ein Vertreter der mittleren bis oberen Führungsebene, und nicht der Arbeitgeber selbst, negativ konnotiert. Durch dieses Verfahren konnte die Zeitschrift Konflikte mit Arbeitgebern, die für das Annoncengeschäft wichtig waren, umgehen, indem sie die Verantwortung fiktiv von ihren Schultern nahm.

Die Schaffung der Gewerbegerichte wurde von den zeitgenössischen Kommentatoren[1181] und in der Rechtswissenschaft allgemein[1182] als wirksames gerichtliches Verfahren in Streitigkeiten aus Arbeitsverhältnissen positiv bewertet.[1183] Ihre Bewertung als „Vertrauensgerichte"[1184] hob sich von der „häufig angeprangerten Klassenjustiz der ordentlichen (Berufs-)Gerichtsbarkeit" ab.[1185] Ihre Arbeit erschien als ein Korrektiv zur Entfremdung des Rechts vom Volk, die auch Windscheid 1858 beklagt hatte und zu überwinden gehoffte hatte.[1186] Matsumoto stellte folglich fest:

1180 Vor allem die Arbeitgeber verhielten sich den Gewerbegerichten gegenüber skeptisch, sahen sie doch in ihnen eine „Plattform der Sozialdemokratie" (Weiß, Arbeitsgerichtsbarkeit, 1994, S. 33); cf. auch: Jastrow, Was ist „Arbeiterschutz"? 1912/1913, S. 320.

1181 ABG 1892, Brassert, S. 134.

1182 Einer von vielen: Bernert, Arbeitsverhältnisse im 19. Jahrhundert, 1972, S. 239.

1183 Zur positiven Aufnahme der Gewerbegerichte vor allem bei der zeitgenössischen Arbeitnehmerschaft, aber auch bei Teilen der Arbeitgeberschaft: Saldern, Gewerbegerichte, 1969, S. 201 und passim. Für Österreich kommt Konrad zu einem ähnlichen Ergebnis: „Betrachtet man diese Zahlen, so wird man wohl kaum in diesem Bereich der Rechtsprechung ‚Klassenjustiz' angebracht finden." (Konrad, Recht, Justiz und Arbeiterbewegung, 1977, S. 64. Das Gewerbegericht sollte außerdem als ***Einigungsamt*** fungieren, um bei drohenden oder ausgebrochenen Arbeitskämpfen als Vermittler zwischen den Kontrahenten tätig zu werden. (Sawall, Die Entwicklung der Arbeitsgerichtsbarkeit, 2007, S. 220–222). Konnte das Einigungsamt keine Vereinbarung erzielen, so gab es einen Schiedsspruch ab. (Weiß, Arbeitsgerichtsbarkeit, 1994, S. 19). Das Gesetz sah von Zwangsmitteln zur Vollstreckung der Schiedssprüche ab, da der Zweck die soziale Versöhnung und nicht die Herstellung des Friedens durch Gewaltmittel sei. (ABG 1892, Brassert, S. 137). Die Möglichkeit, die Gewerbegerichte auch als Einigungsamt zur Abwehr oder Beilegung von Arbeitskämpfen anzurufen, wurde in der Literatur unterschiedlich bewertet. Einerseits wurde den Einigungsämtern nach Anlaufschwierigkeiten eine zunehmende Akzeptanz bescheinigt (Weiß, Arbeitsgerichtsbarkeit, 1994, S. 25). andererseits wurde Zurückhaltung bei der Anrufung der Einigungsämter vermerkt, die offenbar darauf zurückzuführen war, dass ihre Anrufung als Schwäche gedeutet wurde. So ergebe sich ein Widerspruch zwischen einer geringen Schlichtungstätigkeit in den 90er Jahren und der Vielzahl von Streiks in diesem Zeitraum. (Sawall, Die Entwicklung der Arbeitsgerichtsbarkeit, 2007, S. 236 f).

1184 Cf. Schulz, Arbeitskammern und Konsumvereine, 1904, S, 41 ff.; Reichold, Der „Neue Kurs" von 1890 und das Recht der Arbeit, 1990, S. 24.

1185 Reichold, Der „Neue Kurs" von 1890 und das Recht der Arbeit, 1990, S. 20.

1186 Windscheid, Das römische Recht in Deutschland, 1858, S. 48.

„Gewerbegerichte waren also insgesamt stärker ortsverbunden und weniger ‚juristisch' als heutige Arbeitsgerichte."[1187] Matsumoto wies im selben Zusammenhang darüber hinaus auf die Nutzung der Gewerberichte im Untersuchungszeitraum auch durch unvermögende Frauen hin.

Konstruktive Entwicklungen im Arbeitsrecht des Untersuchungszeitraums, wie die der Gewerbegerichte, entzogen sich jedoch weitgehend der Würdigung durch den Simplicissimus. Stattdessen blieb die traditionelle Rechtsprechung ungebrochen dem klischeehaften Vorwurf der Klassenjustiz ausgesetzt.

9. Von der Satire zum Pathos

Im Mai 1914 erschien eine mit Versen versehene Zeichnung im Simplicissimus, die man nicht als Karikatur bezeichnen kann, da ihr jedwede satirische Konnotation fehlte. Sie gehörte zur Gattung der sozialromantischen Proletariertexte. Der Arbeiter wurde nicht mehr als ausgebeutetes, hilfloses Opfer eines sadistischen Arbeitgebers dargestellt, sondern als selbstbewusster Kämpfer, ganz im Sinne linker Organe[1188] und sozialistischer Autoren[1189]:

<u>*Arbeiterlied*</u>

(1) *Wir marschieren ins Land,*
Unsere Tritte schallen;
Manche fallen.
Aber die Vielen halten stand.

(2) *Unser Leben ist schwer.*
Und die Satten höhnen.
Aber wir stöhnen
Und zagen schon lange nicht mehr.

(3) *Ueber uns spannt sich weit*
Unsres Himmels Helle;
Wir sind die Tropfen der Welle
Einer neuen Zeit.

(4) *Denn in uns ist Glück.*
Denn in uns ist Freude.
Wir schauen heute
Lachend auf die Zagheit zurück.

(5) *Wir marschieren ins Land.*
Unsere Tritte schallen;
Bald wird keiner mehr fallen.
Bald hält jeder stand.
(18.5.1914, S. 103)

10. Zwischenergebnis zu VII

Vor dem ersten Erscheinen des Simplicissimus fanden über ein halbes Jahrhundert lang intensive arbeitsrechtliche Auseinandersetzungen über die Bewältigung der

1187 Matsumoto, Frauen vor dem Gewerbegericht, 2009, S. 31; zu den „Grenzen der Rechtsprechung" der heutigen Arbeitsgerichte: Weiß, Arbeitsvertragsrecht, 1991, S. 106 ff.

1188 Cf. Allan, Satire and Society, 1984, S. 95.

1189 So Haese, Die gesellschaftskritische Karikatur im „Simplicissimus", 1966, passim.

Folgen der industriellen Revolution statt. Der Simplicissimus stellte in zahlreichen Karikaturen arbeitsrechtlich relevante Themen vor. Doch die Herausgeber und Mitarbeiter waren nicht in der realen Welt der abhängigen Arbeitnehmer zu Hause. Kulturell-literarische Traditionen inspirierten sie ebenso wie zeitgenössische Ereignisse. Ihre Satiren schwankten zwischen Sozialromantik und Zynismus, wiesen allerdings bis auf wenige Ausnahmen eine Konstante auf: Der Simplicissimus präsentierte bis zum Ersten Weltkrieg das Klischee eines wohlgenährten Unternehmers, der unter Missachtung von Fürsorgepflichten und Arbeitsschutzmaßnahmen die Ausbeutung seiner Arbeiter betrieb und willkürlich Kündigungen aussprach. Selbst dort, wo ein patriarchalisch-schutzorientiertes Unternehmerverhalten existierte, wurde dieses durch diensteifrige leitende Angestellte boykottiert. Die feudalen Strukturen des Ständestaates waren laut Simplicissimus nur scheinbar gefallen. Die Zeitschrift beschrieb den Transfer dieser Strukturen in die Arbeitswelt des Untersuchungszeitraums: In ihr waren die Arbeitnehmer den Arbeitgebern ebenso hilflos ausgeliefert wie vordem die Leibeigenen ihren Feudalherren. Die kapitalistischen Prinzipien bedienten sich ihrerseits Strukturen, die ein Gedeihen arbeitsrechtlicher Grundsätze verunmöglichten oder nur sehr zögerlich zuließen. In der Anschauung des Simplicissimus und seiner Kritik am rezipierten römischen Recht führte ein direkter Weg von der antiken Sklaverei in die zeitgenössische Arbeitswelt. Zur Bekämpfung von Streikenden gingen laut Simplicissimus Wirtschaft, Politik, Rechtsprechung und Kirche eine unheilvolle Allianz ein. Der Simplicissimus hielt diese Dichotomie auch bei, als sich die Machtverhältnisse zu Beginn des 20. Jahrhunderts zugunsten der organisierten Arbeitnehmer gegenüber kapitalschwachen Arbeitgebern veränderten.

Von positiven arbeitsrechtlichen Entwicklungen der Gesetzgebung und Rechtsprechung nahm die Zeitschrift keine Kenntnis. Die klischeemäßige, plakativ-satirische Verunglimpfung der beleibten Arbeitgeber und die Sympathiekundgebungen für die ausgemergelten Proletarier können als Ausdruck einer vorurteilsstützenden Position gedeutet werden. Andererseits kann eine aufklärerische Funktion gerade in der Übertreibung der Klischees und in der Entmystifizierung liberalistischer Arbeitsverhältnisse, wie dem der „freien Übereinkunft" beim Arbeitsvertrag, gesehen werden, wenngleich diese Entmystifizierung bereits vor dem Untersuchungszeitraum von der arbeitsrechtlichen Literatur vorbereitet und geleistet wurde und damit gewissermaßen anachronistisch war.

VIII. Die Bergarbeiter

1. Die Ausnahmestellung der Bergarbeiter

Der Simplicissimus gestaltete die Opposition zwischen ausbeuterischen Bergwerksunternehmern und ausgebeuteten Bergleuten als krasseste Form des Arbeitsverhältnisses zwischen Arbeitgebern und Arbeitnehmern. Dabei traten die realen arbeitsrechtlichen und sozialen Errungenschaften gerade der Bergarbeiterschaft in den Hintergrund.

Die Bergleute genossen traditionell gewisse Privilegien[1190] und wurden in der historischen Literatur als „Arbeiterelite" bezeichnet.[1191] Dies traf sowohl für die größeren Lohnzuwächse als auch für die frühen arbeitsrechtlichen Verbesserungen zu,[1192] zu

---

1190 Thielmann, Der Begriff der Berufsunfähigkeit, 1957, S. 12 f., 53; Köllmann, Industrielle Unterschichten, 1981, S. 327 f.; Naujoks, Spuren des historischen Steinkohlenbergbaus, 1984, S. 8; Lerche, Alltag und Lebenswelt von heimatlosen Armen, 2009, S. 212. Cf. zu den dakischen Bergarbeiterverträgen: Möller, Freiheit und Schutz im Arbeitsrecht, 1990, S. 41 ff. Zur mittelalterlichen Sonderstellung hinsichtlich der arbeitsrechtlichen Situation der Bergleute: Eggebrecht e.a., Geschichte der Arbeit, 1980, S. 185 f.; zur Sonderstellung von Bergbau und Bergarbeit in der „modernen Gesellschaft": Peukert, Industrialisierung des Bewußtseins, 1986, S. 92. Zur Entwicklung der Privilegien der Bergleute seit dem 11. Jahrunhundert: Schmelzeisen, Grundgedanken des jüngeren Bergrechts, 1955, S. 239). Zum Mythos der privilegierten Bergleute trug wahrscheinlich vor allem das Regelwerk der ***Revidierten Clevisch-Märkischen Bergordnung*** von 1766 bei. (Cf. Koch, Bergarbeiterbewegung im Ruhrgebiet, 1954, S. 14). Zur Nutzung von Privilegien durch die frühindustriellen Landesherren: Scherner, handwerker und Verleger, 1982, S. 31 f.

1191 Berghahn, Das Kaiserreich 1871–1914, 2003, S. 50.

1192 Sehr früh bestand ein Koalitionsrecht in Form von Bruderschaften, Kameradschaften und Knappschaften mit primär sozialer Zielsetzung. Cf. Dapprich, Der soziale Charakter, 1981, S. 118 f. Seit dem 16. Jahrhundert gewährten die bei einzelnen Bergwerken bestehenden Kameradschaften (Knappschaften) kranken und dauerhaft arbeitsunfähigen Bergarbeitern eine Unterstützung. Laut Thielmann existierte soziale Hilfe als Fürsorge für Bedürftige bereits seit dem 13. Jahrhundert. (Thielmann, Die Geschichte der Knappschaftsversicherung, 1960, S. 14 f.). Als Beispiel werden die Bestimmungen der ***Churköllnischen Bergordnung vom 4. Januar 1669*** angeführt. (Thielmann, Der Begriff der Berufsunfähigkeit, 1957, S. 53; Thielmann, Die Geschichte der Knappschaftsversicherung, 1960, S. 21; Bornhak, Das deutsche Arbeiterrecht, 1892, S. 515). Man kann sicherlich behaupten, dass in den frühen Kodifizierungen, wie der ***Revidierten Kleve-Märkischen Bergordnung vom 29. April 1766*** nicht nur das Wohl des Bergarbeiters im Vordergrund stand, sondern auch die Klärung der Abbau-Berechtigungen. (Kreutz, Die Streckung von Längenfeldern, 1909, passim). In der Folgezeit wurden die Bergleute in vieler Hinsicht privilegiert, und es wurden Knappschaftskassen eingerichtet. (Naujoks, Spuren des historischen Steinkohlenbergbaus, 1984, S. 8; Köllmann, Industrielle Unterschichten, 1981, S. 327 f.). Seit 1851 war man in Preußen bestrebt, den Anforderungen des Bergbaus durch die Neuregelung einiger Materien des Bergrechts zu genügen. Eines der wichtigsten Gesetze war das ***Gesetz über die Verhältnisse der Miteigentümer eines Bergwerks vom 12. Mai 1851.*** (ABG 1905, Westhoff, Schlüter, S. 1; Rohn, Der Arbeitsvertrag der Bergarbeiter, 1913, S. 2). „Im Jahr 1851 hatte die Liberalisierung des rechtsrheinischen Bergbaus mit der Beschränkung der staatlichen Einwirkungsmöglichkeit begonnen, die bis dahin eine freie Gestaltung der Verträge in diesem Wirtschaftsbereich verhindert hatte." (Kaiser, Vertragsfreiheit und Gesellschaftsordnung, 1972, S. 144; zum sogenannten „Direktionsprinzip" als staatlicher Eingriff in die Leitung des Berbaus auch Bogs, Geschichtliche Entwicklung des deutschen Koalitionsrechts, 1925, S. 9.) Schmelzeisen weist darauf hin, dass der damalige Gesetzgeber denen seit dem Mittelalter eine Reihe von Arbeitsschutzvorschriften gehörten.[1193]

---

das Direktionsprinzip in einer pedantischen Reglemtierung des Bergbauwesens realisierte, und zwar aufgrund schlechter Erfahrungen und aus Angst vor Betrügereien. (Schmelzeisen, Grundgedanken des jüngeren Bergrechts, 1955, S. 238). Am 10. April 1854 wurde das ***Gesetz über die Vereinigung der Berg-, Hütten-, Salinen- und Aufbereitungsarbeiter in Knappschaften***, das Preußische Knappschaftsgesetz, erlassen. Versicherungsträger für den Bergbau waren Knappschaftsvereine. Mit dem Knappschaftsgesetz führte Preußen zum ersten Mal in der Geschichte der Sozialversicherung eine Zwangsmitgliedschaft und Versicherungspflicht der Beschäftigten sowie einen Anspruch auf Mindestleistungen im Krankheitsfall und bei andauernder Arbeitsunfähigkeit ein. (Thielmann, Der Begriff der Berufsunfähigkeit, 1957, S. 53). Vom Lohn einbehalten wurden die Beiträge zur Knappschaftsversicherung, durch die der Bergmann und seine Familie im Fall von Krankheit, Unfall oder Invalidität eine finanzielle Unterstützung erhielt. (Geurts et al., Das Erbe des Erzes. Bd. 2, 2004, S. 192. Zur Aufrechnung: Rohn, Der Arbeitsvertrag der Bergarbeiter, 1913, S. 42 f.). Neben den Bergleuten trugen auch die Zechenbesitzer zur Beitragsleistung bei. Am 24. Juni 1865 erging das ***Allgemeine Berggesetz für die Preußischen Staaten.*** Das ABG sollte auch für die linke Rheinseite gültig sein. (Cf. Buff 1882, S. 83). Auch nach der Reichsgründung gab es kein Reichsberggesetz. Das preußische Berggesetz wurde allerdings auf die meisten deutschen Staaten übertragen. (Elster, Lexikon des Arbeitsrechts, 1910, S. 44). Nach § 171 waren den Mitgliedern zu gewähren: „1) in Krankheitsfällen eines Knappschaftsgenossen freie Kur (Cf. zum Begriff „Kur": Drees, Die Reichs-Gesetze über die Arbeiter-Versicherung, 1893, S. 12). und Arznei für seine Person, 2) ein entsprechender Krankenlohn bei einer ohne eigenes grobes Verschulden entstandenen Krankheit, 3) ein Beitrag zu den Begräbniskosten der Mitglieder und Invaliden, 4) eine lebenslängliche Invalidenunterstützung bei einer ohne grobes Verschulden eingetretenen Arbeitsunfähigkeit, 5) eine Unterstützung der Wittwen auf Lebenszeit, beziehungsweise bis zur etwaigen Wiederverheirathung, 6) eine Unterstützung zur Erziehung der Kinder verstorbener Mitglieder und Invaliden bis nach zurückgelegtem vierzehnten Lebensjahre." (§ 171 ABG 1865, Beughem, S. 239; ABG 1865, Beughem, S. 241. § 174 besagte: „Sowohl die Arbeiter als auch die Werksbesitzer haben zu den Knappschafts- und den Krankenkassen Beiträge zu leisten."). Cf. Ebel, Arbeitsvertragsrecht, 1934, S. 76 ff.

1193 Dapprich, Der soziale Charakter, 1981, S. 125. Schmelzeisen wies darauf hin, dass zahlreiche Vorschriften in den früheren Bergordnungen sich zwar indirekt als Arbsitsschutzmaßnahmen erwiesen, vielfach aber zum Wohl der Unternehmer verordnet wurden. So sollten etwa Nachtschichten nicht wegen des „Verwendungsschutzes" gemieden werden, sondern um „etwaigen Veruntreuungen am Erz" zuvorzukommen.(Schmelzeisen, Arbeitsordnung, 1955, S. 134 f.). Letztlich aber sei das Wohl des Betriebes auch das der Bergleute gewesen: Der Berggesetze in der Zeit von 1500 bis 1800 unterschieden sich laut Schmelzeisen von der restlichen, verwissenschaftliche, vom römisch-gemeinen Recht beeinflussten Jurisprudenz durch ihre „Unmittelbarkeit". Diese Bergordnungen hätten eine „klar gegliederte gedankliche Struktur". Sie hätten stets das Anliegen des Betriebes vertreten und damit auch die der Bergleute. „Was dem Betrieb frommte, mußte auch dem Arbeiter frommen. Weil aber dem Betrieb nicht damit gedient war, wenn

Trotz wirtschaftlicher Schwankungen[1194] war der Beruf des Bergmanns grundsätzlich einträglicher als die Arbeit in der Fabrik[1195] und laut Tenfelde auch hinsichtlich der Löhne stabiler.[1196]

Die Bergarbeiter stellten auch im Simplicissimus eine besondere Gruppe von Arbeitern dar. Die ihnen widerfahrenden Unglücke waren spektakulär und journalistisch gut vermarktbar. Außerdem wirkten sich Streiks im Kohlen-Bergbau fühlbar auf das Leben der Leserschaft aus. Der auch real durch die arbeitsrechtliche Gesetzgebung, Selbstdefinition und Außenwahrnehmung geschaffene Sonderstatus der Bergarbeiter lässt es angeraten sein, sie als eigenständige Berufsgruppe im allgemein-historischen und rechtsgeschichtlichen Kontext zu analysieren.[1197] Die Arbeitsrechtswissenschaft, die allgemein den Beginn des modernen Arbeitsrechts in die Zeit der beginnenden Industrialisierung legt, anerkennt für den Bergbau ein Arbeitsrecht bereits im Mittelalter[1198] und weist auch damit dem Bergbau eine Sonderstellung zu.

Im Bergbau generell und im Steinkohlenbergbau des Ruhrgebiets im Besonderen nahm die Zahl der Beschäftigten im Kaiserreich rasant zu.[1199] Die Bergarbeiter

---

der Arbeiter Not litt, so mußten dessen Belange weithin auch die des Betriebes sein. Weil die Gesetzgebung das erkannte und nicht vergaß, konnte sie zu einer Arbeitsordnung finden, die zu kräftig und lebensvoll war, als daß ihr die Jurisprudenz etwas hätte anhaben können.“ (Schmelzeisen, Arbeitsordnung, 1955, S. 153).

1194 Geurts et al., Das Erbe des Erzes, Bd. 1, 2003, S. 87; Eßer, Stadtgeschichte, 2006, S. 273.

1195 Zu den Nominal- und Reallöhnen im Ruhrbergbau 1850–1890: Tenfelde, Sozialgeschichte der Bergarbeiterschaft, 1977, S. 263, 292 ff; für 1900–1911: Rohn, Der Arbeitsvertrag der Bergarbeiter, 1913, S. 23 ff. Hinweise zur Vergütung nach ABG bei Rohn, Der Arbeitsvertrag der Bergarbeiter, 1913, S. 40 ff.

1196 Köllmann, Industrielle Unterschichten, 1981, S. 329. Schmelzeisen wies auch im Zusammenhang mit den Löhnen auf den historischen Unterschied zum römisch-gemeinen Recht hin: Dessen „abstrahierendes Denken“ sei „völlig unempfindlich für die jeweilige soziale und wirtschaftliche Situation des Arbeitsverhältnisses“. Die früheren Bergordnungen hätten vielmehr dieser Situation Rechnung getragen. (Schmelzeisen, Arbeitsordnung, 1955, S. 140 f.).

1197 Zur Besonderheit der frühen Arbeitsverhältnisse der Bergarbeiterschaft: Klatt, Treuepflichten, 1990, S. 47 ff.

1198 Cf. Ludwig, Arbeitsverfassung, 1989 passim, sowie alle Beiträge des Sammelbandes „Bergbau und Arbeitsrecht, Die Arbeitsverfassung im europäischen Bergbau des Mittelalters und der frühen Neuzeit“.

1199 Berghahn, Das Kaiserreich 1871–1914, 2003, S. 44; Mommsen, Bürgerstolz und Weltmachtstreben, 1995, S. 65; cf. auch Brüggemeier/ Niethammer, Aspekte der Arbeiterwohnungsfrage, 1981, S. 155. Brüggemeier und Niethammer weisen im o. a. Beitrag darauf hin, dass im Bergbau – im Unterschied zu anderen Industriezweigen – Qualifizierungen und Aufstiegschancen für ungelernte Arbeiter bestanden, indem ungelernte Schlepper sich zu qualifizierten Hauern entwickeln konnten. Es bestand sogar die Möglichkeit, Hilfssteiger und Steiger zu werden. Cf. auch Peukert, Industrialisierung des Bewußtseins, 1986, S. 96.

kannten den Wert ihrer Arbeit, die für die industrielle Entwicklung unentbehrlich war.[1200] Die aristokratisch geprägte Militärführung der Wilhelminischen Epoche war nicht die einzige gesellschaftliche Gruppe, die ein Standesprofil pflegte. Das bergmännische Standesbewusstsein[1201] und Ehrgefühl brachte es mit sich, dass sich auch die Bergleute als eine geschlossene Gruppe verstanden. Selbstbewusst nahmen sie am gesellschaftlichen und kirchlichen Leben der Gemeinden teil. Disziplin war für sie aufgrund der Erfordernisse der Grubensicherheit eine Überlebenstugend. Der traditionelle knappschaftliche[1202] Korpsgeist, die religiöse Bindung und eine lange andauernde staatsloyale Ablehnung revolutionären Gedankenguts[1203] vertrugen sich nicht immer mit den konfrontativen Zielen und Methoden der freien Gewerkschaften. Bei den Gewerkschaftsfunktionären galten die Bergarbeiter „als schwer organisierbar und renitent".[1204] Sehr früh gab es bei der Bergarbeiterschaft zwar Arbeitskämpfe, jedoch sollte wohl „ein schroffes Gegeneinander von Unternehmer- und Arbeiterschaft" vermieden werden.[1205]

Die Tatsache, dass bereits weit vor dem 19. Jahrhundert bergrechtliche Regelungen bestanden, spricht dafür, den Beginn des Arbeitsrechts – zumindest für diese Gruppe - nicht erst an das Aufkommen der lohnabhängigen Industriearbeiter zu binden.[1206] Für die Frage des Arbeitsrechts unerheblich ist das viel diskutierte Problem der Trennung von Oberflächeneigentum und bergbaulicher Nutzung.[1207] Erheblich ist diese Problematik allerdings für das Verständnis vom Privateigentum in einem liberal geprägten Kontext.[1208]

1200 Rohn, Der Arbeitsvertrag der Bergarbeiter, 1913, S. 1; Geurts et al., Das Erbe des Erzes. Bd. 2, 2004, S. 17.

1201 Köllmann, Industrielle Unterschichten, 1981, S. 328.

1202 Knappschaft als „Kameradschaft der Bergleute" (Thielmann, Die Geschichte der Knappschaftsversicherung, 1960, S. 13).

1203 Köllmann, Industrielle Unterschichten, 1981, S. 333.

1204 Grebing, Arbeiterbewegung, 1985, S. 97.

1205 Klatt, Treuepflichten, 1990, S. 77. Dagegen spricht Peukert vom „Bergarbeiterradikalismus". (Peukert, Industrialisierung des Bewußtseins, 1986, S. 97 u. ö.).

1206 Ebel, Quellen zur Geschichte des Arbeitsrechts, 1964, S. 18. Das 19. Jahrhundert brachte keine für ganz Deutschland geltende Kodifikation des Bergrechts hervor. (Winkler, Bergbaurecht und Grundeigentum, 1979, S. 79). Grundsätzlich wird hier wegen ihrer Rezeptionsmacht auf die preußische Gesetzgebung Bezug genommen. Cf. Dapprich, Der soziale Charakter, 1981, S. 117.

1207 Winkler, Bergbaurecht und Grundeigentum, 1979, S. 82. Beispielsweise hat in Bergordnungen des 16. Jahrhunderts der Grundbesitzer Bergbauarbeiten auf seinem Grund zu dulden. Dem Grundeigentümer werden zugunsten des Bergbaus erhebliche Opfer („Aufopferung") aufgebürdet. (Schmelzeisen, Grundgedanken des jüngeren Bergrechts, 1955, S. 227).

1208 Haferkamp, Die Bedeutung der Willensfreiheit für die Historische Rechtsschule, 2008, S. 210 f; Winkler, Bergbaurecht und Grundeigentum, 1979, passim, bes. S. 80: „Die Berggesetze des 19. Jahrhunderts nehmen die volkswirtschaftlich wichtigsten Mineralien aus dem Grundeigentum aus und machen die vorherige Verleihung

Auf die zahlreichen, vor dem seit 1865 gültigen ***Allgemeinen Bergesetz für die Preußischen Staaten (ABG)*** bestehenden Bergordnungen und Berggesetze soll hier bis auf wenige Ausnahmen nicht eingegangen werden.[1209]

2. Der Kampf um Gesetzesreformen

Bis zur Mitte des 19. Jahrhunderts hatte der Staat über die Bergbehörden mittels Bergordnungen die Arbeitsbedingungen der Bergarbeiter geregelt und war praktisch als deren Arbeitgeber aufgetreten.[1210] Unter dem Einfluss des wirtschaftlichen Liberalismus entstand neben den Knappschaftsgenossen eine neue Gruppe knappschaftsunabhängiger Bergleute. Mit dem „Freizügigkeitsgesetz“ vom 21. Mai 1860 und dem ABG vom 24. Juni 1865 bestimmte das freie Vertragsverhältnis zunehmend das arbeitsrechtliche Verhältnis zwischen Bergbaubesitzer und Bergarbeiter. Laut Simplicissimus wehrten sich die Bergbau-Arbeitgeber notorisch gegen Gesetzesreformen: So auch im Vorfeld des ***Gesetzes, betr. die Abänderung einzelner Bestimmungen des ABG vom 14. Juli 1905***: Derselbe Unternehmer, der eine Belastung der Armen zugunsten der Militärausgaben befürwortete, wies als *„Aktionär und Fachmann“* die Berggesetznovelle mit Entrüstung zurück, weil er mit zwei Pfennigen Verlust pro Korb Kohle in den Ruin getrieben würde (2.5.1905, S. 58). Dabei trugen die Arbeiter teilweise selbst entstehende Mehrkosten: Gewählte Vertrauensmänner waren nicht von der Grubenleitung, sondern von den Arbeitern zu entlohnen.[1211]

---

des Bergwerkseigentums durch den Staat zur Voraussetzung für die Aufnahme des Bergbaus.“

1209 Eine kurze Übersicht bei Thielmann, Die Geschichte der Knappschaftsversicherung, 1960, S. 11 ff. Die Bergordnungen waren regional unterschiedlich und auf der linken Rheinseite noch vom französischen Bergrecht (***Loi concernant les Mines, les Minières et les Carrières,*** vom 21. April 1810) geprägt, enthielten aber vielfach dieselben Rechtsgrundsätze. Fischer weist hingegen auf die unterschiedlichen arbeits- und sozialrechtlichen Konsequenzen hin, die für die Bergleute nach 1815 in den einzelnen Regionen des preußischen Staates, besonders im Westen, bestanden. (Fischer, Wirtschaft und Gesellschaft im Zeitaltter der Industrialisierung, 1972, S. 150 f.).

1210 Hofmann, Arbeitsvertrag, 1872, S. 31.

1211 Dazu auch: Bodenstein, Arbeiterausschüsse, Arbeitsordnungen, Unterstützungskassen, 1905, S. 17; cf. Baum, Das Recht des Arbeitsvertrages, 1911, S. 72 f. Unter dem Eindruck schwerer Arbeitskämpfe wurden in der o. a. Berggesetznovelle ständige Arbeiterausschüsse in den Bergwerken bei einer Mindestzahl von 100 Mitarbeitern vorgesehen. (§ 80 f Abs. 1 ABG 1905; Eger/ Weise, Die Entstehung des Arbeitsrechts, 1998, S. 301). Sinzheimer beklagte 1907 im ***Arbeitsnormenvertrag***, dass Arbeiterausschüsse nur im Bergbau obligatorisch seien. (Sinzheimer, Der korporative Arbeitsnormenvertrag, 1977/1907, S. 6. Cf. auch Potthoff, Probleme des Arbeitsrechts, 1912, S. 49). Die Arbeiterausschüsse werden als Vorläufer der Betriebsräte angesehen. Vor diesem Zeitpunkt gab es lediglich freiwillige Arbeiterausschüsse, die auf Initiative oder mit Duldung der Unternehmer eingerichtet

Das Gesetz von 1905 bewirkte arbeitsrechtliche Verbesserungen für die Bergleute: Wenn es auch keine Vorschrift über die regelmäßige Arbeitszeit enthielt,[1212] wurde doch die Arbeitszeit der Bergleute, die an Betriebspunkten mit hoher Temperatur arbeiteten, im Sinne des Arbeitsschutzes auf sechs Stunden herabgesetzt.[1213] Ferner wurden die Grundsätze für die Verwaltung der für hilfsbedürftige Bergleute, Invaliden und Angehörige bestehenden Zechen-Unterstützungskassen erneut geregelt.[1214]

Positive arbeitsrechtliche Verbesserungen bewirkte bereits das vier Jahre vor dem Erscheinen des Simplicissimus erlassenen ***Gesetz, betr. Abänderung einzelner Bestimmungen des Allgemeinen Berggesetzes vom 24.6.1892***: Die bislang in den Bergwerken fakultativen Arbeitsordnungen wurden unabhängig von der Zahl der beschäftigten Arbeiter obligatorisch und genehmigungspflichtig.[1215] Lotmar wies

---

wurden. Nach § 80 g ABG war vor dem Erlass der Arbeitsordnung der Arbeiterausschuss zu hören. Zur Frage der Zustimmung der Arbeiterausschüsse zu den Arbeitsordnungen: Bodenstein, Arbeiterausschüsse, Arbeitsordnungen, Unterstützungskassen, 1905, S. 7 und Elster, Lexikon des Arbeitsrechts, 1910, S. 11. Die Dauer der Arbeitszeit unter Tage wurde zwar definiert (§ 89 ABG 1905, Westhoff, Schlüter, S. 242; cf. Rohn, Der Arbeitsvertrag der Bergarbeiter, 1913, S. 21), jedoch enthielt das Gesetz keine Vorschrift über die regelmäßige Arbeitszeit. Cf. zur „Umwandlung von Kassenvorständen in Arbeiterausschüsse" in der realen Arbeitswelt seit der Jahrhundertmitte: Stegmann, Der soziale Katholizismus, 1974, S. 70.

1212 Zur Entwicklung der Arbeitszeit der Bergleute: Ludwig, Arbeitsverfassung, 1989, S. 22 ff.

1213 § 93 c ABG 1905. Es war dies die einzige gesetzlich festgesetzte Bestimmung der Arbeitszeit für männliche Arbeiter. Die durch Arbeitsordnungen festzusetzenden Arbeitszeiten galten in der Begrenzung der Definition nur für die Bergleute im engeren Sinn, nicht für Maschinenwärter und Pferdetreiber. (Bodenstein, Arbeiterausschüsse, Arbeitsordnungen, Unterstützungskassen, 1905, S. 39). Gemäß der von Bodenstein vorgeschlagenen Arbeitsordnung betrug sie für Bergleute neun Stunden. Die Arbeitszeit der über Tage beschäftigten Arbeiter betrug demnach 12 Stunden, einschließlich zweier Ruhepausen von je einer halben Stunde vor- und nachmittags und einer Mittagspause von einer Stunde. (Bodenstein, Arbeiterausschüsse, Arbeitsordnungen, Unterstützungskassen, 1905, S. 61).

1214 § 80 d Abs. 2 und § 80 f a ABG 1905, sowie Bodenstein, Arbeiterausschüsse, Arbeitsordnungen, Unterstützungskassen, 1905, S. 75 ff. U. a. flossen auch die – in der Höhe begrenzten - Strafgelder in die Unterstützungskasse. (ABG 1905, Westhoff, Schlüter, S. 173).

1215 ABG 1892, Brassert, S. 21; ABG 1905, Westhoff, Schlüter, S. 179; Tenfelde, Sozialgeschichte der Bergarbeiterschaft, 1977, S. 590; ABG 1892, Brassert, S. 30. Unterschied zu § 134 a GewO: Rohn, Der Arbeitsvertrag der Bergarbeiter, 1913, S. 13. Cf. die kritischen Anmerkungen von Potthoff, Probleme des Arbeitsrechts, 1912, S. 133 ff. Im Anhang zu den Erläuterungen zur Novelle des Berggesetzes von 1905 fügte Bodenstein das Beispiel einer solchen Arbeitsordnung, vorgeschlagen vom Vorstand des Bergbau-Vereins in Essen, bei. (Bodenstein, Arbeiterausschüsse, Arbeitsordnungen, Unterstützungskassen, 1905, S. 57 ff). Der Text der Arbeitsordnung diente hier gleichzeitig als Arbeitsvertrag. (Cf. dagegen § 134 c GewO indes einschränkend in seinem ***Arbeitsvertrag*** darauf hin, dass die Arbeitsordnung dem Arbeiter gewöhnlich erst nach dem Abschluss des Arbeitsvertrages zur Kenntnis gelangte.[1216] Der Individualarbeitsvertrag spielte angesichts der vom Arbeitgeber geregelten Arbeitsordnungen eine untergeordnete Rolle.[1217] Brassert sah die Novelle des Allgemeinen Berggesetzes im Zusammenhang mit mehreren Bemühungen des zeitgenössischen Gesetzgebers, „den Arbeiterschutz zu verstärken und die Arbeiterwohlfahrt zu erhöhen". Er verwies in diesem Zusammenhang auf die Novelle zur Reichs-Gewerbeordnung vom 1. Juni 1891, auf das Gesetz betr. die Gewerbegerichte vom 29. Juli 1890,[1218] auf die Invaliditäts- und Altersversicherungsgesetze vom 22. Juni 1889 und die Novelle zum Krankenversicherungsgesetz vom 10. April

---

1891 ff.). Die Arbeitsordnung musste u. a. Bestimmungen enthalten „über Anfang und Ende der regelmäßigen täglichen Arbeitszeit". (§ 80 b Nr. 1 ABG 1892). Die gesetzliche Einführung eines achtstündigen Normalarbeitstages kam allerdings 1892 nicht zustande. (ABG 1892, Brassert, S. 37). Die Arbeitsordnung musste ferner Bestimmungen treffen über Art, Höhe, Handhabung und Verwendung möglicher (Geld-) Strafen. (§ 80 b Nr. 5 ABG 1892. Zu den Strafen: Rohn, Der Arbeitsvertrag der Bergarbeiter, 1913, S. 50). Durch die Aufnahme der möglichen Strafen in die Arbeitsordnung sollte vermieden werden, dass „die Strafen ... lediglich von dem Ermessen des Bergwerksbesitzers oder seiner Beamten abhängen". (ABG 1892, Brassert, S. 42). In der Novelle wurden die „Bergleute" von den „Betriebsbeamten" unterschieden. (ABG 1892, Brassert, S. 71). Brassert, ein Kommentator der Gesetzesnovelle, war der Auffassung, dass die Bergarbeiter nicht zu den „gewerblichen Arbeitern" gezählt werden könnten, nur weil mehrere Bestimmungen der Gewerbeordnung auf sie anzuwenden seien. Ebenso wenig seien auch die bergbaulichen Betriebsbeamten „gewerbliche Beamte". (ABG 1892, Brassert, S. S. 71).

1216 Lotmar, Der Arbeitsvertrag, 2001/1902, S. 273; dazu auch Rohn, Der Arbeitsvertrag der Bergarbeiter, 1913, S. 14 f. Diese Kritik Lotmars stand im Einklang mit seiner Feststellung, dass sich „in der Regel beim Abschluss und beim Vollzug von Arbeitsverträgen ‚Kontrahenten von äußerster Ungleichheit der Macht gegenüber stehen'". (Caroni, Philipp Lotmar, 2003, S. 179).

1217 Ramm, Arbeitsvertragsgesetz, 1992, Einleitung, S. 13; zur Arbeitsordnung: Willoweit, Historische Grundlagen des Privatrechts, 1977, S. 578.

1218 Auf der Grundlage des ***Gesetzes, betreffend die Gewerbegerichte vom 29. Juli 1890*** entstanden bis 1896 Berggewerbegerichte, die nur für Streitigkeiten aus dem Bergwesen zuständig waren. (Sawall, Die Entwicklung der Arbeitsgerichtsbarkeit, 2007, S. 233; cf. Rohn, Der Arbeitsvertrag der Bergarbeiter, 1913, S. 78 f.). Gemäß dem für sie geltenden Gesetz vom 29. Juli 1890 galten „als Arbeiter im Sinne dieses Gesetzes Betriebsbeamte, Werkmeister und mit höheren technischen Dienstleistungen betraute Angestellte, deren Jahresarbeitsverdienst an Lohn oder Gehalt zweitausend Mark nicht übersteigt". (ABG 1892, Brassert, S. 72. Der mit der Leitung oder Beaufsichtigung des Betriebes betraute Beamte war auch für die Befolgung der baupolizeilichen Vorschriften verantwortlich und durfte bei der Erfüllung dieser Berufspflichten nicht durch den Bergwerksbesitzer behindert werden).

1892.[1219] Brassert sprach die Hoffnung aus, dass die Novelle dazu beitragen möge, „die sozialen und wirthschaftlichen Zustände in der Bergarbeiterbevölkerung" nachhaltig zu verbessern.[1220]

Die landesrechtlichen Vorschriften der Berggesetze blieben vom ***BGB*** unberührt. Sie wurden jedoch durch die allgemeinen Vorschriften, etwa zur Form der Verträge, ergänzt.[1221]

Zur Verbesserung ihrer sozialen Situation griffen die Bergarbeiter vielfach zur Selbstinitiative und riefen an mehreren Orten ***Arbeiterunterstützungsvereine*** ins Leben.[1222] Die Vereine versuchten u. a. durch Darlehen zur Eigentumsbildung ihrer Mitglieder beizutragen.[1223] So leisteten sie einen Beitrag, ihre Mitglieder „aus der Verstrickung von niedrigem Einkommen, Eigentumslosigkeit, Berufsrisiko und nicht selten drückender Not" zu befreien.[1224] Mit diesen Zielen, vor allem auch mit dem Ziel der Eigentumsbildung, befanden sich die Vereine im Einklang mit der Enzyklika ***Rerum novarum***.

Die Betrachtung der Arbeiterunterstützungsvereine ist im Hinblick auf die arbeitsrechtliche Würdigung des Simplicissimus deshalb von großer Bedeutung, weil in diesen kleinen Organisationsformen das vom Simplicissimus klischeehaft gepflegte Bild des hilflos ausgelieferten Arbeitnehmers seine Relativierung findet. Die Arbeiterunterstützungsvereine zeigten, dass es auch für die Industrie- und Montanarbeiter Möglichkeiten zur Qualifizierung und Eigentumsbildung gab.

Die Berücksichtigung von Forderungen der Bergarbeiter in der Legislative, wie in der ***Novelle des ABG*** vom 14. Juli 1905[1225] entzog sich der Wahrnehmung des Simplicissimus. da sie einer satirischen Betrachtung der Gruppe der Arbeitgeber im Bergbau im Wege stand.

3. Die Kriminalisierung der Bergbau-Arbeitgeber und ihrer „Komplizen"

Für den Simplicissimus waren die *„Kohlenbarone"* für die Verteuerung der Kohle und die damit verbundene Kohlennot verantwortlich. Durch die Verwendung der Adelsmetapher im Bildspender „Barone" griff die Zeitschrift auf das von ihr gepflegte Aristokraten-Feindbild zurück. Bergbauunternehmer und Adel wurden gemeinsam

---

1219 ABG 1892, Brassert, S. III.

1220 ABG 1892, Brassert, S. 26.

1221 Z. B. auch § 629 als „Arbeiterschutzbestimmung". (Rohn, Der Arbeitsvertrag der Bergarbeiter, 1913, S. 4, 64 f.). Zur Zuordnung des „Gedinges" zum Dienstvertrag: Rohn, Der Arbeitsvertrag der Bergarbeiter, 1913, S. 10 ff. Zum „Gedinge" als Organisationsform der Arbeit unter Tage: Brüggemeier/ Niethammer 1981, S. 155.

1222 Kohlgrüber, Der ‚Stutz' in Ehrenfeld, 1986, S. 216 f.

1223 Zur Eigentumsbildung durch Darlehen der Knappschaften in der Kurkölnischen Bergordnung von 1669: Klatt, Treuepflichten, 1990, S. 66 f.

1224 Kohlgrüber, Der ‚Stutz' in Ehrenfeld, 1986, S. 217.

1225 Rohn, Der Arbeitsvertrag der Bergarbeiter, 1913, S. 82.

metaphorisch als Straftäter kriminalisiert. So überbrachte eine Abordnung *„des Fachvereins deutscher Diebe und Einbrecher"* einem *„Kohlenbaron"* die Ernennung zum Ehrenmitglied. (9.10.1900, S. 229). Real-wirtschaftlicher Hintergrund für die Kritik des Simplicissimus war die Kohlennot des Winters 1900/1901, die den Kohlenkartellen angelastet wurde. „Trotz steigender Nachfrage und steigender Preise wurde ... die Produktion nicht ausgeweitet, sondern erniedrigt, um bessere Preise erzielen zu können."[1226] Steigende Preise für Kohle und unzureichende Versorgung der Haushalte mit Kohle weckten in der Öffentlichkeit heftige Kritik an den Kartellen.[1227]

Der Simplicissimus brachte seine Einstellung zum Bergbau auf eine einfache Formel: *„Ueber der Erde - 50% Dividende, unter der Erde – 50% Sterblichkeit."* (24.5.1904, S. 88).

Die Zeitschrift nahm die arbeitsrechtlichen Verbesserungen der Novellen des ***ABG*** von 1892 und 1905 nicht zur Kenntnis. Für sie waren die *„Kohlenbarone"* des Ruhrgebiets auch im Dezember des Jahres 1905 diejenigen, von deren Willkür das Leben der Bergarbeiter abhing: Eine Karikatur stellte Bergleute an einem Seil hängend in einem Schacht dar, an dessen Rand ein Arbeitgeber mit einer Schere drohte, das Seil durchzuschneiden. Der satirische Effekt wurde durch den Widerspruch zwischen dem ikonisch insinuierten drohenden Absturz und der verbalen Kommentierung durch den traditionellen Bergmannsgruß *„Glückauf"* erreicht (5.12.1905, S. 422). Das Arbeitsverhältnis zwischen Arbeitgeber und den von ihm hängend-abhängigen Arbeitnehmern wurde auf prägnante Weise versinnbildlicht.

Im Kohlenbergbau des Ruhrgebiets waren bereits im 19. Jahrhundert zahlreiche ostdeutsche und ausländische Zuwanderer tätig.[1228] Nach Angaben für das Jahr 1893 war der Anteil an Arbeitern aus Österreich-Ungarn verschwindend gering.[1229] Der Simplicissimus unterstellte jedoch 1907 den österreichischen Behörden, auf diese Weise ihre Schwerverbrecher aus der Donaumonarchie los zu werden. Die *„Kohlenbarone"* nähmen sie gerne auf:

> *„Der deutsche Arbeiter ist ein Schuft. Er will seinen ganzen Lebensunterhalt von mir verdienen. Da ist der Kroate ein anderer Kerl; ich ernähre ihn kaum zur Hälfte, das andere stiehlt er sich zusammen, und plagt mich nicht mit Lohnerhöhungen und derartigen Hundsgemeinheiten."*
> (9.12.1907, S. 598).

1226 Schröder, Die Entwicklung des Kartellrechts, 1988, S. 216.

1227 Schröder, Die Entwicklung des Kartellrechts, 1988, S. 135 f.

1228 Zur Einwanderung aus den ostdeutschen Provinzen vor allem nach 1870/71: Koch, Bergarbeiterbewegung im Ruhrgebiet, 1954, S. 19 f.

1229 Tenfelde, Sozialgeschichte der Bergarbeiterschaft, 1977, S. 243. Bei ca. einer Million ausländischer Arbeiter in Industrie und Landwirtschaft betrug 1912 der Anteil der Arbeiter aus Österreich und Ungarn ca. 280.000. Darunter waren Polen aus Österreich, Deutsche aus Österreich und Ungarn. (Cf. Nichtweiss, Saisonarbeiter, 1959, S. 177).

Der Simplicissimus nahm durch die Kriminalisierung der ausländischen Arbeitnehmer als Komplizen der *„Kohlenbarone"* billigend die Beförderung xenophobischer Einstellungen in seiner Leserschaft in Kauf. Die Satire bewegte sich damit außerhalb des von der Zeitschrift selbst gesetzten aufklärerischen Anspruchs.

4. Kritik am unzureichenden Arbeitsschutz

Der Simplicissimus schürte die landläufige Meinung, dass sich die Unternehmer und Aktionäre nur um die Kurse kümmerten, nicht aber um die Arbeitsbedingungen und den Arbeitsschutz ihrer Arbeitnehmer.

> *„Fahrt ihr noch ein, und is doch 'n schlagendes Wetter im Anzug?"*
> *„Was liegt denen dran, wenn wir unten bleiben – wenn nur die Kurse hinauf kommen!"*
> (8.7.1907, S. 236).

Die satirische Aussage basierte hier auf der Dichotomie von „unten" und „hinauf", die konnotativ die soziale Differenz meinte. Der Simplicissimus stand erneut im Kontext einer sozialkritischen Literatur, die den Gegensatz zwischen skrupellosen Arbeitgebern und ausgelieferten Bergleuten sowie das fatale Hinwegsetzen über Arbeitsschutzbedingungen zum Thema hatte.[1230] Auch hier wurde die Kritik an realen arbeitsrechtlichen Missständen mit klischeehaften Rückgriffen verbunden.[1231]

Als Bergarbeiterschutzbestimmungen galten neben § 618 BGB die §§ 196, 197 ABG[1232] sowie einzelne Vorschriften der GewO. Hinsichtlich des Arbeitsschutzes lag am Ende des 19. Jahrhunderts auch im Bergbau vieles im Argen.[1233] Arbeitshilfen, wie Pferde oder Motorlokomotiven unter Tage[1234] wurden nicht nur zur Arbeitserleichterung, sondern zur Erhöhung der Produktivität eingeführt. Die Dampfhämmer erleichterten zwar die schwere körperliche Arbeit, entwickelten aber mehr Stäube und erhöhten die Gesundheitsrisiken. Verursacht durch Grubenunglücke und Berufskrankheiten war die Lebenserwartung der Bergleute gering. Schon 1890 wurde darauf hingewiesen, dass viele Unglücksfälle im Bergbau dadurch hervorgerufen

---

1230 Schwarz, Das Recht in den sozialen Dramen, 1936, S. 45 ff.

1231 Dem satirischen Effekt wurde die Realität untergeordnet, die ein „schlagendes Wetter" meteorologisch umdeutete.

1232 Rechtsfolgen bei Verstößen des Bergwerksbesitzers ergaben sich aus § 208 ABG und - zivilrechtlich - aus § 618 Abs. 3 BGB i. V. m. §§ 842–846 BGB und § 83 a ABG (sofortige Auflösung des Arbeitsverhältnisses durch den Arbeiter). (Rohn, Der Arbeitsvertrag der Bergarbeiter, 1913, S. 56 f.).

1233 Cf. Zwiedineck-Südenhorst, Arbeiterschutz und Arbeiterversicherung, 1905, S. 63 f. Die Bergleute trugen keine besondere Schutzkleidung. Die Arbeitsbedingungen waren hart. Versuche der Bergarbeiter, sich hin und wieder die Arbeit zu erleichtern, wurden bestraft. (Geurts et al., Das Erbe des Erzes. Bd. 2, 2004, S. 302).

1234 Geurts et al., Das Erbe des Erzes. Bd. 4, 2008, S. 40.

würden, dass man unerfahrene Männer an Stellen arbeiten ließ, wo durch eine kleine Unvorsichtigkeit leicht ein Unglücksfall entstehen konnte.[1235]

Qualifizierte Bergleute waren Mangelware. Viele ungelernte Arbeiter wechselten häufig den Arbeitsplatz und mussten immer neu angelernt werden. Durch die hohe Fluktuation kam es vermehrt zu Unfällen.[1236] Im Umfeld der Gruben entwickelte sich die Industrie und bot den Arbeitern eine bisweilen leichtere und vor allem sicherere Arbeit als die Arbeit unter Tage.[1237] Eine Erhöhung der Löhne der Bergarbeiter brachte den Unternehmen kaum Stabilität.[1238] Die hohe Fluktuation erschwerte es auch den Gewerkschaften, ständige Mitglieder zu gewinnen und den Arbeitsschutz voranzutreiben. Eine Form der Fluktuation war auch die multiple Berufstätigkeit: Im Untersuchungszeitraum existierten vielfältige Mischformen zwischen handwerklicher, landwirtschaftlicher und industrieller Arbeit und ein Hin- und Herwechseln von Arbeitskräften zwischen diesen Sektoren sowie zwischen abhängiger Lohnarbeit und Selbständigkeit. Der häufige Wechsel zwischen landwirtschaftlich-selbständiger und industriell-unselbständiger Arbeit zeigte sich im Bergbau: Zahlreiche Familienväter besaßen eine kleine Landwirtschaft[1239] und arbeiteten zusätzlich zur Aufbesserung des Lebensunterhalts noch als ungelernte Arbeiter in einem Bergwerk.[1240] Andere wiederum arbeiteten vorwiegend im Bergwerk und besaßen zusätzlich ein wenig Land für Gemüseanbau und Kleintierhaltung. Dieser Besitz sicherte rudimentär die Existenz der Familie, wenn es im Bergbau Absatzschwierigkeiten gab oder wenn die Bergleute früh an Berufskrankheiten oder durch Unfälle starben oder ihren Lohn vertranken. Die ungelernten Arbeitskräfte blieben oft über Generationen hinweg Nebenerwerbslandwirte. Diese Schicht der „Arbeiterbauern“ war weit verbreitet, und nicht, wie Heinz anmerkt, nur für das Saarrevier typisch.[1241] In seiner Enzyklika ***Rerum novarum*** von 1891 anerkannte Papst Leo XIII. die besondere Schutzbedürftigkeit der Bergleute und wies u. a. auf notwendige arbeitszeitrechtliche Konsequenzen hin.[1242]

Auf einer Steinkohlen-Zeche in der Nähe von Hamm ereignete sich am 12. November 1908 eine schwere Schlagwetterexplosion, bei der 348 Personen zu Tode

---

1235 Sinzheimer, Der korporative Arbeitsnormenvertrag, 1977/1907, S. 5. Laut Koch sind Unfälle und Krankheiten der Bergleute vor allem darauf zurückzuführen, dass aufgrund des Arbeitermangels auch diejenigen Arbeiter eingestellt wurden, die nur eine sehr kurze oder gar keine bergmännische Ausbildung bekommen hatten. „Die Zuwanderer wurden mehr und mehr sofort in die Gruben geschickt“. (Koch, Bergarbeiterbewegung im Ruhrgebiet, 1954, S. 18 f.).

1236 Geurts et al., Das Erbe des Erzes. Bd. 2, 2004, S. 158.

1237 Geurts et al., Das Erbe des Erzes, Bd. 1, 2003, S. 91.

1238 Geurts et al., Das Erbe des Erzes. Bd. 2, 2004, S. 43, S. 262.

1239 Cf. Koch, Bergarbeiterbewegung im Ruhrgebiet, 1954, S. 13.

1240 „Kombination“ der Arbeit im Sinne von Weber, Wirtschaftsgeschichte, 1923, S. 8 f.

1241 Heinz, Arbeiter, 1999, S. 19 f.

1242 Gottwald, 1891, 1994, Abs. 33, S. 77.

kamen.[1243] Dieses Grubenunglück löste im Deutschen Reich heftige Diskussionen über Arbeitsschutzmaßnahmen aus.[1244] Der Simplicissimus nahm das Unglück zum Anlass zu behaupten, Gott stehe auf Seiten der Reichen und der Aktionäre. (30.11.1908, S. 578 u. 582).

Der Arbeitsschutz musste sich auch im Bergbau durchsetzen und das auf dem Grundsatz des freien Vertrages beruhende Rechtsverhältnis zwischen Arbeitgeber und Arbeitnehmer[1245] ergänzen. Der Aufschwung des Bergwerks- und Hüttenwesens in Preußen und die bisherige fragmentarische Gesetzgebung machten eine Reform des Bergrechts notwendig.[1246]

Auf der Wende vom 19. zum 20. Jahrhundert fanden die Bestimmungen der ***Gewerbeordnung*** über den Arbeitsvertrag im Bergwesen grundsätzlich keine Anwendung. Wohl aber hatten für den Bergwerksbetrieb Gültigkeit die § 154, 154 a, 105 b GewO, die Vorschriften über Sonntagsruhe, über Lohnzahlung und über Art und

1243 Cf. Koch, Bergarbeiterbewegung im Ruhrgebiet, 1954, S. 118 f., insbesondere zur Einführung von „Sicherheitsmännern“ in der Berggesetznovelle von 1909 gegen den Willen der Unternehmer.

1244 Cf. zum Problem der Grubenbeleuchtung: Geurts et al., Das Erbe des Erzes, Bd. 1, 2003, S. 174.

1245 ***Gesetz, die Aufsicht der Bergbehörden über den Bergbau und das Verhältnis der Berg- und Hüttenarbeiter betreffend, vom 21.5.1860*** (ABG 1905, Westhoff, Schlüter, S. 172; Rohn, Der Arbeitsvertrag der Bergarbeiter, 1913, S. 3, 13). Zur Form des Arbeitsvertrages: Tenfelde, Sozialgeschichte der Bergarbeiterschaft, 1977, S. 263; „Willenserklärung“ bei Windscheid, Lehrbuch des Pandektenrechts, 1906, § 72, S. 366 ff.

1246 ABG 1865, Beughem, S. 6. Cf. Buff, 1882, S. 83. Auch nach der Reichsgründung gab es kein Reichsberggesetz. Das preußische Berggesetz wurde jedoch auf die meisten deutschen Staaten übertragen. (Elster, Lexikon des Arbeitsrechts, 1910, S. 44). Das schon in den vorausgegangenen Bergrechtsnovellen beachtete Prinzip war es. „der Bergwerksindustrie, unter Aufhebung staatlicher Bevormundung, volle Selbstständigkeit in der Wahrnehmung ihrer Privatinteressen zu gewähren, dagegen die Bergbehörde auf die Ueberwachung der konkurrierenden öffentlichen Interessen zu beschränken“. (ABG 1865, Beughem, S. 13). Das ***ABG*** galt als ein frühes Instrument zur Sicherung der besonderen arbeitsrechtlichen Belange der Bergarbeiter. Der dritte Abschnitt des dritten Titels des ***ABG*** (ab § 80) handelte „Von den Bergleuten“. Dadurch, dass gemäß § 80 Abs. 2 die vom Bergwerksbesitzer erlassenen Arbeitsordnungen der Bergbehörde zur Kenntnis gebracht werden mussten, war letztere in der Lage, gesetzwidrige Bestimmungen zu verhüten. Die §§ 81 bis 83 regelten Kündigungsfristen und Kündigungsschutz, auf die noch eingegangen werden wird. Der Bergbehörde waren auf Verlangen Personallisten vorzulegen, so dass die Beschäftigung jugendlicher Arbeiter und die Anmeldung der Arbeiter zur Knappschaftskasse kontrolliert werden konnte. (ABG 1865, Motive nach Beughem, zu § 80, S. 154: Die Tendenz dieses Gesetzes und des Gesetzes vom 21. Mai 1860 diene „vorwiegend dem Schutz der Bergleute gegen Übergriffe ihrer Arbeitgeber“. Außerdem galt für die Bergarbeiter das ***Unfallversicherungsgesetz vom 6. Juli 1884.***

Dauer der Beschäftigung weiblicher und jugendlicher Personen, also die §§ 105 b Abs. 1, 105 c bis 105 f, 105 h, 115 bis 119 a, 135 bis 139 b.[1247]

5. Willkürliche Kündigung der Arbeitgeber

a) Kündigung nach BGB und GewO

Die Grubenbesitzer repräsentierten im Simplicissimus häufig als pars pro toto die Gesamtheit der Unternehmerschaft. Die Wahl dieser Arbeitgebergruppe war offenkundig auch darin begründet, dass sich Fehlverhalten und Fehlentscheidungen vor allem hinsichtlich des Arbeitsschutzes besonders tragisch auswirkten und so die Leserschaft berühren sollten.

Im untersuchten Zeitraum waren die Lohnarbeiter zwar kaum vor einer Kündigung geschützt, doch lag den Unternehmern in den meisten Branchen daran, zumindest eine Stammbelegschaft von fachlich qualifizierten Arbeitern an sich zu binden,[1248] so dass eine launenhaft motivierte Massenentlassung aller Arbeiter unwahrscheinlich war. Georg Baum wies ferner 1911 darauf hin, dass sich der „Proletarier" nicht durch die Vorstellung „des absoluten Elends" definiere, sondern durch sein Klassenbewusstsein: Das Durchschnittseinkommen vieler Arbeiter sei höher als das vieler selbständiger Akademiker und mittlerer Beamten.[1249] So kann das 1909 vom Simplicissimus in der folgenden Karikatur beschworene „Elend" der Arbeiter eher als tradiertes Klischee, denn als Bild der aktuellen Realität verstanden werden.

In der folgenden Karikatur erscheinen Arbeiter, Frauen und Kinder vor einem im Sessel sitzenden Grubenbesitzer und seiner Gattin in demütiger Haltung mit „entblößtem Haupte und ohne Tabakpfeife", wie schon ein „Hütten-Reglement" von 1812 den Hütten-Arbeitern ihr Betragen gegenüber dem Hütten-Herrn vorschrieb.[1250] Durch den offenkundigen Rückgriff auf alte Vorschriften dieser Art kritisierte der Simplicissimus die Vermischung genuin arbeitsrechtlicher Normen mit Verhaltensvorschriften der Arbeitgeber an die Adresse der Arbeitnehmer. Zur Beschreibung des Verhaltens des Grubenbesitzers schöpfte die Karikatur aus einem Fundus ikonisch umsetzbarer Emotionskategorien[1251]: Mimik und Gestik des sich vor Ekel abwendenden und die

1247 GewO § 154 a; Stadthagen, Das Arbeiterrecht, 1904, S. 78; Rohn, Der Arbeitsvertrag der Bergarbeiter, 1913, S. 3. Weitere Bestimmungen des ABG stimmten mit denen des GewO überein. (Rohn, Der Arbeitsvertrag der Bergarbeiter, 1913, S. 50).

1248 Berghahn, Das Kaiserreich 1871–1914, 2003, S. 69; Vietinghoff-Scheel, Gewerbliches Arbeitsvertragsrecht, 1972, S. 44 f. Hermann Schäfer macht geltend, dass generell seit dem endenden 19. Jahrhundert die Arbeitnehmer durch staatliche Maßnahmen besser vor unternehmerischer Willkür bei der Beendigung des Arbeitsverhältnisses geschützt wurden. (Schäfer, Industriearbeiter, 1979, S. 169). Cf. Schulz, Felten & Guillaume, 1979, S. 242 ff.

1249 Baum, Das Recht des Arbeitsvertrages, 1911, S. 8.

1250 Ebel, Quellen zur Geschichte des Arbeitsrechts, 1964, S. 273.

1251 Zu den Emotionskategorien der non-verbalen Kommunikation: Nöth, Handbuch der Semiotik, 1985, S. 332.

Augen zusammenkneifenden Grubenbesitzers verhalten sich als Kombination non-verbaler Zeichen semiotisch redundant-verstärkend zur verbalen Aussage.[1252] Seine Blickabwendung signalisiert expressiv die defensive Verweigerung eines kommunikativen Kontaktes, erst recht die einer taktilen Interaktion.

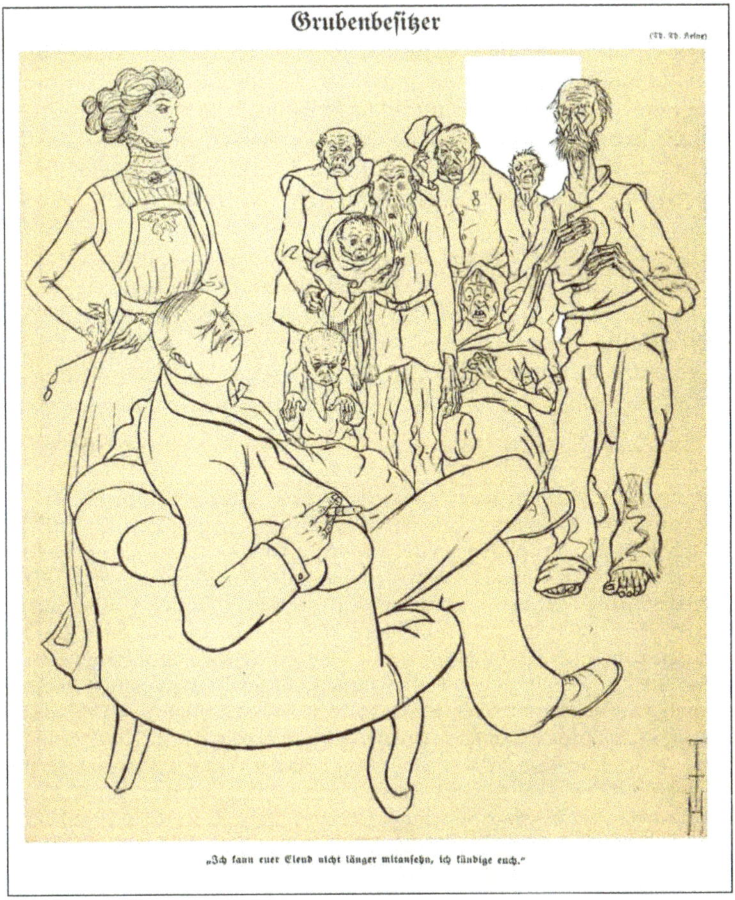

(1.3.1909, S. 809, Zeichnung von Th. Th. Heine)

Grubenbesitzer[1253]
„Ich kann euer Elend nicht länger mitansehn, ich kündige euch."

1252 Zur non-verbalen Kommunikation von Mimik und Gestik und zur weiterführenden Literatur: Nöth, Handbuch der Semiotik, 1985, S. 330 ff.

1253 © VG Bild-Kunst, Bonn 2015.

Man kann davon ausgehen, dass der *„Grubenbesitzer“* in der vorliegenden Karikatur stellvertretend für die „Unternehmer“ schlechthin steht. Daher ist es zulässig, sein Verhalten arbeitsrechtlich nicht nur unter Heranziehung des ABG, sondern auch des BGB und der - für die oben definierten Bereiche ohnehin für den Bergbau einschlägigen - GewO zu bewerten.

Obwohl die Arbeiter in der vorliegenden Karikatur arbeiten wollten und keinen Abkehrwillen[1254] erkennen ließen, sprach der Arbeitgeber den Arbeitswilligen gegenüber im Rahmen einer „Massenentlassung“ die Kündigung aus. Er erfüllte damit nicht die Annahmeverpflichtung in Bezug auf die ihm angebotene Arbeit. Aufgrund der konnotativen Absicht der Karikatur ist davon auszugehen, dass hier die fristlose Kündigung angesprochen wird. Sie wurde im Sprachgebrauch des Untersuchungszeitraums auch als „kündigungslose Entlassung“ oder „sofortige Entlassung“ bezeichnet.[1255]

Die dargestellten Arbeitnehmer stehen der willkürlichen Kündigung des Arbeitgebers schutzlos gegenüber.[1256] Sie bekunden eindeutig ihre Leistungsbereitschaft als Schuldner im Sinne des BGB.[1257] Der Arbeitgeber verhindert durch die Nichtannahme den Erfüllungseintritt.

Gemäß § 293 BGB 1896 kam der Gläubiger in Verzug, „wenn er die ihm angebotene Leistung nicht annimmt“.[1258] Die von Rückert gegebene rechtliche Präzisierung

---

1254 Zum heutigen Recht: Schaub, Linck, ArbR-Hdb., 2011, § 127 Rn. 62.

1255 Dazu ausführlich: Baum, Das Recht des Arbeitsvertrages, 1911, S. 70 ff.

1256 Möller wies auf die Tendenzen der Rechtsprechung des 19. Jahrhunderts hin, im Rückgriff auf römischrechtliche Quellen auf die Annahmeverweigerung des Arbeitgebers (Dienstmieter/ conductor) zu reagieren. (Möller, Freiheit und Schutz im Arbeitsrecht, 1990, S. 87 ff.). Harke verfolgte das Institut der Gefahrtragung von den römischen Quellen bis in die Neuzeit. (Harke, Römisches Recht, 2008, S. 146 ff.). Cf. Söllner zu den Gefahrtragungsregeln des gemeinen Rechts im romanistisch orientierten Teil der Privatrechtswissenschaft des 19. Jahrhunderts und im BGB: Söllner, Der industrielle Arbeitsvertrag, 1972, S. 295. Schmelzeisen weist darauf hin, dass nach römischem recht die Dauer des Arbeitsvertrags wenig gesichert war. War der Arbeitsvertrag auf unbestimmte Zeit eingegangen, so konnte jeder Vertragspartner ihn jederzeit aufheben, „sonst nur aus wichtigem Grunde, über dessen Vorliegen der Richter nach Treu und Glauben zu befinden hatte“. (Schmezeisen, Arbeitsordnung, 1955, S. 129).

1257 § 297 BGB 1896.

1258 §§ 293, 613 BGB 1896. Zu dem anhaltenden arbeitsrechtlichen Streit zu den Problemen des Annahmeverzugs, der Unmöglichkeit und der Betrienbsstörung und ihrer Konsequenzen für die Lohnzahlung, bzw. Dienstvergütung: Moll, Dienstvergütung bei persönlicher Verhinderung, 1980, S. 139 ff. Die für diesen Problemkreis in der Regel im Vordergrund stehende Frage der Lohnzahlung spielt in der Karikatur keine Rolle. (Cf. zur Lohnzahlung: Nitsche, Betriebsrisikolehre, 1976, S. 4 ff. u. ö.). Nitsche weist etwa auf den Standpunkt Endemanns hin, der 1908 den § 615 so verstand, dass der Arbeitslohn Vergütung für die Bereitstellung von Arbeitskraft sei und auch dann zu entrichten sei, wenn es nicht zu einer Annahme der Arbeitsleistung für den Problemkreis des „Annahmeverzugs" und der „Unmöglichkeit" verfolgte offenbar eine andere Richtung[1259] als die im Verhalten des hier dargestellten Gläubigers begründete culpa der Unmöglichkeit der Dienstleistung.[1260] Für den vorliegenden Fall des Annahmeverzuges greifen m. E. die Bestimmung des § 615 Abs. 1 BGB,[1261] resp. § 324.[1262] Außerdem greift eventuell der „Schikaneparagraf" 226 BGB, der die Ausübung eines Rechts für unzulässig erklärt, „wenn sie nur den Zweck haben kann, einem anderen Schaden zuzufügen".[1263] Als psychologische Motivation

---

komme. (Nitsche, Betriebsrisikolehre, 1976, S. 8. f.). Obwohl die Frage des Lohnanspruchs in der Karikatur nicht angesprochen wird, ergibt sich gem. § 324 BGB für den Arbeitnehmer ein Lohnanspruch, „wenn der Arbeitgeber ihm unberechtigt kündigt ..." (Nitsch, Betriebsrisikolehre, 1976, S. 84). Zum Schutz des Arbeitgebers (conductors) im römischen (Arbeits-)Recht vor den Auswirkungen der vis maior: Mrozek, Die Arbeitsverhältnisse, 1969, S. 148 f.

1259 Dazu auch Rückert, casus, 1984, S. 50. Rückert auch zu der allgemeinen Tendenz, am Ausgang des Mittelalters dem sozial schwächeren Schuldner das Entgelt zu nehmen, wenn die Arbeit ausfällt. (S. 55). Dazu mit Bezug auf Rückert: Klatt, Treuepflichten, 1990, S. 57 f.

1260 Rückert, Unmöglichkeit und Annahmeverzug, 1983, S. 5: „*Rechtlich* haben alle diese Fälle gemeinsam, daß der Schuldner für sich betrachtet zur Leistung imstande und bereit ist, sie aber wegen zufälliger Hindernisse nicht tatsächlich durchführen kann." Rückert wies an anderer Stelle auf die Verschiedenartigkeit der Lösungen zur Gegenleistungsgefahr hin: Rückert, casus, 1984, S. 45 f.

1261 Nitsche zitiert die Ansicht Fikentschers: „Wollten und könnten ... die Arbeitnehmer arbeiten, nur der Arbeitgeber wolle oder könne die Dienstleistung nicht annehmen, so liege Annahmeverzug mit der Folge des § 615 BGB vor." (Nitsche, Betriebsrisikolehre, 1976, S. 43 f.).

1262 Zum Begriff des „Verzuges": Rückert, Unmöglichkeit und Annahmeverzug, 1983, S. 11 ff. Cf. auch zum Annahmeverzug des Arbeitgebers Schaub, Linck, ArbR-Hdb., 2011, § 95. Baum hingegen verneinte auf Seiten des Arbeitgebers eine „Pflicht zur Beschäftigung". (Baum, Das Recht des Arbeitsvertrages, 1911, S. 64 f.). Zum Gläubigerverzug und zu Ansprüchen des Dienstnehmers aus dem Dienstvertrag (locatio conductio operarum) bei Nicht-Annahme seiner Leistung im römischen Recht: Honsell, Römisches Recht 2006, S. 101 und 150. Zum Arbeitsvertrag als Unterfall des Mietvertrages bei Römern und Griechen: Seidl, Römisches Privatrecht, 1963, S. 173. Zum Komplex von „Unmöglichkeit", „Annahmeverzug" und „Sphärentheorie": Rückert, Unmöglichkeit und Annahmeverzug, 1983, passim. Zur vielfach missverstandenen Deutung des § 616 BGB, insbesondere der Formulierung „durch einen in seiner Person liegenden Grund": Moll, Dienstvergütung bei persönlicher Verhinderung, 1980, S. 151.

1263 Zum böswilligen Rechtsmissbrauch auch: Haferkamp, §§ 226–231, 2003, S. 1035 f. Auf Einschlägigkeit zu überprüfen wären §§ 157, 242 und besonders 826 BGB. Cf. auch Windscheid, Lehrbuch des Pandektenrechts, 1906, § 121, S. 602.

kommen hier nicht Rache und Neid infrage,[1264] sondern Ekel.[1265] Den Beweis für seine Schädigungsabsicht liefert in der Karikatur der Handelnde selbst: Der Arbeitgeber befindet sich in einer subjektiv empfundenen Lage, die ihn jedes eigene ökonomische Interesse vergessen lässt. Mit der Willkürentscheidung des Arbeitgebers waren somit weitreichende zivilrechtliche Probleme verbunden. Stadthagen sah auch in der schikanösen Rechtsanwendung einen Verstoß gegen die guten Sitten und verwies auf einen arbeitsrechtlichen Fall, in dem der Arbeitgeber die Auszahlung des Lohnes einbehielt.[1266] Durch die Betonung der Schädigungsabsicht wird laut Haferkamp „das heikle Verhältnis von Recht und Moral" berührt.[1267] Auch wenn man den § 226 BGB nicht bemühen will, steht der Rechtsmissbrauch zur Diskussion.[1268] Der dem Simplicissimus zeitgenössische Volkswirtschaftler Zwiedineck-Südenhorst sah 1905 den Arbeiter der Willkür des Arbeitgebers aus „ausschließlich pathetischen Motiven Zorn, Rache, Antipathie u. ä." ausgeliefert, wobei die Schädigung dem Arbeitgeber nicht einmal einen Vorteil bringen musste.[1269]

Gem. § 122 GewO[1270] galten im untersuchten Zeitraum für Arbeitgeber und Arbeitnehmer die gesetzlichen Aufkündigungsfristen von 14 Tagen.[1271] Wurden von der gesetzlichen Kündigungsfrist abweichende Fristen vereinbart, so musste die verabredete Kündigungsfrist „für beide Theile gleich sein[1272]. Bei Einhaltung der gesetzlichen oder vereinbarten Kündigungsfrist war der Arbeitgeber nicht zur Angabe eines Grundes für die Kündigung verpflichtet.[1273]

1264 Dazu Haferkamp, §§ 226–231, 2003, S. 1037 f.

1265 Es ist allerdings zweifelhaft, ob die Inbetrachtziehung des Ekels noch die Anwendung des § 226 zulässt. (Blümner, Die Lehre vom böswilligen Rechtsmissbrauch, 1900, S. 149).

1266 Stadthagen, Das Arbeiterrecht, 1904, S. 46. Baum nimmt ein schikanöses Verhalten des Arbeitgebers an, „wenn er den Gehilfen keine Dienste verrichten läßt, sondern ihn die ganze Geschäftszeit oder eine erhebliche Zeit derselben untätig im Geschäft sitzen läßt". (Baum, Das Recht des Arbeitsvertrages, 1911, S. 61).

1267 Haferkamp, §§ 226–231, 2003, S. 1044.

1268 Haferkamp, §§ 226–231, 2003, S. 1056.

1269 Zwiedineck-Südenhorst, Arbeiterschutz und Arbeiterversicherung, 1905, S. 12. Die römisch-rechtliche Zivilistik des 19. Jahrhundert war nach Moll arbeitnehmerfreundlicher als die Rechtsprechung des Reichsgerichts, das in einem Urteil vom 7. Dezember 1880 die Lohnzahlungspflicht des Arbeitgebers auf die Fälle einschränkte, in denen dieser die Leistung nicht annehmen wolle oder könne. (Moll, Dienstvergütung bei persönlicher Verhinderung, 1980, S. 145).

1270 § 122 GewO 1907.

1271 Stadthagen, Das Arbeiterrecht, 1904, S. 104; Drees, Die Reichs-Gesetze über die Arbeiter-Versicherung, 1893, S. 36; Flesch, Zur Kritik des Arbeitsvertrags, 1901, S. 16 f. zu den Kündigungsfristen bei Beamten.

1272 § 122, S. 2 GewO 1907. Dies gilt auch für die gesetzlichen Kündigungsfristen anderer Berufsgruppen. (Cf. Baum, Das Recht des Arbeitsvertrages, 1911, S. 74 f.).

1273 Stadthagen, Das Arbeiterrecht, 1904, S. 107.

Der Arbeitgeber, der seine Arbeitnehmer ohne Grund entließ, machte sich des Kontraktbruchs schuldig und war dem Arbeitnehmer lohn- und schadensersatzpflichtig.[1274] Für die Aufhebung eines Arbeitsverhältnisses vor Ablauf der vertragsmäßigen Dauer und ohne Einhaltung einer Kündigungsfrist musste der Arbeitgeber die in § 123 GewO genannten Gründe beachten. Von diesen traf keiner auf die o. a. Kündigung zu. Der Physiognomie des sich von den Arbeitern abwendenden Arbeitgebers nach zu urteilen käme entsprechend der satirisch-zynischen Intention des Beitrags am ehesten der in Nr. 8 des § 123 genannte Grund in Frage, der eine fristlose Kündigung zuließ, „wenn sie [die Gesellen und Gehilfen, Verf.] zur Fortsetzung der Arbeit unfähig oder mit einer abschreckenden Krankheit behaftet sind“[1275].

Die in der Karikatur für die fristlose Kündigung angegebene Begründung *„Ich kann euer Elend nicht länger mitansehn“* ist nicht nur zynisch, sondern steht auch im Widerspruch zu den zeitgenössischen Rechtsnormen. Die beschriebene Karikatur aus dem Jahre 1909 verdeutlicht die von zeitgenössischen Sozialpolitikern wie Heinz Potthoff 1911 erhobene Forderung, das Arbeitsverhältnis von einem „Gewaltverhältnis zu einem Rechtsverhältnis“ umzuwandeln.[1276]

Der Streit um willkürliche Kündigung und Fortzahlung des Lohns bei einer nicht beim Arbeitnehmer liegenden Verantwortung für nicht entrichtete Arbeit ist keine Neuerung des Untersuchungszeitraums, sondern hat eine lange Rechtstradition, auf die in der Literatur hingewiesen wurde.[1277] Rückert kam sowohl für die Rezeption des römischen Rechts im Mittelalter als auch für die partikularen deutschen Rechtsquellen zu dem Ergebnis: „Eine klare Tendenz zur Belastung der Dienstnehmer und eine Bevorzugung des Instruments Kündigung sind festzuhalten.“[1278]

1274 §§ 324, 628 Abs. 2 BGB. Cf. Elster, Lexikon des Arbeitsrechts, 1910, S. 160 ff., s. v. „Schadenersatz und Schadenhaftung“. Zur schadensersatzpflichtigen Wertung der schikanösen Rechtsausübung bereits im ALR: Haferkamp, §§ 226–231, 2003, S. 1039. „Hat der Arbeitgeber den Vertragsbruch begangen, so hat der Arbeiter das Wahlrecht zwischen der fixierten Entschädigung des § 124 b [GewO] ... oder der Forderung auf Erfüllung des Vertrages und auf Schadensersatz.“ (Nelken, Die deutschen Handwerker- und Arbeiterschutzgesetze, 1901, S. 629); zur Schadensersatzpflicht des Arbeitnehmers oder Arbeitgebers nach dem ALR: Vietinghoff-Scheel, Gewerbliches Arbeitsvertragsrecht, 1972, S. 11 ff.

1275 § 111 GewO 1869, § 123 GewO 1878 ff. Dazu: Nelken, Die deutschen Handwerker- und Arbeiterschutzgesetze, 1901, S. 618 zu „abschreckender Krankheit“.

1276 Saul, Konstitutioneller Staat, 1978, S. 315 unter Berufung auf Potthoff.

1277 Zum römischen Recht: Klatt (unter Bezug auf Mayer-Maly und Benöhr), Treupflichten, 1990, S. 23.

1278 Rückert, casus, 1984, S. 56. Hinsichtlich der partikularen deutschen Rechte kam Rückert zu dem Schluss: „... sie alle erhalten dem Dienstnehmer den Lohn nur, wenn *Verschuldenselemente* wie willkürliche Entlassung oder Nichtabholen vorliegen“. (S. 56, kursiv im Text).

b) Kündigung nach ABG

Im Lichte der Novelle des ABG vom 14.7.1905[1279] ergab sich folgender Sachverhalt: Nach § 81 bestand für beide Teile eine Kündigungsfrist von 14 Tagen, wenn nichts anderes verabredet wurde. Nach § 82 Ziff. 8 konnten Bergleute allerdings vor Ablauf der vertragsmäßigen Arbeitszeit ohne vorherige Ankündigung entlassen werden, „wenn sie zur Fortsetzung der Arbeit unfähig geworden oder mit einer ekelhaften Krankheit behaftet sind."[1280]

Ein vertragswidriges Verhalten des Arbeiters lag nicht vor, wenn er die Krankheit nicht schuldhaft herbeigeführt hatte. Er gab dem Arbeitgeber folglich keine Veranlassung zur Entlassung durch vertragswidriges Verhalten und hatte Anspruch auf Lohn und Schadensersatz.[1281]

Die reale arbeitsrechtliche Situation stellte sich allerdings laut Bieber so dar, dass um die Jahrhundertwende und in den folgenden Jahren – bis zum „Betriebsrätegesetz" vom 4.2.1920 - die Arbeitgeber ein „nahezu unbeschränktes Kündigungsrecht"[1282] hatten, das die Gerichte aus der Vertragsfreiheit ableiteten.

c) Kündigung als Symbol pseudo-feudalen Machtmissbrauchs

Die Macht der Ausübung willkürlicher Kündigung war das Statussymbol des vom Simplicissimus karikierten Unternehmers: Der kapitalistische Großunternehmer war nach einer Karikatur von 1913 bestens genährt, hatte es gesellschaftlich zum Kommerzienrat gebracht und verkehrte in adeligen Kreisen. Er war ein Machtmensch, der im Sessel Zigarre rauchend seine Füße auf dem Fell eines erlegten Eisbären ruhen ließ. Seine moralische Einstellung den Arbeitnehmern gegenüber war die eines Egomanen und Sadisten. Die Möglichkeit des Machtmissbrauchs machte ihn zum *„glücklichen Kommerzienrat"*:

> *„Wissen Sie, mein lieber Herr Baron, ein angenehmes Bewußtsein is es doch, wenn man sich sagen kann: jederzeit kannste zweitausend Arbeiter brotlos machen."* (6.1.1913, S. 687).

1279 Die Novelle vom 28. Juli 1909 lag beim Erscheinen der Karikatur noch nicht vor.

1280 § 82 ABG 1905. Entgegen der Auffassung Rohns gehörte die „sofortige Entlassung" nicht zu den Strafen des § 80 b Ziff. 5 ABG. Es erfolgte ein toposhafter Rückgriff auf die preußische Gesindeordnung von 1810, in deren § 128 die Herrschaft ohne Aufkündigung kündigen konnte, „wenn das Gesinde sich durch lüderliche Aufführung ansteckende oder ekelhafte Krankheiten zugezogen hat". (§ 128 GesO 1810). Der Kommentator der GesO, Gerhard, wies darauf hin, dass auch starke Behaftung mit Ungeziefer unter den § 128 fiel. (S. 152.).

1281 § 628 Abs. 2 BGB, resp. 249 ff. BGB und 287 ZPO. Cf. Rohn, Der Arbeitsvertrag der Bergarbeiter, 1913, S. 65 f.

1282 Bieber, Die Rolle der Gewerkschaften, 1998, S. 33.

Der Arbeitgeber pervertierte den Eigentumsbegriff,[1283] verkehrte die Freiheit zur Willkür, übte Schikane aus und beging Rechtsmissbrauch nach § 226 BGB (s. o.). Der Simplicissimus spiegelte die Auffassung zeitgenössischer Rechtswissenschaftler, wie die von Justus Wilhelm Hedemann:

> „Von der Freiheit zur Rücksichtslosigkeit war nur ein geringer Schritt, und der Sieg fiel häufig nicht der tüchtigen, sondern der skrupellosen Persönlichkeit zu. Demgegenüber erwuchs der Privatrechtsordnung eine zwiefache Aufgabe. Einmal mußte sie die Anerkennung der Einzelpersönlichkeit vollziehen. Dann aber hatte sie für die nötigen Mittel gegen Auswüchse zu sorgen."[1284]

Wie bereits für die Situation der lohnabhängigen Arbeiter allgemein festgestellt wurde, waren laut Simplicissimus die pseudo-feudalen Strukturen des Ständestaates nur scheinbar gefallen. Der Simplicissimus beschrieb auch in der Karikatur von 1913 den Transfer der pseudo-feudalen Strukturen in die bürgerliche Welt. Man kann seine satirischen Beiträge zum Kündigungsmissbrauch folglich als Aufklärungsaufruf zur Verrechtlichung und Herstellung verbindlicher Ablösungsstandards verstehen.

6. Bergarbeiterstreiks

a) Der Streik von 1905

(1) Kritik an den Bergwerk-Unternehmern

Am 6. Januar des Jahres 1905 begann im Ruhrgebiet auf einer Zeche von Hugo Stinnes ein Bergarbeiterstreik. Ein Auslöser des Streiks war, neben mehreren komplexen Ursachen, das sogenannten „Wagennullen":[1285] Diese Praxis war immer wieder Gegenstand von erbitterten Gravamina der Bergarbeiter.[1286]

Der Simplicissimus griff das Wagennullen in einer Karikatur auf, in der ein Kontrolleur die Körperteile eines verunglückten Bergmanns im Kohlenwagen fand und folgerte: *„Die Kohlen sind unrein, der Wagen wird genullt!"* (14.2.1905, S. 473). Der

---

1283 Zur Problematik: Haferkamp, Die heutige Rechtsmißbrauchslehre, 1995, S. 58 u. ö; zum Thema der sittlichen Grenzen der Freiheit bei der Historischen Rechtsschule: Haferkamp, Die Bedeutung der Willensfreiheit für die Historische Rechtsschule, 2008, S. 212 ff.

1284 Hedemann, Die Fortschritte des Zivilrechts im XIX. Jahrhundert, 1910, S. 3.

1285 Das „Nullen" bedeutete, dass Förderwagen, die nicht voll oder mit einem großen Anteil an taubem Material beladen waren, nicht gezählt wurden und zu Lohnkürzungen führten. Cf. Baum, Das Recht des Arbeitsvertrages, 1911, S. 44. Zur Komplexität der Ursachen dieses Streiks: Pieper 1904, S. 12–24. Koch weist nachdrücklich darauf hin, dass nicht „eine augenblickliche, allgemeine wirtschaftliche Notlage" die Arbeiter zum Ausstand trieb, denn der Streik sei zu einem Zeitpunkt ausgebrochen, als die Löhne anstiegen. (Koch, Bergarbeiterbewegung im Ruhrgebiet, 1954, S. 85).

1286 Cf. auch ABG 1892, Brassert, S. 41.

Simplicissimus widmete dem Streik 1905 eine Spezialnummer. Die Bergleute wurden aus der Sicht des Simplicissimus zur Kirmesattraktion, auf die man nach Belieben einschlagen konnte und an deren Elend die *„Kohlebarone"* verdienten. (7.2.1905, S. 451).[1287]

Innerhalb weniger Tage breitete sich die Bewegung auf das ganze Revier aus. Die preußische Regierung setzte eine Kommission zur Untersuchung der Beschwerden ein und kündigte die Novellierung des Berggesetzes an (s. o.). Die Gewerkschaften sahen sich bald außerstande, Streikunterstützung zu zahlen. Am 12. Februar wurde der Streik eingestellt. Von Seiten des Simplicissimus wurde der Eindruck erweckt, als übten die kapitalkräftigen Bergwerksunternehmer, hier dargestellt durch einen thronenden *„Kohlenkönig"*, Druck auf die Regierung - in Gestalt des demütig bittenden Reichskanzlers von Bülow - aus.

> *„Erst lassen Sie man auf die Bande schießen, dann unterhandeln Wir vielleicht mit Ihnen, Herr von Bülow."* (14.2.1905, S. 461).

Die Macht des *„Kohlenkönigs"* wird nicht nur semiotisch-ikonische vermittelt,[1288] sondern auch verbal. Der Kohlenkönig bedient sich in der Unterredung mit von Bülow des Imperativs und benutzt das majestätische „Wir" mit Majuskel. Durch die Bezeichnung der Bergarbeiter als „Bande" erfolgt deren Kriminalisierung, die ein polizeilich- militärisches Vorgehen rechtfertigen soll. Die Grubenbesitzer werden in der üblichen Manier als herzlose Unternehmer dargestellt, die kein Erbarmen mit den ausgemergelten deutschen Kindern kennen.

> *„Bleibt weg, Kinder. Dem Kerl geht nichts ans Herz, er hat die Brusttasche zu stark mit Banknoten gefüttert."* (14.2.1905, S. 462.).

(2) Kritik am Klerus

Im Zusammenhang mit dem Streik kritisierte der Simplicissimus die beleibten Vertreter des Klerus, die sich wie der christliche Gewerkverein angeblich auf die Seite der Grubenbesitzer und Großindustriellen stellten und den Arbeitern Vorhaltungen machten:

> *„Ihr solltet wieder arbeiten, denn es steht geschrieben: Im Schweiße deines Angesichts sollst du dein Brot essen."*
>
> *„Ja, Hochwürden, aber die Zechenbesitzer tun das doch auch nicht."*
>
> *„Die sind nicht gemeint. Denn nicht mal der liebe Gott würde sich getrauen, Herrn Stinnes oder Herrn Thyssen mit Du anzureden."*
>
> (14.2.1905, S. 470)

1287 In der wirtschaftlichen Realität konnten die Bergwerksgesellschaften durch die Verringerung der Produktionskosten seit den 1890er Jahren ihre Gewinne beträchtlich erhöhen. Allerdings entwickelten sich auch die Löhne der Bergarbeiter parallel zur Konjunktur im Steinkohlenbergbau. (Koch, Bergarbeiterbewegung im Ruhrgebiet, 1954, S. 78).

1288 Cf. Haese, Die gesellschaftskritische Karikatur im „Simplicissimus", 1966, S. 65 ff.

Der Simplicissimus verortete den Klerus meist auf Seiten der Arbeitgeber und Mächtigen. Dies betraf nicht nur die Industrieunternehmer, sondern auch die Großgrundbesitzer in *„Hinterpommern“*, wo der Pastor von der Kanzel herab gegen die *„Begehrlichkeit der unteren Volksklassen“* wetterte (26.11.1901, S. 284). Mit dieser Kritik griff der Simplicissimus auf einen seit der Voraufklärung bestehenden Topos zurück: Bereits 1670 hatte Spinoza in seinem ***Tractatus theologico-politicus*** behauptet, dass die Könige die Religion nur benutzten, um die Völker zu versklaven.[1289] Die Darstellung des Simplicissimus unterstellte dem Klerus eine arbeitsrechtlich kontraproduktive Haltung.

Die Kritik des Simplicissimus am Klerus muss indes relativiert werden: Die Kirchen trugen im Untersuchungszeitraum erheblich dazu bei, das Leben der Arbeiter und Armen durch karitative Maßnahmen zu erleichtern. In der katholischen Kirche kam auf der Schwelle vom 19. zum 20. Jahrhundert vor allem den jungen Kaplänen die Betreuung der Arbeiter in zahlreichen Arbeitervereinen zu. Allerdings ging die Solidarisierung der von den Konservativen als „Hetzkapläne“ bezeichneten Geistlichen mit den Arbeitern teilweise so weit, dass sie von ihren Vorgesetzen durch Versetzungen neutralisiert wurden.[1290] In ihrer Funktion als Präsides der lokalen katholischen Arbeitervereine trugen Geistliche allerdings auch dazu bei, Arbeiter zur Wiederaufnahme ihrer Arbeit zu bewegen.[1291] Diese Initiativen erfolgten durchaus auch zum Wohle der Arbeiter.

b) Die Streiks von 1909 und 1912

1909 kam es zu einem Bergarbeiterstreik in Mansfeld. In einer Bilderserie des Simplicissimus mit dem Titel *„Vom Mansfelder Kriegsschauplatz“* erklärte der Bergwerksdirektor mit Unterstützung des Militärs den Bergarbeitern den Krieg. Nach der Beendigung des „Krieges“ überreichte der kommandierende General dem Direktor *„das blecherne Kreuz für Tapferkeit im Frieden“* (15.11.1909, S. 549). Selbst den monokeltragenden Kavallerieoffizieren missfiel dieser unwürdige Einsatz:

> *„Na, das is ja sehr ehrenvoll, für Bergwerksfritzen 'ne Attacke reiten!“* (15.11.1909, S. 561).

Im März 1912 streikten im Ruhrgebiet die Bergarbeiter.[1292] Der ***Gewerkverein christlicher Bergarbeiter*** lehnte eine Teilnahme am Streik ab.[1293] Dennoch beteiligten

---

1289 Hazard, Die Krise des europäischen Geistes 1680–1715, 2004, S. 186.

1290 Tenfelde, Sozialgeschichte der Bergarbeiterschaft, 1977, S. 532.

1291 Schulz, Felten & Guillaume, 1979, S. 243 f.

1292 Sie forderten eine achtstündige Schicht, Lohnerhöhungen und die Einschränkung von Geldstrafen. Die Frage der Löhne und Arbeitszeiten beherrschte die Auseinandersetzungen zwischen Arbeitnehmern und Arbeitgebern bis zum Ersten Weltkrieg. Auch hier veränderten erst der Untergang des Kaiserreichs und damit die politische Umwälzung von 1918 die Zustände und bewirkten eine Beschränkung der Arbeitszeit auf acht Stunden. (Dazu: Löwisch/ v. Langsdorff, Gesetzgebung, 1973, S. 13). Zum Streik von 1912: Rohn, Der Arbeitsvertrag der Bergarbeiter, 1913, S. 1.

1293 Rohn, Der Arbeitsvertrag der Bergarbeiter, 1913, S. 82.

sich auch Mitglieder der christlichen Gewerkschaft am Streik. Die Unternehmer forderten ihrerseits, unterstützt auch von den christlichen Gewerkschaften, den Schutz der Arbeitswilligen.

Große Bergarbeiterstreiks prägten das Wirtschaftsschafts- und Arbeitsleben bereits vor dem ersten Erscheinen des Simplicissimus im Jahre 1896: Ende April, Anfang Mai 1889 fanden in mehreren Zechen des Ruhrgebiets Arbeitsniederlegungen statt.[1294] Der Streik endete zwar mit einer Niederlage für die Arbeiter, führte aber zur Bildung starker Organisationen.[1295] Von Seiten der freien Gewerkschaften und der Sozialisten wurde die Verbesserung der arbeitsrechtlichen Situation in eine angestrebte Veränderung der politischen Machtverhältnisse eingebunden. Die christlichen, vorwiegend katholischen, Bergleute sammelten sich im ***Gewerkverein christlicher Bergarbeiter.*** Er musste sich von den Sozialdemokraten den Vorwurf

---

1294 Bei Zusammenstößen zwischen Streikenden, Polizei und Militär kamt es zu Toten und Verletzten. (Reichold, Der „Neue Kurs" von 1890 und das Recht der Arbeit, 1990, S. 12: Am 13. Mai nahmen nach seinen Angaben allein in Nordrhein-Westfalen „gut 90 000 Streikende" am Ausstand teil; Tenfelde, Sozialgeschichte der Bergarbeiterschaft, 1977, S. 584.). Auf dem Höhepunkt des Streiks empfing Wilhelm II. am 14. und 16. Mai 1889 sowohl eine Abordnung der Bergarbeiter als auch eine der Bergbau-Unternehmer. Er sicherte den Bergarbeitern eine Prüfung ihrer Anliegen zu, sofern sich kein Zusammenhang der Bewegung „mit socialdemokratischen Kreisen" herausstelle. Das Junktim des Kaisers war Ausdruck einer politischen Einflussnahme. Den Arbeitgebern machte er allerdings auch ihre Verantwortung für die jeweilige Region und das Reich deutlich. Abgesehen von der strikten Zurückweisung der Sozialdemokraten als „Reichs- und Vaterlandsfeinde" nahm der Kaiser knapp ein Jahr nach seiner Thronbesteigung eine um Ausgleich bemühte Haltung ein. (Johann, Reden des Kaisers, 1966, S. 44–47). Die Intervention des Kaisers stärkte in weiten Kreisen der Bevölkerung das Vertrauen in die Obrigkeit. (Tenfelde, Sozialgeschichte der Bergarbeiterschaft, 1977, S. 593; cf. auch Reichold, Der „Neue Kurs" von 1890 und das Recht der Arbeit, 1990, S. 13). Evident äußerte sich der Bruch der staatlichen Neutralität, indem bei diesem Streik auch Militär gegen Streikende eingesetzt wurde und somit die Kampfparität zu Ungunsten der Streikenden verletzt wurde. Eine Verletzung der Staatsneutralität äußerte sich bereits sprachlich in der unterschiedlichen Anrede der Vertreter der beiden Parteien. Die Arbeiter wurden offenbar vom Kaiser geduzt, die Arbeitgeber gesiezt. Diese stilistische Nuance blieb allerdings ohne Auswirkungen auf die Kampfparität der Parteien. (Zur „Syntax der Höflichkeit": Jhering, Der Zweck im Recht, 1905, S. 557). Nach heutiger Rechtsauffassung verstößt der Staat bei der Einmischung in den Arbeitskampf zugunsten einer Arbeitskampfpartei eindeutig gegen das Gebot der Kampfparität. (HWK/Hergenröder, Arbeitsrecht Kommentar, 2012, Art. 9 GG Gesetz Rn. 173; Schaub, Treber, ArbR-Hdb., 2011, § 192 Rn. 38 ff.). Gleichwohl muss mitbedacht werden, dass Wilhelm II. das Gebot der Verhältnismäßigkeit in der Unterredung im Auge hatte, wenn er auf die gravierenden Folgen des Streiks hinwies.

1295 Rohn, Der Arbeitsvertrag der Bergarbeiter, 1913, S. 81.

der „klerikalen Hörigkeit“ gefallen lassen.[1296] Grundsätzlich zeigte der christliche Gewerkverein eine Verständigungsbereitschaft mit den Arbeitgebern.[1297]

Obwohl die katholischen Arbeiterführer keine Beseitigung der bestehenden Ordnung anstrebten, betrachteten die Bergbauunternehmen jede sozialpolitische Tätigkeit als unberechtigte Einmischung.[1298] Das Nebeneinander von sozialdemokratischen und christlichen Gewerkschaften prägte die Arbeiterbewegung bis 1933.

Die Behörden reagierten 1912 mit Härte und setzten Militär ein. Die Unternehmer bedienten sich der staatlichen Exekutiv-Organe, um ihre wirtschaftlichen Interessen durchzusetzen. Der Streik blieb letztlich erfolglos. Der Simplicissimus prangert in einem Gedicht die fehlende Solidarität[1299] der Abweichler an:

Im Kriege zwar, den Fürsten führen,
Erschießt man jeden Deserteur,
Und keiner fühlt ein menschlich Rühren
Und gibt dem Lumpenhund Gehör.
Doch wer im Kampf ums Brot den Brüdern
Heimtückisch in den Rücken fällt,
Gilt bei den Frommen und den Biedern
Als Staatserretter und als Held. (18.3.1912, S. 895, Auszug)

Zeitgenössische Juristen wiesen allerdings nicht nur auf den volkswirtschaftlichen Schaden des Streiks, sondern auch auf die Verdienstausfälle der Bergarbeiter hin.[1300]

7. Zwischenergebnis zu VIII

Vor allem die Grubenunternehmer wurden über Jahre als egoistische Arbeitgeber, denen die Arbeiter und die unter der Kohlennot leidende Bevölkerung hilflos

1296 1902 kam eine Polnische Berufsvereinigung hinzu. Die Zahl der im liberalen ***Hirsch-Dunckerschen Gewerkverein*** organisierten Arbeiter blieb gering. Laut Walter Bogs zählte der Gewerkverein vor dem Ersten Weltkrieg „über 100000 Mitglieder“. (Bogs, Geschichtliche Entwicklung des deutschen Koalitisonsrechts, 1925, S. 18. Dem Simplicissimus ist eine differenzierte Betrachtung des christlichen Gewerkvereins nicht zu entnehmen. Der christliche Gewerkverein stand nicht nur in Opposition zur sozialdemokratisch beeinflussten Gewerkschaft, sondern auch zu leitenden Führern des katholischen Klerus mit Papst Pius X. an der Spitze.

1297 Rohn, Der Arbeitsvertrag der Bergarbeiter, 1913, S. 81 f.; Steinisch, Der Gewerkverein christlicher Bergarbeiter, 1979, S. 279.

1298 Steinisch, Der Gewerkverein christlicher Bergarbeiter, 1979, S. 279; Hiepel, Arbeiterkatholizismus an der Ruhr, 1999, S. 259. Cf. Koch, Bergarbeiterbewegung im Ruhrgebiet, 1954, S. 124 ff., vor allem auch zur Kürze des Streiks und zum Unmut der Berarbeiter über die Streikleitung.

1299 Zur Schwierigkeit, bzw. Unmöglihckeit einer einheitlichen Auslegung des Begriffs der Solidarität im Hinblick auf die Arbeitnehmerschaft: Nitsche, Betriebsrisikolehre, 1976, S. 125.

1300 Rohn, Der Arbeitsvertrag der Bergarbeiter, 1913, S. 1.

ausgeliefert waren, dargestellt. Die Bergarbeiter waren besonderen Gefahren ausgesetzt, so dass das Verhalten der Arbeitgeber aus rezeptionssoziologischer Sicht besonders abstoßend erscheinen musste. Mit einigen Beiträgen zum Arbeitsleben der Bergleute erfüllte der Simplicissimus allerdings weder eine satirische noch eine aufklärerische Funktion. Die Kriminalisierung ausländischer Arbeitnehmer durch den Simplicissimus nahm die Beförderung xenophobischer Einstellungen in der Leserschaft in Kauf. Die Satire bewegte sich damit hermeneutisch jenseits ihres aufklärerischen Selbstanspruchs. Auch die Thematisierung spektakulärer Bergarbeiter-Streiks beruhte wahrscheinlich eher auf einer verkaufsfördernden Absicht als auf arbeitsrechtlichen Ambitionen der Zeitschrift. Die Erfüllung von Forderungen der Bergarbeiter in den Novellen des ABG entzog sich dagegen der Wahrnehmung des Simplicissimus. Gleichwohl war die Darstellung der exponierteren Schicksale der im Bergbau Beschäftigten dazu angetan, die Beilegung von Missständen einzufordern.

IX. Dienstboten im zivilen Leben

1. Begriffsbestimmung, Provenienz und demografische Entwicklung

Die Gruppe der „Dienstboten im zivilen Leben" ist nicht trennscharf von anderen in dieser Untersuchung behandelten Gruppen von Dienstboten darstellbar. So ist die Gruppe vor allem im Zusammenhang mit der der Arbeitgeber und Arbeitnehmer in der Landwirtschaft zu sehen. Auch die Frage der noch zu erörtenden Frauenarbeit ist nicht von den arbeitsrechtlichen Aspekten dieser Gruppe zu lösen. Die Eigenständigkeit dieses Kapitels bezieht seine Legitimation aus dem Verständnis des Simplicissimus von dieser Gruppe selbst und somit aus dem Versuch, die arbeitsrechtlichen Implikationen und ihre satirische Darstellung in einem kohärenten Fokus zu sehen.

Die Bezeichnungen „Dienstboten" und „Gesinde"[1301] sind heute überholt.[1302] Die hier dennoch beibehaltene Bezeichnung ist der Verwendung im Simplicissimus und

1301 Zur ursprünglichen, etymologischen und geschichtlichen, Bedeutung des Wortes „Gesinde" und dessen Wandel: Demmer, Gesinderecht, 1968, S. 2 f.

1302 Die GesO 1810 unterscheidet zwischen „Herrschaft" und „Gesinde" (§ 1). Ein kurzer Überblick bei Becker, Arbeitsvertrag und Arbeitsverhältnis, 1995, S. 54 ff. Als Plural von „Dienstbote" wurde lange gleichbedeutend mit „Dienstboten" „Gesinde" verwendet. (Vormbaum, Politik und Gesinderecht im 19. Jahrhundert, 1980, S. 23; so auch Demmer, Gesinderecht, S. 3). Diese Verwendung wird auch in der vorliegenden Untersuchung übernommen. Eine begriffliche Unterscheidung zwischen eher ländlichem Gesinde und eher städtischen, häuslichen Dienstboten wird hier nicht nachvollzogen. (Pierenkemper, Dienstbotengfrage, 1988, S. 178 f.). Klatt fasste unter dem mittelalterlichen Gesinde sowohl die Landarbeiter als auch „die in den Städten arbeitenden Hausgehilfen". (Klatt, Treuepflichten, 1990, S. 36).

in der ihm zeitgenössischen Literatur geschuldet.[1303] Als Dienstboten und Gesinde wurden dort u. a. genannt: Dienstmädchen, Köchinnen, Kindermädchen, Ammen, Diener, Kutscher, Knechte, Mägde, Hirten.[1304] Die Dienstboten wurden in den einschlägigen Rechtsvorschriften und der Rechtsliteratur Dienstverpflichtete (als Schuldner der Dienstleistung) genannt. Die Arbeitgeber hießen dementsprechend Dienstberechtigte (als Gläubiger der Dienstleistung).[1305]

In der aus zahlreichen Gesindeordnungen gespeisten Verkehrsanschauung zählten zum Gesinde diejenigen, die sich durch Vertrag auf längere Zeit[1306] gegen Entgelt zur Leistung häuslicher oder landwirtschaftlicher Dienste verpflichteten, dabei im weitesten Sinn in die häusliche Gemeinschaft einer „Herrschaft" aufgenommen wurden[1307] und sich der Hausgewalt[1308] des Dienstherrn unterwarfen. Die Bindung an die häusliche Gemeinschaft hatte eine lange Tradition, war von Pufendorf im 17. Jahrhundert naturrechtlich begründet worden[1309] und zeigte sich z. B. im ALR, wo die Pflichten und Rechte der Dienstboten im Anschluss an das Familienrecht behandelt worden waren.[1310]

In den Beiträgen des Simplicissimus hatten die Dienstboten allerdings kaum ein Interesse an einer familiären Bindung, und auch die Dienstherren benutzten gerne die angeblich familiäre Bindung nur als Vorwand für ihre Verfügungsgewalt über die Dienstboten. So suchte sich der adelige Dienstherr Zugang zum Zimmer der

---

1303 Der Begriff „Dienende" fand ebenfalls Verwendung. „Gesinde", „Dienstboten" und „Dienende" waren von der Gruppe „Häusliche Dienste" zu unterscheiden, unter denen auch im Untersuchungszeitraum Aufwartefrauen, Putzfrauen zu verstehen waren, die nicht im Haushalt der Herrschaft wohnten. (Matsumoto, Frauen vor dem Gewerbegericht, 2009, S. 35).

1304 Cf. GesO 1810, Gerhard zu § 1. Platzbecker, Rheinische Gesindeordnung, 1914, S. 8. Zum „Personenkreis" und zur Definition des Begriffs „Gesinde": Vormbaum, Politik und Gesinderecht im 19. Jahrhundert, 1980, S. 26 ff., 218. Zur Frage „Wer war das Gesinde?" Schröder, Das Gesinde war immer frech und unverschämt, 1992, S. 49 ff. Zur Hierarchie der Dienstboten: Schildt, Frauenarbeit im 19. Jahrhundert, 1993, S. 107. Die u. a. im ALR 1794 (Hausofficianten § 182 ff., II, 5), in der GesO 1810 und später getroffene Unterscheidung zwischen „gemeinem Gesinde" und „Haus-Offizianten" wird hier ignoriert, da sie nicht in allen Gesindeordnungen außerhalb des Geltungsbereichs des ALR getroffen wurde. (Das Preußische Mieth-, Pacht- und Gesinde-Recht, 1873, S. 24 f.). Zu den Angehörigen des Gesindes auch: Demmer, Gesinderecht, 1968, S. 34.

1305 Platzbecker, Rheinische Gesindeordnung, 1914, passim.

1306 Vielfach für ein Jahr (Schmelzeisen, Polizeiordnungen, 1955, S. 331).

1307 Kocka, Lohnarbeit, 1983, S. 74; Vormbaum wies auf die schwankenden Begriffsmerkmale hin. (Vormbaum, Politik und Gesinderecht im 19. Jahrhundert, 1980, S. 23 ff.); ebenso Melzer, Regelung der Arbeitsverhältnisse, 1970, S. 385.

1308 Cf. zur Hausgewalt im römischen Recht: Manthe, Geschichte des römischen Rechts, 2000, S. 28 ff.

1309 Cf. Denzer, Samuel Pufendorf, 1972, S. 159 f.

1310 Ramm, Arbeitsverfassung, 1987, S. 198, 2. Teil, 5. Titel ALR.

Gouvernante mit dem Hinweis zu verschaffen, sie habe doch „Familienanschluß“ gesucht. (9.1.1906, S. 486). In der Darstellung des Simplicissimus und in der gesellschaftlichen Wirklichkeit klafften die arbeitsrechtlichen Vorschriften der Gesindeordnungen und die tatsächlichen Arbeitsverhältnisse auseinander.[1311] Die realen zentrifugalen Kräfte, welche viele Dienstboten bewegten, ließen sich durch die überkommenen Normen nicht ausschalten. Das geringe Interesse an einer Einbindung in die Familie der vom Simplicissimus dargestellten Dienstboten mag sich dadurch erklären, dass seit Beginn des 19. Jahrhunderts die besondere Gehorsamspflicht des Hausgesindes gerade aus der Wohngemeinschaft gerechtfertigt wurde.[1312] An einer besonderen Gehorsamspflicht war den dargestellten Dienstboten aber nicht gelegen.

Auf die Arbeitsbedingungen von Dienstboten in landwirtschaftlichen Dienstverhältnissen oder in militärischer Abhängigkeit wurde bereits hingewiesen.

Aus (spät-)mittelalterlichen Rechtsquellen ging hervor, dass die Dienstboten den Arbeitsvertrag mit dem Dienstherren als „freie Personen“ eingingen. Sie unterschieden sich damit von Leibeigenen und Hörigen.[1313] Auch die Lohnhöhe beruhte auf „der freien Vereinbarung der Contrahenten“.[1314] Mit dem Eintritt in das Dienstverhältnis hörte allerdings die Freiheit der Dienstboten auf: Sie waren der hausherrlichen Gewalt ihres Dienstherrn unterworfen.[1315]

Erntehelfer, „freie“ Tagelöhner gehörten nicht zum Gesinde. Sie standen in einem jederzeit lösbaren Dienstverhältnis im Tage- oder Akkordlohn.[1316] Die in Gastwirtschaften und Hotels beschäftigten Kellner, Hausdiener, Köche und Köchinnen unterstanden grundsätzlich der Gewerbeordnung.[1317] Die Grenzen zwischen Gesinde und den der Gewerbeordnung unterworfenen Arbeiter(innen) war besonders für kleinere Betriebe nicht immer eindeutig zu ziehen.[1318]

1311 Bereits im ALR hieß es unter II. 5. §§ 132 ff.: Das Gesinde kann den Dienst ohne vorherige Aufkündigung verlassen […], „3) Wenn die Herrschaft dasselbe zu Handlungen, welche wider die Gesetze oder wider die guten Sitten laufen, hat verleiten wollen.“

1312 Klippel, Der Lohnarbeitsvertrag, 1990, S. 177.

1313 Hertz, Die Rechtsverhältnisse des freien Gesindes, 1879, S. 4 f; cf. Mayer-Maly zu den Ausführungen Bonacossas und Stamms am Ende des 16. und Anfang des 17. Jahrhunderts zu den „hausangehörigen Dienstnehmern“ (famuli), in denen er die Anfänge einer „vom Zivilrecht emanzipierten Arbeitsrechtslehre“ sah. (Mayer-Maly, Vorindustrielles Arbeitsrecht, 1975, S. 60).

1314 Hertz, Die Rechtsverhältnisse des freien Gesindes, 1879, S. 7.

1315 Hertz, Die Rechtsverhältnisse des freien Gesindes, 1879, S. 9.

1316 Platzbecker, Rheinische Gesindeordnung, 1914, S. 9.

1317 Platzbecker, Rheinische Gesindeordnung, 1914, S. 10; laut Pierenkemper wurden am Ende des 19. Jahrhunderts die (weiblichen) Dienstboten „auf die Verrichtung von Hausarbeit fixiert“ und nicht mehr „zu Tätigkeiten im Gewerbebetrieb oder in der Landwirtschaft herangezogen“. (Pierenkemper, Dienstbotenfrage, 1988, S. 177 f.).

1318 Stadthagen, Das Arbeiterrecht, 1904, S. 86 f.; Baum, Das Recht des Arbeitsvertrages, 1911, S. 15. Keine Dienstboten waren die sogenannten „Haustöchter“: Schildt, Frauenarbeit im 19. Jahrhundert, 1993, S. 108. Putzfrauen, Reinigungskräfte, usw.

Das Zahlenmaterial zur Provenienz und demografischen Entwicklung der Dienstboten ist lückenhaft.[1319] Ein Jahr vor dem Erscheinen des Simplicissimus stellten die im Haushalt angestellten weiblichen Dienstboten offenbar fast 20% der Erwerbstätigen.[1320] Um die Jahrhundertwende nahm der Anteil der männlichen Dienstboten ab,[1321] so dass von einer „Verweiblichung" des Dienstbotenberufes gesprochen wurde.[1322] So klagte ein Millionär im Simplicissimus, dass es leichter sei, einen fürstlichen Schwiegersohn zu bekommen als gute Dienstboten (27.4.1908, S. 65). Die jungen, unvermögenden Frauen kamen häufig aus einer ländlichen oder kleinstädtischen Unter- und Mittelschicht in ein ihnen fremdes Umfeld.[1323] Der Simplicissimus scheute sich nicht, die mit der Herkunft verbundene Unbeholfenheit und Überforderung mancher Dienstmädchen[1324] satirisch zu verarbeiten (14.5.1898, S. 54 u. ö.).

2. Die Stellung im Haushalt

Im Untersuchungszeitraum entwickelte sich die Dienstbotenarbeit „von einem ländlich-kleinbürgerlichen Phänomen zu einer Erscheinung städtisch-bürgerlicher Haushalte", so dass am Ende des 19. Jahrhunderts „ein Großteil der Dienstboten" in den privaten Haushalten der Großstädte arbeitete.[1325]

Lange wurde der Beruf des Dienstmädchens von den Kirchen positiv bewertet, weil er dem Bild der dienenden Frau entsprach. Außerdem sahen die Kirchen die jungen Frauen lieber in der Obhut konservativer Familien als im sozialistischen Umfeld der Industriebetriebe. Dabei wurde die „notorische Gefährdung der Sittlichkeit weiblicher Dienstboten"[1326] nicht ignoriert.[1327]

---

gehörten ebenfalls nicht zur Gruppe der Dienstboten, da sie nicht in die häusliche Gemeinschaft aufgenommen waren. (Hueck/ Nipperdey, Lehrbuch des Arbeitsrechts, 1963, S. 67). Zur traditionellen Verwischung der Grenzen zwischen Gesindearbeit und gewerblicher Arbeit: Kocka, Lohnarbeit, 1983, S. 74; Kocka, Weder Stand noch Klasse, 1990, S. 143.

1319 Widersprüchliche Angaben z. B. bei Ottmüller, Die Dienstbotenfrage, 1978, passim.

1320 Ottmüller, Die Dienstbotenfrage, 1978, S. 15; Kinnebrock, Münchner Weibs-Bilder, 1996, S. 58.

1321 Auf 100 Dienstboten kam nur noch ca. ein Mann, der meist als Kutscher oder Kammerdiener beschäftigt war. (Ottmüller, Die Dienstbotenfrage, 1978, S. 64; Pierenkemper, Dienstbotenfrage, 1988, S. 179). Die sog. „Hausdiener", die in großen Kaufhäusern die unterschiedlichsten Arbeiten verrichteten, waren arbeitsrechtlich keine Dienstboten. (Göhre, Das Warenhaus, 1907, S. 67 f.).

1322 Pierenkemper, Dienstbotenfrage, 1988, S. 176.

1323 Schildt, Frauenarbeit im 19. Jahrhundert, 1993, S. 109; Pierenkemper, Dienstbotenfrage, 1988, S. 177; Kocka, Lohnarbeit, 1983, S. 75.

1324 Pierenkemper, Dienstbotenfrage, 1988, S. 191.

1325 Pierenkemper, Dienstbotenfrage, 1988, S. 174 f.; Matsumoto, Frauen vor dem Gewerbegericht, 2009, S. 38.

1326 Vormbaum, Politik und Gesinderecht im 19. Jahrhundert, 1980, S. 344.

1327 Könnecke, Rechtsgeschichte des Gesindes, 1912, S. 33.

Die Beschäftigung von Dienstboten als Merkmal einer standesgemäßen Lebensführung galt als ein soziales Abgrenzungsmerkmal bürgerlicher und adeliger Familien von den Arbeiterfamilien.[1328] Besonders kleinbürgerliche Arbeitgeber konnten nur mit Mühe die preiswerten Dienstmädchen vom Land bezahlen.[1329] Der Simplicissimus mokierte sich in mehreren Beiträgen über die vermeintliche Notwendigkeit, Dienstboten als Statussymbole zu beschäftigen, seien sie auch noch so ungebildet und naiv (16.1.1899, S. 331). Viele Familien könnten sich ihre Dienstboten jedoch kaum leisten:

> *„Wir müssen uns ein zweites Mädchen nehmen, die Köchin hat mir bereits ihre letzten Spargroschen gepumpt."* (28.8.1900, S. 188 u. ö.).

Die jungen Frauen waren oft auf Gedeih und Verderb ihren Arbeitgebern ausgeliefert. Sie trugen weiße Schürzen, die zeigen sollten, dass sie keine schmutzigen Arbeiten verrichten mussten. Die Schürzen waren wie die Livreen von Domestiken Merkmal der Schichtendifferenzierung.[1330] Mit Ausnahme der Köchin war die Tätigkeit als Dienstmädchen in der Regel ein „Durchlaufberuf".[1331] Die Mädchen versuchten in der gesellschaftlichen Realität und in der Darstellung des Simplicissimus', sich möglichst schnell zu verheiraten, um wieder aus dem wenig geliebten Dienstverhältnis auszuscheiden (2.7.1906, S. 221).[1332]

3. Die rechtliche Stellung der Dienstboten[1333]

Die Pflichten und wenigen Rechte der Dienstboten waren in zahlreichen landesrechtlichen und lokalen Gesindeordnungen niedergelegt.[1334] In Preußen galt die

---

1328 „Das maßgebliche Unterscheidungskriterium für die ‚Bürgerlichkeit' der Hausfrauen ist vielmehr, ob sie sich Dienstboten leisten konnten und wie weit sie damit von Arbeit freigestellt waren." (Gerhard, Verhältnisse und Verhinderungen, 1978, S. 63.

1329 Pierenkemper, Dienstbotenfrage, 1988, S. 198.

1330 Dazu Schröder, Das Gesinde war immer frech und unverschämt, 1992, S. 142 ff.

1331 Pierenkemper, Dienstbotenfrage, 1988, S. 177. Cf. auch Kocka, Weder Stand noch Klasse, 1990, S. 146.

1332 Pierenkemper wies darauf hin, dass sich die Dienstmädchen allerdings oft mit der Heirat „ein arbeitsreiches Leben unter kümmerlichen Bedingungen" einhandelten. (Pierenkemper, Dienstbotenfrage, 1988, S. 199:

1333 Zu den Gesinderechtsverhältnissen: Krause, Grundsätze des Berufsbeamtentums, 2008, S. 140 ff.

1334 Schröder gab - unter Berufung auf andere Autoren - zu Beginn des 20. Jahrhunderts die Zahl von 59 Gesindeordnungen an. (Schröder, Das Gesinde war immer frech und unverschämt, 1992, S. 27). Cf. Elster, Lexikon des Arbeitsrechts, 1910, S. 64, s. v. „Gesinderecht". Könnecke bettete seine umfassende „Rechtsgeschichte des Gesindes in West- und Süddeutschland" von 1912 in die Geschichte des Gesinderechts im ganzen Reich ein. (Könnecke, Rechtsgeschichte des Gesindes, 1912, z. B. S. 235 f., 239 ff.).Vormbaum sah das Gesinderecht in der Tradition des deutschen

Gesindeordnung vom 8. November 1810[1335]. Das Rechtsverhältnis zwischen Dienstverpflichtetem und Dienstherrn war laut Krause „trotz aller personenrechtlichen Reflexwirkungen" unter Bezugnahme auf § 1 „ein ganz und gar schuldrechtliches Verhältnis".[1336] Die Gesindeordnung von 1810 diente lange und vielerorts als Vorbild für andere.[1337] Die in den Gesindeordnungen gesetzten Normen dienten vornehmlich der Regulierung des ländlichen und nicht-ländlichen Arbeitsmarktes. Zu dieser

---

Rechts und nicht in der des römischen. (Vormbaum, Politik und Gesinderecht im 19. Jahrhundert, 1980, S. 130). Zur Einbindung des Gesinderechts in die Gesetzgebungsvorhaben am Ende des 18. Jahrhunderts, etwa in das ALR: Schulze, Policey, 1982, S. 144. Kritiker der Gesindeordnung merkten an, dass trotz des Prinzips der Vertragsfreiheit die „hausherrliche Gewalt" zu Lasten der persönlichen Rechte und Freiheiten der Dienstboten erhalten bleiben sollte. (Tenfelde, Ländliches Gesinde, 1979, 201).

1335 Sie wurde u. a. nicht in der Rheinprovinz eingeführt (Vormbaum, Politik und Gesinderecht im 19. Jahrhundert, 1980, S. 157), entfaltete dort aber mittelbar ihre Wirkung. Zur Übereinstimmung der Gesindeordnung von 1810 mit den Normen des ALR: Klatt, Treuepflichten, 1990, S. 129.

1336 Krause, Grundsätze des Berufsbeamtentums, 2008, S. 143; § 1 GesO 1810: „Das Verhältniß zwischen Herrschaft und Gesinde gründet sich auf einem Vertrage, wodurch der eine Theil zur Leistung gewisser häuslicher oder wirthschaft-licher Dienste auf eine bestimmte Zeit, sowie der andere zu einer dafür zu gebenden bestimmten Belohnung sich verpflichtet."

1337 Für die Rheinlande war noch vor Beginn des Weltkriegs die an die preußische Gesindeordnung von 1810 angelehnte, aber dieser gegenüber fortschrittlichere ***Gesindeordnung für die Rheinprovinz vom 19. August 1844*** in Kraft, 1914 kommentiert von Platzbecker unter Berücksichtigung der Ergänzungen und Modifizierung der Rechtlage durch das am 1. Januar 1900 in Kraft getretene BGB und EGBGB. (Platzbecker, Rheinische Gesindeordnung, 1914, passim). Zur Entstehung der Gesindeordnung für die Rheinprovinz: Vormbaum, Politik und Gesinderecht im 19. Jahrhundert, 1980, S. 181 ff.). Zur Einordnung der ***Gesindeordnung für die Rheinprovinz*** in den Kontext des rheinischen Rechts: Schulze, Rheinisches Recht, 2002, passim, bes. S. 89 f. Schulze ging zwar nicht ausdrücklich auf die Gesindeordnung ein, zeigte aber an zahlreichen Belegen die „Vermittlerrolle" und die „Brückenfunktion" des rheinischen Rechts im Hinblick auf die Entwicklung der Rechte in Frankreich und Deutschland. In einem früheren Beitrag hatte Schulze bereits darauf hingewiesen, dass das Zusammentreffen von Rechten unterschiedlicher Nationalitäten und Sprachen in der europäischen Rechtsgeschichte nicht nur eine linguistische Herausforderung darstellte, sondern in der rechtsgeschichtlichen Entwicklung der europäischen Gemeinschaften einen wesentlichen inhaltlichen Interaktionsprozess darstellte. (Schulze, Europäisches Gemeinschaftsrecht, 1994, S. 316). Die Einordnung des Gesindes in das Rechtssystem wies Schwierigkeiten auf: Obwohl es sich um ein Vertragsverhältnis handelte, tendierten Juristen des 19. und beginnenden 20. Jahrhunderts dazu, wie Otto von Gierke, das Gesinderecht eher dem Familienrecht als dem Obligationenrecht zuzuordnen. (Schröder, Das Gesinde war immer frech und unverschämt, 1992, S. 116).

Regulierung gehörte sowohl die Disziplinierung des Gesindes als auch die Verhinderung seiner unkontrollierten Mobilität. Zudem verfestigten die Gesindeordnungen die Standesunterschiede.[1338] Der dem Simplicissimus zeitgenössische Jurist Stadthagen sprach kritisch von den „aus einer längst untergegangenen Wirtschaftsperiode in die Jetztzeit hineinragenden Trümmern der Gesindeordnungen".[1339]

Gängig war die Bewertung des Gesinderechts als „Ausdrucksform ständisch-feudalen Denkens".[1340] Die Dienstboten waren zur Führung von Gesinde(dienst) büchern verpflichtet,[1341] in denen sich ihre Dienste nachweisen ließen. In die Dienstbücher nahmen sowohl die Arbeitgeber als auch die Polizei Eintragungen vor.[1342] Die Polizei, selbst nicht arbeitsrechtlichen Regeln unterworfen, übte folglich eine arbeitsrechtlich relevante Funktion aus.[1343] Das Verhältnis zwischen Herrschaft und Gesinde wurde durch einen (Miet-)Vertrag begründet.[1344] Allerdings war das Arbeitsverhältnis der Dienstboten nicht ein bloßes Arbeitsverhältnis, sondern ein umfassendes Herrschaftsverhältnis auf Zeit.[1345] Das Arbeitsverhältnis der Dienstboten bestand aus einer „Verquickung von Privatrecht und Polizeirecht", bzw. aus einer

---

1338 Schröder, Das Gesinde war immer frech und unverschämt, 1992, S. 143 ff.

1339 Stadthagen, Das Arbeiterrecht, 1904, S. 8. Im gleichen Ton wertet Tenfelde, wenn er von „Residuen reaktionärer Machtfülle" spricht. (Tenfelde, Ländliches Gesinde, 1979, S. 208).

1340 Vormbaum, Politik und Gesinderecht im 19. Jahrhundert, 1980, S. 140. Mehring nannte die Gesindeordnung eine „feudale Ruine" (Mehring, Zur deutschen Geschichte, 1965, S. 295). Aus sozialistischer Sicht kam Melzer zu dem Ergebnis: „Die Grundeigentümer haben ihre Klasseninteressen durchgesetzt, indem sie auf gesetzgeberischem Wege, mit staatlichem Zwang, besonders drückende Arbeitsbedingungen für das Gesinde festlegten und hiermit halbfeudale Zustände bewahrten." (Melzer, Regelung der Arbeitsverhältnisse, 1970, S. 384).

1341 Cf. VEG 1846 (§ 5 „Bei Entlassung des Gesindes ist von der Dienstherrschaft ein vollständiges Zeugniß über die Führung und das Benehmen desselben in das Gesindebuch einzutragen.") Zur Entstehungsgeschichte der Gesindebücher: Vormbaum, Politik und Gesinderecht im 19. Jahrhundert, 1980, S. 67 ff, 214; Ramm, Arbeitsverfassung, 1978, S. 198. Zur Entwicklung der Gesindebücher: Könnecke, Rechtsgeschichte des Gesindes, 1912, S. 878 ff.

1342 Presch, Verdeckte Beurteilungen in Arbeitszeugnissen, 1997, S. 332. Die Arbeitgeber konnten beispielsweise vermerken, dass eine Frau wegen „ihrer Lügerei" entlassen wurde, die Polizei, dass sie sich auf der Straße herumtrieb und dass sie verwarnt wurde.

1343 PolVwG 1850, Friedrichs, S. 11 f. Es hatte bereits in der Gesindeordnung von 1810 den Anschein, als seien Lohn und Kost das Ergebnis „freier Übereinkunft" (§ 32), in Wirklichkeit aber legte die „Polizei-Obrigkeit des Orts" die Maßstäbe fest. (§ 33). (GesO 1810). Hedemann beschönigt: „So also hielt auch in das Gesinderecht die Vertragsfreiheit ihren Einzug." (Hedemann, Die Fortschritte des Zivilrechts im XIX. Jahrhundert, 1910, S. 9).

1344 Platzbecker, Rheinische Gesindeordnung, 1914, S. 7 und §§ 34, 36 der dort angehängten Gesindeordnung.

1345 Pierenkemper, Dienstbotenfrage, 1988, S. 176.

„Vermischung des Privatrechts, des öffentlichen Rechts und des Strafrechts".[1346] Solange auf dem platten Land der Gutsherr auch die Polizeigewalt innehatte,[1347] war die arbeitsrechtliche Stellung des Gesindes besonders ungünstig. Hinsichtlich der Normen des Gesinderechts ist der Auffassung Schmelzeisens zuzustimmen wenn er folgerte: „Infolgedessen war der freien, vertraglichen Vereinbarung ... kaum eine Möglichkeit gegeben."[1348] In Anlehnung an die preußische Gesindeordnung von 1810[1349] wurden die Pflichten des Gesindes geregelt:

> „Das Gesinde hat sich der häuslichen Ordnung, wie sie von der Herrschaft bestimmt wird, zu unterwerfen. Es ist schuldig, seine Dienste treu, fleißig und aufmerksam zu verrichten und die Befehle und Verweise der Herrschaft mit Ehrerbietung und Bescheidenheit anzunehmen."[1350]

Die Arbeitszeit war nicht geregelt.[1351] Unter Beachtung von Kündigungsfristen[1352] konnte das Dienstverhältnis grundsätzlich nur nach Ablauf der Dienstzeit aufgehoben werden.[1353]

Die Dienstboten profitierten nicht von den zunehmenden rechtlichen Errungenschaften der gewerblichen Arbeiter.[1354] Kam es zu arbeitsrechtlichen Friktionen zwischen Dienstboten und der Herrschaft, boten sich den Dienstboten wenige

---

1346 Ramm, Arbeitsverfassung, 1978, S. 198, 209. Zu dem „wesentlich öffentlich-rechtlichen Charakter" der preußischen Gesindeordnung von 1810: Melzer, Regelung der Arbeitsverhältnisse, 1970, S. 383. Zur Berechtigung der Obrigkeit, Dienstboten gemäß den Normen der Polizeiordnungen des 16., 17. und 18. Jahrhunderts zu verhaften und zu bestrafen: Schmelzeisen, Polizeiordnungen, 1955, S. 332.

1347 Zur Aufhebung der gutsherrlichen Polizeigewalt 1972: Eggebrecht, Geschichte der Arbeit, 1980, S, 254.

1348 Schmelzeisen, Polizeiordnungen, 1955, S. 338.

1349 §§ 73 und 75 GesO 1810, zitiert nach Vormbaum, Politik und Gesinderecht im 19. Jahrhundert, 1980, S. 42.

1350 § 20 GesO 1844. Cf. § 64 GesO 1810: „Das Gesinde ist schuldig, seine Dienste treu, fleißig und aufmerksam zu verrichten." § 76 GesO 1810: „Die Befehle der Herrschaft und ihre Verweise muß das Gesinde mit Ehrerbierung und Bescheidenheit annehmen." Zum Begriff „treu": Klatt, Treuepflichten, 1990, passim und 173 ff.

1351 Ottmüller, Die Dienstbotenfrage, 1978, S. 90 f.

1352 Baum, Das Recht des Arbeitsvertrages, 1911, S. 73.

1353 Vormbaum, Politik und Gesinderecht im 19. Jahrhundert, 1980, S. 45 f. Zur privatrechtlichen und öffentlich-rechtlichen Bestrafung des mittelalterlichen Gesindes, das den Dienst vor Ablauf der vereinbarten Frist verlließ: Hertz, Die Rechtsverhältnisse des freien Gesindes, 1879, S. 73 ff.

1354 Vormbaum, Politik und Gesinderecht im 19. Jahrhundert, 1980, S. 51. „Während so dem präventiven Eingreifen des Gesetzgebers und der Kampftätigkeit der Arbeiterbewegung gelungen war, die Rechtslage der gewerblichen Arbeiter zu verbessern, bestanden die nachteiligen Bestimmungen der Gesindeordnung über Vertragsdauer, Beendigungsgründe und Kündigungsfristen bis 1918 unverändert fort."

Möglichkeiten zur Geltendmachung ihrer Rechte.[1355] Obwohl das Gesinde ebenso wie die gewerblichen Arbeiter und die abhängigen Handwerker zu den Arbeitnehmern zählte, waren unterschiedliche Institutionen zur Entscheidung ihrer arbeitsrechtlichen Streitigkeiten berufen.[1356] Das Gesinde konnte die ordentlichen Gerichte erst nach erfolgloser polizeilicher Vermittlung anrufen.[1357] Als einzige Gruppe der Arbeitnehmer war das Gesinde zu Anfang des 20. Jahrhunderts der Polizeigewalt unterstellt.[1358] Dabei lag der Polizei offenbar bei der Schlichtung von Streitigkeiten vor allem daran, die Autorität der Herrschaft dem Gesinde gegenüber aufrecht zu halten.[1359] Gemäß dem ***Gesetz zur Abänderung des Gesetzes vom 29. Juli 1890, betreffend die Gewerbegerichte vom 30. Juni 1901*** fielen die Dienstboten nicht in die Zuständigkeit der Gewerbegerichte. Klagen von Dienstboten und ihrer Herrschaft fielen in die Zuständigkeit des Amtsgerichts.[1360] In der Praxis wurden allerdings auch „Einzelbereiche der Dienstbotenarbeit in die Zuständigkeit der Gewerbegerichte aufgenommen", wenn Dienstboten zu Arbeiten im Gewerbebetrieb des Arbeitgebers herangezogen wurden.[1361] Da aber um 1900 etwa ein Viertel aller erwerbstätigen Frauen in deutschen Städten Dienstboten waren, war dieser Anteil der Arbeitnehmerinnen grundsätzlich von der Gewerbegerichtsbarkeit ausgeschlossen.[1362]

Seit 1900 traten die reichsrechtlichen Regelungen des ***Bürgerlichen Gesetzbuchs*** zu denen der weiterhin bestehenden Gesindeordnungen als subsidiäre Rechtsquelle hinzu. Forderungen nach einer Vereinheitlichung des Arbeitsrechts und einem „Sturz der Gesindeordnungen" blieben unerfüllt.[1363] Das Reichsrecht setzte nur die Mindestverpflichtung des Dienstherrn fest.[1364] Dabei unterschied sich das Gesindedienstverhältnis durch die besondere, persönliche Stellung

1355 Ottmüller, Die Dienstbotenfrage, 1978, S. 28.

1356 Sawall, Die Entwicklung der Arbeitsgerichtsbarkeit, 2007, S. 129.

1357 Vormbaum, Politik und Gesinderecht im 19. Jahrhundert, 1980, S. 66.

1358 Sawall, Die Entwicklung der Arbeitsgerichtsbarkeit, 2007, S. 141.

1359 Sawall, Die Entwicklung der Arbeitsgerichtsbarkeit, 2007, S. 137; Vormbaum, Politik und Gesinderecht im 19. Jahrhundert, 1980, S. 63 ff. Allerdings kamen auch Fälle vor, in denen der Amtsdiener als Polizist auf indirekte Anweisung des Kirchspielvogts bei ortsbekannten Ausbeutern auf Seiten flüchtiger Landarbeiter stand. (Rehbein, Das Leben eines Landarbeiters, 1911, S. 137).

1360 Platzbecker, Rheinische Gesindeordnung, 1914, S. 14, 16.

1361 Matsumoto, Frauen vor dem Gewerbegericht, 2009, S. 37.

1362 Matsumoto, Frauen vor dem Gewerbegericht, 2009, S. 50: „So bewahrte das Gewerbegerichtsgesetz der bürgerlichen Familie (als Hauptarbeitsort der Dienstboten) ihre private Sphäre als ein Asyl [?] traditioneller Herrschaftsbeziehungen, in die die Arbeitsgerichtsbarkeit nie eingreifen konnte."

1363 Hedemann, Zur Reform des Gesinderechts, 1906, 1338; Vormbaum, Politik und Gesinderecht im 19. Jahrhundert, 1980, S. 308.

1364 Elster, Lexikon des Arbeitsrechts, 1910, S. 66, s. v. „Gesinderecht".

zum Hausstand der Herrschaft vom allgemeinen Dienstverhältnis des BGB.[1365] Sowohl der „familienrechtliche Charakter“ des Gesindeverhältnisses[1366] als auch die regional unterschiedliche Situation des Gesindes wurden für die Beibehaltung der Spezialgesetze angeführt.[1367] Das EGBGB von 1896 äußerte sich zum „Züchtigungsrecht“.[1368] Zurechtweisungen waren erlaubt, Schläge nicht. Zuvor waren teilweise lediglich Misshandlungen des Gesindes „unter Gefahr von Leib

1365 §§ 611–630 BGB 1896.

1366 Franz Demmer betont den Unterschied zwischen „Gesindeverhältnis“ und „Gesindevertrag“ auf der Grundlage des ALR: „Gesindeverhältnis ist ... das Rechtsverhältnis, aus dem sich alle Rechte und Pflichten zwischen Herrschaft und Gesinde herleiten. Gesindevertrag ist der Vertrag, der das Gesindeverhältnis begründet. Gesindeverhältnis ist also der weitere, Gesindevertrag der engere Begriff.“ (Demmer, Gesinderecht, 1968, S. 21).

1367 Zur Diskussion des Gesinderechts im Zusammenhang mit dem zweiten Entwurf des BGB: Ramm, Arbeitsvertragsgesetz, 1992, Einleitung, S. 16 f.

1368 § 77 GesO: „Reizt das Gesinde die Herrschaft durch ungebührliches Betragen zum Zorn, und wird in selbigem von ihr mit Scheltworten oder geringen Thätlichkeiten behandelt, so kann es dafür keine gerichtliche Genugthuung fordern.“ Art. 95 EGBGB 1896. Dazu auch Baum, Das Recht des Arbeitsvertrages, 1911, S. 17. Die Rechtsprechung vertrat jedoch nach Inkrafttreten des BGB auch die Auffassung, § 77 GesO 1810 sei durch Art. 95 EGBGB nicht betroffen, denn § 77 enthalte kein Züchtigungsrecht, sondern stelle lediglich ein Strafverfolgungshindernis dar. (Zitiert nach Vormbaum, Politik und Gesinderecht im 19. Jahrhundert, 1980, S. 126; auch Demmer, Gesinderecht, 1968 zu § 77 ALR, S. 58). Insgesamt beschäftigte die sog. Züchtigungsbefugnis der Dienstherrschaft Gesetzgebung und Rechtsprechung des 19. Jahrhunderts, wie bei anderen vom Gesinderecht erfassten Rechtsinstituten, in unterschiedlicher landesrechtlicher Ausprägung. (Vormbaum, Politik und Gesinderecht im 19. Jahrhundert, 1980, S. 86 ff.). Zur Züchtigungs- und Bestrafungsbefugnis des Gesindes durch die Herrschaften und die Obrigkeit in den Polizeiordnungen: Schmelzeisen, Polizeiordnungen, 1955, S. 341. Zum – milden – Bestrafungs- und Erziehungsrecht des Hausgesindes durch den Hausherrn bei Jean Bodin im 16. Jahrhundert: Olea, Hörigkeit, 1981, S. 19 ff. Zum Züchtigungsrecht im ALR: Gerhard, Verhältnisse und Verhinderungen, 1978, S. 20 f. Gerhard sieht im § 77 der preußischen Gesindeordnung vom 8. November 1810 die Legitimierung des Züchtigungsrechts und gleichzeitig den Beleg des feudalen Rechts hinter dem Schein der „Liberalität eines privatrechtlichen Vertrages“. (Gerhard, Verhältnisse und Verhinderungen, 1978, S. 54).

und Leben“ strafbar und verboten.[1369] Ebenso band der Artikel 95 des EGBGB die Landesgesetze an den § 624 BGB.[1370]

Die §§ 618 und 619 des BGB wurden als „direkte Bestimmungen zum Schutze des Gesindes“ verstanden.[1371] § 618 äußerte sich allgemein zum Treffen der Maßnahmen des Dienstberechtigten hinsichtlich der Unterkunft, der Verpflegung und der Arbeits- und Erholungszeit, „welche mit Rücksicht auf die Gesundheit, die Sittlichkeit und die Religion des Verpflichteten erforderlich sind.“[1372] Der § 616 BGB wurde im Artikel 14 § 1 des preußischen Ausführungsgesetzes zum BGB für die Gesindeverhältnisse verbindlich festgelegt.[1373] Bis zum Ende des Kaiserreichs war die arbeitsrechtliche Situation der Dienstboten prekär.[1374] Das Gesinderecht wurde in der auf

---

1369 GesO 1810, Gerhard, S. 1 f.; Hertz, Die Rechtsverhältnisse des freien Gesindes, 1879, S. 31; Platzbecker, Rheinische Gesindeordnung, 1914, S. 27. Im Übrigen bestimmte das EGBGB: „Die Vorschriften der §§ 104 bis 115, 131, 278, 617 bis 619, 624, 831, des § 840 Abs. 2 und des § 1358 des Bürgerlichen Gesetzbuchs finden Anwendung, die Vorschriften des § 617 jedoch nur insoweit, als die Landesgesetze dem Gesinde nicht weitergehende Ansprüche gewähren.“ (Art. 95 EGBGB 1896). Reichsrechtlich regelten die §§ 104–105 und 131 BGB die Geschäftsfähigkeit der Dienstboten. § 617 BGB regelte die Verpflichtungen der Dienstherrschaft, die Dienstboten im Krankheitsfall zu verpflegen und ärztlich behandeln zu lassen (dazu Bernert, Arbeitsverhältnisse im 19. Jahrhundert, 1972, S. 247), ließ aber offenbar der Dienstherrschaft im rechtlichen Rahmen Spielraum, sich der Verpflichtung zu entziehen (Ottmüller, Die Dienstbotenfrage, 1978, S. 29; Elster, Lexikon des Arbeitsrechts, 1910, S. 65, s. v. „Gesinderecht“, Anm. 1). Die Frage der Behandlung des Gesindes im Erkrankungsfall war schon vor dem 19. Jahrhundert von Uneinheitlichkeit der Normen und der Praxis geprägt. (Schröder, Das Gesinde war immer frech und unverschämt, 1992, S. 99 ff.; Haferkamp, Die heutige Rechtsmißbrauchslehre, 1995, S. 43; Blümner, Die Lehre vom böswilligen Rechtsmissbrauch, 1900, S. 13 ff.). § 278 betrifft die Haftung des Dienstberechtigten. § 624 regelt Kündigungsmöglichkeiten und -fristen für länger beschäftigte Dienstboten.

1370 Dazu Melzer, Regelung der Arbeitsverhältnisse, 1970, S. 385.

1371 Platzbecker, Rheinische Gesindeordnung, 1914, S. 29 und 33.

1372 § 618 Abs. 2 BGB 1896. Weiteres dazu bei Elster, Lexikon des Arbeitsrechts, 1910, S. 65, s. v. „Gesinderecht“. Zu den unwürdigen Wohnverhältnissen der Dienstboten um die Jahrhundertwende: Müller, Pferdebahn und Brückenhäuschen, 1981, S. 89. Coing wies auf das „Vorbild“ der Bestimmungen der Gewerbeordnung von 1891 für den § 618 hin. (Coing, Europäisches Privatrecht II, 1989, S. 484).

1373 Dazu Melzer, Regelung der Arbeitsverhältnisse, 1970, S. 385.

1374 „Es fehlt jede Regelung der Arbeitszeit, der Sonntagsarbeit, des Urlaubs; Kontrolle über Beschaffenheit der Unterkunft (Schlafkammer) und Kost fehlt; ein Koalitionsrecht ist den Dienstboten versagt.“ (Elster, Lexikon des Arbeitsrechts, 1910, S. 66, s. v. „Gesinderecht“). Zum Koalitions- und Streikverbot des Gesindes auch: Vormbaum, Politik und Gesinderecht im 19. Jahrhundert, 1980, S. 72 ff. Zur mangelnden sozialen Sicherung Vormbaum, Politik und Gesinderecht im 19. Jahrhundert, 1980, S. 80.

das BGB folgenden rechtswissenschaftlichen Literatur intensiv diskutiert,[1375] seine Beseitigung vom juristischen Standpunkt aus als überfällig angesehen.[1376]

4. Die Wirkungsgrenzen der Gesindeordnungen und des BGB laut Simplicissimus

Der Beginn des neuen Jahrhunderts änderte laut Simplicissimus nichts an der Lage der Dienstboten. In der gesellschaftlichen Hierarchie rangierten sie noch hinter dem Haushund. So stellte eine Dame aus den besseren Kreisen fest, ihr Hund sei schließlich *„kein Dienstbote, daß er für sein Fressen etwas leisten muß"*. (26.7.1904, S. 175).

Die Animalisierung stellte erneut Assoziationen zum römischen Recht her und damit zur rechtlichen Betrachtung der Sklaven als Sachen.[1377] Dabei wich laut Simplicissimus die satirisch kritisierte Volksmeinung offenbar erheblich ab von den Normen, die keine Beziehung zwischen freien Dienstboten und unfreien Sklaven kannten.

Die wenigen Schutzmechanismen wurden noch zum Nachteil der Dienstboten ausgelegt:

> *„Beim Familientische bricht abends beim Oeffnen der Bierflasche der Hals derselben, wodurch einige Glassplitter ins Bier fallen. Infolgedessen sagt das Familienoberhaupt zu seiner Frau: ‚Das Bier darfst du nicht einschenken, gib's dem Dienstmädchen,' worauf sie erwidert: ‚Das kann man doch nicht tun.' – ‚Warum nicht,' meint er, es ist ja für den Krankheitsfall versichert.'"* (18.10.1904, S. 295).

Abgesehen von dem hier vorgestellten Strafrechtstatbestand der §§ 223 ff. StGB galt, dass die Krankenversicherung der Dienstboten[1378] erst 1911 durch § 165 RVO reichsweit als gesetzliche Krankenversicherungspflicht für das Gesinde eingeführt

1375 Elster, Lexikon des Arbeitsrechts, 1910, S. 65, s. v. „Gesinderecht". Cf. die Hinweise von Vormbaum, Politik und Gesinderecht im 19. Jahrhundert, 1980, S. 335 auf Nußbaum und Hegemann.

1376 Hedemann, Zur Reform des Gesinderechts, 1906, S. 1343.

1377 Zur Kritik an den Rechtsinstituten, die sich „dem Geist der Leibeigenschaft und der Sklaverei" annäherten: Vormbaum, Politik und Gesinderecht im 19. Jahrhundert, 1980, S. 116. Zur Diskussion, ob die „hausangehörigen Arbeitnehmer" von den humanistischen und naturrechtlichen Schriftstellern als Sklaven angesehen wurden: Mayer-Maly, Vorindustrielles Arbeitsrecht, 1975, S. 59.

1378 Nach Landesrecht bestand in Ergänzung zu § 617 BGB z. T. eine **Krankenversicherungspflicht** der Dienstboten (Elster, Lexikon des Arbeitsrechts, 1910, S. 65, s. v. „Gesinderecht"): In süddeutschen Ländern bestand eine Gemeindekrankenversicherungspflicht für Dienstboten, deren Beiträge allein von ihnen aufzubringen waren. In den übrigen Ländern konnten Dienstboten bis zum Inkrafttreten der RVO freiwillig der Gemeindekrankenversicherung beitreten. Von der **Unfallversicherung** blieben häusliche Dienstboten bis zum Ende des Kaiserreichs ausgeschlossen. (Vormbaum, Politik und Gesinderecht im 19. Jahrhundert, 1980, S. 80 ff.).

wurde.[1379] Man kann also den Teilsatz *„es ist ja für den Krankheitsfall versichert"* als satirische Umschreibung der Tatsache deuten, dass das Dienstmädchen 1904 sich auf eigene Kosten versichert hat[1380] und somit dem Dienstherrn grünes Licht für die wahrscheinliche Körperverletzung an seiner eigenen Person gab, ohne dass der Dienstberechtigte die Konsequenzen tragen musste. Die Fürsorgepflicht, die dem Dienstherrn gesinderechtlich und moralisch zukam, wurde in der Satire in ihr Gegenteil verkehrt.[1381]

Laut Simplicissimus gehörten die Dienstboten zu den abhängigen Arbeitnehmern, die von ihren Arbeitgebern immer noch als ihr Eigentum betrachtet wurden, über das sie jederzeit verfügen könnten.[1382] So kanzelte die Dame des Hauses ihr Dienstmädchen ab:

> *„Wat woll'n Se? Sie woll'n zur Beerdigung Ihrer Mutter? Bilden Se Ihnen man nich so wat ein! Dienstboten haben keene Familienanjelegenheiten!"* (5.7.1909, S. 232).

Nach BGB war der Arbeitnehmer aber nicht nur bei Krankheit und Unfall von seiner Arbeitspflicht frei. Gem. § 275 BGB 1896 wurde der Schuldner auch „von der Verpflichtung zur Leistung frei, soweit die Leistung in Folge eines nach der Entstehung des Schuldverhältnisses eintretenden Umstandes, den er nicht zu vertreten hat, unmöglich wird."

So könnte zugunsten des Arbeitnehmers auch eine Befreiung von der Arbeitspflicht anlässlich der Beerdigung eines nahen Angehörigen geltend gemacht werden. Huek weist darauf hin, dass Fälle vorliegen, in denen „zwar nicht eigentliche Unmöglichkeit gegeben ist", der Arbeitnehmer aber dennoch zur Arbeitsversäumnis

---

1379 Zitiert nach Vormbaum, Politik und Gesinderecht im 19. Jahrhundert, 1980, S. 382. Cf. Silbermann, Ennesch, Eichler, die noch 1908 den Ausschluss des Gesindes aus der reichsgesetzlichen Krankenversicherung beklagten. (Die Privatbeamten und die Versicherungsgesetzgebung, S. 18).

1380 Zur freiwilligen Versicherung der Dienstboten in der Gemeinde-Krankenkasse mit niedrigeren Beiträgen und Leistungen als in den anderen Kassen: Drees, Die Reichs-Gesetze über die Arbeiter-Versicherung, 1893, S. 6 u. 8. Der freiwillig Versicherte hatte im Gegensatz zum gesetzlich Versicherten die vollen Beiträge aus eigenen Mitteln zu entrichten. (Drees, Die Reichs-Gesetze über die Arbeiter-Versicherung, 1893, S. 9).

1381 Mayer-Maly vermutete in frühen Forderungen der Gesindeordnungen, den Arbeitgeber zu den Heilungskosten eines erkrankten Arbeitnehmers heranzuziehen, die „Anfänge der Lehre von der Fürsorgepflicht". (Mayer-Maly, Vorindustrielles Arbeitsrecht, S. 62). Klatt machte auf die unterschiedliche Handhabung in den Gesindeordnungen aufmerksam. Als Beispiel ausgeprägter Fürsorgepflicht führte er die Gesindeordnung von Jülich, Cleve Berg aus dem Jahre 1801 an: Diese gebot dem Dienstherrn eine Krankenpflege für mindestens zehn Tage und verbot ihm, einen Lohnabzug vorzunehmen. (Klatt, Treuepflichten, 1990, S. 71). Die in den Gesindeordnungen vorgesehenen Fürsorgepflichten im Krankheitsfall reichten jedoch für eine umfassende Krankenversorgung nicht aus.

1382 Dazu Klatt, Treuepflichten, 1990, S. 132.

berechtigt erscheint, „wenn die Unterlassung der Arbeit durch Erfüllung höherer Pflichten bedingt wird", wie beispielsweise durch einen „Sterbefall in der Familie".[1383] Eine den Arbeitnehmer günstig berücksichtigende Anwendung des Arbeitsrechts war laut Simplicissimus noch weit von den durch die gesetzlichen Normen gebotenen Möglichkeiten entfernt[1384], sondern verharrte im Gesinderecht von 1810.[1385] Dabei urteilte zeitnah, nämlich am 4. Mai 1911, das Kaufmannsgericht Augsburg zugunsten einer Verkäuferin, die wegen des Todes ihres Bruders zwei Tage von ihrer Arbeitsstelle ferngeblieben war und schloss die Begründung wie folgt: „Ganz abgesehen davon läge eine unbefugte Versäumnis schon um deswillen nicht vor, weil der Todesfall eines Angehörigen einen rechtmäßigen Hinderungsgrund im Sinne des Gesetzes [d. h. des HGB, Verf.] bildet, der dem Handlungsgehilfen das positive Recht einräumt, seinen Dienst zu versäumen..."[1386]

Der vom Simplicissimus dargelegte Fall war ein weiterer Beleg dafür, dass die inkriminierten arbeitsrechtlichen Aspekte nicht unbedingt aus der realen Arbeitswelt stammten, sondern auch aus der fiktiven, hier eventuell aus der 1874 uraufgeführten Operette ***Die Fledermaus,*** in der die Herrin dem Dienstmädchen den Besuch bei ihrer (angeblich) kranken Tante verbot.[1387]

5. Sexuelle Belästigung

Die Beispiele sexueller Begehrlichkeiten von Dienstherren ihren weiblichen Dienstboten gegenüber waren sowohl in der gesellschaftlichen Realität[1388] als auch in der Fiktion des Simplicissimus vielfältig (17.11.1913, S. 563 u. ö.). Die Dienstmädchen mussten häufig den sexuellen Bedürfnissen ihrer Herren und deren Söhne dienen, da sie im Gegensatz zu den Prostituierten vermeintlich nicht von

1383 Hueck/ Nipperdey, Lehrbuch des Arbeitsrechts, 1963, S. 221; zur Begründung eines „Sonderurlaubs" auch § 616 BGB.

1384 Cf. Schröder, Das Gesinde war immer frech und unverschämt, 1992, S. 87.

1385 § 74 GesO 1810: „Ohne Vorwissen und Genehmigung der Herrschaft darf es sich auch in eigenen Angelegenheiten vom Hause nicht entfernen." Demmer macht wie mehrere andere Autoren darauf aufmerksam, dass das Gesinderecht, so wie es seit dem ALR fixiert war, zivilrechtliche, familienrechtliche und öffentlich-rechtliche Elemente enthieht. D. h. neben dem privatrechtlich geschlossenen Vertrag stand die familienrechtliche Einbindung des Gesindes in die Hausgemeinschaft und das öffentlich-rechtliche Einwirken der Polizei zur Überwachung und beim Einschreiten bei Vertragsbrüchen. Indem der Staat die Interessen der Herrschaft in den Rang von Rechtsnormen erhob, war jede Verletzung der Interessen der Herrschaft durch das Gesinde zugleich ein Verstoß gegen die staatliche Ordnung. (Demmer, Gesindercht, 1968, S. 60 f. u. ö.).

1386 Gewerbe- und Kaufmannsgericht, 19. Jg., Nr. 4, 1. Januar 1914, Sp. 229.

1387 Akt I, 2. Auftritt.

1388 Auf den ostelbischen Gütern verfügten besonders die Inspektoren willkürlich über unverheiratete und verheiratete Landarbeiterinnen. (Rehbein, Das Leben eines Landarbeiters, 1911, S. 57).

Geschlechtskrankheiten befallen waren. So tolerierte im Simplicissimus ein Major den sexuellen Umgang seines Sohnes mit dem Stubenmädchen (24.7.1899, S. 133). Laut Simplicissimus nahm es ein Dienstmädchen allerdings mit Humor, dass ihr der Sohn und der Vater nachstellten (29.4.1902, S. 37). Die satirische Darstellung trug hier nicht zur Aufklärung eines Missstandes bei, sondern eher zu dessen Banalisierung. Schließlich waren auch die *„Dienstmädel"* erotischen Abenteuern gegenüber nicht abgeneigt (27.2.1911, S. 818 u. ö.).[1389] Laut Simplicissimus stellte selbst ein *„Predigtamtskandidat"* seiner Köchin nach und berief sich dabei auf Gottes Komplizenschaft (15.5.1899, S. 57). Auch die Köchinnen der katholischen Pfarrer sorgten nach Aussagen des Simplicissimus umfassend für das leibliche Wohl der geistlichen Herren. (19.9.1905, S. 299).[1390] Ein Hausherr suchte die ansehnliche Gouvernante zu später Stunde in ihrem Zimmer auf:

> *„Verlassen Sie sofort mein Zimmer, Herr Baron!"*
> *„Aber liebes Kind, Sie suchten doch Familienanschluß in christlichem Hause."* (9.1.1906, S. 486).

Die satirische Wirkung bestand in der Diskrepanz zwischen der ikonischen Darstellung des eintretenden Herren und der sprachlichen Kommentierung seiner Handlung als „christlich".

Ein ostelbischer Herr beklagte sich:

> *„Das Gesinde wird heutzutage immer frecher und respektloser. Neulich hat mich eine Magd, als sie mir nachts Gesellschaft leisten durfte, geduzt."* (30.8.1909, S. 354).

Rechtlich verstieß der Dienstberechtigte gegen seine Fürsorgepflichten aus § 618 Abs. 2.[1391] Das Gesinde konnte den Dienst ohne vorherige Aufkündigung verlassen, wenn „ihm Unsittliches zugemutet wird".[1392] Außerdem ergaben sich Schadensersatzansprüche aus den §§ 825 f. BGB Allerdings drohte in einem solchen Fall ggf. ein

---

1389 Dazu: Behmer, München, 1996, S. 52. Nach Hessen stellten ehemalige Dienstmädchen den größten Anteil an Prostituierten. (Hessen, Die Prostitution in Deutschland, 1910, S. 77 u. ö.); Rehbein, Das Leben eines Landarbeiters, 1911, S. 57.

1390 Für das Pfarrgesinde gab es Sonderregelungen: Pfarrer durften nur ihre Schwestern, Schwesterkinder oder ehrbare Frauen über 50 Jahren im Hause haben. (Könnecke, Rechtsgeschichte des Gesindes, 1912, S. 387). Zeitgenossen hatten jedoch auch Verständnis für die Pfarrer, die „der Natur treuer als einem Gelübde bleiben". (Hessen, Die Prostitution in Deutschland, 1910, S. 103).

1391 Zu den Fürsorgepflichten für die in die Hausgemeinschaft Aufgenommenen: Platzbecker, Rheinische Gesindeordnung, 1914, S. 40.

1392 Zit. nach Vormbaum, Politik und Gesinderecht im 19. Jahrhundert, 1980, S. 47; § 33. GesO 1844, § 138 GesO 1810 (wenn die Herrschaft das Gesinde zu Handlungen, die „wider die guten Sitten laufen" verleiten will). Cf. auch § 56 GesO 1810: „Nur zu erlaubten Geschäften können Dienstboten gemiethet werden."

„ungünstiges Abschiedszeugnis" des Dienstherrn.[1393] Da der ostelbische Hausherr die sexuelle Handlung nicht nur als eine einvernehmliche hinstellte, sondern sogar als eine von der Magd erbetene („*durfte*"), blieb die Anwendung des Rechts eine theoretische.[1394] Der Simplicissimus kritisierte erneut das Verhalten der ostelbischen Großgrundbesitzer[1395] und stand damit im Einklang mit zeitgenössischen Kritikern des „Privilegienstaates".[1396]

Die Verfügungsgewalt des Arbeitgebers über die ihm unterstellten Frauen war Ausdruck seiner allgemeinen moralischen Skrupellosigkeit. So kam es zwischen der Dienstmagd als Mutter einer Tochter und ihrem Arbeitgeber zu einem Gespräch, in dem der Dienstherr eine Umkehr der Schuldzuweisung vornahm:

> *„Ach Gott, Herr Baron! Erst verführen Sie meine Tochter und nun schmeißen Sie uns zum Haus ‚naus –"*
> *„Was geht das mich an? Sie hätten sie besser erziehen sollen."*
> (12.6.1900, S. 100).

Zeitgenössische Juristen, wie Rudolph Jhering, führten die häufigen „Fehltritte der dienenden weiblichen Bevölkerung" nicht auf die „größere sittliche Widerstandskraft" der Mädchen höherer Stände zurück, sondern auf die „schirmende Sitte", die letzteren untersagte, wozu das Dienstverhältnis die Dienstmädchen nötigte.[1397] Der Beitrag des Simplicissimus offenbarte einen Missstand der Gesindeordnungen, der auch nahezu einhundert Jahre nach der preußischen Gesindeordnung von 1810 noch bestand: der fehlende Ehrenschutz für das Gesinde.[1398]

6. Die Entwicklung des Selbstbewusstseins der Dienstboten

Der Simplicissimus präsentierte am Ende des 19. Jahrhunderts resolute Dienstboten, die ihre Herrschaft mit muskulösen Armen, einem bärbeißigen Gesichtsausdruck und einem Teppichklopfer einschüchterten und auch vor Drohungen nicht zurückschreckten.

1393 Cf. § 8 VEG 1846 zu „ungünstigen" Zeugnissen in den Gesindedienstbüchern. Cf. auch Vormbaum, Politik und Gesinderecht im 19. Jahrhundert, 1980, S. 113.

1394 Nach § 182 RStGB sind nur Vergehen an Mädchen unter 16 Jahren strafbar, wenn eine Einwilligung der Betroffenen vorliegt.

1395 Könnecke, Rechtsgeschichte des Gesindes, 1912, S. 29 f.

1396 Zeitgleiche Kritik an ostelbischen Zuständen: Hessen, Die Prostitution in Deutschland, 1910, S. 90, 94.

1397 Jhering, Der Zweck im Recht, 1905, S. 204. Allerdings entsprachen die geschilderten ostelbischen Zustände eher denen des 18. Jahrhunderts, zu denen es bei Knapp heißt: „Sie [die Magd, Verf.] ist zur Untreue und Unzucht genöthigt." (Knapp, Die Bauern-Befreiung 1887, Bd. 1, S. 67).

1398 Zum fehlenden Ehrenschutz: Kaiser, Vertragsfreiheit und Gesellschaftsordnung, 1972, S. 89.

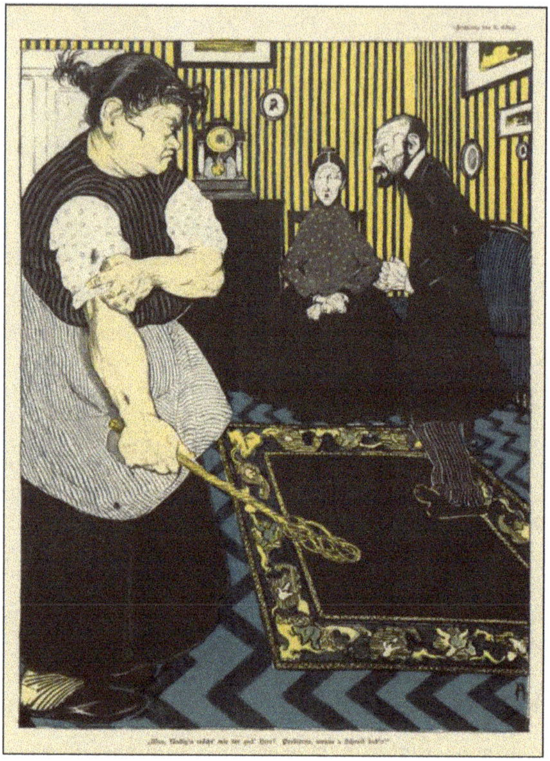

(4.2.1898, S. 356, Zeichnung von A. Höfer)

„Was, kündig'n möcht' mir der gnä' Herr? Probierens, wenns a Schneid hab'n!"

Ein solches Bild, das durch seine satirisch-ikonischen Konnotationen und verbalen Denotationen eher der Wunschvorstellung mancher Dienstmagd entsprach als der Wirklichkeit, verharmloste die von Rechtlosigkeit und Kündigungswillkür beherrschte Wirklichkeit der Mehrheit der Dienstboten. Die im Simplicissimus dargestellte Dienstherrschaft könnte das „widerspenstige" Dienstmädchen zivilrechtlich nach §§ 117, 118 GesO 1810, bzw. einer analogen landeskundlichen Gesindeordnung, ohne Aufkündigung sofort entlassen[1399] und auf Antrag der Herrschaft mit

1399 Vormbaum, Politik und Gesinderecht im 19. Jahrhundert, 1980, S. 46. Der Kommentator der Gesindeordnung von 1810, Gerhard, wies darauf hin, dass auch in „Handlungen oder Geberden, welche eine Verletzung der Achtung in sich schließen", eine Beleidigung erblickt werden konnte. (§ 117 GesO 1810, Gerhard, S. 147). Cf. auch Demmer, Gesinderecht, 1968, S. 25 ff. zu den Regelungen der Beendigung des Dienstvertrages nach den Bestimmungen des ALR.

Geld- oder Haftstrafe belegen.[1400] Der Beitrag der Zeitschrift tradierte klischeehaft das traditionelle Klagen der Dienstherrschaft über die faulen, frechen und boshaften Dienstboten.[1401] Die Sehnsucht mancher Dienstherren nach der Wahrnehmung eines vermeintlichen Züchtigungsrechts[1402] verkehrte sich in ihr Gegenteil. Schließlich wurde die offizielle patriarchalische Struktur der Gesellschaft des Kaiserreichs[1403] durch die Karikatur entmystifiziert und als machtlos gegenüber dem erstarkenden Stand der (weiblichen) Dienstboten gezeigt. Die gesellschaftliche Erstarkung wurde durch die dominante, muskulöse Figur verbildlicht. Die vom Simplicissimus dargestellte angebliche Wirklichkeit der neuen Machtverhältnisse stand im Gegensatz zur arbeitsrechtlichen Theorie des Gesinderechts: Während die abhängige Lohnarbeit in einem bürgerlich-liberalen Verständnis dem Markt überlassen wurde, unterlag besonders die Arbeit des häuslichen Gesindes „den patriarchalischen Herrschaftsbefugnissen des Familienvaters".[1404]

Das Selbstbewusstsein vieler Dienstboten nahm im Untersuchungszeitraum zu. So weigerte sich im Simplicissimus *„eine fein gebildete englische Dame"*, die die Kinder eines *„Hamburger Handelsfürsten"* unterrichten sollte, die Dame des Hauses mit *„Gnädige Frau"* anzureden (12.1.1909, S. 746).

1400 § 1 VDGlA 1854. Ein einziger Fall von „Widerspenstigkeit" konnte zur fristlosen Entlassung (§ 118 GesO 1810) und „auf Antrag der Herrschaft" zu Geldstrafe oder Haft (§ 1 VDGlA) führen. (§ 1 VDGlA, Gerhard, S. 210). Der Auffassung, dass der Strafrechtstatbestand der Widerspenstigkeit seit 1854 nur das Landgesinde betraf, kann nicht gefolgt werden. (Vormbaum, Politik und Gesinderecht im 19. Jahrhundert, 1980, S. 99 ff.).

1401 Die öffentliche Meinung war gespalten zwischen Sympathie für ausgebeutetes Gesinde und Klagen über die „Faulheit des Gesindes", die zu Beginn des 19. Jahrhunderts für die schlechte agrarische Nutzung der ostelbischen Ländereien verantwortlich gemacht wurde (Knapp, Die Bauernbefreiung 1887, S. 237. Cf. Schröder, Das Gesinde war immer frech und unverschämt, 1992, S. 11 ff., zur Vertragsauflösung: S. 43 ff. Cf. Hedemann, Die Fürsorge des Gutsherrn für sein Gesinde, 1905, S. 181 über die Klagen der Dienstherren über die halsstarrigen, ungehorsamen und boshaften Dienstboten zur Zeit des dreißigjährigen Krieges. Zu dieser Zeit verbesserte sich offenbar aufgrund des Mangels an Dienstboten ihre Situation. Cf. auch Tenfelde, Ländliches Gesinde, 1979, S. 189.

1402 Cf. Schröder, Das Gesinde war immer frech und unverschämt, 1992, S. 92.

1403 Dazu Ramm, Arbeitsverfassung, 1978, S. 199 (kursiv im Text): *„Das Arbeitsrecht auf dem Lande insgesamt, aber auch das städtische Gesinderecht waren somit patriarchalisch strukturiert. Beide waren Rest der feudalistischen Gesellschaft, in die der Liberalismus nicht einzudringen vermochte."*

1404 Klippel, Der Lohnarbeitsvertrag, 1990, S. 180. Nach Demmer ist gerade der patriarchalische Charakter des im ALR geregelten Zwangsgesinderechts „Ausdrcuk des mittelalterlichen, ständestaatlichen Gliederungssystems". (Demmer, Gesinderecht, 1968, S. 91).

Ein Dienstmädchen, das sonntags Ausgang hatte,[1405] kam erst man nächsten Montag *„anspaziert"* mit den Worten: *„Gnädige Frau wollen entschuldigen, wir haben verschlafen."* (31.1.1910, S. 769).[1406] Kurz vor dem Ersten Weltkrieg wurden die Dienstboten laut Simplicissimus immer fordernder (20.4.14, S. 51). Oft blieb ihnen jedoch statt offener Konfrontation nur die Evasion in List, Schläue und Schadenfreude. So polierte der Diener den Fußboden besonders gut, damit die *„g'scherte Herrschaft"* hinfiel. (13.11.1900, S. 274). Eine Körperverletzung der Geschädigten nahm er durch die Übererfüllung seiner Dienstpflichten billigend in Kauf. Eine eindeutige Stellungnahme des Simplicissimus zugunsten der einen oder anderen Vertragspartei blieb in solchen Fällen aus und wurde dem Leser überlassen.

Im Juli 1898 präsentierte der Simplicissimus folgende Karikatur: Ein Kindermädchen mag das ihr anvertraute Kind, *„det eklige Jöhr"*, nicht den ganzen Nachmittag an der frischen Luft ausführen, sondern trifft sich lieber mit ihrem *„Willem"*. So liefert sie das Kind für zwei Groschen bei ihrer Tante, einer Abortfrau, ab (23.7.1898, S. 131). Aus arbeitsrechtlicher Sicht verstößt das Kindermädchen damit gegen den mit ihrer Herrschaft geschlossenen Vertrag. Die Anordnung der *„Jnädigen"*, das Kind an die frische Luft zu bringen, ist nicht als unzumutbar zu beanstanden. Der Verstoß gegen den Vertrag liegt eindeutig bei dem Kindermädchen und böte Anlass zur Kündigung, ggf. zur sofortigen Entlassung ohne Aufkündigung nach § 129 GesO 1810.[1407] Der Simplicissimus machte mit diesem Beitrag deutlich, dass das arbeitsrechtliche Fehlverhalten nicht immer auf Seiten der Arbeitgeber lag und schloss sich damit den zeitgenössischen Klagen über die „frechen" Dienstboten an.

Die Position der Dienstboten war um die Jahrhundertwende offenbar so beschaffen, dass Kündigungen in Kauf genommen oder provoziert wurden. Der Arbeitsmarkt veränderte sich wegen des zunehmenden Angebots alternativer Beschäftigungsmöglichkeiten zu Gunsten der weiblichen Dienstboten:[1408] Im Simplicissimus kündigte ein Dienstmädchen seinen Dienst (*„privatisiert"*) über Karneval trotz offenkundig zufriedenstellender Arbeitsbedingungen (6.2.1906, S. 539). Die Dienstberechtigten befanden sich häufig in der Verlegenheit, üble Angewohnheiten des Personals zu akzeptieren, wenn sie es nicht verlieren wollten (14.10.1912, S. 463). Der Simplicissimus wies darauf hin, dass die Bediensteten nicht nur Engel waren, sondern bisweilen straffällig wurden (21.4.1903, S. 29). Dies entsprach der historischen Realität, in der umsichtige Hausfrauen offenbar gut daran taten, ihre

1405 I. d. R. gab es alle vierzehn Tage einen freien Sonntagnachmittag für die Dienstboten. (Pierenkemper, Dienstbotenfrage, 1988, S. 193).

1406 Das wiederholte Fernbleiben über Nacht stellte traditionell ein Ärgernis für die Dienstherrschaft dar, das eine Kündigung rechtfertigte. (Schröder, Das Gesinde war immer frech und unverschämt, 1992, S. 45 ff.), und zwar eine fristlose. (§ 125 GesO 1810).

1407 „...wenn das Gesinde ohne Erlaubnis der Herrschaft seines Vergnügens wegen ausläuft..." (§ 129 GesO 1810, zitiert nach Vormbaum, Politik und Gesinderecht im 19. Jahrhundert, 1980, S. 46 f.).

1408 Pierenkemper, Dienstbotenfrage, 1988, S. 199.

Dienstmädchen durch minutiöse Kontrollen vor der Versuchung des Diebstahls zu schützen.[1409]

Satiren und Klagen der Dienstherrschaft über freche, widerspenstige, faule und boshafte Dienstboten hatten eine lange Tradition. In dieser Tradition war nahezu immer die Hausfrau das Opfer. Das Dienstmädchen war die Verkörperung aller Untugenden.[1410] Die Klagen der Dienstherrschaft mochten sowohl berechtigt gewesen sein als auch Vorwand zur Disziplinierung des Gesindes und zur Selbst-Exkulpierung des eigenen Arbeitgeberverhaltens. Im Hinblick auf die Leser-Zielgruppe des Simplicissimus entsprach die Zeitschrift mit der Kritik an den „frechen" Dienstboten dem Erwartungshorizont ihrer Leserschaft.

Die vollständige Delegation der Hausarbeiten an das Dienstpersonal führte häufig zu Abhängigkeiten der Hausfrau von einem in der Haushaltsführung überlegenen, kompetenten, sich unentbehrlich machenden, zu Eigenmächtigkeiten neigenden Gesinde.[1411] Das sich so entwickelnde Selbstbewusstsein fand sich besonders in Großstädten, in denen es zeitweise durch einen Mangel an Dienstboten eine für sie günstige Arbeitsmarkt-Situation gab.

So entwickelte sich beispielsweise in Köln seit der Mitte des 19. Jahrhunderts eine Köchin und Dienstmagd, „Et Schnüsse Tring", zu einer legendären, in einem Lied besungenen Gestalt.[1412] „Et Schnüsse Tring" wurde bisweilen als erste „Gewerkschafterin Kölns" bezeichnet. Ihre Arbeitgeberin hatte jedoch das letzte Wort.

Es kann vermutet werden, dass das Lied weniger eine Lobeshymne auf die freche Dienstmagd war als eine bürgerliche Persiflage auf die arbeitsrechtlichen Verbesserungen der Stellung des Gesindes in der Gesindeordnung für die Rheinprovinz vom 19. August 1844, Verbesserungen, die auch Platzberger in seinem Kommentar zur Gesindeordnung öfters hervorhob. Die arbeitsrechtliche Sonderstellung einiger selbstbewusster Dienstboten führte seit der Mitte des 19. Jahrhunderts häufig zur satirischen Umsetzung. So stellte auch der Berliner Humorist und Satiriker Adolf Glasbrenner (1810–1876) eine Köchin in einem Streitgespräch mit der wütenden Hausfrau als die Überlegenere dar.[1413] Waren die Dienstboten ausnahmsweise in einer Position, dass der Dienstherr sie nicht entbehren konnte, so konnten sie ihm „so viel gesinderechtlich gestatteten Verdruß" bereiten, dass sie samt dem verdienten Lohn und einem Vierteljahreslohn zusätzlich entlassen wurden.[1414] Allerdings wäre es verfehlt, von diesen Fällen eines eher fiktiven Musters auf die arbeitsrechtliche Gesamtsituation der Gruppe zu schließen.

Im Allgemeinen standen die Dienstboten aufgrund der Zersplitterung des Wohnsitzes oder der geschilderten „Durchlaufsituation" allein oder nur zu wenigen einem

1409 Schildt, Frauenarbeit im 19. Jahrhundert, 1993, S. 44 ff.

1410 Dazu Fuchs, Die Frau in der Karikatur, 1906, S. 384.

1411 Eysell-Kilburger, Unsere Johanne, 1994, S. 18 ff.

1412 Internet-Quelle: http://ehrenpraesident-de.beepworld.de/etschnuessentring.htm.

1413 Roda/ Etzel, Welthumor in sechs Bänden, 1925, S. 107: „Hausfrau und Köchin".

1414 Rehbein, Das Leben eines Landarbeiters, 1911, S. 213.

Arbeitgeber gegenüber.[1415] Auch vor dem Untersuchungszeitraum hatten die weiblichen und männlichen Dienstboten kaum an den Aktivitäten der frühen Arbeiterbewegung teilgenommen.[1416] Um die Jahrhundertwende entwickelte sich die Situation der Dienstboten zur „Dienstbotenfrage".[1417] Die Dienstbotenfrage war aus Sicht der Arbeitgeber im Mangel an Dienstboten zu sehen,[1418] aus der Sicht der Dienstboten und Dritter in den unbefriedigenden Arbeitsbedingungen. 1902 forderten mehrere Organisationen auf Initiative des Verbandes fortschrittlicher Frauenvereine einen größeren gesetzlichen Schutz für das Dienstpersonal gegenüber der Ausbeutung durch die Arbeitgeber.[1419] 1905 nahm das Reichsgericht zur Behandlung des Gesindes Stellung und entschied, dass „nach der jetzigen Anschauung von der sozialen Stellung der Bediensteten eine würdige und rücksichtsvolle Behandlung der Untergebenen eine Vertragspflicht der Dienstherrschaft" bilde.[1420]

Unter reger Berichterstattung der Presse wurden in den Jahren 1906 und 1907 Petitionen an den Reichstag gerichtet, Resolutionen zur Abschaffung der Gesindeordnungen formuliert[1421] und um die Jahrhundertwende Dienstbotenvereine[1422] gegründet.

Die sozialdemokratischen Dienstbotenvereine forderten eine Verschmelzung des Dienstbotenrechts mit dem allgemeinen Arbeitsrecht, Angleichung an die Situation der Arbeiter, Koalitionsfreiheit[1423], Zulassung zu den Gewerbegerichten, geregelte

---

1415 Kocka weist darauf hin, dass die Hausherrschaft sowohl integrierte als auch partikularisierte. (Kocka, Weder Stand noch Klasse, 1990, S. 193).

1416 Kocka, Lohnarbeit, 1983, S. 76.

1417 Ab Sommer des Jahres 1899 äußerte sich die Unzufriedenheit der Dienstboten in Versammlungen in Berlin und in der Gründung von Vereinen. Es wurde die Gleichstellung der weiblichen Dienstboten mit den gewerblichen Arbeitgeberinnen gefordert. (Ottmüller, Die Dienstbotenfrage, 1978, S. 15, 18, 110).

1418 Pierenkemper, Dienstbotenfrage, 1988, S. 198.

1419 Pierenkemper, Dienstbotenfrage, 1988, S. 178: „Die Organisationen wurden zumeist von Außenstehenden und nicht von den Dienstboten selbst angeregt und führten zu einigen freigewerkschaftlich oder kirchlich organisierten Vereinen, die jedoch nur ein Kümmerdasein fristeten und keinen Einfluß auf die Gestaltung der Arbeits- und Lebensverhältnisse der Dienstboten gewannen."

1420 Platzbecker, Rheinische Gesindeordnung, 1914, S. 28.

1421 Hedemann, Zur Reform des Gesinderechts, 1906, S. 1338.

1422 Pierenkemper, Dienstbotenfrage, 1988, S. 200.

1423 Die Auslegung des § 3 VDGlA 1854 durch Gerhard, dass kein allgemeines Koalitionsverbot für das Gesinde bestand, mochte dem Wortlaut, aber nicht der Intention des Gesetzes entsprechen. Allgemein wurde davon ausgegangen, dass das Koalitionsverbot für das Gesinde auch nach Gewährung des Koalitionsrechts in § 152 GewO für die gewerblichen Arbeiter weiterbestand und Zuwiderhandlungen strafrechtlich mit Gefängnis bestraft werden konnten. (Melzer, Regelung der Arbeitsverhältnisse, 1970, S. 386).

Arbeitszeit,[1424] und somit in Übereinstimmung mit dem Parteiprogramm der SPD eine „Aufhebung des Sonder- und Ausnahmerechts für das Gesinde".[1425] Ein Mittel zur rechtlichen Gleichstellung mit den gewerblichen Arbeitern sollte ein vom Berliner SPD-Parteimitglied Stadthagen entworfenen Dienstvertrag sein, den die Dienstboten abschließen sollten, um die Gesindeordnung zu umgehen.[1426]

Auch die katholische Kirche entfaltete Aktivitäten zugunsten der weiblichen Dienstboten: 1907 wurde der Verband katholischer Dienstmädchen- und Hausangestelltenvereine gegründet, ohne den Charakter einer Gewerkschaft anzunehmen. Viele Dienstmädchen verblieben offenbar trotz der materiellen Nachteile lieber in einem persönlichen Verhältnis zu einem Dienstherrn als sich der Linken anzuschließen. 1910 existierten in den meisten Städten Normalverträge, für deren Einführung sich auch die bürgerliche Frauenbewegung und konfessionelle Dienstbotenvereine einsetzten.[1427]

Laut Simplicissimus fanden die Arbeitgeber allerdings die *„Dienstbotenfrage"* übertrieben: Wenn man den Dienstboten neue Betten gebe, freuten sie sich gar nicht mehr aufs Ausstehen (22.4.1912, S. 63). Der Simplicissimus ergriff erneut in diesem Beitrag Partei für die Arbeitnehmerseite.

7. Rollentausch: Übernahme von Verantwortung und Fürsorge

Die oben beschriebene Umkehrung der Abhängigkeiten führte im positiven Fall zu einer Übernahme von Verantwortung und Fürsorge der Dienstboten gegenüber ihrer Herrschaft. Dieser „Rollentausch" war neben einer christlichen Pflichtauffassung vieler Dienstboten auch Ausdruck der sozialen Umwälzungen, die vor dem Hintergrund veralteter arbeitsrechtlicher Bestimmungen zwischen den gesellschaftlichen Schichten um die Jahrhundertwende stattfanden. Die Übernahme der Rolle der Herrschaften durch die mit gesundem Menschenverstand und Intelligenz ausgestatteten Bediensteten erinnert an die großen Komödien der Voraufklärung, in der sich ebenfalls eine soziale Umwälzung andeutete, die sich schließlich in der Französischen Revolution verwirklichte.[1428]

Im Simplicissimus fanden sich zahlreiche Belege für diesen sozialen „Rollentausch": So heiratete eine Köchin ihren Herrn und drehte die soziale Hierarchie und das Weisungsrecht um (17.1.1905, S. 433). Auch begaben sich Dienstgeber in die Abhängigkeit von Dienstnehmern, um ihre Eskapaden zu vertuschen (14.3.1910, S. 865). Ein Kutscher band seinem betrunkenen *„Jnädigen"* den Futtersack um den Kopf, damit

1424 Ottmüller, Die Dienstbotenfrage, 1978, S. 113. Die Absicht der sozialdemokratischen Dienstbotenvereine war auch, durch ihren Einsatz für die Dienstboten die Wählerschaft der SPD zu vermehren.

1425 Melzer, Regelung der Ausnahmeverhältnisse, 1970, S. 387.

1426 Ottmüller, Die Dienstbotenfrage, 1978, S. 114.

1427 Ottmüller, Die Dienstbotenfrage, 1978, S. 115.

1428 Zur „belletristischen Verarbeitung der Gesindeproblematik": Vormbaum 1890, S. 59, Fn. 137.

dieser nicht in die schöne neue Kutsche erbrach. (31.12.1898, S. 318). Schließlich gab es den einen oder anderen *„Johann"*, der seinem ungebildeten Herrn die zu haltende Festrede schrieb (4.9.1899, S. 180). Die Kompetenzen und Kenntnisse guter Dienstboten wurden laut Simplicissimus gerne in Anspruch genommen. So lobte eine Schwiegertochter von Stand ihren Diener, dass er ihrem Parvenü-Schwiegervater gute Manieren beibringe (10.1.1905, S. 415). Die Satire wurde in diesem Beispiel gespeist aus der Diskrepanz zwischen sozialer Stellung und sozialfähigem Verhalten. Die Dienstboten standen zwar gemäß der Gesindeordnung in einem Abhängigkeitsverhältnis zu ihrer Herrschaft, waren ihnen aber letztlich vielfach überlegen. Sie leisteten mehr, als die Gesindeordnungen in dem oben zitierten § 20 von ihnen verlangten.

Laut Simplicissimus mussten die Dienstboten häufig die elterliche Hartherzigkeit ihrer Arbeitgeber(innen) kompensieren. So ging die junge Hausdame mit dem Hund spazieren, während das Dienstmädchen das Kind an die Luft tragen sollte (5.9.1896, S. 5).

Eine vermögende Dame, die sich in San Remo aufhielt, antwortete auf die Frage, ob zu Hause alles in Ordnung sei: *„Alles in schönster Ordnung: das Kind hat eine gute Amme und mein Mann eine gute Maitresse."* (13.3.1911, S. 847).

Laut Simplicissimus übernahmen die Dienstboten in den reichen Familien für die Kinder Verantwortung, der sie nicht immer gewachsen waren. Die Eltern kümmerten sich nicht um ihr *„Millionärskind"* und machten das Dienstmädchen dafür verantwortlich, wenn das Kind verhungerte, weil der Apparat, der die Kindernahrung zubereiten sollte, nicht funktionierte (12.2.1898, S. 361). Die Dienst- und Kindermädchen selbst sahen ihre arbeitsrechtliche Position angeblich nicht immer kritisch. Ein Dienstmädchen hatte zwar mehrere Kinder zu betreuen, fand aber noch mitleidige Worte für die *„arme Madam"*", die ja die Kinder gebären müsse (9.7.1898, S. 118). Während die weiblichen Dienstboten oft Elternersatz für die Kinder der Herrschaft waren, mussten sie ihre eigenen – oft unehelich geborenen Kinder – in Kost geben (19.11.1901, S. 278).

Auch die Ammen fielen unter den Begriff Gesinde.[1429] Sie befanden sich gegenüber den anderen Dienstmädchen in einer privilegierten arbeitsrechtlichen Stellung: Sie erhielten eine bessere Nahrung, um das Wachstum des Kindes positiv zu beeinflussen. Im Gegensatz zu den anderen Dienstboten kamen sie häufiger mit ihren Kinderwagen an die frische Luft und konnten mit anderen kommunizieren. Laut Simplicissimus rieten arme Mütter ihren Töchtern, in der Stadt als Amme Geld zu verdienen (23.4.1998, S. 30).

Auch die bereits tätigen männlichen Dienstboten bereiten ihre Verlobten auf diese Stellung vor (25.11.1912, S. 365). In Städten wie Köln standen angeblich einige Monate nach Karneval zahlreiche Ammen zur Verfügung (22.5.1900, S. 73).[1430]

1429 Platzbecker, Rheinische Gesindeordnung, 1914, S. 8.

1430 Könnecke weist darauf hin, dass in bestimmten Gegenden Deutschlands die Legitimation vorehelich gezeugter Kinder durch nachfolgende Ehe absichtlich hinausgeschoben wurde, damit die Braut als Amme ihre Aussteuer verdienen

8. Zwischenergebnis zu IX

Der Simplicissimus beleuchtete drei Kategorien des Dienstverhältnisses zwischen Dienstboten und ihren Arbeitgebern: In der ersten wurden arbeitsrechtlich zu beanstandende Dienstverhältnisse und negative Verhaltensweisen von Arbeitgebern kritisiert. In einer zweiten Kategorie wurden Dienstboten gezeigt, die sich ungebührlich gegenüber ihrer Dienstherrschaft verhielten. In der dritten, von der zweiten Kategorie nicht immer zu trennen, stellte der Simplicissimus Dienstboten dar, die ihr Recht - teilweise in matriarchalischem oder patriarchalischem Wohlwollen - in die eigenen Hände nahmen oder in ihrem Dienstverhältnis die Führung übernahmen. Sie waren ihrer Herrschaft nicht als hilflose Opfer ausgeliefert. Sie entmystifizierten die gesetzlich gewollte Macht des männlichen Familienvorstandes oder legten überhaupt wenig Wert auf die gesetzlich verordnete Einbindung in den Haushalt der Dienstherrschaft. Dieser „Rollentausch" war auch Ausdruck der Umwälzungen, die vor dem Hintergrund veralteter arbeitsrechtlicher Bestimmungen zwischen den sozialen Schichten um die Jahrhundertwende stattfanden. Am Beispiel der heimlichen Machtübernahme durch manche Dienstboten reflektierte die Zeitschrift metonymisch den sozialen Umbruch.

Von einigen – satirisch gestalteten - resoluten Einzel-Charakteren darf allerdings nicht auf die generelle arbeitsrechtliche Situation der Gruppe geschlossen werden, die trotz einiger rechtlicher Verbesserungen, vor allem durch das BGB, auch zu Beginn des 20. Jahrhunderts immer noch eine prekäre war. Die Beispiele sexueller Begehrlichkeiten von Dienstherren ihren weiblichen Dienstboten gegenüber existierten sowohl in der Realität als auch in der Fiktion des Simplicissimus. Allerdings banalisierten und neutralisierten mehrerer Beiträge der Zeitschrift die potentiell sozialkritische und arbeitsrechtliche Problematik. Der Simplicissimus pendelte in der Umbruchszeit des Untersuchungszeitraums bei seiner satirischen Betrachtung des Gesindes zwischen den Forderungen nach Disziplinierung der „faulen" und „frechen" Dienstboten und den Forderungen nach arbeitsrechtlichen Verbesserungen. Dabei setzte sich die - auch in anderen Gruppen feststellbare - Kritik an den Arbeitgebern als dominant gegenüber den „Emanzipierungen" vereinzelter Dienstboten durch.

---

konnte. (Könnecke, Rechtsgeschichte des Gesindes, 1912, S. 533). Gerhard weist darauf hin, dass die Ammen häufig ihre eigenen Kinder vernachlässigen mussten, um in den Ammendienst eintreten zu können. „Erst mit dem neu entdeckten Intteresse für das Kind und der Intimisierung der bürgerlichen Familien wurde es selbstverständlich, daß die Amme ins Haus kam und ihr eigenes Kind verließ, was nichts anderes bedeutete, als daß dieses Kind nicht selten dem nahen Tod entgegenginge'." (Gerhard, Verhältnisse und Verhinderungen, 1978, S. 115).

X. Frauen und Frauenarbeit

1. Der gesellschaftlich-moralisch-religiöse Kontext

In nahezu allen Kapiteln dieser Untersuchung wird die Arbeit der Frauen im Untersuchungszeitraum thematisiert. Dies betrifft etwa ihre Arbeit in der Landwirtschaft, in der Industrie, in der Hauswirtschaft, in der Heimarbeit und als Angestellte. Im folgenden Kapitel werden diese Aspekte in das übergeordnete Frauenbild des Untersuchungszeitraums und des Simplicissimus eingebettet und um weitere – in den anderen Kapiteln unberücksichtigte – arbeitsrechtlich relevante Aspekte ergänzt.

Im Allgemeinen entsprachen die im Simplicissimus dargestellten Frauen nicht der zeitgenössischen sozialen Norm: Sie nahmen es – wie die Männer - mit der Moral nicht genau. Für die bürgerliche Frau des ausgehenden 19. Jahrhunderts aber war Anstand im sexuellen Bereich wesensbestimmend. Nach Auffassung des marxistischen Kulturhistorikers Eduard Fuchs bildete dieser Anstand jedoch nur die äußere Fassade.[1431] Außereheliche Sexualität war zwar prinzipiell nicht nur für die Frau verboten, aber nur die Frau wurde durch sie entehrt.[1432]

Laut Simplicissimus entzogen sich die Damen von Welt und der Halbwelt der ungeliebten Arbeit, indem sie auf einen betuchten Mann oder Geliebten warteten (1.9.1913, S. 390). Rechtlich standen sie zwar hinter den Männern zurück, aber zu Hause hatten sie oft das Sagen (27.10.1903, S. 244). Von beruflicher oder politischer Emanzipation hielten sie nichts.

> *„Wenn man eine gute Figur hat, denkt man gar nicht an Stimmrecht. Und wenn man eine schlechte hat, ist ein Korsett entschieden nützlicher.“*
> (5.9.1910, S. 375).

Der Simplicissimus existierte in einem Münchener Milieu, in dem die Forderungen nach sexueller Ungebundenheit in Kreisen von Intellektuellen und Künstlern Anklang fanden.[1433] Ihrem aufklärerischen Selbstanspruch gemäß war die Zeitschrift der Emanzipation der Frauen verpflichtet. Seit der französischen Revolution und der Revolution von 1848 war der Kampf der Frauen um ihre Rechte im öffentlichen Bewußtsein, wenngleich die Kodifikationen, wie die „frauenfeindlichen Bestimmungen des Code civil“ liberale Ansätze wieder zurücknahmen.[1434] Der Simplicissimus wählte aber innerhalb des Spektrums emanzipatorischer Möglichkeiten primär die

---

1431 Fuchs, Die Frau in der Karikatur, 1906, S. 16 u. ö.; Fuchs, Illustrierte Sittengeschichte, 1912, passim.

1432 Gleß, Die Reglementierung von Prostitution, 1999, S. 36.

1433 Mommsen, Bürgerstolz und Weltmachtstreben, 1995, S. 82 f.

1434 Gerhard, Neuere Literatur, 2012, S. 115 f.; zur Rezeption des Code civil in den Rheinlanden und darüber hinaus: Schulze, Rheinisches Recht, 2002, S. 71 ff. Im Hinblick auf die frauenfeindlichen Bestimmungen des Code civil von 1804 waren offenbar die Artikel 213 ff. gemeint, insbesondere Art. 213 selbst: „le mari doit protection à sa femme, la femme doit obéissance à son mari“, oder wie es in der sexuelle Emanzipation und nicht die politische oder arbeitsrechtliche. Durch diese Schwerpunktsetzung vermied die Zeitschrift Konflikte mit der zahlenden männlichen Leserschaft. Dass Frauen sich politisch einmischten, blieb lange verpönt. Für die Frauen galten die drei „K": Küche, Kirche, Kinder. Offenbar hielt sich auch die sozialdemokratische Führung in der Entstehungszeit des Simplicissimus noch mit Forderungen zum Frauenwahlrecht zurück.[1435] Das Verbot der Mitgliedschaft in Vereinen und das der Teilnahme an Vereinsveranstaltungen bedeuteten eine massive arbeitsrechtliche Einschränkung.[1436]

2. Die unterschiedliche Beurteilung der Frauenarbeit

Im Kaiserreich waren die bürgerlichen Frauen durch ihre Konzentration auf Familie und Mutterschaft in der Regel vom öffentlichen Arbeitsleben ausgeschlossen.[1437] Sie zehrten laut Simplicissimus vom Titel ihrer berufstätigen Männer und ließen sich mit diesem anreden (15.6.1914, S. 166). Die Damen der oberen Schichten hatten arbeitsrechtliche Interessen lediglich als Arbeitgeberinnen von Dienstboten.[1438] Die Damen wohlhabender bürgerlicher und aristokratischer Familien führten aus der Sicht zeitgenössischer marxistischer Kulturhistoriker wie Eduard Fuchs ein parasitäres Leben: „Keinerlei ernste Arbeit ... all ihr Tun ist Spiel, ist Zeitvertreib..."[1439] Die Arbeiten als Frau und Mutter wurden ihnen von Dienstboten abgenommen. Besonders die „unbeschäftigten" Frauen sehnten sich laut Fuchs nach einem Liebhaber.[1440]

Die zeitgenössische Volkswirtschaft beklagte die „Abdrängung der Frau von ihrem Arbeitsgebiet der Hausbestellung".[1441] Nach Potthoff war die Tätigkeit als Mutter volkswirtschaftlich wichtiger als die Berufstätigkeit: Die Erwerbstätigkeit

---

deutschen Fassung des Großherzogtums Berg von 1810 hieß: „Der Mann ist seiner Frau Schutz, und die Frau ihrem Manne Gehorsam schuldig."

1435 Gerhard, Neuere Literatur, 2012, S. 120: „August Bebels erstes Plädoyer für das Frauenwahlrecht im Reichsttag erfolgte ... erst 1895." Kathrin Braun weist darauf hin, dass die Lassalleaner von Anfang an gegen außerhäusliche Frauenarbeit und damit gegen die Organisation von Arbeiterinnen eingestellt waren. (Braun, Gewerbeordnung und Geschlechtertrennung, 1993, S. 72 f.).

1436 Das ***Preußische Vereinsgesetz vom 11. März 1850*** sah in § 8 vor, dass Frauen weder Mitglieder in Vereinen, „welche bezwecken, politische Gegenstände in Versammlungen zu erörtern", sein durften noch an den Versammlungen und Sitzungen solcher „politischen Vereine" teilnehmen durften. (§ 8 VG 1850, Delius, S. 156 ff.). Nach dem ***Vereinsgesetz vom 19. April 1908*** waren die Frauen den Männern vereinsrechtlich gleichgestellt. „Die Gleichstellung der Frauen ist eine völlige, d. h. sie gilt für alle Vereine, politische und nichtpolitische..." (§ 1 VG 1908, hier: S. 26).

1437 Meine/ Hottmann, Puppen, Huren, Roboter, 2005, S. 11.

1438 Schildt, Frauenarbeit im 19. Jahrhundert, 1993, S. 45.

1439 Fuchs, Illustrierte Sittengeschichte, 1912, S. 346.

1440 Fuchs, Illustrierte Sittengeschichte, 1912, S. 354.

1441 Zwiedineck-Südenhorst, Arbeiterschutz und Arbeiterversicherung, 1905, S. 10.

der Mütter von kleinen Kindern müsse vom Staat beschränkt werden.[1442] Für die Kirchen war die Stellung zur Arbeit der Frau eindeutig. In der Enzyklika ***Rerum novarum*** vom 15. Mai 1891 hieß es:

> „Ebenso ist durchaus zu beachten, daß manche Arbeiten weniger zukömmlich sind für das weibliche Geschlecht, welches überhaupt für die häuslichen Verrichtungen eigentlich berufen ist."[1443]

Gestattet und erwünscht waren jedoch para-berufliche Aktivitäten im Bereich der Wohlfahrt und der Wohltätigkeit, die vom Simplicissimus mehrfach bespöttelt wurden, und „wesensmäßige" Berufe, etwa in der Krankenpflege,[1444] auf die der Simplicissimus aber nicht einging.

1442 Potthoff, Probleme des Arbeitsrechts, 1912, S. 74.

1443 Gottwald, 1891, 1894, Abs. 33, S. 77 f.

1444 1895 sprach zum ersten Mal eine Frau vor den Teilnehmern des ***Evangelisch-Sozialen Kongresses*** über die soziale Lage der Frauen. Die Referentin unterschied zwei Aspekte der Frauenfrage: Hinsichtlich der „sozial begünstigten Klassen" zählte sie Berufe auf, die der Frau zukämen. Es waren dies Hauswirtschaft, Kinderpflege, Erziehung der Kinder resp. der Mädchen, Frauen- und Kinderärztin, Mitwirkung in der Fürsorgearbeit. Neben diesem Aspekt der Frauenfrage stand der der Arbeiterklasse. Die Referentin forderte, dass die Arbeiterinnen einen Schutz genießen sollten, „damit sie ihre Aufgaben in der Wirtschaft, im Hause erledigen können". (Zitiert nach Eger, Der Evangelisch-Soziale Kongress, 1931, S. 54 f.). Die Ausbildung in der Krankenpflege eröffnete vor allem jungen Frauen aus dem Kleinbürgertum und der Beamtenschicht berufliche Perspektiven. Der Jurist Rudolf Osius ging 1896 der Frage nach, in welcher Form Frauen in die öffentliche Armenpflege einbezogen werden könnten. (Osius, Die Heranziehung von Frauen zur öffentlichen Armenpflege 1896, S. 19): Die Frauen hätten sich zwar in der öffentlichen Armenpflege bewährt, doch sollte die Leitung und Verwaltung des Armenwesens in Händen von Männern bleiben. (Osius, Die Heranziehung von Frauen zur öffentlichen Armenpflege, 1896, S. 3). Bei den vorbereitenden Recherchen über die Berechtigung der Armenpflege sollten Männer und Frauen gemeinsam arbeiten. (Osius, Die Heranziehung von Frauen zur öffentlichen Armenpflege, 1896, S. 6 f.). Bei der praktischen Beratung vor Ort seien die Frauen gefragt. Im Bereich der Armenpflege sollte eine „vollständige Gleichheit der Stellung der Armenpflegerin und des Armenpflegers" bestehen. (Osius, Die Heranziehung von Frauen zur öffentlichen Armenpflege, 1896, S. 17). Die Armenkrankenpflege sollte grundsätzlich von geschulten Krankenpflegerinnen übernommen werden. (Osius, Die Heranziehung von Frauen zur öffentlichen Armenpflege, 1896, S. 9). Von Arbeitsverträgen und einer regulären Bezahlung war nicht die Rede. Allerdings könnten auch wohlhabendere Frauen, „die nicht auf einen gewinnbringenden Beruf angewiesen sind" im Ehrenamt als ausgebildete Helferinnen tätig werden. (Osius, Die Heranziehung von Frauen zur öffentlichen Armenpflege, 1896, S. 11, 37). „Die Frauen haben eine andere Stellung im öffentlichen Leben, als sie in der ersten Hälfte des Jahrhunderts innehatten, sich errungen; sie haben eine Reihe von Berufszweigen sich eröffnet, die bisher ausschließliches Recht der Männerwelt waren; sie haben sich

Im Untersuchungszeitraum konnten zahlreiche Familien nur bei (voll-)beruflicher Tätigkeit der Frauen mit den Lebenshaltungskosten mithalten.[1445] Frauen aus dem Arbeitermilieu leisteten oft Schwerstarbeit für einen geringen Lohn. Die Frauen, die als Arbeiterinnen und Dienstboten tätig waren, unterlagen nicht der strengen häuslichen und gesellschaftlichen Kontrolle und führten nach Meinung ihrer Zeitgenossen und nachfolgender Generationen ein freieres sexuelles Leben.[1446] Kritische Zeitgenossen sahen im Untersuchungszeitraum einen krassen Widerspruch zwischen der „hohen Achtung", welche die deutsche Frau genießen sollte und der entwürdigenden Arbeit etwa der Landarbeiterinnen.[1447]

3. Die Ausbildung von Mädchen

Das mittlere Bürgertum erzog laut Simplicissimus seine Töchter zur Dummheit: Den Mädchen wurde schon im Kindesalter reichlich Alkohol verabreicht, damit sie *„mal eine gute Hausfrau werden"* (22.5.1900, S. 76). Die Zeitschrift weitete hier ein Vorurteil aus, das 1897 Pauline Bohn wie folgt beschrieb: „Leider ist die Meinung noch zu sehr verbreitet, daß es den arbeitenden Klassen nur schädlich sein könne, wenn sie Bildung erlangen."[1448]

Die Töchter in den sogenannten besseren Kreisen wurden auf ihre zukünftigen Aufgaben als Hausfrau vorbereitet, die alle niederen Arbeiten an das Dienstpersonal abgab.[1449] Dabei hatten die Mütter laut Simplicissimus ihre liebe Not mit den heranwachsenden Töchtern.

> *„Thu' doch was. Du bist ja groß genug; warum dichtest du eigentlich nicht? Deine Freundin Ella dichtet ja auch."* (15.5.1899, S. 53).

Seit der Reichsgründung erhöhte sich die Zahl der Mädchen, die eine weitergehende Schulbildung genossen. Diese fand in den „Höheren Töchter-Schulen" und

---

in lebhafter Weise an allen Bestrebungen auf dem Gebiete der Gemeinnützigkeit und Wohlthätigkeit beteiligt und haben sich in ihrer Thätigkeit auch bewährt." (Osius, Die Heranziehung von Frauen zur öffentlichen Armenpflege, 1896, S. 2). Der Staatsanwalt Paul Chuchul wies darauf hin, dass in Köln 1896 „Waisenpflegerinnen als Beamtinnen mit amtlichen Rechten thätig" seien. Auch die „Gemeindeschwestern", die von der Gemeinde oder anderen Trägern besoldet wurden, hätten eine „Beamtenstellung mit amtlicher Autorität" inne. (Chuchul, Die Heranziehung von Frauen zur öffentlichen Armenpflege, 1896, S. 47 f.).

1445 Wehler, Das deutsche Kaiserreich, 1977, S. 53.

1446 In den Jahren vor dem hier betrachteten Zeitraum waren Untersuchungen durchgeführt worden, in denen die „Sittlichkeit" der Arbeiterinnen Untersuchungsgegenstand war. Die frühe Selbständigkeit und die Verfügung über den Arbeitslohn wirke sittlich auf die Fabrikarbeiterinnen gefährdend. (Braun, Gewerbeordnung und Geschlechtertrennung, 1993, S. 77 f.).

1447 Rehbein, Das Leben eines Landarbeiters, 1911, S. 247.

1448 Bohn, Frauenwohl 1897, S. 171.

1449 Havenith, Und samstags in die Badewanne, 1995, S. 26 f.

Pensionaten statt. Die Schülerinnen wurden dort vornehmlich in Deutsch, Französisch, Rechnen, Nähen und Religion unterrichtet. Höhere Töchter, die sich kichernd mit dem Erlernen der französischen Sprache abmühten, fanden Eingang in den Simplicissimus (5.1.1904, S. 324). Für eine berufliche Laufbahn waren die Lehrpläne nicht ausgerichtet.[1450] Laut Simplicissimus stand bei den jungen Frauen nicht der Beruf, sondern die Heirat im Vordergrund. So sinnierte eine *„Gymnasiastin":*

> *„Ich hab' mich verlobt, jetzt laß ich mir das Schulgeld wiedergeben."*
> (9.5.1910, S. 89).

Seit 1889 wiesen engagierte Frauen wie Helene Lange und Minna Cauer auf die Aufgaben der Frauen hin: „Zum erstenmal wurde hier [in Berlin, Verf.] den gebildeten Frauen gesagt, daß sie die Pflicht hätten ihre Töchter zu einem Beruf zu erziehen, daß sie nicht nur Pflichten im eigenen Hause gegen die eigenen Kinder hätten, daß sie nicht nur Familienmütter und Hausfrauen, sondern daß sie verantwortungsvolle Menschen wären, die mit zu arbeiten hätten an den großen Aufgaben der neuen Zeit."[1451]

Diejenigen bürgerlichen Frauen, die im Kaiserreich nicht als Ehefrau und Mutter ihre Erfüllung fanden, mussten entweder von der Familie unterstützt werden oder einer Arbeit nachgehen. Da ihre Schulbildung weder in der Volksschule noch in der „Höheren-Töchter-Schule" das Erwerbsleben zum Ausbildungsziel hatte, blieben ihnen wenige Möglichkeiten.[1452] Pauline Bohn wies auf die Gründung einer Handelslehranstalt für Frauen in Königsberg hin, die von „jungen Damen aus guten Familien" besucht wurde, die nach ihrer Ausbildung als Buchhalterinnen und Korrespondentinnen in „Komptoiren" arbeiteten.[1453] Ferner berichtete sie 1897 von der Einrichtung von Lateinkursen für Lehrerinnen. Für die zukünftigen Arbeiterinnen anerkannte der Gesetzgeber Fortbildungsschulen mit Unterricht in „weiblichen Hand- und Hausarbeiten", damit sie „zur Tüchtigkeit für den Beruf der Hausfrau erzogen werden".[1454] In den hauswirtschaftlichen Fortbildungsschulen sollten die „unbemittelten Mädchen" aber nicht nur für die Führung eines eigenen Haushalts oder für eine Stellung als Dienstmädchen geschult werden, sondern auch „sittlichen

---

1450 Berghahn, Das Kaiserreich 1871–1914, 2003, S. 123 f.

1451 Bohn, Frauenwohl, 1897, S. 169.

1452 Kinnebrock, Münchner Weibs-Bilder, 1996, S. 59.

1453 Bohn, Frauenwohl, 1897, S. 169.

1454 Nelken, Die deutschen Handwerker- und Arbeiterschutzgesetze, 1901, S. 558 im Kommentar zu § 120 GewO. Allerdings weist Kathrin Braun darauf hin, dass in der Novelle der GewO von 1891 die berufliche Bildung zwar für junge Männer gefördert werde, nicht aber für Mädchen: Die Regelungen der GewO eröffneten den jungen Frauen keine beruflichen Perspektiven. (Braun, Gewerbeordnung und Geschlechtertrennung, 1993, S. 133).

Halt" gewinnen.[1455] In den großen Warenhäusern fanden um 1910 offenbar ungelernte Frauen als Verkäuferinnen Arbeit.[1456]

4. Ausgewählte berufliche Tätigkeiten

a) Verschämte Heimarbeit

In der besseren Gesellschaft durften die Töchter keine niederen Arbeiten verrichten. Gleichzeitig aber mussten sie beschäftigt werden, da der Müßiggang sprichwörtlich als Anfang aller Laster galt, seit frühchristlicher Zeit zur Unordnung der Lebensführung führte und dem Ansehen der Gemeinde schadete.[1457] So wurde die Stickerei zu einer angemessenen, gesitteten Tätigkeit.[1458] Laut Simplicissimus benutzten die höheren Töchter ihre in Heimarbeit erstellten Stickereien, um sich ein Taschengeld zu verdienen und beklagten sich, dass ihnen die Frauen aus unteren Schichten diese Erwerbsquelle streitig machten:

> *„Ich finde es gemein und roh von diesen gewöhnlichen Mädchen, daß sie sich zu gut dünken als Dienstboten, und Stickerinnen werden und uns gebildeten höheren Töchtern den Nebenverdienst rauben. Was sollen wir denn ohne Taschengeld machen?"* (14.7.1899, S. 19).

Die junge Dame aus gutem Hause kriminalisierte durch die Verwendung des Verbs *„rauben"* ihre Konkurrentinnen. In Wirklichkeit geschah die Verdrängung auf dem Arbeitsmarkt nicht durch die *„gewöhnlichen Mädchen"*, sondern durch die *„höheren Töchter"*[1459].

Arbeitsrechtlich bewegten sich die höheren Töchter im Bereich der Bestimmungen des § 119 b der Gewerbeordnung für die Heimarbeit, de facto aber waren sie in einem arbeitsrechtlich freien Raum. Ebenso wie die Töchter gering besoldeter Offiziere gehörten auch die bürgerlichen höheren Töchter zu den „verschämten Heimarbeiterinnen", die in der „Salon-Heimarbeit" tätig waren.[1460] Da es unschicklich war, für Entgelt zu arbeiten, erfolgte die Heimarbeit geheim.[1461] Sämtliche arbeitsrechtlichen Institute und Regelungen, wie Arbeitsvertrag, Arbeitsschutz,

---

1455 Bohn, Frauenwohl, 1897, S. 170 f.

1456 Lux, Studien über die Entwicklung der Warenhäuser, 1910, S. 25; Göhre, Das Warenhaus, 1907, S. 65 f. zum Kaufhaus Wertheim, das Verkäuferinnen offenbar erst nach Absolvieren einer Lehrzeit einstellte.

1457 Cf. Wirth u. a., Lexikon des Mittelalters, Sp. 870.

1458 Schildt, Frauenarbeit im 19. Jahrhundert, 1993, S. 44.

1459 Dazu Brandel, Die Heimarbeit, 1925, S. 127: Die Heimarbeiter müssten vor der „unlauteren Konkurrenz" derjenigen geschützt werden, „deren Existenz anderweitig gesichert ist". Speziell für die Stickerei führte Meerwarth aus, dass die „Gelegenheitsstickerinnen" gehobener Schichten denjenigen Stickerinnen „fühlbare Konkurrenz" machten, die von ihrer Heimarbeit leben müssten. (Meerwarth, Untersuchungen über die Hausindustrie in Deutschland, 1906, S. 70).

1460 Lotmar, Der Arbeitsvertrag 2001/1908, S. 1327, Anm. 179.

1461 Schildt, Frauenarbeit im 19. Jahrhundert, 1993, S. 80.

Entlohnung, Kündigung spielten keine Rolle. Zur Wahrung ihres sozialen Ansehens würde sowohl die Offizierstochter als auch die höhere Bürgertochter von arbeitsrechtlichen Beschwerden und Klagen gegenüber dem Gewerbetreibenden oder Verleger absehen.

Die unverheirateten Töchter aus der Mittelschicht und die Witwen waren froh, ihren Lebensunterhalt durch Näharbeiten in Heimarbeit zu verdienen. Die Näharbeiten wurden zwar schlecht bezahlt, standen aber mit dem für diese Schichten wichtigen Frauenbild eher in Einklang als mit der Arbeit in der Fabrik.

b) Lehrerinnen und Akademikerinnen

Diejenigen Frauen, die weiterführende Schulen besuchen konnten, absolvierten häufig ein Lehrerinnenseminar.[1462] Als Lehrerinnen hatten sie es mit arbeitsrechtlichen, bzw. beamtenrechtlichen Sachverhalten zu tun, zu denen der 1880 im Deutschen Reich eingeführte Lehrerinnenzölibat gehörte. Der Erlass untersagte Lehrerinnen zu heiraten.[1463] Berufstätige Frauen galten als unnötige Konkurrentinnen für die männlichen Kollegen, die eine Familie ernähren mussten. Ein Leben lang berufstätig zu sein, entsprach nicht der bürgerlichen Frauenrolle. Eine Lehrerin, die nicht beizeiten einen Mann fand, blieb ein „Fräulein".

Laut Simplicissimus waren die Frauen selbst mit diesem Los nicht zufrieden: Würden die Männer sie heiraten, brauchten sie ihnen nicht mehr das Brot wegzunehmen (19.12.1905, S. 447). Die Position des Simplicissimus hinsichtlich der akademischen Emanzipation der Frauen war schwer auszumachen.[1464] Sie stand offenbar im Einklang mit der zeitgenössischer Naturwissenschaftler, Mediziner und Juristen, die den Frauen die Fähigkeit zum wissenschaftlichen Arbeiten absprachen.[1465] Sie schien der Anschauung männlicher Leser zu entsprechen, wenn ein Jungakademiker sich wie folgt als Befürworter des Frauenstudiums ausgibt:

> *„Ich bin entschieden für das Studium der Frauen. Sehn Sie, gnädiges Fräulein. Jetzt ist so'n Colleg blödsinnig ledern, aber die kleinen Mädchen brächten sicher 'bischen Betrieb in die Bude."* (20.8.1898, S. 164).

Laut Simplicissimus hielten die Damen in den besseren Kreisen wenig von diesem Fortschritt und trösteten sich damit, dass die promovierten Frauen wahrscheinlich hässlich waren und zur Strafe in der Hölle ewig Strümpfe stopfen müssten (3.7.1900, S. 118). Offenbar bezweifelte der Simplicissimus auch selbst die Studierfähigkeit der Frauen, wenn beispielsweise eine Studentin der Medizin auf einer Karikatur vom

1462 Berghahn, Das Kaiserreich 1871–1914, 2003, S. 125.

1463 Nach heutiger Arbeitsrechtsordnung wäre eine solche „Zölibatsklausel" nach § 138 Abs. 1 BGB i. V. m. Art. 1 Abs. 1, Art. 2 Abs. 1 und Art. 6 GG nichtig. (Brox/ Rüthers/ Henssler, Arbeitsrecht, 2011, Rn. 123).

1464 Cf. auch Kladderadatsch, 26.2.1899.

1465 Berghahn, Das Kaiserreich 1871–1914, 2003, S. 125.

April 1901 sich bei der Untersuchung einer Patientin als unfähig zum sachlichen und logischen Denken erwies und stattdessen despektierlich Neidgefühle bekundete:

„Kandidatin, sagen Sie mir, was fällt Ihnen an der Patientin auf?“
„Daß das Mensch einen seidenen Unterrock an hat.“ (23.4.1901, S. 37).

c) *Arbeiterinnen*

Man fand im Simplicissimus Frauen aus dem Arbeitermilieu als Waschfrauen (19.8.1907, S. 335) oder auf Baustellen, wo sie als *„Mörtelweiber“* Steine und Mörtel schleppten (19.12.1896, S. 1). Des *„Mörtelweibs Tochter“* stand träumend mit nackten Füßen neben der Baustelle:

Habt's mi all' miteinander gern!
I mag net wia mei Mutter wer'n.
I mag a sauber's Deand'l sein,
Die Grafen warden um mi frei'n.
Mit an Grafen im Gubernat
Mach i' den allergrößten Staat,
Trag' an Hut und spiel Klavier,
Und schenk' mei Mutter alle Täg' zwoa Weißwürscht' und a Bier
Oh mei! Oh mei!
Mei Mutter is a Mörtelwei. (Auszug: 19.12.1896, S. 1).

Die junge Proletarierin träumte nicht von der Revolution, sondern von einem niemals eintretenden aristokratisch-bürgerlichen Märchen-Leben.

Die betreffende Zeichnung des Simplicissimus vom 19.12.1896 zur Frauenarbeit und andere waren kongruent mit der Situation in der realen Welt.[1466] Die Rechte, die allmählich für die industriell beschäftigten Frauen in den Gewerbeordnungen durchgesetzt wurden, erreichten nicht die zahlreichen Tagelöhnerinnen, die beispielsweise als Handlangerinnen auf dem Bau oder als Wäscherinnen und Näherinnen arbeiteten (27.10.1903, S. 250 u. ö.). Da sie alleine oder in Kleingruppen arbeiteten, profitierten sie nicht von der Arbeit der Gewerkschaften und von den gewonnenen Koalitions- und Schutzrechten der Industriearbeiterinnen. Sie bewegten sich in einem arbeitsrechtlichen Niemandsland.

Der marxistische Kulturhistoriker Eduard Fuchs sah 1906 vor allem in der Fabrikarbeit den Hauptfeind der Frau: Die Arbeit sei nicht nur für ihre körperliche Deformierung verantwortlich, sondern auch für ihre geistige Verödung.[1467] Dabei

---

1466 Frauen arbeiteten auch in Bergwerken, beispielsweise in Erzbergwerken an sog. „Klaubetischen“, wo sie mit bloßen Händen die erzhaltigen Klumpen zu sortieren hatten. Die Arbeit in den Erzbergwerken brachte ihnen zwar den Titel von „Erzengeln“ ein, doch mit einem Dasein als Engel hatte ihre Arbeit nichts gemein. (Geurts et al., Das Erbe des Erzes. Bd. 2, 2004, S. 171).

1467 Fuchs, Die Frau in der Karikatur, 1906, S. 10, 21.

waren gerade in der Fabrikarbeit arbeitsrechtliche Verbesserungen erreicht worden: Ein besonderer Schutz arbeitender Frauen war auch zum Zeitpunkt des Erscheinens des Simplicissimus 1896 noch in der Entwicklung begriffen.[1468]

Es ist zu bedenken, dass die Schutzbestimmungen der Novelle der Gewerbeordnung von 1891 nur den „Arbeiterinnen in Fabriken“ zugutekamen. Zeitgenössische Kommentatoren ließen keinen Zweifel daran, dass diese Schutzbestimmungen gesellschaftspolitische Gründe hatten, „da auf der Gesundheit des weiblichen Geschlechts die Zukunft der Nation beruht“.[1469] Wenige Jahre später, im Jahr 1895, monierte Lotmar in seiner Schrift ***Der Dienstvertrag des zweiten Entwurfs eines bürgerlichen Gesetzbuches für das Deutsche Reich***: „Zweitens nimmt das Gesetz den Dienstpflichtigen nur gegen die Gefahr für Leben und Gesundheit in Schutz, es hätte auch Ehre, namentlich Geschlechtsehre, einbeziehen sollen.“[1470]

Um die Jahrhundertwende stellten sich die Sozialreformer nicht die Aufgabe der Abschaffung der Frauenarbeit in Fabriken, sondern der Reduzierung der täglichen

---

1468 Mit dem ***Gesetz, betreffend die Abänderung der Gewerbeordnung, vom 17. Juli 1878*** wurde erstmals in Deutschland für Fabrikarbeiterinnen der Mutterschutz gesetzlich verankert. § 135 GewO 1878: „Wöchnerinnen dürfen während drei Wochen nach ihrer Niederkunft nicht beschäftigt werden.“ Es soll hier nur auf die in Beziehung zu setzenden Basisdaten des heute geltenden MuSchG hingewiesen werden, denen zufolge werdende Mütter in den letzten sechs Wochen vor der Entbindung und Mütter bis zum Ablauf von acht Wochen nach der Entbindung nicht beschäftigt werden dürfen. (§ 3 Abs. 2 und § 6 MuSchG). Das MuSchG hat als besonderes Gesetz Vorrang vor den entsprechenden Regelungen des ArbZG hat. (Schliemann/ Meyer, Arbeitszeitrecht, 2002, Rn. 8). Die Bestimmungen der ***Novelle der Gewerbeordnung vom 1. Juni 1891*** verfolgten das Ziel, die Beschäftigung der Arbeiterinnen in Fabriken mit Rücksicht auf Gesundheit, Sittlichkeit und Förderung des Familienlebens strenger als bisher zu regeln. (ABG 1892, Brassert, S. 115; Nelken, Die deutschen Handwerker- und Arbeiterschutzgesetze, 1901, S. 854 zu § 137 ff. GewO). Während der Schutz der jugendlichen Arbeiterinnen durch die §§ 135 und 136 geregelt war, handelte § 137 von den Arbeiterinnen über sechzehn Jahren. Geregelt wurden im Einzelnen ein Nachtarbeitsverbot, eine maximale Stundenbeschäftigungszeit, eine Pausenregelung und eine Verstärkung des Mutterschutzes. (§ 137 GewO 1891; Eger/ Weise, Die Entstehung des Arbeitsrechts, 1998, S. 292). Im Bergbau durften Arbeiterinnen nicht unter Tage beschäftigt werden. (§ 154 a Abs. 2 GewO 1891). Das Verbot der Beschäftigung von Frauen unter Tage wurde auch in darauffolgenden Kodifikationen aufrechterhalten. Das Verbot floss in § 64 a Abs. 1 BBergG vom 13. August 1980 ein. Allerdings war der § 64 a Abs. 1 nach der Rechtsprechung des EuGH mit Urteil vom 1. Februar 2005 wegen Verstoßes gegen die Gleichbehandlungsrichtlinie unanwendbar. Die aktuelle Fassung des BBergG ist dementsprechend bereinigt.

1469 Ebeling, Das Reichsgesetz, 1892, S. 30.

1470 Lotmar, Der Dienstvertrag, 1992, S. 135.

Arbeitszeit von 11 auf 10 Stunden. Die gewerbliche Arbeit, und damit die Fabrikarbeit schienen grundsätzlich akzeptiert.[1471]

Das ***Gesetz, betreffend die Abänderung der Gewerbeordnung vom 28. Dezember 1908*** weitete die für Frauen geltenden Schutzbestimmungen, die bisher nur für Fabrikbetriebe galten, auf Betriebe aus, in denen in der Regel mindestens zehn Arbeiter beschäftigt waren.[1472] Betroffen waren die Bestimmungen zum Nachtarbeitsverbot, zur täglichen Beschäftigungsdauer, zur Gewährung von Pausen, zum Mutterschutz, zur Art der Beschäftigung.[1473]

Unter das Verbot des Transports „von Materialien bei Bauten aller Art"[1474] fielen auch die sog. *„Mörtelweiber"*, deren Los der Simplicissimus am 19.12.1896 beklagt hatte.

Der Bundesrat wurde ermächtigt, für bestimmte Gewerbezweige Ausnahmen zuzulassen.[1475] Die arbeitsschutzrechtlichen Bestimmungen wurden mehrfach relativiert oder deren Inkrafttreten auf einen späteren Zeitpunkt verschoben.

Der Simplicissimus übte Monate nach Verkündigung des Gesetzes Kritik an den Schutzbestimmungen für Frauen: Arbeiterinnen würden bis zur Schädigung ihrer Gesundheit ausgebeutet. So erfuhr eine Kundin in einem Wäschegeschäft:

> *„Gnädige Frau, das ist ein sehr feines Dessin, da haben sich zwei von unsern Mädchen blind dran gearbeitet."* (13.9.1909, S. 387).

Die zynische Satire entfaltete ihre Wirkung dadurch, dass bewusst die gesundheitsschädigende Missachtung des Arbeitsschutzes als Werbemittel eingesetzt wurde. Somit hinterfragte der Simplicissimus die Effektivität von Normen zum Arbeitsschutz.[1476]

In den Warenhäusern war um 1910 der Anteil der angestellten Frauen beim Verkaufspersonal und im Bürodienst höher als der der Männer. In den leitenden

---

1471 Pieper, Die Herabsetzung der Arbeitszeit für Frauen, 1902, S. 31 u. ö.; Simon, Referat, 1902, S. 99.

1472 Art. I, Abs. 1 GewO 1908; cf. Reichold, Der „Neue Kurs" von 1890 und das Recht der Arbeit, 1990, S. 34.

1473 § 137 Abs. 1–7 GewO 1908.

1474 § 137 Abs. 7 GewO 1908.

1475 § 139 a GewO 1908.

1476 Ausdehnung der Kaiserlichen Verordnung von 1897 auf die Konfektionswerkstätten vom 17.2.1904. (Hinweis gemäß Nelken, Die deutschen Handwerker- und Arbeiterschutzgesetze, 1901, S. 874 und Zwiedineck-Südenhorst, Arbeiterschutz und Arbeiterversicherung, 1905, S. 101 f.); ferner Verstoß gegen § 139 h im Hinblick auf den Schutz des Augenlichtes. (Nelken, Die deutschen Handwerker- und Arbeiterschutzgesetze, 1901, S. 949). Meerwarth machte 1906 in seiner Untersuchung über die Hausindustrie in Deutschland darauf aufmerksam, dass die in der Heimarbeit beschäftigten Frauen der Kleider- und Wäschekonfektion häufig an einer „Minderung der Sehkraft" litten. (Meerwarth, Untersuchungen über die Hausindustrie in Deutschland, 1906, S. 44).

Stellungen dominierten allerdings die Männer.[1477] Die männlichen Angestellten wurden „ganz bedeutend besser" bezahlt als die weiblichen in gleichen oder ähnlichen Ämtern.[1478]

Friedrich Lenger wies vor allem für das städtische Handwerk darauf hin, dass der Erwerb in vielen Fällen mehr auf der Arbeit der Frauen ruhte als auf der des Mannes. Er sah darin ein Signal der Auflösung „des patriarchalischen Meisterhaushalts".[1479]

5. Berufstätige Frauen als Opfer sexueller Belästigung und Übergriffe[1480]

a) Unmoralische Arbeitgeber

Laut Simplicissimus wurden berufstätige Frauen Opfer von sexuellen Belästigungen und Übergriffen durch ihre männlichen Arbeitgeber. Die dargestellten Arbeitgeber machten vielfach einvernehmliches Verhalten der Frauen geltend.[1481] Es begann bereits bei der Einstellung, vor allem in künstlerischen Berufen

> *„Herr Direktor, meine Tochter möchte zur Bühne gehen."*
> *„Da muß ich erst prüfen, ob sie Talent hat. Ziehen Sie ihr reine Wäsche an und schicken Sie sie in meine Wohnung."* (1.12.1903, S. 282)

Die konnotative Verschlüsselung war offenkundig. In diesem Beitrag verlangte der Direktor nicht nur die sexuelle Verfügung über eine junge Frau, sondern er brachte zusätzlich die Mutter in eine Situation, in der ihr als Mutter nach § 181 StGB wegen Kuppelei die besonders schwere Bestrafung mit Zuchthaus bis zu fünf Jahren drohte.[1482]

1477 Lux, Studien über die Entwicklung der Warenhäuser, 1910, S. 24.

1478 Lux, Studien über die Entwicklung der Warenhäuser, 1910, S. 30 ff.

1479 Lenger, Handwerker, 1988, S. 148.

1480 Die Forderungen nach dem Schutz vor sexueller Belästigung am Arbeitsplatz wurden in Deutschland gesetzlich erst durch das ***Gesetz zum Schutz der Beschäftigten vor sexueller Belästigung am Arbeitsplatz vom 24. Juni 1994*** verwirklicht. Nach Aufhebung des ***BeschSchG*** nahm das ***Allgemeine Gleichbehandlungsgesetz*** den Schutz der Arbeitnehmer vor sexueller Belästigung wahr. (§ 3 Abs. 4 AGG; Cf. HWK/Rupp, Arbeitsrecht Kommentar, 2012, § 3 AGG Rn. 1 ff; Schaub, Linck, ArbR-Hdb., 2011, § 36 Rn. 35 ff). § 3 Abs. 4 definiert eine sexuelle Belästigung als Benachteiligung in Bezug auf § 2 Abs. 1 Nr. 1 bis 4, wenn ein „unerwünschtes, sexuell bestimmtes Verhalten" vorliegt. Das unerwünschte Verhalten muss geeignet sein, die Würde der betreffenden Person zu verletzen. (Dütz/ Thüsing, Arbeitsrecht, 2011, Rn. 291).

1481 Nach § 182 StGB 1871, 1900 sind Vergehen an „unbescholtenen" Mädchen unter 16 Jahren strafbar, selbst wenn eine Einwilligung der Betroffenen vorliegt. Zur heutigen Rechtslage: HWK/Rupp, Arbeitsrecht Kommentar, 2012, § 3 AGG Rn. 13.

1482 § 181 StGB 1871, 1900.

Der Simplicissimus verband diesen Tatbestand um die Jahrhundertwende bisweilen mit einem antisemitischen Beigeschmack, so dass der Eindruck entstand, als ob sich vor allem jüdische Arbeitgeber an ihren weiblichen Untergebenen vergingen. So drohte der jüdische *„Monsieur le directeur“* zwei jungen Frauen mit der Entlassung, wenn sie ihm nicht seine sexuellen Wünsche erfüllten:

> *„Man is nich zufrieden mit eiern Leistungen, ihr werdet wahrscheinlich am Ersten entlassen. Die endgültige Entscheidung könnt ihr euch heut abend bei mir zu Hause in meiner Wohnung holen.“* (21.8.1899, S. 164).

Der jüdische Arbeitgeber äußerte eine Drohung und machte sich der Nötigung, ggf. der Erpressung schuldig, da er sein Ziel durch eine Vermögensschädigung seiner Arbeitnehmerinnen zu erreichen suchte.[1483] Er handelte nicht nur adversus bonos mores, sondern nach Sombart auch wider die jüdische Moraltheologie, welche die Unterdrückung des kreatürlichen Triebes forderte.[1484]

Der Simplicissimus übernahm die Klischees, die auch in der deutschen zeitgenössischen Literatur über die jüdischen Künstler-Agenten kursierten.[1485]

Die Frauen ergaben sich in einer Mischung aus Opferstarre und Resignation in ihr Schicksal, wie die Angestellte eines Modeherstellers, der sie in seinem Privatkontor mit einem Glas Rotwein oder Likör einstimmte (6.2.1900, S. 368). Die Arbeitgeber waren erfindungsreich, wenn es um die Befriedigung ihrer sexuellen Interessen ging.

Ein Ehemann, der beim Fasching seine Ehefrau mit seinem Vorgesetzten vorfand, wurde mit einem Versprechen getröstet:

> *[Ehemann]: „Himmel, was seh‘ ich! Der gestrenge Herr Amtsvorstand und du, Agnes, mein teures Weib!“*
> *[Der Amtsvorstand]: „Kaltes Blut, mein lieber Meier, ganz unschuldige Geschichte, Familienfest! Feiern soeben Ihre demnächstige Beförderung!“*
> (20.2.1900, S. 389).

Satire und Ironie bestanden u. a. darin, dass der außereheliche Verehrer just der *„gestrenge“* Herr Amtsvorstand war. Schein und Wirklichkeit lagen in der bürgerlichen Welt des Untersuchungszeitraums weit auseinander.[1486]

Praktiken, wie sie im Simplicissimus satirisch dargestellt wurden, fanden sich nach Darstellung des zeitgenössischen Theaterrechtlers Heinzmann in seiner Schrift ***Deutsches Theaterrecht*** von 1905 durchaus in der Realität: Auch der unbedeutendste Direktor eines Provinztheaters legte Wert darauf, dass seine Schauspielerinnen in nobler Garderobe auftraten. „Besitzen doch manche Direktoren die

---

1483 § 253 ff. StGB 1871, 1900.

1484 Sombart, Die Juden und das Wirtschaftsleben, 1928, S. 266 ff; ähnlich S. 279: „Der außereheliche Geschlechtsverkehr ist ganz verboten;“

1485 Viebig, Dilettanten des Lebens, 1910, S. 98 f.

1486 Fuchs, Illustrierte Sittengeschichte, 1912, passim.

Schamlosigkeit, angehende Künstlerinnen mit der ziemlich deutlichen Frage zu verletzen: ‚Haben Sie auch einen reichen Verehrer?'"[1487]

Erste Ansätze zum Schutz vor sexueller Belästigung erfolgten vom Gesetzgeber bereits in § 124 Nr. 3 GewO von 1891.[1488] Demnach ist der Arbeiter ohne Einhaltung einer Kündigungsfrist zum Austritt aus der Arbeit berechtigt, „wenn der Arbeitgeber oder seine Vertreter oder Familienangehörige derselben die Arbeiter oder deren Familienangehörige zu Handlungen verleiten oder zu verleiten versuchen, oder mit den Familienangehörigen der Arbeiter Handlungen begehen, welche wider die Gesetze oder die guten Sitten laufen."[1489] Nach zeitgenössischer Rechtsauffassung kennzeichneten sich derartige Angriffe sowohl als Verstöße gegen die „guten Sitten" als auch als grobe „Beleidigungen". Es genügte der Versuch zur Verleitung zum außerehelichen Beischlaf.[1490] Privatrechtlich reagierte auch das BGB in § 825.[1491]

Von der zeitgenössischen Rechtslehre wurde der Versuch unternommen, die Beziehungen zwischen Arbeitgebern und Arbeitnehmern auch in dieser Hinsicht auf eine rechtlich sichere Grundlage zu stellen. Lotmar forderte in den Jahren 1895 bis 1902 einen Schutz des Arbeitnehmers nicht nur vor Gefahren für Leib und Leben, sondern auch vor sexueller Belästigung am Arbeitsplatz.[1492]

b) Unmoralische Arbeitnehmer(innen)

Der Simplicissimus wies allerdings darauf hin, dass auch die Arbeitnehmer häufig keine höheren moralischen Prinzipien hatten als ihre Chefs. So brachten viele Damen bereitwillig ihren Körper zum Einsatz, um eine Anstellung zu erhalten:

> *„Morgen habe ich Singprobe beim Intendanten. Ich werde für alle Fälle ein Bad nehmen."* (11.6.1901, S. 92).

Diese Aussage benannte, wie viele andere, nicht denotativ die Absicht der jungen Dame, ihren Körper bei der Bewerbung einzubringen, sondern konnotativ-satirisch.

1487 Heinzmann, Deutsches Theaterrecht, 1905, S. 182.

1488 Die Novelle der GewO von 1878 weist bereits in § 124 eine ähnliche Formulierung auf, die allerdings den „Versuch" noch nicht beinhaltet. Kathrin Braun kommentiert den § 124 GewO 1878 wie folgt: „Der Staat grenzt damit die familiäre Privatsphäre der Arbeiter gegen die Verfügungsmacht der Arbeitgeber ab." (Braun, Gewerbeordnung und Geschlechtertrennung, 1993, S. 86).

1489 § 124 Nr. 3 GewO 1891. Bereits in seinem zweiten Februar-Erlass von 1890 hatte sich Kaiser Wilhelm II. für die Wahrung „der Gebote der Sittlichkeit" ausgesprochen. (Adomeit, Dienstvertrag, 1996, S. 1711).

1490 Stadthagen, Das Arbeiterrecht, 1904, S. 124.

1491 § 825 BGB 1896. Zur Schutz der Geschlechterehre der Frau: Klippel/ Lies-Benachib, Der Schutz von Persönlichkeitsrechten um 1900, 2000, S. 351.

1492 Gasser, Philipp Lotmar 1850–1922, 1997, S. 73 und passim; Dorndorf, Markt und Moral, 1998, S. 234. Der § 826 BGB kam der Forderung Lotmars entgegen.

Arbeitssuchende und Arbeitnehmerinnen ließen sich auf das „Spiel“ der sexuellen Ausbeutung zu ihrem Vorteil ein. Für eine Gehaltszulage nahm der Ehemann die Zudringlichkeiten des Chefs seiner Frau gegenüber in Kauf:

„Warste bei mei'm Chef, Juste?“
„Jawoll.“
„Wat hat er jesagt?“
„Zärtlich is er jeworden.“
„Der Hund, dem wird' ick – na warte!“
„Jott, wat willst thun?“
„Ick beanspruche Jehaltzulage.“ (4.9.1900, S. 192).

Laut Simplicissimus siegte auch hier das Geld über der Moral.

6. Die rechtliche Lage der Ehefrau nach dem Inkrafttreten des BGB

Der Simplicissimus setzte sich ausdrücklich und satirisch-kritisch mit den familienrechtlichen, bzw. arbeitsrechtlichen Bestimmungen des BGB auseinander, denen zufolge Ehefrauen preiswerte Arbeitskräfte seien. Gemäß § 1354 des am 1.1.1900 in Kraft tretenden ***Bürgerliche Gesetzbuchs*** stand dem Mann „die Entscheidung in allen das gemeinschaftliche eheliche Leben betreffenden Angelegenheiten zu; ...“[1493] Die familienrechtliche Verpflichtung der Ehefrau nach § 1356 BGB[1494] ließ im Simplicissimus eine Hausfrau über ihr *„Eheglück“* sinnieren:

„Wär' ich doch lieber Dienstmädchen geblieben. Seitdem ich verheiratet bin, muß ich die ganze Arbeit umsonst thun.“ (21.1.1902, S. 347).

Die Darstellung des Simplicissimus entsprach den Ausführungen des Kulturhistorikers Eduard Fuchs von 1906 zur „weiblichen Haussklaverei“.[1495]

Lotmar wies im ***Arbeitsvertrag*** darauf hin, dass diese Verpflichtung der Ehefrau sich nicht auf einen Arbeitsvertrag gründete, sondern familienrechtlicher Natur war.[1496] Allerdings schließe die gesetzliche Verpflichtung die Eingehung eines Arbeitsvertrages

---

1493 „In allen das gemeinschaftliche eheliche Leben betreffenden Angelegenheiten entscheidet der Mann nach § 1354; er bestimmt z. B. Wohnort und Wohnung bei einer Meinungsverschiedenheit der Ehegattin. Der Mann hat ferner Verwaltung und Nutznießung am Vermögen der Frau, während die Frau durch den Abschluß der Ehe keine Rechte am Vermögen des Mannes erwirbt.“ (Schmidt, Bürgerliches Recht, 1927, S. 35).

1494 § 1356: „Die Frau ist, unbeschadet der Vorschriften des § 1354, berechtigt und verpflichtet, das gemeinschaftliche Hauswesen zu leiten. Zu Arbeiten im Hauswesen und im Geschäfte des Mannes ist die Frau verpflichtet, soweit eine solche Thätigkeit nach den Verhältnissen, in denen die Ehegatten leben, üblich ist.“

1495 Fuchs, Die Frau in der Karikatur, 1906, S. 380.

1496 Lotmar, Der Arbeitsvertrag, 2001/1902, S. 70.

nicht aus.[1497] Außerdem seien auch auf die gesetzliche Arbeitspflicht der Ehefrau die Arbeitsschutzvorschriften der GewO anwendbar, „da dieselben nicht den Abschluß eines Arbeitsvertrages voraussetzen".[1498]

Das BGB gestand zwar der Frau das Recht zu, im Namen des Mannes Rechtsgeschäfte vorzunehmen, z. B. Gesinde zu mieten, jedoch konnte der Mann gemäß § 1357 unter gewissen Voraussetzungen dieses Recht beschränken oder ausschließen.[1499] Ähnliches galt auch für den Fall, dass die Frau sich durch einen Dienst-/Arbeitsvertrag einem Dritten gegenüber zu Leistungen verpflichtete, welche die ehelichen Interessen beeinträchtigen.[1500]

Insgesamt änderte das BGB wenig an der untergeordneten Rolle der Frau.[1501] Die Einwände der Frauenbewegung gegen die familienrechtlichen Bestimmungen blieben unberücksichtigt.

Gemäß § 11 GewO 1900 war die Frau als Arbeitgeberin eines Gewerbebetriebs privatrechtlich dem Mann gleichgestellt.[1502] Für den Ehemann konnte sich jedoch ein Scheidungsgrund ergeben, „wenn die Frau infolge des Gewerbebetriebs das Hauswesen völlig vernachlässigt, oder wenn der Gewerbebetrieb geeignet ist, die Stellung des Mannes zu diskreditieren".[1503] Die grundsätzliche Anerkennung der Geschäfts- und Prozessfähigkeit der Ehefrau wurde durch den möglichen Einspruch des Ehemanns begrenzt.[1504]

1497 Auch nach gegenwärtiger Rechtslage kann die Mitarbeit der Ehegatten auf unterschiedlichen Rechtsgrundlagen beruhen. Neben der familienrechtlichen Beistandspflicht unter Ehegatten nach § 1353 BGB und gesellschaftsrechtlichen Bindungen kann ein Ehegattenarbeitsverhältnis zustande kommen, in dem die eine Person Arbeitnehmer der anderen ist. Für die als Arbeitnehmer tätige Person gelten die Bestimmungen des Arbeitsrechts. (Schliemann/ Meyer, Arbeitszeitrecht, 2002, Rn. 126).

1498 Lotmar, Der Arbeitsvertrag, 2001/1902, S. 299 f.

1499 § 1357 BGB 1896; Platzbecker 1914, S. 10.

1500 § 1358 BGB 1896 und ausführlich dazu: Baum, Das Recht des Arbeitsvertrages, 1911, S. 38 f.

1501 Wieacker, Privatrechtsgeschichte der Neuzeit, 1967, S. 480 sah hierin das „konservative Lebensbild" in der „patriarchalischen Gestalt des Familienrechts". Dazu: Schwab, Das BGB und seine Kritiker, 2000, S. 349: „Wenngleich das BGB die grundsätzliche Rechtsgleichheit der Geschlechter einheitlich für das damalige deutsche Rechts durchsetzte – wie gesehen zum Ärger Gierkes und seiner Kritiker -, so blieb die Ehefrau davon ausgenommen, obwohl in der Entstehungszeit des BGB die Forderung nach Gleichberechtigung auch der verheirateten Frau längst auf dem Tisch lag." Dazu auch: Gerhard, Neuere Literatur, 2012, S. 120.

1502 § 11 GewO 1900 ff.: „Das Geschlecht begründet in Beziehung auf die Befugniß zum selbständigen Betrieb eines Gewerbes keinen Unterschied."

1503 Baum, Das Recht des Arbeitsvertrages, 1911, S. 38. Beispiel bei Baum: Eine Offiziersfrau eröffnet ein Variété oder ein Restaurant.

1504 Gerhard, Neuere Literatur, 2012, S. 120.

7. Zwischenergebnis zu X

Gemäß seinem selbstgesetzten Anspruch hatte der Simplicissimus prinzipiell die Emanzipation der Frauen zu befürworten. Da er jedoch eine vorwiegend maskuline Leserschaft ansprach, stieß sich die eindeutige Verwirklichung dieses Anspruchs an den eigenen wirtschaftlichen Interessen. Stärker als das Bekenntnis zur beruflichen Emanzipation war das zur sexuellen Selbstbestimmung und Promiskuität. Der Wunsch von Arbeitgebern nach sexueller Verfügung über arbeitsuchende oder untergebene Frauen war häufiges Thema im Simplicissimus. Bisweilen arrangierten sich die Frauen jedoch bereitwillig zu ihrem Vorteil mit der Situation. Somit war die Schuldzuweisung des Simplicissimus keine einseitige an die Adresse der Arbeitgeber.

Hinsichtlich der familienrechtlichen Arbeitspflicht der Ehefrauen setzte sich die Zeitschrift ausdrücklich und satirisch-kritisch mit den einschlägigen Bestimmungen des BGB auseinander.

Der Simplicissimus reprobiert zudem die Tatsache, dass Frauen der unteren Schichten oft schwerste körperliche Arbeit verrichten mussten und dass ihnen von ihren Arbeitgebern kein Arbeitsschutz gewährt wurde. Die Arbeitgeber kokettierten sogar mit der Missachtung des Arbeitsschutzes zugunsten der Verkaufsförderung ihrer Produkte. Die Satire des Simplicissimus wies Kongruenzen mit der realen arbeitsrechtlichen Situation auf, in welcher der Schutz der Fabrikarbeiterinnen gegenüber dem der allein oder in Kleingruppen arbeitenden Frauen (Beispiel „Mörtelweiber“) fortgeschrittener war.

XI. Prostituierte

1. Voraussetzung und Begriffsbestimmung

Die Einbeziehung der im Simplicissimus dargestellten Prostituierten in die vorliegende Untersuchung ist nicht unproblematisch, da ihr Gelderwerb aus arbeitsrechtlicher Sicht ein Arbeits- oder Dienstverhältnis voraussetzt. Vorläufer gegenwärtiger Bestrebungen, den „SexarbeiterInnen“ den Status von Arbeitnehmern zuzuschreiben, fanden sich bereits vor dem oder im Untersuchungszeitraum.[1505] Nachweise finden sich im Folgenden etwa bei Eduard Fuchs, der die Prostitution als Form der Akkordarbeit bezeichnete. Dabei ist u. a. zu klären, ob ein Vertragsverhältnis mit dem Kunden, dem Bordellbesitzer oder dem Zuhälter zustande kam. Auf der Grundlage des in dieser Untersuchung gewählten induktiven Verfahrens blieb die Situation männlicher Prostituierter außer Acht. Der Simplicissimus verwendete den Begriff der „Prostituierten“ oder den der „Kartendame“ für die Prostituierten, die unter

1505 Offenbar waren in frühen Polizeiordnungen Prostituierte ähnlich wie Handwerker zur Dienstleistung gegen jeden verpflichtet. (Schmelzeisen, Polizeiordnungen, 1955, S. 380 f.).

polizeilicher Aufsicht stehen. (3.8.1914, S. 296 f. u. ö.). Häufig wurden Mitglieder der Gruppe ohne Verwendung der Begriffe ikonisch dargestellt.

Anstelle des heute verwendeten Begriffs der Prostitution wurde in den historischen Quellen in der Regel der der „gewerbsmäßigen Unzucht" verwendet. Als „Unzucht" galt jede gegen Zucht und Sitte verstoßende außereheliche sexuelle Handlung, „jedenfalls solche gegen Bezahlung".[1506] Die gewerbsmäßige Prostitution oder die Zuhälterei wurden im juristischen Sprachgebrauch der Zeit auch als „liederlicher Lebenswandel" bezeichnet.[1507]

Im normativen Sprachgebrauch war nicht von Prostituierten die Rede, sondern von „Weibsperson, die ...", „Liederliche Weibspersonen, welche ...".[1508] Die Bezeichnung „Weibsperson" wurde nach Auffassung von Kommentatoren des PrStGB und des RStGB bewusst gewählt, um die „Bescholtenheit" der Frau zu konnotieren.[1509]

2. Zwischen Distanz und Akzeptanz

Der in Köln im Oktober 1904 tagende „Internationale Kongreß gegen die unsittliche Literatur" bot dem Simplicissimus Gelegenheit, die Doppelmoral bürgerlicher Sittlichkeitswächter aufzuzeigen: Ein Mitglied des Sittlichkeitskongresses und Justizrat seines Zeichens wurde von einem Polizisten verhaftet, weil er der *„Prostituierten Schmitz"* ein falsches Fünfmarkstück gegeben hatte. Der Herr rechtfertigte sein Handeln mit den Worten: *„Ich mußte das Mädchen wegen seiner Schamlosigkeit strafen."* (18.10.1904, S. 300). Zivilrechtlich war das im Rahmen der Prostitution getätigte Rechtsgeschäft aufgrund seiner Sittenwidrigkeit gem. § 138 BGB nichtig. Folglich hatte die *„Prostituierte Schmitz"* keine zivilrechtliche Möglichkeit, das verabredete Honorar einzuklagen.[1510] Anliegen des Simplicissimus war es, die Doppelmoral des Justizrats aufzuzeigen.

Mit der dem Untersuchungszeitraum vorausgehenden Industrialisierung und der mit ihr verbundenen Urbanisierung breitete sich die Prostitution rapide in den Großstädten aus.[1511] Die gesellschaftliche und rechtliche Beurteilung der Prostitution war großen Schwankungen unterworfen: Sie reichte von strikten Verbotsforderungen bis zur Duldungsbereitschaft.[1512]

1506 Gleß, Die Reglementierung von Prostitution, 1999, S. 54.

1507 Stadthagen, Das Arbeiterrecht, 1904, S. 117 f.; § 123 Nr. 2 GewO 1878, 1891, 1900.

1508 §§ 999, 1023, II, 20 ALR; § 361 StGB 1900.

1509 Gleß, Die Reglementierung von Prostitution, 1999, S. 54.

1510 Außerdem konnten Prostituierte sich offiziell nicht sozialversichern. Die ***Gewerbeordnungen*** benannten schließlich die arbeitsrechtliche Konsequenz für „Gesellen und Gehülfen", die neben ihrer regulären Erwerbstätigkeit der Prostitution oder Zuhälterei nachgingen: Sie konnten wie Personen, die eine Straftat begingen, fristlos entlassen werden. (§ 123 Nr. 2 GewO 1878, 1891, 1900).

1511 Bieber, Die Rolle der Gewerkschaften, 1998, S. 24.

1512 Zur Duldung der Prostitution zur Vermeidung größeren Übels im 15. Jahrhundert: Schmelzeisen, Polizeiordnungen, 1955, S. 23.

Gemäß dem ***Allgemeinen Preußischen Landrecht vom 5. Februar 1794***[1513] wurde die Prostitution als verbotene Tätigkeit mit Erlaubnisvorbehalt behandelt. Die Prostituierten mussten sich bei der Polizei anmelden und durften nur in den entsprechenden Häusern arbeiten. Vor der Arbeitsaufnahme schlossen sie mit dem Wirt des Hauses einen „Arbeitsvertrag“ ab und mussten sich sanitätspolizeilichen Kontrollen unterwerfen.[1514] Gegen die „konzessionierte Prostitution“ regte sich Widerstand. Die Polizei machte allerdings angesichts der beabsichtigten Schließung der Bordelle und Ächtung der Prostituierten geltend, dass es verstärkt zur geheimen und damit kaum noch sanitätspolizeilich überwachbaren Prostitution kommen würde.[1515] Das ***Straf-Gesetzbuch für die Preußischen Staaten vom 14. April 1851*** erlaubte in § 146 die Prostitution, sofern die Prostituierten die Polizeianordnungen befolgten.[1516] Das ***Strafgesetzbuch für das Deutsche Reich vom 15. Mai 1871*** griff die Regelung des § 146 PrStGB für die Prostituierten auf.[1517] „Durch die Einschreibung nach dem Strafgesetzbuch von 1871 gehörten die „Kontrollmädchen“ de jure und de facto nicht mehr zur bürgerlichen Gesellschaft.“[1518] In der ***Novelle des RStGB vom 26.2.1876*** und folgende wurde der § 361 Nr. 6 neu gefasst. Durch die erste

---

1513 Im ALR fanden sich die Bestimmungen über die Prostitution im 2. Teil, 20. Titel („Von den Verbrechen und deren Strafen“) und dort im zwölften Abschnitt („Von fleischlichen Verbrechen“).

1514 „Weibspersonen, die von der Hurerey ein Gewerbe machen, ohne sich ausdrücklich unter die besondere Aufsicht der Polizey zu begeben, sollen aufgegriffen, und zu dreymonatlicher Zuchthausarbeit verurtheilt werden.“ (§ 1023, II, 20 ALR). Nach Verbüßung der Strafe waren sie in Arbeitshäusern einzuweisen und „daselbst so lange zu verwahren, bis sie zu einem ehrlichen Unterkommen Lust und Gelegenheit erhalten.“ (§ 1024, II, 20 ALR).

1515 Gleß, Die Reglementierung von Prostitution, 1999, S. 3.

1516 Trieben die Prostituierten „den polizeilichen Anordnungen zuwider gewerbsmäßig Unzucht“, wurden sie mit Gefängnis bis zu acht Wochen bestraft. „Das Gericht kann zugleich verordnen, daß die Angeschuldigte nach Beendigung der Gefängnisstrafe in ein Arbeitshaus gebracht werde.“ Über die – bis zu einem Jahr umfassende - Dauer der Einweisung in ein Arbeitshaus entschied die Landespolizei-Behörde. (§ 146 PrStGB 1851). Hinsichtlich der Kuppelei besagte § 147 des PrStGB: „Wer gewohnheitsmäßig oder aus Eigennutz durch seine Vermittlung, oder durch Gewährung oder Verschaffung von Gelegenheit, der Unzucht einer oder mehrerer Personen des einen oder andern Geschlechts Vorschub leistet, wird wegen Kuppelei mit Gefängniß nicht unter sechs Monaten, sowie mit zeitiger Untersagung der Ausübung der bürgerlichen Ehrenrechte und mit Stellung unter Polizei-Aufsicht bestraft.“ (§ 147 PrStGB 1851). Der Kuppelei-Paragraf betrifft nun auch die Bordelle.

1517 § 361 Abs. 6 StGB 1871. Nach verbüßter Haftstrafe erhielt die Landespolizeibehörde das Recht, die verurteilten Frauen in korrektioneller Nachhaft bis zu zwei Jahren in einem Arbeitshaus unterzubringen oder zu gemeinnützigen Arbeiten heranzuziehen. (§ 362 Abs. 2 u. 3 StGB 1871). Das StGB 1871 griff in § 180 auch das Verbot der Kuppelei auf.

1518 Gleß, Die Reglementierung von Prostitution, 1999, S. 63.

Tatbestandsalternative wurde die „Unteraufsichtstellung" der Prostituierten durch die örtlichen Polizeibehörden gefestigt; durch die zweite Alternative des Tatbestandes wurde die nicht gemeldete Prostitution eindeutig verboten.[1519] Die unter Polizeiaufsicht ausgeübte Prostitution war eine Erwerbstätigkeit, die zwar als unsittlich galt, aber nicht gesetzlich verboten war.[1520] Dennoch wurde sie im zeitgenössischen Kontext als rechtswidrig aufgefasst und somit nicht als Gewerbe anerkannt. Das Institut der „polizeilichen Duldung" vermittelte keine Rechtsposition.[1521]

So ist als Fazit festzuhalten, dass Prostitution nicht als Erwerbstätigkeit anerkannt wurde. Dementsprechend konnten die Prostituierten sich und ihre Einkünfte nur selbst oder mit Hilfe privater Dritter, in der Regel Zuhälter, schützen.[1522]

Alle Verträge, deren Inhalt gegen die guten Sitten verstieß, galten als nichtig. Zu diesen Verträgen zählten diejenigen, die den entgeltlichen Geschlechtsverkehr zum Inhalt haben. Diese Verträge bezogen sich sowohl auf das Verhältnis zwischen der Prostituierten und dem Kunden als auch auf das zwischen Vermietern und Prostituierten.

Abgesehen von der schuldrechtlichen Komponente wurde die Prostitution im ausgehenden 19. Jahrhundert von Rechtswissenschaftlern, wie Ernst Immanuel Bekker, als notwendiges Übel akzeptiert. Dies im Gegensatz zur Zuhälterei und ihrer „ekelerregenden Unthätigkeit" und ihrer Nähe zur Verbrecherwelt.[1523]

3. Das Elend der Prostituierten

Prostituierte und ihre Kunden bevölkerten zahlreich den Simplicissimus (1.10.1906, S. 429 u. ö.). Nur sehr wenige Beiträge widmeten sich dem Elend der Prostituierten.

Das Jahr 1905 begann im Simplicissimus mit der Schilderung einer Mutter aus dem Armenmilieu, die ihre Tochter an einen *„feinen Herrn"* verschacherte, damit sie die Beerdigung ihres toten Mannes bezahlen konnte:

> *„Karline, du oller Kesekopp, jeh doch mit den feinen Herrn mit! Vatern seine Leiche liegt nu schon vierzehn Tage uffen Sofa. Da jibt's Moneten. Dann kenn mer'n inbuddeln lassen."* (3.1.1905, S. 409).

Die Botschaft dieser bitteren Satire ist: Die Armut tötet jede Moral, führt zur Straffälligkeit und legitimiert sie scheinbar gleichzeitig. Der Simplicissimus bediente sich hier eines Motivs, das vor allem von der naturalistischen Literatur gepflegt wurde.[1524]

1519 § 361 Nr. 6 RStGB 1876, StGB 1900; StGB 1912.

1520 Rehbein schildert 1911 den geduldeten Besuch von Soldaten in Bordellen. (Rehbein, Das Leben eines Landarbeiters, 1911, S. 178).

1521 Gleß, Die Reglementierung von Prostitution, 1999, S. 66 f.

1522 Gleß, Die Reglementierung von Prostitution, 1999, S. 68 f.

1523 Bekker, Ernst und Scherz, 1892, S. 234.

1524 Dazu Schwarz, Das Recht in den sozialen Dramen, 1936 in der Besprechung von Sudermann ***Die Ehre***, von Hauptmann ***Der Biberpelz*** und anderen.

In einer Karikatur des Simplicissimus aus dem Jahr 1906 spielte sich folgende Szene ab: In einem winzigen Zimmer hausen viele arme Menschen jeden Alters. Das einzige Bett steht einer jungen Prostituierten zu, die dort ihre Kunden empfängt und so zum Lebensunterhalt der anderen beiträgt (25.6.1906, S. 206).

Eine andere junge Dirne hatte einerseits den Wunsch, ihrem Milieu zu entfliehen, sah aber andererseits die Unmöglichkeit und suchte Trost beim Alkohol (3.12.1906, S. 570). Zwei Dirnen fragten sich in einem melancholischen Moment: *„Weshalb nennt man uns eigentlich Freudenmädchen?"* (3.12.06, S. 585 u. ähnl.).

Für Karl Marx war die Prostitution ein besonderer Ausdruck der allgemeinen Prostitution des Arbeiters im Kapitalismus.[1525] Der marxistische Kulturhistoriker Eduard Fuchs überschrieb das Kapitel zur Prostitution als „Liebe im Stücklohn".[1526] Seine Bezeichnung der Prostitution als Akkordarbeit verdeutlichte den arbeitsrechtlich relevanten Aspekt im Untersuchungszeitraum.

Häufig wurde von der zeitgenössischen Literatur wirtschaftliche Not für viele Frauen als Beweggrund zur Ausübung der Prostitution angeführt. Neben den ehemaligen Dienstmädchen war der Anteil der Kellnerinnen offenbar besonders hoch. Sozialdemokratische Autoren sahen die Schuld an ihrer Ausbeutung bei den Großstadtwirten.[1527] Auch der Simplicissimus war nicht sehr von der Sittlichkeit der Kellnerinnen überzeugt (31.7.1897, S. 141 u. ö.).

4. Beschönigungen

In der Regel waren die im Simplicissimus dargestellten Prostituierten keine bemitleidenswerten Frauen. Sie waren in satirischer Darstellung stolz darauf *„gesetzlich geschützt"* zu sein (24.9.1898, S. 201). Andererseits wurde die Polizeiaufsicht als lästig empfunden. Einer der wenigen Auswege aus der Prostitution war die Ehe.

So wusste eine frischvermählte Prostituierte diesen Zustand zu schätzen und freute sich: *„... vor den Gendarmen hab' ich wenigstens jetzt meine Ruh."* (19.11.1901, S. 277).

Nur der geringere Anteil der Prostituierten arbeitete in der Wirklichkeit des Kaiserreichs um die Jahrhundertwende unter sanitätspolizeilicher Kontrolle, mit *„polizeilichem Gewerbeschein"*, wie es im Simplicissimus hieß (7.1.1898, S. 328).

Gemäß ***Gesetz, betreffend die Bekämpfung gemeingefährlicher Krankheiten vom 30.6.1900*** konnten „kranke und krankheits- oder ansteckungsverdächtige Personen" einer Beobachtung oder Absonderung unterworfen werden.[1528] Zur Vermeidung der Verbreitung einer gemeingefährlichen Krankheit entfiel die Rücksichtnahme auf die persönliche Freiheit des Einzelnen.[1529] Der Kommentator des ***Gesetzes, betreffend die Bekämpfung übertragbarer Krankheiten vom 28. August 1905***,

---

1525 Zitiert nach Stüwe, Thomas Theodor Heine als Maler, 1978, S. 104.

1526 Fuchs, Illustrierte Sittengeschichte, 1912, S. 386.

1527 Schippel, „Die Lage der großstädtischen Kellner", 1891, S. 144. Über die Provenienz der Prostituierten 1902: Hessen, Die Prostitution in Deutschland, 1910, S. 14 f.

1528 §§ 12, 14 Abs. 1 GesBgK 1900.

1529 GesBgK 1900, Schmedding, S. 25.

Schmedding, bemerkte, dass der Gesetzheber „ungeachtet der großen Verheerungen, welche die übertragbaren Geschlechtskrankheiten in der Bevölkerung anrichten" von der Einführung einer Anzeigepflicht abgesehen habe. Dem Willen des Gesetzes genüge es, die Prostituierten zu überwachen und zu behandeln. Für die Beobachtung genüge der Krankheits- oder Ansteckungsverdacht, für die Absonderung sei das Vorhandensein der Geschlechtskrankheit erforderlich.[1530]

Die Unsicherheit der Behandlung der Prostituierten bestand weiter und für sie gab es offenbar „im Deutschen Reich kein Recht", das sie schütze.[1531]

Eine wegen gewerbsmäßiger Unzucht angeklagte Prostituierte sollte laut Simplicissimus wegen ihrer Vorstrafen neben der Haftstrafe auch zur Unterbringung in einem Arbeitshaus verurteilt werden:

> *„Mit flehentlichen Bitten sucht die Angeklagte sich wenigstens vor dieser verhaßten Strafe zu schützen. Allein der strenge Richter ruft ihr zu: ‚Nee, nee, nee ..., Sie haben Ihre festen Preise. – wir auch!'"* (13.4.1914, S. 35).

Der Simplicissimus hielt die Polizei und die Prostitution für *„die zwei massiven Grundpfeiler"*, auf denen unerschütterlich *„der Bau des Kulturstaates"* ruhte. Bildlich wurden diese *„dicken Säulen"* durch einen korpulenten Polizisten und eine gut genährte Prostituierte versinnbildlicht (9.7.1898, S. 117). Auch hier erschien die Prostituierte nicht in einer arbeitsrechtlich prekären Situation der Verelendung, sondern sie hatte gewissermaßen mit dem Polizisten zusammen einen Beamtenstatus auf Lebenszeit eingenommen. Die Prostituierten standen selbstbewusst und lebenstüchtig im Leben. (6.11.1897, S. 253 u. ö.). Eine beleibte Prostituierte aus der Berliner Friedrichstraße ging geschäftstüchtig ihrem Gewerbe nach, indem sie ihren Kunden Rabattmarken gab (28.12.1908, S. 657).

Eine aus Mangel an Beweisen freigesprochene junge Prostituierte bekam Besuch von dem jungen Amtsrichter, der sich nach ihrem Befinden erkundigen wollte:

> *„... Sie empfängt ihn verschmitzt lächelnd, so daß er verlegen fragt: ‚Sie wundern sich wohl, Fräulein, daß ich Sie besuche?' Doch die Maid antwortet:*
>
> *‚Ach nein, Herr Amtsrichter, ich wundere mich nur, daß Sie so spät kommen, die beiden Herren Schöffen sind schon längst hier gewesen'."*
> (26.6.1899, S. 99).

Der Simplicissimus nutzte den Beitrag, um erneut die Richter satirisch zu beleuchten. Der karikierte Herr Amtsrichter verstieß offensichtlich nicht nur gegen ein standesgemäßes, achtungswürdiges Verhalten,[1532] sondern war offenbar weniger entschlussfreudig und lebenstüchtig als seine beiden Laienrichter.

Eine andere Prostituierte wurde von einem Rechtsanwalt angestellt, um bei Scheidungsfällen als *„corpus delicti"* zur Verfügung zu stehen (15.10.1901, S. 237). Auch in

---

1530 § 8 Nr. 9, § 9 Abs. 2 GesBüK; GesBüK (1905), Schmedding, S. 137.
1531 Hessen, Die Prostitution in Deutschland, 1910, S. 173, 212.
1532 Cf. Ormond, Richterwürde, 1994, S. 259.

diesem Fall entstand, abgesehen von der strafrechtlichen Würdigung, ein – allerdings sittenwidriger - Dienstvertrag zwischen der Dame und dem Anwalt.

Die im Simplicissimus dargestellten Prostituierten waren – im Gegensatz zur Realität des Untersuchungszeitraums - in der Regel keine Opfer. Die Zeitschrift zeigte Sympathie mit ihnen, weil sie mit Erfolg die „Frömmler" in Versuchung führten. (6.1.1908, S. 680).

5. Verschleierte Prostitution

Neben der professionellen Prostitution existierten Mischformen[1533] sowie eine „Prostitution unter dem Deckmantel der Ehrbarkeit".[1534] Auch im Simplicissimus kamen zu den professionellen Prostituierten die Frauen, die als langjährige oder gelegentliche Mätressen oder Begleiterinnen von Offizieren und Männern aus der Oberschicht ihren Lebensunterhalt verdienten.[1535] Die „Ballettratten" gehörten im Jargon des Simplicissimus ebenfalls zu den Begleiterinnen der Männer aus gehobenen Schichten (3.9.1901, S. 192):

> *„Ist denn Fräulein Paula nicht mehr beim Ballett?"*
> *„Nein, die ist jetzt ganz zur Liebe übergegangen."* (4.5.1908, S. 82).

Die ausgehaltenen Damen ähnelten den Müßiggängern gehobener Schichten und lebten nach dem Wahlspruch: *„Ich säe nicht, ich ernte nicht, und die Herren ernähren mich doch!"* (8.12.1913, S. 614).

Die in der verschleierten Prostitution tätigen Frauen stellten hinsichtlich der rechtlichen Definition als Prostituierte ein Problem dar. Nach Rechtsauffassung von zeitgenössischen Kommentatoren des PrStGB und des RStGB betrieb nur diejenige Frau „gewerbsmäßige Unzucht", die beabsichtigte, zur Errichtung einer dauernden Einnahmequelle die Leistungen an jeden zahlungsbereiten Mann zu erbringen. Demnach lag also offenbar keine gewerbsmäßige Unzucht vor, wenn eine Frau von einem einzigen Mann unterhalten wurde.[1536] Die Analyse des Simplicissimus zeigte eindeutig, dass sich bestimmte Frauen zwar von einem Mann aushalten ließen, aber ohne Zögern geneigt waren, bei unbefriedigender Gegenleistung sich einen anderen oder weiteren Herrn zu suchen. Somit konnte durchaus auch bei diesen Frauen mit nur einem Partner von „gewerbsmäßiger Unzucht" gesprochen werden. Beispiel war etwa die Geliebte eines vermögenden Herrn, die bereit war, nach dessen finanziellen Schwierigkeiten die Seiten zu wechseln (27.8.1901, S. 179). Im Übrigen war die Anzahl der involvierten Herren nicht immer expressis verbis benannt. Letztendlich wies auch der Simplicissimus Frauen, die von einem Mann abhingen, als Prostituierte aus, indem sie bisweilen mit ihrem Zuhälter dargestellt wurden (4.3.1902, S. 398).

1533 Hessen, Die Prostitution in Deutschland, 1910, S. 10.
1534 Fuchs, Illustrierte Sittengeschichte, 1912, S. 388.
1535 Kinnebrock, Münchner Weibs-Bilder, 1996, S. 59.
1536 Gleß, Die Reglementierung von Prostitution, 1999, S. 54.

Der Simplicissimus nahm sich mehrfach dieser Seite der Prostitution an, wobei besonders häufig die in den „besseren Kreisen" verkehrenden Damen und ihre Herren Thema der satirischen Darstellung waren. Sie gehörten zu einer höheren Gattung der Demimonde. Nach ihrer eigenen Auffassung unterschieden sie sich von der Haute Volée nur dadurch, dass deren Damen sich einen Mann fürs Leben suchten, während sie sich einen Herrn für eine bestimmte Zeit suchten (24.7.1900, S. 143).

Die Zeitschrift nannte eine Dame dieser Spezies *„Die Emporgesunkene"*. *„Für mich liegen jeden Monat tausend M auf der Bank. Ich habe nicht nötig, mich zu verlieben."* (27.8.1898, S. 170). Allerdings waren die Frauen, die in den höheren Schichten verkehrten, durch ihre Bindung an einen Mann auch von dessen finanzieller Situation abhängig. So klagte eine Prostituierte ihrem Zuhälter ihr Leid, dass der Herr Kommerzienrat nicht nur seine Arbeiter entlassen musste, sondern auch seine Mätressen, die nun arbeitslos seien (4.3.1902, S. 398). Auch dieses Thema griff literarische Motive auf, wie den Kurtisanen-Topos in Zolas Roman ***Nana*** von 1880 (5.3.1898, S. 385).

In dem Kapitel dieser Untersuchung über die Künstlerinnen und Künstler wurde das Unwesen vor allem in der Theaterwelt beschrieben, wo die „verschleierte Prostitution" sowohl nach Aussagen des Simplicissimus als auch zeitgenössischer Juristen offenkundig gang und gäbe war. Die „verschleierte Prostitution" war in diesen Fällen heimlicher Bestandteil eines Anstellungs- oder Arbeitsvertrages.

6. Kuppler, Zuhälter und Mädchenhändler

Eine besorgte Zimmervermieterin fragte auf der Polizeiwache nach:

> *„Mein Zimmerherr hat jetzt ooch sein Mächen bei sich wohnen; da wollt ick mal fragen, ob da was bei is."*
>
> *„Wenn es ein Brautpaar ist, dann machen Sie sich allerdings der Kuppelei schuldig. Wenn er aber ein besserer Herr ist, dann wird er das Frauenzimmer über kurz oder lang schon von selber rausschmeißen!"*
> (16.9.1907, S. 389).

Der Beitrag thematisierte die Doppelmoral der Behörden. Er spielte ggf. auch auf die vielerorts geübte Praxis an, dass eigentlich dem Kuppelei-Paragrafen unterworfene Bordellwirte nicht nur geduldet, sondern auch besteuert wurden.[1537] Der normale Bürger machte sich strafbar, nicht aber der steuerpflichtige Bordellwirt. Der Bordellwirt *Knüleke* machte sich laut Simplicissimus sogar bei der preußischen Landtagswahl als Wähler dritter Klasse beliebt, weil er dem konservativen Kandidaten zur Wahl verhalf (2.6.1913, S. 160). Philipp Lotmar wies 1896 in seiner Schrift ***Der unmoralische Vertrag insbesondere nach gemeinem Recht*** bei der Betrachtung

1537 Gleß, Die Reglementierung von Prostitution, 1999, S. 65.

des römischen Rechts auf den Zusammenhang zwischen Moral und Recht schon bei der damaligen negativen Beurteilung der Kuppler und Kupplerinnen hin.[1538]

Da die Vermieter von Wohnraum an Prostituierte ständig das Damoklesschwert des Kuppeleiverbotes über sich schweben sahen, überließen sie den Frauen die Wohnungen nur zu Wucherpreisen.[1539] Die Doppelmoral der Justiz bei der Handhabung des Kuppelei-Paragrafen tauchte auch in einem späteren Beitrag der Zeitschrift auf: Der Vorsitzende eines Gerichts wollte eine Vermieterin, die den Damen ein Zimmer für 10 Mark pro Tag vermietet hatte, zu einer hohen Strafe verurteilen:

> *„Zehn Mark verlangt's von so einem armen Mädel, da hört sich doch gleich alles auf! Wer muß denn die zehn Mark zahlen? Wir natürlich, wir!"* (22.11.1904, S. 343).

Schließlich wurde auch das Leben im Bordell als idyllisch dargestellt. Die Damen waren durchaus mit ihrem Schicksal zufrieden (29.8.1910, S. 361). In der arbeitsrechtlichen Realität befanden sich die in Bordellen arbeitenden Prostituierten jedoch nach zeitgenössischen Aussagen in sklavenmäßiger, rechtloser Abhängigkeit von Bordellbesitzern und Kunden.[1540] Die unsichere Rechtslage der Prostitution schlug sich in der umschreibenden Begrifflichkeit nieder: So zählt Gierke zu den „humoristisch gefärbte[n] Ausdrücke[n] der Rechtssprache" die Bezeichnung der „Königinnen" oder „Aebtissinnen" der öffentlichen Frauenhäuser.[1541]

Eine zeitgenössische Variante der Prostitution war die Tätigkeit der „filiae hospitales", die auch vom Simplicissimus aufgegriffen wurde. Es handelte sich in der Regel um das weibliche Dienstpersonal der Wirte und Wirtinnen, die ihre Zimmer vor allem an wohlhabende Studenten vermieteten und die jungen Frauen zur Prostitution im Hause anhielten. Die Frauen redeten von der Wirtin euphemistisch als *„Mutter"* (4.12.1911, S. 621). Die so bezeichnete Wirtin war arbeitsrechtlich Arbeitgeberin, die sittenwidrig die Frauen für sich arbeiten ließ.

Die Zuhälter der Unterschicht eiferten laut Simplicissimus den bereits beschriebenen Drohnen der Oberschicht nach, indem sie sich vor der Arbeit drückten und sich von ihren Damen aushalten ließen:[1542]

> *„Wenn ick en Baron wäre und du eene Kommerzienratstochter, dann dürfte ick mir ungeniert von dir aushalten lassen."* (4.8.1903, S. 148).

Zu regulärer Arbeit rafften sich die Zuhälter nur auf, wenn ihnen ihre Damen durch Inhaftierung abhandenkamen (24.3.1913, S. 869). Eine Prostituierte freute sich, dass ihr Emil sie heiraten würde. Ihren gemeinsamen Lebensunterhalt wollen sie damit

---

1538 Lotmar, Der unmoralische Vertrag, 1992, Anm. 51, S. 303.

1539 Hessen, Die Prostitution in Deutschland, 1910, S. 113; Bürger, Kölner Kriminalfälle, 2009, S. 176.

1540 Hessen, Die Prostitution in Deutschland, 1910, S. 8, 211; Fuchs, Illustrierte Sittengeschichte, 1912, S. 404.

1541 Gierke, Der Humor im deutschen Recht, 1886, S. 28.

1542 Cf. Thöny, Flott gelebt, 1966, Abb. 33 „Zur Kasse": Ein Zuhälter zog einer Prostituierten ihr verdientes Geld aus dem Ausschnitt.

bestreiten, dass sich Emil eine neue Prostituierte nahm (9.3.1908, S. 823). Die Zuhälter traten somit als heimliche Arbeitgeber auf, die Prostituierten als heimliche Arbeitnehmerinnen, die aufgrund eines – sittenwidrigen – privatrechtlichen Vertrages im Dienste eines anderen in persönlicher Abhängigkeit zur Leistung fremdbestimmter Arbeit verpflichtet waren. Allerdings fand dieses „Arbeitsverhältnis" keinen realrechtlichen Niederschlag. Außerdem kamen die Zuhälter weder der Hauptpflicht des Arbeitgebers, der Zahlung eines Lohns, noch dessen Nebenpflichten nach.

Im Allgemeinen hatten die Prostituierten laut Simplicissimus mehr Zutrauen zu ihren Zuhältern als zur Polizei (20.2.1911, S. 809). Im folgenden Beitrag von 1914 wurde dem Leser insinuiert, dass die Polizei nicht nur pflichtgemäß der Überwachung der Prostituierten und der Verfolgung der Zuhälter nachkomme, sondern selbst als „Arbeitgeber" fungiere: So belehrte ein „Schutzmann" als Vertreter von *„Vater Staat"* einen Zuhälter:

> *„Die Prostitution is in unsren Händen, Männeken: wir brauchen keene Zwischenhändler!"* (27.7.1914, S. 273).

Noch weitergehender war die Äußerung einer Prostituierten, dass sie zwar keine Einkommensteuer zahlen müsse, stattdessen aber die *„Sittlichkeitsbeamten"* bestechen müsse (2.10.1911, S. 457). Als Gegenleistung stehe ihr allerdings die Polizei bei, wenn ein Kunde nicht zahlen wollte (2.10.1911, S. 463)

Der Mädchenhandel wurde mehrfach vom Simplicissimus thematisiert. Die betroffenen Makler(innen) hatten kein Unrechtsempfinden:

> *„Warm schimpft ihr? Ich verkaufe fremde Mädchen, ihr verhandelt eure eigenen Töchter an gute Partien."* (31.10.1905, S. 265).

Auch hier diente die Verheiratungspraxis der Oberschichten als Legitimierung des eigenen strafrechtlichen Verhaltens. Die Satire rückte die Praxis der Verheiratung von Töchtern aus besseren Kreisen in die Nähe eines – unsittlichen - Kaufvertrags.[1543]

7. Zwischenergebnis zu XI

Die Prostituierten sahen sich im 19. Jahrhundert einer sich ständig ändernden rechtlichen Bewertung ihrer Tätigkeit, im Wesentlichen einer offiziellen Ächtung bei gleichzeitiger Duldung sowie einer sozialen Verdrängung bis zur Verelendung gegenüber. Vor allem sozialistische Autoren beschrieben ihre Tätigkeit als Arbeit, eine Tatsache, die bereits für den Untersuchungszeitraum eine arbeitsrechtliche Betrachtung dieser Gruppe zusätzlich rechtfertigte. Demgegenüber beschönigte der Simplicissimus vordergründig nahezu durchgehend Prostitution, Kuppelei und Zuhälterei und schien somit kaum dem eigenen aufklärerischen Selbstanspruch zu entsprechen. Die Zeitschrift betrieb offenbar zur Mehrung des kommerziellen Gewinns eine voyeuristische Befriedigung der überwiegend männlichen Leserschaft. Durch die kontrastierende

---

1543 Zum Mädchenhandel: Hessen, Die Prostitution in Deutschland, 1910, S. 69 ff.

Gegenüberstellung der beschönigenden Beiträge mit den satirischen, realitätsnäheren wurde allerdings eine aufklärerische Funktion wahrgenommen, die die „arbeitsrechtliche" Situation der Frauen als außerordentlich labil unter einer harmonisierenden Oberfläche auswies.

XII. Kinder und Jugendliche als Arbeitskräfte

1. Begriffsbestimmung: „Kinder", „junge Leute" und „jugendliche Arbeiter"

Der Simplicissimus stellte jugendliche Arbeiter in unterschiedlichen Situationen landwirtschaftlicher, gewerblicher und häuslicher Arbeit dar.[1544] Die Arbeit der in der Hausindustrie beschäftigten Kinder wird in einem gesonderten Kapitel dieser Untersuchung thematisiert.

Im Laufe der Geschichte des Arbeitsrechts durften offenbar die in Fabriken, resp. Betrieben, arbeitenden Kinder immer etwas länger Kinder bleiben und wurden immer etwas mehr durch Regelungen - etwa hinsichtlich des Eintrittsalters, der Arbeitszeit, des Arbeitsortes und des Schulbesuchs - arbeitsrechtlich geschützt.[1545] Das oft zitierte preußische ***Regulativ über die Beschäftigung jugendlicher Arbeiter in den Fabriken vom 9. März 1839***[1546] verbot die regelmäßige Arbeit von Kindern in Fabriken, Berg-, Hütten- und Pochwerken unter 9 Jahren.[1547] In den folgenden ***Novellen*** der ***Gewerbeordnungen*** wurde das Eintrittsalter der in Fabriken arbeitenden Kinder angehoben und stagnierte lange.[1548] Arbeitsrechtlich galten als „Kinder"

1544 Auf ihre Tätigkeit in der Heimarbeit wird gesondert eingegangen.

1545 Cf. Simon, Referat, 1902, S. 123.

1546 Zu frühen Normen zum Kinderarbeitsschutz in England und in der Schweiz und zu weiteren in den anderen Ländern Europas: Mayer-Maly, Ausgewählte Schriften, 1991, S. 81 f.

1547 § 1 Regulativ 1839. Jugendliche unter 16 Jahren durften nur dann regelmäßig dort beschäftigt werden, wenn sie drei Jahre lang die Schule besucht hatten oder von der Schule den Nachweis des Lesens und Schreibens erbrachten oder in Fabrikschulen unterrichtet werden konnten. Die tägliche Arbeitszeit der „jungen Leute" durfte, allerdings mit Ausnahmen, zehn Stunden nicht überschreiten. Zwischen den Arbeitsstunden waren Pausen einzurichten. Sonn- und Feiertagsarbeit sowie Nachtarbeit wurden untersagt. (§§ 1–5). Zuwiderhandelnden Fabrikherren drohten Geldstrafen. (§ 8 und 10). Die Durchsetzung des Gesetzes erfolgte mit regional unterschiedlicher Stringenz. (Anton, Preußische Fabrikgesetzgebung, 1953, S. 19 ff.; S. 84 ff.).

1548 Ab dem 1. Juli 1853 war die Beschäftigung von Jugendlichen in Fabriken nur noch nach dem vollendeten zehnten Lebensjahr gestattet, ab 1. Juli 1854 nach dem vollendeten elften Lebensjahr und ab 1. Juli 1855 nach dem vollendeten zwölften Lebensjahr. (Anton, Preußische Fabrikgesetzgebung, 1953, S. 108 ff.). Die Arbeitszeit der schulpflichtigen Kinder durfte sechs Stunden täglich nicht überschreiten. Zur Kontrollierbarkeit der Einhaltung der Vorschriften musste ein Arbeitsbuch die unter 14jährigen Jugendlichen. Die Volksschulpflicht wurde mitbestimmend für die arbeitsrechtliche Definition des „Kindes".[1549]

Junge männliche und weibliche Arbeiter bis 16 Jahren wurden als „junge Leute" bezeichnet.[1550] Der in den Gewerbeordnungen ebenfalls verwendete Begriff

---

geführt werden. Fabrikinspektoren sollten die Einhaltung der Vorschriften sicherstellen, „wo sich dazu ein Bedürfnis ergibt". (§ 11 Abs. 1 Ergänzungsgesetz von 1853, abgedruckt in Anton, Preußische Fabrikgesetzgebung, 1953, S. 110). Damit war die Einrichtung von Fabrikinspektoren zunächst fakultativ. (Cf. Buck-Heilig, Gewerbeaufsicht, 1989, S. 64. Die Fabrikinspektoren wurden aber im Geiste des Wirtschaftsliberalismus in den Parlamentsdebatten für entbehrlich gehalten. Zur Schonung für die Industrie wurde die Stärkung der Fabrikinspektoren zurückhaltend behandelt. (Benöhr, Wirtschaftsliberalismus, 1977, S. 192, 207). Die Gewerbeordnung vom 21. Juni 1869 enthielt keinen wesentlichen Fortschritt gegenüber dem Preußischen Gesetz vom 16. Mai 1853. (§§ 128 ff. GewO 1869; KAG 1903, Spangenberg, S. 11). Auf dem Stand von 1855 blieb die Kinderschutzgesetzgebung über 20 Jahre stehen. (KAG 1903, Spangenberg, S. 119). So besagte § 135 der ***Gewerbeordnung vom 17. Juli 1878***: „Kinder unter zwölf Jahren dürfen in Fabriken nicht beschäftigt werden." Gemäß der ***Novelle der Gewerbeordnung vom 1. Juni 1891*** wurde die Altersgrenze, unter welcher Kinder in Fabriken und im Bergbau überhaupt nicht beschäftigt werden dürfen, von zwölf auf dreizehn Jahre erhöht (§ 135 GewO 1891). Die Gewerbeordnungen von 1900, 1905 und 1907 formulierten wortgleich: „Kinder unter dreizehn Jahren dürfen in Fabriken nicht beschäftigt werden" (§ 135; Cf. Nelken, Die deutschen Handwerker- und Arbeiterschutzgesetze, 1901, S. 840 ff.). Gemäß § 136 waren für die jugendlichen Arbeiter Nachtarbeit und Beschäftigung an Sonn- und Feiertagen verboten. (§ 136 GewO 1891, 1900 und ABG 1892, Brassert, S. 117). Außerdem waren Pausen für die jungen Fabrikarbeiter vorgeschrieben. (§ 136 GewO 1900 und Stadthagen, 1904, S. 270 f.). In Fabriken durften also keine Kinder beschäftigt werden, die das 13. Lebensjahr noch nicht vollendet hatten. Kinder über dreizehn Jahre durften in Fabriken nur beschäftigt werden, wenn sie nicht mehr zum Besuch der Volksschule verpflichtet waren. (§ 135 Abs. 1 GewO 1900, 1905, 1907). § 5 KAG 1903 bestimmte: „Im Betriebe von Werkstätten (§ 18), in denen die Beschäftigung von Kindern nicht nach § 4 verboten ist, im Handelsgewerbe (§ 105 Abs. 2, 3 der Gewerbeordnung) und in Verkehrsgewerben (§ 105 i Abs, 1 a. a. O.) dürfen Kinder unter zwölf Jahren nicht beschäftigt werden." Die Bestimmungen der Gewerbeordnungen wurden durch zahlreiche Polizeiverordnungen ergänzt. (Biermann, Privatrecht und Polizei in Preußen, 1897, S. 51 f.).

1549 Drees, Die Reichs-Gesetze über die Arbeiter-Versicherung, 1893, S. 6. Gemäß § 2 KAG 1903 waren Kinder „Knaben und Mädchen unter dreizehn Jahren sowie solche Knaben und Mädchen über dreizehn Jahre, welche noch zum Besuche der Volksschule verpflichtet sind". (GewO 1878 ff.; Nelken, Die deutschen Handwerker- und Arbeiterschutzgesetze, 1901, S. 482, 486).

1550 § 135 GewO 1878, 1891 und 1900; auch Stadthagen, Das Arbeiterrecht, 1904, S. 269. Nach Nelken waren „junge Leute" solche vom vollendeten 14. Lebensjahr bis zum vollendeten 16. Lebensjahr. (Nelken, Die deutschen Handwerker- und Arbeiterschutzgesetze, 1901, S. 841).

„jugendliche Arbeiter“ war die arbeitsrechtliche Gesamtbezeichnung für weibliche und männliche „Kinder“ und „junge Leute“.[1551] Einen besonderen Status nahmen die Lehrlinge ein. Sie fanden allerdings als eigene Gruppe selten Eingang im Simplicissimus. Sie erschienen dann als Opfer prügelnder Meister (29.5.1911, S. 153).[1552] In der gesellschaftlichen Wirklichkeit nahmen die Gesellen und Lehrlinge allerdings zunehmend „nicht mehr die mitunter brutale Behandlung durch den Meister widerstandslos hin.“[1553]

Für den Simplicissimus ergab sich offenbar eine zusätzliche Berechtigung, sich der Kinderarbeit zu widmen aus der Tatsache, dass ca. seit 1897, also zeitnah mit dem ersten Erscheinen des Simplicissimus, wieder eine Zunahme der Kinderarbeit festzustellen war. Zur Durchführung von Kinderarbeit wurden Geburtsscheine gefälscht, Kinder wurden versteckt oder als zufällig anwesend bezeichnet. Vielfach wurde die Umsetzung des § 135 der Gewerbeordnung von 1891 als Polizeischikane empfunden.[1554]

2. Jugendliche Arbeiter in der Landwirtschaft

Der erste Beitrag, den die Zeitschrift im Jahr 1896 zur Kinderarbeit leistete, war die Darstellung eines *„schlauen Hirtenbua“*, der in einer Hängematte, die er sich unter dem Leib einer Kuh gespannt hatte, *„ein schattiges Plätzchen“* gefunden hatte (24.10.1896, S. 5). Dieses bukolische Ambiente suggerierte dem Leser das Bild einer Kinderarbeit, die keine Entsprechung zu der für den Zeitraum immer beschriebenen Ausbeutung von arbeitenden Kindern hatte.

Der Simplicissimus behandelte ein zeitgenössisches Problem der Arbeitswelt im Rahmen des antiken Topos vom Rinderhirten, im Rückgriff auf die künstlerische Tradition der Pastorale[1555] und der christlichen Tradition der Hirten in der Geburtsgeschichte Jesu, das heißt im Motiv-Rahmen einer heilen Welt.[1556] In der Pastorale

1551 ABG 1892, Brassert, S. 115.

1552 Zum Züchtigungsrecht der gewerblichen Lehrherren: Baum, Das Recht des Arbeitsvertrages, 1911, S. 105 f. Cf. bereits §§ 298 ff., II, 8 ALR.

1553 Lenger, Handwerker, 1988, S. 149.

1554 Simon, Referat, 1902, S. 126 f.

1555 Huizinga, Herbst des Mittelalters, 1952, S. 136 ff. Der Bezug auf die antike Bukolik wird besonders durch die Anspielung auf „ein schattiges Plätzchen“ deutlich: Bei Ernst Robert Curtius heißt es: „Wohnplätze der Nymphen sind Orte, an denen auch der Mensch sich gerne niederläßt. Was braucht er dazu? Vor allem Schatten – wichtig für den Südländer.“ (Curtius, Europäische Literatur und lateinisches Mittelalter, 1948, S. 194). Die Diderot-Forscher Herbert Dieckmann widmet in seinen „Studien zur europäischen Aufklärung“ der Schäferposie einen eigenen, erhellenden Beitrag. (Diderot, Sttudien 1974, S. 481 ff.).

1556 Curtius, Europäische Literatur und lateinisches Mittelalter, 1948, S. 195. Die Hirten sind in der christlichen Tradition durch ihre Entfernung von den Menschen besonders in die Nähe Gottes gerückt, was sich in zahlreichen Legenden, wie der des S. Patrik äußert. (Ranke, Weltgeschichte, Bd. 7, o. J., S. 134).

wurde der „vielgeschmähte Bauer“ das Ideal.[1557] In der seit der Antike gepflegten Hirtenidyllik ging es nicht um die Beschreibung eines arbeitsrechtlich relevanten Tatbestandes, sondern um die Präsentation eines irdischen Paradieses,[1558] das auch schon in der Antike mit der Wirklichkeit der Landarbeit wahrscheinlich wenig gemein hatte.[1559] Bereits 1776 beklagte der deutsche Jurist und Literat Justus Möser in seinen ***Patriotischen Phantasien*** „daß viele Kinder unsrer Landleute im Sommer, wenn der Schulhalter zum Torffstechen nach Holland geht, hinter den Kühen müßig liegen“.[1560] Das Bild vom gemütlich-behäbigen, kinderfreundlichen Landleben wird vom Simplicissimus aufgegriffen. Das Bild erweist sich als traditionelle Anschauung, als Klischee.[1561] Regionalspezifische Untersuchungen, wie die von Rainer G. Schöller zum süddeutschen Raum, weisen darauf hin, dass der soziale Status der Hirten bis ins 19. Jahrhundert sehr ambivalent war: Die Hirten wurden von den Bauern einerseits verachtet, andererseits wegen ihrer Tierheilkünste auch geschätzt. Die ansässigen Bauern betrachteten die Hirten wie das fahrende Volk. Es kam häufig zu Spannungen zwischen Bauern und Hirten. Zudem gab es offenbar einen deutlichen Hang zum Kriminellen bei den Hirten.[1562] Bemerkenswert war der Anteil der Hirtensöhne an der Zahl der kriminellen Hirten. Die Hirten galten - wie die Schäfer - als faul. Ihre auf Stecken gestützte Haltung beim Beobachten des Viehs wurde von den hart arbeitenden Landmenschen als Müßiggang interpretiert.[1563] Dieser traditionelle „Topos von der Faulheit der Hirten“[1564] bildete eines der historischen Fundamente für die Darstellung des *„schlauen Hirtenbua“* im Simplicissimus.

Auch im ostelbischen Raum wurde im Untersuchungszeitraum der Einsatz von schulpflichtigen „Hütekindern“ heftig kritisiert: Er schade den Kindern und wirke demoralisierend auf sie.[1565]

Alles gesellschaftliche und rechtliche Ringen um den Schutz von Kindern und Jugendlichen der vergangenen Jahrzehnte schien in Wohlgefallen aufgelöst. Diese Karikatur wollte indes nicht unbedingt den Anschein erwecken, als gebe es kein

---

1557 Huizinga, Herbst des Mittelalters, 1952, S. 137.

1558 Nörr, Zur Bewertung der freien Arbeit in Rom, 1965, S. 74.

1559 Die in der antiken Lyrik verklärte Arbeit der Viehhirten galt in der Wirklichkeit als „besonders schwer“ und daher, beispielweise laut Varro, nur bedingt für Jugendliche geeignet. (Eggebrecht e. a., Geschichte der Arbeit, 1980, S. 122).

1560 http://www.deutsches-textarchiv.de/book/view/moeser_phantasien02_1776?p=384.

1561 Zur mittelalterlichen und neuzeitlichen Rechtsstellung der Hirten, u. a. als Lohnarbeiter: Carlen, Hirtenrecht, 1978, Sp. 166. Die Rechtsstellung der Hirten war in zahlreichen Ordnungen und Weistümern geregelt, deren Pragmatismus keinen Raum für Idylle bot. Allerdings genossen die Hirten im Hirtenrecht häufig gegenüber anderen Knechten gewisse Privilegien und einen besonderen Schutz.

1562 Schöller, Der gemeine Hirte, 1973, S. 164 ff.

1563 Schöller, Der gemeine Hirte, 1973, S. 151 ff.

1564 Schöller, Der gemeine Hirte, 1973, S. 154.

1565 Goltz, Ländliche Arbeiterklasse, 1893, S. 265 ff.

Problem der Kinderarbeit, aber sie suggerierte, dass die Situation für schlaue Kinder beherrschbar war.

Offenkundig sah die Wirklichkeit anders als die Fiktion des Simplicissimus aus. Landwirtschaft und Viehzucht fielen nicht unter die Gewerbeordnung.[1566] In der preußischen Gesindeordnung von 1810 konnten gem. § 6 Kinder ohne Altersangabe als Gesinde arbeiten, wenn die Einwilligung des Vaters gegeben war.[1567] Bei den Beratungen im Reichstag zum ***Reichsgesetz, betreffend Kinderarbeit in gewerblichen Betrieben vom 30. März 1903*** wurde u. a. das Hüten des Viehs als „gefährliche Arbeit" bezeichnet. Die Hütejungen und Hütemädchen seien meist ohne Aufsicht sich selbst überlassen und unterlägen „den größten sittlichen Gefahren".[1568] Die Mehrheit des Reichstags lehnte allerdings die auf Einbeziehung der Landwirtschaft gerichteten Anträge ab: Die Arbeit an der frischen Luft sei gesund und Missstände bildeten die Ausnahme. Außerdem sei die gesetzliche Regelung der Verhältnisse in der Landwirtschaft Ländersache.[1569]

Ähnlich wie der Simplicissimus sah auch der Soziologe Werner Sombart 1906 den Hirtenbuben idealisierend als Gegenpol zum Proletarierkind: „Das Arbeiterkind weiß nichts mehr von den heimlichen Reizen, die die Natur dem Hirtenbuben in tausendfachen Weisen bietet."[1570]

In seiner Biographie ***Das Leben eines Landarbeiters*** von 1911 entmystifizierte Franz Rehbein das bukolische Klischee eines locus amoenus, indem er die schwere Arbeit und die Einsamkeit eines jugendlichen Kuhhirten aus eigener Erfahrung schilderte:[1571] Auf den mittelgroßen Bauernhöfen gab es keine Arbeitsverträge. Dienstverträge wurden mit „Agenten" geschlossen, welche die Jugendlichen an die landwirtschaftlichen Betriebe vermittelten. Der Status der Hirtenkinder war der von Dienstboten.[1572] Der arbeitgebende Bauer vermerkte im Gesindedienstbuch Dauer und Qualität der Arbeit. Oft arbeiteten dort schulpflichtige 12–14 jährige Kinder.

1566 Die Schutzbestimmungen des Kinderarbeitsgesetzes von 1903 galten folglich für gewerbliche Betriebe, nicht für die Landwirtschaft. (Cf. auch Eggebrecht e. a., Geschichte der Arbeit, 1980, S. 285). Zur Kinderarbeit auf dem Land zwischen 1700 und 1850: Kuczynski, Lage des arbeitenden Kindes, 1968, S. 32.

1567 Gem § 95 EGBGB traten an die Stelle der Vorschriften zur Rechtsstellung der Kinder, Minderjährigen und Ehefrauen die §§ 104–115, § 131, § 1358. Als öffentlichrechtliche Norm konnte angenommen werden, dass den schulpflichtigen Dienstboten Zeit zum Schulbesuch und zum Konfirmandenunterricht gewährt werden musste. (GesO 1810, Gerhard zu §§ 5–8, S. 41).

1568 Schöller weist in einem gesonderten Abschnitt seiner Abhandlung mit dem Titel „Die Sittlichkeit der Hirten" auf den hohen Grad an Unsittlichkeit der Hirten und ihrer Familienmitglieder hin. (Schöller, Der gemeine Hirte, 1973, S. 168 ff.).

1569 KAG 1903, Spangenberg, zu § 1, S. 35 f.

1570 Sombart, Das Proletariat, 1906, S. 9.

1571 Rehbein, Das Leben eines Landarbeiters, 1911, S. 78: „Ein besonders arger Übelstand in dem Leben des Hütejungen ist die Einsamkeit, in der er seine Tage verbringen muß."

1572 GesO 1810, Gerhard zu § 1, S. 30.

Für Schäden beim Hüten der Kühe erfolgten Lohnabzüge. Zusammenfassend könne man laut Rehbein „nur noch von einem Frevel auch der ländlichen Kinderarbeit sprechen".[1573]

3. Jugendliche Arbeiter in mittelständischen Betrieben

a) Das „Laufmädel"

In einer großen Karikatur präsentierte der Simplicissimus 1898 ein *„Laufmädel"*, das bei Wind und Wetter schwere Waren zu den Kunden liefern musste.

Wenn das Kind seine Arbeit nicht gewissenhaft erledigte, schimpften die Mutter und die *„Madam'"*, und es hieß fasten. Die schwere Arbeit schadete der Gesundheit des Kindes:

> *„Kindel, hast du's auf der Brust,/ Daß du gar so husten mußt?"*

Doch der Kommentar des begleitenden Gedichts brachte die Erlösung:

> *„Bald ein End hat alle Not/ – Frühling wird's – dann kommt der Tod!"*
> (19.11.1898, S. 272, Auszug).

Die satirische Wirkung wurde dadurch erreicht, dass in den Schlussversen des *„Brettlsangs"* eine Antithese als Stilmittel verwendet wurde, die das Kommen des Frühlings mit dem Nahen des Todes in Verbindung brachte. Aus dem Beitrag ging hervor, dass nicht nur die Arbeitgeberin, die *„Madam"*, am Elend des Kindes schuld hatte, sondern auch die eigene Mutter *(„Mutter schimpft dich zünftig z'samm'/ Und es grantelt die Madam'.")*. Somit hatte das Kind niemanden, der seine Interessen vertrat. Durch die Beschreibung der Haltung der Mutter sprach der Simplicissimus das Verhalten vieler Eltern von arbeitenden Kindern an, die teils aus Not, teils aus anderen Gründen für die Arbeit von Kindern eintraten.

Ein zeitgenössischer arbeitsrechtlicher Schutz war nicht vorhanden. Während die ***Gewerbeordnungen*** primär den Schutz von Kindern in Fabriken regelten,[1574] waren die Kinder bei mittelständischen Arbeitgebern weitgehend schutzlos.

Erst in der Novelle der Gewerbeordnung von 1900 wurde geregelt, dass „Kinder unter vierzehn Jahren ... auf öffentlichen Wegen, Straßen, Plätzen oder an öffentlichen Orten oder ohne vorherige Bestellung von Haus zu Haus Gegenstände nicht feilbieten" durften.[1575] Da das im Simplicissimus dargestellte Kind aber auf Bestellung von Haus zu Haus laufen musste, unterfiel seine Arbeit auch nicht der Novelle der Gewerbeordnung von 1900.

1573 Rehbein, Das Leben eines Landarbeiters, 1911, S. 246.

1574 § 135 GewO 1891, 1900 unter Titel VII, Kap. IV. „Verhältnisse der Fabrikarbeiter". „Laufmädchen" und „Laufburschen" waren als gewerbliche Arbeiter zu betrachten. (Nelken, Die deutschen Handwerker- und Arbeiterschutzgesetze, 1901, S. 354).

1575 § 42 b GewO 1900.

Gemäß ***Reichsgesetz, betreffend Kinderarbeit in gewerblichen Betrieben vom 30. März 1903*** war vom 1. Januar 1904 ab die Beschäftigung fremder Kinder unter 12 Jahren beim Austragen von Waren und bei sonstigen Botengängen verboten. Ferner war die Beschäftigung von Kindern über 12 Jahre zwischen 8 Uhr abends und 8 Uhr morgens vom 1. Januar 1906 ab unzulässig.[1576] Die Beschäftigung von eigenen Kindern war beim Austragen von Waren und bei sonstigen Botengängen gestattet.[1577] Auch diese Regelungen ließen Ausnahmen durch den Bundesrat zu, die zu einer erneuten Relativierung des Kinderschutzes und damit zu einer nachträglichen Berechtigung der satirischen Darstellung durch den Simplicissimus führten.

b) Die „Piccolos" im Gaststättengewerbe

Laut Simplicissimus war die arbeitsrechtliche Situation im Gaststättengewerbe besonders krass. Dort kamen die jungen Kellner, die „Piccolos", in der Faschingszeit kaum zum Schlafen.

> *„Jede Nacht erst um vier ins Bett und früh um sieben Uhr wieder 'raus! Wenn der Fasching nicht jetzt gar wär', ging mir's noch wie meinem Vater; der ist auch schon als Piccolo gestorben."* (20.2.1899, S. 370).

Gemeinsam war dem „Laufmädel" und dem „Piccolo", dass keine große Gruppe ihre Interessen vertrat, sondern dass sie als Einzelne den Anweisungen ihres Arbeitgebers folgen mussten. Weitgehend unkontrolliert war die Beschäftigung von Kindern und Jugendlichen vor allem in der Landwirtschaft, in der Heimarbeit und in der Gastronomie.

In einem Beitrag aus dem Jahre 1902 erhielt ein anzulernender „Piccolo" in einem Restaurant von einem Vorgesetzten eine „Instruktion".

> *„Was thust du, Piccolo, wenn dir beim Servieren ein Messer oder eine Gabel auf den Boden fällt?"*
> *„Ich heb's geschwind auf, trag's an's Buffet und bring's sogleich wieder."* (4.11.1902, S. 251).

Der satirische Effekt wurde dadurch erzeugt, dass eine eigentlich verbotene Handlung in der Instruktion in der Form eines „Training-on-the-job" zur Norm erklärt wurde und der Anzulernende von seinem Arbeitgeber zu einer unredlichen Handlung angeleitet wurde.

Die Gewerbeordnung galt auch für Kellner,[1578] sofern sie nicht in kleinen Wirtschaften vorwiegend zu häuslichen Arbeiten herangezogen wurden und dann als Dienstboten nach den Gesindeordnungen zu behandeln waren. Sie leisteten keine kaufmännischen Dienste, sondern gewerbliche Arbeiten. Allerdings sah die

---

1576 KAG 1903; Spangenberg, S. 65 zu § 8.

1577 § 17 KAG; zu Ausnahmen der einzelnen Bundestaaten: KAG 1903, Agahd/ Schulz, beispielsweise S. 176 für Preußen.

1578 Zur Sonntagsarbeit im Gaststättengewerbe: Ebeling, Das Reichsgesetz, 1892, S. 6.

zeitgenössische Gewerbeordnung einen allgemeinen Maximalarbeitstag nur für die in Fabriken beschäftigten jugendlichen Arbeiterinnen und Arbeiter vor.[1579]

Im Übrigen erließ der Bundesrat Einzelverordnungen, wie die vom 23. Januar 1902 betreffend die Arbeitszeit von Gehilfen und Lehrlingen in Gast- und Schankwirtschaften.[1580] Die Verordnung schrieb grundsätzlich für Kellner und Kellnerlehrlinge Ruhezeiten vor. Die Verordnung wurde jedoch durch eine Reihe von Ausnahmebestimmungen aufgeweicht,[1581] die im Fall des zitierten „Piccolos" besonders die Karnevalszeit betrafen.[1582]

Das ***KAG*** von 1903 bestimmte:

> „Im Betriebe von Gast- und Schankwirtschaften dürfen Kinder unter zwölf Jahren überhaupt nicht, und Mädchen (§ 2) nicht bei der Bedienung der Gäste beschäftigt werden."[1583]

Ausnahmen galten in kleineren Städten für Familienangehörige des Arbeitgebers.[1584]

Sozialdemokratische Autoren wiesen um die Jahrhundertwende auf die schlechte Lage der Lehrlinge im Gaststättengewerbe, vor allem der Großstädte, hin: Die Lehrlinge seien „Hausdiener und Dienstmädchen zugleich". Wie den Bäckerlehrlingen fehle es ihnen an Schlaf. Sie seien „vorzeitig verwelkte und verkümmerte arme Wesen".[1585]

c) Der Wasserträger im Baugewerbe

Während die erwachsenen Maurer im Simplicissimus häufig als Müßiggänger und Lebenskünstler dargestellt wurden, erschienen die in diesem Gewerbe tätigen „Mörtelweiber" und Kinder als die eigentlich Tätigen.

1579 § 135 GewO 1891, 1900.

1580 Cf. Elster, Lexikon des Arbeitsrechts, 1910, S. 38.

1581 Stadthagen, Das Arbeiterrecht, 1904, S. 231 und 252. Spätere Kritiker bemängelten, dass die Verordnung nur ein Minimum an Schutz bot, das vor allem auf dem Papier bestand. (Ratz, Sozialreform und Arbeiterschaft, 1980, S. 166).

1582 Meyers Großes Konversationslexikon 1905, s. v. Kellner.

1583 § 7 KAG 1903. § 2 KAG 1903: „Als Kinder im Sinne dieses Gesetzes gelten Knaben und Mädchen unter dreizehn Jahren sowie solche Knaben und Mädchen über dreizehn Jahre, welche noch zum Besuche der Volkschule verpflichtet sind."

1584 § 16 KAG 1903.

1585 Schippel, „Die Lage der großstädtischen Kellner", 1891, S. 99. Auch in den industriellen Großbetrieben kam es zur sogenannten Lehrlingszüchterei, bei der Jugendliche formal als Lehrlinge eingestellt wurden, jedoch häufig als billige Arbeitskräfte ausgebeutet wurden. (CF. Schäfer, Industriearbeiter, S. 179 ff.).

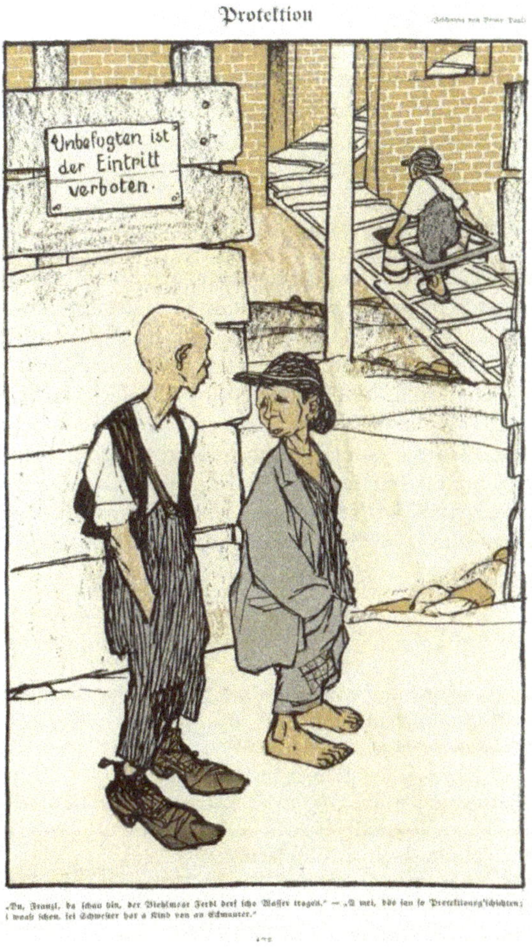

(22.10.1906, S. 457, Zeichnung von Bruno Paul[1586])

Protektion[1587]

„Du, Franzl, da schau hin, der Bichlmoar Ferdi derf scho Wasser tragen.“
„A mei, dös san so Protektionsg'schichten; i woaß schon, sei Schwester hat a Kind von an Eckmaurer.“

1586 Konrad, Nationale und internationale Tendenzen im „Simplicissimus“, 1975, S. 28: „Paul war der hervorragende Zeichner des Arbeitermilieus“, der auch besonders die Arbeiterkinder darstellte.

1587 © VG Bild-Kunst, Bonn 2015.

Die Satire bestand darin, dass die schwere Kinderarbeit ironisch als besondere Vergünstigung hingestellt wurde. Die zeitgenössische Gesetzeslage untersagte allerdings seit dem G***esetz, betreffend Kinderarbeit in gewerblichen Betrieben vom 30. März 1903*** die Beschäftigung von Kindern auf „Bauten aller Art".[1588] Somit zielte die Kritik des Simplicissimus darauf ab, dass die Reichsgesetzgebung zum Kinderarbeitsschutz auch Jahre nach ihrem Inkrafttreten am 1. Januar 1904 keine Beachtung in der Umsetzung fand.

4. Die Überwindung des Themas der Fabrikarbeit

Während der Simplicissimus sich extensiv der Fabrikarbeit von Männern widmete, war die zeitgenössisch meist mit der Fabrikarbeit assoziierte Frauen- und Kinderarbeit für die Zeitschrift kein Thema mehr. Sie löste sich vom Klischee und griff stattdessen andere zeitgenössische, arbeitsrechtlich relevante Situationen auf.[1589]

Die Arbeit von Kindern in zahlreichen Tätigkeitsfeldern hatte eine lange Tradition.[1590] Im vor- und frühindustriellen Zeitraum wurde Kinderarbeit vielfach ideologisch überhöht als sinnvoll und erwünscht angesehen:[1591] Frühe Arbeit erziehe zu Fleiß und Strebsamkeit, so etwa bei dem Kameralisten Johann Heinrich Gottlob von Justi in seiner Schrift ***Vollständige Abhandlung von denen Manufacturen und Fabriken*** von 1758[1592] als auch in der calvinistischen Arbeitsethik der

1588 § 4 KAG 1903.

1589 Auch in der Gesetzgebung wurde mit der Novelle der GewO vom 28.12.1908 der „Fabrikbegriff" zugunsten des Begriffs des Betriebs „ausgeschaltet". (Baum, Das Recht des Arbeitsvertrages, 1911, S. 91 f.).

1590 Kaufhold, 150 Jahre Arbeitsschutz in Deutschland, 1998, S. 226. Bereits vor der Industrialisierung gab es im 17. und 18. Jahrhundert in Deutschland Kinderarbeit sowohl in der Landwirtschaft als auch in der Hausindustrie und in der Manufaktur. (Ludwig, Die Fabrikarbeit von Kindern, 1965, S. 65).

1591 Cf. Kuczynski, Lage des arbeitenden Kindes, 1968, S. 15. Auch der schweizer Pädagoge Pestalozzi verwendete Kinder mit wirtschaftlichen Absichten, aber pädagogischer Begründung in der hausindustriellen Textilfertigung und der Landwirtschaft. (Ludwig, Die Fabrikarbeit von Kindern, 1965, S. 68).

1592 „In Holland und Engelland siehet man schon Kinder von 4 bis 6 Jahren allerley ihrem Alter gemäße Arbeit verrichten. In andern Staaten, wo das Genie zu nützlichen Nahrungsgeschäften fehlet, siehet man sie unter Spielen und Müßiggang aufwachsen. Vielleicht würde es der Pflicht der Lehrer in Kirchen und Schulen seyn, sowohl Eltern als Kindern hierinnen fleißge Lehren und Ermahnungen zu geben und insonderheit denen Kindern den Grundsatz einzuschärfen, daß sie allein durch Fleiß und Application ihr künftiges Glück in dem bürgerlichen Leben erwarten können." (Bd. I, Zweyther Theil. Erste Abtheilung. Betrachtungen über die Manufacturen und Fabriken, „IV. Abschnitt von denen Hindernissen bey Anlegung und Gründung der Manufacuren und Fabriken." (Justi, Abhandlung, Bd. 1, S. 181). Dazu: Mayer-Mali, Ausgewählte Schriften, 1991, S. 81).

Wupperstädte.[1593] Mit Beginn des Industriezeitalters äußerte sich Skepsis gegenüber der Kinderarbeit in Fabriken, u. a. auch weil die Kinder nicht mehr anderen Gewerbebereichen in ausreichender Zahl zur Verfügung stehen könnten.

Die Not der ärmeren Bevölkerungsschichten brachte es in der Regel mit sich, dass die Kinder arbeiten mussten, um zum Familieneinkommen beizutragen.[1594] Vor allem die vom Land zugewanderten Eltern hatten offenbar „kaum etwas gegen die Ausbeutung ihrer Kinder" einzuwenden, da ihnen die Mitarbeit der Kinder aus der Landwirtschaft „mehr als vertraut" war.[1595] Die Kinderarbeit wirkte sich allerdings lohnsenkend auf alle Arbeitskräfte in den Fabriken aus[1596] und vermehrte letztlich in einem circulus vitiosus das soziale und familiäre Elend.[1597]

Der Schutz jugendlicher Arbeiter in Preußen und in den anderen Teilen des späteren Deutschen Reichs lässt sich als ein Prozess auffassen, der durch das ***Regulativ über die Beschäftigung jugendlicher Arbeiter in den Fabriken vom 9. März 1839*** eingeleitet wurde.[1598] Der Anlass zur Normsetzung war komplex: Die Forderung nach einem Schutz arbeitender Kinder entsprang u. a. der Erkenntnis der militärischen Führung, dass die frühe Fabrik- und Nachtarbeit der Rekrutierung gesunder, diensttauglicher Männer im Wege stand.[1599] Arbeitsrechtler, wie Kaufhold, wiesen jedoch darauf hin, dass die militärischen Rücksichten, wie vielfach angenommen, offenbar nicht ausschlaggebend waren.[1600] Neben dem Militär war auch das Erziehungsministerium an einer Einschränkung der Arbeitszeit schulpflichtiger Kinder interessiert. Getragen wurde das Zustandekommen der „Fabrikgesetze" wesentlich von den Kirchen und einer philanthropisch-industrieskeptischen Elite des gehobenen Bürgertums.[1601]

1593 Köllmann, Industrielle Unterschichten, 1981, S. 325.

1594 Anton, Preußische Fabrikgesetzgebung, 1953, S. 19 ff. Cf. auch Sombart, Das Proletariat, 1906, S. 45 f.

1595 Steindl, Entfesselung der Arbeitskraft, 1984, S. 102. Kuczynski betont, dass die sozialdemokratische Partei „seit ihrem Bestehen unablässig gegen die kapitalistische Ausbeutung der Kinder gekämpft" habe, dass dieser Kampf aber nach zwei Fronten geführt werden musste, als er sich „gegen die Arbeitereltern, die ihre Kinder aus Not zur Arbeit schickten oder selbst beschäftigten" richten musste. (Kuczynski, Lage des arbeitenden Kindes, 1968, S. 138).

1596 Zwiedineck-Südenhorst, Arbeiterschutz und Arbeiterversicherung, 1905, S. 23.

1597 Cf. Schulz, Felten & Guillaume, 1979, S. 71 ff. zu einer differenzierten Analyse von „Kinderarbeit und Existenzsicherung".

1598 Ausführliche Vorgeschichte des Regulativs: Anton, Preußische Fabrikgesetzgebung, 1953, S. 19 ff.; Eger/ Weise, Die Entstehung des Arbeitsrechts, 1998, S. 291 f.

1599 Hofmann, Arbeitsvertrag, 1972, S. 17. Für sozialistische Autoren, wie Jürgen Kuczynski, steht fest, dass das Regulativ „in erster Linie zum Schutze des Kanonenfutters" erlassen wurde. (Kuczynski, Lage des arbeitendes Kindes, 1968, S. 92).

1600 Kaufhold, 150 Jahre Arbeitsschutz in Deutschland, 1998, S. 227.

1601 Anton, Preußische Fabrikgesetzgebung, 1953, S. 62 f.; differenziert: Vietinghoff-Scheel, Gewerbliches Arbeitsvertragsrecht, 1972, S. 47 ff.; Köllmann, Industrielle

Mayer-Maly vertrat den Standpunkt, dass die europäischen Kinderschutzgesetze „nicht als spezifisch arbeitsrechtliche, sondern als multifunktionale Regelungen" begriffen werden sollten: „In ihnen verbanden sich sozialpolitische Zielsetzungen mit schulpolitischen, sanitätspolizeilichen, militärpolitischen und kirchlichen Anliegen."[1602] Dabei ist jedoch zu bedenken, dass auch spätere Arbeitsschutzregelungen, etwa zum Schutz arbeitender Frauen, zwar den unterschiedlichsten Motiven entsprangen, aber gleichwohl eine arbeitsrechtliche (Schutz-) Funktion für die Betroffenen entfalteten. Letztlich aber kam Mayer-Maly zu dem Schluss, dass das „entwickelte Arbeitsrecht des Industriezeitalters" der Kinderarbeit erheblich mehr verdankte, „als eine die historische Dimension allzu oft aus den Augen verlierende Jurisprudenz gewahr wird."[1603]

Die Kodifikationen zum Schutze der Kinder waren letztlich eine arbeitsrechtliche Maßnahme, die nicht von den Eltern erstritten wurde, sondern „von oben" verordnet wurde. Unmut regte sich bei den Eltern, die ihre Kinder zur Sicherung des Lebensunterhalts auf unterstem Niveau in die Fabrik schickten.[1604] Die Kommunen befürchteten ihrerseits bei einer Verarmung der Familien eine Zunahme der von ihnen zu unterhaltenden Unterstützungsbedürftigen.

Protest gegen den Kinderarbeitsschutz regte sich auch bei den Fabrikanten als Normadressaten, die zum Erhalt der Konkurrenzfähigkeit nicht auf die billige Kinderarbeit verzichten wollten.[1605] So sahen sie sich vielfach berechtigt, die Bestimmungen zu umgehen. Der Arbeitsschutz wurde als Widerspruch zur herrschenden liberalen Doktrin der Wirtschaftsfreiheit und als unzulässiger Staatsinterventionismus gewertet.[1606] Sie Staatsintervention nahm ihren Ausgang „von der Bemühung um eine Reglementierung der bis weit in die zweite Hälfte des 19. Jh. stark verbreiteten Kinderarbeit".[1607]

Unterschichten, 1981, S. 325; Schröder, Arbeitsverfassung des Spätmittelalters, 1984, S. 17.

1602 Mayer-Maly, Ausgewählte Schriften, 1991, S. 84.

1603 Mayer-Maly, Ausgewählte Schriften, 1991, S. 85.

1604 Mestitz, Zur Wirkungsgeschichte des Arbeitsrechts, 1984, S. 13. In der Heimarbeit waren es oft die Mütter selbst, „die es nicht einsehen wollen, daß ihre Kinder nicht mehr zu überlanger Arbeit herangezogen werden sollten." (Brandel, Die Heimarbeit, 1925, S. 62, cf. auch S. 106 f.).

1605 KAG 1903, Spangenberg, S. 9. Die ökonomische und arbeitsrechtliche Realität widerlegte die Behauptung Jherings, „die Konkurrenz [sei] die soziale Selbstregulierung des Egoismus". (Jhering, Der Zweck im Recht, 1904, S. 104).

1606 Anton, Preußische Fabrikgesetzgebung, 1953, S. 72; Kaufhold, 150 Jahre Arbeitsschutz in Deutschland, 1998, S. 228; zur Einschätzung des Privatrechts als „Recht der Freiheit" und des öffentlichen Rechts als „Recht des Zwangs": Grimm, Trennung von öffentlichem und privatem Recht, 1972, S. 239. Simons sieht im Regulativ einen „ersten bedeutenden Eingriff in die private Produktion zum Schutze der Arbeiter". (Simons, Staatliche Gewerbeaufsicht 1984, S. 12).

1607 Mayer-Maly, Arbeitsrecht, 1985, Sp. 299.

Wenngleich die grundsätzliche „Regelungsprärogative der Kontrahenten“[1608] nicht in Frage gestellt schien, spiegelte diese Form der Verrechtlichung das veränderte Verständnis staatlicher Aufgaben wider, das durch den Eingriff in die Arbeitsverhältnisse mit der zeitgenössischen Auffassung von Eigentums- und Vertragsfreiheit und der angemahnten Zurückhaltungspflicht des Staates in Konflikt geriet.[1609]

Arbeitgeber, Eltern und Kommunen interpretierten bei der Implementierung[1610] des Gesetzes den Schutzmechanismus als Bevormundungsmechanismus.[1611] Auch bei Rechtswissenschaftlern des 19. Jahrhunderts, wie etwa Puchta, zeigte sich im Misstrauen hinsichtlich „der Leistungsfähigkeit des zeitgenössischen Gesetzgebers“[1612] das Bestreben, das Privatrecht generell gegen die „Staatskünstler“ sicherzustellen.[1613] Mit dem Eingriff des Staates bahnte sich ein Topos an, dem zufolge solche Eingriffe zukünftig häufig als „(staats-) sozialistisch“ galten.[1614] Wenn auch die Akzeptanz des Regulativs gering und seine unmittelbare Wirkung bescheiden waren und es sich nur auf die genannten Industriebereiche, nicht aber auf die Heimarbeit und die Landwirtschaft bezog,[1615] so bildete es doch die Grundlage für den sich im Folgenden entwickelnden Kinder- und Arbeitsschutz.[1616] Am 16. Mai 1853 erging ein Ergänzungsgesetz zum Regulativ von 1839.[1617] Es folgten Ministerialerlasse mit detaillierten Ausführungsbestimmungen.[1618] Es war dies der eigentliche Beginn des Aufbaus einer staatlichen Aufsicht über Fabriken in einem liberalen Wirtschaftskontext, der staatlichen Eingriffen ablehnend gegenüber stand.[1619] Die Durchsetzung auch dieses

---

1608 Simitis, Zur Verrechtlichung der Arbeitsbeziehungen, 1984, S. 88.

1609 Simitis, Zur Verrechtlichung der Arbeitsbeziehungen, 1984, S. 74 f.

1610 Zur Implementationsforschung: Teubner, Verrechtlichung, 1984, S. 326 ff.

1611 Zur aktuellen Situation: Simitis, Zur Verrechtlichung der Arbeitsbeziehungen, 1984, S. 120 f.

1612 Haferkamp, Georg Friedrich Puchta, 2004, S. 471. Dem entsprach die Einschätzung des römischen Privatrechts als „ein vom staatlichen Zwang freies, betont ‚liberales‘ Recht“. (Bleicken, Verfassungs- und Sozialgeschichte des Römischen Kaiserreichs, 1995, S. 264).

1613 Haferkamp, Georg Friedrich Puchta, 2004, S. 434, 436, 439 u. ö.

1614 Cf. Becker Arbeitsvertrag und Arbeitsverhältnis, 1995, S. 157.

1615 So fiel das Pflücken von Erbsen für eine Konservenfabrik nicht unter §135 GewO, wohl aber die Beschäftigung in eben dieser Konservenfabrik. (§ 135 GewO 1891 Neukamp).

1616 Kaufhold, 150 Jahre Arbeitsschutz in Deutschland, 1998, S. 229.

1617 Vietinghoff-Scheel, Gewerbliches Arbeitsvertragsrecht, 1972, S. 56.

1618 KAG 1903, Spangenberg, S. 10; abgedruckt in: Anton, Preußische Fabrikgesetzgebung, 1953, S. 205 ff.

1619 Auch gegen Ende des 19. Jahrhunderts definierte das Oberverwaltungsgericht die Aufgabe der Polizei im Zusammenhang mit der Gewerbeordnung dahingehend, dass dem Einzelnen nur diejenigen Schranken auferlegt werden dürften, die im Interesse des Gemeinwohls unerlässlich seien. (Biermann, Privatrecht und Polizei in Preußen, 1897, S. 36 f.).

Gesetzes stieß auf erhebliche Widerstände.[1620] Die folgenden Gewerbeordnungen brachten einen erweiterten Schutz für die in Fabriken arbeitenden jugendlichen Arbeiter. Letztlich war das ***Regulativ*** bedeutsam für die Entwicklung des gesamten Arbeitsrechts: „Arbeitsrecht, nach der zeitgenössischen Begriffsbildung als „Fabrikgesetzgebung" verstanden, nimmt von der Thematisierung dieser Übelstände seinen Ausgang."[1621]

In der Enzyklika ***Rerum novarum*** vom Jahre 1891 äußerte sich Papst Leo XIII. zum Schutz der Kinder und akzeptierte die Kinderarbeit in „Werkstatt oder Fabrik" nur noch unter der Voraussetzung, dass „Leib und Geist zur gehörigen Reife gediehen sind".[1622]

Nach der – allerdings nicht umfassenden - Quellenlage ging vor dem und im Untersuchungszeitraum die Zahl der in Fabriken tätigen Kinder zurück.[1623] Sie wuchs stattdessen in der Hausindustrie und im Hausierertum im öffentlichen Straßenraum und in Lokalen.[1624] Soziale, philanthropische, religiöse und politische Vereine und Kongresse sowie die deutsche Lehrerschaft setzten sich für weitere Schutzbestimmungen ein.[1625]

Mit der Wende zum 20. Jahrhundert mehrten sich die Stimmen derer, die am sittlichen Nutzen der Kinderarbeit zweifelten und ihren Schaden für Körper, Geist und Seele der Kinder sahen.[1626] Das am 1. Januar 1904 in Kraft tretende ***Gesetz, betreffend Kinderarbeit in gewerblichen Betrieben vom 30. März 1903*** regelte das Mindestalter der in gewerblichen Betrieben beschäftigten Kinder,[1627] insbesondere auch für die Betriebe, die besondere gesundheitliche Schäden bewirken konnten. Zusätzlich erfolgten im Rückgriff auf die Gewerbeordnungen ein Verbot der Nachtarbeit, eine zeitliche Begrenzung der Arbeit, bzw. Vorschriften zur Beachtung der Schulpflicht und der Sonntagsruhe.[1628]

1620 Anton, Preußische Fabrikgesetzgebung, 1953, S. 142; Vietinghoff-Scheel, Gewerbliches Arbeitsvertragsrecht, 1972, S. 56. Im preußischen Staat ging im Zeitraum von 1846 bis 1858 die Zahl der in Fabriken beschäftigten Kinder zwischen 8 und 14 Jahren von ca. 31.000 auf ca. 12.000 zurück. Offenbar glich aber eine Zunahme von Frauenarbeit diesen Schwund aus. (Schulz, Felten & Guillaume, 1979, S. 49).

1621 Steindl, Entfesselung der Arbeitskraft, 1984, S. 135.

1622 Gottwald, 1891, 1994, Abs. 33, S. 77.

1623 In der 1840er Jahren trug offenbar die Zunahme an modernen Maschinen dazu bei, eine größere Zahl von Kindern freizusetzen und damit die Kinderarbeit in der Fabriken zu reduzieren. (Ludwig, Die Fabrikarbeit von Kindern, 1965, S. 75).

1624 KAG 1903, Spangenberg, S. 11; KAG 1903, Agahd/ Schulz, S. 6.

1625 KAG 1903, Spangenberg, S. 12 f.

1626 KAG 1903, Agahd/ Schulz. S. 15; Elster, Lexikon des Arbeitsrechts, 1910, S. 110, s. v. „Kinderarbeit": „Das Kindesalter soll der Ausbildung und Erziehung, die freie Zeit dem Spiel und nützlicher Betätigung dienen, aber nicht der erwerbstätigen Arbeit. Denn diese hemmt die geistige und körperliche Entwicklung des Kindes und sollte deshalb ganz verboten werden."

1627 § 5 Abs. 1 KAG.

1628 Stadthagen, 1904, S. 57 ff.

Der Schutz der Kinder wurde teilweise modifiziert auf die in häuslichen Betrieben beschäftigten Kinder ausgedehnt,[1629] nicht aber auf die in der Landwirtschaft beschäftigten Kinder.[1630] Während die bisherige Kinderschutzregelung vor der Schwelle der Familie Halt machte, unterschied das Reichsgesetz zwar zwischen eigenen und fremden Kindern, bezog aber den Schutz der eigenen Kinder mit ein, um auch in der Hausindustrie deren Ausbeutung zu Erwerbszwecken zu unterbinden.[1631] Soweit verbotene Beschäftigungsarten in Betracht kamen, waren eigene und fremde Kinder gleichgestellt.[1632]

5. Zwischenergebnis zu XII

Der sich nur langsam entwickelnde Schutz arbeitender Kinder und Jugendlicher wurde vom Simplicissimus zunächst scheinbar harmonisierend dargestellt, dann exemplarisch am Schicksal ausgebeuteter junger Menschen satirisch in Frage gestellt. Die meist im 19. Jahrhundert mit der Fabrikarbeit assoziierte Kinderarbeit war für den Simplicissimus kein Thema mehr. Stattdessen griff er andere arbeitsrechtlich relevante Situationen auf. Die Kritik zielte darauf ab, dass es zwar Schutzgesetze gab, dass diese aber durch zahlreiche Ausnahmeregelungen auf unterschiedliche Interessengruppen Rücksicht nahmen, so dass sie auch Jahre nach ihrem Inkrafttreten keine Beachtung fanden und dass ihre Anwendung nur schwer kontrollierbar war. Durch die Abwendung von dem zum Klischee mutierten Motiv der ausgebeuteten Fabrikkinder entsprach der Simplicissimus seinem aufklärerischen Selbstanspruch.

1629 Kaufhold, 150 Jahre Arbeitsschutz in Deutschland, 1998, S. 232. Als Werkstätten gelten nicht nur die Werkstätten im Sinne des § 105 b Abs. 1 GewO, sondern auch Räume, die zum Schlafen, Wohnen oder Kochen dienen, wenn in diesen gewerbliche Arbeit verrichtet wird. (Stadthagen, 1904, S. 68 f.).

1630 Stadthagen, 1904, S. 58 ff.

1631 KAG 1903, Spangenberg, zu § 3, S. 41.

1632 KAG 1903, Spangenberg, zu § 12, S. 79. Zum selben Zeitpunkt trat eine am 24. März 1903 vom Bundesrat erlassene ***Bekanntmachung betr. die Beschäftigung jugendlicher Arbeiter auf Steinkohlenbergwerken in Preußen usw.*** in Kraft. In der Bekanntmachung wurde die Gewerbeordnung an den achtstündigen Schichtbetrieb der Kohlenbergwerke angepasst. Sie betraf die männlichen jugendlichen Arbeiter über vierzehn Jahre, die über Tage „mit den unmittelbar mit der Förderung der Kohlen zusammenhängenden Arbeiten beschäftigt waren". Die Pausen wurden in die Schichtdauer von acht Stunden eingerechnet. Außerdem musste ein ärztliches Zeugnis vor Einstellung über die körperliche Entwicklung des Arbeiters Auskunft geben. (Bekanntmachung Bundesrat ABG 1905, Westhoff, Schlüter, S. 650 ff. Cf. bereits die ***Bekanntmachung, betr. die Beschäftigung jugendlicher Arbeiter auf Steinkohlenbergwerken, vom 1.2.1895*** (RGBl. 1895, S. 5 ff.).

XIII. In Heimarbeit Beschäftigte

1. Begriffsbestimmung

Die Lage der in der Heimarbeit beschäftigten Frauen und Kinder wurde bereits in den vorangegangenen Kapiteln angedeutet, wird hier aber in den arbeitsrechtlichen Gesamtzusammenhang gestellt.

Der Simplicissimus verwendete sowohl den Begriff „Heimarbeit" (27.2.1906, S. 579) als auch den der „Hausindustrie" (27.4.1908, S. 71). Teilweise erfolgte die Darstellung der in der Heimarbeit beschäftigten Personen auch indirekt oder rein ikonisch ohne Verwendung der Begrifflichkeit. Die (arbeits-)rechtliche Begrifflichkeit geböte für den Untersuchungszeitraum eine Abgrenzung zwischen „Verlegern"[1633], „Zwischenmeistern",[1634] „Hausgewerbetreibenden", „Hausindustriellen" und „Heimarbeitern". Die arbeitsrechtliche Abgrenzung war außerordentlich komplex.[1635] Für die Analyse der Heimarbeit im Simplicissimus war die rechtssprachliche Unterscheidung

---

1633 Zum Begriff der Verleger: Klatt, Treuepflichten, 1990, S. 61: „Beim Verlag stellte ein Kaufmann (Verleger) formal selbständigen Handwerksbetrieben Rohstoffe zur Verfügung, die hieraus fertige Produkte zu erstellen und an den Verleger zum handelsmäßigen Absatz abzuliefern hatten. Der meist wirtschaftlich überlegene Verleger konnte den verlegten Handwerkern die finanziellen und betrieblichen Bedingungen vorschreiben, die damit zu faktisch abhängigen, oft mit Akkordlohnverträgen arbeitenden Lohnarbeitern herabsanken." Cf. auch Kaufhold, Das Gewerbe in Preußen um 1800, 1978, S. 228.

1634 Zur Definition der in der Hausindustrie beschäftigten Personen, insbesondere auch des Zwischenmeisters: W. H. Schröder, Arbeitergeschichte, 1978, S. 101 ff., bes. S. 106.

1635 Cf. Meerwarth, Untersuchungen über die Hausindustrie in Deutschland, 1906, S. 38; Brandel, Die Heimarbeit, 1925, S. 77 u. ö. Der Hausindustrielle arbeitet mit eigener Familie für einen Verleger, gibt jedoch mit anderen Hausindustriellen Heimarbeitern Beschäftigung. (Brandel, Die Heimarbeit, 1925, S. 86). Die Ausführungen von Ogris lieferten eine vereinfachte Einführung. (Ogris, Geschichte des Arbeitsrechts 1967, S. 290).

allerdings in der Regel nicht erheblich[1636] und gestattete daher die umgangssprachliche Verwendung des Begriffs „Heimarbeiter".[1637]

Die arbeitsrechtliche Stellung der Heimarbeiter war in der Literatur des Untersuchungszeitraums umstritten. Autoren wie Lotmar und Stadthagen tendierten dazu, sämtliche Hausgewerbetreibende und Heimarbeiter, die für den Gewerbebetrieb eines anderen arbeiteten, als Unselbständige dem Arbeitsvertragsrecht im Sinne der Gewerbeordnung zu unterwerfen.[1638]

> „Heimarbeiter, Hausgewerbetreibende, Hausindustrielle nennt man diejenigen Personen, welche für bestimmte Gewerbetreibende außerhalb der Arbeitsstätte der letzteren mit Anfertigung gewerblicher Erzeugnisse in der Weise beschäftigt sind, daß sie tatsächlich in einem dauernden Arbeitsverhältnis stehen, wenngleich das Dauernde des Arbeitsverhältnisses nicht ausdrücklich vereinbart zu sein braucht."[1639]

Unter dem Gesichtspunkt völliger Abhängigkeit der Heimarbeiter von den Verlegern, Fabrikanten, Kaufleuten, die ihnen Rohstoffe lieferten und ihre Arbeit abnahmen, bestand arbeitsrechtlich ein Werk- oder Dienstvertrag. Im Unterschied zum Industriearbeiter waren die Heimarbeiter jedoch – formal rechtlich

---

1636 Die zeitgenössischen Gewerbeordnungen sprachen von „Personen ... welche für bestimmte Gewerbetreibende außerhalb der Arbeitsstätten der letzteren mit der Anfertigung gewerblicher Erzeugnisse beschäftigt sind ..." (z. B. § 119 b GewO 1900). Dem „Hausgewerbetreibenden" konnte häufig das Merkmal der Selbständigkeit zugeschrieben werden. Er konnte seinerseits Gehilfen beschäftigen. Dennoch war er von einem Arbeitgeber, einem externen Gewerbetreibenden, wirtschaftlich abhängig. Dem „Heimarbeiter" eignete die Unselbständigkeit des gewerblichen (Lohn-)Arbeiters. Die Grenzen zwischen den beiden Gruppen waren allerdings fließend. Die Zuordnung hing vom Einzelfall ab. (Hinsichtlich der Erfassung durch die GewO: Nelken, Die deutschen Handwerker- und Arbeiterschutzgesetze, 1901, S. 548 ff. Cf. Elster, Lexikon des Arbeitsrechts, 1910, S. 91, s. v. „Heimarbeit"; Baum, Das Recht des Arbeitsvertrages, 1911, S. 97 f.).

1637 Cf. auch den Titel von Brandel, Die Heimarbeit, 1925; so auch bei Schmelzeisen, Polizeiordnungen, 1955, S. 370 f. Auch Kocka verwendet wohl oberbegrifflich das Wirt „Heimarbeiter" und setzt es synonym mit „Heimgewerbetreibenden" (Kocka, Weder Stand noch Klasse, 1990. S. 151 u. ö.).

1638 Stadthagen, Das Arbeiterrecht, 1904, S. 91.

1639 Stadthagen, Das Arbeiterrecht, 1904, S. 90. Die Gehilfen des Hausgewerbetreibenden, die in der Wohnung, bzw. in dem Betriebsraum des selbständigen Gewerbetreibenden beschäftigt werden, sind selbst nicht Hausgewerbetreibende, sondern Gehilfen im Sinne des § 1 des ***Gesetzes, betreffend die Invaliditäts- und Altersversicherung vom 22. Juni 1889*** und damit, sofern sie nicht etwa nur freien Unterhalt bekommen, vom 1. Januar 1891 ab versicherungspflichtig. (Vorstand, Rundschreiben, 1896, S. 11). Nach § 2 ***Krankenversicherungsgesetz*** und § 2 ***Invalidenversicherungsgesetz*** müssen die Hausgewerbetreibenden als selbständige Gewerbetreibende erachtet werden. (Nelken, Die deutschen Handwerker- und Arbeiterschutzgesetze, 1901, S. 17).

wie Unternehmer – selbständig und konnten „beliebig Dauer und Lage der Arbeitszeit, Umfang und Intensität der Arbeit bestimmen".[1640] Im Gegensatz zu den Fabrikarbeitern, die zunehmend arbeitsrechtliche Fortschritte erlangten, nahmen die Mitglieder anderer Gruppen an diesen Fortschritten kaum teil. Dies betraf in besonderem Maße die Heimarbeiter, die weitgehend isoliert - oft unter dem Diktat des Akkords[1641] - arbeiteten.[1642] Die Heimarbeit führte in der Gesetzgebung „ein Schattendasein".[1643] Zur Umgehung der im industriellen und gewerblichen Bereich geltenden arbeitsrechtlichen Schutzvorschriften, besonders hinsichtlich des Schutzes für arbeitende Kinder, dezentralisierten Unternehmer ihre Betriebe und stellten auf Heimarbeit um.[1644]

2. Die Lage der Heimarbeiter(innen)

Die Heimarbeiter machten gemäß der für den Untersuchungszeitraum gesichteten zeitgenössischen Literatur einen Umfang von einigen Hunderttausenden aus.[1645] Die sozialwissenschaftliche Forschung weist darauf hin, dass die Zahl der in der Hausindustrie Beschäftigten seit der Großen Depression zurückging und in den 1890er Jahren im sekundären Sektor nur noch 5% ausmachte.[1646] Das bedeutet, dass zum Zeitpunkt des Erscheinens des Simplicissimus die Hausindustrie offenbar an Bedeutung verloren hatte. Dennoch gilt für den Simplicissimus, was für die zeitgenössische Rezeption der Heimarbeit allgemein angeführt wird: „Kaum ein anderer Produktionszweig erfreute sich eines solch regen und langandauernden Interesses der deutschen Öffentlichkeit und der sozialpolitischen und volkswirtschaftlichen Literatur wie die Heimindustrie vom ausgehenden 19. Jahrhundert bis hin zum ersten Weltkrieg."[1647]

Von der Heimarbeit lebten nicht nur ganze Familien, sondern auch alleinstehende Frauen.[1648] Die für die Fabrikarbeit der Frauen durchgesetzten Schutzvorschriften verdrängten „einen Teil der modernen gewerblichen Produktion aus der Fabrik in die Heimarbeit".[1649] Dort aber waren Ausbeutung und Elend teilweise ausgeprägter als in

1640 Vietinghoff-Scheel, Gewerbliches Arbeitsvertragsrecht, 1972, S. 93.
1641 Baum, Das Recht des Arbeitsvertrages, 1911, S. 41.
1642 Schildt, Frauenarbeit im 19. Jahrhundert, 1993, S. 84.
1643 Vietinghoff-Scheel, Gewerbliches Arbeitsvertragsrecht, 1972, S. 94.
1644 Vietinghoff-Scheel, Gewerbliches Arbeitsvertragsrecht, 1972, S. 94.
1645 Stadthagen, Das Arbeiterrecht, 1904, S. 91.
1646 W. H. Schröder, Arbeitergeschichte, 1978, S. 106.
1647 W. H. Schröder, Arbeitergeschichte, 1978, S. 141.
1648 Mommsen, Bürgerstolz und Weltmachtstreben, 1995, S. 43 ff.
1649 Potthoff, Probleme des Arbeitsrechts, 1912, S. 222. Die Beschränkung der Arbeitszeit der Fabrikarbeiterinnen auf 11 Stunden im „Arbeiterschutzgesetz" vom 1. Juli 1891 führte in einigen Produktionsbereichen zu einer Kombination von Fabrik- und zusätzlicher Heimarbeit oder zu einer völligen Verlagerung in die Heimarbeit. Ähnliches galt für die Beschäftigung von Kindern. Laut Meerwarth

der Fabrik.[1650] Andererseits bot die Heimarbeit volkswirtschaftlich vielen Menschen eine Arbeit, die regional- oder ausbildungsbedingt keine andere Tätigkeit fanden.[1651] Die Bereitschaft zum Zusammenschluss und Solidarität waren bei vielen Heimarbeitergruppen lange nicht vorhanden.[1652]

In einer großformatigen Karikatur mit dem Titel „Heimarbeit" zeigte der Simplicissimus eine nähende Tochter mit Mutter. Erschöpft von der nächtelangen Arbeit hofften sie, dass die Kaiserin sich beim Kaiser für sie verwendete, doch die Mutter zweifelte, dass die Reichen Verständnis für die Armen hätten (27.2.1906, S. 579).

3. In der Heimarbeit beschäftigte Personen

a) Heimarbeit und Frauenarbeit

Der Simplicissimus zeigte im ersten Jahr seines Erscheinens das Schicksal einer Familie, in der die Frau gezwungen war, an der Nähmaschine Heimarbeit zu leisten, um für die ausgemergelte Familie zu sorgen, weil der Mann trank (1.8.1896, S. 4). Die satirisch-kulturkritische Komponente bestand darin, dass diesem Familienvater ein Indianer gegenüber gestellt wurde, der verantwortungsvoll für seine Familie sorgte. Die beiden Szenen waren mit dem Titel *„Natur und Kultur"* versehen, wobei sich die *„Kultur"* ironischerweise auf den betrunkenen Ehemann und die Nähmaschine bezog.[1653]

Die Nähmaschine bot sich vor allem in kleinbürgerlichen Milieus als Hilfsmittel für die Heimarbeit an und half Frauen, in Notlagen zu überleben. Der Einzug der Nähmaschinen in vielen Haushalten wurde lange als Befreiung von der mühseligen Handarbeit mit Nadel und Faden und als Beitrag zur Emanzipation der Frauen gepriesen. In Wirklichkeit trug diese Errungenschaft zur Einsparung der Beschäftigung beruflicher Näherinnen und Schneider bei.

Die Kritik des Simplicissimus an der Verantwortungslosigkeit des Familienvaters konnte so erweitert werden auf eine Kritik am technischen Fortschritt, der für die Existenz der Verantwortungslosigkeit und die Begünstigung einer „modernen" Heimarbeit instrumentalisiert wurde.

---

hatte die Arbeiterschutzgesetzgebung die Hausindustrie geradezu „gezüchtet". Er forderte, dass bei weiteren Gesetzen die Auswirkungen auf die Hausindustrie mit bedacht werden müssten. (S. 45 ff., 52).

1650 Cf. Zwiedineck-Südenhorst, Arbeiterschutz und Arbeiterversicherung, 1905, S. 99 ff.; Potthoff, Probleme des Arbeitsrechts, 1912, S. 51 f.

1651 Hueck/ Nipperdey, Lehrbuch des Arbeitsrechts, 1963, S. 58 f.

1652 Brandel, Die Heimarbeit, 1925, S. 96 f. Tenfelde hält fest: „Heimarbeiter ließen sich ... kaum je organisieren, gehörten vielmehr zu den Problemgruppen der Gewerkschaftsgeschichte; das Ausweichen auf Hausproduktion geriet zu den kontragewerkschaftlichen Strategien der Unternehmerseite." (Tenfelde. Entstehung der deutschen Gewerkschaftsbewegung, 1987, S. 42).

1653 Die Karikatur gehört zu den wenigen, in denen das Kritisierte explizit dem „Ideal" gegenübergestellt wird.

b) Heimarbeit und Kinderarbeit

Während der Schutz der Frauen- und Kinderarbeit in der Industrie Fortschritte machte, stagnierte er im schwer kontrollierbaren Bereich der Heimarbeit.[1654] Arbeitsrechtlich unterfiel das Problem nicht nur dem Bereich der Heimarbeit, sondern auch dem Kinder- und Jugendarbeitsschutz. Wenn schon die Kontrolle der Arbeit von Kindern und Jugendlichen in gewerblichen Betrieben schwierig war, so war der Schutz der in Heimarbeit tätigen Kinder und Jugendlichen de facto inexistent. Allerdings wurde er vehement im Zusammenhang mit dem ***Gesetz, betreffend Kinderarbeit in gewerblichen Betrieben vom 30. März 1903*** gefordert.[1655] Agahd und Schulz wiesen auf die Ausbeutung sogar der Vorschulkinder in der Heimarbeit hin[1656], Brandel zeigte die gesundheitsschädlichen Auswirkungen auf.[1657]

1654 Mestitz, Zur Wirkungsgeschichte des Arbeitsrechts, 1984, S. 12. Cf. Karl-Heinz Ludwig, Die Fabrikarbeit von Kindern, 1965, S. 83: „Arbeitende Kinder gab es in der zweiten Hälfte des 19. Jhs. Nur noch dort in einer größeren Zahl, wo sie sich auch schon im vortechnischen 18. Jh. fanden: in der Hausindustrie."

1655 Ludwig weist darauf hin, dass erst in der Weimarer Republik sowie 1938 und 1960 die Kinderschutzbestimmungen auf alle Betreibe ohne Rücksicht auf die Zahl der Beschäftigten ausgedehnt wurden. (Ludwig, Die Fabrikarbeit von Kindern, 1965, S. 84.

1656 KAG 1903, Agahd/ Schulz, S. 4 f. In der Begründung des Gesetzes wurden die „größten Mißstände" in der Hausindustrie angeführt: Kinder müssten teilweise bis drei Uhr nachts arbeiten, und zwar insbesondere in den Betrieben, in denen ausschließlich Angehörige derselben Familie tätig seien. (KAG 1903, Spangenberg, S. 22). Andererseits müsse der Gesetzgeber der Tatsache Rechnung tragen, dass bei einer einschneidenden Beschränkung der Kinderarbeit in der Hausindustrie bestimmte Bevölkerungskreise erheblich geschädigt würden. (KAG 1903, Spangenberg, S. 29).

1657 Brandel, Die Heimarbeit, 1925, S. 57.

Der Simplicissimus beschrieb die Situation einer Heimarbeiterfamilie wie folgt:

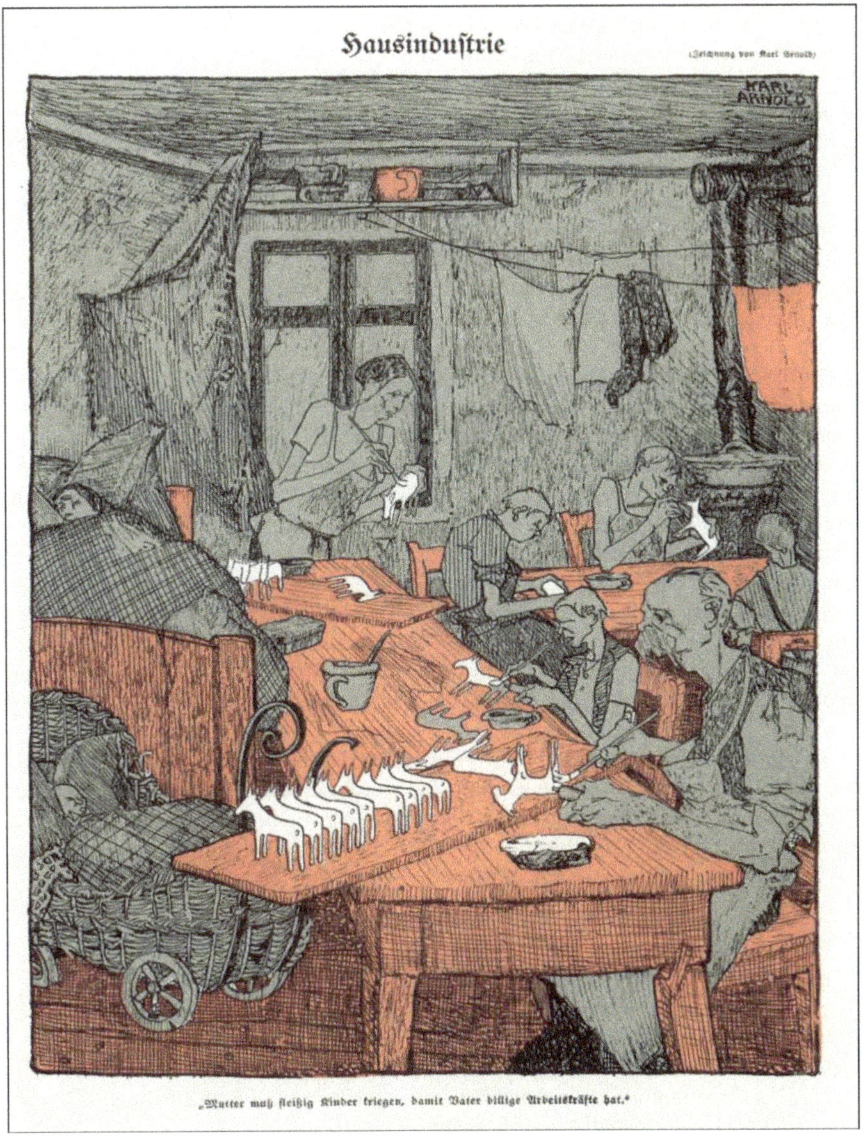

(27.4.1908, S. 71, Zeichnung von Karl Arnold)

Hausindustrie

„Mutter muß fleißig Kinder kriegen, damit Vater billige Arbeitskräfte hat."

Die Satire bedient sich hier offenbar nicht des sprachlichen Mittels der Ironie, weil ja nicht das Gegenteil des Gemeinten gesagt wird. Gleichwohl entlarvt die Satire die vermeintliche Logik der Aussage, weil die *„billigen Arbeitskräfte"* in einem circulus vitiosus auch ernährt werden müssen. Ein tatsächlich existierender sozialer Missstand wird sprachlich und ikonisch reprobiert. Der Arbeitsraum ist zugleich Wohn- und Schlafraum für die zahlreichen Familienmitglieder.[1658] Die Satire der Aussage entsteht vor allem dadurch, dass in der ikonischen Darstellung die Heimarbeiter-Familie ausgerechnet Kinderspielzeug herstellt.

Das Schicksal der in Heimarbeit arbeitenden Kinder war dem Simplicissimus kaum aus eigener Anschauung bekannt. Auch der marxistische Kulturhistoriker Eduard Fuchs berief sich zeitgleich bei seiner Schilderung des düsteren Schicksals der Kinder auf andere Quellen und garnierte deren Darstellung in seiner „Illustrierten Sittengeschichte" mit anzüglichen Bildern.[1659]

Die Beschäftigungen von Kindern bei der Heimarbeit waren vielfältig.[1660] Ein bedeutender Zweig der Hausindustrie widmete sich der Herstellung von künstlichen Blumen aus Papier und anderen Materialien.[1661] So stellten laut Simplicissimus arme Kinder auch vor den sogenannten „Blumentagen" Kunstblumen her. An den Blumentagen selbst verteilten bürgerliche Mädchen gegen Geldspenden die Blumen für wohltätige Zwecke, wie etwa für die Verbesserung der Säuglingspflege. Der Simplicissimus äußerte sich satirisch-kritisch: Er unterstellte den wohltätigen Damen geheucheltes Mitgefühl (10.6.1912, S. 165 u. ö.) sowie dem Zentrum und der katholischen Kirche, dass sie in Wirklichkeit gegen eine Verbesserung der Säuglingssterblichkeit seien, weil man sich damit gegen den Willen Gottes stelle, der angeblich wolle, *„dass die Kindlein zu ihm kommen sollen"* (19.6.1911, S. 197). Da die Stadtbezirke durch das Losverfahren verteilt würden, könnten junge Damen auch in Arbeiterviertel geraten, wo *„lauter so greuliche Sozialdemokraten"* seien (2.6.1913, S. 155).

Der Simplicissimus wies auf den Widerspruch hin, dass Kinder ärmerer Schichten ausgebeutet wurden, um Geld zum Wohle anderer armer Kinder zu beschaffen. Die Karikatur zeigte eine Mutter mit ihren sieben mageren Kindern, die für einen solchen „Blumentag" Kunstblumen bastelten. Die Mutter kommentierte satirisch-resignierend die Arbeit mit den Worten:

> *„Und wenn wir Tag und Nacht arbeiten, wir verdienen doch nicht soviel, daß wir uns satt essen können. Aber es ist ja für die Wohltätigkeit."*
> (19.6.1911, S. 215).

1658 Die dargestellten räumlichen Verhältnisse entsprachen noch 1925 der Realität: „Der Arbeitsraum ist zugleich Küche, Schlafraum und Stall für junge Ziegen." (Brandel, Die Heimarbeit, 1925, S. 42).

1659 Fuchs, Illustrierte Sittengeschichte, 1912, S. 70 ff.

1660 Cf. Brandel, Die Heimarbeit, 1925, S. 47 u. ö.

1661 Zur Ausbeutung in diesem Zweig der Heimarbeit: Brandel, Die Heimarbeit, 1925, Kapitel „Die Heimarbeit in der Blumenindustrie", S. 120 ff.

4. Unmoralische Heimarbeiter

Der Simplicissimus erging sich allerdings nicht in einseitiger Larmoyanz für die Heimarbeiter, sondern sah in ihnen auch Personen, die - von einem animus nocendi getrieben, im Sinne der Schikane[1662] - ihren Mitmenschen durchaus Schaden zufügen wollten, ohne selbst einen Nutzen davon zu haben. So bekannte eine Heimarbeiterin, die einen Korb voller Puppen auslieferte, in plattdeutschem Dialekt:

> *„Ich nahm' kenna giftfrei'n Farben –meine Kinner spiel'n ja net mit den Zeugs."* (4.1.1909, S. 689).

Nicht nur die Arbeit von Kindern entzog sich der Kontrolle, sondern auch die gesetzlich verbotene Verwendung von Giftstoffen bei der Herstellung und Verarbeitung der Produkte, die für spielende Kinder gedacht waren.[1663]

Durch die angenäherte Ausgewogenheit einer satirischen Betrachtung von Missständen kam der Simplicissimus seiner selbstgesetzten aufklärerischen Funktion nahe.

5. Zwischenergebnis zu XIII

Der Simplicissimus wies satirisch-ironisch auf soziale und arbeitsrechtliche Missstände der Heimarbeiter hin. Vielen Lesern waren die Missstände vage bewusst, da die arbeitsrechtliche Problematik der Heimarbeit literarisch verarbeitet worden war.[1664] Das Verdienst der Zeitschrift bestand darin, das arbeitsrechtliche Bewusstsein durch Sichtbarmachung arbeitsrechtlicher Missstände zu vertiefen. Sie bediente sich dabei besonders der anrührenden Frauen- und Kinderarbeit, sah aber die Heimarbeiter nicht nur in der Opferrolle.

1662 Haferkamp, Die heutige Rechtsmißbrauchslehre, 1995, S. 36; Haferkamp, §§ 226–231, 2003, S. 1035 f.

1663 Nach § 4 ***(Reichs-)Gesetz, betreffend die Verwendung gesundheitsschädlicher Farben bei der Herstellung von Nahrungsmitteln, Genussmitteln und Gebrauchsgegenständen vom 5. Juli 1887,*** als Novelle des ***Gesetzes, betreffend den Verkehr mit Nahrungsmitteln, Genussmitteln und Gebrauchsgegenständen vom 14. Mai 1879,*** wurde die Verwendung gesundheitsschädlicher Farben bei der Herstellung von Spielzeug mit Geldstrafe oder Haft bestraft (§§ 4 VGFG 1887).

1664 Schwarz, Das Recht in den sozialen Dramen, 1936, S. 47 am Beispiel von Hauptmann ***Die Weber.***

XIV. Menschen ohne Arbeit

1. Arbeitslosigkeit

Für die wohldotierten Mitarbeiter des Simplicissimus war Arbeitslosigkeit primär kein erfahrenes, sondern ein mittelbar rezipiertes Phänomen.[1665] Der Simplicissimus unterschied außerdem nicht immer zwischen einer durch Arbeitslosigkeit oder anderweitig verursachten Armut.

Unter der ironischen Überschrift der Karikatur *„Arbeit hält jung"* gestand ein Arbeiter seinem Kollegen, dass er in der Fabrik seit fünfzehn Jahren behaupte, er sei erst vierzig Jahre alt, damit ihm der Werkmeister nicht kündigt (13.4.1908, S. 33). Auch in diesem Fall wurden im Simplicissimus die „unteren Vorgesetzen" - nach heutigem arbeitsrechtlichem Sprachgebrauch die mit selbständiger Einstellungs- und Entlassungsberechtigung[1666] ausgestatteten leitenden Angestellten - von den Arbeitnehmern als bedrohlich empfunden. Der Beitrag lässt Rückschlüsse darauf zu, dass arbeitsfähige und arbeitswillige Arbeiter trotz ihrer Betriebstreue Kündigungen aus Altersgründen befürchteten.[1667] Arbeitslose hatten laut Simplicissimus auch keine medizinische Hilfe zu erwarten (14.6.1909, S. 179).[1668] Ein Arbeitsloser klagte, dass er keine Arbeit mehr bekomme und dass seine Hände zum Stehlen zu schwielig seien (10.10.1910, S. 457). Dieser Beitrag bezog sich auf eine real existierende „Kreativität

1665 Der Künstler Karl Arnold schrieb am 21.4.1931 an seine Frau aus Berlin: „Wir sehen uns dann noch das Arbeitsamt an, wo die Arbeitslosen stempeln gehen und die Leichenschauhalle, wo die Selbstmörder ausgestellt sind.- Abends gehe ich mit Weiglin in ein bürgerliches Vorstadt-Tanzlokal." (Arnold, 1977, S. 141).

1666 Zur Macht der Industriemeister: Kocka, Die Angestellten in der deutschen Geschichte 1850–1980, 1981, S. 31; zur gegenwärtigen Rechtslage: HWK/Gaul, Arbeitsrecht Kommentar, 2012, § 2 AGG Rn. 52 ff.

1667 1912 fragte Potthoff, wo das Gericht sei, das „die grundlose Kündigung eines im Dienste eines Unternehmens ergrauten Angestellten als einen Verstoß gegen die guten Sitten" ansehe und den Arbeitgeber zum Schadensersatz verpflichte. (Potthoff, Die Zukunft des Privatbeamtenrechts, 1912, S. 10). Nach heutiger Rechtslage widerspräche eine solche Kündigung dem Verbot der Altersdiskriminierung gemäß der in § 1 AGG ausgewiesenen Zielsetzung des Gesetzes, wobei der Gesetzgeber durchaus auch unterschiedliche Behandlungen von Personen aufgrund ihres Alters nicht als Benachteiligung anerkennt. (Cf. HWK/Rupp, Arbeitsrecht Kommentar, 2012, § 2 AGG Rn. 15.). Auch nach § 1 KSchG ist eine Kündigung allein wegen des Alters nicht zulässig. Nur wenn eine signifikante altersbedingte Minderung der Leistungsfähigkeit im Verhältnis zu vergleichbaren Arbeitnehmern objektiv feststellbar ist und diese Leistungsminderung zu erheblichen Beeinträchtigungen der betrieblichen Interessen führt, kann eine Kündigung sozial gerechtfertigt sein. (HWK/Thies, Arbeitsrecht Kommentar, 2012, § 1 KSchG Rn. 123).

1668 Nach heutiger Rechtslage bleiben auch Bezieher von ALG krankenversichert.

des Notbehelfs", die in den Unterschichten Kleinkriminalität als Element der Subsistenzsicherung umfasste.[1669]

Die Arbeitslosigkeit war nach Aussagen des Historikers Hermann Schäfer offenbar kein drückendes Problem im Kaiserreich. Schätzungsweise blieb die Arbeitslosigkeit unter 3%. Dauerarbeitslosigkeit gab es kaum. Vor allem seit der Mitte der 90er Jahre einsetzenden Hochkonjunktur – und damit im Erscheinungszeitraum des Simplicissimus – schien die Arbeitslosigkeit nur eine sehr geringe Rolle zu spielen. Laut Schäfer waren von Arbeitslosigkeit in Zeiten konjunkturellen Abschwungs vor allem jüngere, ungelernte Arbeiter betroffen.[1670] Vielfach wurde der Großindustrie schon vor dem Ersten Weltkrieg vorgeworfen, sie nutze die Arbeiter vorzeitig ab und bezahle die alten Arbeiter zu schlecht. Dieser Vorwurf ist nach Schäfer übertrieben.[1671]

Die Besitzenden sahen in den Arbeitslosen eine Revolutionsgefahr. Die Arbeitnehmervertreter befürchteten, dass Arbeitslose zu schlechteren Bedingungen als Erwerbstätige eine Arbeit annähmen und damit Druck auf die Löhne der beschäftigten Arbeiter ausübten. Die Arbeitslosen befanden sich in einem schwierigen gesellschaftlichen Ansehen: Erhielten sie keine Unterstützungsleistungen, galten sie als potentielle Lohndrücker oder arbeitsscheue Landstreicher, erhielten sie Unterstützung, galten sie als Schmarotzer.[1672] Die Ablehnung von herumziehenden Bettlern und Landstreichern sowohl durch die Obrigkeit als auch durch die Bevölkerung wurzelte in einer Tradition, in der frühzeitliche Obrigkeiten bemüht waren, nur einheimischen Bedürftigen eine Unterstützung zu gewähren und die „fremden" aus den Ländern oder Städten zu weisen.[1673] Zum Zeitpunkt der Veröffentlichung der o. a. Beiträge des Simplicissimus wurde die Unterstützung der unverschuldet arbeitslosen, aber arbeitswilligen Menschen als unbefriedigend angesehen.[1674]

1669 Lerche, Alltag und Lebenswelt von heimatlosen Armen, 2009, S. 184.

1670 Schäfer, Industriearbeiter, 1979, S. 148 ff.

1671 Schäfer, Industriearbeiter, 1979, S. 202.

1672 Zum Verlust „gewisser staatsbürgerlicher Rechte" der Empfänger öffentlicher Almosen: Simmel, Der Arme, 1992, S. 547.

1673 Dazu Ludyga, Armenfürsorge, 2010, S. 284 f. u. ö. Weber/ Mayer-Maly machen auf die seit dem Mittelalter bestehende Ablehnung des Vagantentums aus arbeitsmarktpolitischen Gründen aufmerksam, vermutete man in den Vaganten abgedungene, d. h. treulose Arbeitnehmer. (Weber, Mayer-Maly, Spätmittelalterliche Arbeitsmarkt- und Wirtschafstordnung, 1954, S. 388 f.). Laut Palme sind Armut und Betteltum im Hochmittelalter und beginnenden Spätmittelalter noch keine Schande: „Die Armen und Bettler waren demnach voll integrierte Mitglieder der mittelalterlichen Gesellschaft." Erst im 15. Jahrhundert setzt nach Palme die Ausgrenzung der Armen und Bettler ein. (Palme, Städtische Sozialpolitik, 1991, S. 50 f.).

1674 Elster, Lexikon des Arbeitsrechts, 1910, S. 20.

2. Die Darstellung der Armut als Gegenstand der Satire

Arbeitslosigkeit und unzureichende Löhne waren vielfach Ursachen der Armut.[1675] Zur Weihnachtszeit, *„Im Jahre der Fleischnot"* 1905 kam ein Vater mit einem kleinen Hund nach Hause und wurde von der ausmergelten Mutter mit den Worten begrüßt: *„Kinder, freut euch, da kommt Vadder mit 'n Weihnachtsbraten!"* (26.12.1905, S. 457 u. ö.).[1676] Die Zeitschrift griff ein Thema auf, das sie bereits 1896 behandelt hatte. Der Hunger war demzufolge nach wie vor ständiger Begleiter der Armen, und im Simplicissimus bereicherten auch 1912 noch Ratten und Mäuse den Speiseplan der Armen: In diesen Familien stritten sich die Geschwister, weil eins der Kinder seinem Geschwisterkind nichts von der toten Maus abgeben wollte, die es – als einzige Fleischbeilage - in der Suppe gefunden hatte (22.1.1912, S. 758 u. ö.).[1677]

In den Jahren 1909 und 1910 veröffentlichte die dem Sozialismus nahestehende Käthe Kollwitz[1678] sechs Zeichnungen im Simplicissimus unter dem Titel ***„Bilder vom Elend"***. Obwohl die Zeichnerin von den „Schweinereien" [gemeint waren die erotischen Darstellungen, Verf.] des Simplicissimus nicht viel hielt,[1679] präsentierte sie ihre Bilder in einer bekannten Zeitschrift einem breiteren Publikum. Die Bilder stellten Frauen und Mütter in verzweifelten Lebenslagen dar, u. a. als Frauen von Säufern (15.11.1909, 3.1.10) und als Frauen von Arbeitslosen (10.10.1910, S. 457). Diese Bilder waren, bis auf eine Ausnahme vielleicht, keine Karikaturen und untypisch für eine satirische Zeitschrift.[1680] Sie wirkten jedoch „eher fremdartig" nur auf denjenigen, der die anderen moralisierenden Bilder und Verse im Leben des Simplicissimus nicht zur Kenntnis nahm.[1681]

Nicht nur nach Auffassung des Simplicissimus lebten um 1910 zahlreiche Menschen in Deutschland in Armut. Die historische Forschung relativierte jedoch: Fleisch sei im untersuchten Zeitraum zwar primär ein Nahrungsmittel der oberen Schichten, doch werde es auch zunehmend von der Durchschnittsbevölkerung konsumiert. Selbst in den Unterschichten komme immer häufiger Fleisch auf den Tisch.[1682]

1675 Zum Begriff „arm" im Mittelalter: Palme, Städtische Sozialpolitik, 1991, S. 49.

1676 Das Verspeisen von Hunden durch Arme hatte auch als literarisches Motiv Tradition, so in Gerhart Hauptmanns ***Die Weber***. Cf. Schwarz, Das Recht in den sozialen Dramen, 1936, S. 50.

1677 Zur Karnevalszeit desselben Jahres 1912 hörte man in Köln den Refrain eines Liedes von Willi Ostermann: „De Wienanz han'nen Has' im Pott, miau, miau, miau/ Dä Höövelmanns ihr Katz es fott, miau, miau, miau."

1678 Traeger, Bilder vom Elend, 1998, S. 7.

1679 Traeger, Bilder vom Elend, 1998, S. 30.

1680 Cf. Traeger, Bilder vom Elend, 1998, S. 6.

1681 Traeger, Bilder vom Elend, 1998, S. 7.

1682 Berghahn, Das Kaiserreich 1871–1914, 2003, S. 114 f.; cf. Rehbein, Das Leben eines Landarbeiters, 1911, S. 16.

Generell schien der Simplicissimus eher anachronistisch das Bild von Armen zur Zeit des Vormärz zu zeichnen, denn nach Aussagen des Historikers Teuteberg verbesserte sich die Nahrung der sozialen Unterschichten seit der zweiten Jahrhunderthälfte signifikant, so dass er folgerte: „Vor allem ist der Anteil an tierischen Nahrungsmitteln mit höheren Nährwerten im täglichen Nahrungsbudget der sozialen Unterschichten erkennbar angewachsen."[1683]

3. Linderung und Bekämpfung der Armut

Die karitativen Maßnahmen der Kirchen zur Linderung und Bekämpfung von Armut[1684] und besonders die Vertröstung auf ein besseres Leben nach dem Tod wurden vom Simplicissimus satirisch kommentiert: So versprach ein beleibter Geistlicher einer ausgehungerten Familie, dass Not, Mühsal und Entsagung der Schlüssel zum Paradies seien. Die Armen erwiderten dem Pfarrer, dass er wohl selbst einen Nachschlüssel brauche, um in den Himmel zu kommen (14.8.1899, S. 155 u. ö.). Durch den Hinweis auf eine ausgleichende Gerechtigkeit im Jenseits trug der Klerus nach Ansicht des Simplicissimus zur Stabilisierung der bestehenden Verhältnisse bei und erschwerte folglich die Entwicklung sozialer und arbeitsrechtlicher Verbesserungen.

Behörden und Theoretiker leisteten laut Simplicissimus wenig zur Bekämpfung und Linderung der Armut. Die Behörden bevorzugten laut Simplicissimus solche Mitarbeiter, die möglichst wenig Geld für die Armenpflege ausgaben (17.12.1898, S. 302). Der Simplicissimus unterstellte den Behörden, dass sie erfrorenen Menschen eine leere Schnapsflasche in den Arm legten, damit es nicht wieder hieß: *„Wieder ein Opfer unseres sozialen Elends et cetera"*. (2.1.1900, S. 330). Die Zeitschrift schilderte das Los einer jungen Mutter, die vom Hilfspolizisten ein Kind bekommen hatte. Als dieser sich weigerte, die Alimente zu zahlen, und der Vormund des Kindes pflichtgemäß die „Alimentationsklage" einleiten wollte, wehrte die Mutter ab, mit der Bemerkung: *„Wer kann gegen die Regierung!"* (27.11.1900, S. 289).

Der Simplicissimus kritisierte diejenigen, die sich nur theoretisch mit der Armut im Volk auseinandersetzten. Ein *„Theoretiker der Ökonomie"* begegnete einer Gruppe von Armen und gelangte zur Einsicht:

> *„O, wie tief trifft mich der stille Vorwurf dieser Armen, weil ich fauler Schlingel mein großes Werk: ‚Nationale Sozialreform oder die Aufhebung der Armut' immer noch nicht vollendet habe!"* (24.12.1898, S. 306 u. ö.).

Der Simplicissimus rückte diesen Theoretiker der Armut in die Nähe der reformerischen „Kathedersozialisten".[1685] Die Zeitschrift hatte in dieser Frage einen seltenen

---

1683 Teuteberg, Nahrung der sozialen Unterschichten, 1981, S. 182.

1684 Papst Leo XIII. forderte in der Enzyklika ***Rerum novarum*** von 1891, dass der Staat nur dann in die Familie eingreifen solle, „wenn sich eine Familie in äußerster Not und in so verzweifelter Lage befindet, daß sie sich in keiner Weise helfen kann". (Gottwald, 1891, 1994, Abs. 11, S. 60).

1685 Zum Kathedersozialismus: einer von vielen, Hofmann, Arbeitsvertrag, 1972, S. 75.

Verbündeten in Wilhelm II., der den Universitäten ein Versagen bei der Lösung der sozialen Frage vorwarf und stattdessen die Technischen Hochschulen förderte.[1686]

Als legislative Maßnahme wurden die berechtigten Arbeitnehmer, vor allem die Arbeiter, nach dem Willen des Gesetzgebers mit der Einführung des ***Gesetzes, betreffend die Invaliditäts- und Altersversicherung vom 22. Juni 1889*** als dritte Säule der Sozialgesetzgebung nach der Kranken- und Unfallversicherung aus rechtlosen Almosenempfängern Bezieher einer Alters- oder Invalidenrente mit einem öffentlich-rechtlichen Anspruch gegen den Träger der Versicherung.[1687] Für den Bezug von Altersrenten war u. a. die Vollendung des 70. Lebensjahres Voraussetzung. Das Lebensalter von 70 Jahren erreichte jedoch nur ein Teil der Bevölkerung.[1688] Nach wie vor war die Sozialfürsorge für viele Angehörige der Arbeiterschaft vor Erreichen dieser Altersgrenze die einzige Überlebenshilfe.[1689] Auch die Gewährung der Invalidenrente war an Voraussetzungen gebunden, die dazu führten, dass viele Angehörige der Arbeiterschaft auf Sozialhilfe angewiesen waren.[1690]

Die Rezeption des Gesetzes war weder auf Seiten der Arbeitgeber noch der Arbeitnehmer immer positiv. Kommentatoren machten für die Unzufriedenheit eine unzureichende Aufklärung verantwortlich. Diese Einschränkung ist deshalb wichtig zu treffen, weil die auf mangelnder Kenntnis beruhende Unzufriedenheit Zeitschriften, wie dem Simplicissimus, Raum für satirische und teilweise zynische Kommentare bot.

4. Die Darstellung der Kriegsinvaliden und Veteranen

Die soziale Absicherung der Kriegsinvaliden lag nach Auffassung des Simplicissimus im Argen: Ein Kriegsinvalide zog mit seinem Leierkasten durch die Hinterhöfe und sang: „*Was ich bin und was ich habe, dank' ich dir, mein Vaterland!*" (22.5.1899, S. 57). Der Invalide benutzte satirisch-ironisch ein Syntagma, das in religiösen Texten die Zugehörigkeit des Menschen zu Gott meinte. Mangels fehlender Versorgung oder Arbeit war er arbeitsrechtlich zu einer prekären Selbständigkeit gezwungen.

1686 Treue, Expansion und Konzentration, 1977, S. 45.

1687 Umlauf, Die deutsche Arbeiterschutzgesetzgebung 1880–1890, 1980, S. 81 ff. Die Beiträge kamen zu gleichen Teilen vom Arbeitgeber und Arbeitnehmer. Außerdem gab es einen Reichszuschuss. Träger wurden regionale Versicherungsanstalten für Arbeiter. Versicherungspflichtig waren Arbeiten oder Dienste von Arbeitern, Gehilfen, Lehrlingen, Dienstboten, Betriebsbeamten, Handlungsgehilfen, wobei beispielsweise Betriebsbeamte mit einem regelmäßigen Arbeitsverdienst von mehr als 2.000 M. nicht der Versicherungspflicht unterlagen. Zur Vorgeschichte der Sozialgesetzgebung Bismarcks in der obrigkeitlichen Armenfürsorge: Ludyga, Armenfürsorge, 2010, S. 9.

1688 Berghahn, Das Kaiserreich 1871–1914, 2003, S. 147.

1689 Mommsen, Bürgerstolz und Weltmachtstreben, 1995, S. 51.

1690 Bielefeldt, Invaliden- oder Altersrente, 1895, S. 41; Potthoff, Probleme des Arbeitsrechts, 1912, S. 70; Mommsen, Bürgerstolz und Weltmachtstreben, 1995, S. 51.

Das Los der Kriegsinvaliden war im Kaiserreich nicht unbekannt.[1691] Nach dem deutsch-französischen Krieg von 1870/71 sammelten sich die Veteranen in Kriegervereinen, die auch die Aufgabe hatten, sich um bedürftige Mitglieder zu kümmern und ihnen bei der Beerdigung die letzte Ehre mit Fahnen und Musik zu erweisen (31.10.1910, S. 511). Im Vordergrund stand allerdings laut Simplicissimus oft die Pflege eines Hurra-Patriotismus (17.7.1899, S. 121 u. ö). Es gab gut genährte Veteranen, die außer einem in Sedan abgeschossenen Finger keinen Makel hatten (5.10.1908, S. 439) und sich patriotisch in Kriegervereinen alkoholisierten (7.12.1908, S. 607). Auch nach Inkrafttreten des einschlägigen ***Gesetzes, betreffend Versorgung der Kriegsinvaliden und der Kriegshinterbliebenen*** vom 31. Mai 1901 publizierte der Simplicissimus seine Ansicht, dass der Staat seine ehemaligen Soldaten eher mit Orden als mit Geld versorgte (22.9.1903, S. 203).[1692] Ein Veteran und Kriegsinvalide hatte von seinem Versorgungsbeamten nicht viel zu erwarten:

> *„Ich bitt' recht schön um eine kleine Unterstützung."*
> *„Was, schon wieder? Wir haben Ihnen doch erst voriges Jahr Ihr Holzbein frisch streichen lassen."* (4.11.1907, S. 514 u. ö.)

Laut Simplicissimus verbrachten viele Veteranen und Kriegsinvaliden ihren Lebensabend in baufälligen Armenhäusern oder auf Parkbänken (5.5.1912, S. 87; 10.3.1913, S. 837).

5. Die Darstellung von alkoholabhängigen Arbeitnehmern und Arbeitslosen

Die „Trunksucht" spielte im untersuchten Zeitraum eine große Rolle. Seit den achtziger Jahren wurde die „Alkoholfrage" intensiv diskutiert. Dabei ging es nicht nur um den übermäßigen Alkoholgenuss, sondern auch um die Forderung nach völliger Abstinenz. Das ***Handwörterbuch der Staatswissenschaften*** widmete 1909 der „Alkoholfrage" einen eigenen Artikel. Unabhängig von der medizinischen, volkswirtschaftlichen und sozialen Komponente geht es hier um den arbeitsrechtlichen Aspekt: Der Alkoholismus betraf Männer, Frauen, Kinder gleichermaßen.[1693] Bereits die in Fabriken arbeitenden Kinder gewöhnten sich früh an den Genuss von

1691 Preußen unterstützte „hülfsbedürftige ehemalige Krieger aus den Jahren 1813 bis 1815", die keinen Anspruch auf Invalidenunterstützung hatten, 1876 mit einem Höchstbetrag von 20 Mark monatlich. (§§ 1–3 EMG 1876). Zur Rolle der Kriegervereine: Ritter, Staat, Arbeiterschaft und Arbeiterbewegung in Deutschland, 1980, S. 31 ff. Cf. auch Messerschmidt, Preußens Militär, 1980, S. 71.

1692 Der Kommentator des Reichsinvalidengesetzes von 1901, Wand, stellte die durch das Gesetz bewirkten Verbesserungen heraus.

1693 Schwarz wies in seiner Untersuchung anhand von Gerhart Hauptmanns ***Vor Sonnenaufgang*** (1889) auf den Zusammenhang mit der sozialen Frage hin. (Schwarz, Das Recht in den sozialen Dramen, 1936, S. 16 f.).

Branntwein.[1694] Der Alkoholmissbrauch begünstigte den Abstieg der Arbeitnehmer in die Arbeitslosigkeit und in die Kriminalität.[1695]

Im Deutschen Reich waren die Wirtshäuser Orte des gemeinschaftlichen Lebens der Männer nach Feierabend. Dort hielten Parteien, Gewerkschaften und Vereine ihre Versammlungen ab. Die Wirtshäuser boten den Arbeitern einen vermeintlichen Ausgleich zur eintönigen Fabrikarbeit und zur beengten häuslichen Situation. Es bedurfte einer gesetzlichen Regelung, dass die Löhne nicht in „Gast- und Schankwirthschaften" ausgezahlt wurden.[1696] Wenn es den Frauen zu lange dauerte, bis ihre Männer nach Hause kamen, holten sie sie aus der Wirtschaft. Vom Inhalt der Lohntüten war oft nicht mehr viel übrig.

Der Simplicissimus zeigte in einer Karikatur einen betrunkenen Vater, den seine Familie am Lohntag aus der Wirtschaft schleppte. Während die barfüßigen Kinder ihn trugen, verhüllte die weinende Mutter ihr Gesicht (27.2.1897, S. 5). Der Arbeiter, der die Familie unterstützen sollte, musste selbst von den Familienmitgliedern getragen werden.

1694 Anton, Preußische Fabrikgesetzgebung, 1953. Zum billigen Branntwein als Nahrungsmittel und Lohnersatz: Lerche, Alltag und Lebenswelt von heimatlosen Armen, 2009, S. 43.

1695 Ein Beispiel aus der Kölner Wirklichkeit von 1912 sei angeführt: Der arbeitslose und alkoholabhängige Tagelöhner Knopp wurde von seiner Frau als Faulenzer beschimpft. Um sich abzureagieren schlug er seine Frau und seine Kinder. In angetrunkenem Zustand erhängte er seinen Sohn. Knopp wurde zum Tode verurteilt. (Ausführlich bei: Bürger, Kölner Kriminalfälle, 2009, S. 259). Paul Göhre wies allerdings 1891 darauf hin, dass der Schnapskonsum nach Einführung der verschließbaren Bierflaschen zurückging. (Göhre, Drei Monate Fabrikarbeiter und Handwerksbursche, 1891, S. 33: „So wird eine kleine technische Erfindung von großer sozialethischer Bedeutung - hier einmal in günstigem Sinne - und wirkt mehr als viele moralisierende Reden und andere Reformversuche.")

1696 § 115 a GewO 1891. Cf. Ebeling, Das Reichsgesetz, 1892, S. 13; Nelken, Die deutschen Handwerker- und Arbeiterschutzgesetze, 1901, S. 529. Zu einem Vorläufer des Verbots der Auszahlung der Löhne in Wirts- und Schankhäusern durch die Eisenbahnbauarbeiterverordnung von 1846: Vietinghoff-Scheel: Gewerbliches Arbeitsvertragsrecht, 1972, S. 70. Cf. Reulecke, Vom blauen Montag zum Arbeiterurlauub, 1976, S. 212.

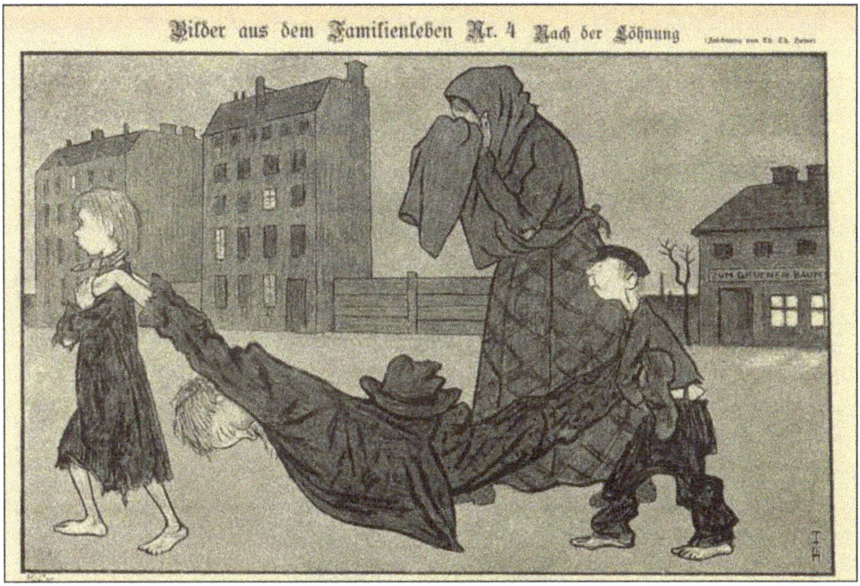

(27.2.1897, S. 5, Zeichnung von Th. Th. Heine)

Bilder aus dem Familienleben Nr. 4: Nach der Löhnung[1697]

Die Zeitschrift wies 1897 sehr früh auf einen realen gesellschaftlichen Missstand hin. Diese Darstellung stand im Einklang mit allgemeinen Erkenntnissen und Einschätzungen im Untersuchungszeitraum: „Die Familiengenossen leiden unter den geringeren Mitteln, unter der schlechteren Behandlung, dem schlechteren Vorbilde."[1698] In Bezug auf die oben zitierten Beiträge und die Karikatur ließ die Zeitschrift die Interpretation zu, dass die Armut vieler Familien nicht zwingend die Schuld ausbeuterischer Arbeitgeber war, sondern auch vom Arbeitnehmer selbst verschuldet war. Auch wenn häufig soziale Gründe für den „Elendsalkoholismus" angeführt wurden,[1699] änderte dies letztlich nichts am fehlenden Verantwortungsbewusstsein

1697 © VG Bild-Kunst, Bonn 2015.

1698 Conrad, Handwörterbuch, 1909, S. 393. Einseitig mutet die Darstellung von Brüggemeier/ Niethammer an, die die positiven Aspekte der Kneipen hervorheben: „Die Zugangsmöglichkeit zu Kneipen ... war sehr wichtig: Sie boten eine Möglichkeit, der Enge der Wohnung zu entkommen, sich nach der Arbeit zu treffen, Informationen auszutauschen und sich zu besprechen; ... kurzum sie waren ein unentbehrlicher Bestandteil des sozialen Lebens der Arbeiter ..." (Brüggemeier/ Niethammer, Aspekte der Arbeiterwohnungsfrage, 1981, S. 159).

1699 So Bieber, Die Rolle der Gewerkschaften, 1998, S. 24; Lerche, Alltag und Lebenswelt von heimatlosen Armen, 2009, S. 164.

dieser Arbeiter. Auch die Mitarbeiter des ***Handwörterbuchs für Staatswissenschaften*** teilten 1909 offenbar diese Auffassung: So gebrauchten Arbeiter „Branntwein und Bier oft als Kraftsteigerungsmittel“, „statt besser zu essen und genügend zu ruhen“.[1700] Gleichwohl seien schlechte Arbeitsbedingungen, „Unsicherheit im Erwerb, Furcht vor Arbeitslosigkeit“ mitverantwortlich an der Beförderung der Trunksucht.

Relativierend stellte Göhre 1891 für die sächsischen Industriearbeiter fest, dass der Schnapsgenuss in der „Wanderbevölkerung“ geradezu eine Pest sei, dass aber die sesshaften Arbeiter selten „eigentliche Säufer“ seien.[1701] Sozialisten und Sozialdemokraten gehörten zu denjenigen, die sich für eine Einschränkung des Alkoholkonsums der Arbeiterschaft einsetzten.[1702]

Lotmar sah zeitnah zu den ersten Beiträgen des Simplicissimus in seiner Schrift ***Der unmoralische Vertrag*** von 1896 den Alkoholkonsum als eine historische und gesellschaftliche Gegebenheit an, die auch der Richter bei der Rechtsprechung nicht ignorieren konnte:

> „Auch die Trinksitten gehören gegenwärtig noch zu den guten Sitten, indem in der freiwilligen Herabsetzung der Sinnesschärfe und der Geisteskraft, wie man nach seiner Wirkung den Alkoholgenuss bezeichnen darf, keine Immoralität erblickt wird, vielmehr der vir bonus einen Rausch gehabt haben soll. Ein Richter nun, der der Abstinenz, auch für seine Person, huldigt und in der Alkoholvergiftung einen Verzicht auf den Vollbesitz der Menschenwürde erblickt, müsste den Kaufvertrag, den der Wirt mit dem schon angeheiterten oder inficierten Gast über die Lieferung weiteren Stoffs schließt, als moralwidrig und nichtig betrachten. Allein von einer solchen nicht der Gegenwart angehörigen Moral dürfte er bei seiner amtlichen Tätigkeit sich nicht bestimmen lassen.“[1703]

Das ***Gesetz, betreffend die Invaliditäts- und Altersversicherung vom 22. Juni 1889*** entfaltete eine Schutzfunktion für den Alkoholiker, die dieser selbst für sich nicht mehr ausüben konnte:

> „Solchen Personen, welchen wegen gewohnheitsmäßiger Trunksucht nach Anordnung der zuständigen Behörde geistige Getränke in öffentlichen Schankstätten nicht verabfolgt werden dürfen, ist die Rente .... ihrem vollen Betrage nach in Naturalleistungen zu gewähren.“[1704]

1700 Conrad, Handwörterbuch, 1909, S. 390.

1701 Göhre, Drei Monate Fabrikarbeiter und Handwerksbursche, 1891, S. 98 ff.

1702 1891 äußerte sich ein Dr. Max Bylo: Den Alkohol ganz verbannen mochte er nicht, aber er sollte in Maßen genossen werden. Er wünschte sich, „daß eine Zeit komme, wo auf dem Tische jeden Arbeiters statt der Schnapsflasche und schlechten Bieres ein Glas feurigen Weines prangen möge“. (Bylo, Für und wider den Alkohol, 1891, S. 81 f.).

1703 Lotmar, Der unmoralische Vertrag, 1992, S. 273.

1704 § 13 Abs. 2 AIVG. Freund wies auf die Schutzfunktion für die Armenfürsorge hin, die bei einer „unvertraglichen“ Nutzung der Rente wieder eingreifen müsste. (AIVG 1889, Freund, S. 27).

Eine Schutzfunktion übte auch das ***BGB*** aus:

> „Entmündigt kann werden: (...) 3. wer in Folge von Trunksucht seine Angelegenheiten nicht zu besorgen vermag oder sich oder seine Familie der Gefahr des Nothstandes aussetzt oder die Sicherheit Anderer gefährdet.[1705]

Die ***Gewerbeordnung*** sah bei Trunksucht als Form des „liederlichen Lebenswandels" Entlassung „ohne Aufkündigung" vor[1706] und versagte den Wandergewerbeschein u. a. einem Antragsteller, „wenn er wegen gewohnheitsmäßiger Arbeitsscheu, Bettelei, Landstreicherei, Trunksucht übel berüchtigt ist".[1707] Die Gewerbeordnung normierte die arbeitsrechtlichen Legalfolgen der Trunksucht (Entlassung „ohne Aufkündigung").

Die Arbeitsunlust alkoholsüchtiger Menschen blieb ein durchgängiges Thema im Simplicissimus (1.1.1912, S. 713 u. ö.). Die Kinder hatten schon früh den Wunsch von Beruf *„Säufer"* zu werden (3.10.1910, S. 445).

6. Die Darstellung der „Arbeitsscheuen" im Simplicissimus

a) Müßiggänger der Unterschicht

Zeichner und Autoren des Simplicissimus kannten die Welt der Lebenskünstler und der Bohème aus eigener Anschauung.[1708] Schon kurze Zeit nach dem ersten Erscheinen des Blattes tauchten die Müßiggänger der unteren Schichten als Landstreicher und „Arbeitsscheue" auf. Die durch Gesetzgebung, Gesellschaft und Religion normativ wirkende Verpflichtung zur Arbeit war Grund für den Simplicissimus, Sympathien mit denen zu bekunden, die sich dieser Verpflichtung entzogen (11.6.1898 u. ö.): Auf eine indirekte, nicht-revolutionäre Art wehrten sich bestimmte Gruppen von Menschen gegen Arbeit und Ausbeutung.[1709] Sie verhielten sich wie die Müßiggänger aus den besseren Kreisen, auf die bereits eingegangen wurde. Diese Mitglieder einer besitzenden, aber unproduktiven Klasse lebten laut Simplicissimus von der Arbeit Abhängiger.[1710] Was diesen besitzenden Müßiggängern recht war, sollte laut Simplicissimus den besitzlosen billig sein. Allerding gab es im Untersuchungszeitraum und in seinem zeitlichen Vor- und Nachlauf zahlreiche Versuche, den besitzlosen Müßiggängern durch Maßnahmen der Sozialdisziplinierung zu begegnen. Gustaf Klemens Schmelzeisen wies in seiner Untersuchung über ***Polizeiordnungen***

1705 § 6 Abs. 3 BGB 1896. Cf. Schmidt, Bürgerliches Recht, 1927, S. 39: „Auch diese Entmündigung bewirkt beschränkte Geschäftsfähigkeit nach § 114."

1706 § 111 GewO 1869, § 123 GewO 1878 ff. Nelken fasste die Trunksucht unter „liederlichem Lebenswandel".

1707 § 57 Abs. 4 GewO 1900 u. f.

1708 Roth, Simplicissimus, 1954, S. 37 f.

1709 Cf. Hessen, Die Prostitution in Deutschland, 1910, S. 12 f., definierte die Trägheit als Urzustand derer, die den „harten Zwang verabscheuen".

1710 Cf. dazu Caroni, Kathedersozialismus, 1984, S. 231 unter Berufung auf Julius Baron.

und Privatrecht darauf hin, dass die Polizeiordnungen „dem Müßiggang zu Leibe rücken" wollten, da der Müßiggang nicht nur der Ursprung allen Lasters und Übels, vor allem der Bettelei sei, sondern auf Dauer dem Gemeinwesen schade.[1711] Der Simplicissimus verhielt sich im Untersuchungszeitraum solchen Maßnahmen der Sozialdisziplinierung skeptisch gegenüber. Dies sollte sich mit Beginn des Ersten Weltkriegs ändern.[1712]

Der Müßiggang war ebenso wie das eigenmächtige Verlassen der Arbeit eine Form der Nichtarbeit. Auch das eigenmächtige Verlassen der Arbeit durch die Gesellen galt bereits in den Zunftordnungen weitaus mehr als der Bruch eines privatrechtlichen Vertrages, der als Sanktion privatrechtliche Schadensersatzansprüche begründet hätte.[1713] Die Nichtarbeit des Gesellen galt vielmehr als eine Auflehnung gegen die Obrigkeit, die ein öffentlich-rechtlich begründetes Einschreiten der Exekutive legitimierte, da die Zunftordnung selbst mehr öffentlich-rechtlichen als privatrechtlichen Charakter hatte. Die ***Allgemeine Preußische Gewerbeordnung vom 17. Januar 1845*** hatte folglich das eigenmächtige Verlassen der Arbeit durch „Gesellen, Gehülfen und Fabrik-Arbeiter" mit Geldbuße oder Gefängnishaft unter Strafe gestellt.[1714]

Die 1909 im ***Handwörterbuch der Staatswissenschaften*** vertretene Einsicht in die physische und psychische fehlende Befriedigung an zeitgenössischen Arbeitsformen stützten offenbar die Sympathie des Simplicissimus für das Müßiggängertum, wenn es im Artikel „Arbeit" heißt: „Die überwiegende Masse der Arbeitenden übt in dem großen Präzisionsmechanismus Volkswirtschaft heute bereits eine so verschwindende Teilfunktion aus, daß von innerer Befriedigung des Menschen durch die Berufsarbeit, wenn überhaupt noch, so doch nur innerhalb sehr enger Grenzen gesprochen werden kann."[1715]

1711 Schmelzeisen, Polizeiordnungen, 1955, S. 315.

1712 Der Kampf gegen den Müßiggang ist grundsätzlich ein Merkmal des merkantilistischen und aufklärerischen Arbeitsethos. Er ist Ausdruck der Propagierung des sogenannten bürgerlichen Gewerbefleißes. (Cf. Reulecke, Vom blauen Montag zum Arbeiterurlaub, 1976, S. 210). Der Simplicissimus richtete seine Kritik am Müßiggang ausschließlich gegen die Oberschicht, nicht gegen die unteren Volksschichten. Seine einseitige Haltung entsprach damit nicht der Intention der historischen Aufklärung. Man kann annehmen, dass sich der Simplicissimus der Parole vom „Recht auf Faulheit" bediente. Pierre Lafarque hatte sich 1883 in seiner Schrift „Le droit à la paresse" gegen die Ideologie von 1848 gewandt, die ein „Recht auf Arbeit" gefordert hatte. Lafargues Schrift war durch die Übersetzung ins Deutsche von Eduard Bernstein vor dem ersten Erscheinen des Simplicissimus in Deutschland bekannt geworden. Zur Einstellung der Menschen zur Arbeit in der römischen Antike und in der frühindustriellen Epoche auch: Bruhns, Armut und Gesellschaft in Rom, 1981, S. 40.

1713 Cf. Proesler, Das gesamtdeutsche Handwerk, 1954, S. 31 u. ö.

1714 § 184 GewO 1845; dazu: Vormbaum, Politik und Gesinderecht im 19. Jahrhundert, 1980, S. 192.

1715 Conrad, Handwörterbuch, 1909, S. 575.

b) Bekennende Arbeitsverweigerer

Zur besonderen Gruppe der Müßiggänger gehörten diejenigen, die bekennend jeder Arbeit aus dem Weg gingen.

> *„Was? Ins Jeschäft willste wieder, Else? Du könntest wahrhaftigen Gott auch was Besseres thun, als arbeiten."* (11.9.1897, S. 193).

Ein Arbeitsverweigerer lobte sich selbst:

> *„Heute is mir schon zum drittenmal Arbeit anjeboten worden. Na, wenn ick keenen Charakter hätte!"* (3.2.1908, S. 736 u. ähnl.).

Selbst wenn die Polizei einem Arbeitsunlustigen den *„Arbeitsbefehl"* überbrachte, ließ sich dieser den Arm eingipsen, um der Arbeit zu entgehen (27.6.1905, S. 155). Die Beiträge des Simplicissimus verdeutlichten die relative Wirksamkeit von Maßnahmen zur Sozialdisziplinierung von armen Menschen durch die Obrigkeit, ein Aspekt, auf den Hannes Ludyga bereits für die Frühe Neuzeit und die Neuzeit hingewiesen hatte.[1716]

Ein „Lebenskünstler" gab folgenden Satz von sich:

> *„Nischt mehr wird gearbeitet, bis se die soziale Frage gelöst haben. Ich kann schon warten."* (3.6.1907, S. 147).

Hier schien der Simplicissimus Kritik daran zu üben, dass die Betroffenen warteten, bis andere ihr Schicksal verbesserten. Ähnlich wurde im frühchristlichen Schrifttum der Müßiggang verurteilt, um diejenigen Gemeindemitglieder zu ermahnen, „die wegen der Parusieerwartung keiner geregelten Arbeit nachgingen".[1717]

In Rückbetrachtung auf die oben dargestellte arbeitsrechtliche Lage für den untersuchten Zeitraum galt: War ein Arbeitnehmer in ein Arbeitsverhältnis eingetreten, stand ihm ein Leistungsverweigerungsrecht nur zu, wenn die Arbeitsbedingungen im Widerspruch zu den Arbeitnehmerschutzbestimmungen standen und unzumutbar waren.[1718] In den geschilderten Beispielen ging der Arbeitsunlustige erst gar kein Arbeitsverhältnis ein, noch war eine Verletzung der Arbeitnehmerschutzbestimmungen durch den Arbeitgeber erkennbar.

Die zivil- und arbeitsrechtlich gegebene Freiheit des Einzelnen, ein Arbeitsverhältnis einzugehen oder nicht, stieß an ihre öffentlich-rechtliche Schranke, nämlich an der Pflicht für seinen Unterhalt und den seiner Angehörigen zu sorgen (§ 361 Ziff. 5, 8 StGB).[1719]

Unbeschadet auch der einschlägigen Bestimmungen, die notorischen Bettlern mit Arbeitshaus drohten, betrieben zahlreiche Personen des Simplicissimus nicht nur

---

1716 Ludyga, Armenfürsorge, 2010, S. 290 u. ö.

1717 Wirth u. a., Lexikon des Mittelalters, 1980, Sp. 870.

1718 § 618 Abs. 3 BGB 1896. Durch die schuldhafte Verletzung der Arbeitnehmerschutzbestimmungen machte sich der Arbeitgeber schadensersatzpflichtig.

1719 Dazu Wolzendorff, Arbeitsrecht, 1915, S. 67.

selbst dieses Gewerbe, sondern vererbten es auch ihren Söhnen (24.3.1913, S. 877 u. ö.). Auch in dieser Satire distanzierte sich der Simplicissimus von Normen, wie sie sich in alten Polizeiordnungen niederschlugen, die besonders gegen bettelnde Eltern vorgingen und ihnen die Kinder fortzunehmen drohten.[1720]

Aus späteren Aussagen des Autors Ludwig Thoma ging hervor, dass die Darstellung der Müßiggänger, etwa durch Rudolf Wilke, der Abneigung gegen „Zwang und bürgerliche Enge“ entsprang. Es sei die Verachtung für die „im eigenen Fett erstickende Bourgeoisie, der unwichtige Dinge so wichtig und törichte Vorurteile so heilig sind“.[1721]

Bereits 1886 beklagte Otto von Gierke den Verlust des Müßiggangs durch das „neue“ Recht:

> „Die an die Stelle des volkstümlichen Rechtes tretenden Gesetze und Ordnungen sind sogleich bis ins Uebertriebene abstrakt, pedantisch, trocken. Wie irgend Poetisches, so würde man auch Humor vergebens in ihnen suchen: höchstens unwillkürlich erscheinen sie uns lächerlich mit ihrer kleinlichen Bevormundungssucht, ihren Hochzeits-, Leichen- und Kleiderordnungen, ihrem Eifer gegen den Müssiggang.“[1722]

Die bekennenden Arbeitsverweigerer des Simplicissimus wollten nichts von der biblischen Vorstellung wissen, der zufolge die Arbeit Schicksal, Plage und Pflicht des Menschen sei,[1723] eine von Gott verhängte Buße für die Sünden der Menschen.[1724] Da der Simplicissimus eine Vertröstung auf Belohnung für geleistete Arbeit im Jenseits ablehnte, realisierte er den kulturellen Topos vom irdischen Paradies, vom Elysium,

---

1720 Schmelzeisen, Polizeiordnungen, 1955, S. 318.

1721 Thoma, Leute, die ich kannte, 1923, S. 42: „Daneben hatte er [Rudolf Wilke, Verf.] freilich nicht das geringste Verständnis für Zwang und bürgerliche Enge. Wer seine Vagabunden betrachtet, mag erkennen, daß er ihr Leben für ein sehr behagliches und nachahmenswertes hielt. Wie sie auf Zäunen oder am Feldrain hocken und mit der Ruhe der Weltweisen die Faulheit genießen, oder wie sie auf grünen Wiesen liegen, die Arme unter den Köpfen verschränkt, in die blaue Luft schauen, sind sie beneidenswerte Philosophen, die sich ihr Leben frei von törichter Unruhe halten.“ Zu den Begriffen „Bourgeoisie“ und „Bürgertum“: Kaiser, Vertragsfreiheit und Gesellschaftsordnung, 1972, S. 152 f. Die bildliche Darstellung von Sozialdemokraten, Sozialisten und Kommunisten als Vagabunden mit Stoppelbart und Schnapsflasche ist eine klischeehafte im 19. Jahrhundert. (Cf. Bausinger, Verbürgerlichung, 1981, S. 111). Die Sympathiebekundung Wilkes und Thomas mit den Vagabunden-Darstellungen kann als Sympathiebekundung mit Vertretern der Linken gedeutet werden sowie als Kritik an bürgerlichen Vorstellungen. Dabei greift die Kritik auf Ansichten des Mittelalters zurück, in denen besonders im 14. Jahrhundert die Umherziehenden von den Einheimischen mit Skepsis betrachtet und als Diebe bezeichnet wurden. (Cf. Hon-Firnberg, Lohnarbeit und freie Lohnarbeiter, 1935, S. 80 u. ö,).

1722 Gierke, Der Humor im deutschen Recht, 1886, S. 80.

1723 Cf. Schott, Der Mensch und die Arbeit im Recht der Zeiten, 1917, S. 11 ff.

1724 Gen. 3, 17–19; dazu: Wirth u. a. Lexikon des Mittelalters, 1980, Sp. 871.

vom Goldenen Zeitalter nicht nur für die Wohlhabenden, sondern für alle.[1725] Dieser transzendenzgelöste, hedonistische, sinnenfrohe Standpunkt entsprach einigen sozialistischen Vorstellungen.[1726]

Die bekennenden Arbeitsverweigerer des Simplicissimus hielten es weniger mit der scholastisch-christlichen Wertschätzung der Arbeit[1727] als mit römischen Denkern, wie Cicero und Seneca, die in der Arbeit eine unwürdige Mühsal für einen freien Bürger sahen.[1728] Selbst in der christlichen Tradition war nur mit Einschränkungen von einem „Lob der Handarbeit" die Rede, schrieben doch die Kirchenväter und Theologen offenbar „der Erkenntnis einen höheren Rang als dem wirkenden Tun" zu.[1729] Die Arbeitsverweigerer des Simplicissimus verweigerten sich dem Staat insgesamt, einem Staat, der in seiner absolutistischen Ausprägung den Müßiggang als den Ursprung allen Lasters verurteilte und den Arbeitszwang gefordert hatte.[1730] Sie verweigerten sich aber auch einem von liberaler Wirtschaftsordnung geprägten Staat, in dem die menschliche Arbeit als kaufbare Ware aufgefasst wurde[1731], in dem die Überlassung der Arbeitskraft – wie bei der Ware – gegen Entgelt geschah und in der sich der Dienstvertrag als verkappter Kaufvertrag herausstellte. Der Widerstand der Müßiggänger im Simplicissimus gegen die Arbeit war ein Widerstand gegen das Prinzip der Arbeit als „tragende[s] Prinzip der kapitalistischen Produktion, das die Gesellschaft des 19. Jahrhunderts so unmissverständlich prägte".[1732]

c) *„Low Performer"*

Die Arbeitsleistung ist arbeitsvertragliche Hauptpflicht des Arbeitnehmers.[1733] Die Grenzen zwischen „Nichtleistung" und Formen der schlechten oder minderen Leistung sind vor allem hinsichtlich ihrer Rechtsfolgen weder für den Arbeitgeber noch für den Arbeitnehmer einfach zu bestimmen. Der gegenwärtige arbeitsrechtliche Umgang mit dem minderleistenden Arbeitnehmer („low performer") ist dementsprechend kompliziert.[1734]

Im Simplicissimus hatten viele Arbeitnehmer Nischen gefunden, in denen sie als Minderleister existierten. Zu ihnen gehörten zwei Münchner Maurer, die einen Vorwand fanden, um die Arbeit eigenmächtig zu unterbrechen (13.8.1901, S. 165).

1725 Europäische Literatur und lateinische Mittelalter, 1984, S. 92.
1726 Dazu: Hofmann, Arbeitsvertrag, 1972, S. 58.
1727 Wirth u. a. Lexikon des Mittelalters, 1980, Sp. 873.
1728 Dazu: Mayer-Maly, Aufgabe und Probleme, 1956, S. 126; Nörr, Zur Bewertung der freien Arbeit in Rom, 1965, S. 69).
1729 Seibt, Lob der Handarbeit, 1981, S. 180.
1730 Dazu: Klatt, Treuepflichten, 1990, S. 60 f.
1731 Dazu: Schreurs, Soziale Entwicklung, 1946, S. 19 ff.; Hofmann, Arbeitsvertrag, 1972, S. 15.
1732 Caroni, Kathedersozialismus, 1984, S. 219.
1733 Cf. Dütz/ Thüsing, Arbeitsrecht, 2011, S. 187.
1734 Schaub, Linck, ArbR-Hdb., 2011, § 131 Rn. 46 ff.

Ähnlich war es um einen Pflasterer bestellt, der sich gerne immer wieder von der Arbeit ablenken ließ (13.6.1905, S. 124 u. ö.). Der Fleiß eines Maurers wurde von seinen Arbeitskollegen als Verstoß gegen den Anstand betrachtet (21.6.1909, S. 199). Vielfach war der Alkohol die Ursache für eine Schlechtleistung (13.2.1911, S. 793).

Aus der Perspektive eines Kritikers der harten Arbeitsbedingungen im Untersuchungszeitraum konnte man in den Minderleistern Arbeitnehmer sehen, die versuchten, sich eine schwere Arbeit leichter zu machen, sich ihr aber nicht entziehen wollten. Sie wären damit von den „Arbeitsscheuen“ zu unterscheiden, die die Unterstützung der Allgemeinheit ohne Gegenleistung in Anspruch nahmen. Die Sympathie des Simplicissimus für diese Minderleister wäre demnach kein Verstoß gegen das soziale Gefüge, sondern ein Beitrag zum Verständnis für diese Menschen und hätte somit eine satirisch gestaltete, aufklärerische und konstruktive Funktion.

Die satirische Betrachtung der Minderleister griff zurück auf Vorstellungen der historischen Aufklärung, denen zufolge jeder Mensch nach seinem eigenen Willen über seine Arbeitskraft verfügen sollte, und bereitete unter diesem Blickwinkel das moderne arbeitsrechtliche Verständnis vom zulässigen und angemessenen Umfang der Arbeitspflicht vor. Danach ging die Vorstellung, dass der Arbeitnehmer dem Arbeitgeber seine ganze Arbeitskraft zur Verfügung zu stellen habe,[1735] zu weit. Der Umfang der Arbeitspflicht richtet sich im modernen Arbeitsrecht vielmehr nach den gesetzlichen, tariflichen und betrieblichen Vorschriften sowie nach den im Arbeitsvertrag getroffenen Einzelvereinbarungen, nach der Verkehrssitte,[1736] dem Ortsbrauch und der Betriebsübung.[1737]

Dem Simplicissimus kann in diesem Punkt eine arbeitsrechtlich wegbereitende Funktion zugeschrieben werden. Die satirische Inkarnation der „Minderleistung“, mehr als die der „Nichtleistung der Arbeit“,[1738] in bajuwarischen Arbeitern ließ diese als arbeitsrechtliches Vorbild für das Reich erscheinen.

d) Armenpflege[1739] und Verpflichtung zur Arbeit

Die Unterstützung von bedürftigen Personen ist im Zusammenhang mit ihrer eigenen Verpflichtung zur Arbeit zu sehen. Im Untersuchungszeitraum waren folgende Gruppen der Arbeitspflicht unterworfen:

- die nach § 611 BGB durch vertragliche Vereinbarung zur Verrichtung einer Arbeit Verpflichteten

1735 So bei Gierke 1914, Die Wurzeln des Dienstvertrages, zit. nach Becker Arbeitsvertrag und Arbeitsverhältnis, 1995, S. 277.

1736 Umfassend zur „Verkehrssitte“: Haferkamp, § 242, 2007, Rn. 33 f.

1737 Hueck/ Nipperdey, Lehrbuch des Arbeitsrechts, 1963, S. 204.

1738 Cf. Schaub, Linck, ArbR-Hdb., 2011, § 51 Rn. 1.

1739 Für den Zeitraum von 1495 bis 1648: Hannes Ludyga, Obrigkeitliche Armenfürsorge im deutschen Reich vom Beginn der Frühn Neuzeit bis zum Ende des Dreißigjährigen Krieges, Berlin 2010, Rez. Sebastian Schmidt ZNR 2012, S. 307 f.

- die Ehefrauen aus familienrechtlicher Verpflichtung
- die Kinder nach § 1617 BGB aus familienrechtlicher Verpflichtung
- bestimmte, nach Begehung von Straftaten verurteilte Personen
- ferner „Arbeitsscheue", auf die im Folgenden eingegangen werden wird.

In der Regel machte der Simplicissimus keinen Unterschied zwischen den Personen, die ohne Bezug von öffentlichen Leistungen nicht arbeiteten und solchen, die die Armenkassen in Anspruch nahmen und sich vor der zugewiesenen Arbeit drückten (15.3.1909, S. 848).

Mehrfach thematisierte der Simplicissimus Versuche der Gemeinden, sich der Fürsorgeempfänger zu entledigen: Ein Unterstützungsempfänger wurde aufgefordert, eine Straftat zu begehen, damit der Staat eine Zeitlang für ihn sorgte (24.5.1909, S. 129). Ein Bürgermeister bot einem durch *„Arbeitsscheu, Rauflust und Diebstahl äußerst übelbeleumdeten Subjekt"* 400 Mark, wenn er nach Amerika auswanderte (17.10.1910, S. 473). Die Satire lebt hier in einer Tradition fort, der zufolge Müßiggänger bereits im Geltungszeitraum der Polizeiordnungen des 16. und 17. Jahrhunderts „im Lande nicht geduldet" wurden und Bürgermeister verpflichtet waren, „auf Müßiggänger ein wachsames Auge zu haben"[1740].

Auch in der Realität des 19. Jahrhunderts praktizierten die Gemeinden eine Abwehrpolitik Fürsorgeempfängern gegenüber.[1741] Jürgen Kocka weist auf die Bestrebungen der Behörden auf der Schwelle vom 18. zum 19. Jahrhundert hin, die

---

1740 Schmelzeisen, Polizeiordnungen, 1955, S. 316.

1741 Lerche, Alltag und Lebenswelt von heimatlosen Armen, 2009, S. 73 u. ö. Ein preußisches Gesetz über die Bestrafung von Bettlern, Landstreichern und Arbeitsscheuen vom 6. Januar 1843 sollte ein Korrektiv zum Gesetz vom 31. Dezember 1842 über die Verpflichtung zur Armenpflege darstellen. (AVG 1842; UWG 1912, Schlosser, S. 40). Da das Gesetz nicht die erwünschte Wirkung entfaltete, wurde zwölf Jahre später eine Ergänzung verabschiedet: Das preußische ***Gesetz vom 21. Mai 1855, betreffend die Ergänzung des Gesetzes vom 31. Dezember 1842 über die Verpflichtung zur Armenpflege*** erteilte in den Art. 11 bis 14 den Verwaltungsbehörden die Ermächtigung, Personen, die durch eigene Schuld obdachlos waren, und Arbeitsscheue, die die öffentliche Armenpflege in Anspruch nahmen, auf Antrag der Armenverbände für die Dauer der Obdachlosigkeit oder Unterstützungsbedürftigkeit einer Arbeitsanstalt zu überweisen. (UWG 1912, Schlosser, S. 42 f, 57). Die vorgenannten Bestimmungen wurden durch das ***Gesetz, betreffend die Ausführung des Reichsgesetzes über den Unterstützungswohnsitz vom 8.März 1871*** wieder aufgehoben. (UWG 1912, Schlosser, S. 2 f, 43). Damit waren die Unterbringung eines Hilfsbedürftigen in einem Armenhaus sowie der Zwang zur Arbeit wider seinen Willen unzulässig. (UWG 1894, Eger, S. 61). Dies wurde insbesondere deutlich in der ***Ministerial-Instruktion zum Preußischen Gesetze vom 8. März 1971, betreffend die Ausführung des Reichsgesetzes über den Unterstützungswohnsitz vom 10. April 1871.*** (UWG 1894, Eger, S. 447). Im Laufe der Jahrzehnte nach Aufhebung des Gesetzes vom 21. Mai 1855 mehrten sich die Stimmen, die eine Wiedereinführung eines polizeilichen Arbeitszwanges forderten.

„wahren“ und „wirklichen“ sesshaften Armen von den unterstützungsunwürdigen bettelnden Vagabunden und Landstreichern zu unterscheiden.[1742] Auch das ***Strafgesetzbuch*** äußerte sich wiederholt zur Arbeitspflicht: „Die zur Zuchthausstrafe Verurtheilten sind in der Strafanstalt zu den eingeführten Arbeiten anzuhalten.“[1743] Für die zu einer Gefängnisstrafe Verurteilten wurde aus dem Arbeitszwang eine Kann-Vorschrift.[1744] Mit Haft wurde bestraft, „wer aus öffentlichen Armenmitteln eine Unterstützung empfängt, sich [aber] aus Arbeitsscheu weigert, die ihm von der Behörde angewiesene, seinen Kräften angemessene Arbeit zu verrichten“.[1745] Unter bestimmten Voraussetzungen konnten Straftäter auch zur „Nachhaft“ in einem Arbeitshaus untergebracht werden.[1746] Es waren dies vor allem rückfällige und gefährliche Landstreicher sowie Bettler, Zuhälter[1747] und Prostituierte.[1748] Bei diesen Personen konnte der Richter zusätzlich zur Haftstrafe eine anschließende Überstellung an die Landespolizeibehörde[1749] anordnen. Diese legte in einem Verwaltungsakt unter Berücksichtigung der Vorstrafen und persönlichen Umstände die Dauer der Nachhaft zwischen 6 Monaten und 2 Jahren fest.[1750]

Neben dem Bemühen um eine gesetzlich geregelte Arbeitspflicht gab es eine andere normative, religiös alt-[1751] und neutestamentarisch[1752] begründete und teilweise auch sittliche Verpflichtung zur Arbeit. Letztere schlug sich im Sprachgebrauch der Gesetze nieder.

1742 Kocka, Weder Stand noch Klasse, 1990, S. 105.

1743 § 15 StGB 1871, 1900.

1744 § 16 StGB 1871, 1900.

1745 § 361 Nr. 7 StGB 1871, 1900.

1746 § 362 StGB 1871, 1900.

1747 § 117 PRStGB 1851; § 181a StGB 1900.

1748 Jarotzky, Die Rheinischen Provinzialanstalten, 1908, S. 3, 8.

1749 D. h. der Regierungspräsident.

1750 Jarotzky, Die Rheinischen Provinzialanstalten, 1908, S. 1 f. Die Nachhaft, und damit die dort zu leistende Zwangsarbeit, sind zeitlich begrenzt. Sie unterscheiden sich somit von der, etwa in Kants „Metaphysik der Sitten“ geforderten, Zwangsarbeit in Form einer Quasi-Versklavung des für schwere Verbrechen bestraften Täters durch den Staat. (Olea, Hörigkeit, 1981, S. 68). Zur Zwangsarbeit um 1800 in Preußen: Kaufhold, Das Gewerbe in Preußen um 1800, 1978, S. 376 f. Zur Zwangsarbeit von Insassen verschiedener Zwangsanstalten (Waisenhäuser, Zuchthäuser u. a.): Gellbach, Arbeitsvertragsrecht, 1939, S. 15 ff.

1751 Genesis 3, 19. Unter den Weltreligionen nimmt offenbar die jüdisch-christliche eine Sonderstellung wegen ihrer positiven Haltung zur Arbeit ein. Allerdings ist die Einstellung zur Arbeit ambivalent: Zum einen wird die Arbeit als Abglanz der Arbeit des Schöpfergottes gepriesen, zum anderen wird die Mühsal der Arbeit als Folge des Sündenfalls aufgefasst. (Reininghaus, Arbeit im städtischen Handwerk, 1986, S. 14 f.).

1752 2 Thess 3. 10 (Paulus an die Thessalonicher: „Wer nicht arbeiten will, soll auch nicht essen.“).

So war beispielsweise in § 57 Abs. 4 der ***Gewerbeordnung von 1869 ff*** jemandem ein Wandergewerbeschein zu versagen, „wenn er wegen gewohnheitsmäßiger Arbeitsscheu, Bettelei, Landstreicherei, Trunksucht übel berüchtigt war"[1753]. In den weiteren Ausführungen des Gesetzes wurde der „Arbeitsscheue" auf eine Stufe mit Kriminellen gestellt.

Das ***Reichsgesetz, betreffend den Unterstützungswohnsitz vom 30. Mai 1908*** übertrug der Landesgesetzgebung die Bestimmung über die Art der einem Hilfsbedürftigen zu gewährenden Unterstützung. In der Rheinprovinz waren im Mai 1908 in der Arbeitsanstalt Brauweiler männliche und weibliche Korrigenden untergebracht. Es waren Personen, die nach §§ 181a und 361 Nr. 1–8 StGB zusammen mit ihrer Haftstrafe eine Nachhaft in der Arbeitsanstalt verbüßten.[1754] Unter den männlichen Insassen befanden sich gewerbs- und gewohnheitsmäßige Bettler und Landstreicher sowie nach § 181a verurteilte[1755] Zuhälter.[1756] Die Frauen waren in der Regel Prostituierte und „dem Trunke ergebene Landstreicherinnen".[1757] Von den Korrigenden wurde eine ihrem körperlichen Zustand entsprechende Arbeitsleistung gefordert. Da viele nicht an Arbeit gewöhnt waren, fürchten sie die Überweisung an das Arbeitshaus mehr als die Gefängnisstrafe.[1758]

Für Preußen erging das ***Gesetz über die Abänderung und Ergänzung der Ausführungsgesetze zum Reichsgesetz über den Unterstützungswohnsitz vom 23. Juli 1912 („Arbeitsscheuengesetz").*** Die gesetzlichen Vorschriften über den armenpolizeilichen Arbeitszwang richteten sich im Wesentlichen gegen:

> „a) die Arbeitsscheuen, welche wegen Müßiggangs, Leichtsinns oder Trunksucht u. dgl. der Armenpflege anheimfallen und
>
> b) die säumigen Nährpflichtigen, d. h. Personen, die ihre Ehefrauen oder ihre noch nicht 16 Jahre alten Kinder entgegen ihrer Unterhaltspflicht nicht versorgen, sondern die Versorgung durch die Armenbehörde überlassen."[1759]

Der hier zitierte Kommentator des Gesetzes, Schlosser, konstatierte einleitend eine erhebliche Zunahme der missbräuchlichen Inanspruchnahme der Armenpflege durch Arbeitsscheue und säumige Nährpflichtige [i. e.: Unterhaltspflichtige, Verf.].

1753 § 57 IV GewO 1869, 1900 ff.

1754 Jarotzky, Die Rheinischen Provinzialanstalten, 1908, S. 1.

1755 § 181 a StGB 1900, 1912.

1756 Jarotzky, Die Rheinischen Provinzialanstalten, 1908, S. 3.

1757 Jarotzky, Die Rheinischen Provinzialanstalten, 1908, S. 3.

1758 Jarotzky, Die Rheinischen Provinzialanstalten 1908, S. 8. Dem Komplex der Arbeitsanstalt angegliedert war die Landarmenabteilung. Dort waren arbeitsunfähige Männer untergebracht, für die auf Grund des ***Gesetzes, betreffend den Unterstützungswohnsitz*** der Landarmenverband oder der Ortsarmenverband, d. h. die betreffende Gemeinde, aufzukommen hatte. Für die Land- und Ortsarmen bestand kein Arbeitszwang, aber sie wurden zu entsprechenden Beschäftigungen angehalten. (Jarotzky, Die Rheinischen Provinzialanstalten, 1908, S. 57).

1759 UWG 1912, Schlosser, S. 12.

Das vorliegende Gesetz sollte es ermöglichen, dass ein Zwang zur Arbeit gegen Arbeitsscheue und säumige Nährpflichtige innerhalb oder außerhalb einer Arbeitsanstalt ausgeübt werden konnte. Diese Maßnahme sei zu unterscheiden von der richterlichen Einweisung eines Verurteilten in ein Arbeitshaus nach StGB.[1760] Sie diene ausschließlich der Entlastung der Armenverbände und damit dem Zweck, „die Armenverwaltungen gegen frivole Inanspruchnahme zu schützen".[1761] Somit konnten diejenigen, die nicht nur vorübergehend öffentliche Mittel in Anspruch nahmen, zur Arbeit gezwungen werden. Durch das „Arbeitsscheuengesetz" von 1912 erfolgte eine offizielle Diskriminierung der sich der Arbeit entziehenden Unterstützungsempfänger.

Nach Inkrafttreten des Arbeitsscheuengesetzes von 1912 fanden sich im Simplicissimus zwar noch Beiträge über Arbeitsscheue, aber kaum noch über unberechtigte Unterstützungsempfänger (7.10.1912, S. 447 u. ö.).

7. Zwischenergebnis zu XIV

Eine Untersuchung von arbeitsrechtlich relevanten Situationen und Beziehungen in Karikaturen des Simplicissimus von 1896 bis 1914 im allgemein- und rechtshistorischen Kontext berücksichtigte auch Arbeitslose, Arbeitsverweigerer und Minderleister. Nach Ansicht des Simplicissimus linderten weder die Theoretiker der Ökonomie noch die Kirchen die Not der Arbeitslosen. Durchweg zeigte die Zeitschrift Sympathie für die Arbeitsverweigerer und Minderleister. Diese bezogen die Rechtfertigung für ihre Einstellung aus den Vorbildern der aristokratischen und großbürgerlichen Gesellschaft.

Aus der Perspektive eines Kritikers der harten Arbeitsbedingungen im Untersuchungszeitraum konnte man in den Arbeitsverweigerern und Minderleistern Menschen sehen, die nicht revolutionär aufbegehrten, sondern sich kampflos dem System der Ausbeutung entzogen. Die Sympathie des Simplicissimus für diese Repräsentanten war demnach ein Beitrag zur Förderung der Reflexion über den Umfang der Arbeitspflicht. Dem Simplicissimus konnte in diesem Punkt eine arbeitsrechtlich wegbereitende Funktion im Hinblick auf den Umfang der Arbeitspflicht im modernen Arbeitsrecht zugeschrieben werden.

Der Simplicissimus machte sich zudem zum Anwalt der arbeitsunfähigen Kriegsveteranen, die von ihrem Vaterland im Stich gelassen wurden.

Die Vielzahl von textlichen und bildlichen Darstellungen von ausbeuterischen Arbeitgebern und notleidenden Arbeitern und Arbeitslosen ließ in der Regel kaum Zweifel an der Schuldzuweisung des Simplicissimus zu. Gleichwohl wurde auch die fehlende Verantwortung vieler Arbeiter für ihre eigene Situation thematisiert. Somit erfüllte sich eine beide Parteien berücksichtigende, arbeitsrechtlich relevante aufklärerische Funktion.

1760 UWG 1912, Schlosser, S. 3.
1761 UWG 1912, Schlosser, S. 6.

C. Ergebnisse der Untersuchung

I. Gruppenübergreifende Ergebnisse

Die Untersuchung von arbeitsrechtlich relevanten Karikaturen des Simplicissimus von 1896 bis 1914 im allgemein- und rechtshistorischen Kontext ergibt folgendes Fazit:

1. Der Simplicissimus erreichte nach herrschender Auffassung zwischen seiner Gründung 1896 und dem Ende des Friedens 1914 den Höhepunkt seiner satirischen Produktion.
2. Er thematisierte in den Karikaturen dieses Untersuchungszeitraums eine Fülle arbeitsrechtlich relevanter Sachverhalte, Situationen und Beziehungen.
3. Bei der hier vorgenommenen Analyse der Karikaturen ging es nicht um die Untersuchung und Beurteilung des Simplicissimus als journalistisches oder literarisch-künstlerisches Produkt, sondern um seine Bewertung im Hinblick auf die Darstellung arbeitsrechtlicher Themen.
4. Der Forschungsstand bezog sich vornehmlich auf benachbarte Wissenschaften und ermöglichte der arbeitsrechtshistorischen Forschung auf diesem Gebiet einen neuen interdisziplinären Zugang.
5. Die Aufnahme zahlreicher arbeitsrechtlicher Themen machte aus der Zeitschrift keine arbeitsrechtliche Abhandlung. Noch war sie ein direktes Abbild oder Dokument der damaligen arbeitsrechtlichen Wirklichkeit. Gleichwohl enthielten die Beiträge zahlreiche Realitätsreflexe. Die Analyse der Beiträge erforderte eine relativierend-historisierende Evaluation im sozialen und rechtlichen Kontext und eine arbeitsrechtliche Interpretation, die ihrer satirischen Intention Rechnung trug.
6. Die satirischen Darstellungen des Simplicissimus waren das Ergebnis von Meinungen und Vorurteilen der Herausgeber und Mitarbeiter, nicht aber das Ergebnis eigener Recherchen. Dies betraf etwa die Darstellung des korpulenten, hartherzigen Unternehmers und des ausgemergelten, schutzlosen Industriearbeiters. In vielen Fällen war die arbeitsrechtliche Kritik des Simplicissimus offenkundig nicht (nur) Reaktion auf zeitgenössische arbeitsrechtliche Missstände, sondern Neu- und Umformulierung der dem Leser geläufigen, z. T. anachronistischen, Klischees. Die Verfremdung durch die Satire bediente sich dann bereits selbst eines - etwa durch die Arbeiterliteratur des ausgehenden 19. Jahrhunderts - verfremdeten Kontextes. Dabei wurde das Wiedererkennungspotential der typenhaft dargestellten Figuren und Sachverhalte von der Forschung als konstitutiv für zahlreiche Satiren ausgewiesen. Karikatur und Satire im Simplicissimus beruhten in der Regel auf der Anpassung von traditionellen Bildern an den Kontext des Untersuchungszeitraums. Von größerer Eigenständigkeit als die Darstellung der o. a. Gruppen war die Entmystifizierung solcher Gruppen, die im außersatirischen Zusammenhang häufig positiv konnotiert wurden, wie beispielsweise die der Arbeitgeber und Arbeitnehmer des Mittelstandes.

7. Von umfassender rechtshistorischer Relevanz war die intensive satirische Darstellung betrügerischen Verhaltens von Vertretern aller erfassten arbeitsrechtlich bedeutsamen Gruppen der Bevölkerung. Diese Darstellung entsprach dem Ringen der zeitgenössischen Gesetzgebung, Rechtsprechung und Rechtswissenschaft um die Gültigkeit der guten Sitten und von Treu und Glauben im Rechtsverkehr. Bei der Erfüllung ihres aus den Prinzipien der historischen Aufklärung abgeleiteten aufklärerischen Selbstanspruchs verloren die Herausgeber und Mitarbeiter ihre wirtschaftlichen Interessen nicht aus dem Blick: So wurde beispielsweise die Emanzipation der Frauen weniger als eine politisch-berufliche begrüßt, sondern als eine - der männlichen Leserschaft konvenierende - sexuelle Disponibilität. Der von der Zeitschrift selbst formulierte Selbstanspruch darf nicht darüber hinwegtäuschen, dass aus kommerziellen Gründen die Erwartungen einer vorwiegend männlichen Leserschaft zu bedienen waren und dass letztlich eine Beseitigung von Missständen nicht immer im wirklichen Interesse der Zeitschrift lag. In diesem Zusammenhang ist eventuell auch die gelegentliche Verlagerung der notorische Kritik des Simplicissimus am Arbeitgebertypus vom eigentlichen Unternehmer auf Mitglieder der mittleren oder höheren Führungsebene zu sehen, weil durch diese veränderte Fokussierung die Verbindungen zur Wirtschaft nicht beschädigt wurden.
8. Die zahlreichen konstruktiven Fortschritte im Arbeitsrecht des Untersuchungszeitraums entzogen sich der Darstellung im Simplicissimus. Dies betraf sowohl die kontinuierliche legislative Fortschreibung der Gewerbeordnungen und der Bergbaugesetze als auch die Einrichtung der Gewerbegerichte, die zeitgenössisch und später sehr positiv bewertet wurde, die aber in der Zeitschrift nur marginal Beachtung fand. Stattdessen blieb die zeitgenössische Rechtsprechung ungebrochen dem stereotypen Vorwurf der Klassenjustiz und Weltfremdheit ausgesetzt. Dabei wurde die Rechtsprechung der Strafsenate stillschweigend und metonymisch auf die gesamte Judikatur ausgeweitet. Wenn der Simplicissimus sich in der Frage der Sozialgesetzgebung zurückhielt, konnte man in der Würdigung Bismarcks gegenüber dem Kaiser einen stillschweigenden Konsens mit ihr vermuten.
9. Die Extrapolation der Untersuchung des arbeitsrechtlichen Aspektes ermöglichte eine differenzierte Bewertung des Simplicissimus insgesamt und relativierte so die traditionelle Würdigung der Zeitschrift. Vielfach war die Kritik der Zeitschrift als anachronistisch einzuschätzen, da sie arbeitsrechtliche Verbesserungen ignorierte. Dies betraf nicht nur die Gesetzgebung der Spezialgesetze, sondern auch die Entscheidungen des Reichsgerichts, das mit der Anerkennung der Pflicht des Arbeitgebers (Dienstmieters) zum Schutz der körperlichen Integrität des Arbeiters (Dienstvermieters) aus dem Dienstmietvertrag zur Verbesserung der Position des Arbeiters bei der Durchsetzung etwaiger Schadensersatzansprüche wegen Körperverletzung beitrug. Als klischeehaft stellte sich auch die Entmystifizierung der Privatautonomie heraus, da die Zeitschrift hier auf umfangreiche Vorarbeiten der Rechtslehre, die sich seit langem in der öffentlichen Meinung niedergeschlagen hatten, zurückgreifen konnte.

10. Neben den klischeehaften Satiren fanden sich jedoch auch originäre Beiträge, in denen sich der selbst gesteckte aufklärerische Anspruch der Zeitschrift verwirklichte: So löste sich der Simplicissimus vom tradierten Motiv der verelendeten Fabrikarbeiterinnen und jugendlichen Fabrikarbeiter, denen zunehmend gesetzlicher Schutz zuteil geworden war, und kritisierte stattdessen die zeitgenössische Ausbeutung von Frauen und Kindern in anderen Gewerbebereichen, die sich im Untersuchungszeitraum weitgehend dem Arbeitsschutz entzogen. Ähnlich differenziert wurde auch die arbeitsrechtliche Situation der Künstler behandelt. Außerdem wurden nicht nur zeitgenössische arbeitsrechtliche Missstände inkriminiert, sondern zukunftsweisende arbeitsrechtliche Lösungsansätze vermittelt. Dies betraf etwa die Relativierung des Umfangs der Arbeitspflichten der Arbeitnehmer.
11. Die Zeitschrift leistete somit teilweise in einer Vorreiter-Rolle eine „Rechtsfortbildung", die wie die der arbeitsrechtlichen Judikative an „Fällen" entwickelt wurde, aber an die Stelle des expliziten Richterspruchs die mentale Auseinandersetzung des Lesers mit dem satirisch präsentierten „Fall" setzte.
12. Ein direkter Einfluss der satirischen Beiträge des Simplicissimus auf die Entwicklung des Arbeitsrechts war nicht nachweisbar, konnte jedoch vermutet werden. Hinzuweisen ist etwa auf die „Zuchthausvorlage" von 1899, die von der Zeitschrift wie von vielen anderen bekämpft wurde und schließlich scheiterte. Jeder Versuch, der auf den Nachweis einer potentiellen Nachhaltigkeit bei den Rezipienten der Zeitschrift abzielte, eröffnete weitere Fragen: Ein möglicher konkreter Einfluss der Beiträge auf die Entwicklung des Arbeitsrechts, auch nach 1914, bedarf somit einer weiteren Forschungsinitiative.
13. Allerdings kann so viel als wahrscheinlich angenommen werden: Im Verbund mit anderen gesellschaftlichen Impulsen trug die Satire des Simplicissimus zu einer öffentlichen Meinungsbildung auch in arbeitsrechtlichen Fragen bei und leistete eine Sensibilisierung der Leserschaft für die soziale und arbeitsrechtliche Thematik. Somit konnte eine indirekte Mitwirkung des Simplicissimus an der Entwicklung des Arbeitsrechts nach dem Ersten Weltkrieg geltend gemacht werden.[1762] Diese, aus dem späteren Blickwinkel der Weimarer Republik geleistete, intellektuelle Vorwirkung konnte nach dem Ersten Weltkrieg zur Verwirklichung zahlreicher arbeitsrechtlicher Errungenschaften beitragen, die auch heute noch von Bedeutung sind.

1762 Der Begriff der „Wirkungsgeschichte", so wie er von Franz Mestitz für das Arbeitsrecht gebraucht wird, könnte auf die Wirkungsgeschichte arbeitsrechtlicher Themen des Simplicissimus übertragen werden. (Mestitz, Probleme der Geschichte des Arbeitsrechts, 1980, S. 65).

II. Gruppenbezogene Ergebnisse

Laut Simplicissimus lebten die Mitglieder der aristokratisch-militärischen Arbeitgeberschaft losgelöst von den wirtschaftlichen und sozialen Veränderungen der „realen" Welt in althergebrachten Denk- und Verhaltensmustern der Bildungsferne und Arbeitsphobie. Arbeitsrechtliche Bezüge ergaben sich vor allem aus der Betrachtung von zwei Untergruppen:

In der ersten Gruppe befanden sich Offiziere, die mangels Ausbildung oder Vermögen nach dem Ausscheiden aus dem Dienst in wenig respektablen Berufen unterkommen mussten. Trotz der auch von der Forschungsliteratur kritisch gesehenen Klischeehaftigkeit vieler Simplicissimus-Beiträge der Kaiserzeit[1763] leistete die satirische Darstellung der Offiziersgruppe einen Beitrag vor allem im Hinblick auf die Notwendigkeit einer besseren beruflich orientierten Aus- und Weiterbildung.[1764]

Die zweite Gruppe umfasste das Gesinde dieser aristokratisch-militärischen Arbeitgeberschaft: Laut Simplicissimus führte das Gesinde unter der aristokratisch-militärischen Herrschaft eine sklavenähnliche Existenz und wurde von der aristokratischen Führung wie Vieh behandelt. Eine vertikale Befehlsstruktur erlaubte den Dienstboten keine arbeitsrechtlich gesicherte Existenz.

Der Simplicissimus präsentierte bis zum Ersten Weltkrieg stereotyp das Bild wohlgenährter großbürgerlicher Arbeitgeber, die unter Missachtung von Arbeitsschutzmaßnahmen die Ausbeutung ihrer Arbeiter betrieben und willkürlich Kündigungen aussprachen. Unsensibel für arbeitsrechtliche Verbesserungen übernahmen

1763 Zimdars, Die Zeitschrift „Simplicissimus", 1972, S. 51.

1764 Der Protagonist des Romans ***Die siebente Großmacht*** von Alfred Schirokauer von 1914, der Offizier Herbert Ryß, fragte sich: „Was kann ich finden, ohne Vorbildung, ohne jede kaufmännische Kenntnisse? Was werden entlassene Offiziere? Es sind Gestrandete des Lebens." (Schirokauer, Die siebente Großmacht, 1914, S. 146). Diese Notwendigkeit fand nach dem Zweiten Weltkrieg mit der Gründung der Bundeswehr Berücksichtigung. Nach heutigem Recht leisten Soldaten zwar auch Arbeit im Dienste eines anderen, nicht aber aufgrund eines privatrechtlichen Vertrags, sondern aufgrund eines durch Verwaltungsakt begründeten öffentlich-rechtlichen Dienstverhältnisses. (Cf. Preis, Arbeitsrecht. Individualarbeitsrecht, 2009, § 8 II 2 b) aa) und Brox/ Rüthers/ Henssler, Arbeitsrecht, 2011, Rn. 40). Vorgesetzte erwerben ihren Status unabhängig von ihrer sozialen Herkunft nach den in der ***Verordnung über die Laufbahnen der Soldatinnen und Soldaten*** festgelegten Kriterien. Die Bundeswehr stellt sich für Berufs- und Zeitsoldaten als attraktiver Arbeitgeber „mit einem breiten Angebot an Berufs- und Karrierechancen" dar. (Sachs, Die Zusammenarbeit zwischen Bundeswehr und Bildungseinrichtungen, 2012, S. 66). Die Eingliederung von Zeitsoldaten in den zivilen Arbeitsmarkt wurde durch berufliche Fördermaßnahmen und Übergangsgebührnisse unterstützt. § 3 Abs. 2 i. V. m. §§ 7–10 ***Soldatenversorgungsgesetz (SVG) vom 26.07.1957***. Zur Struktur der Bundeswehr nach der Wehrdienstreform vom 1.7.2011 und zum Leitbild des „Weltbürgers in Uniform": Sachs, Die Zusammenarbeit zwischen Bundeswehr und Bildungseinrichtungen, 2012, S. 25, 64.

großbürgerliche Arbeitgeber die Befehlsstrukturen des kaiserlichen Militärs und kriminalisierten ihre Arbeitnehmer. Vor allem die Grubenunternehmer wurden über Jahre als egoistische Arbeitgeber, denen die Arbeiter und die unter der Kohlennot leidende Bevölkerung ausgeliefert waren, dargestellt. Selbst dort, wo ein patriarchalisch-schutzorientiertes Unternehmerverhalten existierte, wurde dieses durch diensteifrige leitende Angestellte boykottiert. Grob unbilliges und ungesetzliches Arbeitgeberverhalten wurde im Kontext des zeitgenössischen Antisemitismus an jüdischen Arbeitgebern exemplifiziert. Den Müßiggängern aus besseren Kreisen haftete laut Simplicissimus nicht nur das Odium des Parasitären, sondern auch des Kriminellen an. Hinter der plakativen Kritik an den großbürgerlichen Arbeitgebern konnte trotz aller Klischeehaftigkeit eine arbeitsrechtlich relevante und moralische Vision vermutet werden. Diese könnte definiert werden als das Ideal einer Arbeitgeberschaft, die nicht von Parasitentum und Ausbeutung, sondern von der bona fides geprägt wäre.

Das Bild vom geldgierigen und betrügerischen Arbeitgeber wurde vom Simplicissimus auch auf die Darstellung des Mittelstandes übertragen. Der Simplicissimus distanzierte sich vom tradierten Bild des immer ehrbaren Handwerkers, und stellte die Vertreter des Mittelstandes mehrheitlich als Arbeitgeber dar, die ihre Arbeitnehmer und Auszubildenden zur Anwendung betrügerischer Maßnahmen zugunsten ihres eigenen Profits aufforderten. Die Erwartungen des Lesers, in dieser Personengruppe höhere Maßstäbe der Moral und des Arbeitsrechts vorzufinden als in den Gruppen des aristokratischen und großbürgerlichen Arbeitgebertums, wurden enttäuscht und entmystifiziert.

Die Interessen der kleinen und großen landwirtschaftlichen Arbeitgeber galten laut Simplicissimus ausschließlich dem Materiellen. Diesem Primat hatten sich Religion und Moral unterzuordnen. Die arbeitsrechtliche Situation der dargestellten Bauern war regional unterschiedlich geprägt: Die ostelbischen Gutsbesitzer, die ihre Arbeiter unwürdig behandelten, waren notorisch Gegenstand der Satire. Die bayerischen Landmenschen regelten ihre zwischenmenschlichen Beziehungen, zu denen auch die arbeitsrechtlichen gehörten, mit Schläue. Der Simplicissimus brachte mehrfach der bayerischen Bauernschaft eine gewisse Sympathie entgegen, die den ostelbischen Gutsbesitzern nie zuteilwurde. Wenn die neuere Forschung in der Bauernbefreiung auf der Wende vom 18. zum 19. Jahrhundert bereits ein Ende der ostelbischen Gutsherrschaft sah, war deren Übertragung auf die Zeitgenossenschaft des Simplicissimus' als anachronistisch zu betrachten.

In der Arbeitswelt des Untersuchungszeitraums herrschten streng hierarchische Strukturen nicht nur im Militär und in den von Aristokraten und Bürgerlichen bestimmten Arbeitsverhältnissen, sondern auch bei den Angestellten und den betrieblichen und öffentlich-rechtlichen Beamten. Eine arbeitsrechtlich-soziologische Abgrenzung von Angestellten und Beamten fiel für den Untersuchungszeitraum schwer. Beiden Gruppen gemein waren ihr Standesbewusstsein gegenüber den Arbeitern sowie das Bemühen der Obrigkeit, sie an sich zu binden. Der Simplicissimus bekundete zwar einerseits Mitempfinden für die unzureichende Alimentierung der Beamten, monierte aber andererseits ihre bescheidene mentale und fachliche

Ausstattung, die vor allem auf den Rekrutierungsmodus, in dem Staatstreue und Herkunft Vorrang vor Kompetenz haben, zurückzuführen sei. Die Zeitschrift wies auf die prekäre Situation des preußischen Bildungssystems mit seiner Mischung aus staatlichen, kirchlichen, kommunalen und privaten Abhängigkeiten hin. Weder die Universitätsprofessoren, noch die Lehrer an Volksschulen und humanistischen Gymnasien leisteten nach Auffassung des Simplicissimus einen hinreichenden Beitrag zur Vorbereitung der Studenten und Schüler auf das Berufsleben. Folglich würden keine Grundlagen für angemessene arbeitsrechtliche Verhältnisse geschaffen. Obwohl die öffentlich-rechtlichen Beamten nicht dem Arbeitsrecht unterfielen, verwies der Simplicissimus auf die arbeitsrechtliche Relevanz ihrer Tätigkeit. Dies betraf besonders die Polizei, deren Tätigkeit bei Streiks und Überwachungen in das Leben der Arbeitnehmer(innen) bis zur Zerstörung von Arbeitsverhältnissen eingriff.

An mehreren Beispielen setzte der Simplicissimus Ausbeutung und Willkür von Arbeitgebern in der Welt der Kunst satirisch um. Der Vergleich mit der zeitnahen arbeitsrechtlichen Literatur zeigte den großen Handlungsbedarf auf diesem Gebiet. Im Gegensatz zu den von der Gewerbeordnung geschützten Industriearbeitern waren die Künstlerinnen und Künstler ohne kollektiven Beistand, obwohl es beispielsweise intensive theaterrechtliche Bemühungen um die Jahrhundertwende gab. Der Simplicissimus äußerte sich ausführlich zum zeitgenössischen Theaterwesen, dessen arbeitsrechtliche, bzw. theaterrechtliche Situation nachweislich durch Missstände gekennzeichnet war, die einer Verbesserung bedurften. Doch die Künstler waren in der differenzierten und erkenntnisbildenden Betrachtung des Simplicissimus nicht nur Opfer: Häufig selbst als Freischaffende und Werkunternehmer in wirtschaftlicher Abhängigkeit lebend, nutzten sie ohne Skrupel die Not ihrer Modelle aus.

Vor dem ersten Erscheinen des Simplicissimus fanden über ein halbes Jahrhundert lang intensive arbeitsrechtliche Auseinandersetzungen über die Bewältigung der Folgen der industriellen Revolution statt. Der Simplicissimus stellte in zahlreichen Karikaturen arbeitsrechtlich relevante Themen vor. Doch die Herausgeber und Mitarbeiter waren nicht in der realen Welt der Arbeiter zu Hause. Kulturell-literarische Traditionen inspirierten sie ebenso wie zeitgenössische Ereignisse. Ihre Satiren schwankten zwischen Sozialromantik und Zynismus. Der Simplicissimus präsentierte bis zum Ersten Weltkrieg das Klischee eines wohlgenährten Unternehmers, der unter Missachtung von Fürsorgepflichten und Arbeitsschutzmaßnahmen die Ausbeutung seiner Arbeiter betrieb und willkürlich Kündigungen aussprach. Selbst dort, wo ein patriarchalisch-schutzorientiertes Unternehmerverhalten existierte, wurde dieses durch diensteifrige leitende Angestellte boykottiert. Die feudalen Strukturen des Ständestaates waren laut Simplicissimus nur scheinbar gefallen. Die Zeitschrift beschrieb den Transfer dieser Strukturen in die Arbeitswelt des Untersuchungszeitraums: In ihr waren die Arbeitnehmer den Arbeitgebern ebenso hilflos ausgeliefert wie vordem die Leibeigenen ihren Feudalherren. Die kapitalistischen Prinzipien bedienten sich ihrerseits Strukturen, die ein Gedeihen arbeitsrechtlicher Grundsätze verunmöglichten oder nur sehr zögerlich zuließen. In der Anschauung des Simplicissimus führte ein direkter Weg von der antiken

Sklaverei in die zeitgenössische Arbeitswelt. Zur Bekämpfung von Streikenden gingen laut Simplicissimus Wirtschaft, Politik, Rechtsprechung und Kirche eine unheilvolle Allianz ein. Der Simplicissimus hielt diese Dichotomie auch bei, als sich die Machtverhältnisse zu Beginn des 20. Jahrhunderts zugunsten der organisierten Arbeitnehmer gegenüber kapitalschwachen Arbeitgebern veränderten. Von positiven arbeitsrechtlichen Entwicklungen der Gesetzgebung und Rechtsprechung nahm die Zeitschrift keine Kenntnis. Die klischeemäßige, plakativ-satirische Verunglimpfung der beleibten Arbeitgeber und die Sympathiekundgebungen für die ausgemergelten Proletarier konnten als Ausdruck einer vorurteilsstützenden Position gedeutet werden. Der Simplicissimus entmystifizierte liberalistischer Arbeitsverhältnisse, die auf der „freien Übereinkunft" beim Arbeitsvertrag beruhten. Allerdings wurde diese Entmystifizierung bereits vor dem Untersuchungszeitraum ausgiebig von der arbeitsrechtlichen und sozialbezogenen Literatur vorbereitet und geleistet. Der Simplicissimus hielt die Problematik im Bewusstsein seiner Leserschaft wach.

Die Bergarbeiter waren besonderen Gefahren ausgesetzt, so dass das vom Simplicissimus dargestellte ausbeuterische Verhalten der Grubenunternehmer dem Leser besonders abstoßend erscheinen musste. Grundsätzlich waren die exponierten Schicksale der Bergarbeiter dazu angetan, die Beilegung von Missständen einzufordern. Allerdings nahm die Kriminalisierung ausländischer Bergarbeiter durch den Simplicissimus die Beförderung xenophobischer Einstellungen in der Leserschaft in Kauf. Auch die Thematisierung von Bergarbeiter-Streiks beruhte offenbar eher auf dem spektakulären Effekt als auf arbeitsrechtlichen Ambitionen. Die gesetzgeberische Berücksichtigung von Forderungen der Bergarbeiter in den Novellen des ABG entzog sich der Wahrnehmung des Simplicissimus.

Der Simplicissimus beleuchtete drei Aspekte des Dienstverhältnisses zwischen Dienstboten und Arbeitgebern: Zum ersten wurden arbeitsrechtlich zu beanstandende Dienstverhältnisse, die auf einem Fehlverhalten der Arbeitgeber beruhten, kritisiert. In einer zweiten Kategorie wurden Dienstboten gezeigt, die sich arbeitsrechtlich unangemessen gegenüber ihrer Dienstherrschaft verhielten. In der dritten, von der zweiten Kategorie nicht immer zu trennenden, stellte der Simplicissimus Dienstboten dar, die ihr Recht in die eigenen Hände nahmen oder in nahezu patriarchalischem Wohlwollen in ihrem Dienstverhältnis die Führung übernahmen. Sie waren ihrer Herrschaft nicht als hilflose Opfer ausgeliefert. Sie entmystifizierten die gesetzlich vorgesehene Macht des männlichen Familienvorstandes oder legten überhaupt wenig Wert auf die gesetzlich gewollte Einbindung in den Haushalt der Dienstherrschaft. Dieser „Rollentausch" war auch Ausdruck der Umwälzungen, die vor dem Hintergrund veralteter arbeitsrechtlicher Bestimmungen zwischen den sozialen Schichten um die Jahrhundertwende stattfanden. Am Beispiel der heimlichen Machtübernahme durch manche Dienstboten reflektierte die Zeitschrift metonymisch den sozialen Umbruch. Von einigen – satirisch gestalteten - resoluten Einzel-Charakteren durfte allerdings nicht auf die generelle arbeitsrechtliche Situation der Gruppe geschlossen werden, die trotz einiger rechtlicher Verbesserungen, vor allem durch das BGB, auch zu Beginn des 20. Jahrhunderts immer noch eine prekäre war. Die Beispiele sexueller Begehrlichkeiten von Dienstherren ihren weiblichen

Dienstboten gegenüber existierten sowohl in der Realität als auch in der Fiktion des Simplicissimus. Allerdings banalisierten und neutralisierten mehrerer Beiträge der Zeitschrift die potentiell sozialkritische und arbeitsrechtliche Problematik. Der Simplicissimus pendelte in der Umbruchszeit des Untersuchungszeitraums bei seiner satirischen Betrachtung des Gesindes zwischen den Forderungen nach arbeitsrechtlichen Verbesserungen und denen nach Disziplinierung der „faulen“ und „frechen“ Dienstboten.

Gemäß seinem selbstgesetzten Anspruch hätte der Simplicissimus die berufliche und akademische Emanzipation der Frauen zu befürworten. Da er jedoch eine vorwiegend männliche Leserschaft ansprach, stieß die Verwirklichung dieses Anspruchs an die eigenen wirtschaftlichen Interessen. Weitaus eindeutiger war das Bekenntnis zur sexuellen Selbstbestimmung. Hinsichtlich der familienrechtlichen Arbeitspflicht der Ehefrauen setzte sich die Zeitschrift satirisch-kritisch mit den einschlägigen Bestimmungen des BGB auseinander. Außerdem rügte der Simplicissimus die Tatsache, dass Frauen der unteren Schichten oft schwerste körperliche Arbeit verrichten mussten und dass ihnen kein Arbeitsschutz gewährt wurde. Die Arbeitgeber kokettierten sogar mit der Missachtung des Arbeitsschutzes zugunsten der Verkaufsförderung ihrer Produkte. Die Satire des Simplicissimus wies Kongruenzen mit der realen arbeitsrechtlichen Situation auf, in der der Schutz der Fabrikarbeiterinnen gegenüber dem der allein oder in Kleingruppen arbeitenden Frauen (Beispiel „Mörtelweiber“) fortgeschrittener war. Die sexuelle Verfügung über arbeitsuchende oder untergebene Frauen war häufiges Thema im Simplicissimus des zweiten Kaiserreichs. Bisweilen arrangierten sich die Frauen jedoch bereitwillig zu ihrem Vorteil mit der Situation.

Die Prostituierten sahen sich in der gesellschaftlichen Wirklichkeit des 19. Jahrhunderts einer sich ständig ändernden rechtlichen Bewertung ihrer Tätigkeit gegenüber. Diese bestand im Wesentlichen in einer offiziellen Ächtung bei gleichzeitiger Duldung sowie in einer sozialen Verdrängung bis zur Verelendung. Eine arbeitsrechtliche Grundlage für ihre Tätigkeit existierte nicht, obwohl bereits zeitgenössische Autoren ihre Tätigkeit als Arbeit qualifizierten. Demgegenüber beschönigte der Simplicissimus vordergründig nahezu durchgehend Prostitution, Kuppelei und Zuhälterei. Die Zeitschrift betrieb offenbar aus kommerziellen Gründen eine voyeuristische Befriedigung der überwiegend männlichen Leserschaft.

Der sich im Arbeitsrecht nur langsam entwickelnde gesetzliche Schutz arbeitender Kinder und Jugendlicher wurde vom Simplicissimus zu Beginn als entbehrlich erachtet (der „schlauer Hirtenbua“ von 1896). Später wurde die Wirksamkeit dieses Schutzes exemplarisch am Schicksal ausgebeuteter junger Menschen satirisch in Frage gestellt. Die Kritik zielte darauf ab, dass es zwar Schutzgesetze gab, so dass diese aber durch zahlreiche Ausnahmeregelungen auf unterschiedliche Interessengruppen Rücksicht nahmen, dass sie auch Jahre nach ihrem Inkrafttreten nicht beachtet wurden und dass ihre Anwendung nur schwer kontrollierbar war.

Der Simplicissimus wies auf soziale und arbeitsrechtliche Missstände der in der Heimarbeit tätigen Menschen hin. Vielen zeitgenössischen Lesern waren die arbeitsrechtlichen Missstände im Untersuchungszeitraum und davor durch die naturalistische Literatur bereits vertraut. Seit dem ***Hausarbeitsgesetz vom 20. Dezember 1911*** versuchte der Gesetzgeber verstärkt, Missbräuchen entgegenzuwirken und die Rechtsposition der in Heimarbeit Beschäftigten zu festigen. Positive Entwicklungen in diesem Bereich waren im Untersuchungszeitraum kaum zu erkennen und wurden auch vom Simplicissimus nicht thematisiert.

Das Spektrum der vom Simplicissimus dargestellten Menschen ohne Arbeit reichte von Arbeitern, die wegen ihres Alters Angst vor der Arbeitslosigkeit hatten, bis zu notorischen Arbeitsverweigerern. Nach Ansicht des Simplicissimus linderten weder die Theoretiker der Ökonomie noch die Kirchen die Not der Arbeitslosen und Armen. Der Simplicissimus machte sich zudem zum Anwalt der arbeitsunfähigen Kriegsveteranen, die von ihrem Vaterland im Stich gelassen wurden. Die notorischen Arbeitsverweigerer bezogen die Rechtfertigung für ihre Arbeitsphobie aus den Vorbildern der aristokratischen und großbürgerlichen Gesellschaft. Durchweg zeigte die Zeitschrift Sympathie für die Arbeitsverweigerer und Minderleister. Aus der Perspektive eines Kritikers der harten Arbeitsbedingungen im Untersuchungszeitraum konnte man in den Arbeitsverweigerern und Minderleistern Menschen sehen, die nicht revolutionär aufbegehrten, sondern sich durch die Arbeitsverweigerung kampflos einem als ausbeuterisch empfundenen System entzogen. Die Sympathie des Simplicissimus für diese Repräsentanten war aus dieser Sicht ein Beitrag zur Förderung der Reflexion über den Umfang der Arbeitspflicht. Die Vielzahl von textlichen und bildlichen Darstellungen von ausbeuterischen Arbeitgebern und notleidenden Arbeitern und Arbeitslosen ließ in der Regel kaum Zweifel an der Schuldzuweisung des Simplicissimus zu. Gleichwohl thematisierte der Simplicissimus auch die fehlende Verantwortung vieler Arbeiter und Arme für ihre eigene Situation.

D. Anhang

I. Verwendete Abkürzungen

Anmerkung: Die Bezeichnung von Gesetzen und Buchtitel werden im Haupttext kursiv/ fett gedruckt.

ABG 1865	Allgemeines Berggesetz für die Preußischen Staaten vom 24. Juni 1865
ABG 1892	Novelle zum Preußischen Allgemeinen Berggesetze vom 24. Juni 1892
ABG 1905	Gesetz betr. die Abänderung einzelner Bestimmungen des ABG vom 14. Juli 1905
Abs.	Absatz
AEUV	Vertrag über die Arbeitsweise der Europäischen Union
AfS	Archiv für Sozialgeschichte
AGG	Allgemeines Gleichbehandlungsgesetz
AIVG 1889	Gesetz, betreffend die Invaliditäts- und Altersversicherung vom 22. Juni 1889
ALBG	Gesetz, betreffend die Beseitigung einzelner kirchlicher Abgaben und Leistungen für Schul-, Kommunal- und Armenzwecke. Vom 4. Juli 1876.
ALG	Arbeitslosengeld
ALR	Allgemeines Landrecht für die Preußischen Staaten
ähnl.	ähnlich
Anm.	Anmerkung
APG 1842	Gesetz über die Verpflichtung zur Armenpflege (Armenpflegesetz)
ArbGeb	Arbeitgeber
ArbN	Arbeitnehmer
ArbPlSchG	Gesetz über den Schutz des Arbeitsplatzes bei Einberufung zum Wehrdienst (Arbeitsplatzschutzgesetz)
ArbR-Hdb	Arbeitsrechts-Handbuch
ArbSchG	Arbeitsschutzgesetz
ArbZG	Arbeitszeitgesetz vom 6.6.1994, zuletzt geändert 15.7.2009
Art.	Artikel
ASiG	Arbeitssicherheitsgesetz
AuR	Arbeit und Recht, Zeitschrift für Arbeitsrechtspraxis
AVG	Versicherungsgesetz für Angestellte
AZO	Arbeitszeitordnung
BB	Bayerischer Bauernbund

BBergG	Bundesberggesetz
BBG	Bundesbeamtengesetz
BEEG	Gesetz zum Elterngeld und zur Elternzeit (Bundeselterngeld- und Elternzeitgesetz)
BdL	Bund der Landwirte
BeschSchG	Gesetz zum Schutz der Beschäftigten vor sexueller Belästigung am Arbeitsplatz (Beschäftigungsschutzgesetz)
BetrVG	Betriebsverfassungsgesetz
BertrSichV	Verordnung über Sicherheit und Gesundheitsschutz bei der Bereitstellung von Arbeitsmitteln und deren Benutzung bei der Arbeit, über Sicherheit beim Betrieb überwachungsbedürftiger Anlagen und über die Organisation des betrieblichen Arbeitsschutzes
BGB 1896	Bürgerliches Gesetzbuch vom 18. August 1896
BGBl. (NDB.)	Bundesgesetzblatt des Norddeutschen Bundes
BGG 1876	Gesetz, betreffend die Besteuerung des Gewerbebetriebes im Umherziehen und einige Abänderungen des Gesetzes wegen Entrichtung der Gewerbesteuer vom 30. Mai 1820. Vom 3. Juli 1876
BGV	Berufsgenossenschaftlichen Vorschriften
BUrlG	Mindesturlaubsgesetz für Arbeitnehmer (Bundesurlaubsgesetz)
BVerfG	Bundesverfassungsgericht
DJZ	Deutsche Juristen-Zeitung
E./ Entsch.	Entscheidung (Entscheidung des Reichsgerichts in Strafsachen, bzw. des Oberverwaltungsgerichts)
EGBGB	Einführungsgesetz zum Bürgerlichen Gesetzbuche
EKSO 1876	Allerhöchster Erlass, betreffend die Einführung der Kirchengemeinde- und Synodalordnung für die evangelisch-lutherische Kirche der Provinz Schleswig Holstein, mit Ausschluß des Kreises Herzogthum Lauenburg. Vom 4. November 1876
EMG 1876	Gesetz, betreffend die Erhöhung des Maximalunterstützungssatzes für die hülfsbedürftigen ehemaligen Krieger aus den Jahren 1813 bis 1815. Vom 1. August 1876
EMRK	Konvention zum Schutze der Menschenrechte und Grundfreiheiten
EPZG	Gesetz über die Zahlung des Arbeitsentgelts an Feiertagen und im Krankheitsfall (Entgeltfortzahlungsgesetz)
et al.	et alii, et aliae, et alia

EZB	Erziehungsberechtigte(r)
ESK	Evangelisch-sozialer Kongress
EuGH	Europäischer Gerichtshof
Fn.	Fußnote
gem.	gemäß
GesBgK	Gesetz betreffend die Bekämpfung gemeingefährlicher Krankheiten vom 30. Juni 1900
GesBüK	Gesetz betreffend die Bekämpfung übertragbarer Krankheiten vom 28. August 1905
GesO 1810	Preußische Gesindeordnung von 1810
GesO 1844	Gesinde-Ordnung für die Rheinprovinz vom 19. August 1844
GewGG 1890	Gesetz, betreffend die Gewerbegerichte vom 29. Juli 1890
GewO 1845/ Allg.GewO	Allgemeine preußische Gewerbe-Ordnung vom 17. Januar 1845
GewO 1849	Die Verordnung vom 9. Februar 1849, betreffend die Errichtung von Gewerberäthen, Gewerbegerichten u. verschiedenen Abänderungen der allgemeinen Gewerbeordnung
GewO 1869	Gewerbeordnung für den Norddeutschen Bund vom 21. Juni 1869
GewO 1878	Gesetz, betreffend die Abänderung der Gewerbeordnung vom 17. Juli 1878
GewO 1891	Gewerbeordnung vom 1. Juni 1891 („Arbeiterschutzgesetz“)
GewO 1900	Gewerbeordnung vom 26 Juli 1900
GewO 1907	Gewerbeordnung vom 7. Januar 1907
GewO 1908	Gewerbeordnung vom 28. Dezember 1908
GG	Grundgesetz für die Bundesrepublik Deutschland
Goltd.	Goltdammer, Archiv für gem. deutsches u. preuß. Strafrecht
Groschuff	Groschuff, Eichhorn, Delius, Preußische Strafgesetze, 2. Aufl. 1904
GPSG	Gesetz über die Bereitstellung von Produkten auf dem Markt(Produktsicherheitsgesetz)
GS/ G. S.	Cf. Pr. GS.
HAG	Heimarbeitsgesetz
HGB	Handelsgesetzbuch
h. M.	herrschende Meinung
HWK	Henssler, Martin; Willemsen, Heinz Josef; Kalb, Heinz-Jürgen, Arbeitsrecht Kommentar, 5. Auflage, 2012
i. d. R.	in der Regel

i. e.	id est, das heißt
IfM	Institut für Mittelstandsforschung
i. S. d.	im Sinne des
i. V. m.	In Verbindung mit
JArbSchG	Gesetz zum Schutze der arbeitenden Jugend (Jugendarbeitsschutzgesetz)
Jg.	Jahrgang
JuS	Juristische Schulung
JW	Juristische Wochenschrift
KAG 1903	Reichsgesetz, betreffend Kinderarbeit in gewerblichen Betrieben vom 30. März 1903
KfW	Kreditanstalt für Wiederaufbau
K.G./ KG	Kammergericht
KindArbSchV	Kinderarbeitsschutzverordnung
KMU	Kleine und mittlere Unternehmen
KSchG	Kündigungsschutzgesetz
LdR	Ergänzbares Lexikon des Rechts
LGG	Landesgleichstellungsgesetz NRW
MGK	Meyers Großes Konversationslexikon. 6. Auflage. Zehnter Band. Leipzig und Wien: Bibliographisches Institut, 1905
MuSchG	Mutterschutzgesetz
NJW	Neue Juristische Wochenschrift
NV Bühne	Normalvertrag Bühne
O. B. G.	Oberverwaltungsgericht in Berlin
O. L. G.	Oberlandesgericht
PolG 1850	Gesetz vom 11. März 1850 über die Polizeiverwaltung. [„Polizei(verwaltungs)gesetz"]
Preuß.V.Bl.	Preußisches Verwaltungsblatt, Heymanns Verlag, Berlin
Pr. GS.	Gesetz-Sammlung für die Königlichen Preußischen Staaten (Preußische Gesetzsammlung)
ProdSG	Gesetz über die Bereitstellung von Produkten auf dem Markt (Produktsicherheitsgesetz)
ProstG	Gesetz zur Regelung der Rechtsverhältnisse der Prostituierten vom 20. Dezember 2001 (Prostituiertengesetz)
PrStGB 1851	Straf-Gesetzbuch für die Preußischen Staaten vom 14. April 1851
RdA	Recht der Arbeit. Zeitschrift für Wissenschaft und Praxis des gesamten Arbeitsrechts
Regulativ	Regulativ über die Beschäftigung jugendlicher Arbeiter in den Fabriken vom 9. März 1839
R. G./RG	Reichsgericht
RGBl.	Reichsgesetzblatt

RGSt	Entscheidungen des Reichsgerichts in Strafsachen 1880–1944
RGZ	Entscheidungen des Reichsgerichts in Zivilsachen
Rn.	Randnummer
RStGB 1871	Strafgesetzbuch für das Deutsche Reich vom 15. Mai 1871
RVO	Reichsversicherungsordnung (1911)
Rn.	Randnummer, Randziffer
S.	Seite
SGB	Sozialgesetzbuch
sog.	sogenannt(e/r)
StGB	Strafgesetzbuch
StGB 1900	Strafgesetzbuch vom 25. Juni 1900
SVG	Gesetz über die Versorgung für die ehemaligen Soldaten der Bundeswehr und ihre Hinterbliebenen (Soldatenversorgungsgesetz)
TRBS	Technische Regeln für Betriebssicherheit
u. E.	unseres Erachtens
ugs.	umgangssprachlich
u. ö.	und öfter
usw.	
UVG 1884	Unfallversicherungsgesetz 1884
UWG	Gesetz über die Abänderung und Ergänzung der Ausführungsgesetze zum Reichsgesetz über den Unterstützungswohnsitz vom 23.07.1912
Verf.	Verfasser (Erläuterung oder Ergänzung durch Verfasserin dieser Arbeit)
Verf NRW	Verfassung für das Land Nordrhein-Westfalen (Landesverfassung NRW)
VG 1850	Verordnung über die Verhütung eines die gesetzliche Freiheit und Ordnung gefährdenden Mißbrauchs des Vereins- und Versammlungsrechts vom 11. März 1850 (Vereinsgesetz)
VG 1899	Reichsgesetzes vom 11. Dezember 1899, betreffend das Vereinswesen
VG 1908	Vereinsgesetz vom 19. April 1908
VGFG 1887	(Reichs-)Gesetz, betreffend die Verwendung gesundheitsschädlicher Farben bei der Herstellung von Nahrungsmitteln, Genussmitteln und Gebrauchsgegenständen. Vom 5. Juli 1887
ZAD	Zeitschrift für Arbeits- und Antidiskriminierungsrecht
ZfA	Zeitschrift für Arbeitsrecht
ZNR	Zeitschrift für Neuere Rechtsgeschichte

II. Benutzte Internetquellen

1. Rechtsquellen

http://www.ahnen-seipt.de/Gesindeordnung.pdf

http://www.bsb-muenchen-digital.de
Bayerische Staatsbibliothek

http://www.dhm.de
Deutsches Historisches Museum

http://digital.staatsbibliothek-berlin.de
Staatsbibliothek zu Berlin. Preußischer Kulturbesitz

http://digital.ub.uni-duesseldorf.de
Universitäts- und Landesbibliothek der Heinrich Heine Universität Düsseldorf. „Digitale Sammlungen“

http://dlib-pr.mpier.mpg.de;
Max-Planck-Institut für europäische Rechtsgeschichte, in Zusammenarbeit mit der Universität zu Köln.

http://www.documentarchiv.de
Das documentArchiv veröffentlicht historische Dokumente und Quellen zur deutschen Geschichte ab 1800.

http://www.gesetze-im-internet.de/bundesrecht/prostg/gesamt.pdf
Ein Service des Bundesministeriums der Justiz in Zusammenarbeit mit der juris GmbH - www.juris.de

http://www.recht.makrolog.de
Makrolog, Recht für Deutschland GmbH ist spezialisiert auf juristische Online- und CD-Veröffentlichungen.

http://http//www.nationallizenzen.de
Die Entscheidungssammlungen der Entscheidungen des Reichsgerichts in Zivilsachen (RGZ) und der Entscheidungen des Reichsgerichts in Strafsachen (RGSt) (Nationallizenz)
Der deutschlandweite Zugriff auf diese Datenbank wird durch die Förderung der Deutschen Forschungsgemeinschaft (DFG) ermöglicht und durch die Staatsbibliothek zu Berlin sowie die Virtuelle Fachbibliothek Recht organisiert.

http://www.slub-dresden.de/recherche/datenquellen/

http://www.smixx.de
Verlag Birga Glücksmann Inh. Ralph Glücksmann, Am Soldatenfriedhof 4, 21073 Hamburg

http://de.wikisource.org
„Wikisource“, die „freie Quellensammlung“, wird von der Wikimedia Foundation betrieben und ist nach eigenen Angaben eine Sammlung von Quellentexten, die entweder urheberrechtsfrei sind oder unter einer freien Lizenz stehen.

http://www.zaar.uni-muenchen.de
Zentrum für Arbeitsbeziehungen und Arbeitsrecht (ZAAR)

2. Weitere Quellen

Simplicissimus

http://www.simplicissimus.info
Hrsg. Die Klassik Stiftung Weimar, die Herzogin Anna Amalia Bibliothek in Verbindung mit dem Deutschen Literaturarchiv Marbach sowie dem Institut für Germanistische und Allgemeine Literaturwissenschaft und dem Lehr- und Forschungsgebiet Deutsch-jüdische Literaturgeschichte, beide an der Rheinisch-Westfälischen Technischen Hochschule Aachen.
Die Quellenangabe erfolgt im laufenden Text nach dem Muster: Tag, Monat, Jahr, Seitenzahl (z. B.: 17.12.1898, S. 302, ggf. Name des Zeichners)

Kladderadatsch

http://www.ub.uniheidelberg.de/helios/digi/kladderadatsch.html
Die Ruprecht-Karls-Universität Heidelberg stellt eine Online-Version des „Kladderadatsch“ zur Verfügung.

III. Gesetze in chrolologischer Reihenfolge bis 1914

Zahlreiche Gesetzesquellen sind sowohl in Buchform als auch als elektronische Quelle vorhanden. In der folgenden Arbeit wird aus den Buchquellen zitiert, wenn solche zugänglich sind. Zusätzlich werden ggf. mögliche Internetquellen angegeben.

In den Fußnoten der Arbeit werden Kurzformen angegeben. Sie bestehen aus dem Paragrafen, der Kurzform des Gesetzes und der Jahreszahl der Verabschiedung bzw. aus dem Nachnamen des Kommentators, der Jahreszahl der Ausgabe und ggf. der Seitenzahl.

1794 02 05

Allgemeines Landrecht für die preußischen Staaten vom 5. Februar 1794
Buchveröffentlichung: Textausgabe mit einer Einführung von Hans Hattenhauer, Frankfurt am Main, Berlin: Alfred Metzner Verlag, 1970.
[Zitiert: ALR 1794]

1810 11 08

Gesinde-Ordnung für sämmtliche Provinzen der preußischen Monarchie.
In: Pr. GS. 1810. 101.

Buchveröffentlichung: Die geltenden Preußischen Gesindeordnungen, hrsg. in 2 Bänden von Stephan Gerhard, Bd. 1, Berlin 1902.

[Zitiert: GO 1810]

[Zitiert bezüglich der Kommentare und Erläuterungen: GO 1810, Gerhard]

1811 09 07

Preuß. Gesetz über die polizeil. Verhältnisse der Gewerbe, in bezug auf das Gesetz vom 2. Nov. 1810, wegen Einführung einer allgemeinen Gewerbesteuer. Vom 7ten Sept. 1811.

In: Pr. GS. 1811. 263.

Buchveröffentlichung (Auszug): Wilhelm Ebel, Quellen zur Geschichte des deutschen Arbeitsrechts (bis 1849). Göttingen, Berlin, Frankfurt: Musterschmidt-Verlag, 1964, S. 270.

[Zitiert: Polizeil. Verhältnisse 1811]

1839 03 09

Regulativ über die Beschäftigung jugendlicher Arbeiter in den Fabriken vom 9. März 1839

Buchveröffentlichung: Anton, Günther K., Geschichte der preußischen Fabrikgesetzgebung bis zu ihrer Aufnahme durch die Reichsgewerbeordnung. Berlin: Rütten & Loening, 1953, S. 74–76.

[Zitiert: Regulativ 1839]

1842 12 31

Gesetz über die Verpflichtung zur Armenpflege (Armenpflegesetz)

Buchveröffentlichung in Lerche, Alltag und Lebenswelt von heimatlosen Armen (2009), S. 403–408

[Zitiert: APG 1842]

1844 08 19

Gesinde-Ordnung für die Rheinprovinz vom 19. August 1844

In: Pr. GS. 1844. 410.

Internet-Quelle: http://digital.staatsbibliothek-berlin.de/dms/werkansicht/?PPN=PPN642924562&PHYSID=PHYS_0001

[Zitiert: GesO 1844]

1845 01 17

Allgemeine Gewerbe-Ordnung

In: Pr. GS. 1845. 41.

Buchveröffentlichung: Allgemeine preußische Gewerbe-Ordnung nebst dem Entschädigungs-Gesetz vom 17. Januar 1845 und die Gesindeordnung vom 19.8.1844. Elberfeld: Julius Bädeker, 1845.

Internet-Quelle:
http://digital.ub.uni-duesseldorf.de/urn/urn:nbn:de:hbz:061:1-71798

[Zitiert: Allg.GewO/ GewO 1845]

1848 12 05

Verfassungsurkunde für den preußischen Staat vom 5. Dezember 1848
Internet-Quelle: http://www.documentArchiv.de/nzjh/verfpr1848.html
[Zitiert: Verfassungsurkunde 1848]

1849 02 09

Die Verordnung vom 9. Februar 1849, betreffend die Errichtung von Gewerberäthen, Gewerbegerichten u. verschiedenen Abänderungen der allgemeinen Gewerbeordnung
Internet-Quelle: http://www.bsb-muenchen-digital.de/~web/web1055/bsb10552336/images/index.html?digID=bsb10552336&pimage=00001&v=pdf&nav=0&l=dc
[Zitiert: GewO 1849]

1849 03 28

Verfassung des Deutschen Reiches.
(„Frankfurter Reichsverfassung“ bzw. „Paulskirchen-Verfassung“)
Internet-Quelle: http://www.documentarchiv.de/nzjh/verfdr1848.htm
[Zitiert: Verfassung 1849]

1850 03 11

Verordnung über die Verhütung eines die gesetzliche Freiheit und Ordnung gefährdenden Mißbrauchs des Vereins- und Versammlungsrechts vom 11. März 1850.
(„Vereinsgesetz“)
Buchveröffentlichung: Das preußische Vereins- und Versammlungsrecht unter besonderer Berücksichtigung des Gesetzes vom 11. März 1850, der Befugnisse der Polizeibehörden und der privatrechtlichen Vorschriften der Reichsgesetze. Dargestellt und erläutert von Dr. jur. Delius. Dritte verbesserte und wesentlich vermehrte Auflage. Berlin: Carl Heymanns Verlag, 1905.
[Zitiert: VG 1850]
[Zitiert bezüglich der Kommentare und Erläuterungen: VG 1850, Delius]

1850 03 11

Gesetz vom 11. März 1850 über die Polizeiverwaltung. [„Polizei(verwaltungs)gesetz“].
Buchveröffentlichung: Das Polizeigesetz. Gesetz vom 11. März 1850 über die Polizeiverwaltung mit Nebengesetzen auf Grund der Rechtsprechung der höchsten Gerichte erläutert von Dr. Karl Friedrichs. Berlin: Carl Heymanns Verlag, 1911.
[Zitiert: PolVwG 1850]
[Zitiert bezüglich der Kommentare und Erläuterungen: PolVwG 1850, Friedrichs].

1851 04 14

Straf-Gesetzbuch für die Preußischen Staaten vom 14. April 1851

Internet-Quelle: http://www.bsb-muenchen-digital.de/~web/web1039/bsb10395534/images/index.html?digID=bsb10395534&pimage=1&v=pdf&nav=0&l=de

[Zitiert: PRStGB 1851]

1865 06 24

Allgemeines Berggesetz für die Preußischen Staaten vom 24. Juni 1865

In: Pr. GS. 1865. 705.

Buchveröffentlichungen:

1. Das allgemeine Berggesetz für die Preußischen Staaten vom 24. Juni 1865: Mit dem wesentlichen Inhalte der Materialien. Zsgest. und erl. von L.von Beughem, Neuwied: Strüder, 1865.

[Zitiert: ABG 1865]

[Zitiert bezüglich der Kommentare und Erläuterungen: ABG 1865, Beughem]

2. Huyssen, August, Commentar zum Preußischen Allgemeinen Berggesetz nebst Ergänzungen und Verwaltungsvorschriften. 2. Ausg. Essen: Bädeker, 1867

[Zitiert bezüglich der Kommentare und Erläuterungen: Huyssen, Commentar (1867)]

1869 06 21

Gewerbeordnung für den Norddeutschen Bund vom 21. Juni 1869

In: BGBl. NDB. 1869. 245.

Internet-Quelle: http://de.wikisource.org/wiki/Gewerbeordnung_f%C3%BCr_den_Norddeutschen_Bund#.C2.A7._153.

[Zitiert: GewO 1869]

1871 05 15

Strafgesetzbuch für das Deutsche Reich

in: RGBl. 1871. 127.

Buchveröffentlichung: Das Strafgesetzbuch für das Deutsche Reich nebst dem Einführungsgesetz in kurzen Erläuterungen, bearbeitet von Dr. Hermann Göbel, Direktor am Landgericht I zu Berlin. Leipzig: Hirschfeld, 1913.

[Zitiert: RStGB 1871]

1873 03 31

Gesetz, betreffend die Rechtsverhältnisse der Reichsbeamten vom 31. März 1873

In: RGBl. S. 61.

Buchveröffentlichung: Das Reichsbeamtengesetz vom 31. März 1873 in der Fassung der Bekanntmachung vom 18. Mai 1907 mit allen Abänderungen und Ergänzungen erläutert von Dr. Oskar Georg Fischbach Geh. Regierungsrat und Ministerialrat in Berlin. Berlin und Leipzig: Walter de Gruyter & Co., 1930.

[Zitiert bezüglich der Kommentare und Erläuterungen: RBG 1873, Fischbach]

1876 07 03

Gesetz, betreffend die Besteuerung des Gewerbebetriebes im Umherziehen und einige Abänderungen des Gesetzes wegen Entrichtung der Gewerbesteuer vom 30. Mai 1820. Vom 3. Juli 1876.

In: Pr. GS. 1876. 247.

[Zitiert: BGG 1876]

1876 07 04

Gesetz, betreffend die Beseitigung einzelner kirchlicher Abgaben und Leistungen für Schul-, Kommunal- und Armenzwecke. Vom 4. Juli 1876.

in: Pr. GS. 1876. 285.

[Zitiert: ALBG 1876]

1876 08 01

Gesetz, betreffend die Erhöhung des Maximalunterstützungssatzes für die hülfsbedürftigen ehemaligen Krieger aus den Jahren 1813 bis 1815. Vom 1. August 1876.

In: Pr. GS. 1876. 347.

[Zitiert: EMG 1876]

1876 11 04

Allerhöchster Erlass, betreffend die Einführung der Kirchengemeinde- und Synodalordnung für die evangelisch-lutherische Kirche der Provinz Schleswig Holstein, mit Ausschluß des Kreises Herzogthum Lauenburg. Vom 4. November 1876.

in: Pr. GS. 1876. 415.

[Zitiert: EKSO 1876]

1878 07 17

Gesetz, betreffend die Abänderung der Gewerbeordnung vom 17. Juli 1878

In: RGBl. 1878. 199.

Internet-Quelle: http://de.wikisource.org/wiki/Gesetz,_betreffend_die_Ab%C3%A4nderung_der_Gewerbeordnung

[Zitiert: GewO 1878]

1878 10 21

Gesetz gegen die gemeingefährlichen Bestrebungen der Sozialdemokratie vom 21. Oktober 1878

In: RGBl. 1878. 35.

Internet-Quelle: http://www.documentarchiv.de/ksr/soz_ges.html

[Zitiert: „Sozialistengesetz" 1878]

1884 05 13

Gesetz, betreffend die Anfertigung und Verzollung von Zündhölzern vom 13. Mai 1884.

In: RGBl. 1884. 49.

Buchveröffentlichung in: Buchveröffentlichung in: Die Reichsgewerbeordnung in ihrer neuesten Gestalt nebst Ausführungsvorschriften von Dr. Ernst Neukamp, Oberlandesgerichtsrath in Köln. 4. verm. Aufl. Berlin: Siemenroth & Troschel, 1901; 623 f.
[Zitiert: Zündhölzer-Gesetz 1884]

1884 07 06

Unfallversicherungsgesetz
In: RGBl. 1884. 69.
Internet-Quelle: http://de.wikisource.org/wiki/Unfallversicherungsgesetz
[Zitiert: UVG 1884]

1887 07 05

(Reichs-)Gesetz, betreffend die Verwendung gesundheitsschädlicher Farben bei der Herstellung von Nahrungsmitteln, Genussmitteln und Gebrauchsgegenständen. Vom 5. Juli 1887
In: RGBl. 1887. 277.
In: 1900 06 25 STGB, S. 183 ff. und Buchveröffentlichung in: Karl von Buchka, Die Nahrungsmittelgesetzgebung im Deutschen Reich. Eine Sammlung der Gesetze und wichtigsten Verordnungen betreffend den Verkehr mit Nahrungsmitteln, Genussmitteln und Gebrauchsgegenständen, nebst den amtlichen Anweisungen zur chemischen Untersuchung derselben, Berlin: Springer, 1901, S. 232.
[Zitiert: VGFG 1887]

1889 06 22

Gesetz, betreffend die Invaliditäts- und Altersversicherung vom 22. Juni 1889
In: RGBl. 1889. 97.
Buchveröffentlichung: Das Reichsgesetz betreffend die Invaliditäts- und Altersversorgung vom 22. Juni 1889 erläutert von Dr. jur. Richard Freund, Magistrats-Assessor zu Berlin. Berlin: J. J. Heines Verlag, 1980.
[Zitiert: AIVG 1889]
[Zitiert bezüglich der Kommentare und Erläuterungen: AIVG 1889, Freund].

1890 07 29

Gesetz, betreffend die Gewerbegerichte vom 29. Juli 1890
In: RGBL. 1890. 141.
Buchveröffentlichung (Reprint in): Jochen Weiß, Arbeitsgerichtsbarkeit und Arbeitsgerichtsverband im Kaiserreich und in der Weimarer Republik, Frankfurt: Peter Lang: 1994, S. 170–191.
[Zitiert: GewGG 1890]

1891 06 01

Gesetz, betreffend Abänderung der Gewerbeordnung vom 1. Juni 1891 (Sog. „Arbeiterschutzgesetz“)
In: RGBl. 1891. 261.

Buchveröffentlichung: Die Reichsgewerbeordnung in ihrer neuesten Gestalt nebst Ausführungsvorschriften. Unter besonderer Berücksichtigung des Bürgerlichen Gesetzbuchs erläuterte Textausgabe mit Sachregister. von Dr. Ernst Neukamp. Berlin: Siemenroth & Troschel. 4. vermehrte Auflage, 1901.

[Zitiert: GewO 1891]

[Zitiert bezüglich der Kommentare und Erläuterungen: GewO 1891, Neukamp]

1892 06 24

Novelle zum Preußischen Allgemeinen Berggesetze vom 24. Juni 1892.

Mit dem den Bergbau betreffenden Gewerberechte und mit Kommentar. Zugleich Nachtrag zum Berggesetz-Kommentar von 1888. Von H[ermann] Brassert. Bonn: Adolph Marcus, 1894.

Internet-Quelle: http://dlib-pr.mpier.mpg.de/m/kleioc/0010/exec/books/%22100273%22

[Zitiert: ABG 1892]

[Zitiert bezüglich der Kommentare und Erläuterungen: ABG 1892, Brassert]

1894 03 12

Gesetz über den Unterstützungswohnsitz vom 3. März 1894

In: RGBl. 1894. 259.

Buchveröffentlichung: Das Reichsgesetz über den Unterstützungswohnsitz vom 6. Juni 1870 in der Fassung vom 12 März 1894 und unter Berücksichtigung der Bestimmungen des Bürgerlichen Gesetzbuchs, erläutert Von Dr. Jur. Georg Eger, Geheimer Regierungsrat. Nebst einem Anhange enthaltend alle wichtigen bezüglichen Gesetze, Verordnungen und Erlasse. Fünfte vermehrte Auflage. Breslau: Kern's Verlag (Max Müller), 1908.

[Zitiert: UWG 1894]

[Zitiert bezüglich der Kommentare und Erläuterungen: UWG 1894, Eger]

1896 08 18

Bürgerliches Gesetzbuch vom 18. August 1896

In: RGBl. 1896. 195.

In: RGBl. 1896. 604. (EGBGB)

Buchveröffentlichung: Bürgerliches Gesetzbuch vom 18. August 1896 nebst dem Einführungsgesetze vom 18. August 1896, Handausgabe mit Einleitung, erläuternden Anmerkungen und Sachregister in Verbindung mit Eugen Ebert und Heinrich Schneider. Herausgegeben von Otto Fischer und Wilhelm von Henle Neunte, durchgearbeitete und ergänzte Auflage. München, Beck, 1912.

[Zitiert: BGB 1896 und EGBGB 1896]

1899 05 27

Runderlass, betreffend die Regelung des Verkehrs mit Milch vom 27 Mai 1899.

In: Karl von Buchka, cf. **1887 07 05,** S. 17, 21.

1899 12 11

Gesetz, betreffend das Vereinswesen vom 11. Dezember 1899

In: RGBl. 1899. 699.

Buchveröffentlichung: Das preußische Vereins- und Versammlungsrecht unter besonderer Berücksichtigung des Gesetzes vom 11. März 1850, der Befugnisse der Polizeibehörden und der privatrechtlichen Vorschriften der Reichsgesetze. Dargestellt und erläutert von Dr. jur. Delius. Dritte verbesserte und wesentlich vermehrte Auflage. Berlin: Carl Heymanns Verlag, 1905, S. 157.

[Zitiert: Vereinsgesetz 1899]

1900 06 25

Strafgesetzbuch für das Deutsche Reich

Buchveröffentlichung: Strafgesetzbuch für das Deutsche Reich nach dem neuesten Stande. Nebst Anhang, enthaltend die wichtigsten strafrechtlichen Nebengesetze. Mit Einleitung, Anmerkungen und Register von Dr. Julius von Staudinger, k. Geheimer Rath, Senatspräsident a. D. in München. Achte durchgesehene und ergänzte Auflage. München: C. H. Beck'sche Verlagsbuchhandlung, 1902.

[Zitiert: StGB 1900]

1900 06 30

Gesetz betreffend die Bekämpfung gemeingefährlicher Krankheiten vom 30. Juni 1900

In: RGBl. 1900. 306.

Buchveröffentlichung: Adolf Schmedding. Die Gesetze betreffend Bekämpfung ansteckender Krankheiten und zwar

1. Reichsgesetz betreffend die Bekämpfung gemeingefährlicher Krankheiten vom 30. Juni 1900 (R.-G.-Bl. S. 306 ff.),

2. Preußisches Gesetz betreffend die Bekämpfung übertragbarer Krankheiten vom 28. August 1905 (G. S. S. 373 ff.)

Nebst Ausführungsbestimmungen, erläutert für Preußen von A. Schmedding, Landrat, Mitglied des Hauses der Abgeordneten.

Münster i. W. Aschendorffsche Buchhandlung, 1905.

[Zitiert: GesBgK 1900]

[Zitiert bezüglich der Kommentare und Erläuterungen: GesBgK 1900, Schmedding]

1900 07 26

Gewerbeordnung für das Deutsche Reich. In der Fassung der Bekanntmachung vom 26. Juli 1900

In: RGBl. 1900, 871.

Buchveröffentlichung: Textausgabe mit ausführlichem Sachregister. Berlin: Verlag von Franz Vahlen, 1901.

[Zitiert.: GewO 1900]

1901 05 31

Gesetz, betreffend Versorgung der Kriegsinvaliden und der Kriegs-Hinterbliebenen vom 31. Mai 1901

Kommentierte Veröffentlichung: Die Versorgung der Kriegs-Invaliden und der Kriegshinterbliebenen. Herausgegeben von B. Wand. Gotha, o. J.

[Zitiert: Reichsinvalidengesetz 1901]

[Zitiert bezüglich der Kommentare und Erläuterungen: Reichsinvalidengesetz 1901, Wand]

1903 03 24

Bekanntmachung des Bundesrats, betr. Die Beschäftigung jugendlicher Arbeiter auf Steinkohlenbergwerken in Preußen usw.

[Zitiert Bekanntmachung Bundesrat AGB 1905, Westhoff, Schlüter, S. 650 ff]

1903 03 30

Gesetz, betreffend Kinderarbeit in gewerblichen Betrieben vom 30. März 1903

In: RGBl. 1903. 113.

Buchveröffentlichungen:

1. Reichsgesetz, betreffend Kinderarbeit in gewerblichen Betrieben. Vom 30. März 1903. Nebst der Preußischen Ausführungsanweisung vom 30. November 1903 und der Bekanntmachung des Reichskanzlers vom 17. Dezember 1903. Text-Ausgabe mit Anmerkungen und Sachregister. Von H.[ans] Spangenberg, Oberverwaltungsgerichtsrat. Zweite vermehrte Auflage. (Guttentag'sche Sammlung Deutscher Reichsgesetze, Nr. 71). Berlin: I. Guttentag, Verlagsbuchhandlung, G. m. b. H.: 1904.

[Zitiert: KAG 1903]

[Zitiert bezüglich der Kommentare und Erläuterungen: KAG 1903, Spangenberg]

2. Gesetz betreffend Kinderarbeit in gewerblichen Betrieben. Vom 30. März 1903. Nebst den dazu gehörigen Bekanntmachungen des Bundesrats, den Ausführungsanweisungen der deutschen Bundesstaaten und Elsass-Lothringens und vier Anhängen. Von Konrad Agahd und M. von Schulz. Dritte wesentlich vermehrte Auflage. Jena: Verlag von Gustav Fischer (Schriften der Gesellschaft für Soziale Reform): 1905.

[Zitiert bezüglich der Kommentare und Erläuterungen: KAG 1903, Agahd/ Schulz]

1905 08 28

Gesetz, betreffend die Bekämpfung übertragbarer Krankheiten vom 28. August 1905

In: GS. Pr. 1905. 373.

Buchveröffentlichung: cf. 1900 06 30, Schmedding, S. 50 ff.

[Zitiert: GesBüK (1905)]

[Zitiert bezüglich der Kommentare und Erläuterungen: GesBüK 1905, Schmedding]

1905 07 14

Gesetz betreffend die Abänderung einzelner Bestimmungen des Allgemeinen Bergsetzes

In: GS. Pr. 1905. 307.

Buchveröffentlichung: Allgemeines Berggesetz für die Preußischen Staaten vom 24. Juni 1865 nebst den bis zum Jahre 1907 ergangenen preußischen Berggesetznovellen, den einschlägigen Nebengesetzen und Ausführungsbestimmungen. Mit Einleitung, Erläuterungen und Sachregister. Bearbeitet von Wilhelm Westhoff und Wilhelm Schlüter. Zweite, vermehrte und verbesserte Auflage. Berlin: Guttentag, 1907.

[Zitiert: ABG 1905]

[Zitiert bezüglich der Kommentare und Erläuterungen: AGB 1905, Westhoff, Schlüter]

1907 07 01

Gesetz, betreffend die Abänderung der Gewerbeordnung. Vom 7. Januar 1907

In: RGBl. 1900. 871.

Buchveröffentlichung: Gewerbeordnung für das Deutsche Reich in ihrer neuesten Fassung (unter Berücksichtigung der Gesetze vom 14. Oktober 1905 und 7. Januar 1907). Nebst Kinderschutzgesetz vom 30. März 1903 und dem Gewerbegerichtsgesetz in der Fassung vom 29. September 1901. Textausgabe mit alphabetischem Sachregister. Sechste Auflage. Mit Anhang enthaltend das Gesetz vom 30. Mai 1908, betreffend Abänderung der Gewerbeordnung. München: C. H. Beck'sche Verlagsbuchhandlung: 1907.

[Zitiert: GewO 1907]

1908 04 19

Vereinsgesetz vom 19. April 1908

In: RGBl. 1908. 151.

Buchveröffentlichung: Müller, Ernst; Schmid Georg. Vereinsgesetz vom 19. April 1908 nebst Ausführungsbestimmungen der sämtlichen deutschen Bundesstaaten und Anhang (bisheriges preußisches, bayerisches, ausländisches Vereinsrecht usw.) München: I. Schweitzer Verlag, 1908. Darin abgedruckt Preußisches Vereinsgesetz vom 11. März 1850, S. 321–326.

[Zitiert: VG 1908]

1908 05 30

Gesetz, betreffend die Abänderung der Gewerbeordnung vom 30. Mai 1908

In: RGBl. 1908. 356.

Cf. 1907 07 01 (Anhang)

1908 12 28

Gesetz, betreffend die Abänderung der Gewerbeordnung vom 28. Dezember 1908.

In: RGBl. 1908. 667.
Internet-Quelle: http://www.recht.makrolog.de
[Zitiert: GewO 1908]

1911 12 20

Versicherungsgesetz für Angestellte
Buchveröffentlichung: Das Angestelltenversicherungsgesetz vom 28. Mai 1924 mit der Beitragsordnung vom 21. November 1924 und den sonstigen Ausführungsbestimmungen. Kommentar von H. Schulz und R. Hartmann. Berlin: Verlag von Reimar Hobbing, 1925.
[Zitiert: AVG 1911/1924]
[Zitiert bezüglich der. Kommentare und Erläuterungen: AVG 1911/1924, Schulz, Hartmann]

1912 06 19

Strafgesetzbuch
Buchveröffentlichung: Das Strafgesetzbuch für das Deutsche Reich nebst dem Einführungsgesetz in kurzen Erläuterungen. Bearbeitet von Dr. Hermann Göbel, Direktor am Landgericht I zu Berlin. Leipzig: Verlag von C. L. Hirschfeld: 1913.
[Zitiert: StGB 1912]

1912 07 23

Gesetz über die Abänderung und Ergänzung der Ausführungsgesetze zum Reichsgesetz über den Unterstützungswohnsitz vom 23.07.1912 („Arbeitsscheuengesetz")
Buchveröffentlichung: Ausübung der Armenpflege bei Arbeitsscheuen und säumigen Nährpflichtigen nach dem Gesetz über die Änderung und Ergänzung der Ausführungsgesetze zum Reichsgesetz über den Unterstützungswohnsitz vom 23. Juli 1912 mit den Ausführungsbestimmungen, einer Einleitung und Erläuterungen. Von Fritz Schlosser, Geheimem Oberregierungsrat und vortragendem Rat im Ministerium des Inneren.
Berlin: Carl Heymanns Verlag, 1912.
[Zitiert: UWG 1912]
[Zitiert bezüglich der Kommentare und Erläuterungen: UWG 1912, Schlosser]

IV. Verzeichnis der zitierten Literatur

Abret, Helga/Keel, Aldo: Im Zeichen des Simplicissimus. Briefwechsel Albert Langen Dagny Björnson 1895–1908, München 1987.

Achilles, Walter: Die Wechselbeziehungen zwischen Industrie und Landwirtschaft, in: Sozialgeschichtliche Probleme in der Zeit der Hochindustrialisierung (1870–1914), hrsg. v. Hans Pohl, Paderborn u. a. 1979, S. 57–101.

Adomeit, Klaus: Der Dienstvertrag des BGB und die Entwicklung des Arbeitsrechts, NJW 1996, Heft 27, S. 1710–1714.

Allan, Ann Taylor: Satire and Society in Wilhelmine Germany. Kladderadatsch & Simplicissimus 1890–1914, Lexington/Kentucky 1984.

Andersen, Arne: Arbeiterschutz in Deutschland, in: AfS 1991, S. 61–83.

Angermeier, Heinz: Die gelben Gewerkschaften in der sozialen Bewegung am Beginn des 20. Jahrhundert, in: Geistiger Umgang mit der Vergangenheit, Stuttgart 1962, S. 189–198.

Anton, Günther K.: Geschichte der preußischen Fabrikgesetzgebung bis zu ihrer Aufnahme durch die Reichsgewerbeordnung, Leipzig, 1891, Neudruck Berlin 1953.

Arnold, Fritz (Hrsg.): Karl Arnold. Leben und Werk des großen „Simplicissimus"-Zeichners, Reinbeck 1977.

Ausstand 1905: [N. N.] Der Ausstand vom Jahre 1889; in: Aufsätze über den Streik der Bergarbeiter im Ruhrgebiet, Schriften der Gesellschaft für Soziale Reform, Bd. II, Heft 5, Heft 17 der Reihe, Jena 1905, S. 5–12.

Avenarius, Martin: Das „gaiozentrische" Bild vom Recht der klassischen Zeit; in: Hermeneutik der Quellentexte des Römischen Rechts, hrsg. v. Martin Avenarius, Baden-Baden 2008, S. 97–134.

Avenarius, Martin: Tradition, Vorverständnis und Wirkungsgeschichte der Quellen. Vom Einfluß der geisteswissenschaftlichen Hermeneutik auf das romanistische Verstehen; in: Hermeneutik der Quellentexte des Römischen Rechts, hrsg. v. Martin Avenarius, Baden-Baden 2008, S. 9–29.

Backhaus, Wilhelm: Bemerkungen zur Bedeutung von Lohnarbeit und Sklavenarbeit in der römischen Landwirtschaft, in: Vom Elend der Handarbeit. Probleme historischer Unterschichtenforschung, hrsg. v. Hans Mommsen und Winfried Schulze, Stuttgart 1981, S. 93–107.

Bade, Klaus J.: Politik und Ökonomie der Ausländerbeschäftigung im preußischen Osten 1885–1914, in: Preußen im Rückblick, hrsg. v. Hans-Jürgen Puhle und Hans-Ulrich Wehler, Göttingen 1980, S. 273–299.

Bald, Gustav: Die politisch-satirische Lyrik als publizistisches Kampfmittel [Unterstreichung: Bald]. Dargestellt an den satirischen Zeitschriften Münchens: « Jugend », « Simplicissimus » und « Brennessel », Diss. Arnsberg i. W., 1936.

Barthes, Roland: Rhetorik des Bildes; in: Roland Barthes, Der entgegenkommende und der stumpfe Sinn, Kritische Essays; aus dem Französischen von Dieter Hornig, Frankfurt a. M. 1990, S. 28–46.

Baum, [Georg]: Der Dienstvertrag der kaufmännischen Angestellten; in: Schriften der Gesellschaft für Soziale Reform, Bd. III, Heft 2, Heft 26 der Reihe, Jena 1908, S. 5–80.

Baum, Georg: Das Recht des Arbeitsvertrages, Leipzig 1911.

Bausinger, Hermann: Verbürgerlichung – Folgen eines Interpretaments, in: Arbeiter in Deutschland, hrsg. v. Dieter Langewiesche und Klaus Schönhoven, Paderborn 1981, S. 98–117.

Becker, Martin: Arbeitsvertrag und Arbeitsverhältnis in Deutschland. Vom Beginn der Industrialisierung bis zum Ende des Kaiserreichs, Frankfurt a. M. 1995.

Becker, Winfried: Sozialpolitische Vorstellungen der Kirchen und ihre Realisierung im 19. Jahrhundert (Bis Rerum Novarum), in: Staatliche, städtische, betriebliche und kirchliche Sozialpolitik vom Mittelalter bis zur Gegenwart, hrsg. v. Hans Pohl, Stuttgart 1991, S. 177–193.

Behmer, Markus: München, wie es trinkt und ist [!], wie es lacht und küßt; in: Koch, Ursula E.; Behmer, Markus (Hrsg.), Grobe Wahrheiten – wahre Grobheiten, feine Striche – scharfe Stiche. Jugend, Simplicissimus und andere Karikaturen-Journale der Münchener „Belle Epoque“ als Spiegel und Zerrspiegel der kleinen wie der großen Welt; Ausstellung des Instituts für Kommunikationswissenschaft der Ludwig-Maximilians-Universität. München 1996, S. 52–54.

Bekker, Ernst Immanuel: Ernst und Scherz über unsere Wissenschaft. Festgabe an Rudolf von Ihring zum Doctorjubiläum, Leipzig 1892.

Below von, Georg: Der Osten und der Westen Deutschlands. Der Ursprung der Gutsherrschaft, in ders.: Territorium und Stadt, München, Leipzig 1900, S. 1–94. Auch digital: http://www.digitalis.uni-koeln.de/Below/belowt_index.html.

Benöhr, Hans-Peter: Wirtschaftsliberalismus und Gesetzgebung am Ende des 19. Jahrhunderts, in ZfA 1977, S. 187–218.

Berdahl, Robert M.: Preußischer Adel: Paternalismus als Herrschaftssystem, in: Preußen im Rückblick, hrsg. v. Hans-Jürgen Puhle und Hans-Ulrich Wehler, Göttingen 1980, S. 123–145.

Berghahn, Volker: Das Kaiserreich 1871–1914; Industriegesellschaft, bürgerliche Kultur und autoritärer Staat; Band 16: Bruno Gebhardt, Handbuch der deutschen Geschichte, 10. Aufl. Stuttgart 2003.

Bernert, Günther: Arbeitsverhältnisse im 19. Jahrhundert; eine kritische dogmatische Analyse der rechtswissenschaftlichen Lehren über die allgemeinen Inhalte der Arbeitsverträge und Arbeitsverhältnisse im 19. Jahrhundert in Deutschland, Marburg 1972.

Bieber, Hans-Joachim: Die Rolle von Gewerkschaften und Wirtschaftsverbänden bei der Entstehung des Arbeitsrechts; in: Hans G. Nutzinger (Hrsg.), Die Entstehung des Arbeitsrechts in Deutschland. Aktuelle Probleme in historischer Perspektive, Marburg 1998, S. 15–69.

Bielefeldt, Alwin: Wie erlange ich sicher eine Invaliden- oder Altersrente oder eine Beitragserstattung auf Grund des Invaliditäts- und Altersversicherungsgesetzes? Berlin 1895.

Biermann, Johannes: Privatrecht und Polizei in Preußen, Berlin 1897.

Bleicken, Jochen: Verfassungs- und Sozialgeschichte des Römischen Kaiserreichs, Bd. 1, 4. Aufl. Paderborn, München 1995.

Blümner, Rudolf: Die Lehre vom böswilligen Rechtsmissbrauch (Chikane) nach gemeinem Recht und nach dem Rechte des Bürgerlichen Gesetzbuchs; Rechts- und Staatswissenschaftliche Studien, Heft III, Berlin 1900.

Bodenstein, Bernhard: Arbeiterausschüsse, Arbeitsordnungen, Unterstützungskassen im Bergbau; Erläuterungen zur Berggesetznovelle von 1905, Essen 1905.

Bogs, Walter: Geschichtliche Entwicklung des deutschen Koalitionsrechts, in: Koalitionen und Koalitionskampfmittel, hrsg. v. Walter Kaskel, Berlin 1925, S. 1–21.

Böhl, Meinrad, Reinhard, Wolfgang, Walter, Peter: Hermeneutik. Die Geschichte der abendländischen Textauslegung von der Antike bis zur Gegenwart, Wien, Köln, Weimar 2013.

Bohn, Pauline: Der Verein Frauenwohl, in: Altpreußische Monatsschrift Königsberg 1897, S. 168–171, hier: http://www.mghbibliothek. de/etc/zeitschriftenmagazin/ Altpreussische_MonatsscrmftJ54J897.

Bohnke-Kollwitz, Jutta; Eckert, Willehad Paul; Golczewski, Frank; Greive, Hermann (Hrsg.): Köln und das rheinische Judentum; Festschrift Germania Judaica 1959–1984, Köln 1984.

Bollnow, Otto Friedrich: Philosophie der Erkenntnis; Erster Teil, Das Vorverständnis und die Erfahrung des Neuen, 2. Aufl. Stuttgart, Berlin, Köln, Mainz 1981.

Born, Karl Erich: Wirtschaftsentwicklung und Wirtschaftsstil im ersten Jahrzehnt nach der Reichsgründung, in: Wissenschaft, Wirtschaft und Technik, München 1969, S. 173–189.

Born, Karl Erich: Der soziale und wirtschaftliche Strukturwandel am Ende des 19. Jahrhunderts, in: Moderne deutsche Sozialgeschichte, hrsg. v. Hans-Ulrich Wehler, Köln, 5. Aufl. 1976, S. 271–284.

Bornhak, Conrad: Die Entstehung des Rittergutsbesitzes in den Ländern östlich der Elbe; in: Forschungen zur Deutschen Geschichte, Bd. 26, Neudruck der Ausgabe 1886, Osnabrück, 1968, S. 125–137.

Bornhak, Conrad: Der Einfluß der Reception der fremden Rechte auf die Umgestaltung der älteren deutschen Gerichtsverfassung; in: Forschungen zur Deutschen Geschichte, Bd. 26, Neudruck der Ausgabe 1886, Osnabrück, 1968, S. 417–433.

Bornhak, Conrad: Das deutsche Arbeiterrecht, systematisch dargestellt; in: Annalen des Deutschen Reichs für Gesetzgebung, Verwaltung und Statistik, München und Leipzig, 1892, S. 501–690.
Digitalisiert:http://digital.slub-dresden.de/fileadmin/data/32255685Z/32255685Z_tif/jpegs/32255685Z.pdf.

Braak, Ivo: Poetik in Stichworten, 3., neubearbeitete und erweiterte Auflage, Kiel 1969.

Brandel, Gottfried: Die Heimarbeit in der Spielwaren-, Karneval- und Blumen-Industrie innerhalb des Organisationsgebietes des Verbandes der Fabrikarbeiter Deutschlands (Sitz Hannover), 1925.

Braun, Kathrin: Gewerbeordnung und Geschlechtertrennung, Klasse, Geschlecht und Staat in der frühen Arbeiterschutzgesetzgebung, Baden-Baden, 1993.

Brauneder, Wilhelm: Wiederentdeckung – Scheinentdeckung, in: ZNR 2012, S. 140–150.

Brentano, Lujo: Warum herrscht in Altbayern der bäuerliche Grundbesitz? In: Allgemeine Zeitung, Beilage vom 7., 8. und 9.1.1896.

Brox, Hans/Rüthers; Bernd/Henssler, Martin: Arbeitsrecht, 18., neu bearbeitete Aufl. Stuttgart 2011.

Brüggemeier, Franz J./ Niethammer, Lutz: Schlafgänger, Schnapskasinos und schwerindustrielle Kolonie, in: Arbeiter in Deutschland, hrsg. v. Dieter Langewiesche und Klaus Schönhoven, Paderborn 1981, S. 139–172.

Bruhns, Hinnerk: Armut und Gesellschaft in Rom, in: Vom Elend der Handarbeit. Probleme historischer Unterschichtenforschung, hrsg. v. Hans Mommsen und Winfried Schulze, Stuttgart 1981, S. 27–49.

Buchka, Karl von: Die landesrechtlichen Strafbestimmungen über den Kontraktbruch und das Streikpostenstehen, DJZ 15.7.1900, 5. Jg. Nr. 14, S. 308–311.

Buck-Heilig, Lydia: Die Gewerbeaufsicht, Opladen 1989.

Buff, Emil: Beschreibung des Bergreviers Deutz. Bonn 1882. Nachdruck 1982 (Veröffentlichung Nr. 1 des Fördervereins des Bergischen Museums für Bergbau, Handwerk und Gewerbe e.V.).

Bürge, Alfons: *Cibaria.* Indiz für die soziale Stellung des römischen Arbeitnehmers? In: Ars boni et aequi, Stuttgart 1993, S. 63–78.

Bürger, Udo: Bleche Botz und Klingelpütz; Kölner Kriminalfälle von 1815–1918, Köln 2009.

Bylo, Max: Für und wider den Alkohol; in: Die neue Zeit (Revue des geistigen und öffentlichen Lebens), 1890–91, 1. Bd. (1891), Heft 3, S. 77–82, hrsg. als Online Edition der Friedrich Ebert Stiftung. http://library.fes.de/cgi-bin/neuzeit.pl?id=07.00663&dok=1890-91a&f=189091a_0077&l=189091a_0082.

Carlen, Louis: Hirtenrecht, in: HRG, Bd. 2, Berlin: Erich Schmidt Verlag, 1978, Sp. 165–167.

Caroni, Pio: Kathedersozialismus an der juristischen Fakultät (1870–1910), in: Hochschulgeschichte Berns 1528–1984, Bern 1984, S. 203–237.

Caroni, Pio (Hrsg.): Forschungsband Philipp Lotmar (1850–1922). Colloquium zum 150. Geburtstag, Frankfurt am Main 2003, Vorwort, S. VII–VIII sowie S. 165–193 (Philipp Lotmar und Eugen Huber zur sozialen Frage).

Chickering, Roger: Das deutsche Reich und der Erste Weltkrieg, 2. Aufl. München 2005.

Christ, Richard (Hrsg.): Simplicissimus 1896–1914, Berlin, 1972.

Chuchul, Paul: Die Heranziehung von Frauen zur öffentlichen Armenpflege; in: Schriften des deutschen Vereins für Armenpflege und Wohlthätigkeit, 25. Heft, Leipzig 1896, S. 41–54.

Coing, Helmut: Europäisches Privatrecht I, München 1985; II, München 1989.

Conrad, J.; Lexis, W.; Elster, L.; Loening, Edg.: Handwörterbuch der Staatswissenschaften, 3. Gänzlich umgearb. Aufl., 1909.

Croner, Fritz: Soziologie der Angestellten, Köln 1962.

Curtius, Ernst Robert: Europäische Literatur und lateinische Mittelalter, 10. Aufl. Bern, München 1948.

Dapprich, Gerhard: Der soziale Charakter des Arbeitsrechts im mittelalterlichen deutschen Bergbau, in: Theo Mayer-Maly (Hrsg.), Arbeitsleben und Rechtspflege, Festschrift für Gerhard Müller, Berlin 1981, S. 115–127.

Das Preußische Mieth-, Pacht- und Gesinde-Recht: [N. N.] Das Preußische Mieth-, Pacht- und Gesinde-Recht im Gebiete des Allgemeinen Landrechts, 4. Aufl. Mülheim an der Ruhr 1873.

Däubler, Wolfgang: Arbeitsrecht; Ratgeber für Beruf, Praxis und Studium, 9. Aufl. Frankfurt a. M. 2011.

Demmer, Franz: Das Gesinderecht im Allgemeinen Landrecht für die Preußischen Staaten von 1794 und in der Gesindeordnung für sämtliche Provinzen der Preußischen Monarchie von 1810, Köln 1968.

Denzer, Horst: Moralphilosophie und Naturrecht bei Samuel Pufendorf, München 1972.

Dieckmann, Herbert: Studien zur europäischen Aufklärung, München 1974.

Doehring, Karl: Von der Weimarer Republik zur Europäischen Union; Erinnerungen, Berlin 2008.

Dollinger, Hans: Preußen, München 1980.

Dorndorf, Eberhard: Markt und Moral in der Rechtfertigung des Arbeitsrechts bei Sinzheimer und Lotmar; in: Hans G. Nutzinger (Hrsg.), Die Entstehung des Arbeitsrechts in Deutschland. Aktuelle Probleme in historischer Perspektive, Marburg 1998, S. 231–251.

Drees, Heinrich: Die Reichs-Gesetze über die Arbeiter-Versicherung und das „Arbeiter-Schutzgesetz“; für Volks- und Fortbildungsschulen, leichtfaßlich dargestellt und mit praktischen Aufgaben versehen von Heinrich Drees, Hauptlehrer, Aachen 1893.

Dubischar, Roland: Zur Entstehung der Arbeitsrechtswissenschaft als Scientific Community. Eine Erinnerung, in: RdA 1990, S. 83–97.

Dupriez, Bernard: Gradus. Les procédés littéraires, Paris 1980.

Dütz, Wilhelm/Thüsing, Gregor: Arbeitsrecht, 16. Aufl. München 2011.

Ebel, Wilhelm: Gewerbliches Arbeitsvertragsrecht im deutschen Mittelalter, Weimar 1934.

Ebel, Wilhelm: Quellen zur Geschichte des Arbeitsrechts (bis 1849), Göttingen, Berlin, Frankfurt 1964.

Ebeling, Ernst: Das Reichsgesetz, betreffend Abänderung der Gewerbeordnung vom 1. Juni 1891 (Arbeiterschutzgesetz); eine praktische Einführung in die am 1. April 1892 in Kraft tretenden gesetzlichen Bestimmungen; Vortrag gehalten im Gewerbeverein zu Meerane von Dr. Ernst Ebeling, Bürgermeister, Leipzig 1892.

Eger, Hans: Der Evangelisch-Soziale Kongress; ein Beitrag zu seiner Geschichte und Problemstellung, Leipzig 1931.

Eger, Thomas; Weise, Peter: Die Entstehung des Arbeitsrechts aus der Sicht der evolutorischen Ökonomik; in: Hans G. Nutzinger (Hrsg.), Die Entstehung des Arbeitsrechts in Deutschland. Aktuelle Probleme in historischer Perspektive, Marburg 1998, S. 273–306.

Eggebrecht, Arne; Flemming, Jens; Meyer, Gert; v. Müller, Achatz; Oppolzer, Alfred; Paulinyi, Akos; Schneider, Helmuth: Geschichte der Arbeit, Vom Alten Ägypten bis zur Gegenwart, Köln, 1980.

Elkar, Rainer S.: Wandernde Gesellen in und aus Oberdeutschland. Quantitative Studien zur Sozialgeschichte des Handwerks vom 17. bis zum 19. Jahrhundert, in: Handwerker in der Industrialisierung, hrsg. v. Ulrich Engelhardt, Stuttgart 1984, S. 262–293.

Elster, Alexander (Hrsg.): Lexikon des Arbeitsrechts, hrsg. v. Alexander Elster in Verbindung mit Felix Clauß, Herm. Hog, Herm. Luppe, Jena 1910.

Endres, Esther: Schwellenwertregelungen im Arbeitsrecht; verfassungsrechtliche und rechtspolitische Fragen, Baden-Baden 2003.

Engelhardt, Ulrich: Die Anfänge der deutschen Gewerkschaftsbewegung (1848 bis 1870), in: Solidarität und Menschenwürde, hrsg. v. Erich Matthias und Klaus Schönhoven, Bonn 1984, S. 9–23.

Engelsing, Rolf: Zur Sozialgeschichte deutscher Mittel- und Unterschichten, 2. erweiterte Auflage, Göttingen 1978.

Englisch, Karl: Subsumption und Rechtsfortbildung; in: Richterliche Rechtsfortbildung, Erscheinungsformen, Auftrag und Grenzen; Festschrift der Juristischen Fakultät zur 600-Jahr-Feier der Ruprecht-Karls-Universität Heidelberg, Heidelberg 1986, S. 3–9.

Erdmann, Gerhard: Die deutschen Arbeitgeberverbände im sozialgeschichtlichen Wandel der Zeit, Neuwied, Berlin, 1966.

Erler, Adalbert/ Kaufmann, Ekkehard (Hrsg.): Handwörterbuch zur deutschen Rechtsgeschichte, I. Band, Berlin, 1971.

Esser, Josef: Vorverständnis und Methodenwahl in der Rechtsfindung; Rationalitätsgrundlagen richterlicher Entscheidungspraxis, Frankfurt a. M. 1972.

Eßer, Albert (Hrsg.): Bergisch Gladbacher Stadtgeschichte, Bergisch Gladbach 2006.

Evans, Joan: Das Leben im mittelalterlichen Frankreich, Köln 1960.

Eysell-Kilburger, Clara: Unsere Johanne; in: Hannelore Schedler (Hrsg.), Die Spieluhr; Weihnachtserzählungen aus alter Zeit, Kevelaer 1994, S. 18–34, dort entnommen aus: Bibliothek der Unterhaltung und des Wissens, 1901, Bd. 5, S. 68–87.

Fehr, Hans: Das Recht im Bilde, Erlenbach-Zürich, München und Leipzig 1923.

Fehr, Hans: Das Recht in der Dichtung, Bd. 2 von Kunst und Recht, Bern 1931.

Fischer, Wolfram: Handwerksrecht und Handwerkswirtschaft um 1800, Berlin 1955.

Fischer, Wolfram: Wirtschaft und Gesellschaft im Zeitalter der Industrialisierung, Göttingen 1972.

Fleig, Anne: Tanzmaschinen. Die Girls im Revuetheater der Weimarer Republik; in: Meine, Hottmann, Puppen, Huren, Roboter; Körper der Moderne in der Musik zwischen 1900 und 1930, Schliengen 2005, S. 102–117.

Fleischmann, Peter: Interdisziplinäre Handwerksgeschichte? In: Zeitschrift für historische Forschung 1985, S. 339–356.

Flemming, Jens: Obrigkeitsstaat, Koalitionsrecht und Landarbeiterschaft, in: Preußen im Rückblick, hrsg. v. Hans-Jürgen Puhle und Hans-Ulrich Wehle, Göttingen 1980, S. 247–272.

Flesch, Karl: Zur Kritik des Arbeitsvertrags. Seine volkswirtschaftlichen Funktionen und sein positives Recht. Sozialrechtliche Erörterungen von Dr. Jur. Karl Flesch. Jena 1901.

Flesch, Karl: Reform des Arbeitsrechts; Der Arbeitsvertrag im geltenden Recht und die notwendige Entwicklung des Arbeitsverhältnisses aus einem Gewaltverhältnis zum reinen Rechtsverhältnis; Vortrag, gehalten auf dem 17. Verbandstag des Deutschen Gewerkvereins. Berlin 1910.

Flesch, Karl/ Potthoff, Heinz: Privatangestellte und Arbeitsrecht, Von Dr. Karl Flesch, Frankfurt a. M., Mitglied des Preußischen Abgeordnetenhauses und Dr. Heinz Potthoff, Düsseldorf, Mitglied des Reichstags. Zweite, durchgesehene und vermehrte

Auflage der Schrift Zur Kritik des Arbeits-Vertrages von Dr. Karl Flesch, hrsg. im Auftrage des Bundes der technisch-industriellen Beamten, Berlin 1912.

Folckers, Nils/Solms, Wilhelm: Was kostet der Spaß? Wie Staat und Bürger die Satire bekämpfen, Marburg 1997.

Folckers, Nils; Sonntag, Martin (Hrsg.): Caricatura V; die Bestandsaufnahme, Oldenburg 2007.

Friedel, Helmut: Bildzitate in der Karikaturen des „Simplicissimus"; in: Simplicissimus: eine satirische Zeitschrift, München 1896–1944. Ausstellung vom 19.11.1977 bis 15.1.1978, München 1977, S. 129 ff.

Fuchs, Eduard: Die Frau in der Karikatur, München 1906.

Fuchs, Eduard: Illustrierte Sittengeschichte vom Mittelalter bis zur Gegenwart, Bd. 3: Das bürgerliche Zeitalter, München 1912.

Furbach-Sinani, Maike: Dies Blatt gehört der Staatsgewalt. Kommunikationskontrolle und Nachzensur; in: Koch, Ursula E.; Behmer, Markus (Hrsg.), Grobe Wahrheiten – wahre Grobheiten, feine Striche –scharfe Stiche. Jugend, Simplicissimus und andere Karikaturen-Journale der Münchener „Belle Epoque" als Spiegel und Zerrspiegel der kleinen wie der großen Welt. Ausstellung des Instituts für Kommunikationswissenschaft der Ludwig-Maximilians-Universität, München 1996, S. 45–46.

Gadamer, Hans-Georg: Wahrheit und Methode; Grundzüge einer philosophischen Hermeneutik, 3. erweiterte Auflage, Tübingen 1972.

Gaius: Institutiones; Die Institutionen des Gaius, herausgegeben, übersetzt und kommentiert von Ulrich Manthe, Darmstadt 2004.

Gajek, Bernhard: Kritik am Simplicissimus: Ludwig Kemmer und Ludwig Thoma; in: Rösch, Getrud Maria (Hrsg.), Simplicissimus, Glanz und Elend der Satire in Deutschland, Regensburg 1996, S. 49–60.

Gärtner, Sebastian: Was die Satire darf: Eine Gesamtbetrachtung zu den rechtlichen Grenzen einer Kunstform, Diss. Berlin 2009.

Gasser, Catherine Antoinette: Philipp Lotmar 1850–1922, Professor der Universität Bern: sein Engagement für das Schweizerische Arbeitsrecht, Frankfurt a. M. 1997.

Geiger, Hannsludwig: Es war um die Jahrhundertwende; Gestalten im Banne des Buches, Albert langen/ Georg Müller, München 1953.

Gellbach, Horst Heinrich: Arbeitsvertragsrecht der Fabrikarbeiter im 18. Jahrhundert, München 1939.

Genenger, Angie: Das Bühnenarbeitsrecht oder Hai già vinta la causa?! NJW 2009, 11, S. 714–719.

Gerhard, Ute: Verhältnisse und Verhinderungen, Frauenarbeit, Familie und Rechte der Frauen im 19. Jahrhundert, Frankfurt 1978.

Gerhard, Ute: Neuere Literatur zur Rechtsstellung der Frau in der Geschichte, in: ZNR 2012, S. 112–139.

Geurts, Gerhard; Ommer, Herbert; Stahl, Herbert: Das Erbe des Erzes, Bd. 1, Die Grube Weiß, hrsg. v. Förderverein des Bergischen Museums für Bergbau, Handwerk und Gewerbe e.V., Bergisch Gladbach 2003.

Geurts, Gerhard; Ommer, Herbert; Stahl, Herbert: Das Erbe des Erzes. Bd. 2, Die Gruben auf den Gangerzlagerstätten im Erzrevier Bensberg, hrsg. vom Förderverein des Bergischen Museums für Bergbau, Handwerk und Gewerbe e.V., Bergisch Gladbach 2004.

Geurts, Gerhard; Hilden, Hans Dieter; Ommer, Herbert; Raimann, Siegfried; Stahl, Herbert: Das Erbe des Erzes. Bd. 4, Der Lüderich, Schriftenreihe des Bergischen Geschichtsvereins Rhein-Berg 52, Bergisch Gladbach 2008.

Geyer, Martin H.: Verkehrte Welt, Revolution, Inflation und Moderne: München 1914–1918, Göttingen 1998.

Geyer, Martin H.: Popular and Legal Concepts of *Wucher* in Germany from the 1860s tot he 1920s, in: Private Law and Social inequality in the Industrial Age, hrsg. v. Willibald Steinmetz, Oxford 2000, S. 457–483.

Geyer, Stefan: Den Code civil „richtiger" auslegen, Frankfurt/ Main, 2009.

Gidal Nachum T.: Die Juden in Deutschland von der Römerzeit bis zur Weimarer Republik, Gütersloh 1988.

Gierke, Otto von: Eine Grundlegung für die Geisteswissenschaften; Besprechung von Wilhelm Dilthey, Einleitung in die Geisteswissenschaften; in: Preußische Jahrbücher Bd. LIII, Heft 2 (1884), S. 105–144.

Gierke, Otto von: Der Humor im deutschen Recht, 2. Aufl. Berlin 1886.

Gierke, Otto von: Die soziale Aufgabe des Privatrechts; Vortrag gehalten am 5. April 1889 in der Juristischen Gesellschaft zu Wien, Berlin 1889.
Internet-Quelle: Internet. http://www.kostenlose-bucher.eu/doc/317037/gierke-otto-die-soziale-aufgabe-des-privatrechts-1889.

Gleß, Sabine: Die Reglementierung von Prostitution in Deutschland; Kriminologische und sanktionenrechtliche Forschungen Band 10, Berlin 1999.

Glücksmann, Robert: Handlungsgehilfe, in: Handwörterbuch der Staatswissenschaften, 1923, S. 121–130.

Göhre, Paul: Drei Monate Fabrikarbeiter und Handwerksbursche; eine praktische Studie. Leipzig 1891; neu herausgegeben. von Joachim Brenning und Christian Gremmels, Gütersloh 1978.

Göhre, Paul: Das Warenhaus, Frankfurt a. M. 1907.

Goltz, Theodor von der: Die ländliche Arbeiterklasse und der preußische Staat, Jean 1893.

Gömmel, Rainer: Merkantilstaatliche und kommunale Sozialpolitik (vom 17. Jahrhundert bis zur Bismarckzeit), in: Staatliche, städtische, betriebliche und kirchliche Sozialpolitik vom Mittelalter bis zur Gegenwart, hrsg. v. Hans Pohl, Stuttgart 1991, S. 89–109.

Gottwald, Herbert: 1891, Rerum novarum: das soziale Gewissen des Heiligen Stuhls, Berlin: 1994.

Götz von Olenhusen, Albrecht: Satire – eine Ehrensache; Beiträge zur Rechts- und Zeitgeschichte, München 2010.

Grebing, Helga: Arbeiterbewegung, Sozialer Protest und kollektive Interessenvertretung bis 1914 München 1985.

Grimm, Dieter: Zur politischen Funktion der Trennung von öffentlichem und privatem recht in Deutschland, in: Studien zur Europäischen Rechtsgeschichte, hrsg. v. Walter Wilhelm, Frankfurt am Main 1972. S. 224–242.

Gudian, Gunter: Zur Charakterisierung des deutschen mittelalterlichen Schöffenrechts, in: Europäisches Rechtsdenken in Geschichte und Gegenwart, Band 1, München 1982, S. 113–127.

Hachenburg, Max: Vorträge, gehalten in den Jahren 1896/97, 2. Neu bearbeitete Auflage, Mannheim 1900.

Haecker, Theodor: Satire und Polemik 1914–1920, Innsbruck 1922.

Haese, Klaus: Die gesellschaftskritische Karikatur im „Simplicissimus“; Karikatur und kritischer Realismus, Diss. Greifswald 1966.

Haferkamp, Hans-Peter: Die heutige Rechtsmißbrauchslehre – Ergebnis nationalsozialistischen Rechtsdenkens? Berlin, Baden-Baden 1995.

Haferkamp, Hans-Peter: Die exceptio doli generalis in der Rechtsprechung des Reichsgerichts vor 1914, in: Ulrich Falk und Heinz Mohnhaupt (Hrsg.), Das Bürgerliche Gesetzbuch und seine Richter (Rechtsprechung. Materialien und Studien 14), Frankfurt a. M. 2000, S. 1–37.

Haferkamp, Hans-Peter: § 138; Sittenwidriges Rechtsgeschäft; Wucher; §§ 226–231; Ausübung der Rechte, Selbstverteidigung, Selbsthilfe; in: Historisch-kritischer Kommentar zum BGB. Hrsg. von Mathias Schmoeckel, Joachim Rückert und Reinhard Zimmermann. Bd. 1, Allgemeiner Teil: §§ 1–240, Tübingen 2003. S. 708–752; S. 1033–1078.

Haferkamp, Hans-Peter: Georg Friedrich Puchta und die „Begriffsjurisprudenz“, Frankfurt a. M. 2004.

Haferkamp, Hans-Peter: Der ordre public interne in der Rechtsprechung zum Rheinischen Recht, in: Dölemeyer, Barbara; Mohnhaupt, Heinz; Somma, Alessandro, Richterliche Anwendung des Code Civil in seinen europäischen Geltungsbereichen außerhalb Frankreichs, Frankfurt am Main 2006, S. 105–127.

Haferkamp, Hans-Peter; Duve, Thomas: § 242. Leistung nach Treu und Glauben: in: Historisch-kritischer Kommentar zum BGB. Hrsg. von Mathias Schmoeckel, Joachim Rückert, Reinhard Zimmermann. Band II, Schulrecht: Allgemeiner Teil, 1. Teilband. §§ 241–304, Tübingen: Mohr Siebeck, 2007, S. 274–364.

Haferkamp, Hans-Peter: Die Bedeutung der Willensfreiheit für die Historische Rechtsschule; in: Willensfreiheit und rechtliche Ordnung, hrsg. v. Ernst-Joachim Lampe, Michael Pauen, Gerhard Roth, Frankfurt a. M. 2008, S. 196–225.

Haferkamp, Hans-Peter: Der Militärdienst des Johann Steves, Das Rheinische Oberappellationsgericht und der Ordre Public, in: Mit den Augen der Rechtsgeschichte: Rechtsfälle – selbstkritisch kommentiert, hrsg. v. Michele Luminati, Ulrich Falk, Mathias Schmoeckel. Wien; Zürich 2008.

Haferkamp, Hans-Peter: Psychologismus bei Ernst Zitelmann; in: Psychologie als Argument in der juristischen Literatur des Kaiserreichs, Baden-Baden 2009, S. 215–224.

Haferkamp, Hans-Peter: Wege der Historiographie zur Privatrechtsgeschichte der Neuzeit, in: ZNR 2010, S. 61–81.

Haferkamp, Hans-Peter: Dogmatisierungsprozesse im „heutigen Römischen Recht" des 19. Jahrhunderts; in: Dogmatisierungsprozesse in Recht und Religion, hrsg. v. Georg Essen und Nils Jansen, Tübingen 2011, S. 259–289.

Haferkamp, Hans-Peter: Rechtsgeschichte und Evolutionstheorie; in: Evolution und Kultur; Symposium der Nordrhein-Westfälischen Akademie der Wissenschaften und der Künste 2009, Hrsg. Ludwig Siep. Paderborn 2011, S. 35–59.

Harke, Jan Dirk: Römisches Recht; von der klassischen Zeit bis zu den modernen Kodifikationen, München 2008.

Harnischmacher, Robert/Semerak, Arved: Deutsche Polizeigeschichte; eine allgemeine Einführung in die Grundlagen, Stuttgart 1986.

Hartlage-Laufenberg, Barbara: Kündigung und Kündigungsschutz in Hans Falladas Roman „Kleiner Mann - was nun?" NJW 1994, Heft 30, S. 1930–1933.

Hartlage-Laufenberg, Barbara: Die finanzielle Absicherung bei Arbeitslosigkeit in Hans Falladas Roman „Kleiner Mann - was nun?" NJW 1996, Heft 17, S. 1116–1118.

Haus der Kunst (Hrsg.): Simplicissimus: eine satirische Zeitschrift, München 1896–1944. Ausstellung vom 19.11.1977 bis 15.1.1978, München 1977.

Havenith, Eva; Lamp, Ida: Und samstags in die Badewanne; die Geschichte kleiner Leute, Kevelaer 1995.

Hazard, Paul: Die Krise des europäischen Geistes 1680–1715, Warendorf 2004.

Hedemann, Justus Wilhelm: Die Fürsorge des Gutsherrn für sein Gesinde (Brandenburgisch-Preußische Geschichte); in: Festgabe für Felix Dahn zu seinem fünfzigjährigen Doktorjubiläum. Breslau 1905; Neudruck Aalen 1979.

Hedemann, Justus Wilhelm: Zur Reform des Gesinderechts, DJZ 1906, 11. Jg. Nr. 24, S. 1338–1343.

Hedemann, Justus Wilhelm: Moderne Bürgerpflichten, Jena 1907.

Hedemann, Justus Wilhelm: Die Fortschritte des Zivilrechts im XIX. Jahrhundert; ein Überblick über die Entfaltung des Privatrechts in Deutschland, Österreich und der Schweiz; erster Teil: Die Neuordnung des Verkehrslebens. Berlin 1910.

Heinemann, Franz: Der Richter und die Rechtspflege in der deutschen Vergangenheit; mit 159 Abbildungen und Beilagen nach den Originalen aus dem 15. und 18. Jahrhundert; Monographien zur deutschen Kulturgeschichte 4, Leipzig 1900.

Heinz, Joachim: „...der Arbeiter ist beinahe vogelfrei." Zur Geschichte der ÖTV Saar im 20. Jahrhundert; von den Anfängen bis zur Neustrukturierung im Dienstleistungsbereich, hrsg. v. der Gewerkschaft Öffentliche Dienste, Transport und Verkehr, Bezirk Saar, Merzig/ Saar 1999.

Heinzmann, Kurt: Deutsches Theaterrecht, München 1905.

Heißerer, Dirk: Das „beste Witzblatt der Welt": Thomas Mann und der „Simplicissimus", Bad Schwartau 2005.

Hertz, Gustav: Die Rechtsverhältnisse des freien Gesindes nach den deutschen Rechtsquellen des Mittelalters, Breslau 1879; Unveränderter Neudruck der Ausgabe von 1879, Breslau 1935.

Hirsch, Julius: Was bringt der „Entwurf eines Versicherungsgesetzes für Angestellte"? Aachen 1911.

Hofbauer, Silvester: Die Ausbildung der grossen Grundherrschaften im Reiche der Merowinger, Baden, Brünn 1927.

Hon-Firnberg, Hertha: Lohnarbeiter und freie Lohnarbeit im Mittelalter und zu Beginn der Neuzeit, Baden, Wien 1935.

Honsell, Heinrich: Römisches Recht, 6. Aufl. Berlin, Heidelberg 2006.

HWK/Bearbeiter 2012, § ... Gesetz ... Rn. ... Henssler, Martin; Willemsen, Heinz Josef; Kalb, Heinz-Jürgen: Arbeitsrecht Kommentar, 5. Auf., Köln 2012.

Hessen, Robert: Die Prostitution in Deutschland, München 1910.

Hiepel, Claudia: Arbeiterkatholizismus an der Ruhr; August Brust und der Gewerkverein christlicher Bergarbeiter, Stuttgart, 1999.

Hofer, Sibylle: Freiheit ohne Grenzen? Tübingen 2001.

Hofmann, Konrad E.: Der Arbeitsvertrag im 19. und 20. Jahrhundert in geistesgeschichtlicher Sicht, Würzburg, 1972.

Hollweck, Ludwig: Karikaturen; von den Fliegenden Blättern bis zum Simplicissimus 1844–1914, Herrsching 1981.

Holm, Korfiz: ich – kleingeschrieben; heitere Erlebnisse eines Verlegers, München 1932.

Holm, Korfiz: Farbiger Abglanz; Erinnerungen an Ludwig Thoma, Max Dauthendey und Albert Langen, München 1940.

Holthöfer, Ernst: Funktionsweisen gemeinrechtlicher Kommunikation. Methoden zu ihrer Ermittlung, in: Studien zur Europäischen Rechtsgeschichte, hrsg. v. Walter Wilhelm, Frankfurt am Main 1972. S. 131–150.

Horn, Beate: Prosa im Simplicissimus; zur Entwicklung literarischer Gattungen im Kontext von Zeitschrift, Bild und Satire, Frankfurt a. M. 2000.

Hromadka, Wolfgang: Zur Rechts- und Sozialgeschichte der Großgruppen der Arbeiter und Angestellten, in: Gleichstellung von Arbeitern und Angestellten, hrsg. v. Wolfgang Hromadka, Heidelberg, 1989, S. 13–42.

Hueck, Alfred, Nipperdey, Hans Carl: Lehrbuch des Arbeitsrechts; erster Band von Alfred Hueck, 7. Neubearbeitete Aufl. Berlin und Frankfurt a. M. 1963.

Huizinga, Johan: Herbst des Mittelalters. Studien über Lebens- und Geistesformen des 14. und 15 Jahrhunderts in Frankreich und den Niederlanden. 6. Aufl, Stuttgart 1952.

Imbusch, Heinrich: 25 Jahre Gewerkverein christlicher Bergarbeiter. Essen, Verlag des Gewerkvereins christlicher Bergarbeiter Deutschlands, Essen 1919.

Jähnichen, Traugott: Vom Industrieuntertan zum Industriebürger; ‚Der soziale Protestantismus und die Entstehung des Arbeitsrechts in Deutschland'; in: Hans G. Nutzinger (Hrsg.), Die Entstehung des Arbeitsrechts in Deutschland. Aktuelle Probleme in historischer Perspektive, Marburg 1998, S. 121–144.

Jarotzky, Hans von: Die Rheinischen Provinzialanstalten in Brauweiler; kurze Darstellung der Einrichtung, der Verwaltung und des Betriebes dieser Anstalten mit 59 Abbildungen und einem Uebersichtsplan, Brauweiler 1908.

Jastrow, J. [Ignaz]: Was ist „Arbeiterschutz"? In: Archiv für Rechts- und Wirtschaftsphilosophie, Bd. VI, 1912/1913, Berlin und Leipzig, S. 133–144, 317–333, 501–513.

Jauss, Hans Robert: Vorwort zu La Littérature didactique, allégorique et satirique, (Grundriss der Romanischen Literaturen des Mittelalters, Bd. VI, 1), Heidelberg 1968.

Jhering, Rudolph von: Der Zweck im Recht; erster Band, vierte Aufl. zweiter Band, vierte Aufl., Leipzig 1904 und 1905.

Jhering, Rudolf von: Scherz und Ernst in der Jurisprudenz. Eine Weihnachtsgabe für das juristische Publikum, 10. Aufl. Leipzig 1909.

Joachimsthaler, Jürgen: „Das Ende der Satire in der Anekdote. Warum werden Verfasser von Anekdoten zu Objekten von Anekdoten?" In: Rösch, Getrud Maria (Hrsg.), Simplicissimus, Glanz und Elend der Satire in Deutschland. Regensburg 1996, S. 97–109.

Jobs, Friedhelm: Die Bedeutung Otto von Gierkes für die Kennzeichnung des Arbeitsverhältnisses als personenrechtliches Gemeinschaftsverhältnis – Zugleich eine Studie über Wesen und Inhalt des Arbeitsvertrages -. In: ZfA 1972, S. 305–343.

Johann, Ernst (Hrsg.): Reden des Kaisers. Ansprachen, Predigten und Trinksprüche Wilhelm II, München 1966.

John, Peter: Handwerk im Spannungsfeld zwischen Zunftordnung und Gewerbefreiheit. Entwicklung und Politik der Selbstverwaltungsorganisationen des deutschen Handwerks bis 1933, Köln 1987.

Justi, Johann Heinrich Gottlob von: Vollständige Abhandlung von denen Manufacturen und Fabriken, Bd. I, Kopenhagen 1758 (Digitalisierte Ausgabe) http://ds.ub.uni-bielefeld.de/viewer/toc/646494015_001/234/.

Kaak, Heinrich.: Die Gutsherrschaft. Theoriegeschichtliche Untersuchungen zum Agrarwesen im ostelbischen Raum. Berlin, New York 1991.

Kahn-Freund, Otto: Arbeit und Recht. Aus dem Englischen übersetzt von Franz Mestitz, Köln, Frankfurt a. M. 1979.

Kaiser, Andreas: Zum Verhältnis von Vertragsfreiheit und Gesellschaftsordnung während des 19. Jahrhunderts, insbesondere in den Auseinandersetzungen über den Arbeitsvertrag, Berlin 1972.

Kampmann, Kurt: Die Karikatur im Recht, Diss. Köln 1938.

Kaser, Max: Römisches Privatrecht. Ein Studienbuch. 16. durchgesehene Aufl. München 1992.

Kaskel, Walter: Arbeitsrecht. Enzyklopädie der Rechts- und Staatswissenschaft, Abteilung Rechtswissenschaft, Hrsg.: E. Kohlrausch und W. Kaskel, 2. Aufl. Berlin 1925.

Kaufhold, Karl Heinrich: Das Gewerbe in Preußen um 1800, Göttingen 1978.

Kaufhold, Karl Heinrich: Das Handwerk zwischen Anpassung und Verdrängung, in: Sozialgeschichtliche Probleme in der Zeit der Hochindustrialisierung (1870–1914), hrsg. v. Hans Pohl, Paderborn u. a., 1979, S. 103–142.

Kaufhold, Karl Heinrich: Die Diskussion um die Neugestaltung des Arbeitsrechts im Deutschen Reich 1890 und die Novelle zur Reichsgewerbeordnung 1891, ZfA 1991, 22. Jg. S. 277–322.

Kaufhold, Karl Heinrich: 150 Jahre Arbeitsschutz in Deutschland: Das preußische Regulativ von 1839 und die weitere Entwicklung bis 1914, AuR 1998, 37. Jg. 8, S. 225–232.

Kelly, J. N. D.: Reclams Lexikon der Päpste, 2. aktualisierte Aufl. Stuttgart 2005.

Keysser, Adolf: Recht und Juristen im Spiegel der Satire. Kulturbilder aus dem Rechtsleben. Teil I und Teil II, Bad Rothenfelde 1919.

Kindl, Johann; Feuerborn Andreas: Bürgerliches Recht für Wirtschaftswissenschaftler, Herne, Berlin 2006.

Kinnebrock, Susanne: Münchner Weibs-Bilder; in: Koch, Ursula; Behmer, Markus (Hrsg.), Grobe Wahrheiten – wahre Grobheiten, feine Striche –scharfe Stiche. Jugend, Simplicissimus und andere Karikaturen-Journale der Münchener „Belle Epoque" als Spiegel und Zerrspiegel der kleinen wie der großen Welt; Ausstellung des Instituts für Kommunikationswissenschaft der Ludwig-Maximilians-Universität, München 1996, S. 58–62.

Klatt, Wolfgang: Treuepflichten im Arbeitsverhältnis, eine rechtshistorische Untersuchung, Pfaffenweiler 1990.

Klippel, Diethelm: Politische und juristische Funktionen des Naturrechts in Deutschland im 18. Und 19. Jahrhundert. Zur Einführung, in: ZNR 2000, S. 3–10.

Klippel, Diethelm: Der Lohnarbeitsvertrag in Naturrecht und Rechtsphilosophie des 18. und 19. Jahrhunderts, in: Geschichtliche Rechtswissenschaft: ars tradendo innovandoque aequitatem sectandi; Freundesgabe für Alfred Söllner zum 60. Geburtstag, Gießen, 1990, S. 161–184.

Klippel, Diethelm; Lies-Benachib, Gudrun: Der Schutz von Persönlichkeitsrechten um 1900; in: Das Bürgerliche Gesetzbuch und seine Richter: zur Reaktion der Rechtsprechung auf die Kodifikation des deutschen Privatrechts (1896–1914), hrsg. von Ulrich Falk und Heinz Mohnhaupt, Frankfurt am Main 2000, S. 344–382.

Knapp, Georg Friedrich: Die Bauern-Befreiung und der Ursprung der Landarbeiter in den älteren Theilen Preußens. Erster Theil. Ueberblick der Entwicklung, Leipzig, Bd. I, 1887. https://archive.org/details/diebauernbefreiu00knapuoft.

Köbler, Gerhard: Zur Herkunft der deutschen Rechtslehrer des 19. Jahrhunderts, in: Festschrift für Walter Mallmann zum 70. Geburtstag, Baden-Baden 1978, S. 117–128.

Koch, Max Jürgen: Die Bergarbeiterbewegung im Ruhrgebiet zur Zeit Wiilhelms II (1889–1914), Düsseldorf 1954.

Koch, Peter: Geschichte der Versicherungswirtschaft in Deutschland. Karlsruhe 2012.

Koch, Ursula E.: Von A wie *Absinth* bis Z wie *Zickzack*. Die 'Belle Epoque' der Münchner Karikaturen-Journale (1886–1914); in: Koch, Ursula E.; Behmer, Markus (Hrsg.), Grobe Wahrheiten – wahre Grobheiten, feine Striche –scharfe Stiche. Jugend, Simplicissimus und andere Karikaturen-Journale der Münchener „Belle Epoque“ als Spiegel und Zerrspiegel der kleinen wie der großen Welt; Ausstellung des Instituts für Kommunikationswissenschaft der Ludwig-Maximilians-Universität, München 1996, S. 8–36.

Koch, Ursula E.: „Bestes Witzblatt der Welt“ oder „Ware von Vorgestern“? Der Simplicissimus in der Weimarer Republik (1918 bis 1933); in: Rösch, Getrud Maria (Hrsg.), Simplicissimus, Glanz und Elend der Satire in Deutschland, Regensburg 1996, S. 126–148.

Koch, Ursula E., Behmer, Markus (Hrsg.): Grobe Wahrheiten – wahre Grobheiten, feine Striche –scharfe Stiche. Jugend, Simplicissimus und andere Karikaturen-Journale der Münchener „Belle Epoque“ als Spiegel und Zerrspiegel der kleinen wie der großen Welt; Ausstellung des Instituts für Kommunikationswissenschaft der Ludwig-Maximilians-Universität, München 1996.

Kocka, Jürgen: Die Angestellten in der deutschen Geschichte 1850–1980. Vom Privatbeamten zum angestellten Arbeitnehmer, Göttingen 1981.

Kocka, Jürgen: Lohnarbeit und Klassenbildung. Arbeiter und Arbeiterbewegung in Deutschland 1800–1875, Berlin, Bonn 1983.

Kocka, Jürgen: Weder Stand noch Klasse, Unterschichten um 1800, Bonn 1990.

Kohlgrüber, Bernd: Der ‚Stutz' in Ehrenfeld; in: Rheinisch-Bergischer Kalender. 1986, Band. 56, S. 216–219.

Köllmann, Wolfgang: Industrielle Unterschichten im Bergischen Land und im Ruhrgebiet in der Früh- und Hochindustrialisierung, in: Vom Elend der Handarbeit, Stuttgart 1981, S. 319–333.

Könnecke, Otto: Rechtsgeschichte des Gesindes in West- und Süddeutschland, Marburg 1912, Reprint 1970.

Konrad, Helmut: Recht, Justiz und Arbeiterbewegung, in: Justiz und Zeitgeschichte, Wien 1977, S. 43–74.

Konrad, Ruprecht: Nationale und internationale Tendenzen im „Simplicissimus" (1896–1933). Der Wandel künstlerisch-politischer Bewußtseinsstrukturen im Spiegel von Satire und Karikatur in Bayern, Diss. Bayreuth 1975.

Konrad, Ruprecht: Politische Zielsetzungen und Selbstverständnis des „Simplicissimus"; in: Simplicissimus: eine satirische Zeitschrift, München 1896–1944. Ausstellung vom 19.11.1977 bis 15.1.1978, München,

Konzen, Horst: Vom „Neuen Kurs" zur sozialen Marktwirtschaft, in: ZfA 1991, S. 379–400.

Koselleck, Reinhart: Preußen zwischen Reform und Revolution. Allgemeines Landrecht, Verwaltung und soziale Bewegung von 1791 bis 1848, Stuttgart, 2. Aufl. 1975.

Krause, Ferdinand: Die hergebrachten Grundsätze des Berufsbeamtentums. Eine rechtshistorische Analyse, Frankfurt am Main 2008.

Kreutz, Wilhelm: Die Streckung von Längenfeldern über Gebirgstörungen beim Steinkohlenbergbau im Geltungsbereiche der revidierten Kleve-Märkischen Bergordnung, 1909.

Krueger, Hermann Edwin: Die wirtschaftliche und soziale Lage der Privatangestellten, Teil 2; in: Schriften der Gesellschaft für Soziale Reform, Bd. III, Heft 8 und 9; Heft 32 und 33 der ganzen Reihe, Jena 1912.

Kuntschke, Horst: Zur Kritik Otto von Gierkes am Bürgerlichen Gesetzbuch in: Die Entwicklung des Zivilrechts in Mitteleuropa (1848–1944), Budapest 1970, S. 153–164.

Kuczynski, Jürgen: Studien zur Geschichte des arbeitenden Kindes in Deutschland von 1700 bis zur Gegenwart, Berlin 1968.

Kuczynski, Jürgen: Geschichte des Alltags des deutschen Volkes, Bd. 4, Köln 1982.

Laband, Paul: Das Staatsrecht des Deutschen Reiches. Vierte neubearbeitete Aufl. in vier Bänden, erster Band, Tübingen und Leipzig 1901.

Laband, Paul: Die Fortschritte des Rechts 1896–1905, DJZ 1. Januar 1906, 11. Jg. Nr. 1, Sp. 1–9.

Landes-Gewerbe-förderungsstelle des nordrhein-westfälischen Handwerks e.V. (Hrsg.): Erfolgsstrategien für Personalmanagement im Handwerk. Fallbeispiele aus der MCH-Beratungspraxis, Düsseldorf 2004.

Lausberg, Heinrich: Elemente der literarischen Rhetorik; zweite, wesentlich erweiterte Ausg., München 1963.

Leibholz, Gerhard: Verfassungsrecht und Arbeitsrecht; in: Alfred Hueck, Gerhard Leibholz, Zwei Vorträge zum Arbeitsrecht (gehalten anlässlich des zehnjährigen Wiederbestehens des Deutschen Arbeitsgerichtsverbandes e.V. am 1. Dezember 1959 in Köln, München 1960, S. 21–42.

Lemke, Rudolf: Die Preussische Exekutiv-Polizei. Wie sie war, wie sie ist und wie sie sein müsste, Osnabrück 1904.

Lenger, Friedrich: Sozialgeschichte der deutschen Handwerker seit 1800, Frankfurt am Main 1988.

Lerche, Eva-Maria: Alltag und Lebenswelt von heimatlosen Armen. Eine Mikrostudie über die Insassinnen und Insassen des westfälischen Landarmenhauses Benninghausen (1844–1891), Münster, New York, München 2009.

Lew, Emanuel: Über den Einfluß der schönen Literatur auf die russische soziale Bewegung, Diss. Breslau 1932.

Liebenthal, Robert: Kantischer Geist in unserm neuen bürgerlichen Recht, in: Altpreußische Monatsschrift, Königsberg 1897, S. 222–239, hier: http://www.mghbibliothek.de/etc/zeitschriftenmagazin/Altpreussische_MonatsscrmftJ54J897.pdf.

Liebner, Katrin: Wucher und Staat. Die Theorie des Zinswuchers im Deutschland des 18. und 19. Jahrhunderts, Berlin 2010.

Löwisch, Manfred Langsdorff, G.-H. v.: Gesetzgebung und Rechtsprechung zum Wirtschafts-, Unternehmens- und Arbeitsrecht seit der Gewerbeordnung für den Norddeutschen Bund, in: JuS 1973, S. 9–15.

Lotmar, Philipp: Der Dienstvertrag des zweiten Entwurfs eines bürgerlichen Gesetzbuches für das Deutsche Reich; ursprünglich in: Archiv für soziale Gesetzgebung und Statistik, 8. Jg. 1895, S. 1–74; In: Philipp Lotmar, Schriften zu Arbeitsrecht, Zivilrecht und Rechtsphilosophie, hrsg. u. eingeleitet v. Joachim Rückert, Frankfurt a. M. 1992, S. 99–172.

Lotmar, Philipp: Der unmoralische Vertrag insbesondere nach gemeinem Recht; ursprünglich: Leipzig 1896; in: Philipp Lotmar, Schriften zu Arbeitsrecht, Zivilrecht und Rechtsphilosophie, hrsg. u. eingeleitet v. Joachim Rückert, Frankfurt a. M. 1992, S. 173–377.

Lotmar, Philipp: Die Tarifverträge zwischen Arbeitgebern und Arbeitnehmern. (1900); in: Philipp Lotmar, Schriften zu Arbeitsrecht, Zivilrecht und Rechtsphilosophie, hrsg. u. eingeleitet v. Joachim Rückert. Frankfurt a. M. 1992, S. 429–554.

Lotmar, Philipp: Der Arbeitsvertrag; zweite Aufl. durchgesehen u. hrsg. v. Manfred Rehbeiner, Schriftenreihe zur Rechtssoziologie und Rechtstatsachenforschung, Bd. 82. Berlin 2001. Die 1. Auflage erschien in Leipzig in 2 Bänden, Bd. 1: 1902, Bd. 2: 1908.

Lüdtke, Alf/Erwig-Drüppel, Thomas: „Das Subject. Das Object“: Polizisten und andere Amtspersonen im „Simplicissimus“ 1896–1914; in: Jahrbuch für europäische Verwaltungsgeschichte 6 (1994) S. 149–177.

Ludwig, Karl-Heinz: Die Fabrikarbeit von Kindern, in: Vierteljahresschrift für Sozial- und Wirtschaftsgeschichte, 1965, S. 63–85.

Ludwig, Karl-Heinz: Aspekte der Arbeitsverfassung im europäischen Bergbau des Mittelalters und der frühen Neuzeit, in: Bergbau und Arbeitsrecht, Wien 1989, S. 11–35.

Ludwig, Sabine: Studien zur Sprache Peter Rühmkorfs. Zum zynischen Moment seiner Lyrik, Düsseldorf 2009.

Ludyga, Hannes: Obrigkeitliche Armenfürsorge im deutschen Reich vom Beginn der Frühen Neuzeit bis zum Ende des Dreißigjährigen Krieges (1495–1648), Berlin 2010.

Luig, Klaus: Wissenschaft und Kodifikation des Privatrechts im Zeitalter der Aufklärung in der Sicht von Christian Thomasius, in: Europäisches Rechtsdenken in Geschichte in Gegenwart, Bd. I, München 1982, S. 177–201.

Lux, Käthe: Studien über die Entwicklung der Warenhäuser in Deutschland, Jena 1910.

Machek, Erich: Erich Machek, Die Rechtsnatur des Arbeitsvertrages und die Arbeitsrechtskodifikationen, in: Im Dienste der Sozialreform, Wien 1965, S. 285–292.

Machtan, Lothar: Der Arbeiterschutz als sozialpolitisches Problem im Zeitalter der Industrialisierung, in: Staatliche, städtische, betriebliche und kirchliche Sozialpolitik vom Mittelalter bis zur Gegenwart, hrsg. v. Hans Pohl, Stuttgart 1991, S. 111–136.

Manthe, Ulrich: Geschichte des römischen Rechts, München 2000.

Maren-Grisebach Manon: Methoden der Literaturwissenschaft, Bern und München 1970.

Marx, Karl/Engels, Friedrich: Werke, Bd. 23. Das Kapital, Berlin 1968.

Matsumoto, Naoko: Justiznutzung durch Frauen vor dem Gewerbegericht um 1900, in: ZNR 2009, S. 30–51.

Mayer-Maly, Theo: Aufgabe und Probleme einer Geschichte des Arbeitsrechts, in: RdA 1956, S. 125–127.

Mayer-Maly, Theo: Römische Grundlagen des modernen Arbeitsrechts, RdA 1967, Heft 8/9, S. 281–286.

Mayer-Maly, Theo: Vorindustrielles Arbeitsrecht, RdA 1975, Heft 1, S. 59–63.

Mayer-Maly, Theo: Arbeitsrecht (Artikel), in: Staatslexikon Recht-Wirtschaft-Gesellschaft, 7. völlig neu bearbeitete Auflage, Bd. 1, Freiburg, Basel 1985, Sp. 297–307.

Mayer-Maly, Theo: Ausgewählte Schriften zum Arbeitsrecht, Wien, Köln 1991.

Mayer-Maly, Theo: Römisches Recht, zweite, erweiterte Aufl. Wien, New York 1999.

Meerwarth, Rudolf: Untersuchungen über die Hausindustrie in Deutschland. Schriften der Gesellschaft für Soziale Reform, Bd. II, Heft 8; Heft 20 der ganzen Reihe, Jena 1906.

Mehring, Franz: Zur deutschen Geschichte von der Zeit der Französischen Revolution bis zum Vormärz (1789 bis 1847), Berlin 1965.

Meili, Friedrich: Ein Blick in das Theaterrecht, DJZ 15.3.1900, 5. Jg, Nr. 6, S. 121–124.

Meine, Sabine/ Hottmann, Katharina (Hrsg.): Puppen, Huren, Roboter. Körper der Moderne in der Musik zwischen 1900 und 1930, Schliengen 2005.

Melcher, Kurt: Die Geschichte der Polizei, Berlin 1926.

Melzer, Ingetraut: Zur Regelung der Arbeitsverhältnisse in der deutschen Landwirtschaft, in: Die Entwicklung des Zivilrechts in Mitteleuropa (1848–1944), Budapest 1970, S. 381–395.

Messerschmidt, Manfred: Preußens Militär in seinem gesellschaftlichen Umfeld, in: Preußen im Rückblick, hrsg. v. Hand-Jürgen Puhle und Hand-Ulrich Wehler, Göttingen 1980, S. 43–88.

Mestitz, Franz: Probleme der Geschichte des Arbeitsrechts. Ein Forschungsbericht für die Jahre 1974 bis 1979, in: ZNR 1980, S. 47–65.

Mestitz, Franz: Zur Wirkungsgeschichte des Arbeitsrechts; in: Wege zur Arbeitsrechtsgeschichte. Ius Commune. Veröffentlichungen des Max-Planck-Instituts für Europäische Rechtsgeschichte, Frankfurt a. M. 1984, S. 1–28.

Meurer, Dieter: Kunst und Recht im Konflikt; in: Folckers, Nils/ Solms, Wilhelm. Was kostet der Spaß? Wie Staat und Bürger die Satire bekämpfen, Marburg 1997, S. 84–89.

Meyer, Rudolf: Bona fides und lex mercatoria in der europäischen Rechtstradition, Göttingen 1994.

Meyer-Rudel, Esther-Maria: Der Gedanke der *bona fides.* Eine rechtsvergleichende Untersuchung anhand des deutschen und italienischen Vertragsrechts, Diss. Münster 2005.

Meyers Großes Konversationslexikon: Meyers Großes Konversationslexikon, 6. Auflage, Leipzig und Wien. Bd. I, 1902. Bd. 10, 1905.

Mohnhaupt, Heinz: Richter und Rechtsprechung im Werk Savignys, in: Studien zur Europäischen Rechtsgeschichte, hrsg. v. Walter Wilhelm, Frankfurt am Main 1972. S. 243–264.

Moll, Wilhelm: Dienstvergütung bei persönlicher Veerhinderung, RdA 1980, S. 138–155.

Möller, Cosima: Freiheit und Schutz im Arbeitsrecht. Das Fortwirken des römischen Rechts in der Rechtsprechung des Reichsgerichts, Göttingen 1990.

Mommsen, Wolfgang J.: Bürgerstolz und Weltmachtstreben. Deutschland unter Wilhelm II. 1890 bis 1918; Propyläen Geschichte Deutschlands; siebenter Band, zweiter Teil, Berlin 1995.

Monzel, Nikolaus: Die katholische Kirche in der Sozialgeschichte. Von den Anfängen bis zur Gegenwart, hrsg. v. Trude Herweg und Karl Heinz Grenner, München, Wien 1980.

Moser, Dietz-Rüdiger; Sammer, Marianne (Red.): Sonderheft 100 Jahre Simplicissimus „Literatur in Bayern" der Vierteljahresschrift für Literatur, Literaturkritik und Literaturwissenschaft, hrsg. im Auftrage der ‚Vereinigung der Freunde Bayerischer Literatur e.V.', hrsg. aus Anlass der Ausstellung „Literaten und Literatur im *Simplicissimus*" vom 21. Mai bis zum 26. Juli im Institut für Bayerische Literaturgeschichte der Ludwig-Maximilians-Universität München, 1996.

Mrozek, Stanislaw: Die Arbeitsverhältnisse in den Goldbergwerken des römischen Daziens, in: Gesellschaft und Recht im griechisch-römischen Altertum, Teil 2, Berlin 1969, S. 139–155.

Müller, Georg: Recht und Staat in unserer Dichtung. Flüchtige Bilder für nachdenkliche Leute, Hannover, Leipzig 1924.

Müller, Wilhelm: Pferdebahn und Brückenhäuschen. Kindheit und Jugend in Köln vor 100 Jahren, Köln 1981.

Müller, Ernst/Schmid, Georg: Cf. Vereinsgesetz vom 19. April 1908.

Murmann, Josef: Polizeiverordnung, Polizeiverfügung, polizeiliche Strafverfügung, Diss. Greifswald 1913.

Naujoks, Hans-Georg: Spuren des historischen Steinkohlenbergbaus südlich der Ruhr, Münster 1984.

Nelken, Felix: Die deutschen Handwerker- und Arbeiterschutzgesetze, nebst den reichsrechtlichen Ausführungsbestimmungen, mit Erläuterungen herausgegeben, Berlin 1901.

Neukamp, Ernst: Ermöglicht das geltende Recht einen genügenden Arbeitswilligenschutz? DJZ 19. Jg. Nr. 15, 1.8.1914, S. 953–958.

Nichtweiss, Johannes: Die ausländischen Saisonarbeiter in der Landwirtschaft der östlichen und mittelern Gebiete des Deutschen Reiches, Berlin 1959.

Nisin, Arthur: La littérature et le lecteur, 2. Aufl. Paris 1960.

Nitsche, Wolfgang: Die Betriebsrisikolehre. Ihre Entwicklung und ihre Anwendung im allgemeinen und bei Arbeitskämpfen, Mainz 1976.

Nörpel, Clemens: Entwicklung und Ausbau des Arbeitsrechts. Vortrag gehalten auf dem 14. Kongress der Gewerkschaften Deutschlands in Frankfurt a. M. 1931. Sonderdruck aus dem Protokoll des 14. Kongresses der Gewerkschaften

Deutschlands, abgehalten in Frankfurt am Main vom 31. August bis 4. September 1931, Berlin 1931.

Nörr, Dieter: Zur sozialen und rechtlichen Bewertung der freien Arbeit in Rom, in: ZRG 1965, S. 67–105.

Nöth, Winfried: Handbuch der Semiotik, Stuttgart 1985.

Ogris, Werner: Geschichte des Arbeitsrechts vom Mittelalter bis in das 19. Jahrhundert. Ein Überblick. RdA 1967, Heft 8/9, S. 286–297.

Olea, Manuel Alonso: Von der Hörigkeit zum Arbeitsvertrag, Heidelberg 1981.

Ormond, Thomas: Richterwürde und Regierungstreue. Dienstrecht, politische Betätigung und Disziplinierung der Richter in Preußen, Baden und Hessen 1866–1918, Frankfurt am Main 1994.

Osius, Rudolf: Die Heranziehung von Frauen zur öffentlichen Armenpflege; in: Schriften des deutschen Vereins für Armenpflege und Wohlthätigkeit, 25. Heft, Leipzig 1896, S. 1–39.

Ottmüller, Uta: Die Dienstbotenfrage. Zur Sozialgeschichte der doppelten Ausnutzung von Dienstmädchen im deutschen Kaiserreich, Münster 1978.

Palme, Rudolf: Städtische Sozialpolitik bis zum 16. Jahrhundert, in: Staatliche, städtische, betriebliche und kirchliche Sozialpolitik vom Mittelalter bis zur Gegenwart, hrsg. v. Hans Pohl, Stuttgart 1991, S. 45–63.

Peukert, Detlev J. K.: Industrialisierung des Bewußtseins? Arbeitserfahrungen von Ruhrbergleuten im 20. Jahrhundert, in: Arbeit und Arbeitserfahrung, hrsg. v. Klaus Tenfelde, Göttingen 1986, S. 92–119.

Pfaffenroth, Karl: Preußische Beamten-Gesetzgebung, enthaltend die wichtigsten Beamtengesetze in Preußen, fünfte, neubearbeitete Aufl. Berlin 1916.

Pfeiffer, Ludwig: Der erste Bürgermeister als verfassungsmäßiges Organ der Gemeinde, Diss. Landau-Pfalz 1930.

Pfeiffer-Munz: Soziales recht ist deutsches Recht. Otto von Gierkes Theorie des sozialen Rechts untersucht anhand seiner Stellungnahmen zur deutschen und zur schweizerischen Privatrechtskodifikation, Zürich 1979.

Picot, Gerhard (Hrsg.): Handbuch für Familien- und Mittelstandsunternehmen. Strategie, Gestaltung, Zukunftssicherung, Stuttgart 2008.

Pieper August: Die Herabsetzung der Arbeitszeit für Frauen. Referat der Generalversammlung der Gesellschaft für Soziale Reform in Köln am 22. Sept. 1902, Jena 1902.

Pierenkemper, Toni: „Dienstbotenfrage“ und Dienstmädchenarbeitsmarkt am Ende des 19. Jahrhunderts, in: AfS 1988, S. 173–201.

Piper, Reinhard: Nachmittag. Erinnerungen eines Verlegers, München 1950.

Platzbecker, Paul: Rheinische Gesindeordnung. Ein praktischer Wegweiser. Anhang: Rheinische Gesindeordnung soweit sie heute noch gilt, Mönchengladbach 1914.

Pohl, Hans: Wirtschafts- und sozialgeschichtliche Grundzüge der Epoche 1870–1914, in: Sozialgeschichtliche Probleme in der Zeit der Hochindustrialisierung (1870–1914), hrsg. v. Hans Pohl. Paderborn, München, 1979, S. 13–55.

Potthoff, Heinz: Die Zukunft des Privatbeamtenrechts, in: Privatangestellte und Arbeitsrecht. Von Dr. Karl Flesch, Frankfurt a. M., Mitglied des Preußischen Abgeordnetenhauses und Dr. Heinz Potthoff, Düsseldorf, Mitglied des Reichstags. Zweite, durchgesehene und vermehrte Aufl. der Schrift Zur Kritik des Arbeits-Vertrages von Dr. Karl Flesch, hrsg. im Auftrage des Bundes der technisch-industriellen Beamten, Berlin 1912. S. 3–11.

Potthoff, Heinz: Probleme des Arbeitsrechts. Rechtspolitische Betrachtungen eines Volkswirtes, Jena 1912.

Preis, Ulrich: Arbeitsrecht. Individualarbeitsrecht. Lehrbuch für Studium und Praxis, 3. Aufl., Köln 2009.

Presch, Gunther: Verdeckte Beurteilungen in Arbeitszeugnissen: Ein Streitfall vor Gericht nebst Anhang mit historischen Dokumenten; in Irmhild Barz und Ulla Fix, Deutsch-deutsche Kommunikationserfahrungen im arbeitsweltlichen Alltag, Heidelberg 1997, S. 315–338.

Proesler, Hans: Das gesamtdeutsche Handwerk im Spiegel der Reichsgesetzgebung von 1530 bis 1806, Berlin 1954.

Pufendorf, Samuel: De officio hominis et civis iuxta legem naturalem. Dt.: Über die Pflicht des Menschen und des Bürgers nach dem Gesetz der Natur, hrsg. u. übers. von Klaus Luig, Frankfurt a. M. 1994.

Ramm, Thilo: Das Koalitions- und Streikrecht der Beamten. Ein Rechtsgutachten, Köln 1970.

Ramm, Thilo: Die Arbeitsverfassung des Kaiserreichs in: Festschrift für Walter Mallmann zum 70. Geburtstag, Baden-Baden 1978, S. 191–211.

Ramm, Thilo (Hrsg.): Entwürfe zu einem Deutschen Arbeitsvertragsgesetz mit dem Arbeitsgesetzbuch der DDR von 1990 und dem österreichischen Entwurf einer Teilkodifikation des Arbeitsrechts von 1960, Frankfurt am Main, 1992.

Ranke, Leopold von: Weltgeschichte, Band 7, Wien u. a., o. J.

Ratz, Ursula: Sozialreform und Arbeiterschaft. Die „Gesellschaft für Soziale Reform“ und die sozialdemokratische Arbeiterbewegung von der Jahrhundertwende bis zum Ausbruch des Ersten Weltkrieges, Berlin 1980.

Rehbein, Franz: Das Leben eines Landarbeiters, hrsg. und eingel. von Paul Göhre, Jena 1911.

Rehbinder, Manfred: Zur rechtsgeschichtlichen Entwicklung des Bühnenengagements, in: Archiv für Urheber- und Medienrecht (UFITA) 1975, S. 87–107.

Reichold, Hermann: Der „Neue Kurs“ von 1890 und das Recht der Arbeit: Gewerbegerichte, Arbeitsschutz, Arbeitsordnung, ZfA 1990, 21. Jg. 1, S. 5–41.

Reif, Heinz: „Ein seltener Kreis von Freunden“. Arbeitsprozesse und Arbeitserfahrungen bei Krupp 1840–1914, in: Arbeit und Arbeitserfahrung in der Geschichte, hrsg. v. Klaus Tenfelde, Göttungen 1986, S. 51–91.

Reinemann, Holger: Mittelstandsmanagement. Einführung in Theorie und Praxis, Stuttgart 2011.

Reininghaus, Wilfried: Die Gesellenvereinigungen am Ende des Alten Reiches, in: Ulrich Engelhardt (Hrsg.), Handwerker in der Industrialisierung, Stuttgart 1984, S. 219–241.

Reininghaus, Wilfried: Arbeit im städtischen Handwerk an der Wende zur Neuzeit, in: Arbeit und Arbeitserfahrung in der Geschichte, hrsg. v. Klaus Tenfelde, Göttingen 1986, S. 9–31.

Rejewski, Harro-Jürgen: Die Pflicht zur politischen Treue im preußischen Beamtenrecht (1850–1918). Eine rechtshistorische Untersuchung anhand von Ministerialakten aus dem Geheimen Staatsarchiv der Stiftung Preußischer Kulturbesitz, Berlin 1973.

Reulecke, Jürgen: Vom blauen Montag zum Arbeiterurlaub, Vorgeschichte und Entstehung des Erholungsurlaubs für Arbeiter vor dem Ersten Weltkrieg, in: AfS 1976, S. 205–248.

R. Riehn: Unbetiteltes Referat über Konsumvereine; in: Die II. Generalversammlung der Gesellschaft für Soziale Reform, 14. u. 15.10.1904. Referate und Verhandlungen über Arbeitskammern und Konsumvereine. Schriften der Gesellschaft für Soziale Reform, Bd. II, Heft 4, bzw. Heft 16 der Reihe, Jena 1904.

Ritscher, Wolfgang: Koalitionen und Koalitionsrecht in Deutschland bis zur Reichsgewerbeordnung [1917], hrsg. u. eingeleitet von Rainer Schröder. Frankfurt am Main 1992.

Ritter, Anna: In der Christnacht; in: Hannelore Schedler (Hrsg.), Die Spieluhr. Weihnachtserzählungen aus alter Zeit, Kevelaer 1994, S. 48–67, entnommen aus: Die Gartenlaube, 1899, S. 829–835.

Ritter, Gerhard A.: Staat, Arbeiterschaft und Arbeiterbewegung in Deutschland. Vom Vormärz bis zum Ende der Weimarer Republik, Berlin, Bonn 1980.

Ritter, Gerhard A./ Tenfelde, Klaus: Arbeiter im Deutschen Kaiserreich 1871 bis 1914, Bonn 1992.

Rittig, Gabriele: Anmerkungen zu Satire und Justiz; in: Birgit Dankert und Lothar Zechlin (Hrsg.). Literatur vor dem Richter. Beiträge zur Literaturfreiheit und Zensur, Baden-Baden 1988, S. 203–234.

Rittig, Gabriele: Der Preis der Satire; in: Folckers, Nils/ Solms, Wilhelm, Was kostet der Spaß? Wie Staat und Bürger die Satire bekämpfen, Marburg 1997, S. 62–83.

Roda Roda/Etzel, Theodor (Hrsg.): Welthumor in sechs Bänden, Bd. 4, Vier Jahreszeiten. Humor, Satire, Ironie. Von Heine bis Wilhelm Busch, München 1925.

Rohn, Wilhelm: Der Arbeitsvertrag der Bergarbeiter, Marburg 1913.

Rösch, Gertrud Maria (Hrsg.): Simplicissimus. Glanz und Elend der Satire in Deutschland, Regensburg 1996.

Rosenstock, Eugen: Die philosophischen Grundlagen des Arbeitsrechts, JW 1922, 51. Jg. Heft 8, S. 560–562.

Roth, Eugen: Simplicissimus. Ein Rückblick auf die satirische Zeitschrift. Auswahl und Text von Eugen Roth, Hannover 1954.

Rottleuthner, Hubert: Probleme der Beobachtung von Arbeitsgerichtsverfahren, in: Interaktion vor Gericht, Baden-Baden 1978, S. 109–131.

Rottmann, Frank: Der Beamte als Staatsbürger. Zugleich eine Untersuchung zum Normtypus von Art. 33 Abs. 5 GG, Berlin 1981.

Rousseau, Jean-Jacques: Du Contrat Social ou Principes du droit politique, Paris 1962.

Rückert, Joachim: Unmöglichkeit und Annahmeverzug im Dienst- und Arbeitsvertrag, in: ZfA 1983, S. 1–29.

Rückert, Joachim: Vom casus zur Unmöglichkeit und von der Sphäre zum Synallagma. Weichenstellungen bei der Risikoverteilung im gegenseitigen Vertrag, entwickelt am Beispiel des Dienstvertrages. ZNR 1984, S. 40–73.

Rückert, Joachim: „Frei“ und „sozial“: Arbeitsvertrags-Konzeptionen um 1900 zwischen Liberalismen und Sozialismen, ZfA 1992, 23. Jg. 2, S. 225–294.

Rückert, Joachim (Hrsg.): Beschreibende Bibliographie zur Geschichte des Arbeitsrechts mit Sozialrecht, Sozialpolitik und Sozialgeschichte, Berichtzeitraum 1945–1993, Baden-Baden 1996.

Rückert, Joachim: Die Verrechtlichung der Arbeitsbeziehungen in Deutschland seit dem frühen 19. Jahrhundert; in: In: Hans G. Nutzinger (Hrsg.), Die Entstehung des Arbeitsrechts in Deutschland. Aktuelle Probleme in historischer Perspektive, Marburg 1998, S. 213–229.

Rückert, Joachim: Philipp Lotmar – ein Rechtsphilosoph von Rang, Forschungsband Philipp Lotmar (1850–1922), hrsg. v. Pio Caroni. Colloquium zum 150. Geburtstag, Frankfurt am Main 2003, S. 133–164.

Rüthers, Bern: Streik und Verfassung, Köln 1960.

Ryssel, Herbert A.: Die allgemeine Fürsorgepflicht des Arbeitgebers, die Geschichte ihrer Entstehung und ihre systematische Behandlung in der Rechtsprechung des Bundesarbeitsgerichts, Frankfurt am Main 1970.

Sachs, Lena: Die Zusammenarbeit zwischen Bundeswehr und Bildungseinrichtungen. Eine kritische Analyse, Freiburg 2012.

Saffert: Die oberste Arbeitsbehörde in Deutschland zugleich ein Überblick über die arbeitsgerichtliche Gesetzgebung von 1869 bis 1950 sowie über die Entwicklung der Arbeitgeberverbände und Gewerkschaften, in: Das Arbeitsrecht der Gegenwart: Jahrbuch für das gesamte Arbeitsrecht und die Arbeitsgerichtsbarkeit, Bd. 5, 1968, S. 56–79.

Sagave, Pierre Paul: Klerus im Kreuz-Feuer; in: Koch, Ursula E.; Behmer, Markus (Hrsg.), Grobe Wahrheiten – wahre Grobheiten, feine Striche –scharfe Stiche. Jugend, Simplicissimus und andere Karikaturen-Journale der Münchener „Belle Epoque" als Spiegel und Zerrspiegel der kleinen wie der großen Welt; Ausstellung des Instituts für Kommunikationswissenschaft der Ludwig-Maximilians-Universität, München 1996, S. 68.

Sagave, Pierre Paul: Wurzeln des Übels, Antisemitismus vor dem 1. Weltkrieg; in: Koch, Ursula E.; Behmer, Markus (Hrsg.), Grobe Wahrheiten – wahre Grobheiten, feine Striche –scharfe Stiche. Jugend, Simplicissimus und andere Karikaturen-Journale der Münchener „Belle Epoque" als Spiegel und Zerrspiegel der kleinen wie der großen Welt; Ausstellung des Instituts für Kommunikationswissenschaft der Ludwig-Maximilians-Universität, München 1996, S. S. 69–70.

Sailer, Anton: Glanz und Elend des Simplicissimus; in: Simplicissimus: eine satirische Zeitschrift, München 1896–1944. Ausstellung vom 19.11.1977 bis 15.1.1978, München 1977, S. 35–52.

Saldern, Adelheid von: Gewerbegerichte im wilhelminischen Deutschland, in: Wissenschaft, Wirtschaft und Technik, München 1969, S. 190–203.

Saul, Klaus: Konstitutioneller Staat und betriebliche Herrschaft. Zur Arbeiter- und Beamtenpolitik der preußischen Staatseisenbahnverwaltung 1890–1914. In: Industrielle Gesellschaft und politisches System. Beiträge zur politischen Sozialgeschichte. Festschrift für Fritz Fischer zum siebzigsten Geburtstag, Bonn 1978, S. 315–336.

Sawall, Sandra: Die Entwicklung der Arbeitsgerichtsbarkeit, Aachen 2007.

Schade, Friedrich: Arbeitsrecht. Grundlagen des Individualarbeitsrechts, des kollektiven Arbeitsrechts sowie der Arbeitsgerichtsbarkeit, Stuttgart 2010.

Schäfer, Frank L.: Zwischen BGB und Schützengräben. Juristische Germanistik als Rechtsgeschichte von 1900 bis 1918 in: ZNR 2009, S. 52–86.

Schäfer, Hermann: Die Industriearbeiter, in: Sozialgeschichtliche Probleme in der Zeit der Hochindustrialisierung (1870–1914), hrsg. v. Hans Pohl, Paderborn u. a., 1979, S. 143–216.

Schaub, Bearbeiter 2011 §...Rn. ... Schaub, Günter; Koch, Ulrich; Linck, Rüdiger; Treber, Jürgen; Vogelsang, Hinrich: Arbeitsrechts-Handbuch [ArbR-Hdb.], 14. Aufl. München 2011.

Scherner, Karl Otto: Handwerker und Verleger, in: Vom Gewerbe zum Unternehmen, Darmstadt 1982, S. 7–60.

Schiller, Friedrich: Schillers Werke. Nationalausgabe. Wiese, Benno von (Hrsg.) Zwanzigster Band, Philosophische Schriften, Erster Teil. (Darin: „Über naive und sentimentalische Dichtung"), Weimar 1962.

Schildt, Gerhard: Frauenarbeit im 19. Jahrhundert, Pfaffenweiler 1993.

Schippel, Max: „Die Lage der großstädtischen Kellner." In: Die neue Zeit (Revue des geistigen und öffentlichen Lebens). 9. 1890–91, 2. Bd. (1891), Heft 30, S. 97–105,

Heft 31, S. 139–146. Hg. als Online Edition der Friedrich Ebert Stiftung http://library.fes.de/cgi-bin/neuzeit.pl?id=07.00806&dok=1890-91b&f=189091b_0097&l=189091b_0105&c=189091b_0097.

Schirokauer, Alfred: Die siebente Großmacht, 6. Aufl. Berlin 1914.

Schissler, Hanna: Die Junker, Zur Sozialgeschichte und historischen Bedeutung der agrarischen Elite in Preußen, in: Preußen im Rückblick, hrsg. v. Hans-Jürgen Puhle und Hans-Ulrich Wehler, Göttingen 1980, S. 89–122.

Schlick, Heinrich: Von den Zünften zu den Verbänden der Arbeitgeber und Arbeitnehmer der Gegenwart, in: Geistiger Umgang mit der Vergangenheit, Stuttgart 1962, S. 199–212.

Schliemann, Harald; Meyer, Jürgen: Arbeitszeitrecht – gesetzliche, tarifliche und betriebliche Regelungen, Neuwied und Kriftel 2002.

Schlosser, Hans: Grundzüge der Neueren Privatrechtsgeschichte. Rechtsentwicklungen im europäischen Kontext, 9. Aufl. Heidelberg 2001.

Schmelzeisen, Gustaf Klemens: Polizeiordnungen und Privatrecht, Köln 1955.

Schmelzeisen, Gustaf Klemens: Die Arbeitsordnung in den jüngeren Berggesetzen, in: ZRG, Germ. Abteilung 1955, S. 111–153.

Schmelzeisen, Gustaf Klemens: Grundgedanken des jüngeren Bergrechts, in: Vierteljahreschrift für Sozial- und Wirtschaftsgeschichte 1955, S. 214–245.

Schmieder, Eberhard: Geschichte des Arbeitsrechts im deutschen Mittelalter, Bd. I, Leipzig 1939.

Schmidt, Rudolf: Bürgerliches Recht. Ein kurzgefaßtes Lehrbuch, Stuttgart 1927.

Schmoll, J. A., gen. Eisenwerth: Macht und Ohnmacht der politischen Karikatur; in: Haus der Kunst (Hrsg.). Simplicissimus: eine satirische Zeitschrift, München 1896–1944. Ausstellung vom 19.11.1977 bis 15.1.1978: München 1977, S. 13–22.

Schneider, Konrad: Treu und Glauben im Sinne des Bürgerlichen Gesetzbuches, DJZ 15.5.1903, 8. Jg. Nr. 10, S. 231–237.

Schöller, Rainer G.: Der gemeine Hirte, Nürnberg 1973.

Schoenberner, Franz: Name und Aufgabe des „Simpls“; in: Sonderheft 100 Jahre Simplicissimus „Literatur in Bayern“ der Vierteljahresschrift für Literatur, Literaturkritik und Literaturwissenschaft, hrsg. im Auftrage der ‚Vereinigung der Freunde Bayerischer Literatur e.V.‘, hrsg. aus Anlass der Ausstellung „Literaten und Literatur im *Simplicissimus*“ vom 21. Mai bis zum 26. Juli im Institut für Bayerische Literaturgeschichte der Ludwig-Maximilians-Universität München 1996, S. 36 f.

Schott, Richard: Der Mensch und die Arbeit im Recht der Zeiten. Rede, gehalten bei Übernahme des Rektorats der Schlesischen Friedrich-Wilhelms-Universität am 1. Oktober 1917, Breslau 1917.

Schreurs, Lothar: Die soziale Entwicklung des Arbeitsrechts, Bern 1946.

Schröder, Rainer: Die Richterschaft am Ende des zweiten Kaiserreichs unter dem Druck polarer sozialer und politischer Anordnungen, in: Festschrift für Rudolf Gmür zum 70. Geburtstag, Bielefeld 1983, S. 201–254.

Schröder, Rainer: Zur Arbeitsverfassung des Spätmittelalters, Eine Darstellung mittelalterlichen Arbeitsrechts aus der Zeit nach der großen Pest Berlin 1984.

Schröder, Rainer: Klassenjustiz, in LdR 19 vom 12. Juni 1986, S. 1–7.

Schröder, Rainer: Die Entwicklung des Kartellrechts und des kollektiven Arbeitsrechts durch die Rechtsprechung des Reichsgerichts vor 1914, Ebelsbach 1988.

Schröder, Rainer: Die Strafrechtliche Bewältigung der Streiks durch Obergerichtliche Rechtsprechung zwischen 1870 und 1914. Archiv für Sozialgeschichte 31, 1991, S. 85–102.

Schröder, Rainer: Das Gesinde war immer frech und unverschämt. Gesinde und Gesinderecht vornehmlich im 18. Jahrhundert, Frankfurt am Main 1992.

Schröder, Wilhelm Heinz: Arbeitergeschichte und Arbeiterbewegung, Industriearbeit und Organisationsverhalten im 19. und frühen 20. Jahrhundert, Frankfurt/New York 1978.

Schulz, von: Unbetiteltes Referat des Vorsitzenden des Gewerbegerichts Berlin, Magistratsrat von Schulz; in: Die II. Generalversammlung der Gesellschaft für Soziale Reform, 14. u. 15.10.1904. Referate und Verhandlungen über Arbeitskammern und Konsumvereine. Schriften der Gesellschaft für Soziale Reform, Bd. II, Heft 4, bzw. Heft 16 der Reihe, Jena 1904.

Schulz, Günther: Die industriellen Angestellten, Zum Wandel einer sozialen Gruppe im Industrialisierungsprozeß, in: Sozialgeschichtliche Probleme in der Zeit der Hochindustrialisierung (1870–1914), hrsg. v. Hans Pohl, Paderborn u. a. 1979, S. 217–266.

Schulz, Günther: Die Arbeiter und Angestellten bei Felten & Guillaume, Sozialgeschichtliche Untersuchung eines Kölner Industrieunternehmens im 19. und beginnenden 20. Jahrhundert, Wiesbaden 1979.

Schulz, Günther: Betriebliche Sozialpolitik in Deutschland seit 1850, in: Staatliche, städtische, betriebliche und kirchliche Sozialpolitik vom Mittelalter bis zur Gegenwart, hrsg. v. Hans Pohl, Stuttgart 1991, S. 137–176.

Schulz-Hoffmann, Carla: Zur Geschichte der illustrierten satirischen Zeitschrift; in: Simplicissimus: eine satirische Zeitschrift, München 1896–1944. Ausstellung vom 19.11.1977 bis 15.1.1978, München 1977, S. 23–35.

Schulze, Reiner: Policey und Gesetzgebungslehre im 18. Jahrhundert, Berlin 1982.

Schulze, Reiner: Das Entstehen des Europäischen Gemeinschaftsrechts. Eine Forschungsaufgabe der juristischen Zeitgeschichte, in: ZNR 1994, S. 297–324.

Schulze, Reiner: Rheinisches Recht im Wandel der Forschungsperspektiven, in: ZNR 2002, S. 65–90.

Schwab, Dieter: Das BGB und seine Kritiker, in: ZNR 2000, S. 325–357.

Schwarz, Otfried: Das Recht in den sozialen Dramen erläutert am Arbeitsvertrag, Diss. Erlangen 1936.

Seibt, Ferdinand: Vom Lohn der Handarbeit, in: Vom Elend der Handarbeit. Probleme historischer Unterschichtenforschung, hrsg. v. Hans Mommsen und Winfried Schulze, Stuttgart 1981, S. 158–181.

Seidl, Erwin: Römisches Privatrecht, Köln, Berlin, Bonn, München 1963.

Sieg, Ulrich: Der Preis des Bildungsstrebens. Jüdische Geisteswissenschaftler im Kaiserreich, in: Juden, Bürger, Deutsche, Zur Geschichte von Vielfalt und Differenz 1800–1933, hrsg. v. Andreas Gotzmann, Rainer Liedtke und Till van Rahden, Tübingen 2001, S. 67–95.

Sieg, Ulrich: Das Judentum im Kaiserreich (1871–1918), in: Die Geschichte der Juden in Deutschland, hrsg. v. Arno Herzig und Cay Rademacher, Hamburg 2007, S. 122–137.

Silbermann, Ennesch, Eichler: Die Privatbeamten und die Versicherungsgesetzgebung; in: Schriften der Gesellschaft für Soziale Reform, Bd. III, Heft 1, Heft 25 der Reihe, Jena 1908.

Silberschmidt, Wilhelm: Das deutsche Arbeitsrecht, 1. Band, München, Berlin, Leipzig 1926.

Simitis, Spiros: Zur Verrechtlichung der Arbeitsbeziehungen; in: Hans F. Zacher, Spiros Simitis, Friedrich Kübler, Klaus Hopt, Gunther Teubner. Verrechtlichung von Wirtschaft, Arbeit und sozialer Solidarität. Vergleichende Analysen, Baden-Baden 1984, S. 73–165.

Simmel, Georg: Der Arme; in: Georg Simmel, Kap. VII, Soziologie. Gesamtausgabe, herausgegeben von Otthein Rammstedt, Bd. 11. Frankfurt a. M. 1992, S. 512–555.

Simon, Helene: A. Die Herabsetzung der Arbeitszeit für Frauen in Fabriken; B. Die Erhöhung des Schutzalters jugendlicher Arbeiter. Referat der Generalversammlung der Gesellschaft für Soziale Reform in Köln am 22. Sept. 1902, Jena 1902.

Simons, Rolf: Staatliche Gewerbeaufsicht und gewerbliche Berufsgenossenschaften, Frankfurt a. M, 1984.

Sinsheimer, Hermann: Gelebt im Paradies. Erinnerungen und Begegnungen. Aus dem Nachlass bearbeitet von Gerhard Pallmann, München 1953.

Sinzheimer, Hugo: Der korporative Arbeitsnormenvertrag. Eine privatrechtliche Untersuchung. Der erste Teil erscheint im Herbst 1907, der zweite 1908; 2. Aufl. (Reprint), Berlin 1977.

Söllner, Alfred: Der industrielle Arbeitsvertrag in der deutschen Rechtswissenschaft des 19. Jahrhunderts, in: Studien zur Europäischen Rechtsgeschichte, hrsg. v. Walter Wilhelm, Frankfurt am Main 1972, S. 288–303.

Söllner, Alfred: Einführung in die römische Rechtsgeschichte, 3. Aufl., München 1985.

Sombart, Werner: Das Proletariat. Bilder und Studien, Frankfurt a. M., 1906; Nachdruck: Frankfurt a. M. 1974.

Sombart, Werner: Die Juden und das Wirtschaftsleben, Erstausgabe 1911, München und Leipzig 1928.

Sprecher, Thomas: Literatur und Recht. Eine Bibliographie für Leser, Frankfurt a. M. 2011.

Stadelmann, Rudolf/ Fischer, Wolfram: Die Bildungswelt des deutschen Handwerkers um 1800, Studien zur Soziologie des Kleinbürgers im Zeitalter Goethes, Berlin 1955.

Stadthagen, Arthur: Das Arbeiterrecht. Rechte und Pflichten des Arbeiters in Deutschland aus dem gewerblichen Arbeitsvertrag und aus den Unfall-, Kranken- u. Invalidenversicherungs-Gesetzen unter besonderer Berücksichtigung des Bürgerlichen Gesetzbuchs mit vielen Beispielen und Formularen für Klagen, Anträge, Beschwerden, Berufungen usw., Berlin, 1895, hier 4. Aufl. Stuttgart 1904.

Stegmann, Franz Josef: Der soziale Ktholizismus und die Mitbestimmung in Deutschland, München u. a. 1974.

Stein Peter G.: Römisches Recht und Europa. Die Geschichte einer Rechtskultur, Frankfurt a. M. 1996.

Steinbach, Emil: Die „guten Sitten" im Rechte, DJZ 1899, 4. Jg. Nr. 3, S. 46–50.

Steindl, Harald (Hrsg.): Wege zur Arbeitsgeschichte, Frankfurt am Main 1984, Vorwort S. VII–XVI.; Entfesselung der Arbeitskraft, S. 29–135.

Steinisch, Irmgard: Der Gewerkverein christlicher Bergarbeiter; in: Glück auf, Kameraden. Die Bergarbeiter und ihre Organisationen in Deutschland, hrsg. von Hans Mommsen und Ulrich Borsdorf, Köln 1979.

Stelzer-Rothe, Thomas (Hrsg.): Personal-Management für den Mittelstand, Heidelberg 2002.

Stelzer-Rothe, Thomas; Hohmeister, Frank: Personalwirtschaft, Stuttgart 2001.

Stolleis, Michael: Die Entstehung des Interventionsstaates und das öffentliche Recht, in: ZNR 1989, S. 129–147.

Stürmer, Michael: Das ruhelose Reich. Deutschland 1866–1918. Neuere Deutsche Geschichte in sechs Bänden. Die Deutschen und ihre Nation, Bd. 3, Berlin 1983.

Stüwe, Elisabeth: Der „Simplicissimus"-Karikaturist Thomas Theodor Heine als Maler. Aspekte seiner Malerei mit einem kritischen Katalog der Gemälde, Frankfurt a. M., Bern, Las Vegas 1978.

Tenfelde, Klaus: Sozialgeschichte der Bergarbeiterschaft an der Ruhr im 19. Jahrhundert, Bonn-Bad Godesberg 1977.

Tenfelde, Klaus: Ländliches Gesinde in Preußen, Gesinderecht und Gesindestatistik 1810 bis 1861, in: AfS 1979, S. 189–229.

Tenfelde, Klaus: Die Entstehung der deutschen Gewerkschaftsbewegung vom Vormärz bis zum Ende des Sozialistengesetzes, in: Klaus Tenfelde, Klaus Schönhoven, Michael Schneider, Detlev J. K. Peukert, Geschichte der deutschen Gewerkschaften von den Anfängen bis 1945, hrsg. v. Ulrich Borsdorf, Köln 1987, S. 15–165.

Teubner, Gunther: Verrechtlichung – Begriffe, Merkmale, Grenzen, Auswege; in: Hans F. Zacher, Spiros Simitis, Friedrich Kübler, Klaus Hopt, Gunther Teubner, Verrechtlichung von Wirtschaft, Arbeit und sozialer Solidarität. Vergleichende Analysen, Baden-Baden 1984, S. 289–344.

Teuteberg, Hans Jürgen: Die Doktrin des ökonomischen Liberalismus und ihre Gegner, dargestellt an der prinzipiellen Erörterung des Arbeitsvertrages im „Verein für Socialpolitik“ (1872–1905); in: Wissenschaft und Kodifikation des Privatrechts im 19. Jahrhundert. II. Die rechtliche Verselbständigung der Austauschverhältnisse vor dem Hintergrund der wirtschaftlichen Entwicklung und Doktrin, hrsg. v. Helmut Coing und Walter Wilhelm, Frankfurt a. M. 1977, S. 47–73.

Teuteberg, Hans Jürgen: Die Nahrung der sozialen Unterschichten im späten 19. Jahrhundert, in: Arbeiter in Deutschland, hrsg. v. Dieter Langewiesche und Klaus Schönhoven, Paderborn 1981, S. 182–186.

Thielmann, Hans: Der Begriff der Berufsunfähigkeit in der Sozialversicherung des Bergbaues; in: Bergbau und Bergrecht. Beiträge zur Geschichte des Bergbaus. Zum 80. Geburtstag von Walther Weigelt, Freiberger Forschungshefte, Berlin 1957, S. 53–69.

Thielmann, Hans: Die Geschichte der Knappschaftsversicherung, Bad Godesberg 1960.

Thieme, Hans: Was bleibt von der Freirechtsschule? In: Die Entwicklung des Zivilrechts in Mitteleuropa (1848–1944), Budapest 1970, S. 71–76.

Thoma, Ludwig: Leute, die ich kannte, München 1923.

Thoma, Ludwig: Assessor Karlchen und andere Geschichten, Frankfurt a. M., Berlin 1992.

Thöny, Eduard: Flott gelebt. Eine Auswahl aus dem Simplicissimus, München 1966.

Traeger, Jörg: Bilder vom Elend. Käthe Kollwitz im Simplicissimus, München 1998.

Treue, Wilhelm: Expansion und Konzentration in der deutschen Volkswirtschaft (1866/71–1914); in: Wissenschaft und Kodifikation des Privatrechts im 19. Jahrhundert. II. Die rechtliche Verselbständigung der Austauschverhältnisse vor dem Hintergrund der wirtschaftlichen Entwicklung und Doktrin, hrsg. v. Helmut Coing und Walter Wilhelm, Frankfurt a. M. 1977, S. 26–46.

Trinkner, Reinhold; Wolfer, Maria: Modernes Arbeitsrecht und seine Beziehungen zum Zivilrecht und seiner Geschichte, in: BB 1986, S. 4–9.

Trutter, Josef: Bona fides im Civilprozesse. Ein Beitrag zur Lehre von der Herstellung der Urteilsgrundlage, München 1892.

Umlauf, Joachim: Die deutsche Arbeiterschutzgesetzgebung 1880–1890. Ein Beitrag zur Entwicklung des sozialen Rechtsstaates, Diss. Schriften zur Verfassungsgeschichte, Band 31, Berlin 1980.

Viebig, Clara: Dilettanten des Lebens, Berlin, Wien, 1910.

Vietinghoff-Scheel, Eckhart Frh. v.: Gewerbliches Arbeitsvertragsrecht in Preußen während des 19. Jahrhunderts, Göttingen 1972.

Völkerling, Fritz: Der deutsche Kathedersozialismus, Berlin 1959.

Volkov, Shulamit: Die Juden in Deutschland 1780–1918, 2. Verb. Aufl. München 2000.

Vormbaum, Thomas: Politik und Gesinderecht im 19. Jahrhundert (vornehmlich in Preußen 1810–1918), Berlin 1980.

Vorstand der Invaliditäts- und Alters-versicherungs-anstalt Rheinprovinz: Rundschreiben des Vorstandes der Invaliditäts- und Altersversicherungsanstalt Rheinprovinz an die sämmtlichen unteren Verwaltungsbehörden in der Rheinprovinz, in Hohenzollern und Birkenfeld vom 15. Juli 1896, Berlin 1896.

Wagner, Heinz: Die Politische Pandektistik, Berlin 1985.

Wahsner, Roderich: Stand und Aufgaben einer Geschichte des Arbeitsrechts. Ein Literaturbericht, in: Blätter für deutsche und internationale Politik 1977, S. 107–113.

Waldstein, Wolfgang/ Rainer, Michael: Römische Rechtsgeschichte, 10. Neu bearbeitete Aufl. München 2005.

Waldt, Klaus-Dieter: Die Lehre vom Arbeitsvertrag bis zum Ende der Weimarer Republik, insbesondere ein Beitrag zum Arbeitsvertrag von Philipp Lotmar, Diss. 1974.

Waltemath, Kuno: Besitz- und Betriebsverhältnisse in der ostelbische Landwirtschaft, in: Zeitschrift für die gesamte Staatswissenschaft, 1915, S. 217–235.

Weber, Max: Wirtschaftsgeschichte. Abriss der Universalen Sozial- und Wirtschafts-Geschichte. Aus den nachgelassenen Vorlesungen, hrsg. v. S. Hellmann und M. Palyi, München und Leipzig 1923.

Weber, Wilhelm; Mayer-Maly, Theo: Studie zur spätmittelalterlichen Arbeitsmarkt- und Wirtschaftsordnung, in: Jahrbuch für Nationalökonomie und Statistik, 1954, S. 358–389.

Wehler, Hans-Ulrich: Das Deutsche Kaiserreich. 1871–1918, Göttingen 1973.

Weigand, Wilhelm: Welt und Weg. Aus meinem Leben, Bonn 1940.

Weiß, Jochen: Arbeitsgerichtsbarkeit und Arbeitsgerichtsverband im Kaiserreich und in der Weimarer Republik. Europäische Hochschulschriften, Reihe 2, Rechtswissenschaft, Bd. 1521, Frankfurt a. M. 1994.

Weiß, Thomas: Die Entwicklung des Arbeitsvertragsrechts und das BGB, Baden-Baden 1991.

Wenzel, Hermann: 75 Jahre öffentlicher Nahverkehr, 50 Jahre elektrische Straßenbahn in Köln, 1952.

Wenzel, Leonard: 150 Jahre Arbeitsrechtsprechung, in: Rechtspflege zwischen Rhein und Weser, Hamm 1970, S. 286–291.

Wesel, Uwe: Geschichte des Rechts. Von den Frühformen bis zum Vertrag von Maastricht, München 1997.

Westermann, H.: Der Richter in Zeit und Raum, in: Rechtspflege zwischen Rhein und Weser, Hamm 1970, S. 15–36.

Wieacker, Franz: Notizen zur rechtshistorischen Hermeneutik, Göttingen 1963.

Wieacker, Franz: Privatrechtsgeschichte der Neuzeit, unter besonderer Berücksichtigung der deutschen Entwicklung, Göttingen 1967.

Wiegelmann, Günter: Tendenzen kulturellen Wandels in der Volksnahrung des 19. Jahrhunderts, in: Arbeiter in Deutschland, hrsg. v. Dieter Langewiesche und Klaus Schönhoven, Paderborn 1981, S. 173–181.

Wilhelm, Walter: Zur Theorie des abstrakten Privatrechts. Die Lehre Jherings, in: Studien zur Europäischen Rechtsgeschichte, hrsg. v. Walter Wilhelm, Frankfurt am Main 1972. S. 265–287.

Willoweit, Dietmar: Historische Grundlagen des Privatrechts, in JuS 1977, S. 573–578.

Windscheid, Bernhard: Das römische Recht in Deutschland; in: Bernhard Windscheid, Gesammelte Reden und Abhandlungen, hrsg. v. Paul Oertmann. Leipzig 1904, S. 25–49.

Windscheid, Bernhard: Die Aufgaben der Rechtswissenschaft. Leipziger Rektoratsrede vom 31. Oktober 1884; in: Bernhard Windscheid, Gesammelte Reden und Abhandlungen, hrsg. v. Paul Oertmann. Leipzig 1904, S. 100–116.

Windscheid, Bernhard: Lehrbuch des Pandektenrechts. Erster Band, 9. Aufl. unter vergleichender Darstellung des deutschen bürgerlichen Rechts bearbeitet von Theodor Kipp, (2. verbesserte und vermehrte Auflage der Neubearbeitung), Frankfurt a. M. 1906.

Winkler, Wolfgang: Bergbaurecht und Grundeigentum; in: Wissenschaft und Kodifikation des Privatrechts im 19. Jahrhundert, Bd. IV, Studien zur Rechtswissenschaft des 19. Jahrhunderts, hrsg. v. Helmut Coing und Walter Wilhelm, Frankfurt a. M. 1979, S. 79–120.

Wirth, Gerhard u. a.: Arbeit. Artikel in: Lexikon des Mittelalters, Bd. I, München und Zürich 1980, Sp. 869–883.

Woldt, Richard: Die Lebenswelt des Industriearbeiters, Leipzig 1926.

Wolff, Wilhelm: Die schlesische Milliarde; In: Sozialdemokratische Bibliothek, I. Band, Hottingen-Zürich 1885–87. Unveränderter fotomechanischer Nachdruck Leipzig 1971.

Wolzendorff, Kurt: Das Arbeitsrecht. Eine Skizze seiner (geschichtlichen) Stellung in der Rechtsordnung, in: Annalen des Deutschen Reichs 1915, S. 57–68.

Zetkin, Clara: Die Schulfrage. Referat, gehalten auf der dritten Frauenkonferenz in Bremen, Berlin 1904, zitiert nach: http://edoc.hu-berlin.de/ebind/hdok/h371_zetkin_1904/XML/index.xml?part=section&division=div0&chapter=3.

Zimdars, Hasso: Die Zeitschrift „Simplicissimus“: Ihre Karikaturen, Diss. Bonn 1972.

Zimmermann, Reinhard: Die Geschichte der Gastwirtshaftung in Deutschland; in: Usus modernus pandectarum. Römisches Recht, Deutsches Recht und Naturrecht in der Frühen Neuzeit. Klaus Luig zum 70. Geburtstag, hrsg. v. Hans-Peter Haferkamp und Tilman Repgen, Köln, Weimar, Wien 2007, S. 271–339.

Zlinszky, János: Rechtsstaat Rom, in: Ars boni et aequi, Stuttgart 1993, S. 471–480.

Zöllner, Wolfgang: Arbeitsrecht, 3. neubearb. Aufl. München 1983.

Von Zwiedineck-Südenhorst, Otto: Arbeiterschutz und Arbeiterversicherung, Leipzig 1905.

www.ingramcontent.com/pod-product-compliance
Ingram Content Group UK Ltd.
Pitfield, Milton Keynes, MK11 3LW, UK
UKHW021902290926
8980IPUK00015B/1001

9 783631 668153